SCHLÜSSEL ZUM ALTEN TESTAMENT

J. David Pawson, M.A., B.Sc

Copyright © 2019 David Pawson
Schlüssel zum Alten Testament
Unlocking the Bible: Old Testament
Alle Rechte vorbehalten.

David Pawson ist gemäß dem Copyright, Designs and Patents Act 1988 der Urheber dieses Werkes.

Herausgeber der deutschen Ausgabe 2019 in Großbritannien:

Anchor Recordings Ltd, DPTT, Synegis House, 21 Crockhamwell Road, Woodley, Reading RG5 3LE UK

Dieses Werk ist urheberrechtlich geschützt. Ohne vorherige schriftliche Genehmigung des Verlages darf kein Teil dieses Buches in irgendeiner Form vervielfältigt oder weitergegeben werden. Das betrifft auch die elektronische oder mechanische Vervielfältigung und Weitergabe, einschließlich Fotokopien, Aufzeichnungen und Systemen zur Informations- und Datenspeicherung und deren Wiedergewinnung.

Die Bibelzitate wurden folgenden Bibelübersetzungen entnommen:

Elberfelder Bibel 2006, © 2006 by SCM R.Brockhaus in der SCM Verlagsgruppe GmbH, Witten/Holzgerlingen (ELB); Neues Leben. Die Bibel, © der deutschen Ausgabe 2002 und 2006 SCM R.Brockhaus in der SCM Verlagsgruppe GmbH, Witten/Holzgerlingen (NLB); Lutherbibel, revidiert 2017, © 2016 Deutsche Bibelgesellschaft, Stuttgart (LUT); Menge-Bibel, 1939, Public Domain (MB); Gute Nachricht Bibel, revidierte Fassung, durchgesehene Ausgabe, © 2000 Deutsche Bibelgesellschaft, Stuttgart (GNB); Neue evangelistische Übersetzung, © by Karl-Heinz Vanheiden 2018 (NeÜ); Schlachter Übersetzung 2000, ©Genfer Bibelgesellschaft, CH-1204 Genf (SLT); Zürcher Bibel 2007, © TVZ Theologischer Verlag Zürich AG (ZB); Hoffnung für alle®, Copyright © 1983, 1996, 2002, 2015 by Biblica, Inc.®.Verwendet mit freundlicher Genehmigung des Herausgebers Fontis; (HfA).

Übersetzung aus dem Englischen: Lisa Schmid, Ditzingen

Weitere Titel von David Pawson, einschließlich
DVDs und CDs: www.davidpawson.com

KOSTENLOSE DOWNLOADS: www.davidpawson.org

Weitere Informationen: info@davidpawsonministry.com

ISBN 978-1-911173-88-5

INHALT

Vorwort 7

DIE ANWEISUNGEN DES SCHÖPFERS 25
1. Überblick über das Alte Testament 27
2. Das erste Buch Mose (Genesis) 43
3. Das zweite Buch Mose (Exodus) 143
4. Das dritte Buch Mose (Levitikus) 181
5. Das vierte Buch Mose (Numeri) 209
6. Das fünfte Buch Mose (Deuteronomium) 239

EIN LAND UND EIN KÖNIGREICH 269
7. Josua 271
8. Richter und Rut 309
9. 1. und 2. Samuel 341
10. 1. und 2. Könige 375

GEDICHTE DER ANBETUNG UND DER WEISHEIT 409
11. Einführung in die hebräische Lyrik 411
12. Die Psalmen 431
13. Das Hohe Lied 465
14. Die Sprüche 479
15. Der Prediger 507
16. Das Buch Hiob 521

AUFSTIEG UND FALL EINES GROSSREICHES   547
17. Einführung in die Prophetie   549
18. Jona   557
19. Joel   571
20. Amos und Hosea   589
21. Jesaja   619
22. Micha   651
23. Nahum   665
24. Zefanja   673
25. Habakuk   687
26. Jeremia und Klagelieder   705
27. Obadja   741

DER KAMPF UMS ÜBERLEBEN   753
28. Hesekiel   755
29. Daniel   789
30. Esther   825
31. Esra und Nehemia   841
32. 1. und 2. Chronik   869
33. Haggai   889
34. Sacharja   903
35. Maleachi   935

VORWORT

Alles begann 1957 in Arabien. Damals war ich Militärseelsorger in der britischen Luftwaffe. In dieser Funktion war ich für das geistliche Wohlergehen all derjenigen zuständig, die nicht zur anglikanischen oder römisch-katholischen Kirche gehörten, sondern Mitglieder anderer Denominationen waren: von Methodisten bis zu Anhängern der Heilsarmee, Buddhisten oder Atheisten. Zu meinem Verantwortungsbereich gehörten mehrere Stützpunkte vom Roten Meer bis an den Persischen Golf. Meistens gab es dort nicht einmal eine Gemeinde, die man als „Kirche" hätte bezeichnen können, geschweige denn ein entsprechendes Gebäude.

In meinem zivilen Leben war ich Methodistenpfarrer gewesen und hatte schon fast überall gearbeitet: von den Shetlandinseln bis ins Themse-Tal. In dieser Denomination war es völlig ausreichend, ein paar Predigten pro Quartal vorzubereiten. Mit diesen ging man dann in einem bestimmten Umkreis von Gemeinden „hausieren". Meine Predigten waren bis dahin hauptsächlich textbezogen (Es ging nur um einen Vers.) oder themenbezogen (Es ging um ein einziges Thema, das durch viele Verse aus der ganzen Bibel belegt wurde.). Wie jeder andere auch, hatte ich mir aufgrund dieser beiden Predigtansätze Folgendes zuschulden kommen lassen: Ich hatte Bibeltexte aus dem Kontext gerissen, bevor ich begriff, dass die Kapitel-und Verseinteilungen der Bibel weder von Gott inspiriert noch beabsichtigt waren. Dadurch beschädigte ich die Heilige Schrift erheblich, nicht zuletzt, indem ich die Bedeutung des „Textes" von einem ganzen Buch auf einen einzelnen Satz reduzierte. Die Bibel war so zu seiner Ansammlung von „Beweistexten" geworden, die man willkürlich auswählen und nutzen konnte, um fast alles zu belegen, was ein Prediger sagen wollte.

Mit einer Handvoll Predigten, die auf diesem zweifelhaften Ansatz beruhten, fand ich mich nun in Uniform wieder. Vor mir saßen völlig andere „Gemeinden": Statt der üblichen „Rettungsboot-Versammlungen", die ich gewöhnt war, nämlich Frauen und Kinder zuerst, waren nun alle Zuhörer männlichen Geschlechts. Mein magerer Vorrat an Predigten ging mir schnell aus. Einige hatten sich als Schuss in den Ofen erwiesen, insbesondere bei den obligatorischen Parade-Gottesdiensten in England, bevor ich in Übersee stationiert wurde.

Nun befand ich mich also in Aden. Ich musste gewissermaßen aus dem Nichts eine Gemeinde aufbauen, die sich aus den ständigen Mitarbeitern und Zeitsoldaten der jüngsten Teilstreitkraft Ihrer königlichen Majestät rekrutierte. Wie konnte ich das Interesse dieser Männer am christlichen Glauben wecken? Und wie konnte ich sie dann dazu bewegen, sich auch noch für diesen Glauben zu entscheiden?

Etwas (Heute würde ich sagen: Jemand) veranlasste mich dazu, folgende Ankündigung zu machen: In den nächsten paar Monaten würde ich eine Reihe von Predigten halten, die uns durch die ganze Bibel führen sollten („vom Buch Genesis bis zur Offenbarung!").

Es sollte für uns alle eine Entdeckungsreise werden. In der Gesamtschau entwickelte sich die Bibel für uns zu einem neuen Buch. Um es mit den Worten eines abgedroschenen Sprichworts zu sagen: Wir hatten den Wald vor lauter Bäumen nicht gesehen. Jetzt entfalteten sich Gottes Pläne und Absichten in einer ganz neuen Art und Weise. Die Männer bekamen echtes „Schwarzbrot" vorgesetzt, an dem sie ordentlich zu beißen hatten. Der Gedanke, Teil einer kosmischen Rettungsmission zu sein, war höchst motivierend. Die Geschichte der Bibel wurde real und relevant.

VORWORT

Natürlich war mein damaliger „Überblick" ziemlich simpel, um nicht zu sagen naiv. Ich fühlte mich wie der typische amerikanische Tourist, der das Britische Museum in 20 Minuten erkundet. Hätte er seine Joggingschuhe dabei gehabt, wäre er in zehn Minuten durch gewesen! Wir rasten durch die Jahrhunderte. Einige biblische Bücher streiften wir dabei nur mit einem flüchtigen Blick.

Doch die Ergebnisse überstiegen meine Erwartungen. Sie zeichneten den Weg für den Rest meines Lebens und für meinen weiteren Dienst vor. Aus mir war ein „Bibellehrer" geworden, wenn auch erst im Embryonalstadium. Die Begeisterung, die Bibel als Ganzes weiterzugeben, entwickelte sich zu meiner Leidenschaft.

Als ich in den „normalen" Gemeindedienst zurückkehrte, beschloss ich, meine Gemeinde in einem Jahrzehnt durch die gesamte Bibel zu führen (wenn sie es so lange mit mir aushielt). Das bedeutete, in jedem Gottesdienst etwa ein „Kapitel" in Angriff zu nehmen. Sowohl in der Vorbereitung (eine Stunde am Schreibtisch für zehn Minuten auf der Kanzel) als auch in der Umsetzung (45 bis 50 Minuten) war das sehr zeitaufwändig. Das Zeitverhältnis entspricht ungefähr dem Kochen und Einnehmen einer Mahlzeit.

Die Auswirkungen dieser systematischen Darstellung der Bibel bestätigten mir, dass ich auf dem richtigen Weg war. Ein wahrer Hunger nach Gottes Wort wurde offenbar. Die Menschen strömten von nah und fern herbei, „um ihre Batterien aufzuladen", wie einige es nannten. Bald schon kehrte sich diese Stoßrichtung um. Tonbandaufnahmen, die zunächst für die Kranken und ans Haus Gefesselten hergestellt worden waren, verbreiteten sich bis in weite Ferne. Hunderttausende von ihnen erreichten schließlich Menschen in 120 Ländern. Niemanden überraschte das mehr als mich.

Als ich Gold Hill in Buckinghamshire verließ, um eine neue Stelle in Guildford in Surrey anzutreten, beteiligte ich mich an der Planung und dem Bau des Gemeindezentrums „Millmead Center". Es beherbergte einen großen Saal, der sich hervorragend dazu eignete, diesen Lehrdienst fortzusetzen. Als das Zentrum eröffnet wurde, beschlossen wir, von Anfang an einen Bezug zur gesamten Bibel herzustellen. Wir taten dies, indem wir dort die ganze Heilige Schrift ohne Pause einmal laut vorlasen. Wir benötigten 84 Stunden, von Sonntagabend bis Donnerstagmorgen. Jedes Gemeindemitglied las 15 Minuten lang vor, dann wurde das Buch an den Nächsten weitergereicht. Dabei verwendeten wir die englische Bibelübersetzung „The Living Bible". Sie ist am einfachsten zu lesen und zu verstehen, sowohl mit dem Herzen als auch mit dem Verstand.

Wir wussten nicht, was uns erwartete, doch dieser Event schien die Öffentlichkeit zu inspirieren. Sogar der Bürgermeister wollte mitmachen. Durch reinen Zufall (oder Vorsehung) las er die Passage über einen Ehemann vor, der „sehr bekannt ist, denn er sitzt mit den anderen Ratsmitgliedern im Rathaussaal". Er bestand darauf, eine Bibel für seine Frau mit nach Hause zu nehmen. Eine andere Dame schaute auf dem Weg zu ihrem Rechtsanwalt bei uns vorbei. Sie wollte die Scheidung einreichen und las folgenden Satz vor: „Ich hasse Scheidung, spricht der Herr." Den Anwalt sah sie nie wieder.

Insgesamt nahmen 2000 Personen an dieser Aktion teil, die eine halbe Tonne Bibeln kauften. Einige kamen für 30 Minuten und saßen drei Stunden später immer noch da. „Nur noch ein Buch, dann muss ich aber wirklich gehen", murmelten sie vor sich hin.

Viele von ihnen hörten zum ersten Mal, wie ein ganzes biblisches Buch an einem Stück durchgelesen wurde. Das galt auch für unsere treusten Gottesdienstbesucher. In den meisten Gemeinden liest man jede Woche nur ein paar wenige Sätze, und diese nicht immer in der richtigen Reihenfolge. Welches andere Buch würde bei irgendjemandem Interesse oder Begeisterung hervorrufen, wenn man es auf diese Art und Weise handhabte?

So arbeiteten wir uns Sonntag für Sonntag durch die gesamte Bibel, Buch für Buch. Denn die Bibel besteht nicht nur aus einem Buch, sondern aus vielen. Genau genommen beinhaltet sie eine ganze Bücherei (Das Wort biblia steht im Lateinischen und im Griechischen im Plural und bedeutet „Bücher".). Dabei sind es nicht nur viele Bücher, sondern auch Schriften ganz unterschiedlicher Art: Geschichtsbücher, Gesetzbücher, Briefe, Lieder etc. Wenn wir das Studium eines Buches abgeschlossen hatten und mit dem nächsten begannen, war es notwendig, eine besondere Einleitung voranzustellen. Sie behandelte folgende sehr grundlegende Fragen: Um welche Art von Buch handelt es sich? Wann wurde es geschrieben? Wer hat es geschrieben? Für wen war es bestimmt? Und am allerwichtigsten: Warum wurde es zu Papier gebracht? Die Antwort auf diese letzte Frage gab uns den „Schlüssel", um seine Botschaft zu erschließen. Man kann einen Text nicht vollumfänglich verstehen, wenn man ihn nicht als Teil des ganzen Buches betrachtet. Der Kontext eines „Textes" war jetzt nicht mehr nur der jeweilige Absatz oder Abschnitt, sondern grundsätzlich das Buch in seiner Gesamtheit.

Mittlerweile hatte ich als Bibellehrer einen gewissen Bekanntheitsgrad erreicht. Man lud mich in Colleges, auf Konferenzen und Kongresse ein; zunächst in Großbritannien, doch immer öfter auch nach Übersee, wo die Audiokassetten Türen geöffnet und die nötige Vorarbeit geleistet hatten. Grundsätzlich mache ich gerne neue Bekanntschaften und freue mich darauf, bisher unbekannte Orte zu entdecken; doch der Reiz, in einem Jumbojet zu sitzen, verfliegt nach zehn Minuten!

Wo ich auch hinkam, ich stieß überall auf denselben

brennenden Eifer, Gottes Wort kennenzulernen. Ich dankte Gott für die Erfindung der Audiokassetten, die im Gegensatz zu Videokassetten auf der ganzen Welt dasselbe System nutzten. Mit ihrer Hilfe konnte an vielen Orten einem großen Mangel abgeholfen werden. Es gibt so zahlreiche erfolgreiche Evangelisationen und gleichzeitig so wenig fundierte Lehre, um Neubekehrten zu helfen, stabil zu werden, sich zu entwickeln und zu reifen.

Ich hätte auf diesem Weg bis zum Ende meines aktiven Dienstes weitergemacht, doch der Herr hatte eine weitere Überraschung für mich parat. Sie war das letzte Glied in der Kette, die zur Veröffentlichung dieses Buches führte.

Anfang der 1990er Jahre bat mich mein Freund Bernard Thompson, der Pastor einer Gemeinde in Wallingford bei Oxford war, um Folgendes: Ich sollte auf ein paar wenigen Veranstaltungen der evangelischen Kirche sprechen. Ziel war es, das Interesse der Gläubigen zu wecken und ihre Bibelkenntnis zu verbessern. Natürlich war ich bei diesem Anliegen sofort dabei!

Ich sagte zu, einmal im Monat zu kommen und drei Stunden über ein Buch der Bibel zu sprechen (mit einer Kaffeepause zwischendrin!). Im Gegenzug hatten die Teilnehmer die Aufgabe, das betreffende Buch vor und nach meinem Besuch jeweils einmal ganz durchzulesen. Während der folgenden Wochen sollten Geistliche aus diesem Buch predigen und Hauskreise es zu ihrem Thema machen. All das würde hoffentlich dazu führen, dass die Teilnehmer wenigstens mit diesem einen Buch vertraut würden.

Ich verfolgte ein doppeltes Ziel: Einerseits wollte ich meine Zuhörer so neugierig machen, dass sie es kaum erwarten konnten, dieses Buch zu lesen. Andererseits beabsichtigte ich, ihnen so viel Einsicht und Informationen zu vermitteln, dass sie beim Lesen über ihre eigene Fähigkeit, das Buch zu verstehen, in Begeisterung verfallen würden. Um Beides zu fördern, benutzte ich Bilder, Grafiken, Karten und Modelle.

Dieser Ansatz bewährte sich außerordentlich. Nach nur vier Monaten legte man mir unmissverständlich nahe, Termine für die nächsten fünf Jahre zu machen, um alle 66 Bücher zu behandeln! Lachend lehnte ich ab. Vielleicht wäre ich dann schon längst im Himmel, sagte ich den Veranstaltern (Tatsächlich habe ich sehr selten etwas länger als sechs Monate im Voraus gebucht, weil ich meine Zukunft weder verplanen noch selbstverständlich davon ausgehen will, dass ich so lange leben werde.). Doch der Herr hatte andere Pläne. Er befähigte mich, diesen Marathon bis zum Ende zu laufen.

Anchor Recordings (http://anchor–recordings.com) hat in den letzten 20 Jahren meine Kassetten vertrieben. Als Direktor Jim Harris diese Aufnahmen hörte, legte er mir nahe, sie im Videoformat zu produzieren. Er ließ ein Kamerateam samt Ausrüstung ins High Leigh Conference Center kommen und verwandelte den großen Saal für jeweils drei Tage am Stück in ein Fernsehstudio. So konnte er 18 Sendungen mit einem Studiopublikum produzieren. Es dauerte weitere fünf Jahre, um dieses Projekt abzuschließen, das unter dem Namen „Unlocking the Bible" (Schlüssel zur Bibel) verbreitet wurde.

Heute gehen diese Videos um die ganze Welt. Man verwendet sie in Hauskreisen, Gemeinden, Colleges, beim Militär, in Zigeunerlagern, in Gefängnissen und im Kabelfernsehen. Während eines längeren Aufenthaltes in Malaysia gingen sie weg wie warme Semmeln, eintausend Stück pro Woche. Sie haben alle sechs Kontinente erreicht, einschließlich der Antarktis!

Nicht Wenige haben diese Videos als „mein Vermächtnis an die Gemeinde" bezeichnet. Ganz sicher ist es die Frucht vieler Jahre Arbeit. Ich befinde mich in meinem achten

Lebensjahrzehnt auf diesem Planeten, glaube jedoch, dass der Herr noch etwas mit mir vorhat. Allerdings ging ich damals davon aus, dass diese spezielle Aufgabe nun abgeschlossen sei. Doch das war ein Irrtum.

Der Verlag HarperCollins schlug mir vor, dieses Material in mehreren Buchausgaben zu veröffentlichen. In den letzten zehn Jahren hatte ich schon Bücher für andere Verlage geschrieben. Daher war ich bereits davon überzeugt, dass es sich um einen guten Weg handelte, Gottes Wort weiterzuverbreiten. Dessen ungeachtet hegte ich zwei sehr große Vorbehalte gegen diesen Vorschlag. Sie ließen mich sehr zögerlich darauf reagieren. Einer hatte mit der Entstehung des Lehrmaterials zu tun, der andere mit seiner Präsentation. Ich werde meine Bedenken nun in umgekehrter Reihenfolge erläutern.

Zunächst einmal hatte ich noch nie eine meiner Predigten, Vorlesungen oder Vorträge vollständig aufgeschrieben. Wenn ich spreche, verwende ich Notizen, die manchmal mehrere Seiten umfassen. Die Kommunikation mit meinen Zuhörern ist mir genauso wichtig wie der Inhalt, den ich weitergeben möchte. Mir war und ist intuitiv bewusst, dass das Ablesen eines vollständigen Manuskripts die enge Verbindung zwischen dem Referenten und seinem Publikum unterbricht. Dies geschieht allein schon dadurch, dass der Redner seine Augen von seinen Zuhörern abwendet. Ein spontaner Vortrag kann dagegen auf Reaktionen aus dem Publikum eingehen und mehr Emotionen vermitteln.

Das hat zur Folge, dass mein mündlicher Vortrag und meine Schriften im Stil sehr unterschiedlich sind. Jede dieser Ausdrucksweisen habe ich ihrer Funktion angepasst. Es macht mir Freude, meine eigenen Kassetten anzuhören. Manchmal bin ich von mir selbst tief bewegt. „Das ist wirklich gut!", sage ich oft zu meiner Frau, wenn ich enthusiastisch eines meiner neuen Bücher lese. Doch wenn ich eine Mitschrift meiner mündlichen Vorträge sehe, überkommen mich Scham und sogar Entsetzen! Diese ewigen Wiederholungen von Wörtern und Begriffen! Leeres Gerede, ja sogar unvollständige Sätze! Bei den Verben eine wilde Mischung von Zeitformen, insbesondere bei Gegenwart und Vergangenheit! Missbrauche ich tatsächlich die englische Hochsprache so sehr? Die Beweislage ist leider eindeutig.

Ich habe dem Verlag damals klipp und klar gesagt, dass ich mir überhaupt nicht vorstellen könnte, dieses Material ausführlich niederzuschreiben. Es zusammenzustellen hatte mich sowieso schon fast mein gesamtes Leben gekostet und ich hatte kein zweites. Es stimmte zwar, dass Mitschriften meiner Vorträge bereits vorhanden waren, um die Videos in andere Sprachen wie Spanisch und Chinesisch zu übersetzen bzw. zu synchronisieren. Die Vorstellung allerdings, diese Mitschriften in ihrer damaligen Form zu drucken, war fürchterlich. Vielleicht war es auch nur mein Stolz, der am Ende die Überhand gewinnen wollte. Doch der Kontrast zu meinen Büchern, auf die ich so viel Zeit und Sorgfalt verwendet hatte, war so groß, dass ich den Gedanken nicht ertragen konnte.

Man versicherte mir, dass Korrektoren die meisten grammatikalischen Patzer berichtigen würden. Der Vorschlag allerdings, der mich schließlich einlenken ließ, war die Anstellung eines „Ghostwriters" (eines Auftragsschreibers), der mich und meinen Dienst gut kannte. Er sollte das Material für die Buchform entsprechend anpassen. Als man mir dann Andy Peck vorstellte, der diese Aufgabe übernehmen sollte, gewann ich die feste Überzeugung, dass er es schaffen würde; auch wenn das Endergebnis nicht dem entsprechen würde, was ich geschrieben hätte, und auch nicht dem, was er selbst verfasst hätte.

Ich gab ihm alle meine Notizen, Kassetten, Videos und Mitschriften. Die daraus entstandenen Bücher sind genauso sein Werk wie meines. Er hat unglaublich hart daran gearbeitet. Ich bin ihm zutiefst dankbar dafür, dass er mir ermöglicht hat, noch viel mehr Menschen mit der Wahrheit zu erreichen, die freimacht. Man erhält den Lohn eines Propheten, wenn man dem Propheten einfach nur ein Glas Wasser reicht. Daher bin ich dem Herrn für die Belohnung sehr dankbar, die Andy für seinen immensen Liebesdienst bekommen wird.

Zudem habe ich meine Quellen nie sorgfältig aufgezeichnet. Das liegt zum Teil daran, dass der Herr mich mit einem ziemlich guten Gedächtnis für Zitate und Schaubilder gesegnet hat. Vielleicht ist es auch darauf zurückzuführen, dass ich nie die Unterstützung eines Sekretariats in Anspruch genommen habe.

Bücher haben in meiner Arbeit schon immer eine wichtige Rolle gespielt. Drei Tonnen umfasst meine Privatbibliothek, wie mir das letzte Umzugsunternehmen, das wir beauftragt hatten, versicherte. Sie füllen zwei Zimmer und eine Gartenlaube. Es gibt dabei drei Kategorien: die Bücher, die ich schon gelesen habe, die ich noch lesen will und die ich niemals lesen werde! Während sie für mich eine Quelle der Freude darstellen, sind sie meiner Frau eine ziemliche Last.

Der bei weitem größte Teil besteht aus Bibelkommentaren. Wenn ich eine Bibelarbeit vorbereite, recherchiere ich alle relevanten Autoren; allerdings erst, nachdem ich so viel wie möglich selbst vorbereitet habe. Dann ergänze und korrigiere ich meine eigenen Gedanken, indem ich sie mit den Schriften und Andachtstexten der Kommentatoren abgleiche.

Es wäre ein Ding der Unmöglichkeit, alle Autoren zu nennen, denen ich meinen Dank schulde. Wie viele andere Leser auch, habe ich William Barclays Daily Bible Readings (Tägliche Bibellese) geradezu verschlungen, als sie in den 1950er Jahren veröffentlicht wurden. Seine Kenntnis des neutestamentlichen Kontexts und des damaligen Vokabulars waren für mich von unschätzbarem Wert. Gleichzeitig erschien mir sein einfacher und klarer Stil als nachahmenswert, auch wenn ich später begann, Zweifel an seinen „liberalen" Interpretationen zu hegen. John Stott, Merill Tenney, Gordon Fee und William Hendrickson gehören zu den Verfassern, die mir einen Zugang zur Welt des Neuen Testaments verschafften, während Alec Motyer, G. T. Wenham und Derek Kidner mir das Alte Testament „aufschlossen". Es fehlt mir leider die Zeit, ausführlicher über die Autoren Denney, Lightfoot, Nygren, Robinson, Adam Smith, Howard, Ellison, Mullen, Ladd, Atkinson, Green, Beasley–Murray, Snaith, Marshall, Morris, Pink und viele, viele andere zu berichten. Auch darf ich nicht vergessen, zwei bemerkenswerte kleine Bücher zu erwähnen, die von Frauen verfasst wurden: What the Bible is all about (Worum es in der Bibel wirklich geht) von Henrietta Mears und Christ in all the Scriptures (Christus in der gesamten Schrift) von A. M. Hodgkin. Ich betrachte es als ein unschätzbares Vorrecht, zu ihren Füßen gesessen zu haben. Die Bereitschaft, Neues zu lernen, ist meiner Meinung nach eine Grundvoraussetzung dafür, selbst Lehrer zu werden und zu sein.

Ich saugte alle diese Quellen auf wie ein Schwamm. An so vieles, was ich gelesen hatte, konnte ich mich erinnern. Allerdings fiel es mir oft schwer, mir ins Gedächtnis zu rufen, wo ich es gelesen hatte. Das erschien mir jedoch nicht allzu tragisch, da ich das Material ja nur für meine Predigten zusammensuchte. Die meisten der genannten Autoren wollten gerade Predigern helfen und erwarteten daher nicht, ständig zitiert zu werden. Tatsächlich kann es mühsam sein, einer Predigt zu folgen, in der pausenlos Quellenverweise erwähnt werden. Man könnte den Vortrag sogar falsch interpretieren und meinen, dem Prediger ginge es nur darum, prominente Namen zu erwähnen, um Eindruck zu schinden oder um vorzutäuschen, sehr belesen zu sein. So könnte man übrigens auch diesen Absatz deuten! Anders als Predigten unterliegen Druckausgaben jedoch dem Urheberrecht, da es auch um Autorenhonorare geht. Die Angst, das Urheberrecht zu verletzten, hielt mich davon ab, irgendeinen Teil meines mündlichen Predigtdienstes in gedruckter Form zu veröffentlichen. Es wäre schlichtweg unmöglich, 40 Jahre des „Schnorrens" durchzuarbeiten und mit den richtigen Quellenangaben zu versehen. Und selbst wenn dies gelänge, könnten die notwendigen Fußnoten und Danksagungen die Größe und den Preis dieses Buches leicht verdoppeln.

Die Alternative bestand darin, denjenigen Lesern den Zugang zu diesem Material zu verwehren, die am meisten davon profitieren würden. Das wäre der falsche Weg, überzeugte mich mein Verleger. Schließlich war ich zumindest für die Zusammenstellung und das Sortieren der Inhalte verantwortlich. Darüber hinaus wage ich zu glauben, dass mein eigener Beitrag groß genug ist, um eine Veröffentlichung zu rechtfertigen.

Es bleibt mir nur noch, mich bei all denjenigen zu entschuldigen und zu bedanken, deren Werke ich über die Jahre „geplündert" habe, sei es in kleinem oder in großem Stil. Ich hoffe, sie können mein Verhalten als Beweis dafür ansehen, dass Nachahmung das größte Kompliment ist. Um ein weiteres Zitat zu gebrauchen, das ich irgendwo gelesen habe: „Bestimmte Autoren, die über ihr eigenes Werk sprechen, sagen ‚mein Buch' … Sie sollten besser den Begriff ‚unser Buch' verwenden …, weil normalerweise mehr Aussagen anderer Menschen darin stehen als ihre eigenen" (Das Originalzitat stammt von Pascal.).

Hier ist es nun also, „unser" Buch! Die Franzosen würden mich wohl ganz unverblümt einen „vulgarisateur" nennen. Damit bezeichnen sie jemanden, der akademische Lehren so herunterbricht, dass auch die „einfachen" Leute sie verstehen können. Ich bin mit dieser Bezeichnung zufrieden. Nachdem ich einmal eine ziemlich tiefgründige Schriftstelle ausgelegt hatte, sagte mir eine alte Dame: „Sie haben es uns in so kleinen Bissen verabreicht, dass wir es schlucken konnten." Es war tatsächlich schon immer mein Ziel, mich so auszudrücken, dass ein Zwölfjähriger meine Botschaft verstehen und sie im Gedächtnis behalten kann.

Manche Leser werden über den Mangel an Textbelegen enttäuscht, ja sogar frustriert sein. Das gilt insbesondere für diejenigen, die kontrollieren wollen, ob ich Recht habe! Das Fehlen dieser Belege verfolgt jedoch einen bestimmten Zweck. Gott hat uns sein Wort in Form von ganzen Büchern gegeben, nicht in Kapiteln oder Versen. Diese Einteilung nahmen erst Jahrhunderte später zwei Bischöfe vor, ein französischer und ein irischer. Dadurch wurde es einfacher, einen „Text" zu finden und dabei gleichzeitig den Kontext zu ignorieren. Wie viele Christen, die Johannes 3,16 zitieren, können auch die Verse 15 und 17 wiedergeben? Viele „forschen" nicht länger „in den Schriften"; sie schlagen einfach bestimmte Bibelstellen nach (wobei sie sich an an den Kapitel- und Versnummern orientieren). Aus diesem Grund bin ich dem Beispiel der Apostel gefolgt und habe an manchen Stellen nur die Autoren erwähnt, „wie Jesaja oder David oder Samuel sagte". Die Bibel erklärt beispielsweise, dass Gott pfeift. Wo, um alles in der Welt, steht das? Im Buch Jesaja. Wo genau? Finden Sie es selbst heraus. Dann werden Sie auch entdecken, wann Gott dies tat und warum. Und Sie werden das Erfolgserlebnis verbuchen können, höchstpersönlich dahintergekommen zu sein.

Noch ein letztes Wort: Ich hoffe, dass diese Einführung in die biblischen Bücher Ihnen helfen wird, diese Werke besser kennen und sie noch mehr lieben zu lernen. Doch meine Sehnsucht geht weit darüber hinaus: Mögen meine Leser die Hauptperson dieser Bücher, den Herrn selbst, immer besser kennen und lieben lernen. Tief bewegt hat mich die Aussage einer Person, die innerhalb weniger Tage alle meine Videos angeschaut hatte: „Ich weiß jetzt so viel mehr über die Bibel. Doch das Wichtigste ist, dass ich das Herz Gottes intensiver gespürt habe als je zuvor."

Was könnte sich ein Bibellehrer sehnlicher wünschen? Mögen Sie beim Lesen dieses Buches dieselben Erfahrungen machen und mit mir in das Lob Gottes einstimmen: Ehre sei dem Vater und dem Sohn und dem Heiligen Geist.

J. David Pawson,
Sherborne St John, 2008

VORWORT

Meine Bibel, dacht' ich, kenn' ich,
las mal das und las mal dies,
einen Teil der Evangelien,
dann ein Stückchen Genesis.

Stellenweise aus Jesaja
und den Psalm „Er ist mein Hirt'...".
Ein paar Sprüche, Römer 12 noch.
Dass daraus nicht Kenntnis wird,

merkt' ich, als ich einen andern
ungewohnten Weg betrat.
Las vom Anfang bis zum Ende,
plötzlich war es nicht mehr fad.

Wenn Du mit der Bibel rumspielst,
was wohl hier und was dort steht,
abends, kurz bevor Du einschläfst,
gähnend schnell sprichst ein Gebet,

gehst Du mit dem Buch der Bücher
um wie sonst mit keinem Buch:
Hier ein Abschnitt ohne Kontext,
da ein plumper Kurzbesuch.

Gib dem Studium mehr Würde,
lies mit weitem, stetem Blick;
voller Ehrfurcht wirst Du hinknien,
liest die Bibel Du am Stück.

Autor unbekannt

I.
ALTES TESTAMENT

DIE ANWEISUNGEN DES SCHÖPFERS

1. Überblick über das Alte Testament

2. Das erste Buch Mose

3. Das zweite Buch Mose

4. Das dritte Buch Mose

5. Das vierte Buch Mose

6. Das fünfte Buch Mose

1. ÜBERBLICK ÜBER DAS ALTE TESTAMENT

Gott hat uns eine Bibliothek mit 66 Büchern gegeben. Das lateinische Wort *biblia*, das wir mit „Bibel" übersetzen, bedeutet wörtlich „Bücher". Die 39 Bücher des Alten Testaments behandeln einen Zeitraum von über 2000 Jahren. Sie wurden von vielen verschiedenen Autoren verfasst und beinhalten zahlreiche unterschiedliche Literaturformen. Daher überrascht es nicht, dass viele Menschen, die sich mit der Bibel beschäftigen wollen, folgende Frage stellen: Wie passt das alles zusammen?

Gott hat die Bibel nicht nach bestimmten Themen angeordnet, sodass wir diese Themen jeweils einzeln untersuchen könnten. Er stellte sie vielmehr so zusammen, dass es uns möglich ist, je ein Buch nach dem anderen durchzulesen. Die Bibel ist Gottes Offenbarung über ihn selbst. Sie zeigt, wie wir uns ihm gegenüber verhalten sollten. All das wird im Kontext der Geschichte dargestellt. Die Bibel vermittelt uns, wie Menschen, hauptsächlich das Volk Israel, Gott erlebten und auf sein Wort reagierten. Sie ist alles andere als ein trockenes Geschichtsbuch. Vielmehr erzählt sie die dynamische Geschichte des göttlichen Erlösungswerkes im Leben seines Volkes.

Vielen entgeht die Hauptbotschaft der Bibel, weil sie ihren historischen Hintergrund nur unzureichend kennen. Dieses Kapitel zielt darauf ab, einen Überblick über das Alte Testament zu vermitteln, damit jede Bibelstelle in ihren richtigen Zusammenhang eingeordnet werden kann.

Geografie

Wollen wir das Alte Testament verstehen, müssen wir uns zuallererst mit zwei Karten vertraut machen: mit der Karte des Verheißenen Landes und der Karte des Nahen Ostens.

Die Schlüsselregion auf der Karte des Nahen Ostens ist der von den Geografen so bezeichnete „Fruchtbare Halbmond". Es handelt sich um einen Streifen fruchtbaren Landes, der sich im Westen vom Nil in Ägypten in nordöstlicher Richtung durch das Land Israel bis nach Süden und Südosten in die Ebenen um die Flüsse Euphrat und Tigris erstreckt. Diese Region nannte man früher Mesopotamien (was „die Mitte zwischen den Flüssen" bedeutet, *meso* die Mitte und *potamia* Flüsse). Dieses fruchtbare Gebiet umfasste die Machtzentren der antiken Welt. Ägypten lag im Westen, während Assyrien und später Babylon sich im Osten befanden. Israel war zwischen diesen beiden eingekeilt. Daher hatten die Autoren des Alten Testaments die Machtkämpfe dieser beiden Weltmächte im Hinterkopf, als sie die Bibel niederschrieben. Es kam zudem nicht selten vor, dass die Drohungen oder Aktivitäten dieser beiden Reiche sich direkt auf Israel auswirkten.

Israels geografische Lage ließ das Land zu einer wichtigen Durchgangsstraße für den Handel werden. Die syrische Wüste östlich von Israel bewirkte, dass Händler und Armeen aus dem Orient die Grenzen Israels überschreiten mussten, wenn sie sich zwischen Asien, Afrika und Europa hin und her bewegen wollten. Eine bergige Region aus Basaltfelsen im Südwesten des Sees Genezareth zwang die Reisenden durch die Ebenen von Jesreel und dann weiter nach Megiddo. Eine große Fernstraße führte durch die sogenannte Syrische Pforte nach Palästina. Sie durchquerte Damaskus und erstreckte sich über die Brücke der Töchter Jakobs und über einen Basaltdamm bis zum See Genezareth. Von dort verlief sie südwestlich über die Ebenen von Megiddo bis hin zur Küstenebene und durch Lydda und Gaza bis nach Ägypten. Israel war nur ein schmaler Korridor. Im Osten liegt der Jordangraben, der sich von Nord nach Süd bis zum Toten Meer erstreckt, während sich im Westen das Mittelmeer befindet.

Da die Handelsstraßen aus allen Richtungen nach Israel führten, lag das Land sozusagen an der „Hauptkreuzung" der damaligen Welt. Megiddo war der Ort, an dem sich alle diese Routen trafen. Oberhalb dieser Kreuzung lag das Dorf Nazareth. Ganz sicher saß Jesus auf dem dortigen Hügel und sah, wie die ganze Welt an ihm vorbeizog.

Diese geografische Position ist geistlich bedeutsam. Gott siedelte sein Volk an diesem Kreuzungspunkt an, wo es ein Modell für das Königreich Gottes auf Erden sein sollte. Die ganze Welt konnte den Segen beobachten, der auf Menschen kam, die unter der Herrschaft Gottes lebten; sie konnte aber auch den Fluch verfolgen, der dieses Volk befallen sollte, wenn es Gott nicht gehorchte. Israels einzigartige geografische Lage ist kein Zufall.

Betrachten wir nun die Geografie des Verheißenen Landes selbst, so sehen wir, dass der nördliche Teil mit der Hauptkreuzung der Welt „Galiläa der Nationen" genannt wurde. Das lag an seinem internationalen Flair. Der südliche Teil, Judäa, war bergiger und vom Rest der Welt isolierter. Er zeichnete sich durch eine eindeutig jüdischere Kultur aus. Die Hauptstadt Jerusalem war das Zentrum dieses Landesteils.

SCHLÜSSEL ZUM ALTEN TESTAMENT

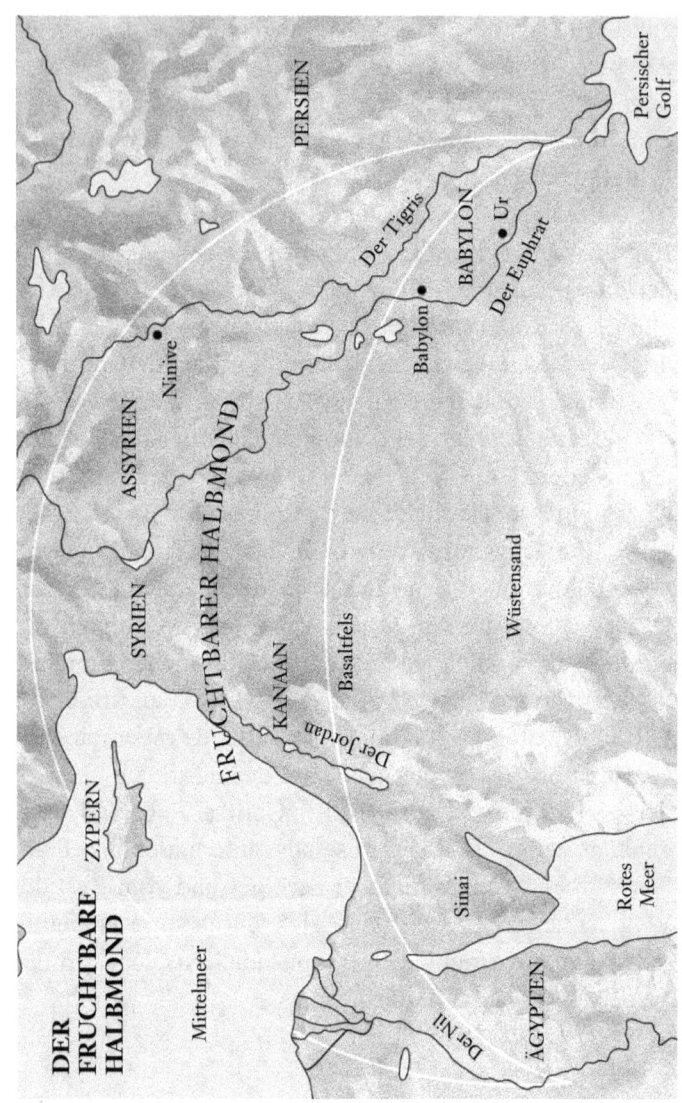

DIE ANWEISUNGEN DES SCHÖPFERS

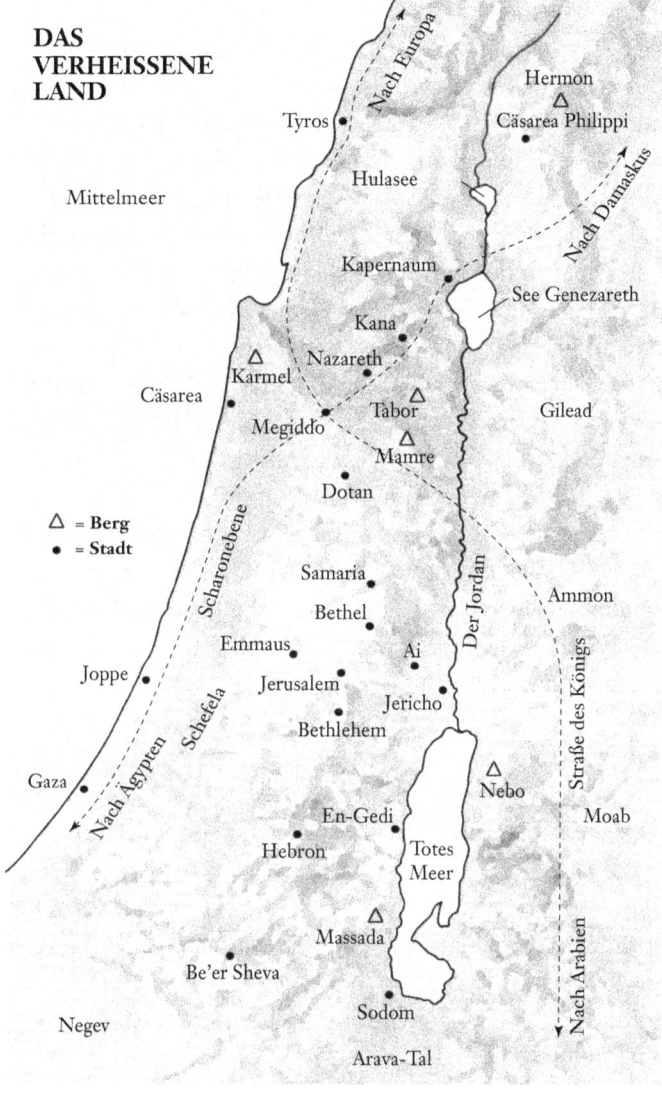

Das Verheißene Land ist ungefähr so groß wie das Bundesland Hessen. Doch es beinhaltet die unterschiedlichsten Klimazonen und Landschaften. Wo auch immer man lebt, irgendwo in Israel fühlt man sich wie zu Hause. England am ähnlichsten ist es ein wenig südlich von Tel Aviv. Das Karmel-Gebirge im Norden wird die „kleine Schweiz" genannt. Fährt man zehn Minuten weiter, kann man unter Palmen Rast machen. Sehr bekannt ist auch der Jordanfluss, der im Gebiet des Hermon-Gebirges entspringt und dann von Nord nach Süd im Jordangraben, den wir schon erwähnt haben, weiterfließt, durch den See Genezareth bis hinunter ins Tote Meer. Eine fruchtbare Ebene umgibt den Lauf dieses Flusses.

In Israel findet man die gesamte Flora und Fauna Europas, Afrikas und Asiens. Schottische Pinien wachsen neben Palmen aus der Sahara. Zu biblischen Zeiten gab es wilde Tiere wie Löwen, Bären, Krokodile und Kamele. Es scheint, als wäre die ganze Welt im Miniaturformat in ein kleines Land hineinversetzt worden.

Geschichte

Nachdem wir uns mit der allgemeinen Geografie der alttestamentarischen Welt vertraut gemacht haben, sollten wir uns nun einen Überblick über die Geschichte des Alten Testaments verschaffen. Es mag einschüchternd klingen, 2000 Jahre oder mehr abdecken zu müssen. Doch ein einfaches Schaubild wird uns helfen, die Grundlagen zu erfassen (siehe S.35).

Das Alte Testament behandelt einen historischen Zeitabschnitt von 2000 Jahren vor dem Erscheinen Christi. Erste Mose 1–11 beinhaltet den „prähistorischen" Teil: die Erschaffung des Universums, den Sündenfall im Garten Eden, die Flut und den Turmbau zu Babel. Der Fokus liegt

DIE ANWEISUNGEN DES SCHÖPFERS

hier auf der Menschheit allgemein, auch wenn schon eine „göttliche" Abstammungslinie erkennbar ist. Die Geschichte des Volkes Israel selbst können wir ab 2000 v. Chr. verfolgen. Damals berief Gott Abraham (Es sollte jedoch noch Jahrhunderte dauern, bis die Nation Israel entstand.).

Die Zeit des Alten Testaments kann man in vier gleich große Abschnitte von jeweils rund 500 Jahren einteilen. Jeder Zeitabschnitt wird durch ein Schlüsselereignis, eine berühmte Persönlichkeit und eine besondere Herrschaftsform geprägt.

2000	**1500**	**1000**	**500**
Erwählung	Exodus	Imperium	Exil
Abraham	Mose	David	Jesaja
Patriarchen	Propheten	Prinzen	Priester

Während des ersten Zeitabschnitts waren Patriarchen die Anführer Israels: Abraham, Isaak, Jakob und Josef. Im zweiten standen Propheten an der Spitze des Volkes: angefangen mit Mose bis hin zu Samuel. In der dritten Zeitperiode wurde Israel von Königen oder Prinzen angeführt, von Saul bis Zedekia. In der vierten übernahmen die Priester die Macht, von Jeschua (ein Priester, der unter der Herrschaft Serubbabels aus dem Exil nach Juda zurückkehrte) bis zu Kaiphas zur Zeit Jesu.

Keine dieser Herrschaftsformen war ideal und jeder einzelne Anführer brachte seine eigenen Fehler und Schwächen mit. Die Nation brauchte einen Herrscher, der Prophet, Priester *und* König in einem war. In Jesus offenbarte sich dieser Regent. Insofern war jeder Zeitabschnitt ein Vorschatten des idealen Herrschers, der kommen sollte.

Man erkennt in diesem Zeitstrahl zwei Unterbrechungen, die jeweils 400 Jahre lang andauerten. Die erste befindet zwischen den Patriarchen und den Propheten um 1500

v. Chr., die zweite nach den Priestern um 400 v. Chr. Während dieser beiden Zeitabschnitte von je 400 Jahren sagte und tat Gott nichts. Aus diesem Grund haben wir keine biblischen Berichte über diese Phasen. Es gibt einige jüdische Bücher, die während des zweiten Abschnitts geschrieben wurden. Sie sind als „die Apokryphen" bekannt, doch sie gehören nicht zur Bibel an sich. Das liegt daran, dass sie sich mit einer Epoche beschäftigen, in der Gott weder redete noch handelte. Maleachi ist daher das letzte Buch des Alten Testaments in unseren christlichen Bibeln. Dann tut sich eine vierhundertjährige Lücke auf, bevor es mit dem Matthäusevangelium weitergeht.

Es ist sehr interessant, die Ereignisse der Weltgeschichte zu betrachten, die sich während dieser zwei „Unterbrechungen" ereigneten. Während des ersten Zeitabschnitts entwickelten sich die ägyptische, die indische und die chinesische Kultur. In der zweiten Periode erblühte die griechische Philosophie mit Sokrates, Plato und Aristoteles. Andere große Persönlichkeiten dieser Epoche waren Buddha, Konfuzius, Alexander der Große und Julius Cäsar. So vieles, was Historiker als wichtig ansehen, passierte damals. Allerdings hatte es für Gott kaum Relevanz. *Seine* Geschichte mit *seinem* Volk war das, was wirklich zählte.

Ein kurzer Überblick über die biblischen Bücher

Das erste Buch Mose, Kapitel 12–50, behandelt den ersten Abschnitt der Geschichte Israels. Damals waren Patriarchen die Anführer des Volkes (siehe vorheriges Schaubild). Möglicherweise wurde auch das Buch Hiob zu dieser Zeit verfasst, da sein Lebensstil Parallelen zur Welt der Patriarchen aufweist.

Verhältnismäßig wenige Bücher decken das nächste Viertel ab.

DIE ANWEISUNGEN DES SCHÖPFERS

SCHÖPFUNG, SÜNDENFALL, SINTFLUT, BABEL - MENSCH
1.MOSE 1-11

(A.T.) HEBRÄISCHE GESCHICHTE (v. Chr.)

2000	1500	1000	500
Erwählung	Exodus	Imperium	Exil
Abraham	Moses	David	Jesaja
PATRIARCHEN	PROPHETEN	PRINZEN	PRIESTER
(Abraham bis Josef)	*(Mose bis Samuel)*	*(Saul bis Zedekia)*	*(Jeschua bis Kaphas)*

ABRAHAM
ISAAK
JAKOB

1.MOSE 12-50

JOSEF

HIOB?

LÜCKE VON 400 JAHREN
GOTT SCHWEIGT UNTÄTIG

ÄGYPTEN
INDIEN
CHINA

2.MOSE JOSUA
3.MOSE RICHTER
4.MOSE RUT
5.MOSE

1,2 SAMUEL
1,2 KÖNIGE
1,2 CHRONIK

SAUL
DAVID
SALOMO

ISRAEL (10)
JUDA (2)
ELIA
ELISA

PSALMEN Hohel.
SPR.
PRED.

VORHER
JOEL   JONA
AMOS   NAHUM
HOSEA   OBADJA
MICAH   HABAKUK
JESAJA ZEFANJA

WÄHREND
JEREMIA
(KLAGELIEDER)
HESEKIEL

DANACH
HAGGAI
SACHARIA
MALEACHI

DANIEL
ESTHER

ESRA
NEHEMIA

LÜCKE VON 400 JAHREN
GOTT SCHWEIGT UNTÄTIG

SOKRATES
PLATO
ARISTOTELES

BUDDHA
KONFUZIUS
ALEXANDER DER GROSSE
JULIUS CÄSAR

GEBURT, TOD, AUFERERSTEHUNG, HIMMELFAHRT - JESUS
MATTHÄUS, MARKUS, LUKAS, JOHANNES

Das zweite, dritte, vierte und fünfte Buch Mose wurden alle von Mose verfasst. Die Bücher Josua, Richter und Rut setzen die Geschichtsschreibung dieser Periode fort.

Zum dritten Viertel gibt es mehr Bücher: Samuel, die Könige und die Chroniken sowie die poetischen Bücher: die Psalmen, die Sprüche, der Prediger und das Hohelied. Während dieses dritten Zeitabschnitts kam es nach der Herrschaft Salomos zum Bürgerkrieg. Damals spalteten sich die zwölf Stämme in zwei Volksgruppen. Die zehn Stämme des Nordreichs nannten sich Israel, die zwei Stämme im Süden hießen nun Juda. Es war das Ende der geeinten Nation. Während dieser Zeit gab es zwar Propheten, nämlich Elia und Elisa, doch ihnen wurden keine eigenen Bücher gewidmet.

Schließlich haben wir eine große Anzahl von Büchern, die das Exil betreffen (Das Nordreich Israel wurde von den Assyrern besiegt, danach wurden die Stämme des Südreichs Juda von den Babyloniern ins Exil verschleppt.). Manche dieser Werke enthalten Prophetien aus der Zeit vor dem Exil, manche Weissagungen aus der Exilzeit und andere wiederum eine Mischung aus beiden, weil der jeweilige Prophet beide Phasen miterlebte. Diese Häufung lässt Rückschlüsse auf die Wichtigkeit der Ereignisse für die Geschichte Israels zu. Sie bedeutet, dass der Verlust des Landes, das Gott dem Volk versprochen hatte, seiner Identität als Nation einen schweren Schlag versetzte.

Propheten warnten das Volk, dass es sein Land verlieren würde. Manchmal waren es dieselben Weissager, die die Menschen schließlich trösteten, als sie das Land tatsächlich verloren hatten. Es gab Propheten, die das Volk zum Wiederaufbau des Tempels aufforderten, als es 70 Jahre später nach Juda zurückkehrte. Die Bücher Daniel und Esther wurden dort in Babylon geschrieben. Die Propheten Esra und Nehemia halfen mit, Jerusalem wiederaufzubauen und das Volk zu reformieren, nachdem es heimgekehrt war.

Dieser kurze Überblick zeigt uns bereits, dass die Bücher des Alten Testaments nicht immer chronologisch angeordnet sind. Die Abfolge der „Geschichtsbücher" ist historisch ziemlich korrekt, die Propheten allerdings werden nach Umfang statt nach Chronologie gruppiert. Daher ist es nicht so einfach zu erkennen, wer wann gesprochen hat.

Aufstieg und Fall einer Nation

Ein weiterer Aspekt des Schaubildes im Abschnitt „Geografie" verdient unsere Aufmerksamkeit. Die gestrichelte Linie, die wir dort sehen, zeigt den Verlauf des Schicksals der Nation. Unter der Herrschaft Davids und Salomos erreichte sie ihren Höhepunkt. Der stetige Anstieg dieser Linie weist auf den bis dahin erzielten Fortschritt hin. Ist der Gipfel einmal erreicht, fällt sie scharf nach unten ab. Jeder Jude blickt auf diese erfolgreiche Periode zurück und sehnt sich nach ihrer Wiederkehr. Es war ihr goldenes Zeitalter. Das jüdische Volk hält noch heute nach einem Sohn Davids Ausschau, der diese nationale Blütezeit zurückbringen wird.

Vor der Himmelfahrt Christi stellten ihm seine Jünger eine letzte Frage: Wann machst du Israel wieder zu einem Königreich? Dieselbe Frage stellen die Juden auch 2000 Jahre später.

Die gestrichelte Linie fällt immer weiter ab, bis Israel im Jahr 721 v. Chr. von Assyrien ins Exil geführt wird. Juda ereilt kurz darauf dasselbe Schicksal, und zwar im Jahr 587 v. Chr. durch die Babylonier.

Nach der erwähnten Lücke von 400 Jahren tritt Johannes der Täufer auf, der erste Prophet seit langer Zeit. Dann erscheint Jesus Christus. Das Neue Testament deckt nur eine Zeitspanne von 100 Jahren ab, im Vergleich zu den über 2000 Jahren, die das Alte Testament umfasst.

Die Reihenfolge der Bücher

Wie wir bereits festgestellt haben, gibt es Unterschiede zwischen der Abfolge der historischen Ereignisse des Alten Testaments und der Reihenfolge, in der die biblischen Bücher gruppiert sind. Auch zwischen der Anordnung der Bücher des Alten Testaments in der christlichen und der hebräischen Bibel besteht ein großer Unterschied. Die christliche Bibel orientiert sich zunächst an der **historischen Chronologie:** das erste Buch Mose bis Esther. Dann kommen die **poetischen** Bücher: Hiob bis zum Hohelied. Darauf folgen die **Propheten:** Jesaja bis Maleachi. Sie werden noch weiter unterteilt in die **großen Propheten**, nämlich Jesaja, Jeremia, Hesekiel und Daniel sowie die **kleinen Propheten** von Hosea bis Maleachi. Allerdings orientiert sich die Bezeichnung „groß" und „klein" ausschließlich am Umfang der Bücher. Diese Unterscheidung wird, wenn überhaupt, nur im Inhaltsverzeichnis der jeweiligen Bibel angegeben. Daher ist den meisten Lesern gar nicht bewusst, dass sie sich von einer Kategorie in die nächste bewegen, wenn sie beispielsweise bei ihrer Lektüre von den großen zu den kleinen Propheten übergehen.

In der hebräischen Bibel gibt es drei klar unterscheidbare Kategorien. Die ersten fünf Bücher werden nicht als Geschichte angesehen, sondern als das **Gesetz** bezeichnet. Ihre Namen leiten sich von den ersten Worten ab, die man liest, wann man die entsprechende Schriftrolle öffnet. Die nächste Kategorie sind die **Propheten**. Dieser Titel überrascht, da er mehrere Bücher einschließt, die in der christlichen Bibel als Geschichtsbücher gelten. Josua, Richter, Samuel und Könige werden die **früheren Propheten** genannt, während die großen und kleinen Propheten (wie sie in der christlichen Bibel heißen) als die **späteren Propheten** gelten. Der Grund dafür liegt darin, dass die Juden die Geschichtsbücher als prophetische Geschichte betrachten. Das bedeutet, es geht um

DIE ANWEISUNGEN DES SCHÖPFERS

Geschichte aus *göttlicher* Perspektive. Wichtig ist, wie *Gott* die Geschehnisse wahrnahm und was er als wichtig erachtete.

ALTES TESTAMENT			
HEBRÄISCH		CHRISTLICH	
GESETZ (THORA, PENTATEUCH) * „Im Anfang" (1.Mose) * „Und dies sind die Namen" (2.Mose) * „Und der Herr rief" (3.Mose) * „In der Wüste" (4.Mose) * „Dies sind die Worte" (5.Mose) **PROPHETEN** **Frühere** * Josua * Richter * Samuel * Könige **Spätere** Jesaja Jeremia Hesekiel Hosea Joel Amos Obadja	Jona Micha Nahum Habakuk Zefanja Haggai Sacharja Maleachi **SCHRIFTEN** * Lobpreisungen (Psalmen) * Hiob * Sprüche * Rut * Hohelied * Der Prediger * Klagelieder * Esther * Daniel * Esra * Nehemia * 1,2 „Die Worte der Tage" (Chronik) „er ziehe hinauf" (Alijah) [letzte Worte] [Lukas 24; 27+44]	**GESCHICHTE (VERGANGENHEIT)** * 1.Mose * 2.Mose * 3.Mose * 4.Mose * 5.Mose * Josua * Richter * Rut * 1,2 Samuel * 1,2 Könige * 1,2 Chronik * Esra * Nehemia * Esther **LYRIK (GEGENWART)** * Hiob * Psalmen * Sprüche * Der Prediger * Hohelied	**PROPHETIE (ZUKUNFT)** Groß (4) Jesaja Jeremia * Klagelieder Hesekiel * Daniel **Klein (12)** Hosea Joel Amos Obadja Jona Micha Nahum Habakuk Zefanja Haggai Sacharja Maleachi „Bannfluch" (letztes Wort)

(Die Sternchen zeigen an, welche Bücher in jeweils verschiedenen Kategorien der hebräischen und christlichen Bibel auftauchen.)

Geschichtsschreibung beruht immer auf dem Prinzip der Auswahl und des Zusammenhangs. Entscheidend ist, welche Ereignisse berücksichtigt werden und warum dies geschieht. Die biblische Geschichte bildet dazu keine Ausnahme. Allerdings sind es hier die Propheten, die durch göttliche Inspiration die entsprechende Auswahl trafen.

Das Buch Rut und die Bücher der Chronik gelten in der christlichen Bibel als Geschichtsbücher. In der hebräischen Bibel hingegen zählen sie nicht zur prophetischen Geschichtsschreibung. Tatsächlich erwähnt der Verfasser des Buches Rut kein direktes Handeln Gottes, auch wenn die Akteure dieser Geschichte ihn im Kontext von Segenswünschen und ähnlichem erwähnen. Stattdessen bilden diese Bücher die dritte und letzte Kategorie der hebräischen Bibel, die **Schriften**. Überraschenderweise gehören auch die poetischen Bücher zu den Schriften, ebenso wie das Buch Daniel. Letzteres hätten wir wahrscheinlich eher der prophetischen Abteilung zugeordnet.

Diese Einteilung mag uns merkwürdig erscheinen. Doch genau diese Kategorisierung verwendete Jesus, als er den beiden Männern auf dem Weg nach Emmaus begegnete und sich später den zehn Jüngern nach seinem Tod und seiner Auferstehung zeigte. Wir können nachlesen, wie er sie durch das Gesetz, die Propheten und die Schriften führte und ihnen alles erklärte, was dort über ihn geschrieben war. Jesus kannte diese Gliederung des Alten Testaments und er akzeptierte sie. Ich glaube, sie kann auch uns eine Hilfe sein.

Es gibt weitere jüdische Geschichtsbücher, die nicht Teil der Bibel sind. Die Apokryphen bestehen hauptsächlich aus „Geschichtsschreibung", auch wenn einige dieser Schriften andere Literaturformen enthalten. In den Apokryphen finden wir faszinierende Berichte, die uns Einblicke in das Leben der Makkabäer geben. Sie rebellierten gegen die Griechen, die in den Jahrhunderten vor Christus das Land besetzt hielten. Als man sich schließlich darauf einigte, welche Schriften in den biblischen Kanon des Alten Testaments aufgenommen werden sollten, gehörten diese Bücher allerdings nicht dazu. Man hielt sie nicht für göttlich inspiriert. Sie fanden aber Eingang in römisch-katholische Bibelausgaben. In diesem Buch werden die biblischen Schriften so ziemlich in chronologischer Reihenfolge behandelt. Das erlaubt den Lesern, die Worte Gottes in der Reihenfolge aufzunehmen, in der sie gesprochen wurden. So können sie die progressive Offenbarung, die diese Worte enthalten, besser verstehen.

Fazit

Auf den ersten Blick mag das Alte Testament verwirrend erscheinen. Doch ich hoffe, dass dieser Überblick meinen Lesern helfen wird, sich erfolgreich einen Weg durch seine Seiten zu bahnen. Natürlich ist es weiterhin unverzichtbar, den biblischen Text selbst immer und immer wieder zu studieren. Dabei muss es sich jedoch nicht um eine rein akademische Übung handeln. Das Alte Testament ist von Gott inspiriert. Er wird sich uns beim Lesen offenbaren. Wir müssen ihn nur darum bitten.

2.
DAS ERSTE BUCH MOSE

Einleitung

Die Bibel besteht nicht nur aus einem Buch, sondern aus vielen. Das Wort „Bibel" ist von der lateinischen Pluralform *biblia* abgeleitet, was übersetzt „Bücher" oder „Bibliothek" bedeutet. Die Bibel besteht aus 66 einzelnen Werken und unterscheidet sich von jedem anderen Buch der Geschichte. Sie beginnt nämlich früher und endet später. Ihr erstes Buch, das erste Buch Mose, auch Genesis genannt, berichtet vom Anfang des Universums. Das letzte Buch, die Offenbarung, beschreibt das Ende der Welt und was danach kommt. Die Bibel ist auch deshalb einzigartig, weil ihre Geschichtsschreibung aus Gottes Perspektive verfasst wurde. Menschliche Interessen bestimmen den Fokus der politischen oder naturwissenschaftlichen Geschichte des Universums. In der Bibel jedoch wählt Gott die Aspekte aus, die für ihn bedeutsam sind.

Themen

Die Bibel hat im Grunde genommen zwei Hauptthemen: Was mit unserer Welt schiefgelaufen ist und wie es wieder in Ordnung gebracht werden kann. Unsere Erde ist kein besonders guter Lebensraum, darin sind sich die meisten Menschen einig. Irgendetwas ist ganz furchtbar danebengegangen. Das erste Buch Mose erklärt uns in aller Deutlichkeit, worin das Problem besteht. Der Rest der Bibel berichtet darüber, wie Gott die sündige Menschheit vor sich selbst rettet und so die Sache wieder ins Lot bringt. Die 66 Bücher der Bibel sind die einzelnen Bestandteile eines großen Dramas, das wir auch das Drama der Erlösung nennen könnten. Das erste Buch Mose ist dabei von entscheidender Wichtigkeit, weil es uns die Bühne, die Schauspieler und den Handlungsablauf dieses großartigen Stückes vorstellt; ohne die ersten Kapitel des Buches Genesis würde der Rest der Bibel kaum einen Sinn machen.

ANFÄNGE

Der hebräische Name dieses Buches lautet einfach „Im Anfang". Die hebräischen Schriften bestanden aus Schriftrollen. Das erste Wort oder der erste Begriff, der ganz oben auf der Rolle stand, diente als Name des jeweiligen Buches. Er war für jeden sichtbar, der überprüfen wollte, um welches Buch es sich handelte.

Als 250 v. Chr. das hebräische Alte Testament ins Griechische übersetzt wurde, änderten die Übersetzer den Namen des ersten Buches in „Genesis", was „Ursprünge" oder „Anfänge" bedeutet. Dieser Titel ist sehr passend, da dieses Buch die Anfänge von so vielem enthält: den Beginn unseres Universums, der Sonne, des Mondes und der Sterne sowie des Planeten Erden. Auch der Ursprung der Pflanzen, Vögel, Fische, Tiere und Menschen wird beschrieben, ebenso wie der Beginn der Fortpflanzung, der Ehe und des Familienlebens. Zudem ist der Anfang von Zivilisation, Regierung, Kultur (Kunst und Wissenschaft), Sünde, Tod, Mord und Krieg inbegriffen. Schließlich kommen auch die ersten Opfer, und zwar sowohl Menschen- als auch Tieropfer vor. Kurz gesagt, dieses Buch enthält die Menschheitsgeschichte in komprimierter Form. Die ersten elf Kapitel des ersten Buches Mose könnte man daher auch „das Vorwort zur Bibel" nennen.

DAS BEDÜRFNIS NACH ANTWORTEN

Im ersten Buch Mose geht es nicht nur um die Anfänge, sondern auch um die wichtigsten und grundlegendsten

Fragen unseres Lebens. Wie ist unser Universum entstanden? Warum sind wir auf dieser Erde? Warum müssen wir sterben?

Es ist nicht von der Hand zu weisen, dass kein menschliches Wesen diese Fragen beantworten kann. Historiker schreiben nieder, was Menschen in der Vergangenheit gesehen oder erlebt haben. Wissenschaftler zeichnen auf, was man heute feststellen kann und machen Vorschläge, wie alles begonnen haben könnte. Doch keine dieser beiden Gruppen kann uns erklären, warum alles begann und ob das Universum, so wie es jetzt existiert, irgendeine Bedeutung hat. Philosophen können nur Vermutungen anstellen, was die Antwort auf diese Fragen betrifft. Sie spekulieren über den Ursprung des Bösen und warum es auf dieser Welt so viel Leid gibt. Aber letztendlich wissen sie es nicht. Die einzige Person, die uns diese Fragen wirklich beantworten könnte, ist Gott selbst.

Wer ist der Autor?
Wenn wir das erste Buch Mose aufschlagen, stellt sich uns daher sofort folgende Frage: Haben wir es hier mit dem Ergebnis menschlicher Vorstellungskraft zu tun oder mit einem Buch, das von Gott inspiriert ist?

Zur Beantwortung dieser Frage hilft uns eine Herangehensweise, die in ähnlicher Art und Weise auch in der wissenschaftlichen Forschung Anwendung findet. Die Wissenschaft beruht auf einzelnen Glaubensschritten: Man entwickelt eine Hypothese und überprüft dann, ob sie den Tatsachen entspricht. Daher entsteht wissenschaftlicher Fortschritt durch eine ganze Serie von Glaubenssprüngen. Man setzt gewisse Theorien als erwiesen voraus und handelt dann auf Grundlage dieser Annahmen. Um Genesis richtig verstehen zu können, müssen wir genauso einen Schritt im Glauben machen, bevor wir das Buch überhaupt aufschlagen. Wir müssen annehmen, dass es sich um ein von Gott inspiriertes Buch handelt. Dann überprüfen wir, ob die Antworten, die uns das Werk gibt, mit den Tatsachen des Lebens und des Universums, so wie wir sie kennen, übereinstimmen.

Es gibt insbesondere zwei unbestreitbare Tatsachen, die durch die Antworten im ersten Buch Mose vollumfänglich erklärt werden. Tatsache Nummer eins besagt, dass wir in einer wunderbaren Welt voll überragender Schönheit und außergewöhnlicher Vielfalt leben. Tatsache Nummer zwei stellt fest, dass diese Welt von ihren Bewohnern zugrunde gerichtet wird. Wir wissen, dass jeden Tag 100 verschiedene Arten aussterben. Zudem wird uns immer stärker bewusst, wie schädlich unsere modernen Produktionsmethoden für unsere Umwelt sind. Das Buch Genesis erklärt uns umfassend, warum diese beiden Fakten die Wahrheit abbilden, wie wir später noch sehen werden.

Die Position des ersten Buchs Mose

Das Buch Genesis ist nicht nur das erste Buch, es ist das *grundlegende* Buch für die gesamte Bibel. Die meisten, wenn nicht sogar alle biblischen Wahrheiten sind darin enthalten, wenigstens im Embryonalstadium. Dieses Buch ist der Schlüssel, der uns den Rest der Bibel aufschließt. Wir erfahren, dass es nur einen Gott gibt, den Schöpfer des Universums. Aus allen Nationen wurde Israel auserwählt, um ein Segen zu sein, auch das wird uns berichtet. Wissenschaftler bezeichnen dies als den „Skandal der besonderen Erwählung", dass aus allen anderen Völkern gerade Israel ausgesondert werden sollte. Dieses Thema zieht sich durch die gesamte Bibel, bis zu ihrer letzten Seite.

Die Wichtigkeit des Buches Genesis wird auch deutlich, wenn wir uns folgende hypothetische Frage stellen: Wie würde die Bibel aussehen, wenn sie mit dem zweiten Buch Mose begänne? Wäre das der Fall, würden wir darüber rätseln, warum wir uns für eine Horde jüdischer Sklaven in Ägypten interessieren sollten. Nur Menschen mit einem besonderen akademischen Interesse an diesem Thema würden weiterlesen. Allein die Lektüre des Buches Genesis hilft uns zu verstehen, warum diese Sklaven als Nachkommen Abrahams bedeutsam waren. Gott hatte mit Abraham einen Bund geschlossen und ihm versprochen, dass seine Nachkommen ein Segen für alle Völker sein würden. Mit dieser Information im Hinterkopf können wir verstehen, warum es wichtig war, dass Gott diese Sklaven beschützte und bewahrte. An Gottes Handeln können wir ablesen, wie er seinen Plan für diese Welt umsetzte und weiterhin umsetzt, der sich schrittweise entfaltet.

Um welche Art von Literatur handelt es sich?
Viele Leser des ersten Buches Mose wissen, dass heftig darüber gestritten wird, ob dieses Werk göttlicher Natur sei. Manche halten es für ein Sagenbuch ohne historisch nachprüfbare Fakten. Ich möchte zu diesem Thema drei einleitende Punkte voranstellen.

1. Das Buch Genesis ist das Fundament des gesamten Alten Testaments. Sehr oft wird in den übrigen Büchern auf Personen wie Adam, Noah, Abraham und Jakob (später Israel genannt) verwiesen. Auch das Neue Testament baut auf diesem Fundament weiter. Es zitiert Genesis viel öfter, als die übrigen Bücher des Alten Testaments es tun. Die ersten sechs Kapitel werden alle detailliert im Neuen Testament angeführt. Zudem verweisen alle acht Hauptautoren des Neuen Testaments auf die eine oder andere Weise auf dieses Buch.

2. Jesus selbst klärte alle Frage zur historischen Zuverlässigkeit dieses Buches, indem er häufig auf seine Hauptakteure verwies. Er stellte sie alle als Menschen dar, die tatsächlich existiert haben. Auch die dort berichteten Ereignisse behandelte er als historische Tatsachen. Jesus betrachtete die Geschichte von Noah und der Flut als historisches Ereignis. Er behauptete zudem, Abraham persönlich zu kennen. Im Johannesevangelium sind seine Worte an die Juden aufgezeichnet: „Abraham, euer Vater, jubelte, dass er meinen Tag sehen sollte, und er sah ihn und freute sich." Kurz darauf sagte er: „Ehe Abraham war, bin ich" (Johannes 8,56+58; ELB). Johannes erinnert uns ebenso daran, dass Jesus schon am Anfang der Zeit da war. Als Jesus zum Thema Scheidung und Wiederheirat befragt wurde, verwies er seine Zuhörer auf 1. Mose 2. Dort würden sie die Antwort finden, sagte er ihnen. Wenn Jesus glaubte, dass das Buch Genesis der Wahrheit entprach, haben wir keinen Grund, etwas anderes anzunehmen.

3. Auch der Apostel Paulus ging in seinem Theologieverständnis davon aus, dass das Buch Genesis historisch der Wahrheit entsprach. In Römer 5 stellte er den Gehorsam Christi dem Ungehorsam Adams gegenüber. Dabei erläuterte er die Folgen dieser beiden Haltungen für das Leben des Gläubigen. Dieser Punkt wäre bedeutungslos, wenn Adam keine real existierende Person gewesen wäre.

Ist Genesis nicht wahr, so ist es der Rest der Bibel auch nicht
Alle diese Erwägungen haben nicht nur Auswirkungen auf das Buch Genesis. Wenn wir nicht akzeptieren, dass dieses Buch die Wahrheit berichtet, dann folgt daraus, dass wir auch dem Rest der Bibel kein Vertrauen schenken können.

Wie wir bereits festgestellt haben, baut so vieles in der Bibel auf dem Fundament des ersten Buches Mose auf. Wenn das erste Buch Mose nicht der Wahrheit entspricht, dann ist der „Zufall" unser Schöpfer und die wilden Tiere sind unsere Vorfahren. So überrascht es nicht, dass Genesis heftiger attackiert worden ist als jedes andere Buch der Bibel.

Diese Attacke hat zwei Stoßrichtungen: eine ist wissenschaftlicher, die andere geistlicher Natur. Wir werden uns den Aspekten des wissenschaftlichen Angriffs später zuwenden, wenn wir den Inhalt des Buches detaillierter untersuchen. Jetzt reicht es aus, die Behauptung zur Kenntnis zu nehmen, dass viele Details in den Anfangskapiteln nicht mit den Erkenntnissen der modernen Wissenschaft übereinstimmen würden. Dabei geht es beispielsweise um das Alter der Erde, den Ursprung des Menschen, den Umfang der Sintflut sowie das Lebensalter der Menschen vor und nach der Flut.

Hinter der wissenschaftlichen Attacke kann man allerdings einen satanischen Angriff erkennen. Zwei Bücher der Bibel hasst der Teufel am meisten. Es sind die Bücher, die seinen Auftritt und seinen unwürdigen Abgang beschreiben: Genesis und die Offenbarung. Daher liebt er es, Menschen daran zu hindern, an die Anfangskapitel des ersten Buches Mose und die Schlusskapitel der Offenbarung zu glauben. Wenn es ihm gelingt, uns davon zu überzeugen, dass das Buch Genesis ein Mythos und die Offenbarung ein Mysterium sei, dann hat er gute Chancen, den Glauben weiterer unzähliger Menschen zu zerstören. Das ist ihm sehr bewusst.

Wie ist das erste Buch Mose entstanden?
Genesis ist eines der fünf Bücher, die in der jüdischen Bibel eine Einheit bilden. Diese Einheit ist entweder als der Pentateuch (*penta* bedeutet „fünf") oder die Thora („Weisung") bekannt. Die Juden glauben, dass diese fünf Bücher zusammengenommen die „Anweisungen des

Schöpfers" für die Welt beinhalten. Daher lesen sie diese Schriften jedes Jahr einmal durch, wobei sie jede Woche einen Text behandeln.

Die jüdische, christliche und sogar die heidnische Tradition geht seit langem davon aus, dass Mose diese fünf Bücher geschrieben hat. Ein guter Grund, diese Annahme anzuzweifeln, ist nicht ersichtlich. Zu Lebzeiten des Mose hatte das Alphabet bereits die Bildsprache ersetzt, die in Ägypten vorherrschte und bis heute in China und Japan verwendet wird. Mose war akademisch gebildet und hatte daher die Fähigkeit und das Wissen, diese fünf Bücher zusammenzustellen.

Allerdings muss man zwei Probleme erörtern, wenn es um die Frage geht, ob Mose diese fünf Bücher verfasst hat.

PROBLEME MIT DER AUTORSCHAFT DES MOSE

Das erste Problem ist kein wirkliches großes. Am Ende des Buches Deuteronomium wird über Moses Tod berichtet. Es ist eher unwahrscheinlich, dass er diesen Teil selbst verfasst hat! Wahrscheinlich fügte Josua den entsprechenden Vermerk am Ende der fünf Bücher hinzu, um die Geschichte abzuschließen.

Das zweite, größere Problem besteht darin, dass das erste Buch Mose zirka 300 Jahre vor Moses Geburt endet. Die Bücher Exodus, Levitikus, Numeri und Deuteronomium zu schreiben, war für ihn nicht weiter schwierig. Er hatte die Ereignisse ja selbst erlebt, über die diese Bücher berichten. Aber wie hätte er an die inhaltlichen Informationen für das Buch Genesis kommen können?

Dieses Problem lässt sich allerdings leicht lösen. Untersuchungen an Völkern, die über keine Buchkultur verfügen, haben nämlich Folgendes ergeben: Diejenigen, die nicht schreiben können, haben ein phänomenales Gedächtnis. Analphabetische Stämme lernen ihre

Geschichte durch mündliche Erzählungen, die am Lagerfeuer weitergegeben werden. Diese mündliche Überlieferung wird in primitiven Volksgruppen sehr intensiv gepflegt. So wird es auch bei den Hebräern gewesen sein, insbesondere als sie in Ägypten versklavt wurden. Schließlich wollten sie ihren Kindern weitergeben, wer sie waren und woher sie kamen.

Es gibt zwei Arten der Geschichte, die normalerweise in dieser Überlieferungsform weitergegeben wird. Zum einen die Geschlechtsregister, da ein Stammbaum den Menschen Identität verleiht. Im Buch Genesis kommen viele Geschlechtsregister vor. Der Satz „Dies ist das Buch der Generationenfolge ..." (oder in manchen Übersetzungen „Dies sind die Söhne ...") wiederholt sich zehnmal. Zum anderen gibt es die Sage oder Heldengeschichte. Dabei wird berichtet, welche großen Taten die Vorfahren vollbracht haben. Das Buch Genesis besteht fast ausschließlich aus diesen beiden historischen Aspekten: Geschichten über große Helden, die sich mit Familienstammbäumen abwechseln. Vor diesem Hintergrund kann man sich leicht vorstellen, dass Mose das Buch aus den Erinnerungen der Sklaven in Ägypten zusammenstellte.

Gleichwohl beantwortet dies nicht alle Fragen über die Autorschaft des Mose. Es gibt einen Teil des Buches, den er auf keinen Fall auf diese Art und Weise empfangen haben kann. Dabei handelt es sich um das erste Kapitel (oder vielmehr Kapitel 1,1 bis 2,3, da die Kapiteleinteilung am falschen Platz steht). Wie konnte Mose das Kapitel über die Erschaffung der Welt verfassen?

Hier müssen wir nun unseren Glauben aktivieren. In Psalm 103 heißt es, dass Gott Mose seine Wege kundtat. Das schließt den Schöpfungsbericht mit ein. Er ist einer der wenigen Teile der Bibel, die Gott einem Menschen direkt diktiert haben muss. Der Mensch, in diesem Fall

Mose, schrieb dann alles exakt so auf, wie er es gehört hatte. Genauso verhält es sich mit der Offenbarung, als Gott Johannes deutlich auftrug, was er schreiben sollte, um das Ende der Welt zu veranschaulichen. Normalerweise inspirierte Gott die Verfasser dazu, ihr eigenes Temperament, ihr Erinnerungsvermögen, ihre Einsichten und ihre Perspektiven einzusetzen, um sein Wort zu formulieren (so, wie er es mit Mose beim verbleibenden Teil des Buches Genesis tat). Gleichzeitig war die Inspiration durch seinen Geist so mächtig, dass das Ergebnis genau dem entsprach, was Gott sich wünschte. Den Schöpfungsbericht vermittelte er hingegen durch eine direkte Offenbarung.

Ein Detail, das diesen Ansatz bestätigt, sind die fehlenden Berichte darüber, dass der Sabbat vor der Zeit des Mose gehalten worden wäre. Wir lesen nirgendwo, dass ein Tag der Sabbatruhe zum Lebensstil irgendeines Patriarchen gehört hätte. Es gibt tatsächlich keinerlei Hinweise auf das Konzept einer Siebentagewoche. Jegliche Zeitangaben benennen nur Monate und Jahre. Da Genesis Kapitel 1 am Anfang unserer Bibeln steht, gehen wir fälschlicherweise davon aus, dass Adam das Konzept vertraut war und dass er den Sabbat als Vorbild für alle seine Nachkommen hielt. Stattdessen scheint sich Adam jedoch *jeden Tag* um den Garten Eden gekümmert zu haben. Zeit mit dem Herrn verbrachte er abends. Gleichermaßen lässt nichts darauf schließen, dass Abraham, Isaak oder Jakob einen Ruhetag eingelegt hätten. Ihre Tätigkeit als Viehhirten erlaubte ihnen wahrscheinlich ohnehin kaum eine Pause.

Das muss uns nicht überraschen. Sollte Mose, wie oben dargelegt, das erste Kapitel einschließlich der Sabbatruhe von Gott direkt empfangen haben, so lösen sich diese Fragen auf. Aufgrund dieser Offenbarung war Mose dann in der Lage, das Konzept des Sabbats durch die Zehn Gebote in das Alltagsleben Israels einzuführen.

Zusammenfassend können wir daher festhalten, dass Genesis ganz eindeutig ein Buch Gottes ist und auch als solches gelesen werden sollte. Gleichzeitig ist es auch ein Werk, das von Mose geschrieben wurde. Dabei nutzte er sein schriftstellerisches Talent und seine Bildung, die er sich während seiner Zeit in Ägypten angeeignet hatte. Er tat dies, um die außergewöhnlichen Taten Gottes aufzuschreiben. Durch die Berufung Abrahams hatte Gott damit begonnen, die Folgen des Sündenfalles wieder rückgängig zu machen.

Der Aufbau des Buches

Es ist hilfreich, sich den Gesamtaufbau des Buches zu vergegenwärtigen. Das erste Viertel (Kapitel 1–11) bildet einen deutlich abgegrenzten Teil, der viele Jahrhunderte umfasst. Er beinhaltet das Wachstum und die Verbreitung verschiedener Völker im „fruchtbaren Halbmond" (dem Landstreifen, der sich im Nahen Osten von Ägypten bis zum Persischen Golf erstreckt). Kapitel 12 stellt mit der Berufung Abrahams einen Wendepunkt dar. Die folgenden drei Viertel des Buches verengen sich in ihrem Fokus auf das Handeln Gottes an Abraham und dessen Nachkommen Isaak, Jakob und Josef.

Es gibt weitere Unterteilungen innerhalb dieses Gesamtaufbaus. In den Kapiteln 1 und 2 bezeichnet der Autor alles als gut, einschließlich der Menschen. In den Kapiteln 3 bis 11 erkennen wir den Ursprung und die Folgen der Sünde. Der Mensch entfernt sich geistlich und physisch immer weiter vom Garten Eden. Gottes Charakter wird uns vorgestellt, wie er in seiner Gerechtigkeit den Menschen bestraft. Gleichzeitig sehen wir auch seine barmherzige Fürsorge, selbst inmitten des Gerichts.

Die Kapitel 12 bis 36 vergleichen sechs Männer miteinander: Abraham mit Lot, Isaak (den Sohn der

Verheißung) mit Ismael (den Sohn des Fleisches) und Jakob mit Esau. Uns werden zwei Arten von Menschen vorgestellt. Die Frage stellt sich, mit welchen wir uns identifizieren. Gott macht seinen eigenen Ruf von drei Männern abhängig, von Abraham, Isaak und Jakob, so fehlerhaft sie auch sein mögen. Schließlich konzentriert sich der Text auf Josef, einen völlig anderen Charakter. Wir werden später noch sehen, wie und warum er sich so sehr von seinen Vorfahren unterscheidet.

Am Anfang schuf Gott
Wenden wir uns nun dem Buch selbst zu und seinem erstaunlichen Anfangskapitel. Es beginnt mit den Worten (ELB): „Im Anfang schuf Gott bzw." (LUT) "Am Anfang schuf Gott.".

Genesis enthält viele Anfänge. Deutlich wird jedoch, dass Gott selbst dort nicht seinen Anfang nimmt. Gott ist bereits da, als die Bibel beginnt. Denn er existierte schon, als das Universum erschaffen wurde. Philosophische Fragen danach, wo Gott herkam, sind absolut überflüssig. Es muss ein ewiges Wesen gegeben haben, bevor das Universum entstand. Die Bibel macht deutlich, dass diese Person Gott ist. Die Grundannahme der Bibel besagt, dass Gott ewig ist, dass er schon immer da war, dass er immer da sein wird und dass er der Gott ist, der existiert. Sein Eigenname „Jahwe" ist ein Partizip des hebräischen Verbs „sein". Ein Wort, das Gottes Wesensart, wie sie im Namen „Jahwe" enthalten ist, gut vermittelt ist das Adjektiv „immer" oder „allezeit": Gott war schon immer der, der er ist und er wird allezeit genau derselbe bleiben.

Auch wenn wir die Existenz Gottes nicht begründen müssen, so kommen wir doch nicht umhin, die Existenz von allem anderen zu erklären. Dieser Ansatz steht dem modernen Verständnis dieser Welt diametral entgegen. Letzteres betrachtet alles, was existiert und behauptet dann, wir müssten beweisen, dass es Gott tatsächlich gäbe. Die Bibel geht diese Frage aus der Gegenrichtung an. Sie setzt voraus, dass Gott schon immer da war. Nun muss erklärt werden, warum alles andere existiert.

Als Mose das Buch Genesis verfasste, wusste jeder Hebräer ganz sicher, dass es Gott gab. Er hatte sein Volk aus Ägypten befreit, das Rote Meer geteilt und die ägyptische Armee ertrinken lassen. Sie wussten also aus ihrer persönlichen Erfahrung, dass Gott existierte. Weitere „Beweise" waren überflüssig.

Das Erfordernis des Glaubens
Das Neue Testament legt uns einen hilfreichen Ansatz nahe, wenn wir uns mit der Existenz Gottes beschäftigen wollen. Er wird uns auch bei unserem Studium des ersten Buches Mose nützlich sein. Hebräer 11 macht zwei Aussagen über die Schöpfung. Zunächst heißt es dort: „Durch den Glauben erkennen wir, dass die Welt durch Gottes Wort geschaffen ist, dass alles, was man sieht, aus nichts geworden ist." Etwas später, im selben Kapitel, steht dann folgender Satz: „Wer zu Gott kommen will, der muss glauben, dass er ist und dass er denen, die ihn suchen, ihren Lohn gibt" (Hebräer 11,3+6; LUT 2017).

Im Blick auf die gesamte Bibel, einschließlich des ersten Buches Mose, müssen wir also annehmen, dass Gott existiert und dass er sich wünscht, dass wir ihn finden, ihn kennenlernen, ihn lieben und ihm dienen. Auf der Grundlage dieses Vertrauens werden wir dann Erfahrungen mit ihm machen. Wir können die Existenz oder Nichtexistenz Gottes nicht beweisen. Wir können jedoch an der Grundüberzeugung festhalten, dass Gott möchte, dass wir ihn kennenlernen und an ihn glauben.

Ein Bild des Schöpfers
Nachdem wir die ersten vier Worte des Buches betrachtet haben, kommen wir jetzt zu einem Punkt, der

möglicherweise viele überraschen wird: Das Thema des ersten Kapitels des Buches Genesis ist nicht *die Schöpfung*, sondern *der Schöpfer*. Es geht nicht in erster Linie darum, *wie* unsere Welt in Existenz kam, sondern *wer* sie ins Dasein rief. Tatsächlich erscheint das Wort „Gott" in nur 31 Versen gleich 35 Mal. Als wollte der Autor damit betonen, dass es eigentlich nur um Gott geht. Dieses Kapitel enthält nicht so sehr den Schöpfungsbericht, sondern vielmehr ein Bild des Schöpfers. Was vermittelt uns nun dieses Bild?

1. GOTT IST EINE PERSON

Genesis 1 beschreibt einen persönlichen Gott. Er hat ein Herz, das fühlt. Er hat einen Verstand, der denkt. Der Allmächtige kann zudem seine Gedanken aussprechen. Er verfügt über einen eigenen Willen, trifft Entscheidungen und bleibt diesen Entscheidungen treu. Alle diese Eigenschaften bilden etwas, das wir als Persönlichkeit bezeichnen würden. Gott ist kein Es, Gott ist ein *Er*. Genau wie wir ist er eine vollwertige Person mit Gefühlen, Gedanken und Beweggründen.

2. GOTT IST MÄCHTIG

Dass Gott überaus mächtig sein muss, ist ziemlich offensichtlich. Denn er kann Dinge durch sein Wort in Existenz rufen. Im ersten Kapitel gibt er insgesamt zehn „Anweisungen", und jede wird genauso ausgeführt, wie er es beabsichtigt hat.

3. GOTT IST UNERSCHAFFEN

Wir haben bereits festgestellt, dass Gott existiert und schon immer da war. Er war allezeit der Schöpfer und niemals ein Geschöpf.

4. GOTT IST KREATIV

Welch eine Vorstellungskraft muss Gott haben! Was für ein

Künstler! Sechstausend Arten von Käfern. Kein Grashalm ist wie der andere. Keine Schneeflocke gleicht der nächsten. Kein Wolkenpaar ist identisch, kein Sandkorn wie das andere. Keine zwei Sterne, die sich gleichen. Eine erstaunliche Vielfalt, die doch harmonisch zusammenwirkt, ein ganzes Universum.

5. GOTT IST SYSTEMATISCH
Es gibt eine Symmetrie in Gottes Schöpfungswerk, wie wir noch sehen werden. Die Tatsache, dass die Schöpfung mathematisch aufgebaut ist, macht die Wissenschaft erst möglich.

6. GOTT IST EINZAHL
Alle Verben in Genesis 1 ab dem Wort „schuf" stehen in der Einzahl.

7. GOTT IST MEHRZAHL
Das Wort, das für „Gott" verwendet wird, steht im Urtext nicht in der Einzahl *El*, sondern in der Pluralform *Elohim*. Es bedeutet drei oder mehr „Götter". Somit ist der allererste Satz der Bibel grammatikalisch falsch, weil ein Hauptwort in der Mehrzahl mit einem Verb in der Einzahl kombiniert wird. Doch theologisch ist dieser Satz richtig. Er verweist auf einen Gott, der dreieinig ist.

8. GOTT IST GUT
Aus diesem Grund sind alle seine Werke „gut". Er bezeichnet den Menschen als sein bestes Geschöpf, sein Meisterwerk, als „sehr gut". Hinzu kommt noch, dass er seiner gesamten Schöpfung Gutes tun will, er will sie „segnen." An seiner Güte muss sich jede Form des Gutseins messen.

9. GOTT IST LEBENDIG
Er handelt in dieser Welt, in Zeit und Raum.

10. GOTT KOMMUNIZIERT
Er spricht zu seiner Schöpfung und den Geschöpfen, die sich darin befinden. Es liegt ihm besonders am Herzen, mit Menschen in Beziehung zu treten.

11. GOTT IST WIE WIR
Wir wurden als sein Ebenbild geschaffen, daher müssen wir ihm in gewisser Weise gleichen und er muss uns ähnlich sein.

12. GOTT IST ANDERS ALS WIR
Er kann etwas aus dem Nichts *(ex nihilo)* „erschaffen", während wir nur etwas aus etwas anderem „herstellen" können. Wir sind „Produzenten"; er ist der einzige Schöpfer.

13. GOTT IST UNABHÄNGIG
Gott wird niemals mit seiner Schöpfung identifiziert. Es gibt von Anfang an eine klare Trennung zwischen dem Schöpfer und seiner Schöpfung. Die New Age Bewegung bringt diese Grundannahme durcheinander, indem sie behauptet, dass „Gott" irgendwie ein Teil von uns sei. Doch der Schöpfer steht eigenständig neben seiner Schöpfung. Er kann sich einen Tag freinehmen und sich ziemlich weit von allem, was er gemacht hat, entfernen. Wir dürfen ihn niemals mit dem, was er erschaffen hat, identifizieren. Seine Schöpfung anzubeten, bedeutet, Götzendienst zu treiben. Den Schöpfer anzubeten, ist der wahre Gottesdienst.

Unvereinbare Philosophien
Akzeptieren wir das Gottesbild von Genesis 1, so sind mehrere alternative Vorstellungen von Gott automatisch ausgeschlossen. Diese Sichtweisen könnte man auch Philosophien nennen (Das Wort „Philosophie" bedeutet „Liebe zur Weisheit".). Jeder Mensch sieht die Welt unterschiedlich, ob er bewusst darüber nachdenkt oder nicht.

DIE ANWEISUNGEN DES SCHÖPFERS

Wenn man dem ersten Buch Mose, Kapitel 1 glaubt, sind folgende philosophische Denkansätze damit unvereinbar:

1. **Atheismus**: Atheisten glauben, dass es keinen Gott gibt. Genesis 1 bestätigt uns, dass es ihn gibt.

2. **Agnostizismus**: Agnostiker bekennen, dass sie nicht wüssten, ob es einen Gott gibt oder nicht. Genesis 1 setzt voraus, dass es ihn gibt.

3. **Animismus:** Der Animismus vertritt, dass viele Geister die Welt beherrschen: Geister der Flüsse, Geister der Berge usw. Genesis 1 bekräftigt, dass Gott die Welt geschaffen hat und sie kontrolliert.

4. **Polytheismus:** Polytheisten glauben, dass es viele Götter gibt. Die Hindus gehören zu dieser Kategorie. Genesis 1 stellt fest, dass es nur einen Gott gibt.

5. **Dualismus**: Anhänger dieser Überzeugung gehen davon aus, dass es zwei Götter gibt, einen guten und einen schlechten. Dabei ist der Gute für die positiven Dinge verantwortlich, die geschehen, und der Böse für die schlechten. Genesis 1 sagt aus, dass es nur einen Gott gibt, der gut ist.

6. **Monotheismus:** Dieser Ansatz entspricht dem Judentum und dem Islam. Es gibt nur einen Gott, der als eine einzige Person existiert. Monotheisten lehnen Gott als dreieiniges Wesen ab. Genesis 1 verwendet jedoch den Begriff *Elohim*, um Gott zu beschreiben und verweist damit auf einen Gott, der als drei Personen existiert.

7. **Deismus:** Deisten betrachten Gott als den Schöpfer. Sie gehen jedoch davon aus, dass er heute nicht mehr beherrschen kann, was er früher erschaffen hat. Gott gleicht einem Uhrmacher, der die Welt quasi „aufgezogen" hat und sie nun nach ihren eigenen Gesetzen laufen lässt. Von daher greift Gott niemals in diese Welt ein. Wunder sind unmöglich. Viele Christen sind im Alltag Deisten.

8. **Theismus:** Theisten glauben, dass Gott die Welt nicht nur erschaffen hat, sondern dass er auch seine gesamte Schöpfung kontrolliert. Der Theismus kommt der biblischen Philosophie nahe, doch im Grunde genommen geht er nicht weit genug.

9. **Existentialismus:** Diese heute sehr beliebte Philosophie setzt die eigenen Erfahrungen an die Stelle Gottes. Unsere Entscheidungen und unsere eigene Selbstbestätigung sind dabei die „Religion", der wir folgen. Es gibt keinen Schöpfer wie in Genesis 1, dem wir rechenschaftspflichtig wären.

10. **Humanismus:** Humanisten lehnen das Konzept eines Gottes außerhalb der erschaffenen Welt ab. Obwohl Genesis 1 uns davon berichtet, dass der Mensch von Gott geschaffen wurde, glauben die Humanisten, dass der Mensch selbst Gott ist.

11. **Rationalismus:** Rationalisten glauben, dass unser eigener Verstand Gott ist. Sie lehnen die Grundannahme in Genesis 1 ab, dass dem Menschen seine geistigen Kräfte verliehen wurden, als und weil Gott ihn nach seinem Ebenbild schuf.

12. **Materialismus:** Materialisten halten nur die Materie für real. Sie glauben nur an Dinge oder Personen, die sie mit ihren eigenen Augen sehen können.

13. **Mystizismus:** Im Gegensatz zu den Materialisten glauben die Mystiker, dass nur die geistliche Welt real ist.

14. **Monismus:** Diese Philosophie ist die Hauptgrundlage der New Age Bewegung. Sie behauptet, dass Materie und Geist im Grunde ein und dasselbe sind. Die Vorstellung, dass Gott ein unabhängiger Geist ist, der die Welt geschaffen hat, wird daher strikt abgelehnt.

15. **Pantheismus:** Dieser Ansatz gleicht dem Monismus. Man glaubt daran, dass Gott alles ist. Eine moderne Version nennt sich Panentheismus: Gott in allem.

Im Gegensatz zu all diesen Philosopien könnte man die biblische Sicht **Dreinigkeitstheismus** nennen: Gott ist drei Personen in einem Wesen, er ist der Schöpfer und Beherrscher des Universums. Diese biblische Weltsicht kommt direkt aus Genesis 1 und setzt sich bis zum letzten Kapitel der Offenbarung fort.

Stil

Nun wollen wir den Text von Genesis 1 näher betrachten. Dabei interessiert uns ganz besonders der Stil dieses Kapitels. Ganz offensichtlich wurde es nicht in wissenschaftlicher Sprache verfasst. Viele Leser scheinen sich dem ersten Kapitel in der Erwartung zu nähern, eine detaillierte Beschreibung vorzufinden, wie in einem naturwissenschaftlichen Lehrbuch. Stattdessen ist die

Ausdrucksweise sehr einfach. Menschen aller Generationen und Zeitalter können diesen Text verstehen, unabhängig von ihrem naturwissenschaftlichen Bildungsgrad.

Der Schöpfungsbericht verwendet nur sehr schlichte Kategorien. Er unterteilt die Pflanzenwelt in drei Gruppen: Gras, samentragende Pflanzen und Bäume. Auch die Tierwelt hat drei Untergruppen: gezähmte Tiere, Jagdwild und wilde Tiere. Diese einfachen Typenbezeichnungen sind für alle Menschen überall auf der Welt verständlich.

WORTE

Diese einfache Ausdrucksweise zeigt sich auch in den verwendeten Wörtern. Im gesamten ersten Kapitel des Buches Genesis gibt es nur 76 verschiedene Wortwurzeln. Darüber hinaus kann man jedes einzelne dieser Wörter in jeder Sprache dieser Welt wiederfinden. Das bedeutet, dass Genesis 1 von allen Kapiteln der gesamten Bibel am einfachsten zu übersetzen ist.

Jeder Autor muss sich Gedanken über seine potenzielle Leserschaft machen. Gott beabsichtigte, mit dem Schöpfungsbericht jeden Menschen in jedem Zeitalter und an jedem Ort zu erreichen. Deshalb hielt er diesen Bericht sehr einfach. Selbst ein Kind kann ihn lesen und verstehen. Das hat unter anderem zur Folge, dass man ihn sehr leicht in eine andere Sprache übertragen kann.

Auch die Tätigkeitswörter sind sehr einfacher Natur. Ein Verb, das hier verwendet wird, ist besonders wichtig für unser Verständnis dessen, was geschah. Genesis 1 unterscheidet zwischen den Worten „schuf" und „machte". Das hebräische Wort für „schuf", *bara*, bedeutet, etwas aus dem Nichts zu erschaffen. Es kommt im ersten Kapitel des Buches Genesis nur dreimal vor, nämlich um die Erschaffung der Materie, des Lebens und des Menschen zu beschreiben. An anderen Stellen verwendet der Autor stattdessen das Wort „machte". Damit deutet er an, dass etwas aus etwas anderem hergestellt wird. So, wie wir davon sprechen, dass Dinge aus bestimmten Rohstoffen produziert werden.

Die Beschreibung des Schöpfungshandelns Gottes innerhalb von sieben Tagen folgt ebenfalls einem sehr einfachen Muster. Jeder Satz hat ein Subjekt, ein Verb und ein Objekt. Die Grammatik ist so unkompliziert, dass jeder Leser problemlos folgen kann. Alle Sätze werden durch ein Wort verbunden, beispielsweise durch „aber", „und" oder „so". Es ist ein außerordentliches Werk.

STRUKTUR

Genesis 1 ist wunderschön strukturiert. Es gibt eine bestimmte Ordnung, die sechs Tage umfasst. Diese sechs Tage gliedern sich in jeweils zwei Einheiten von drei Tagen auf.

In 1. Mose 1, 2 (LUT) heißt es: „Und die Erde war wüst und leer." Die Entwicklung beginnt in Vers 3, wobei es eine erstaunliche Übereinstimmung zwischen den ersten und den letzten drei Tagen gibt. In den ersten drei Tagen erschafft Gott eine variantenreiche Umwelt mit scharfen Kontrasten: Er trennt das Licht von der Dunkelheit, den Himmel vom Wasser und das Land vom Meer. Er schafft Unterschiede, die für Vielfalt sorgen. Am dritten Tag beginnt er zudem damit, das Land mit Pflanzen zu bestücken. Die Erde hat nun eine „Form".

Danach, am vierten, fünften und sechsten Tag füllt er die Lebensräume, die er in den ersten drei Tagen in Existenz gerufen hat. Die Sonne, der Mond und die Sterne am vierten Tag korrespondieren folglich mit dem Licht und der Dunkelheit, die am ersten Tag geschaffen wurden; am fünften Tag füllen die Vögel und die Fische den Himmel und das Wasser, die am zweiten Tag in Existenz kamen; am sechsten Tag schließlich werden die Tiere und Adam erschaffen, um das Land zu bevölkern, das am dritten Tag entstand. Gott schafft also die Dinge in einer geordneten und präzisen Weise. Aus dem Chaos lässt er tatsächlich Ordnung entstehen. Die Erde ist jetzt angefüllt – mit Leben.

MATHEMATISCHE EIGENSCHAFTEN

Ein weiterer faszinierender Aspekt des Schöpfungsberichts ist folgender: Genesis 1 verfügt über mathematische Eigenschaften. Die drei Zahlen, die während des Berichts immer wieder vorkommen, sind 3, 7 und 10. Jede dieser Zahlen hat im Gesamtkontext der Bibel eine besondere Bedeutung. Die Drei symbolisiert, wie Gott beschaffen ist, die Sieben ist die Zahl der Vollkommenheit und die Zehn steht für Vollständigkeit. Untersucht man die Fälle, in denen die Zahlen 3, 7 und 10 vorkommen, ergeben sich erstaunliche Zusammenhänge.

Nur dreimal *erschafft* Gott tatsächlich etwas aus dem Nichts. Dreimal *benennt* er etwas mit Namen, dreimal *macht* er etwas und dreimal *segnet* er etwas.

Siebenmal lesen wir den Satz: „Und Gott sah, dass es gut war." Natürlich gibt es sieben Tage; und der erste Satz von Genesis 1 hat im Hebräischen sieben Worte. Hinzu kommt, dass die letzten drei Sätze des Schöpfungsberichts im hebräischen Urtext jeweils aus sieben Worten bestehen.

Und schließlich erteilt Gott zehnmal einen Befehl.

EINFACHHEIT

Der Stil von Genesis 1 steht in deutlichem Kontrast zum Stil anderer „Schöpfungsberichte", beispielsweise zum babylonischen Epos der Schöpfung. Er ist sehr kompliziert und wirkt merkwürdig. Bezüge zur Realität sind kaum erkennbar. Allerdings stößt die Einfachheit des biblischen Schöpfungsberichts nicht überall auf Beifall. Manche behaupten, dass dieser allzu simple Ansatz beweise, dass man die Bibel in unserer modernen Zeit nicht ernstnehmen könne. Allerdings gibt es zur Verteidigung dieser einfachen Ausdrucksform viele gute Argumente.

Man stelle sich beispielsweise vor, wie man den Bau eines Hauses in einem Kinderbuch beschreiben würde. Er sollte so akkurat und gleichzeitig so einfach dargestellt werden, dass die jungen Leser in der Lage wären, dem Prozess zu folgen. Man würde folgende Personen erwähnen: den Maurer, der die Ziegel aufeinandersetzt, den Zimmermann, der an den Fenstern, den Türrahmen und den Dachbalken arbeitet, den Klempner, der die Rohre einbaut, den Elektriker, der die Leitungen verlegt, den Stuckateur, der die Wände verputzt und den Maler, der sie schließlich anstreicht.

Verfasst man die Beschreibung nach diesem Muster, so hat sie sechs grundlegende Phasen. Dessen ungeachtet ist der Bau eines Hauses natürlich viel komplizierter. Er erfordert die Abstimmung und das teilweise zeitgleiche Arbeiten verschiedener Handwerker in den unterschiedlichen Bauphasen. Niemand würde jedoch behauten, dass die Beschreibung in diesem Kinderbuch falsch oder irreführend wäre. Der ganze Bauprozess ist in der Realität nur um einiges vielschichtiger. Genauso besteht kein Zweifel daran, dass Genesis einen vereinfachten Bericht enthält und dass die Wissenschaft uns mit weit mehr Details versorgen kann. Gottes Absicht war es jedoch nicht, uns einen detaillierten, wissenschaftlich akkuraten Bericht zu liefern. Vielmehr wollte er uns eine systematische Erklärung geben, der jeder folgen und die jeder akzeptieren könnte. Sie sollte zudem unterstreichen, dass er bei der Erschaffung der Welt genau wusste, was er tat.

Wissenschaftliche Fragen
Auch wenn wir das Erfordernis der Einfachheit akzeptieren, beantwortet das noch nicht alle unsere Fragen, die sich

aus dem Schöpfungsbericht ergeben. Wir müssen uns insbesondere mit dem Tempo beschäftigen, in dem die Schöpfung erfolgte und mit dem Alter der Erde. Diese beiden Fragen stehen unabhängig nebeneinander und hängen doch zusammen. Geologen behaupten, dass die Erde sich in einem Zeitraum von viereinviertel Milliarden Jahren geformt haben muss, während Genesis den Entstehungszeitraum auf nur sechs Tage festlegt. Wer hat Recht?

Was die Reihenfolge der Schöpfung betrifft, gibt es eine grundsätzliche Übereinstimmung zwischen der Wissenschaft und dem Schöpfungsbericht. Die Naturwissenschaft stimmt der Abfolge der Ereignisse in Genesis 1 zu. Es gibt nur eine Ausnahme: Die Sonne, der Mond und die Sterne werden erst am vierten Tag sichtbar, nachdem die Pflanzen schon erschaffen worden sind. Das erscheint uns widersprüchlich, bis uns bewusst wird, dass die Erde im Originalzustand von einer großen Wolke oder einem dichten Nebel umgeben war. Die wissenschaftliche Forschung bestätigt die Wahrscheinlichkeit dieser Tatsache. Als das erste Licht erschien, hätte man es nur als hellere Wolken wahrgenommen. Als dann jedoch die Pflanzen erschaffen wurden und Kohlendioxid in Sauerstoff umwandelten, lichtete sich der Nebel. Zum ersten Mal waren die Sonne, der Mond und die Sterne am Himmel sichtbar. Dass diese Himmelskörper erschienen, lag daran, dass sich die große Wolke, welche die Erde umhüllt hatte, verflüchtigte. Daher stimmt die Wissenschaft ganz genau mit der Reihenfolge des biblischen Schöpfungsberichts überein. Lebewesen traten erst im Meer auf, bevor sie sich an Land zeigten. Als Letzter kam der Mensch.

Während Naturwissenschaftler grundsätzlich mit der Bibel übereinstimmen, was die Reihenfolge der Schöpfung angeht, gibt es immer noch Bereiche, die sehr konfliktbehaftet sind. Sie betreffen u.a. den Ursprung der Tiere und des Menschen und eine ganze Fülle damit zusammenhängender Aspekte. Dabei geht es auch um das Alter der Menschen, die vor und nach der Flut lebten, sowie um das Ausmaß der Flut und folgende grundlegende Frage: Entstand die Erde durch Schöpfung oder durch Evolution?

Bevor wir uns im Detail mit diesen Fragen auseinandersetzen, sollten wir uns bewusst machen, dass man das Problem Wissenschaft kontra Bibel auf drei verschiedene Arten angehen kann. Es ist wichtig zu entscheiden, wie man sich diesem Problem nähern will, bevor man es tut. Es stehen folgende Ansätze zur Wahl: Verwerfung, Trennung oder Integration.

VERWERFUNG

Der erste Ansatz stellt uns vor die Wahl. Entweder hat die Bibel Recht oder die Wissenschaft. Eine von beiden muss man verwerfen, beide zu akzeptieren ist unmöglich. Typischerweise glauben die „Ungläubigen" an die Wissenschaft, während die Christen der Bibel folgen. Beide stecken in Vogel-Strauß-Manier den Kopf in den Sand, wenn es um die Meinung der anderen Seite geht.

Als Christ ist es schwierig, die Wissenschaft zu verwerfen, da sie in so vielen Bereichen Recht behalten hat. Was beispielsweise die moderne Kommunikation betrifft, verdanken wir der wissenschaftlichen Entwicklung sehr viel. Die Wissenschaft ist nicht unser Feind, wie manche Christen zu glauben scheinen.

Die Entdeckung des „Piltdown-Menschen" macht diesen Punkt sehr deutlich. Als man 1912 den Schädel eines Wesens, das halb Mensch und halb Affe zu sein schien, in Piltdwon/Sussex fand, betrachteten viele ihn als Beweis einer gewissen Form der Evolution. Als man später herausfand, dass der Schädel tatsächlich eine Fälschung war, überhäuften Christen die Wissenschaft schnell mit

Spott und Hohn. Dabei vergaßen sie allerdings, dass es in erster Linie die Wissenschaft war, die diese Fälschung aufgedeckt hatte!

Es bringt also Probleme mit sich, zwischen Wissenschaft und Bibel zu wählen. Wir sollten wissenschaftliche Erkenntnisse zwar nicht ungefragt akzeptieren, doch sollten wir auch nicht so einfältig sein, Menschen zum intellektuellen Selbstmord aufzufordern, damit sie an die Bibel glauben können. Das ist unnötig.

TRENNUNG

Der zweite Ansatz will Wissenschaft und Bibel soweit auseinanderhalten wie möglich. Die Wissenschaft beschäftige sich mit einer Art der Wahrheit, die Bibel mit einer anderen, sagen Anhänger dieser Sichtweise. Sie behaupten, dass es bei der Wissenschaft um physische oder materielle Dinge gehe, während sich die Bibel mit moralischen und übernatürlichen Fragen auseinandersetze. Dabei handle es sich um zwei völlig voneinander getrennte Bereiche. Die Wissenschaft erkläre uns, wie und wann die Welt entstanden sei. Die Bibel informiere uns darüber, wer sie geschaffen habe und warum. Beide Sphären müssten getrennt behandelt werden, da es keine Überschneidung gebe, um die man sich kümmern müsste. Die Wissenschaft vermittle Fakten; die Bibel rede über Werte. Wir sollten in der Wissenschaft nicht nach Werten und in der Bibel nicht nach Fakten suchen.

Dieser Ansatz wird immer üblicher, selbst in christlichen Gemeinden. Er kommt aus dem griechischen Denken, das den physischen und den geistlichen Bereich wie in zwei wasserdichten Behältern strikt voneinander getrennt hält. Dem hebräischen Denken ist diese Art der Weltsicht jedoch fremd. Es betrachtet Gott als Schöpfer und Erlöser. Dabei gehören das Physische und das Geistliche zusammen.

Wenden wir diesen trennenden Ansatz auf das erste Buch Mose an, müssten wir die ganze Geschichte als Märchen betrachten. Genesis 3 würde dann zu einer Fabel mit dem Titel „Wie die Schlange ihre Beine verlor". Adam erhielte den Beinamen „Jedermann." Das Buch bestünde dann aus einer Fülle fiktiver Geschichten, die uns Werte und Erkenntnisse über Gott und uns selbst vermittelten. Diese Erzählungen würden uns lehren, wie wir über Gott und uns selbst denken sollten – doch wir dürften nicht versuchen, sie mit historischen Fakten in Einklang zu bringen.

Genau wie Hans Christian Andersens Kinderbücher ethische Werte vermittelten, enthielten auch die Geschichten im Buch Genesis viele moralische Wahrheiten, jedoch keine historischen Fakten. Das vertreten die Verfechter dieses Ansatzes. Bei Adam und Eva handelte es sich folglich nur um Sagenfiguren; und die Geschichte von Noah und der Flut war auch nur ein Märchen. Diese Sichtweise geht natürlich über die Erzählungen im Buch Genesis hinaus. Denn stellt man einmal die geschichtliche Wahrheit eines Teils der Bibel in Frage, dann ist es nur noch ein kleiner Schritt, andere Bereiche ebenfalls zu diskreditieren. Folgt man diesem Ansatz, so bleibt eine Bibel ohne Geschichte übrig. Sie enthält dann eine Fülle von Werten, jedoch kaum Fakten.

Ebenso wie der „Verwerfungsansatz" hat auch der Versuch, Wissenschaft und Bibel strikt voneinander zu trennen, seine Probleme. Tatsächlich sind die Bibel und die Wissenschaft zwei sich überschneidende Kreise: Sie behandeln tatsächlich teilweise dieselben Fragen. Daher muss man sich offensichtlichen Widersprüchen stellen. Zudem untergräbt es den Ruf der gesamten Bibel, wenn wir so tun, als ob sie zwar faktisch inkorrekt aber immer noch wertvoll sei. Wie können wir nun dieses Problem lösen? Kann uns der dritte Ansatz dabei helfen, Wissenschaft und Bibel zusammenzubringen?

INTEGRATION

Wenn wir herausfinden wollen, wie wir Wissenschaft und Bibel miteinander in Einklang bringen können, müssen wir uns zwei grundlegende Fakten vor Augen führen, die beide gleichermaßen wichtig sind: die vorübergehende Natur der wissenschaftlichen Forschung und die Veränderungen in unserer Interpretation der Bibel.

1. Die Wissenschaft ändert ihre Meinung

Früher glaubten Wissenschaftler, dass das Atom die kleinste Einheit im Universum sei. Mittlerweile wissen wir, dass jedes Atom ein ganzes Universum enthält. Bis vor kurzem hieß es noch, dass die X- und Y-Chromosomen entscheiden würden, ob ein Fötus zu einem männlichen oder weiblichen Menschen heranreifen würde. Mittlerweile wurde diese Ansicht widerlegt. Die Entdeckung der DNA hat unsere Sicht des Lebens revolutioniert. Jetzt wissen wir nämlich, dass die früheste Lebensform über die komplizierteste DNA verfügte. Die DNA ist eine Sprache, die eine Botschaft von einer Generation zur nächsten weitergibt. Aus diesem Grunde muss eine Person dahinterstecken.

Die meisten Menschen, die eine Generation vor uns lebten, glaubten noch, dass die Natur klar definierten Gesetzen folgen würde. Die moderne Wissenschaft hat mittlerweile herausgefunden, dass es eine viel größere Beliebigkeit gibt, als wir gedacht hätten. Die „Quantenphysik" ist bei weitem flexibler.

Auch die Geologie ist dem Wechsel und der Entwicklung unterworfen. Heute gibt es viele verschiedene Wege, um das Alter der Erde zu bestimmen. Einige neue Methoden sollen offenbart haben, dass die Erde viel jünger sei, als man bisher angenommen hatte. An einem Ende des Spektrums geht man dabei von 9000 Jahren aus, am anderen Ende von 175.000 Jahren. Das ist viel weniger als die viereinviertel

Milliarde Jahre, die man zuvor errechnet hatte.

Zudem befindet sich die Anthropologie in einem chaotischen Zustand. Die prähistorischen Menschen, die man einst für unsere Vorfahren hielt, werden mittlerweile als Geschöpfe angesehen, die keine Verbindung zu uns hatten. Sie kamen und verschwanden wieder. Auch die Biologie hat sich verändert. Heute glauben weniger Menschen als früher an die Evolutionstheorie von Charles Darwin.

Während wir nun die Konflikte zwischen der wissenschaftlichen Forschung und den biblischen Berichten nicht abtun sollten, sind wir doch gut beraten, unsere Interpretation der Dinge nicht an einem bestimmten wissenschaftlichen Zeitalter festzumachen. Denn auch die wissenschaftliche Erkenntnis selbst erweitert sich ständig.

2. Die Interpretation der Bibel verändert sich

Auch die traditionelle Interpretation der Bibel kann sich verändern, genauso, wie es Entwicklungen in unserem wissenschaftlichen Verständnis gibt. Die Bibel ist zwar von Gott inspiriert, doch unsere Auslegung der Schrift ist es vielleicht nicht immer. Wir müssen sehr klar zwischen dem biblischen Text und unserer Interpretation dieses Textes unterscheiden. Wenn die Bibel beispielsweise von den „Enden der Erde" spricht, interpretieren das heute sehr wenige Menschen so, als sei die Erde eine Scheibe. In der Bibel wird die sogenannte *Sprache des Anscheins* verwendet. Dort heißt es beispielsweise, dass die Sonne im Osten auf und im Westen untergeht und über den Himmel wandert. Doch wie wir wissen, bedeutet das nicht, dass sich die Sonne um die Erde drehen würde.

Haben wir einmal erfasst, dass die wissenschaftliche Interpretation flexibel und unsere Auslegung der Bibel nicht in Stein gemeißelt ist, können wir uns bemühen, Wissenschaft und Bibel miteinander in Einklang zu bringen.

Dann ist es uns möglich, zu ausgewogenen Ansichten zu kommen, wo Widersprüche zu existieren scheinen.

DER „TAG" IN GENESIS 1
Eine derartig „integrierte" Lösung wird dringend benötigt, wenn wir uns den Streit um die Länge der Tage in Genesis 1 vergegenwärtigen. Dabei handelt es sich um ein traditionelles Schlachtfeld der Debatte „Wissenschaft kontra Bibel".

Das Problem der Tage in Genesis 1 und des wahren Alters der Erde verschärfte sich noch dadurch, dass man früher manche Bibeln mit einem Datum am Rand des ersten Kapitels veröffentlichte. Dort stand 4004 v. Chr. Diese Zahl hatte ein irischer Erzbischof mit dem Namen James Ussher errechnet (Ein weiterer Gelehrter behauptete sogar, dass Adam am 24. Oktober um 9.00 Uhr geboren wurde!). All dies geschah ungeachtet der Tatsache, dass es im Urtext bis Kapitel 5 keine Datumsangaben gibt.

Ussher nahm seine Berechnungen auf der Grundlage der Generationenfolge vor, über die im ersten Buch Mose berichtet wird. Ihm war jedoch nicht bewusst, dass die jüdischen Stammbäume nicht jede Generation einer Abstammungslinie enthalten. Die Worte „Söhne des" können auch Enkel oder Urenkel bedeuten. Es fällt zwar nicht schwer, Usshers errechnetes Datum abzutun. Doch wir sehen uns immer noch dem Problem gegenüber, dass die Bibel offensichtlich berichtet, dass die Schöpfung sechs Tage dauerte, während die Wissenschaft von einem viel längeren Zeitraum ausgeht.

Was ist mit dem Wort „Tag" in der Originalsprache gemeint? Es handelt sich um das hebräische Wort Jom. Manchmal beschreibt es einen Tag von 24 Stunden. Allerdings kann es auch zwölf Stunden Tageslicht oder eine ganze Ära bedeuten, wie in der Redewendung „Die

Tage von Pferd und Wagen sind vorbei."

Mit diesen Alternativbedeutungen im Hinterkopf wollen wir uns nun den verschiedenen Ansichten zum Tag in Genesis 1 zuwenden.

Erdentage

Manche nehmen das Wort „Tag" wörtlich, als einen irdischen Tag von 24 Stunden. Dieser Ansatz steht mit der wissenschaftlichen Schätzung der geologischen Zeit im Widerspruch, die nötig wäre, um die Erde zu erschaffen. Dabei geht man von ihrem offensichtlichen Alter aus.

Eine Zeitlücke

Andere gehen von einem zeitlichen Zwischenraum zwischen den Versen 2 und 3 aus. Sie argumentieren, dass es nach der Zustandsbeschreibung „die Erde war wüst" in Vers 2 eine lange Zeitlücke gegeben habe, bevor die sechs Tage anbrachen, in denen Gott alles andere ins Leben rief. Die Erde gab es folglich schon, als Gott sich innerhalb der sechs Tage ans Werk machte. Diese Theorie ist weit verbreitet, man findet sie in der Scofield Bibel und in anderen Anmerkungen zu unterschiedlichen Bibelausgaben.

Ein weiterer Weg, mehr Zeit zu finden, besteht darin, sich auf die Flut zu beziehen. Dazu wurden verschiedene Bücher veröffentlicht, insbesondere von den Autoren Whitcome and Morris. Sie vertreten die Ansicht, dass die vorliegenden geologischen Daten alle aus der Flut stammen. Dabei ist das „wahrnehmbare" Alter der Felsen das Ergebnis dieser Überschwemmung.

Die Illusion der Zeit

Wieder andere vertreten die Meinung, dass Gott die Dinge absichtlich alt aussehen ließ. So, wie Adam als Mann geschaffen wurde und nicht als Säugling, schuf Gott die

Erde und ließ sie älter aussehen, als sie tatsächlich ist. Gott schafft also echte Antiquitäten! Er kann einen Baum 200 Jahre alt aussehen lassen, mit allen Baumringen darin, und er kann ein Berg schaffen, der tausend Jahre alt zu sein scheint. Das ist eine mögliche Theorie – Gott könnte das tun.

Die Vertreter der „Lücken-" und der „Illusionstheorie" gehen beide davon aus, dass wir den „Tag" wörtlich nehmen und mehr Zeit finden müssen, um die geologischen Ergebnisse erklären zu können.

Geologische Epochen

Ein weiterer Ansatz sieht in einem „Tag" eine „geologische Epoche". In diesem Falle meinen wir nicht sechs Tage, sondern sechs geologische Epochen, d.h. die Tage 1–3 sind keine Sonnentage (Es gab ja ohnehin noch keine Sonne!). Viele finden diese Theorie attraktiv, doch sie kann den Refrain „und es wurde Abend und es wurde Morgen" nicht erklären. Dieser Refrain beginnt mit Tag 1. Auch fehlt es an einer plausiblen Erklärung dafür, dass die sechs Tage nicht jeweils einem geologischen Alter entsprechen.

Mystische Tage

Wie wir bereits festgestellt haben, bereitet die Länge der Tage manchen Deutern keine Schwierigkeiten, weil sie davon ausgehen, dass es sich sowieso um einen mythologischen Text handelt. Für sie sind die sechs Tage nur der poetische Rahmen der Geschichte. Es geht um Märchentage, die man ignorieren kann. Das Wichtigste ist, die „Moral von der Geschicht'" zu begreifen, den Rest kann man dann getrost vergessen.

Schultage

Professor Wiseman von der „London University" hat einen der faszinierendsten Vorschläge gemacht. Er glaubt, dass es sich bei diesen Tagen um „Bildungstage" handelte. Gott offenbarte Mose seine Schöpfungsgeschichte abschnittsweise während einer siebentägigen Zeitspanne. Daher dreht sich der biblische Bericht darum, dass Mose im Rahmen eines siebentägigen Seminars den Kreationsprozess kennenlernte. Andere stimmen dieser Theorie zu, meinen jedoch, dass diese Erkenntnisse in Form von Visionen kamen, so wie Johannes Visionen empfing, um das Buch der Offenbarung niederzuschreiben.

Tage Gottes
Die letzte mögliche Interpretation besagt, dass es sich um „Tage Gottes" handelte. Die Zeit ist für Gott relativ, tausend Jahre sind für ihn wie ein Tag. Daraus könnte man folgern, dass Gott vermitteln wollte, dass bei der Schöpfung für ihn „alles innerhalb einer Arbeitswoche" über die Bühne gegangen sei.

Dadurch betont Gott die Wichtigkeit, die er der Menschheit im Schöpfungsprojekt zumisst. Denn menschliches Leben kann seine gesamte Bedeutung verlieren, wenn man die geologische Zeit als einzigen Maßstab verwendet. Stellen wir uns beispielsweise vor, dass die Höhe des Obelisken „Nadel der Kleopatra" am Ufer der Themse in London das Alter unserer Erde symbolisieren würde. Legte man dann eine Zehn-Pence-Münze oben flach auf das Ende der Nadeln und eine Briefmarke oben drauf, so würde die Zehn-Pence-Münze das Alter der Menschheit repräsentieren und die Briefmarke den zivilisierten Menschen. Aus einer chronologischen Perspektive wäre der Mensch scheinbar bedeutungslos.

Vielleicht wollte Gott, dass wir die Schöpfung als Werk einer Arbeitswoche verstehen, damit er schnell zum wichtigsten Punkt kommen könnte, zu unserem Leben auf dem Planeten Erde. In der gesamten Schöpfung haben wir für ihn die größte Bedeutung. Er verwendet in Genesis so wenige Worte für die Details der Schöpfung und so viele für die Menschheit.

Diese Theorie ist erweiterbar. Der siebte Tag hat kein Ende, weil er Jahrhunderte lang andauerte. Er erstreckte sich durch einen Großteil der Bibel hindurch bis zum Ostersonntag, als Gott seinen Sohn von den Toten auferweckte. Im gesamten Alten Testament erschafft Gott nichts Neues mehr; Gott hatte sein Schöpfungshandeln beendet. Tatsächlich kommt das Wort „neu" im Alten Testament kaum vor. Und selbst wenn es einmal vorkommt, steht es in einem negativen Kontext, wie im Prediger, wo es heißt: „Es gibt nichts Neues unter der Sonne." Gott ruhte während der gesamten Zeit des Alten Testaments.

Es gibt daher gute Gründe, die Tage in Genesis 1 als Gottes Tage zu betrachten. Gott selbst wollte, dass wir die Schöpfung als das Werk einer Arbeitswoche betrachten.

Der Mensch im Zentrum

Wenden wir uns Kapitel 2 zu, sticht uns sofort der große Unterschied zwischen diesem Text und Kapitel 1 ins Auge. Sowohl der Stil, als auch der Inhalt und die Sichtweise verändern sich. Im ersten Kapitel steht Gott im Zentrum. Der Schöpfungsbericht ist aus seiner Sicht verfasst. Im zweiten Kapitel spielt der Mensch die Hauptrolle. Die allgemeinen Begrifflichkeiten des ersten Kapitels werden im zweiten Kapitel durch spezifische Namen abgelöst. Kapitel 1 beschreibt die Menschheit schlicht und einfach als „Mann" und „Frau". In Kapitel 2 sind aus Mann und Frau „Adam" und „Eva" geworden, zwei besondere Einzelpersonen.

Auch Gott erhält im zweiten Kapitel einen Namen. Im ersten Kapitel war er einfach nur „Gott" *(Elohim)*, doch nun ist er „Gott, der HERR". Ist „der HERR" in unseren Bibeln großgeschrieben, bedeutet es, dass sein Eigenname auch im hebräischen Urtext verwendet wird. Im Hebräischen gibt es keine Vokale, daher besteht sein Name aus vier Konsonanten, J H V H. Daraus wurde das Wort „Jehova" abgeleitet, was allerdings irreführend ist und nicht dem Namen Gottes entspricht. Da das V wie ein W ausgesprochen wird, erhält man im Deutschen die Buchstabenfolge J H W H. Daraus ergibt sich der Name „Jahwe", manchmal auch „Jahweh" geschrieben. In der englischen „New Jerusalem Bible" wird das Wort so verwendet, wie es dasteht: „The Yahweh God" (Der Jahweh Gott). Wie wir schon festgestellt haben, verdeutlicht das Wort „immer" oder „allezeit" die Bedeutung des hebräischen Namens (ein Partizip des Verbs „sein") am besten. Dieses Wort hilft uns dabei, das Wesen Gottes besser zu begreifen.

Kapitel 2 erklärt die Beziehung zwischen Mensch und Gott noch ausführlicher. Während wir in Kapitel 1 lesen, dass Mann und Frau nach seinem Ebenbild geschaffen wurden, erfahren wir im nächsten Kapitel, dass Gott mit dem Menschen in einer Art und Weise umging, die beispiellos ist. Keinem anderen Geschöpf begegnete er so. Es gibt eine Verbundenheit zwischen Gott und Mensch, die dem Rest der gesamten Schöpfung fehlt. Tiere haben nicht die Fähigkeit, mit Gott eine spirituelle Beziehung einzugehen, so, wie Menschen es können. In diesem Sinne sind die Menschen ihrem Schöpfer in einzigartiger Weise ähnlich.

Allerdings werden uns auch die Unterschiede zwischen Gott und der Menschheit vor Augen geführt. Denn obwohl der Mensch nach Gottes Bild geschaffen wurde, ist er ihm auch *unähnlich*. Diese wichtige Tatsache müssen wir beachten, wenn wir eine Beziehung mit Gott eingehen wollen. Dass er uns ähnlich ist, bedeutet, dass unser Verhältnis zu ihm innig sein kann. Doch die Tatsache, dass er anders ist, hilft uns dabei, die Ehrfurcht nicht zu verlieren und unsere Anbetung angemessen zu gestalten. Man kann einerseits mit Gott zu plump vertraulich umgehen und ihn andererseits zu sehr fürchten.

Die Wichtigkeit der Namen
Der Name, den Gott Adam gab, bedeutet „vom Erdboden". Wir könnten ihn „Erdling" nennen. Später im selben Kapitel erhält auch die Frau ihren Namen: Eva. Er bedeutet „lebendig."

In biblischer Zeit war es üblich, dass Namen eine beschreibende oder sogar lautmalerische Funktion hatten (wie „Kuckuck"). Daher gebrauchte Adam Beschreibungen, als er die Tiere benannte, die dann zu ihren Namen wurden. Biblische Namen veranschaulichen nicht nur etwas, sondern sie tragen auch *Autorität* in sich. Wer einen Namen gibt, hat die Autorität über die Person oder die Sache inne, die den Namen empfängt. Darin, dass Adam alle Tiere benannte, zeigte sich seine Autorität über diese Geschöpfe. Auch seiner Frau gab er einen Namen. Daran erinnert man sich heute noch, wenn die Ehefrau bei der Heirat den Nachnamen des Ehemannes annimmt.

Auch Ortsnamen sind in diesem Kapitel enthalten. Das Land wird nicht länger einfach „die trockene Erde" genannt: Wir lesen über die Länder Hawila, Kusch, Assur und über den Garten Eden. Die Flüsse erhalten ebenfalls Namen. Vier Ströme werden erwähnt; den Euphrat und den Tigris kennen wir noch heute. Diese Ortsangaben lassen darauf schließen, dass sich der Garten Eden irgendwo im Nordosten der Türkei oder in Armenien befand. Dort steht auch der Berg Ararat, an dessen Hängen manche die verschüttete Arche Noah vermuten.

Menschliche Beziehungen
In Genesis 2 sehen wir den Menschen im Zentrum eines Beziehungsnetzwerkes. Diese Beziehungen machen den Sinn des Lebens aus. Sie haben drei Dimensionen: Sie verbinden

uns mit dem, was unter uns, mit dem, was über uns ist und mit dem, was neben uns steht. Oder, mit anderen Worten: Wir haben eine vertikale, d.h. senkrechte Beziehung zur Natur unter uns, eine vertikale Beziehung zu Gott über uns und eine horizontale Verbindung zu anderen Menschen und uns selbst. Nun wollen wir diese drei Dimensionen näher betrachten.

Unsere Beziehung zur Natur: Die erste Dimension besteht aus unserer Beziehung zu anderen Geschöpfen, die Gott gemacht hat. Diese Beziehung ist von Unterordnung geprägt. Die Tiere sind dazu bestimmt, der Menschheit zu dienen. Das bedeutet nicht, dass wir das Recht hätten, sie grausam zu behandeln oder auszurotten. Vielmehr bedeutet es, dass die Tiere weiter unten auf der Werteskala stehen als die Menschen.

Dieser Punkt ist sehr wichtig; insbesondere in unserer Zeit, in der man dem Schutz von Babyrobben mehr Bedeutung beizumessen scheint als der Unantastbarkeit eines ungeborenen Menschenlebens. Jesus hat 2000 Schweine geopfert, um die geistige Gesundheit eines Mannes wiederherzustellen und ihn seiner Familie zurückzugeben. In Genesis 9 erfahren wir, dass die Tiere der Menschheit nach der Flut zur Nahrung gegeben wurden. Im Verhältnis zur Natur unter uns sollen wir diejenigen sein, die sie beherrschen, kultivieren und kontrollieren.

Interessanterweise wird in diesem Kontext auch deutlich, dass Menschen eine Umgebung brauchen, die sowohl nützlich als auch ästhetisch ansprechend ist, d.h. die gleichermaßen zweckmäßig und schön ist. Gott setzte den Menschen nicht in der Wildnis aus, sondern er legte einen Garten für ihn an. Das erinnert an die alten Landhausgärten in England, die eine Mischung aus Stiefmütterchen und Kartoffeln zu bieten hatten: das Nützliche Seite an Seite mit dem Schönen.

Unsere Beziehung zu Gott: Die zweite Dimension beinhaltet die Beziehung, die wir mit Gott pflegen, der über uns steht. Das Wesen dieser Beziehung kann man zum Teil an Gottes Gebot zu den beiden Bäumen im Garten Eden ablesen: dem Baum der Erkenntnis des Guten und des Bösen und dem Baum des Lebens. Der eine verlängerte das Leben, der andere verkürzte es. Es handelt sich dabei nicht um magische Bäume, sondern um Gewächse, die wir „sakramentale" Bäume nennen könnten. Gott legt in der Bibel fassbare und reale Kanäle fest, durch die er uns geistliche Segnungen oder Flüche übermittelt. So werden wir gesegnet, wenn wir beim Abendmahl Brot essen und Wein trinken. Konsumieren wir jedoch Brot und Wein nicht in der richtigen Art und Weise oder im Übermaß, so kann das zu Krankheiten und sogar zum Tod führen. Gott hat physische Kanäle definiert, die uns sowohl Gnade als auch Gericht vermitteln. Der Baum des Lebens sagt uns, dass Adam und Eva nicht von Natur aus *unsterblich* waren, jedoch die *Fähigkeit zur Unsterblichkei*t besaßen. Sie wären nicht durch eine ihnen innewohnende Eigenschaft unsterblich geworden, sondern durch den freien Zugang zum Baum des Lebens.

Bisher hat noch kein Wissenschaftler herausfinden können, warum wir sterben müssen. Man hat schon viele Todesursachen entdeckt, doch niemand weiß, warum die biologische Uhr in uns langsamer wird und irgendwann aufhört zu ticken. Schließlich ist der menschliche Körper doch eine wunderbare „Maschine". Wenn man ihn mit Nahrung, frischer Luft und Bewegung versorgt, könnte er sich theoretisch immer wieder erneuern. Doch das geschieht nicht, und niemand weiß, warum. Des Rätsels Lösung liegt im Baum des Lebens: Gott ermöglichte es den Menschen ewig zu leben, indem er diesen Baum für sie in den Garten pflanzte. Der Mensch war nicht von Geburt an unsterblich, doch er erhielt die Möglichkeit, unsterblich zu werden. Dazu hätte er sich von Gottes ständigem Lebensvorrat ernähren müssen.

Der Baum der Erkenntnis des Guten und des Bösen ist in diesem Kontext sehr bedeutsam. Wenn wir das Wort „Erkenntnis" lesen, müssen wir es durch das Wort „Erfahrung" ersetzen. Das biblische Konzept der „Erkenntnis" bedeutet in Wirklichkeit „persönliche Erfahrung". Dieser Gedanken zeigt sich in älteren Bibelausgaben an folgender Aussage: „Adam *erkannte* Eva und sie empfing und gebar einen Sohn." „Erkenntnis" ist in diesem Sinne eine persönliche Erfahrung, die man mit einer Person oder einer Sache macht. Gott gebot ihnen, diesen Baum nicht zu berühren, weil er nicht wollte, dass sie das Gute und Böse erkannten (erlebten). Er wollte, dass sie ihre Unschuld behielten. Wir können das mit unserer heutigen Situation vergleichen. Haben wir einmal etwas Falsches getan, sind wir danach nie wieder dieselben. Wir können Vergebung empfangen, doch unsere Unschuld haben wir verloren.

Warum hatte Gott dann einen solchen Baum in ihre Reichweite gestellt? Dadurch vermittelte er ihnen, dass er die moralische Autorität über ihr Leben behielt. Sie sollten nicht für sich selbst entscheiden dürfen, was richtig und was falsch war. Vielmehr mussten sie Gott vertrauen, dass er es ihnen sagen würde. Zudem unterstrich er damit die Tatsache, dass sie nicht die Herren dieser Erde waren, sondern nur ihre „Mieter" oder „Pächter". Der Hausherr und Eigentümer hat das Recht, die Regeln zu bestimmen.

Dieser Abschnitt betont auch die Wichtigkeit horizontaler Beziehungen, die wir noch näher untersuchen werden. Der Mensch muss nicht nur mit denen Beziehungen pflegen, die unter ihm sind und mit Gott, der über ihm steht, sondern auch mit den Geschöpfen an seiner Seite. Als

Menschen sind wir unvollständig, wenn wir uns nur mit Gott beschäftigen, aber nicht mit unseren Mitmenschen. Wir brauchen ein Netzwerk. Dieser Ansatz zeigt sich auch in dem hebräischen Wort *Schalom*, das „Harmonie" bedeutet: Harmonie mit sich selbst, Harmonie mit Gott und Harmonie mit anderen Menschen sowie mit der Natur.

Genesis 2 zeigt uns ein Bild dieser Harmonie. Gott warnt Adam, dass er sterben muss, wenn er diese Harmonie zerstört. Der Tod wird nicht notwendigerweise sofort eintreten, doch seine persönliche „Uhr" wird anfangen, immer langsamer zu laufen.

Manche halten die Schwere der Strafe für ungerechtfertigt. Der Tod scheint eine harte Strafmaßnahme für eine einzige kleine Sünde zu sein. Gott allerdings erklärte, dass er die Lebenslänge des Menschen begrenzen müsste, nachdem dieser einmal etwas Böses erlebt hätte. Anderenfalls würde das Böse ewig bestehen. Wenn Gott rebellischen Menschen erlauben würde, ewig zu leben, würden sie sein Universum in alle Ewigkeit zerstören. Deshalb setzte er denen eine zeitliche Grenze, die seine moralische Autorität nicht akzeptierten.

Unsere Beziehung zu anderen Menschen: Der Mann brauchte eine zu ihm passende Gefährtin. Wie sehr man auch sein Haustier schätzen mag, es kann niemals die persönliche Freundschaft mit einem anderen menschlichen Wesen ersetzen. Daher schuf Gott Eva als Gefährtin für Adam. Wir erfahren in Genesis 1, dass Mann und Frau dieselbe Würde besitzen. Später werden wir noch sehen, dass sie auch dieselbe Verdorbenheit und dasselbe Schicksal teilen.

Aus Genesis 2 lernen wir, dass die Funktionen des Mannes und der Frau unterschiedlich sind. Die Bibel spricht davon, dass der Mann die Verantwortung dafür trägt, zu versorgen und zu beschützen; die Frau hingegen ist dafür zuständig, zu helfen und Anerkennung zu zeigen. Drei Punkte sind dabei besonders wichtig, die alle im Neuen Testament wiederaufgenommen werden:

1. **Die Frau ist aus dem Mann geschaffen:** Sie leitet daher ihre Existenz von ihm ab. Wie wir bereits gesehen haben, gibt der Mann der Frau tatsächlich ihren Namen, genauso, wie er die Tiere benannt hat.

2. **Die Frau wird nach dem Mann geschaffen:** Daher trägt er die Verantwortung des Erstgeborenen. Die Bedeutung dieser Tatsache wird in Genesis 3 deutlich. Dort wird Adam der Sünde beschuldigt, nicht Eva, weil er für sie verantwortlich war.

3. **Die Frau ist für den Mann geschaffen:** Bevor Adam seine Frau bekam, hatte er schon einen Job. Der Mann ist hauptsächlich für seine Arbeit geschaffen, während es die Bestimmung der Frau ist, in erster Linie Beziehungen zu pflegen. Das bedeutet nicht, dass ein Mann keine zwischenmenschlichen Beziehungen haben darf oder dass eine Frau nicht arbeiten gehen kann. Es geht vielmehr um den Hauptzweck, zu dem Gott den Mann und die Frau erschuf. Die Tatsache, dass der Mann der Frau ihren Namen gab, zeigt auch, wie diese Partnerschaft funktionieren sollte: nicht als eine Demokratie, sondern mit der Leitungsverantwortung beim Mann. Dabei liegt die Betonung auf Zusammenarbeit und nicht auf Konkurrenz.

Genesis 2 beschäftigt sich auch mit anderen grundlegenden Beziehungsfragen. Deutlich wird, dass Sexualität gut ist, sie wird nämlich nicht S-Ü-N-D-E buchstabiert. Sex ist etwas Wunderbares, tatsächlich bezeichnet Gott ihn als „sehr gut". Der Geschlechtsverkehr wurde für die Partnerschaft erfunden und nicht in erster Linie für die Elternschaft (Ein wichtiger Punkt auch in Sachen Empfängnisverhütung: Der Gebrauch von Verhütungsmitteln macht Elternschaft planbar und trägt gleichzeitig dem partnerschaftlichen Aspekt des Geschlechtsverkehrs Rechnung.). Zwei Verse, einer in Kapitel 1 und der andere in Kapitel 2 sind in poetischer Form verfasst. Beide handeln von der Sexualität. Gott wird poetisch, als er den Mann und die Frau betrachtet, die er nach seinem Bilde geschaffen hat. Dann wird Adam zum Dichter. Er erblickt dieses wunderschöne nackte Mädchen, als er gerade von der ersten Operation unter Narkose wieder aufwacht. Unsere Übersetzungen des hebräischen Urtextes werden dem Eindruck, den Eva auf ihn macht, nicht gerecht. Wortwörtlich sagt er: „Wow! Sie ist's!" Diese beiden kleinen Gedichte vermitteln die Freude Gottes und des Menschen an der Sexualität.

Deutlich wird auch, dass Monogamie der richtige Rahmen für sexuelle Freuden ist. Die Ehe besteht aus zwei Dingen, dem Verlassen und dem Anhängen. Es gibt sowohl einen physischen als auch einen sozialen Aspekt. Beide gemeinsam stärken und festigen die Verbindung. Fehlt einer davon, kann man nicht von einer Ehe sprechen. Geschlechtsverkehr ohne soziale Anerkennung stellt keine Ehe dar, sondern Hurerei. Soziale Anerkennung ohne Vollzug der Ehe entspricht ebenfalls nicht dem biblischen Ehebild. Eine solche Verbindung sollte daher annulliert werden.

Wir erfahren auch, dass die Ehe wichtiger ist als alle anderen Beziehungen. Es gäbe keine Witze über Schwiegereltern, wenn man diesen Grundsatz zeit der Geschichte befolgt hätte! Der Ehepartner einer Person ist ihre erste Priorität vor allen anderen Beziehungen, selbst vor den Kindern. Ehemann und Ehefrau sollen sich gegenseitig an die allererste Stelle setzen. Das Idealbild in Genesis 2 zeigt ein Paar, das keine Geheimnisse voreinander hat. Die Ehepartner kennen untereinander keine Scham und pflegen in ihrem Verhältnis eine absolute Offenheit. Auf dieses erstaunliche Bild verweist auch Jesus Jahrhunderte später.

Genesis 2 beschreibt die Harmonie, die auf den drei Beziehungsebenen herrschen sollte: zwischen Mensch und Schöpfung, zwischen Mensch und Gott und zwischen den Menschen untereinander. Allerdings gibt es einige wissenschaftliche Probleme, die mit dem Ursprung der Menschheit zu tun haben. Diese werden wir nun erörtern.

Wo und wie ist der Urmensch einzuordnen?
Die Evolutionstheorie vertritt die Ansicht, dass der Mensch vom Affen abstammt. Geologische Funde lassen darauf schließen, dass es Urmenschen gegeben hat, die mit dem modernen *Homo sapiens* verwandt zu sein scheinen. Verschiedenartige Überreste wurden gefunden, insbesondere von den Leakeys, sowohl vom Vater als auch vom Sohn, unter anderem in der OlduvaiSchlucht in Kenia. Es wird behauptet, das menschliche Leben habe seinen Anfang in Afrika genommen, statt im Nahen Osten, wo die Bibel seinen Ursprung verortet.

Wie sollen wir mit dieser Faktenlage umgehen? Wie können wir die Beziehung des modernen Menschen zum Urmenschen einordnen? Ist es möglich die biblische und die wissenschaftliche Sicht zum Ursprung der Menschheit miteinander in Einklang zu bringen?

DER URSPRUNG DES MENSCHEN
Betrachten wir zunächst, was die Bibel dazu sagt. Das Buch Genesis berichtet uns, dass der Mensch aus demselben Material geschaffen wurde wie die Tiere. Die Tierwelt

wurde aus dem Staub der Erde gemacht. Auch wir bestehen aus genau denselben Mineralien, die in der Erdkruste zu finden sind. Nach aktuellen Schätzungen haben die Mineralien im menschlichen Körper einen Wert von 85 Cent! Genesis 2 berichtet allerdings auch, dass Gott bei der Erschaffung des Menschen den Staub anhauchte. Als er die Tierwelt erschuf, tat er dies nicht. Daraufhin wurde der Mensch zu einer „lebenden Seele".

Seele
Die „Seele" ist ein Wort, das oft missverstanden wird. Genau derselbe Begriff wird auch für die Tiere in Genesis 1 verwendet. Sie werden „lebende Seelen" genannt, weil das Wort „Seele" im Hebräischen einfach nur einen atmenden Körper beschreibt. Da sowohl Tiere als auch Menschen beide als „lebende Seelen" bezeichnet werden, gehören sie zu derselben Art von Lebewesen. Wenn wir in Seenot geraten, setzen wir den Notruf SOS (Save Our Souls, Rettet unsere Seelen) und nicht SOB (Save our Bodies, Rettet unsere Körper) ab. Doch wir wollen, dass unsere atmenden Körper gerettet werden.

Lord Soper stand eines Tages an der Speaker's Corner im Hyde Park und wurde gefragt: „Wo sitzt die Seele im Körper?" Er antwortete: „Dort, wo auch die Musik in der Orgel sitzt!" Man kann eine Orgel oder ein Klavier in seine Einzelteile zerlegen und wird doch die Musik nicht finden. Sie ist nur präsent, wenn eine Person das Musikinstrument zum Leben erweckt.

Ein besonderes Geschöpf
Das Wort „Seele" in Genesis 2 hat viele Leser irregeführt. Sie glauben, dass das Einzigartige am Menschen darin besteht, dass wir eine Seele haben. Tatsächlich sind wir jedoch aus einem anderen Grunde unverwechselbar. Die

Auffassung, dass der Mensch und die Menschenaffen derselben Familie entstammen, scheint in direktem Gegensatz zum Schöpfungsbericht zu stehen. Zweifellos ist der Mensch ein besonderes Geschöpf. Er ist nach dem Bilde Gottes geschaffen, und zwar direkt aus dem Staub und nicht indirekt aus einem anderen Tier. Das hebräische Wort *bara*, das bedeutet, etwas völlig Neues zu schaffen, wird nur dreimal verwendet: für die Materie, das Leben und den Menschen. Daraus folgt, dass der Mensch einzigartig ist.

Der Bericht im ersten Buch Mose betont auch die Zusammengehörigkeit der menschlichen Rasse. Der Apostel Paulus erklärte den Athenern, dass Gott uns aus „einem Blute" geschaffen habe. Alle Erkenntnisse der Vergangenheit weisen auf die Einheit der Menschheit in der Gegenwart hin. Ich habe ein wenig Landwirtschaftsarchäologie studiert. Interessanterweise verortet diese Disziplin die Anfänge des Getreideanbaus und der Haustierhaltung genau dort, wo die Bibel den Garten Eden lokalisiert: im Nordosten der Türkei oder im südlichen Armenien.

WISSENSCHAFTLICHE SPEKULATION

Was hat die Wissenschaft zu diesem Thema zu sagen? Viele Menschen wollen uns darauf festlegen, eine Seite zu akzeptieren und die andere zu verwerfen: Entweder hat die Wissenschaft sich in ihren Forschungen zum Urmenschen geirrt oder die Bibel hat uns falsche Informationen geliefert.

Zweifellos hat die Wissenschaft Überreste gefunden, die uns erstaunlich ähnlichsehen. Sie tragen verschiedene Namen: Neandertaler, Peking-Mensch, Java-Mensch, australischer Urmensch. Die Leakeys behaupten, menschliche Überreste gefunden zu haben, die vier Millionen Jahre alt sind. Unter Anthropologen besteht fast vollkommene Einigkeit darüber, dass die Wiege der Menschheit in Afrika liegt und nicht im Nahen Osten.

Der *Homo sapiens* soll 30.000 Jahre alt sein; der Neandertaler 40–150.000 Jahre; der „Mann von Swanscombe" 200.000 Jahre; der *Homo erectus* (China- und Java-Mensch) 300.000 Jahre; der Australische Urmensch 500.000 Jahre; und schließlich kommt der Afrikanische Mensch mit 4 Millionen Jahren. Wie können wir uns nun dazu positionieren?

Als Erstes sollte man sehr stark betonen, dass bisher kein Wesen gefunden wurde, was sich als Halb-Affe und Halb-Mensch herausgestellt hätte. Es gibt *menschliche Überreste* aus prähistorischer Zeit, aber bis dato gibt es nichts, was als *halb und halb* bezeichnet werden könnte.

Zweitens muss man beachten, dass nicht alle diese Gruppen unsere direkten Vorfahren sind. Diese Tatsache wird mittlerweile von Wissenschaftlern anerkannt. Die Anthropologie ist heute im Wandel begriffen.

Der dritte wichtige Punkt besagt, dass die gefundenen Überreste keiner progressiven Ordnung folgen. Schaubilder zeigen die angebliche Entwicklung der Menschheit, wobei links der Menschenaffen zu sehen ist. Danach folgen mehrere Arten, die schließlich zum *Homo sapiens* auf der rechten Seite führen. Doch diese Schaubilder sind falsch: Einige der früheren menschlichen Überreste verfügten über größere Gehirne als wir sie heute haben. Auch gingen sie aufrechter als einige der späteren Funde. Mittlerweile ist man sich einig, dass keine dieser Gruppen mit uns verwandt ist.

Es gibt drei mögliche Wege, um diesen Konflikt zu lösen. Ich stelle sie in einem sehr kurzen Überblick dar.

1. **Der Urmensch war der biblische Mensch.** Was wir ausgegraben haben, entspricht dem ersten Menschen, Adam, der nach dem Bild Gottes erschaffen wurde. Manche behaupten sogar, dass

Genesis 1 den „altsteinzeitlichen Jäger" darstelle, während Genesis 2 den „jungsteinzeitlichen Bauern" porträtiere.

2. **Der Urmensch verwandelte sich irgendwann in den biblischen Menschen.** Irgendwann in der Geschichte wurde dieser tierähnliche Mensch oder dieses menschenähnliche Tier zu einem Ebenbild Gottes. Ob sich nur ein einziges Wesen veränderte, wenige oder alle auf einmal, wird weiterhin diskutiert.

3. **Der Urmensch war nicht der biblische Mensch.** Der Urmensch sah ähnlich aus und verwendete Werkzeuge, doch es gibt keine offensichtlichen Spuren der Religionsausübung oder des Gebets. Es handelte sich um ein anderes Geschöpf, das nicht nach dem Bilde Gottes erschaffen war.

Dass wir uns in dieser Phase für eine der genannten Erklärungen entscheiden müssten, ist eher unwahrscheinlich. Die Anthropologie selbst macht gerade einen Entwicklungsprozess durch und befindet sich im Wandel. Höchstwahrscheinlich wird die Debatte künftig andere Ansätze in den Mittelpunkt stellen. Es genügt, dass wir die Argumente kennen und uns bewusst ist, dass jegliche Schlussfolgerung, die wir daraus ziehen, sehr wohl vorübergehender Natur sein kann.

Evolution
Wenden wir uns nun der Evolution im Allgemeinen zu. Fast jeder geht davon aus, dass die Evolutionstheorie von Charles Darwin stammt. Das ist nicht korrekt. Aristoteles (384–322 v. Chr.) ließ sich diese Idee als Erster einfallen. In der Moderne war es Erasmus Darwin, Charles' Großvater, der

damit anfing, sie zu propagieren. Charles griff sie dann von seinem atheistischen Großvater auf und machte sie bekannt.

Um diese Theorie in ihren Grundzügen zu verstehen, müssen wir uns zunächst mit bestimmten Begrifflichkeiten vertraut machen.

Variation ist der Glaube daran, dass es kleine, schrittweise Veränderungen der Form gibt, die an jede nachfolgende Generation weitergegeben werden. Jede Generation verändert sich ein bisschen und gibt diese Veränderung weiter.

Aus diesen Variationen erfolgt dann eine **natürliche Selektion**. Das bedeutet schlicht und einfach, dass diejenigen überleben, die ihrer Umwelt am besten angepasst sind. Betrachten wir beispielsweise den Fall des gefleckten Nachtfalters.

Vor dem Hintergrund der Kohleberge im Nordosten Englands war die Tarnfarbe des schwarzen Nachtfalters günstiger als die des weißen. Die Vögel konnten die weißen Falter leichter erjagen, daher überlebten die schwarzen. Seit die Abraumhalden in dieser Gegend abgebaut wurden, kehren die weißen Falter zurück und die schwarzen verschwinden. Die natürliche Selektion ist der Prozess, durch den die Arten überleben, die sich am besten an ihre Umwelt angepasst haben. Diese Selektion ist „natürlich", weil sie ohne Hilfe von außen in der Natur automatisch vonstattengeht.

Allerdings hat sich der Glaube, dass es nur einen langsamen und schrittweisen Prozess der Variation und Selektion gibt, mittlerweile verändert. Ein Franzose namens Lamarque behauptete, dass es anstelle von allmählichen Abweichungen zu plötzlichen und großen Veränderungen gekommen sei, die man als **Mutationen** bezeichnet. In diesem Kontext ähnelt der Fortschritt dann mehr einem Treppenaufgang als einer Rolltreppe.

Das Konzept der **Mikro-Evolution** besagt, dass es begrenzte Veränderungsprozesse innerhalb bestimmter Tiergruppen gibt, beispielsweise in der Gruppe der Pferde oder der Hunde. Die Wissenschaft hat ganz sicher bewiesen, dass die Mikro-Evolution tatsächlich stattfindet.

Die Makro-Evolution ist im Gegensatz dazu die Theorie, die behauptet, dass alle Tiere denselben Ursprung haben und miteinander verwandt sind. Sie alle gehen auf dieselbe primitive Lebensform zurück. Es geht daher nicht um eine Veränderung innerhalb einer bestimmten Art, sondern um die Überzeugung, dass sich alle Arten aus anderen Arten entwickelt hätten.

Der letzte Begriff, den wir uns vergegenwärtigen müssen, heißt **Kampf**. Im Kontext der Evolution dreht es sich um das „Überleben des Stärkeren."

Ich werde nicht für oder gegen die Evolution Partei ergreifen. Betonen möchte ich jedoch, dass die Evolution immer noch eine Theorie ist. Man hat sie bisher nicht beweisen können. Genau genommen nimmt die Wahrscheinlichkeit, dass diese Theorie die verschiedenen Formen des Lebens ausreichend erklären könnte, immer weiter ab, je mehr fossiles Beweismaterial wir finden.

1. Anhand von Fossilien lässt sich feststellen, dass während der kambrischen Periode Gruppen, die man gemäß der Evolutionstheorie getrennt eingeordnet hat, tatsächlich zeitgleich erscheinen. Sie treten nicht nacheinander in verschiedenen Zeitaltern auf, sondern kommen fast gleichzeitig zum Vorschein.

2. Komplexe und einfache Lebensformen erscheinen gemeinsam. Es gibt keine Abfolge vom Einfachen zum Komplexen.

3. „Brückenfossilien", die zur Hälfte aus einer Art und zur Hälfte aus einer anderen bestehen, sind äußerst rar.

4. Alle Formen des Lebens sind sehr kompliziert: Sie verfügten schon immer über DNA.

5. Mutationen, d.h. plötzliche Veränderungen, die angeblich für die Entwicklung von einer Art zur nächsten sorgen, führen normalerweise zu Deformierungen. Sie sind der Grund dafür, dass Lebewesen aussterben.

6. Die Kreuzung verschiedener Tierarten führt normalerweise zur Unfruchtbarkeit.

7. Ganz unabhängig von den anderen Widersprüchen hätte vor allem die Zeit für die Entwicklung aller verschiedenen Spielarten des Lebens gemäß statistischer Wahrscheinlichkeit nicht ausgereicht.

Natürlich ist die Evolutionstheorie nicht nur von akademischem Interesse. Das Verständnis unseres Ursprungs hat Auswirkungen auf unsere Sicht der Menschheit als Ganzes. Führungspersönlichkeiten, die von der Philosophie der Evolution infiziert waren, haben ihre Umwelt massiv beeinflusst.

Grundlage der Evolutionstheorie ist das Konzept, dass der Stärkere überlebt. Ebenso wichtig ist der Kampf ums Überleben, dem sich alle Arten gegenübersehen. Diese Konzepte finden wir in einigen Weltbildern wieder, die unsere zivilisierte Gesellschaft geprägt und für unbeschreibliches Leid gesorgt haben. Amerikanische Kapitalisten wie John D. Rockefeller haben beispielsweise erklärt: „Das Überleben des Stärkeren ist der Inbegriff des Geschäftslebens." Einen ähnlichen Ansatz finden wir im Faschismus: Adolf Hitlers berühmtestes Buch heißt *Mein Kampf*. Er glaubte an das Überleben des „Stärkeren", wobei der „Stärkere" aus seiner Perspektive die deutsche arische Rasse war. Dieses Konzept gibt es auch im Kommunismus. Karl Marx schrieb über den „Kampf" zwischen dem kapitalistischen Großbürgertum und dem Proletariat. Nach seiner Ansicht musste er zur Revolution führen. Mit dem Wort „Kampf" könnte man auch die Anfänge des Kolonialismus überschreiben, als Völker im Namen des Fortschritts einfach ausgelöscht wurden.

Kurz gesagt, die Anwendung des Prinzips „der Stärkere überlebt" auf menschliche Wesen hat in der Moderne mehr Leid verursacht als jedes andere Konzept. Allerdings hat es uns auch vor die Wahl gestellt und uns mit zwei höchst wichtigen Entscheidungen konfrontiert, die unseren Glauben betreffen.

MENTALE ENTSCHEIDUNG
Wir müssen eine verstandesmäßige Entscheidung treffen. Wenn wir an die Schöpfung glauben, glauben wir an einen himmlischen Vater. Halten wir die Evolution für wahr, so entscheiden wir uns für Mutter Natur (eine Dame, die es gar nicht gibt). Wählen wir die Schöpfung, so glauben wir, dass das Universum durch eine persönliche Entscheidung ins Leben gerufen wurde. Stimmen wir für die Evolution, so argumentieren wir, dass alles ein willkürlicher, unpersönlicher Zufall war. In der Schöpfung gibt es einen bestimmten Plan, in der Evolution nur ein beliebiges Muster. Im Rahmen der Schöpfung ist das Universum eine übernatürliche Inszenierung, im Rahmen der Evolution ist es ein natürlicher Prozess. Die Schöpfungsgeschichte sieht das gesamte Universum als eine offene Situation, in die sowohl Gott als

auch der Mensch eingreifen kann. Die Evolutionstheorie betrachtet die Natur als ein geschlossenes System, das sich selbst steuert. In der Schöpfung gibt es das Konzept der Fürsorge: Gott hegt positive Gefühle für seine Schöpfung, er versorgt sie und kümmert sich um sie. In der Evolution gibt es jedoch nur den Zufall: Wenn irgendetwas Gutes geschieht, dann ist es einfach Schicksal. Bei der Schöpfung gründet sich der Glaube auf Fakten, während er bei der Evolution auf Fantasie beruht (Denn es handelt sich nur um eine Theorie.). Akzeptieren wir die Schöpfungsgeschichte, dann erkennen wir an, dass Gott die Freiheit hat, etwas zu erschaffen und auch den Menschen nach seinem Bild zu formen. Akzeptieren wir die Evolutionstheorie, bleibt uns nur die Ansicht, dass der Mensch die Freiheit hat, Gott nach seiner menschlichen Vorstellung in das Bild zu formen, das ihm am besten passt. Es hat daher beachtliche Auswirkungen, welchem dieser beiden Ansätze wir folgen.

ETHISCHE ENTSCHEIDUNG

Um uns zwischen der Schöpfung und der Evolution zu entscheiden, müssen wir auch eine ethische Wahl treffen. Warum passiert es immer wieder, dass Menschen die Evolutionstheorie aufgreifen und dann so fanatisch an ihr festhalten? Die Antwort lautet, dass diese Theorie die einzig wahre Alternative bietet, wenn man glauben will, dass es keinen Gott gibt, der über uns steht. Der Glaube an die Schöpfungsgeschichte besagt, dass *Gott* der Herr ist, während die Evolution propagiert, dass der *Mensch* als Herr über alles regiert. Im Kontext der Schöpfung stehen wir unter der Autorität Gottes, doch wenn es keinen Gott gibt, sind wir als Menschen autonom. Wir können die Dinge dann selbst entscheiden. Akzeptieren wir Gott als unseren Schöpfer, erkennen wir damit an, dass es absolute Maßstäbe von falsch und richtig gibt.

Aber in einem Leben ohne Gott, wie es die Evolutionstheorie befürwortet, wird alles relativ. In Gottes Welt sprechen wir von Pflicht und Verantwortung, in der Welt der Evolution geht es um Forderungen und Rechte. Gott gegenüber sind wir unendlich abhängig; wir werden wie kleine Kinder, die mit ihrem himmlischen Vater sprechen. In der Evolution sind wir stolz auf unsere Unabhängigkeit; es geht darum erwachsen zu werden und Gott nicht länger zu „brauchen". Laut der Bibel ist der Mensch ein gefallenes Geschöpf. Laut der Evolutionstheorie befindet er sich im Aufwärtstrend und entwickelt sich ständig weiter. Die Bibel bietet den Schwachen Erlösung an, während die Evolution die Starken überleben lässt.

Friedrich Nietzsche, dessen Philosophie das Gedankengut in Hitlerdeutschland maßgeblich beeinflusste, erklärte Folgendes: Er hasse das Christentum, weil es schwache Menschen am Leben erhalte und sich um die Kranken und Sterbenden kümmere. Die Bibel lehrt uns, dass wir stark sind, wenn wir das Rechte tun. Demgegenüber führt die Evolutionsphilosophie zu einem Ansatz, der sich als „Macht geht vor Recht" beschreiben lässt. Die biblische Perspektive führt zum Frieden, die Evolutionsperspektive zum Krieg. Während der Evolutionismus dazu auffordert, sich selbst zu verwöhnen und nur auf das Eigene zu schauen, bezeichnet die Bibel Glaube, Liebe und Hoffnung als die drei Haupttugenden unseres Lebens. Am Ende bringt uns die Bibel in den Himmel. Die Evolution hingegen hat wenig zu bieten: Fatalismus, Hilflosigkeit und den „glücklichen Zufall"; und sie weist den Weg in die Hölle.

Der Sündenfall
Als Gott den Schöpfungsprozess abschloss, erklärte er, die Welt sei sehr gut. Heute würden nur wenige unterschreiben, dass die Erde sehr gut ist. Irgendetwas ist schiefgelaufen.

Genesis 3 erklärt uns, worin das Problem besteht und wie es entstand.

Es gibt drei Tatsachen, die unser heutiges Leben beschreiben und die nicht zu leugnen sind:
1. Die Geburt ist schmerzhaft.
2. Das Leben ist hart.
3. Der Tod kommt ganz sicher.

Warum ist das so? Warum ist die Geburt schmerzhaft? Warum ist das Leben hart? Warum ist der Tod unausweichlich?

Die Philosophie hat viele verschiedene Antworten parat. Manche Philosophen glauben, dass es sowohl einen guten als auch einen schlechten Gott geben müsse. Noch öfter hört man die Aussage, dass der gute Gott einen schlechten Job gemacht habe. Darin suchen sie eine Erklärung für den Ursprung des Bösen.

Genesis 3 gibt uns vier wichtige Einsichten in dieses Problem:
1. Das Böse war nicht von Anfang an in der Welt.
2. Das Böse nahm nicht mit den Menschen seinen Anfang.
3. Das Böse ist nicht etwas Physisches, sondern etwas Ethisches. Manche Philosophen halten den materiellen Teil des Universums für die Quelle des Bösen. Auf den Menschen bezogen wäre demnach unser Körper die Quelle der Versuchung.
4. Das Böse kann nicht aus sich selbst heraus existieren. Es ist ein Adjektiv, kein Hauptwort. Das Böse an sich gibt es nicht, es sind nur Personen, die böse sein oder böse werden können.

DIE ANWEISUNGEN DES SCHÖPFERS

Was lernen wir nun aus Genesis 3 zu diesem Thema? Wir sollten uns vergegenwärtigen, dass es sich um ein geschichtliches Ereignis handelt, das tatsächlich stattgefunden hat: Wir erfahren, wann es geschehen ist und wo. Am Anfang der Menschheitsgeschichte ereignete sich eine gewaltige ethische Katastrophe.

Das Problem begann mit einem sprechenden Reptil (Es war eher eine Eidechse als eine Schlange, da es entgegen der landläufigen Meinung Beine hatte; erst später ließ Gott die Schlange auf ihrem Bauch dahinkriechen.) Wie ist diese außergewöhnliche Geschichte der Schlange, die mit Eva sprach, zu verstehen? Es gibt drei Möglichkeiten:

1. Die Schlange war der Teufel in Verkleidung; er kann als Engel oder als Tier erscheinen.
2. Gott verlieh einem Tier die Fähigkeit zu sprechen, so wie er es mit der Eselin Bileams tat.
3. Das Tier war von einem bösen Geist besessen. Jesus befahl den Dämonen, die einen Mann quälten, in die Körper von 2000 Schweinen zu fahren. Sie stürzten sich dann im Gebiet der Gerasener von den Klippen in den See. Genauso ist es möglich, dass der Teufel die Herrschaft über ein Tier übernimmt. Dadurch täuschte er Adam und Eva, weil er sich auf eine niedrigere Stufe als die Menschen stellte. Tatsächlich ist Satan ein gefallener Engel. Er ist genauso real wie menschliche Wesen, allerdings ist er intelligenter und stärker als wir.

Bemerkenswerterweise hatte Satan es auf Eva abgesehen. Allgemein gesprochen sind Frauen vertrauensseliger als Männer. Männer sind notorisch misstrauisch. Das machte sich Satan zunutze und stellte Gottes Ordnung auf den Kopf. Er behandelte Eva wie den Hausherren. Obwohl

Adam offensichtlich direkt neben Eva stand, sagte er nichts. Er hätte sie beschützen und Satan Gegenargumente liefern müssen. Schließlich war es Adam, der Gottes Verbot direkt von ihm gehört hatte.

Alles in allem gibt es drei Methoden, das Wort Gottes falsch zu zitieren. Erstens kann man etwas hinzufügen, zweitens etwas weglassen oder drittens das, was dasteht, verändern. Liest man den Text sorgfältig, fällt einem auf, dass Satan alle drei Methoden anwendete. Er kennt die Bibel sehr gut, kann sie jedoch auch falsch zitieren und manipulieren. Adam jedoch, der genau wusste, was Gott gesagt hatte, schwieg, als er hätte reden sollen. Im Neuen Testament wird ganz eindeutig er beschuldigt, der Sünde den Zugang zu unserer Welt verschafft zu haben.

Es ist für uns von Nutzen, Satans Strategie gegenüber Eva näher zu untersuchen. Zunächst ermutigte er sie, mit ihrem Verstand zu zweifeln, dann weckte er Wünsche in ihrem Herzen und schließlich regte er sie dazu an, willentlich ungehorsam zu werden. In allen seinen Begegnungen mit Menschen ist genau das seine Strategie. Zuallererst fördert er falsche Gedanken, normalerweise durch die Fehlinterpretation des Wortes Gottes. Als Nächstes verführt er uns dazu, das Böse in unserem Herzen zu begehren. So sind die Umstände schon vorbereitet, dass wir schließlich mit unserem Willen ungehorsam werden.

Was ist die Konsequenz der Sünde? Als Gott Adam zur Rede stellt, versucht dieser, sowohl Eva als auch Gott zu beschuldigen. Er spricht von „der Frau, die du mir gegeben hast", oder „der Frau, die du mir zur Seite gestellt hast". Dadurch, dass er seine Verantwortung, nämlich für seine Frau zu sorgen, verleugnet, nimmt er seine Rolle als Mann nicht mehr wahr.

Gott reagiert mit Gericht. Diese Seite seines Wesens sehen wir zum ersten Mal: Gott hasst die Sünde und muss sie bestrafen. Wenn er wirklich ein guter Gott ist, kann er die Menschen nicht mit dem Bösen davonkommen lassen. Das ist die Botschaft von Genesis 3. Die Strafe wird in poetischer Form formuliert. Spricht Gott in Prosa, vermittelt er uns seine Gedanken. Drückt er sich allerdings poetisch aus, so teilt er uns seine Gefühle mit, von Herz zu Herz.

Die Gedichte in Genesis 3 offenbaren Gottes ergrimmte Gefühle (den Zorn Gottes, theologisch gesprochen). Es trifft Gott zutiefst, dass der Garten Eden ruiniert wurde. Zudem weiß er schon, wo dies alles hinführen wird. Folgende Nacherzählung von Genesis 1 bis 3 schenkt uns einen neuen Blickwinkel auf diese Geschichte.

Vor langer, langer Zeit, als noch nichts existierte, rief Gott, der schon immer dagewesen war, das ganze Universum ins Leben. Er schuf des Weltalls unendliche Weiten und unseren Planeten Erde.

Unbewohnbar und menschenleer war zunächst unsere Erde, nur flüssige Masse, formlos und wüst. Eingehüllt in Dunkelheit und umflutet von Wasser; doch Gottes Geist schwebte über der Flut.

Dann befahl der Herr: „Lasst das Licht hinein!" Und Licht wurde es, zu seiner Freude. Doch Dunkelheit und Licht sollten alternieren, er nannte sie „Nacht" und er nannte sie „Tag". Die Dunkelheit und das Licht waren Abend und Morgen; der erste Tag Gottes war vollendet.

Dann sprach Gott wieder: „Zwei Wasserreservoire mögen enstehen. Eine Wölbung soll sie scheiden." So trennte er das Wasser auf der Erde von dem Wasser in der Luft. Dadurch entstand der „Himmel", wie der Ewige ihn nannte. Der zweite Tag Gottes war vollendet.

Als Nächstes sprach er: „Das Wasser auf der Erde möge sich an einem Ort sammeln, so dass der Rest trockenfallen kann." Und genauso geschah es! Von da an nannte er das Trockene „Land" und das Wasser „Meer". Ihm gefiel, was er sah und er fügte hinzu: „Das Land möge nun Vegetation hervorbringen, Pflanzen mit Samen und Bäume mit Frucht, die sich selbst vermehren." So sprossen sie hervor – alle Arten der Gewächse, fähig sich selbst zu vervielfältigen. Alles passte in Gottes Plan. Und der dritte Tag Gottes war vollendet.

Jetzt befahl Gott: „Verschieden Lichtquellen sollen am Himmel erscheinen. Sie werden die Tage von den Nächten unterscheiden. Auch ermöglichen sie es, Zeiten, Tage und Jahre zu bestimmen. Doch sollen sie hauptsächlich die Erde erleuchten." Und genauso geschah es. Die beiden hellsten Lichter sind: die größere „Sonne", die den Tag regiert, und der kleinere „Mond", der die Nacht erhellt. Umgeben sind sie von funkelnden Sternen. Gott platzierte sie alle, um der Erde zu dienen – zur Erleuchtung, zur Regulierung und für das Wechselspiel von Licht und Dunkelheit. Gott freute sich, dass sein Tagewerk so gut gelungen war. Und der vierte Tag Gottes war vollendet.

Der nächste Befehl Gottes lautete: „Das Meer und der Himmel sollen von lebenden Wesen nur so wimmeln; Schwärme von Fischen im Ozean und Schwärme von Vögeln in der Luft. So rief Gott alle Tiere des Meeres ins Leben, riesige Ungeheuer der Tiefe und kleinste Organismen auf den Wellen. Er schuf auch alle Arten von Vögeln und Insekten mit Flügeln für den himmlischen Wind. Gott freute sich über ihren Anblick und ermutigte sie: Vermehrt euch und werdet zahlreich. Das ganze Meer und der gesamte Himmel sollen mit Leben gefüllt werden. Und der fünfte Tag Gottes war vollendet.

Dann verkündete Gott: „Nun soll auch die Erde von Lebewesen nur so wimmeln: Säugetiere, Reptilien und alle Arten von Wildtieren." Wie schon zuvor, so *geschah es auch jetzt: Sobald er es aussprach, war es schon passiert! Er schuf alle Arten von Wildtieren, einschließlich Säugetieren und Reptilien, jedes nach seiner besonderen Art. Und er freute sich über alles, was er erschaffen hatte.*

Dann traf Gott eine Entscheidung von großer Tragweite: „Lasst uns nun ganz andere Geschöpfe machen, die uns ähneln, Wesen genau wie wir. Sie sollen sich um alle andere kümmern, die Fische im Meer, die Vögel in der Luft und die Tiere an Land.

*Den Menschen hat Gott sich zum Abbild gemacht,
mit Herz, Geist und Willen ihm ähnlich erdacht,
als Paar Mann und Frau zueinander gebracht.*

Dann bestätigte er ihre einzigartige Position mit ermutigenden Worten: „Bekommt viele Kinder, denn ihr sollt die gesamte Erde bevölkern und beherrschen. Die Fische im Meer, die Vögel im Himmel und die Tiere auf der Erde gehören euch. Ich gebe euch auch die samentragenden Pflanzen und die Früchte tragenden Bäume zur Nahrung. Die Vögel und die anderen Tiere können sich von den grünen Blättern ernähren." Und so geschah es.

Gott betrachtete sein gesamtes Schöpfungswerk und war sehr zufrieden: Alles war in Ordnung und wunderschön, in sechs Tagen gemacht, und zwar sehr gut.

Das Weltall und der Planet Erden waren nun vollständig. Da nichts weiter benötigt wurde, nahm Gott sich den nächsten Tag frei. Folglich bestimmte er, dass sich jeder siebte Tag von den anderen unterscheiden sollte, abgesondert, Gott allein geweiht. Denn an diesem Tag war er nicht mit seinem Tagewerk der Schöpfung beschäftigt.

So entstand unser Universum; und alles, was sich darin befindet, wurde so zu dem, was es ist. Als der Gott, dessen Name „Allezeit" lautet, das Weltall und den Planeten Erde schuf, gab es zunächst noch überhaupt keinen Pflanzenbewuchs. Selbst wenn es Pflanzen gegeben hätte, fehlte sowohl der Regen, um sie zu bewässern als auch der Mensch, um sie zu kultivieren. Doch unterirdische Quellen sprudelten an die Oberfläche und befeuchteten den Boden. Und der Gott „Allezeit" formte einen menschlichen Körper aus Tonpartikeln und beatmete ihn. Auf diese Weise wurde der Mensch zu einem lebenden Wesen. Der Gott „Allezeit" hatte bereits ein parkähnliches Gebiet im Osten vorbereitet, einen Ort, der „Eden" genannt wurde, was „Wonne" bedeutet. Er brachte den ersten Mann dorthin, das sollte sein Wohnort sein. Der Gott „Allezeit" hatte eine große Vielfalt von Bäumen in den Park gepflanzt, mit wunderschönen Blättern und köstlichen Früchten. Genau in der Mitte standen zwei sehr besondere Bäume; während die Frucht des einen ewiges Leben schenkte, gab die Frucht des anderen dem Essenden die persönliche Erfahrung, das Falsche oder das Richtige zu tun.

Ein Fluss bewässerte das gesamte Gebiet. Er teilte sich an der Stelle, an der er den Park verließ, in vier Arme. Der eine wurde Pischon genannt und floss um das gesamte Land Hawila. Dort fand man später reine Goldklumpen sowie ein wohlriechendes Harz und den Onyx, eine Abart des Quarzes. Der zweite Fluss hieß Gihon und schlängelte sich durch das Land Kusch. Der dritte war der noch heute bekannte Tigris, er floss an der Stadt Assur vorbei. Der vierte ist der Fluss, den wir heute als Euphrat kennen.

Der Gott „Allezeit" setzte also den Menschen in dieses

DIE ANWEISUNGEN DES SCHÖPFERS

„Wonneland", um es zu bebauen und zu beschützen. Auch gab der Gott „Allezeit" dem Menschen sehr klare Anweisungen: „Du hast alle Freiheit, die Früchte aller Bäume zu essen, mit einer Ausnahme: der Baum, der die Erfahrung von richtig und falsch vermittelt. Wenn Du davon isst, musst Du ganz sicher des Todes sterben."

Dann sagte der Gott „Allezeit" zu sich selbst: „Es ist nicht gut, dass der Mensch ganz allein ist. Ich werde ihm eine passende Partnerin zur Seite stellen."

Der Gott „Allezeit" hatte ja schon alle Arten von Vögeln und wilden Tieren aus dem Erdboden gemacht. Er brachte sie zu dem Menschen, um zu sehen, wie er sie beschreiben würde; und was auch immer der Mensch über jedes Tier sagte, wurde zu seinem Namen. Es war also der Mensch, der alle anderen Geschöpfe benannte. Allerdings erkannte er unter ihnen keine passende Gefährtin für sich selbst.

Daher versetzte der Gott „Allezeit" den Menschen in ein tiefes Koma. Während er nun bewusstlos war, entnahm Gott etwas Gewebe aus der Seite seines Körpers und fügte das Fleisch über dieser Stelle wieder zusammen. Aus diesem Gewebe formte er einen weiblichen Klon und stellte ihn dem Menschen vor, der begeistert ausrief:

Endlich hast Du den Wunsch mir erfüllt!
Eine Hilfe, die mein Sehnen stillt!
„Frau" sei ihr Name genannt,
umwerbend reich' ich ihr die Hand.

Das erklärt uns, warum ein Mann seine Eltern verlässt und sich an seine Frau hängt. Dabei werden ihre beiden Körper wieder zu einem. Der erste Mann und seine frischgebackene Ehefrau waren nackt, als sie im Garten herumliefen, doch sie schämten sich überhaupt nicht.

Allerdings gab es dort ein tödliches Reptil, das verschlagener war als alle wilden Tiere, die der Gott „Allezeit" geschaffen hatte. Eines Tages plauderte es mit der Frau und fragte sie: „Du willst mir doch nicht etwa sagen, dass Gott euch tatsächlich verboten hat, irgendeine Frucht von all diesen Bäumen zu essen?" Sie antwortete: „Nein, so stimmt das nicht. Wir dürfen die Früchte der Bäume essen. Gott hat uns nur verboten, von dem Baum in der Mitte zu kosten. Genau genommen hat er uns gewarnt, dass wir sterben müssten, wenn wir ihn nur berühren."

„Das wird er euch doch sicher nicht antun", sagte das Reptil zu der Frau. „Er versucht einfach nur, euch abzuschrecken. Denn er weiß ganz genau, dass ihr die Dinge ganz anders sehen werdet, wenn ihr diese Frucht esst. Tatsächlich würde euch diese Frucht auf dieselbe Stufe stellen wie Gott. Ihr könntet dann für euch selbst entscheiden, was richtig und was falsch ist."

Sie sah sich den Baum genauer an und stellte fest, wie nahrhaft und köstlich seine Früchte aussahen. Abgesehen davon konnte es ja nur von Vorteil sein, eigene ethisch-moralische Beurteilungen treffen zu können. Daher pflückte sie einige Früchte, aß einen Teil davon und gab den Rest ihrem Mann, der ebenfalls präsent war. Ohne zu zögern aß auch er. Und tatsächlich sahen sie die Dinge auf einmal ganz anders! Zum ersten Mal schämten sie sich, weil sie nackt waren. Daher versuchten sie, ihre Blöße mit primitiven Kleidern, die sie aus Feigenblättern zusammennähten, zu bedecken.

Am selben Abend bemerkten sie plötzlich, dass der Gott „Allezeit" in den Garten kam. Sie liefen davon, um sich im Unterholz zu verstecken. Der Gott „Allezeit" jedoch rief dem Mann zu: „Was ist denn mit dir passiert?" Er antwortete: „Ich hörte dich kommen und bekam Angst, denn ich habe keinerlei vernünftige Kleider. Darum versteckte ich mich hier im Gebüsch." Da fragte Gott: „Wie hast du denn entdeckt, dass du nackt bist? Hast du etwa von der Frucht gegessen, von der ich sagte, du solltest sie nicht anfassen?" Der Mann versuchte daraufhin, sich zu verteidigen: „Es liegt alles an der Frau, die Du mir geschickt hast; sie brachte mir diese Frucht, da habe ich sie natürlich ohne nachzufragen einfach gegessen.

Dann stellt der Gott „Allezeit" die Frau zur Rede: „Und was hast du getan?" Die Frau sagte: „Dieses furchtbare Reptil ist an allem schuld! Es hat mich vorsätzlich getäuscht und ich bin darauf reingefallen."

Da sagte der Gott „Allezeit" zu dem Reptil: „Deine Strafe wird so aussehen:

*Von allem Getier wird mein Fluch
dich heimsuchen, furchtbar genug.*

*Auf dem Bauch windest du dich fortan,
mit dem Maul im Staub kriechst du voran.*

*Für den Rest deiner Lebenszeit
gibt es Terror, Feindschaft und Streit*

*zwischen dir und der Frau ohne Gnad,
auch die Nachkommen trifft eure Tat.*

*Deinen Kopf tritt er dir zu Mus,
beißt du ihn voll Angst in den Fuß."*

Dann sagte er zu der Frau:

*„Dein Geburtsschmerz wird größer, du hast
mehr Qualen und Mühsal und Last.*

*Macht wünschst du dir über den Mann,
doch bleibst du ihm untertan."*

Dem Mann Adam hingegen sagte er: „Weil du auf deine Frau gehört hast statt auf mich und weil du meiner Anweisung, die dir diesen Baum verbot, nicht gehorcht hast:

*Verflucht sei das Land
und das Werk deiner Hand.*

*Dorn und Distel schnell steht
bei dem, was du gesät.*

*Schwitzend vor Müh' und Not
wirst du schuften ums Brot.*

*Dann zurück in den Stand,
in dem man dich fand!*

*Du, aus Erde gemacht,
wirst ins Erdreich gebracht."*

Adam gab seiner Frau den Namen Eva (was „lebensspendend" bedeutet), weil ihm nun bewusst wurde, dass sie die Mutter aller Menschen werden würde, die auf dieser Erde leben.

Der Gott „Allezeit" stellte aus Tierfellen neue Kleider für Adam und dessen Frau her und zog sie damit ordentlich an. Dann sagte der Gott „Allezeit" zu sich selbst: „Jetzt ist dem Menschen das Gute und das Böse genauso bewusst geworden wie uns. Wie können wir den Schaden verhindern, der dadurch entstehen würde, dass er von dem anderen besonderen Baum isst und genauso lange lebt wie wir?" Um dem zuvorzukommen verbannte der Gott „Allezeit" den Menschen aus dem Wonneland. Jetzt musste er genau denselben Erdboden bearbeiten, aus dem er ursprünglich selbst geschaffen worden war!

Nachdem er vertrieben worden war, wurden Engel an der Ostgrenze des Wonnelandes aufgestellt. Sie bewachten den Zugang zum Baum des ewigen Lebens mit scharfen, feurigen Waffen.

DIE KONSEQUENZEN DES SÜNDENFALLS

Kapitel 3 wird üblicherweise mit „der Sündenfall" betitelt. Der Mensch stürzte aus der wunderschönen Position ab, die in Kapitel 2 beschrieben wird. Es hätte alles so anders kommen können. Hätte Adam nicht versucht, Eva oder sogar Gott selbst zu beschuldigen, sondern Buße getan, hätte Gott ihm sofort vergeben können. Die Menschheitsgeschichte wäre dann ganz anders verlaufen. Stattdessen sehen wir Adams pathetischen Versuch, mit dem sprichwörtlichen Feigenblatt seine Schuld zu bemänteln – ein Spiegelbild seiner Dummheit.

Die Art und Weise der Strafe ist höchst interessant. Adam wird in Bezug auf seine Arbeit bestraft, Eva hingegen im Verhältnis zur Familie. Aus dem Reptil wird eine Schlange (Selbst heute noch haben Schlangen auf ihrer Bauchunterseite sehr kleine Beinansätze.).

Ihre frühere Beziehung zu Gott ist zerstört. Auch ihr Eheverhältnis ist betroffen: Sie verstecken sich voreinander und Gott spricht einen Fluch über sie aus. Kapitel 4 berichtet, dass der erste Mord innerhalb einer Familie geschieht. Neid führt zu einer Trotzhaltung gegenüber Gottes Warnungen.

Nun wollen wir drei Bereiche im Fortgang der Geschichte betrachten, an denen Gottes Reaktionen auf das Geschehen besonders deutlich werden.

1. Kain

Jemand hat einmal gesagt, dass die Sünde des ersten Menschen den zweiten Menschen dazu brachte, den dritten zu töten. Hier geht es um Adams eigene Familie. Sein ältester Sohn brachte seinen mittleren Sohn um; aus demselben Grund, aus dem Jesus Jahrhunderte später getötet wurde: Neid. Das Tatmotiv Neid war sowohl für den ersten als auch für den schlimmsten Mord der Geschichte verantwortlich.

Kain bedeutet „hervorgebracht". Als er geboren wurde, sagte Eva: „Ich habe einen Mann hervorgebracht (in der Elberfelder Übersetzung) mit dem HERRN. "Abel bedeutet „Windhauch" oder „Dunst". Gott bevorzugte Abel, den Jüngeren der Beiden. Damit wollte er einer Haltung entgegenwirken, die davon ausgeht, dass irgendjemand (in diesem Fall der Ältere) ein natürliches Recht auf seine Gaben oder sein Erbe hätte. Es kommt in der Bibel häufig vor, dass Gott eine jüngere Person einer älteren vorzieht (beispielsweise Isaak gegenüber Ismael, Jakob gegenüber Esau).

Das Problem, das zwischen den Beiden stand, war folgendes: Gott nahm Abels Opfer an und wies Kains Opfer zurück. Abel hatte von seinen Eltern gelernt, dass nur ein Opfer, bei dem Blut floss, Gott angemessen war – jemand musste mit dem Leben bezahlen. Gott hatte bereits die Sünde und die Scham seiner Eltern dadurch bedeckt, dass er Tiere tötete und mit ihren Fellen die Sünden Adams und Eva zudeckte. Damit etablierte Gott ein Prinzip: Blut wurde vergossen, um ihre Scham zu bedecken (Dieses Prinzip nahm im Garten Eden seinen Anfang und setzte sich bis Golgatha fort.). Daher opferte Abel ein Tier, als er

Gott anbeten wollte. Kain hingegen brachte nur Obst und Gemüse mit.

Nur Abels Opfer stellte Gott zufrieden, Kains Opfer gefiel ihm nicht. Kain wurde deshalb zornig. Entgegen der Warnung Gottes, dass er die Sünde beherrschen sollte, führte Kain seinen Bruder unter einem Vorwand von seinem Zuhause fort und ermordete ihn. Er begrub ihn und distanzierte sich dann vollständig von ihm („Bin ich meines Bruders Hüter?", fragte er.).

Ein deutliches Muster wird erkennbar: Schlechte Menschen hassen gute Menschen und die Gottlosen beneiden die Gottesfürchtigen. Diese Zweiteilung zieht sich durch die gesamte Menschheitsgeschichte.

Gottes perfekte Welt ist nun zu einem Ort geworden, an dem man das Gute hasst und schlechte Menschen ihre Bösartigkeit rechtfertigen. Jeder, der das Gewissen der anderen herausfordert, wird verabscheut. Man könnte mit Fug und Recht sagen, dass Abel der erste Märtyrer im Dienste der Gerechtigkeit war. Jesus selbst erklärte, dass das „Blut der Gerechten seit Abel vergossen wird, bis hin zu Secharja."

Im weiteren Verlauf zeichnet die Bibel die Geschichte der Ahnenfolge Kains nach. Sie enthält einige interessante Elemente. Mit den Namen der Nachkommen Kains werden auch ihre Errungenschaft aufgelistet, insbesondere die Entwicklung der Musik und der Metallkunde, einschließlich der ersten Waffen. Die Städtebildung geht ebenfalls auf Kains Familie zurück. Es waren Kains Abkömmlinge, die anfingen, Städte zu bauen. Dadurch zogen sie Sünder an einem Ort zusammen, wodurch sich auch die Sünde an diesem Ort verdichtete. Man kann sagen, dass das Leben in den Städten wegen dieser Konzentration sündhafter wurde als das Landleben.

Daher ist das, was wir als „menschlichen Fortschritt"

bezeichnen würden, eigentlich befleckt. Diesen „Entwicklungen" haftet gewissermaßen das „Kainszeichen" an. Das entspricht der biblischen Lesart der Zivilisation: Sündhaftes Verhalten steht immer in ihrem Mittelpunkt. Auch die Polygamie wurde durch Kains Nachkommen etabliert. Bis dahin waren ein Mann und eine Frau auf Lebenszeit miteinander verheiratet. Doch Kains Söhne und Enkel nahmen sich viele Frauen. Wie wir wissen, lebten sogar Abraham, Jakob und David in Vielehe.

Es gab jedoch noch einen dritten Bruder, der Adam und Eva geboren wurde, nämlich Set. Mit ihm begann eine andere, eine gottesfürchtige Ahnenreihe. Mit den Nachkommen Sets fingen die Menschen an „den Namen des HERRN anzurufen."

Diese beiden Abstammungslinien ziehen sich durch die gesamte Menschheitsgeschichte und werden bis zum Ende bestehenbleiben. Dann werden sie für immer getrennt. Wir leben in einer Welt, in der es die Nachkommenschaft Kains und die Nachkommenschaft Sets gibt. Es ist unsere Entscheidung, zu welcher dieser Linien wir gehören und was für ein Leben wir führen wollen.

2. Noah

Die nächsten wichtigen Ereignisse sind der Bau der Arche Noah und die Sintflut. Es ist eine wohlbekannte Geschichte, sowohl in ihrer biblischen Form als auch außerhalb der Bibel. Bei vielen Völkern gehört die Legende einer weltumspannenden Flut zur volkstümlichen Überlieferung. Ob sie sich tatsächlich ereignet hat und ob sie sprichwörtlich die ganze Erde überschwemmte, wird angezweifelt. Der Text macht keine Angaben dazu, ob die Flut die ganze Welt unter Wasser setzte oder nur die damals bekannte Welt. Ganz sicher war das nahöstliche Becken ein Gebiet, das von der Flut betroffen war. Später wurde es Mesopotamien genannt. Mesopotamien ist die riesige Ebene, durch die der Euphrat und der Tigris fließen. Sie ist der Schauplatz aller Frühgeschichten des Buches Genesis.

Die Bibel konzentriert sich mehr auf die ethisch-moralischen Aspekte dieser Geschichte als auf die materiellen Fakten. Warum kam es zur Sintflut? Die Antwort ist niederschmetternd. Die Flut kam, weil Gott es bereute, den Menschen erschaffen zu haben. „Es schmerzte ihn bis in sein Innerstes hinein" (1. Mose 6,6; NeÜ). Das ist mit Sicherheit einer der traurigsten Verse der Bibel. Er veranschaulicht Gottes Gefühle sehr deutlich. Sie führten zu seinem Entschluss, die Menschheit zu vernichten.

Was war passiert, dass Gott eine solche emotionale Krise erlebte? Um diese Frage zu beantworten, müssen wir die Erzählung aus dem ersten Buch Mose in der Gesamtschau mit Teilen des Neuen Testaments und einigen außerbiblischen Quellen betrachten, die von Judas und Petrus zitiert werden.

Wir erfahren Folgendes: 200 bis 300 Engel waren in die Gegend am Berg Hermon gesandt worden, um Gottes Volk zu beschützen. Sie verliebten sich in Frauen, verführten und schwängerten sie. Die Kinder waren eine fürchterliche Mischform aus Menschen und Engeln, Wesen, die nicht nach Gottes Ordnung entstanden waren. Sie sind die „Riesen" (hebräisch Nephilim) in Genesis 6, die Nachkommen aus der Verbindung zwischen den „Söhnen Gottes" und den „Töchtern der Menschen". Die Bedeutung des Wortes Nephilim kennen wir nicht genau. Vielleicht handelt es sich nur um einen neuen Begriff für eine neue Art der Kreatur. Diese schreckliche Kombination war auch der Anfang des Okkultismus. Denn diese Engel lehrten die Frauen Zauberei. Vor diesen Ereignissen gibt es keine Spuren okkulter Praktiken.

Die direkte Folge dieser pervertierten geschlechtlichen Verbindung war, dass die ganze Erde von Gewalttat erfüllt wurde; eins führt zum anderen, wenn Menschen als

Objekte und nicht als Personen behandelt werden. Genesis 6 berichtet uns, dass Gott an den Menschen Folgendes beobachtete: „Alles Sinnen und Trachten ihres Herzens" war „immerfort nur böse" (siehe 1. Mose 6,5; MB). Das Maß war voll, das war Gottes Empfinden.

Allerdings richtete Gott die Erde nicht sofort. Er war sehr geduldig und warnte die Menschen ausführlich. Er berief Henoch zum Propheten, um der Menschheit anzukündigen, dass das göttliche Gericht bevorstand. Gott würde alle Gottlosigkeit bestrafen. Im Alter von 65 Jahren bekam Henoch einen Sohn. Gott teilte ihm den Namen des Jungen mit, Metuschelach (zu Deutsch Methusalem). Der Name bedeutet: „Wenn er stirbt, wird es passieren". Daher wussten sowohl Metuschelach als auch Henoch, dass Gott die Welt richten würde, wenn Henochs Sohn starb.

Wir wissen, dass Gott Geduld hatte. Denn Metuschelach lebte länger als irgendein anderer Mensch auf der Welt, 969 Jahre. Als Metuschelach starb, fing es heftig an zu regnen. Metuschelachs Enkel hieß Noah. Er und seine drei Söhne hatten 12 Monate damit verbracht, nach Gottes Anweisungen ein riesiges überdachtes Holzboot zu bauen. Nur eine Familie, ein Prediger mit seiner Frau, seinen drei Söhne und drei Schwiegertöchtern wurde gerettet.

Nach der Flut versprach Gott, dass sich ein solches Gericht niemals wiederholen würde, so lange die Erde existiert. Er schloss einen Bund und gab damit der gesamten Menschheit ein heiliges Versprechen: Es bestand nicht nur darin, die Menschheit nie wieder zu zerstören, sondern auch in der Verpflichtung, sie mit ausreichend Nahrung zu versorgen. Er würde sicherstellen, dass Frühling und Sommer, Herbst und Winter regelmäßig kämen. In einer Zeit, in der Hungersnöte in verschiedenen Teilen der Welt weit verbreitet sind, mag es den Anschein haben, dass dieses Versprechen ignoriert worden sei. Doch es gibt viel mehr Getreide auf der Welt, als wir brauchen. Es wird nur nicht gleichmäßig verteilt. Jeder könnte satt werden, wenn nur der politische Wille dazu da wäre.

Gott setzte einen Regenbogen in die Wolken, um diesen Bund zu symbolisieren. Für das Leben auf dieser Erde brauchen wir Sonnenlicht und Wasser. Wenn beide zusammenkommen, wird der Regenbogen sichtbar.

Als Gott sein Versprechen ablegte, verlangte er auch etwas von der Menschheit. Er gebot, das menschliche Leben als heilig zu betrachten und daher Mord durch Exekution zu bestrafen. Wenn ein Land die Todesstrafe abschafft, sagt das viel über seine Sicht des menschlichen Lebens aus.

3. Babel

Das nächste Ereignis, das Gott naheging, war der Turmbau zu Babel. Die Menschen wollten einen Turm bauen, der in Gottes Sphäre im Himmel hineinreichte, um praktisch „den Himmel herauszufordern". Im Text heißt es, dass sie sich einen Namen machen wollten. Wir wissen ungefähr, wie der Turm ausgesehen haben muss: Man nannte ein solches Gebäude eine *Zikkurat*, eine große Struktur aus Ziegeln mit Treppen, die himmelwärts nach oben strebten. Oben auf einem solchen Turm waren üblicherweise astrologische Zeichen angebracht. Allerdings ging es Nimrod (dem König Babylons oder Babels) nicht so sehr darum, die Sterne anzubeten. Der Turmbau war vielmehr als Ausdruck seiner eigenen Macht und Größe gedacht.

Dieser Turm war für Gott ein großes Ärgernis. Wenn er die Menschen so weitermachen ließe, wäre nicht abzusehen, wo das alles hinführen würde, sagte Gott. Daher gab er ihnen zum ersten Mal die Gabe, in fremden Sprachen zu reden, um sie zu verwirren. Sie konnten einander nicht mehr verstehen. Ab diesem Zeitpunkt teilte und zerstreute sich die Menschheit, die nun verschiedene Sprachen sprach.

Zu dieser Geschichte gibt es eine interessante Fußnote: Unter den Völkern, die sich in Babel zerstreuten, war eine Gruppe, die die Berge im Osten überwand. Als diese Menschen das Meer erreichten, wurden sie dort schließlich ansässig. Aus ihnen entstand die große chinesische Nation. Man kann die chinesische Kultur lückenlos bis in diese Zeit zurückverfolgen. Die Vorfahren der Chinesen verließen das Gebiet von Babel, bevor das keilschriftliche Alphabet die Bildsprache des antiken Ägyptens ersetzte. Bis zum Turmbau zu Babel waren alle Sprachen bildhaft. Die Sprache, die sie mit nach China nahmen, wurde daher in Bildern aufgezeichnet. Erstaunlicherweise kann man die Geschichte aus Genesis 1 bis 11 rekonstruieren, indem man die Symbole betrachtet, mit denen die Chinesen bestimmte Wörter umschreiben.

Das chinesische Wort für „erschaffen" besteht beispielsweise aus den Bildern für Schlamm, Leben und einer gehenden Person. Ihr Wort für „Teufel" setzt sich aus einem Mann, einem Garten und dem Bild für ein Geheimnis zusammen. Der Teufel ist also eine versteckte Person im Garten. Das Wort für „Versucher" besteht aus den Zeichen für „Teufel" plus zwei Bäumen und dem Bild für Decke oder Tarnung. Das „Boot" beinhaltet einen Behälter, einen Mund und die Zahl acht. Ein Boot in der chinesischen Sprache ist daher ein Seefahrzeug für acht Personen, vergleichbar der Arche Noah.

Wir können die gesamte Geschichte aus Genesis 1 bis 11 mithilfe der chinesischen Bildsprache rekonstruieren. Als diese Menschen in China ankamen, glaubten sie daher an einen Gott, den Schöpfer des Himmels und der Erde. Erst später, mit Konfuzius und Buddha, wandten sie sich dem Götzendienst zu. Die chinesische Sprache ist eine unabhängige, außerbiblische Bestätigung, dass sich diese Dinge tatsächlich ereignet haben. Die entsprechenden

Berichte blieben in der Erinnerung der Menschen, die in Babel zerstreut wurden und sich dann in China ansiedelten, lebendig.

GERECHTIGKEIT UND GNADE

Zwei Themen bestimmen diese Kapitel: Ab dem Sündenfall Adams können wir sowohl menschlichen Stolz als auch Gottes Reaktion darauf beobachten, die sich in Gerechtigkeit und Gnade zeigt. Dadurch, dass Gott Adam und Eva aus dem Garten verbannte und ihnen erklärte, dass sie eines Tages sterben würden, übte er Gerechtigkeit. Gleichzeitig zeigte er ihnen darin seine Gnade, dass er ihre Blöße bedeckte.

Er offenbarte Kain seine Gerechtigkeit, indem er ihn dazu verurteilte, rastlos umherzuwandern. Durch das Zeichen, mit dem er Kain versah, erwies er ihm jedoch seine Gnade. Aufgrund dieses Zeichens würde ihn niemand erschlagen. Gott bestrafte die Generation Henochs (allerdings nicht Henoch selbst). Doch wir können seine Gnade daran erkennen, dass er Noah und seine Familie rettete. Auch seine Geduld wird offenbar, da Gott Metuschelach ein so langes Leben gab und mit dem Gericht sehr lange wartete. Was erzählt uns der Rest des Buches Genesis über Gott? Wir wollen nun untersuchen, wie es weiterging und welche Art der Beziehung Gott zu seinem Volk im Laufe der nachfolgenden Generationen und Ereignisse pflegte.

Der souveräne Gott

Es gibt einen doppelten roten Faden, der die gesamte Darstellung Gottes im Alten Testament durchzieht. Er erfordert eine Erklärung. Es handelt sich um zwei nebeneinanderliegende Aspekte, die nur dann verständlich werden, wenn man das Buch Genesis liest.

SCHLÜSSEL ZUM ALTEN TESTAMENT

Der Gott des gesamten Universums

Einerseits behauptet das Alte Testament, dass der Gott der Juden gleichzeitig der Gott des gesamten Universums sei. Zur damaligen Zeit hatte jedes Land seinen eigenen Gott, ob es sich nun um Baal, Isis oder Moloch handelte. Religion war eine rein nationale Frage. Alle Kriege waren Religionskriege, zwischen Nationen mit verschiedenen Göttern. Der Gott Israels (Jahwe) galt bei den anderen Völkern einfach nur als der nationale Gott Israels. Doch Israel selbst behauptete, dass sein Gott der „Gott aller Götter" sei. Tatsächlich gingen die Israeliten sogar noch weiter. Sie machten geltend, dass ihr Gott der einzige Gott sei, der wirklich existierte. Er hätte das gesamte Universum erschaffen. Alle anderen Götter wären nur Ausgeburten der menschlichen Phantasie. Diese Behauptungen waren natürlich für die anderen Völker extrem beleidigend. Man kann sie in Jesaja 40, dem Buch Hiob und in vielen der Psalmen nachlesen.

Der Gott der Juden

Das Gottesbild des Alten Testaments zeigt auf der anderen Seite, dass der Gott des gesamten Universums der Gott der Juden ist. Sie behaupteten also, dass der Schöpfer aller Dinge eine sehr persönliche und vertraute Beziehung mit ihnen hätte, mit einer kleinen Volksgruppe dieser Erde. Genauer gesagt nahmen sie für sich in Anspruch, dass Gott sich mit einer Familie identifiziert hätte; mit einem Großvater, einem Vater und einem Sohn. Laut ihrer Aussage nannte sich der Gott des gesamten Universums „der Gott Abrahams, Isaaks und Jakobs". Es war eine ungeheuerliche Behauptung.

Gottes Plan

Das Buch Genesis erklärt uns diese erstaunliche zweifache Wahrheit: Dass der Gott der Juden der Gott des Universums ist, und dass der Gott des Universums ganz besonders der

Gott der Juden ist. Ohne dieses Buch gäbe es tatsächlich keinen Grund, daran zu glauben.

Das Buch Genesis deckt eine längere Zeitspanne ab, als der gesamte Rest der Bibel zusammengenommen. Vom Anfang des Buches Exodus bis zum Ende des dritten Kapitels der Offenbarung sind es rund 1500 Jahre, d.h. eineinhalb Jahrtausende. Genesis hingegen behandelt die gesamte Geschichte dieser Welt von ihren Anfängen bis zu Josefs Lebzeiten. Beim Lesen der Bibel muss uns daher bewusst sein, dass die Zeit komprimiert worden ist. Im Vergleich zum Rest der Bibel umfasst das Buch Genesis viele Jahrhunderte.

Diese Komprimierung der Zeit kommt jedoch auch im Buch Genesis selbst vor. Wie wir bereits gesehen haben, machen die Kapitel 1–11 ein Viertel des Buches aus. Allerdings umfassen sie eine sehr lange Zeitspanne und ein sehr breites Spektrum an Menschen und Nationen. Der zweite „Teil" von Genesis, Kapitel 12–50, ist viel länger und deckt drei Viertel des Buches ab. Doch er behandelt nur verhältnismäßig wenige Jahre und nur ein paar Menschen: bloß eine Familie und auch nur vier Generationen dieser Familie. Was die Länge betrifft, scheint das ein riesiges Missverhältnis zu sein, wenn Genesis tatsächlich die Geschichte der gesamten Welt erzählen will.

Gleichzeitig muss uns klar sein, dass diese unterschiedlichen Zeitproportionen kein Zufall sind. Der Blick des Erzählers wendet sich absichtlich von der ganzen Welt ab, hin zu einer ganz besonderen Familie; als wäre diese Familie die wichtigste, die jemals auf diesem Planeten gelebt hätte. Und in gewisser Weise war sie das auch. Denn diese Familie gehörte zu der sehr besonderen Nachkommenschaft Sets. Es waren Menschen, die den Namen des Herrn anriefen. Für Gott waren die Erdenbewohner, die ihn anriefen, wichtiger als alle anderen. Denn durch diese Menschen konnte er seine Pläne und Absichten verwirklichen.

Diese Sichtweise erinnert uns daran, dass die Bibel nicht Gottes Antworten auf unsere Probleme enthält; sie enthält Gottes Antwort auf Gottes Problem. Gottes Schwierigkeit bestand in Folgendem: „Was mache ich mit einer Menschheit, die mich weder kennen noch lieben will und die es auch ablehnt, mir zu gehorchen?" Eine Lösung bestand darin, sie zu vernichten und noch einmal von vorne anzufangen. Das hatte Gott probiert. Doch selbst der Vater des gottesfürchtigen Überrestes, der während der Flut bewahrt wurde (Noah), betrank und entblößte sich. Dadurch zeigte er, dass sich die menschliche Natur nicht verändert hatte. Aber Gott gab nicht auf. Er sorgte sich um die Menschen, die er gemacht hatte. Gott hatte bereits einen Sohn, der ihm soviel Freude bereitete, dass er sich eine noch größere Familie wünschte. Daher war er nicht bereit, vor dem Problem der Menschheit zu kapitulieren.

Seine Lösung begann mit Abraham. Philosophen nennen sie „den Skandal der besonderen Erwählung". Damit meinen sie, dass es von Gott ungerecht gewesen sei, sich nur die Juden zur Problemlösung auszuwählen. Warum rettet er die Chinesen nicht durch die Chinesen, die Amerikaner durch die Amerikaner und die Briten durch ihre eigenen Landsleute? Wir empfinden Gottes Rettungsplan als Beleidigung. Der Poet William Norman Ewer hat es folgendermaßen zusammengefasst:

> Zu verstehen ist's schwer,
> dass Gott, der HERR,
> die Juden erwählte.

Daraufhin fügte Cecil Browne als Antwort eine zweite Strophe hinzu:

> Doch nicht so schwer
> zu verstehen wie der,
> der den Judengott preist,
> doch die Juden abweist.

Wir können Gottes Vorgehensweise an einem einfachen Beispiel aus dem Familienalltag erklären: Ein Vater beschließt, seinen drei Kindern Süßigkeiten mitzubringen. Er könnte drei Tafeln Schokolade besorgen und jedem der drei eine davon überreichen. Oder er könnte eine ganze Tüte voller Süßigkeiten kaufen, sie einem Kind geben und es auffordern, mit den anderen zu teilen. Die erste Option ist die friedlichste, doch sie behandelt die Kinder als unverbundene Einzelwesen. Um eine Familiensituation herzustellen, wäre der zweite Ansatz für alle Beteiligten lehrreicher.

Gottes Herangehensweise bestand also darin, einen Plan in Gang zu setzen, in dessen Verlauf sein Sohn als Jude erscheinen würde. Er beauftragte die Juden, seine Segnungen mit allen anderen zu teilen, statt sich jeder Nation einzeln zuzuwenden. Er erwählte die Juden in der Absicht, dass alle anderen Völker seine Segnungen durch dieses Volk erfahren sollten.

Daher nennt er sich im Alten Testament der Gott Abrahams, Isaaks und Jakobs. Die Kapitel 12–50 des Buches Genesis sind im Grunde genommen die Lebensgeschichten von nur vier Männern. Drei werden dabei in dieselbe Kategorie eingeordnet, während der vierte, Josef, eine Sonderstellung einnimmt. Warum das so ist, werden wir später erfahren, wenn wir uns detaillierter mit ihm beschäftigen.

In die Geschichten der ersten drei Männer hat der Autor Gegensätze zu anderen Verwandten eingeflochten. Der Gegenpol zu Abraham ist sein Neffe Lot; der Gegenpol zu Isaak ist sein Stiefbruder Ismael; Jakob steht sein Zwillingsbruder Esau gegenüber. Die Beziehungen werden immer enger, vom Neffen über den Stiefbruder zum Zwillingsbruder. Gott zeigt uns dadurch, dass sich immer noch zwei Abstammungslinien durch die Menschheit ziehen, die in starkem Gegensatz zueinander stehen. Die

Geschichten laden uns dazu ein, eine der beiden Seiten zu wählen. Sind wir ein Jakob oder ein Esau? Sind wir wie Isaak oder wie Ismael? Ähneln wir Abraham oder Lot?

HANDELT ES SICH UM WAHRE GESCHICHTEN?
Manche behaupten, dass diese Kapitel nur Legenden oder Sagen darstellten. Zwar gäbe es einen wahren Kern, doch einer historischen Überprüfung hielten sie nicht stand. Diese Menschen übersehen jedoch Folgendes: Die Fantasyliteratur ist eine sehr moderne Form der Literatur. Romane waren zu Abrahams Zeiten völlig unbekannt. Es hätte keinen Sinn gemacht, erfundene Geschichten aufzuschreiben. Wollte man tatsächlich eine Story über eine Heldenfigur erfinden, hätte man ihr zweifellos Wundertaten zugeschrieben. Der Genesisbericht erhält jedoch so gut wie keine Wunder. Im Buch Exodus treten sie dutzendweise auf, doch im Buch Genesis sind sie rar gesät. Legenden hingegen sind üblicherweise voller wundersamer oder magischer Begebenheiten.

Darüber hinaus hat man im Buch Genesis keinen einzigen Anachronismus feststellen können (Unter Anachronismus versteht man, dass Geschehnisse einbezogen werden, die während dieser Zeit gar nicht hätten stattfinden können.). Die Archäologie hat bewiesen, dass die kulturellen Details in diesen Geschichten absolut der Wahrheit entsprechen.

Der einzige Aspekt, für den es keine natürliche Erklärung gibt, ist das Auftreten von Engeln. Allerdings kommen Engelwesen in der gesamten Bibel vor. Wer Probleme mit Engeln hat, für den ist die Bibel in ihrer Gesamtheit problematisch. Abgesehen davon sind diese biblischen Geschichten sehr simpel: Es geht um einfache Männer und Frauen, die geboren werden, sich verlieben, heiraten, Kinder bekommen und sterben. Sie halten sich Schafe, Ziegen und Rinderherden und ernten Getreide. Sie haben

Unstimmigkeiten, streiten sich und kämpfen miteinander; sie errichten Zelte, bauen Altäre und beten Gott an. Alle diese Dinge liegen vollkommen im Rahmen normaler menschlicher Erfahrungen.

WARUM HAT GOTT DIE JUDEN ERWÄHLT?

Das Besondere an diesen Geschichten ist allerdings, dass Gott mit den handelnden Personen spricht und dass sie mit ihm kommunizieren. Wir erfahren, dass sich der Gott des gesamten Universums Abraham zu seinem besonderen Freund erwählt. Tatsächlich nennt Gott ihn „Abraham, mein Freund". Das ist der Skandal der besonderen Erwählung. Die Menschen können nicht verwinden, dass Gott persönliche Freundschaften schließt. Ihrer Meinung nach ist das unangemessen, doch genau das passiert in diesen Geschichten.

Die entscheidende Frage lautet: Warum hat Gott beschlossen, als der Gott Abrahams, Isaaks und Jakobs zu gelten? Was ist das Besondere an ihnen? Diese Frage stellen sich andere Nationen und Völker seit Jahrtausenden. Warum sind die Juden so besonders? Warum sollten ausgerechnet sie das auserwählte Volk sein und nicht wir?

Die Antwort lautet, dass Gott in seiner Wahl souverän ist. Diese drei Männer hatten keinerlei *natürlichen* Anspruch auf Gottes Gunst. In aller Freiheit initiierte Gott die Beziehung mit ihnen. Sie konnten nicht behaupten, dass sie diese Verbindung irgendwie verdient hätten. Tatsächlich ist es sehr auffällig, dass in jeder Generation das typische Erstgeburtsrecht auf den Kopf gestellt wird. Normalerweise würde der erste Sohn das Familienvermögen vom Vater erben. Doch in jeder Generation erwählt Gott nicht den ältesten, sondern den jüngsten Sohn. Er zieht Isaak dem Ismael vor und erwählt Jakob statt Esau. Damit macht er deutlich, dass niemand einen natürlichen Anspruch auf seine Liebe hat: Vielmehr gibt er seine Liebe, wem er will.

Es ging daher nicht um die Frage einer direkten erblichen Linie, die durch den ältesten Sohn vermittelt wurde. Weder Isaak noch Jakob waren die Erstgeborenen. Was sie ererbten, war ein Geschenk aus Gnade.

Noch auffälliger ist die Tatsache, dass keiner dieser drei Männer einen *moralischen* Anspruch auf Gott hatte. Denn sie konnten nicht behaupten, besser zu sein als irgendjemand anderes. Genau genommen berichtet uns die Bibel, wie jeder von ihnen log, um sich aus einer schwierigen Situation wieder herauszumanövrieren. Sowohl Abraham als auch Isaak logen wie gedruckt, als es um ihre eigenen Frauen ging. Dadurch wollten sie ihre eigene Haut retten. Und Jakob war der Schlimmste von ihnen. Diese Männer waren nicht nur Lügner, sie nahmen sich auch mehrere Frauen. Uns werden sehr gewöhnliche Männer präsentiert, die genau wie wir alle ihre Schwächen hatten.

Das einzige, was sie besonders auszeichnete, war ihr *Glaube*. Diese Männer glaubten an Gott. Gott kann Wunder vollbringen, wenn jemand glaubt. Der Allmächtig zieht einen gläubigen Menschen einem guten Menschen vor. Er sagte sogar zu Abraham, dass sein Glaube ihm als „Gerechtigkeit" angerechnet würde. Gute Werke ohne Glauben an Gott zählen nicht.

Isaak und Jakob teilten diesen Glauben, auch wenn sie in ihrer Persönlichkeit und ihrem Temperament sehr verschieden waren. Das, was alle drei verband, war die Tatsache, dass sie Glauben hatten.

Der Glaube der Patriarchen
Abrahams Glaube wurde besonders daran sichtbar, dass er Ur in Chaldäa verließ. Diese Stadt war ein sehr beeindruckender und kultivierter Ort, einer der fortgeschrittensten der Welt. Doch Gott verkündete Abraham, dass er für den Rest seines Lebens in einem Zelt leben sollte. Nicht viele von

uns würden das bequeme Stadtleben verlassen und in einem Zelt in den Bergen hausen, wo es im Winter kalt ist und schneit; insbesondere nicht im Alter von 75 Jahren. Gott trug ihm auf, ein Land zu verlassen, das er niemals wiedersehen würde, um in ein Land zu ziehen, das er noch nie gesehen hatte. Er sollte seine Familie und seine Freunde zurücklassen (Tatsächlich nahm Abraham jedoch seinen Vater und andere Familienmitglieder bis nach Haran mit, das auf der Hälfte des Weges lag. Von dort aus setzte er die Reise mit seinem Neffen Lot fort.). Abraham gehorchte. Er glaubte Gott sogar, als dieser ihm versprach, er würde einen Sohn bekommen, obwohl seine Frau Sarah bereits 90 Jahre alt war. (Als der Junge geboren wurde, nannten sie ihn „Witz". Isaak, hebräisch *Jitzhak*, bedeutet „lachen". Als Sarah zum ersten Mal hörte, dass sie in ihrem Alter schwanger werden würde, lachte sie lauthals los.)

Abraham durchlief eine harte Glaubensschule. Nach Gottes Verheißung waren elf Jahren vergangen, und noch immer war kein Sohn in Sicht. Auf Sarahs Vorschlag hin versuchte Abraham, einen Nachkommen von Sarahs Magd Hagar zu bekommen. Die Bibel betont, dass Ismael kein „Kind des Glaubens", sondern ein „Kind des Fleisches" war, das Gott nicht erwählt hatte (obwohl Gott auch ihn weiterhin segnete, und zwar mit vielen Nachkommen, die heute die arabische Welt ausmachen.).

Als Isaak schließlich kam, bewies Abraham Glauben, indem er bereit war, ihn auf Gottes Bitte hin auf einem Altar zu opfern. Die Bibel berichtet uns, dass Abraham bereit war, Isaak als Opfer zu schlachten, weil er glaubte, dass Gott ihn von den Toten auferwecken würde, nachdem Abraham ihn getötet hatte. Wenn man bedenkt, dass Gott so etwas noch nie zuvor getan hatte, war das ein beachtlich starker Glaube! Abraham war überzeugt, dass Gott Isaak ganz sicher aus dem Totenreich zurückbringen könnte, wenn er das wollte. Schließlich hatte Gott ja auch Leben (Isaak) aus Abrahams altem Körper hervorgebracht.

Die meisten bildlichen Darstellungen der Opferung Isaaks zeigen ihn als zwölfjährigen Jungen. Doch wenn wir den Kontext näher untersuchen, stellen wir fest, dass Sarah gleich darauf im Alter von 127 Jahren verstarb. Zum damaligen Zeitpunkt wäre Isaak 37 Jahre alt gewesen. Daher war Isaak zur Zeit des Opfers wahrscheinlich Anfang dreißig. Er hätte sich leicht widersetzen können, doch er ordnete sich im Glauben seinem Vater Abraham unter, der schon ein alter Mann war. (Der Ort ist ebenfalls bedeutsam. Der Berg des Opfers wurde Morija genannt, daraus wurde später Golgatha.) Auch zu anderen Gelegenheiten bewies Isaak Glauben, vor allem, als er Abrahams Knecht vertraute, der für ihn eine Frau finden sollte.

Jakob glaubte ebenfalls, doch zunächst nur an sich selbst. Die Geschichte berichtet, wie er seinen Vater mit List und Tücke dazu manipulierte, ihm den Segen zu erteilen statt seinem Bruder Esau. Doch wenigstens zeigte sein Verhalten, dass er den Segen wollte, im Gegensatz zu Esau, der das verachtete, was ihm eigentlich zugestanden hätte. Als Jakob schon älter war, musste Gott ihn „zerbrechen". Nachdem er die ganze Nacht mit Gott gekämpft hatte, humpelte er für den Rest seines Lebens. In seinem Glauben an Gott war das allerdings der Wendepunkt. Ab diesem Moment glaubte er der Verheißung Gottes, dass aus seinen 12 Söhnen die 12 Stämme Israels hervorgehen würden.

Trotz all ihrer Fehler und Schwächen zeichneten sich diese Männer durch ihren Glauben an Gott aus. Im starken Gegensatz zu ihren Verwandten, die Menschen des Fleisches statt des Glaubens waren, vertrauten sie auf Gott.

Lot erweckt den Anschein eines Materialisten. Er bevorzugte es, in das fruchtbare Jordantal hinabzuziehen, statt auf den kargen Hügeln zu leben. Er traute seinen natürlichen Augen, während Abraham mit den Augen des Glaubens sah. Er wusste, dass Gott auch auf den Hügeln bei ihm sein würde. Esau zog einen Teller „Instantsuppe" dem Segen seines Vaters vor. Der Hebräerbrief fordert uns auf, nicht wie Esau zu sein, der seinen Handel bereute und später unter Tränen um den Segen bat, jedoch ohne wirklich Buße zu tun. Es gibt daher einen starken Kontrast zwischen den Männern des Glaubens und ihren fleischlichen Verwandten. Noch heute zieht sich dieser Unterschied durch viele Familien.

Diesen Kontrast können wir auch an den Frauen dieser Männer erkennen. Sarah, Rebekka und Rahel hatten alle eines gemeinsam: Sie waren sehr schön. Die drei Ehefrauen der Patriarchen besaßen die bleibende Schönheit des inneren Menschen. Sie alle ordneten sich zudem ihren Männern unter. Die Frauen der anderen Verwandten stellten wieder einen Gegensatz dar. Lots Frau, beispielsweise, drehte sich nach dem bequemen Lebensstil um, den sie gerade verließen und den Gott richten würde. Dann erstarrte sie zur Salzsäule, weil sie Gottes Wort nicht gehorcht hatte.

Abraham

Nun wollen wir diese drei Männer detaillierter betrachten. Gott machte Abraham eine Verheißung, auf die sich Christen bis heute beziehen. Der Herr begann die Schöpfung mit einem Mann und auch die Erlösung nahm mit einem Mann ihren Anfang. Wir erfahren, dass Gott mit Abraham einen Bund schloss. Dieses Thema durchzieht die Bibel bis zur Person Jesu. Dieser setzte einen neuen Bund ein, an den wir uns beim Abendmahl erinnern.

Die Bedeutung eines „Bundes" zu erfassen, ist sehr wichtig. Manche verwechseln ihn mit einem „Vertrag". Doch es geht nicht um einen Handel, der zwischen zwei Personen geschlossen wird, die über das gleiche Maß an Macht und

Autorität verfügen. Ein Bund wird vollumfänglich von einer Partei angeboten, um die andere zu segnen. Die andere Partei hat nur zwei Alternativen: entweder die Bedingungen anzunehmen oder sie abzulehnen. Sie kann den Inhalt des Bundes nicht verändern. Wenn Gott Bündnisse schließt, dann hält er sie ein und besiegelt sie durch einen Schwur. Wo ein Mensch sagen würde: „Bei Gott, ich schwöre, dies zu tun", erklärt Gott: „Bei mir selbst habe ich geschworen", weil es kein höheres Wesen über Gott gibt, bei dem er schwören könnte. Daher schwört er bei sich selbst und spricht die Wahrheit, die ganze Wahrheit und nichts als die Wahrheit.

Als Gott Abraham in Genesis 12 seine Verheißung gab, wiederholte er seine Absichtserklärung „Ich will" sechsmal; wie ein Bräutigam, der seine Braut heiratet. Im Grunde genommen vermählte sich der Gott des Universums mit dieser speziellen Familie. Seine erste Verheißung besagte, dass er ihnen einen Ort geben würde, an dem sie leben sollten (ein kleines Stück Land an der Schnittstelle der Kontinente; das Zentrum der Landmassen der Erde ist Jerusalem. In diesem Land kreuzen sich die Handelswege von Afrika nach Asien und von Arabien nach Europa, in der Nähe eines kleinen Hügels, der auf Hebräisch Armageddon heißt; das ist die Hauptkreuzung der Welt.) Gott sagte ihnen tatsächlich: „Das ist der Ort, den ich euch auf ewig geben werde." Abraham und seine Nachkommen halten praktisch die „Eigentumsurkunde" für dieses Land in ihren Händen, was auch immer alle anderen sagen mögen. Denn Gott hat ihnen das Recht auf dieses Land gegeben, und zwar Abraham und seinen Nachkommen bis in alle Ewigkeit.

Die zweite Verheißung beinhaltete, dass er ihnen Nachkommen geben würde. Nach Gottes Aussage würde es immer Nachkommen Abrahams auf dieser Erde geben. Das erklärte er trotz des fortgeschrittenen Alters sowohl Abrahams als auch Sarahs.

DIE ANWEISUNGEN DES SCHÖPFERS

Die dritte Verheißung besagte, dass er sie dazu gebrauchen würde, jede andere Nation entweder zu segnen oder zu verfluchen. Die Berufung der Juden ist es, Gott mit allen anderen zu teilen. Diese Berufung kann sich in zweierlei Weise auswirken, denn Gott sagte zu Abraham: „Wer dir flucht, den werde ich verfluchen, und wer dich segnet, den werde ich segnen." Im Gegenzug erwartete Gott als erstes, dass jeder männliche Jude beschnitten würde, als Zeichen, dass er in diesen Bund hineingeboren wird. Zweitens verlangte er, dass Abraham Gott gehorchte und alles tat, was Gott ihm auftrug.

Dieser Bund ist das Herzstück der Bibel. Auf seiner Grundlage sagte Gott: „Ich werde euer Gott sein und ihr werdet mein Volk sein". Dieser Satz wiederholt sich durch die gesamte Bibel hindurch bis zur letzten Seite der Offenbarung. Er vermittelt uns, dass Gott bei uns bleiben will. Ganz am Ende der Bibel zieht Gott selbst aus dem Himmel aus und kommt auf die Erde herunter, um für immer mit uns auf einer neuen Erde zusammenzuleben.

Isaak

Wir wissen weniger über Isaak als über seinen Vater Abraham oder seinen Sohn Jakob. Doch er ist das wichtige Verbindungsglied zwischen diesen beiden. Seinen Glauben können wir daran ablesen, dass er Gottes Wahl seiner Ehefrau akzeptierte; auch blieb er im Land Kanaan, als eine Hungersnot ausbrach. Zudem vererbte er seinem Sohn das Land, obwohl es ihm noch nicht gehörte. Tatsächlich besaß er nur die Landesverheißung. Leider führte der Verlust seines Augenlichtes im hohen Alter dazu, dass er von seiner eigenen Familie getäuscht wurde.

Jakob

Jakob ist wohl die schillerndste Persönlichkeit unter diesen drei Männern. Schon bei seiner Geburt hielt er die Ferse seines Zwillingsbruders Esaus fest. Er war habgierig von Anfang an. Esau machte einen Ort zu seiner Heimat, den wir heute Petra nennen. Dort kann man immer noch faszinierende Tempel besichtigen, die aus dem roten Sandstein herausgearbeitet wurden. Hier legte Esau den Grundstein für das Volk Edom. Der Hass zwischen Ismael und Isaak existiert im Nahen Osten immer noch, er zeigt sich in den Spannungen zwischen Arabern und Juden. Doch der Hass zwischen Esau und Jakob ist verschwunden. Die letzten Edomiter waren unter dem Namen Herodes bekannt. Ein Abkömmling Esaus herrschte als König über die Juden, als Jesus geboren wurde. Er tötete alle Säuglinge in Bethlehem, um diesen Nachkommen Jakobs zu beseitigen, der als neuer König geboren wurde.

Das Erbe
Abraham, Isaak und Jakob demonstrierten ihren Glauben am Ende alle auf eine besondere Art und Weise. Sie vermachten ihren Söhnen etwas, was sie tatsächlich selbst noch nicht besaßen. Abraham sagte zu Isaak, dass er ihm das ganze Land in der Umgebung zum Erbe geben würde. Ebenso erklärte Isaak sinngemäß seinem Sohn Jakob: „Das ganze Land hinterlasse ich dir." Jakob schließlich verkündete seinen 12 Söhnen, dass er ihnen das gesamte Land Kanaan vererben würde. Doch keiner von ihnen besaß, was sie den anderen vermachten. Allein Abraham verfügte über ein wenig Landbesitz. Allerdings handelte es sich nur um die Höhle in Hebron, in der Sarah beerdigt worden war. Doch jeder von ihnen glaubte daran, dass Gott ihnen das gegeben hatte, was sie weitervererbten. Eines Tages würde das ganze Land ihnen gehören.

Viel später in der Bibel, in Hebräer 11 erfahren wir über diese Männer, dass sie alle „im Glauben gestorben sind" (siehe Vers 13). Sie wurden ausnahmslos für ihren Glauben gelobt, doch hat keiner von ihnen „die Verheißung erlangt, da Gott für uns etwas Besseres vorgesehen hat, damit sie nicht ohne uns vollendet werden sollten." (Hebräer 11,39+40; ELB). Abraham, Isaak und Jakob sind nicht tot. Ihre Gräber, in denen ihre Leichen begraben sind, können wir in Hebron besichtigen, doch sie sind nicht tot. Jesus erklärte, dass Gott der Gott Abrahams, Isaaks und Jakobs *ist*. Er war es nicht, sondern er ist es. Er ist nicht der Gott der Toten, sondern der Gott der Lebenden.

Josef
Der letzte Teil des Buches Genesis enthält eine Geschichte, die vielen bekannt ist, die Geschichte Josefs. Als das typische Beispiel einer Erzählung, in welcher „der Gute den Bösen besiegt", ist sie bei Kindern und Erwachsenen gleichermaßen beliebt. Man hat daraus sogar ein Musical gemacht, auch wenn das populäre Motiv eines bunten Mantels wahrscheinlich so nicht korrekt ist. Es handelte sich wohl eher um einen Mantel, der sich durch lange Ärmel auszeichnete, als um irgendein Kleidungsstück mit vielen bunten Farben. Der springende Punkt an dem langärmligen Gewand war nämlich, dass Josef zum Vorarbeiter über die anderen erhoben wurde und seine Bekleidung demonstrierte, dass er keine körperliche Arbeit leisten musste. Eine solche Bevorzugung war unpassend, da Josef nicht der älteste Sohn war. Erhebliche Missgunst war die Folge.

Josef repräsentiert die vierte Generation, er ist der Urenkel Abrahams, und wieder ist er nicht der Älteste. Ein klares Muster ist erkennbar: Den Segen empfängt nicht der natürliche Erbe. Gott entscheidet in seiner Gnade, wer den Segen erbt. Gemäß dem etablierten Muster wird einer der jüngeren Söhne begünstigt.

Allerdings setzt sich dieses Muster in einem wichtigen Aspekt nicht fort. Wie schon erwähnt, gibt es einen großen

Unterschied zwischen Josef und den vorangegangenen drei Generationen. Gott bezeichnet sich selbst nie als den „Gott Josefs". Auch hat Josef zu keiner Zeit Begegnungen mit Engeln und seine Brüder werden nicht zurückgewiesen, so wie die Brüder seiner drei Vorväter. Seine Brüder werden vielmehr in die göttliche Abstammungslinie Sets eingeschlossen. Es gibt also nicht denselben Kontrast in den Geschwisterbeziehungen. Darüber hinaus spricht Gott nie direkt zu Josef. Josef hat Träume, deren Auslegungen ihm geschenkt werden. Doch er empfängt kein direktes Reden Gottes, wie die anderen drei Patriarchen es erlebt haben.

Josef scheint sich daher in gewisser Weise von den anderen abzuheben. Was ist bei ihm anders und warum wird uns seine Geschichte erzählt?

Der Grund dafür ist zum Teil offensichtlich. Denn seine Geschichte bildete die natürliche Verbindung zum darauffolgenden Buch der Bibel. Im Buch Exodus erfahren wir, dass sich seine Familie in der Sklaverei in Ägypten befindet. Irgendwie muss man ja erklären, wie sie dorthin gekommen ist. Die Josefsgeschichte ist ein wichtiges Bindeglied. Sie erklärt uns, dass Jakob mit seiner Familie ins südlich gelegene Ägypten auswanderte. Das geschah aus demselben Grund, aus dem bereits Abraham und Isaak schon früher nach Ägypten gezogen waren: Es herrschte Lebensmittelknappheit. (Ägypten ist nicht vom Regen abhängig, da der Nil aus dem äthiopischen Hochland herabfließt und das Land bewässert. Das Land Israel hingegen ist für seine Ernten vollkommen auf den Regen angewiesen, den der Westwind vom Mittelmeer mit sich führt.) Die Josefsgeschichte dient also zumindest als Bindeglied zum nächsten Buch der Bibel. Nach Josef fällt der Vorhang für rund 400 Jahre. Über diese Zeit ist uns nichts bekannt. Dann öffnet sich der Vorhang wieder. Josefs Familie ist mittlerweile zu einem Volk von vielen hunderttausend Menschen geworden. Doch nun leben sie als Sklaven in Ägypten.

Wenn das der einzige Grund für die Aufnahme der Josefsgeschichte in das Buch Genesis ist, so wissen wir jedoch immer noch nicht, warum ihr so viel Platz eingeräumt wird. Wir erfahren über Josef fast genauso viele Details wie über Abraham und noch viel mehr Einzelheiten als über Isaak und Jakob. Warum beschreibt man uns Josef so detailliert? Geht es nur um das Vorbild eines guten Mannes? Und das Fazit, dass das Gute am Ende das Böse besiegt? Ganz sicher muss es noch einen tieferen Grund geben.

Es gibt mindestens vier Blickwinkel, unter denen wir die Josefsgeschichte betrachten können.

1. DIE MENSCHLICHE PERSPEKTIVE

Der erste Blickwinkel ist schlicht und einfach die *menschliche* Perspektive. Die Geschichte ist anschaulich und hervorragend erzählt. Ihre Hauptpersonen sind sehr authentisch. Es handelt sich um ein großartiges Abenteuer, fantastischer als die Vorstellung erlaubt. Es zeichnet sich durch mehrere außergewöhnliche Zufälle aus. Man könnte Josefs Leben in zwei Kapiteln zusammenfassen: Kapitel 1: abwärts, Kapitel 2: aufwärts. Vom Lieblingssohn seines Vaters ging es für ihn ganz steil abwärts, bis er nur noch ein Haussklave war. Dann stieg er von einem vergessenen Gefangenen bis zum Amt des Premierministers auf. Dazwischen sehen wir die Missgunst seiner Brüder, die ihn erniedrigten. Der Schlüssel zu einem erfolgreichen Ende lag in den Träumen. Auf der menschlichen Ebene gibt es daher genügend Stoff, um daraus ein Musical für das Londoner West End zu machen. Tausende haben „Josef and the Amazing Technicolor Dreamcoat" bereits gesehen und sich daran erfreut.

2. DIE GÖTTLICHE PERSPEKTIVE

Man kann die Josefsgeschichte auch aus *Gottes* Perspektive betrachten. Auch wenn er nicht mit Josef spricht, so ist er doch hinter den Kulissen aktiv. Der unsichtbare Gott orchestriert die Umstände, um seine Absichten und Pläne voranzubringen. Er offenbart sie durch Träume. Die Bibel macht deutlich, dass Gott zu seinem Volk manchmal auf diese Art und Weise sprechen muss. Allerdings ist immer eine Auslegung erforderlich. Josef erklärt, dass diese Träume von Gott kommen. Auch ihre Interpretation wird von Gott geschenkt. Daniel wird später für dieselbe Gabe berühmt werden. Josef glaubt, dass Gott seine Lebensumstände beherrscht und dass Gott hinter all dem steht, was ihm zustößt.

Der Schlüsselvers der Josefsgeschichte steht in Kapitel 45, Vers 7, als er sich endlich seinen Brüdern zu erkennen gibt. Zuvor hat er sie gedemütigt und sehr beschämt. Nachdem er ihnen alles vergeben hat, was sie ihm angetan haben, sagt er zu ihnen: „Aber Gott hat mich vor euch hergesandt, um euch einen Überrest zu sichern auf Erden, und um euch am Leben zu erhalten zu einer großen Errettung." (SLT)

Josefs Brüder dachten, sie wären ihn dadurch losgeworden, dass sie ihn als Sklaven an reisende Kamelhändler verkauften. Sie hatten seinen besonderen Mantel mit dem Blut einer Ziege beschmiert, um ihren Vater zu täuschen. Er sollte glauben, dass sein Lieblingssohn gestorben sei. Doch Josef konnte erkennen, dass Gott seine Hand im Spiel hatte. Er blickte auf seine Karriere in Ägypten zurück. Nach der Auslegung des Traumes des Pharao (dass es sieben fette Jahre mit guten Ernten und danach sieben dürre Jahren geben würde) hatte er ein hohes Amt erlangt. Durch seine Anweisung, dass während der guten Jahre Nahrungsmittel gesammelt und gespeichert werden sollten, hatte er tatsächlich das ganze Land Ägypten gerettet – und seine eigene Familie, als ihr ebenfalls die Vorräte auszugehen drohten. Er wurde zu ihrem Erretter.

Gottes Fügung können wir auch daran erkennen, dass Josefs Familie nach Ägypten hinabzog. Obwohl Gott ihnen das Land versprochen hatte, sagte er Abraham viele Jahre zuvor, dass dessen Familie 400 Jahre in Ägypten bleiben müsste „bis das Maß der Schuld der Amoriter" voll geworden sei. Gott würde Abrahams Familie nicht einfach erlauben, das Verheißene Land von seinen Bewohnern zu erobern. Erst mussten diese so verdorben werden, dass sie ihr Recht auf das Land und auf ihr eigenes Leben verwirkt hätten. Gott ist ein ethischer Gott: Er würde nicht einfach ein Volk aus dem Land vertreiben und sein eigenes Volk hineinsetzen. Die Archäologie hat gezeigt, wie furchtbar verdorben die Ureinwohner waren. Aufgrund ihrer pervertierten sexuellen Praktiken waren Geschlechtskrankheiten im Lande Kanaan weit verbreitet. Schließlich erreichten sie den Punkt ohne Wiederkehr. Erst dann erlaubte Gott seinem Volk, ihr Land einzunehmen. Wer behauptet, es sei ungerecht gewesen, dass Gott das Land den Juden gegeben hätte, irrt sich gewaltig.

Es gab jedoch noch andere Gründe: Gott *wollte*, dass sein auserwähltes Volk versklavt wurde. Es gehörte zu seinem Plan, sie aus der Sklaverei zu befreien, damit sie ihm dankbar wären und ihr Leben nach seinen Plänen gestalteten. Dadurch sollten sie der ganzen Welt zum Vorbild dienen. An ihnen sollte man erkennen, wie gesegnet die Menschen sind, die unter der Herrschaft des Himmels leben. Daher ließ er sie die Not der Sklaverei erleben. Sie mussten sieben Tage lang ohne Bezahlung arbeiten, ohne eigenes Land, ohne eigenes Geld und ohne überhaupt irgendetwas zu besitzen. Als sie dann schließlich zu ihm schrien, beugte er sich zu ihnen herab und errettet sie mit seinem starken Arm. Gott erlaubte das alles, um seinen eigenen Plan zu erfüllen. Sie sollten erkennen, dass es Gott war, der sie befreite und ihnen ihr eigenes Land gab.

3. JOSEFS CHARAKTER

Wir können die Erzählung auch als eine Studie betrachten, die *Josefs Charakter* untersucht. Erstaunlicherweise wird nichts Negatives über Josef berichtet. Wir haben bereits festgestellt, dass die Bibel die ganze Wahrheit über Abraham, Isaak und Jakob erzählt. Sie hatten ganz sicher ihre Fehler und Schwächen. Doch es fällt kein einziges kritisches Wort über Josef. Das Schlimmste, was er tat, war, seinen Brüdern von seinem Traum künftiger Größe zu erzählen. Das war ein wenig taktlos von ihm. Wir finden jedoch nicht das geringste Anzeichen einer falschen Haltung oder Reaktion in Josefs Charakter. Seine Reaktionen darauf, dass er die gesellschaftliche Leiter herunterrutschte, waren erstklassig: kein Wort der Bitterkeit, keine Klagen, keine Zweifel an Gott, kein verletztes Gerechtigkeitsgefühl, dass er im Gefängnis gelandet war, im Todestrakt von Pharaos Kerker. Darüber hinaus bewahrte er seine Integrität, als Potifars Ehefrau versuchte, ihn zu verführen; und das, obwohl er sich weit von Zuhause entfernt befand und niemand ihn kannte. Selbst als er ganz unten war und im Gefängnis dahinvegetierte, scheint er sich hauptsächlich darum bemüht zu haben, anderen zu helfen. So versuchte er, den Mundschenk und den Bäcker des Pharao zu trösten. Josef war ein Mann, der um seine eigene Person kein Aufheben machte und gleichzeitig allen anderen ein tiefes Mitgefühl entgegenbrachte.

Auch als er zum zweiten Mann in der Regierung des Pharao aufstieg, erwies sich sein Charakter als tadellos. Das sehen wir an seiner Reaktion auf seine Brüder, die ihn in die Sklaverei verkauft hatten. Er gab ihnen Lebensmittel und weigerte sich, Geld dafür anzunehmen. Schließlich legte er ihnen ihr Geld wieder zurück in ihre Reisesäcke. Er vergab ihnen unter Tränen, setzte sich für sie beim Pharao ein und kaufte ihnen das beste Land im Nildelta zum Wohnort. Sie hatten ihn verstoßen und seinem Vater erzählt, er sei gestorben. Josef aber sorgte für alle ihre Bedürfnisse.

Weder Demütigung noch Ehre konnten Josef korrumpieren. Er war ein vollkommen integrer Mann, der einzige, der uns im Alten Testament als solcher gezeigt wird. Alle Figuren des Alten Testaments werden uns sowohl mit ihren Schwächen als auch mit ihren Stärken vorgestellt. Doch hier ist ein Mann, der nur Stärken hat. Es gibt nur eine andere biblische Person, die mit ihm vergleichbar ist.

In der Mitte der Josefsgeschichte gibt es ein Kapitel, das den Leser schockiert. Es handelt von Josefs Bruder Juda. Mitten in der Geschichte über diesen guten Mann sehen wir den scharfen Kontrast zu seinem eigenen Bruder Juda. Juda besuchte eine Frau, die er für eine Prostituierte hielt. Tatsächlich war es jedoch seine Schwiegertochter, die sich verschleiert hatte. Er beging Inzest mit ihr. Diese schmutzige Episode wird genau in der Mitte der Josefsgeschichte erzählt. Warum gerade dort? Sie wird genau dort wiedergegeben, um sie Josefs Anständigkeit gegenüberzustellen. Genauso wie Abraham sich von Lot abhob, Isaak der Gegenpol zu Ismael war und Jakob sich von Esau unterschied, so wird Josef als Gegenbeispiel zu Juda präsentiert.

4. EIN ABBILD JESU

Bisher haben wir die Geschichte unter drei Blickwinkeln diskutiert: als die rein menschliche Geschichte eines Mannes, der ganz tief nach unten sank, um es dann bis ganz nach oben zu schaffen. Er wurde zum Retter seines Volks und zum Herrn über Ägypten. Es ist auch die Geschichte Gottes, der die Lebensumstände dieses Mannes beherrschte und sie nutzte, um sein Volk zu retten; schließlich ist es die Story eines Mannes, der vollkommen integer war, der immer ein Mann voll Wahrheit und aufrichtiger Güte blieb, unabhängig davon, ob er ganz nach oben kletterte oder ganz nach unten sank.

Jede Perspektive dieser Geschichte erinnert uns an eine weitere Person: an Jesus selbst. Josef wird zu einem sogenannten *Typus* Jesu. „Typus" in diesem Sinne bedeutet „Vorschatten". Als würde Gott uns am Leben Josefs verdeutlichen, was er später durch seinen eigenen Sohn vollbringen wird. Wie Josef würde sein Sohn von seinen Brüdern verworfen und in die tiefste Tiefe der Demütigung geführt werden. Dann würde Gott ihn zum „Retter" und „Herrn" seines Volkes erheben.

Sobald wir den „Typus" erkennen, können wir bemerkenswerte Gemeinsamkeiten feststellen. Je intensiver wir die Josefsgeschichte studieren, desto deutlicher wird dieses Abbild Jesu. Es scheint, dass Gott schon von Anfang an wusste, was er tun würde und dass er seinem Volk entsprechende Hinweise gab. Jesus selbst ermutigte die Juden, die Schriften zu erforschen, denn „sie sind es, die von mir zeugen". Damit bezog er sich auf das Alte Testament. Wenn wir das Alte Testament lesen, sollten wir immer nach Jesus Ausschau halten, nach seinem Abbild oder nach seinem Schatten. Jesus selbst ist das Wesentliche, doch sein Schatten fällt in voller Länge auf die Seiten des Alten Testaments, besonders im Buch Genesis.

Jesus im Buch Genesis

Haben wir einmal erkannt, dass Josef ein Abbild Jesu ist, können wir Jesus auch an vielen anderen Stellen des Buches Genesis entdecken. Josef zeigt uns modellhaft, wie Gott auf jemanden reagiert, der an ihn glaubt. Josefs Geschichte demonstriert uns Folgendes: Gott kann das Leben einer Person gebrauchen, um sein Volk aus der Not zu erretten. Dabei erhebt er diese Person zum Retter und Herrn.

GESCHLECHTSREGISTER

Die Geschlechtsregister im Buch Genesis sind genau genommen der Stammbaum unseres Herrn Jesus Christus. Lesen wir Matthäus 1 und Lukas 3, so finden wir in den dortigen Ahnenreihen Namen aus dem Buch Genesis. Jesus gehört zur Abstammungslinie Sets, die direkt bis zum Sohn der Maria führt. Daher liest jeder, der an Jesus glaubt, dort seinen eigenen Stammbaum. Es sind unsere wichtigsten Vorfahren, weil wir durch den Glauben an Jesus zu Kindern Abrahams geworden sind.

ISAAK

Betrachten wir die Persönlichkeiten im Buch Genesis, stellen wir Ähnlichkeiten mit Jesus fest. Josef haben wir schon behandelt, doch wir wollen noch einmal in die Zeit zurückkehren, als Abraham aufgefordert wurde, Isaak zu opfern. Er sollte zu seinem spezifischen Berg ziehen, der Morija hieß. Jahre später wurde derselbe Berg Golgatha genannt. Es war der Ort, an dem Gott seinen einzigen Sohn opferte. Genesis 22 berichtet uns, dass Isaak Abrahams einziger geliebter Sohn war. Wir haben bereits festgestellt, dass Isaak damals Anfang dreißig war und damit stark genug, sich seinem Vater zu widersetzen. Doch er fügte sich und ließ sich gefesselt auf den Altar legen.

Im entscheidenden Moment stoppte Gott Abraham und sorgte für ein anderes Opfer: einen Widder, der sich mit seinen Hörnern im Gestrüpp verfangen hatte. Jahrhunderte später sagte Johannes der Täufer über Jesus: „Siehe, der ‚Widder' Gottes, der die Sünde der Welt wegnimmt." Das

Wort „Lamm" wird oft für Jesus verwendet, doch kleine kuschelige Lämmer wurden damals nie geopfert. Die Opfertiere waren einjährige Widder mit Hörnern. In der Offenbarung wird Jesus als der Widder mit sieben Hörnern dargestellt, die Stärke symbolisieren: „ein Widder Gottes." Gott stellte für Abraham einen Widder bereit, den er anstelle seines Sohnes opfern sollte. Dieser Widder hatte sich mit dem Kopf in den Dornen verfangen. Gott gab sich auch einen neuen Namen: „Ich werde dich immer versorgen" *(Jahwe Jireh, wörtlich: Der Herr wird ersehen, Anmerkung der Übersetzerin)*. Am selben Ort wurde ein andere Mann Anfang dreißig geopfert, dessen Kopf in Dornen verfangen war. Erkennen wir in Isaak ein Abbild Jesu?

MELCHISEDEK

Es lohnt sich, eine merkwürdige Begegnung näher zu betrachten, die Abraham mit einem Mann hatte, der sowohl König als auch Priester war. Er war der König der Stadt Salem (aus der später Jerusalem wurde). Als Abraham sich auf dem Rückweg von seiner Rettungsaktion befand, in deren Verlauf er seine entführten Familienmitglieder befreit hatte, kam er in die Nähe von Salem. Er hatte die gesamte Beute bei sich. Salem war eine heidnische Stadt, die nichts mit Abrahams göttlicher Abstammungslinie zu tun hatte. Dieser merkwürdige Mann mit Namen Melchisedek, der das Priester- und das Königsamt in sich vereinte, kam ihm entgegen. Es war eine sehr unübliche Ämterkombination, die es in Israel niemals gegeben hat. Als Verpflegung brachte dieser „Priesterkönig" Brot und Wein für Abraham und seine Kämpfer heraus. Abraham gab ihm daraufhin den Zehnten der gesamten Kriegsbeute, den Zehnten seines Reichtums. Im Neuen Testament erfahren wir, dass Jesus auf ewig ein Priester nach der Ordnung Melchisedeks ist.

DIE ANWEISUNGEN DES SCHÖPFERS

JAKOBS LEITER

Was hat es nun mit der Leiter Jakobs auf sich? Als Jakob aus seiner Heimat floh, schlief er nachts auf freiem Feld. Nachdem er seinen Kopf auf einen Stein gelegt hatte, träumte er von einer Leiter (Eigentlich war es eher eine Art Rolltreppe.). Der hebräische Urtext besagt, dass die Leiter bzw. die Leitern sich bewegten. Eine Leiter bewegte sich nach oben, während sich die andere nach unten bewegte. Engel stiegen dabei auf und nieder. Jakob wusste, dass sich am oberen Ende der Leiter der Himmel befand. Dort wohnte Gott.

Als er aufwachte, versprach er, ein Zehntel seines Vermögens Gott zu geben. Diese Abgabe des Zehnten wurde erst zur Zeit des Mose zum göttlichen Gesetz. (Jakobs Angebot, den zehnten Teil seiner Besitztümer zu geben, war eher eine Art Handel mit Gott: Wenn du mich sicher nach Hause bringst, werde ich dir meinen Zehnten geben. Allerdings kann man mit Gott nicht handeln: Gott schließt mit uns einen Bund, nicht andersherum. Jakob musste das später noch auf die harte Tour lernen.)

Jahrhunderte später, als Jesus einem Mann namens Nathanael begegnete, sagte er zu ihm: „Ich sah dich unter dem Feigenbaum sitzen. Mein Blick fiel auf dich. Du bist ein Jude, in dem kein Falsch und kein Trug ist." Nathanael fragte ihn, woher er ihn denn kennen würde. Jesus antwortete ihm: „Du hältst es für wunderbar, dass ich die Details deines Lebens kenne. Was wirst du erst sagen, wenn du siehst, wie Engel auf den Sohn des Menschen hinauf- und herabsteigen?" Er sagte eigentlich: „Ich bin die Leiter Jakobs, ich bin die Verbindung zwischen Himmel und Erde. Ich bin die neue Leiter."

ADAM UND EVA

Wenn wir noch weiter zurückgehen, ins dritte Kapitel des Buches Genesis, lesen wir Folgendes: Während Gott Adam und Eva bestrafte, schenkte er eine Verheißung. Er verkündete der Schlange, dass der Same oder Nachkomme der Frau (Same ist im Hebräischen männlich) der Schlange den Kopf zermalmen würde, während die Schlange ihrerseits dem Nachkommen die Ferse zerbeißen würde. Das Zerbeißen einer Ferse ist nicht tödlich, das Zermalmen eines Kopfes allerdings schon. Es ist die erste Verheißung, dass Gott dem Satan eines Tages einen tödlichen Schlag versetzen würde. Wir wissen bereits, wer den Starken band und sein Haus ausraubte.

In Römer 5 erklärt Paulus, dass der Ungehorsam eines Mannes den Tod brachte, der Gehorsam eines anderen Mannes jedoch das Leben. Damit drückt er aus, dass Jesus ein zweiter Adam war. Dort im Garten Eden sagte Adam: „Ich beuge mich nicht." Im Garten Gethsemane hingegen erklärte Jesus: „Nicht mein Wille, sondern dein Wille geschehe." Was für ein Gegensatz! Jeder von beiden begründete ein eigenes Menschengeschlecht: Adam war der erste Mensch der Gattung *Homo sapiens*; Jesus war der erste Mensch des *Homo novus*.

Wir alle werden als *Homo sapiens* geboren. Mit Gottes Hilfe können wir zum *Homo novus* werden. Das Neue Testament spricht über diesen neuen Menschen, die neue Menschheit. Es gibt heute zwei Arten von Menschen auf dieser Erde: Entweder gehören sie zu Adam oder zu Christus. Diese ganz neue Menschheit wird einen vollkommen neuen Planeten Erde bevölkern, ein ganz neues Universum.

DIE SCHÖPFUNG

Eine der bemerkenswertesten Aussagen über Jesus im Neuen Testament lautet: Er ist für die Erschaffung des Universums verantwortlich. Die ersten Jünger durften erkennen, dass Jesus an den Ereignissen in Genesis 1 beteiligt war. Wie es Johannes am Anfang seines Evangeliums formulierte: „Es gibt nichts, was er, das Wort, nicht geschaffen hat" (Johannes 1,3; NLB).

DIE ANWEISUNGEN DES SCHÖPFERS

Beim Lesen von Genesis 1 wird uns bewusst, dass Jesus dabei war. Gott sagte: „Lasst uns Menschen machen in unserem Bild, uns ähnlich!" Jesus war Teil der Dreieinigkeit Gottes.

Wir wissen bereits seit mehreren Jahrzehnten, dass die Erdoberfläche auf ebenen Steinplatten ruht, die auf geschmolzenem Gestein schwimmen. Diese Platten sind ständig in Bewegung und reiben aneinander, sodass es zu Erdbeben kommt. Als man entdeckte, dass diese Platten sich so bewegten, dass sie unsere heutigen Landmassen bildeten, mussten die Wissenschaftler ein neues Wort für diese Platten prägen. Sie nannten sie „tektonische Platten". Das griechische Wort *tectone* bedeutet „Baumeister" bzw. „Zimmermann". Der gesamte Planet Erde, auf dem wir leben, ist das Werk eines Zimmermanns aus Nazareth. Sein Name lautet Jesus Christus, der Herr!

So beenden wir unsere Betrachtung des Buches Genesis dort, wo wir sie begonnen haben: mit der Schöpfung. Gott findet tatsächlich eine Lösung für sein Problem, was er mit den rebellierenden Menschen tun soll. Die Lösung ist Jesus Christus, durch den die Welt entstanden ist und für den sie geschaffen wurde. In ihm entdecken wir die Antworten auf alle unsere Fragen.

3.
DAS ZWEITE BUCH MOSE

Einleitung

Das zweite Buch Mose, auch Exodus genannt, erzählt die Geschichte der größten Befreiung der Menschheitsgeschichte. Über zwei Millionen Sklaven entkamen aus einem der wehrhaftesten Länder der Welt. Menschlich gesehen war das unmöglich. Diese Story ist außergewöhnlich. Sie zeichnet sich durch eine ganze Reihe von Wundern aus, von denen einige zu den bekanntesten der gesamten Bibel gehören. Der Anführer der Israeliten zur damaligen Zeit war ein Mann namens Mose. Er erlebte mehr Wunder als Abraham, Isaak und Jakob zusammengenommen. An manchen Stellen folgt ein Wunder auf das nächste, weil Gott zugunsten seines Volkes eingreift. Einige dieser Wunder sehen aus wie Zauberei, zum Beispiel als Moses Stab sich in eine Schlange verwandelt. Doch bei den meisten handelt es sich um offensichtliche Manipulationen der Natur. Gott beweist dadurch seine Macht über alles, was er geschaffen hat. Dies tut er zum Wohl seines Volkes.

Im Hebräischen heißt das Buch Exodus „Dies sind die Namen." Dieser Titel leitet sich aus den ersten Wörtern des Buches ab. Sie waren auf der Buchrolle zu sehen, wenn der Priester sie entrollte, um daraus vorzulesen. Der Name „Exodus" kommt von dem griechischen Begriff *éxodos* bzw. *ex-hodos*. Wörtlich übersetzt bedeutet er: aus *(ex)* Weg *(hoddos)*, „Ausweg" bzw. „Auszug" (ähnlich dem lateinischen Wort „Exit").

Das Gesamtgeschehen des Exodus war in zweierlei Hinsicht von tiefgreifender Bedeutung.

1. National
Erstens hat der Exodus für das Volk Israel nationale Bedeutung. Dieser Auszug markiert den Anfang seiner Geschichte als

Nation. Die Israeliten erhielten ihre politische Freiheit und wurden zu einem eigenständigen Volk. Auch wenn sie noch kein Land hatten, waren sie nun eine selbständige Nation mit einem eigenem Namen: „Israel". Dieses Ereignis war so zentral, dass seine Feier seither fester Bestandteil des jüdischen Kalenders ist. Genauso, wie die Amerikaner am 4. Juli ihren Unabhängigkeitstag begehen, feiern die Juden jedes Frühjahr im März/April den Exodus. Sie essen das Passamahl und erinnern sich an die mächtigen Wundertaten Gottes.

2. Geistlich

Zweitens hat der Exodus geistliche Bedeutung. Die Israeliten entdeckten, dass ihr Gott das ganze Universum geschaffen hatte. Zu ihren Gunsten konnte er alles, was er gemacht hatte, beeinflussen und kontrollieren. Sie gelangten zu der Überzeugung, dass ihr Gott mächtiger war als alle Götter Ägyptens zusammengenommen. Später würde ihnen bewusst werden, dass ihr Gott der einzige Gott war, der überhaupt existierte (siehe dazu insbesondere die Prophetien Jesajas).

Die Tatsache, dass Gott mächtiger war als jeder andere Gott, zeigte sich in dem Namen, den Gott sich selbst gab. Sein „formeller" Titel war El-Schaddai, der allmächtige Gott. Allerdings offenbarte er dem Volk im Buch Exodus seinen Eigennamen. Daher konnte Israel nun in eine vertrautere Beziehung mit ihm eintreten, vergleichbar einer menschlichen Beziehung, die intimer wird, wenn man den Vornamen der anderen Person erfährt.

Ins Deutsche übertragen lautet der Name „Jahwe" bzw. „Jahweh". Eigentlich müssten wir ihn J H W H nennen, da es im Hebräischen keine Vokale gibt. Dieser Name ist ein Partizip des Verbs „sein". Beim Studium des Buches Genesis haben wir bereits festgestellt, dass „immer" oder „allezeit" das Wort ist, das die Bedeutung dieses Namens am besten wiedergibt, so, wie die Juden ihn verstanden hätten. Gott ist der Ewige, ohne Anfang und ohne Ende: „immer" oder „allezeit". Das ist sein erster Vorname, doch er hat darüber hinaus noch viele weitere Vornamen: „Immer mein Versorger", „Allezeit mein Helfer", „Immer mein Beschützer", „Allezeit mein Heiler".

Im Buch Exodus erfahren wie auch folgende außergewöhnliche Tatsache: Der Schöpfer aller Dinge wird zum Erlöser einiger weniger Menschen. Das Wort „Er-lösung" beinhaltet den Gedanken, dass Entführte freigelassen werden, nachdem ein Lösegeld bezahlt worden ist. So sollte Israel seinen Gott verstehen. Er war der Schöpfer des Universums und gleichzeitig der Erlöser seines Volkes. Beide Aspekte sind wichtig, wenn wir Gott so kennenlernen wollen, wie er in der Bibel offenbart wird.

Das Buch Exodus
Exodus ist eines der fünf Bücher, die Mose verfasst hat. Genesis behandelt die Ereignisse vor seiner Geburt, während Exodus, Levitikus, Numeri und Deuteronomium über Geschehnisse zu Moses Lebzeiten berichten. Diese Bücher sind von großer Wichtigkeit für Israel, weil sie die Fundamente seiner nationalen Existenz schriftlich niederlegen. Auch für das gesamte Alte Testament haben sie grundlegende Bedeutung. Diese Gruppe von Sklaven musste ihre eigene Identität kennen und wissen, wie sie zu einer Nation geworden war.

Wie wir bereits bei unserer Betrachtung des Buches Genesis gesehen haben, zeichnete Mose zwei Elemente aus der Erinnerungskultur der Menschen auf: *Stammbäume* und *Geschichten über ihre Vorfahren*. Das Buch Genesis besteht ausschließlich aus solchen Erinnerungen. Exodus, Levitikus, Numeri und Deuteronomium setzen sich anders zusammen. Sie enthalten eine Mischung aus Erzählung und Gesetzgebung. Der Erzählteil beschreibt die Wanderung der Israeliten aus Ägypten durch die Wüste in das Land Kanaan hinein. Die Gesetzgebung enthält die Aussagen Gottes zu der Frage, wie sie ihr Leben gestalten sollten. Es ist diese einzigartige Kombination von Narrativ und Rechtsvorschriften, die für die weiteren vier Bücher des Mose so charakteristisch ist.

Das zweite Buch Mose selbst besteht zum Teil aus Erzählungen und zum Teil aus Gesetzgebung. Die erste Hälfte beschreibt, was Gott für die Israeliten tat, um sie aus der Sklaverei zu befreien. Die zweite Hälfte berichtet, was Gott zu ihnen sagte, nachdem sie zu freien Menschen geworden waren. Er gab ihnen konkrete Anweisungen, wie sie ihr Leben führen sollten. Gottes Gnade zeigt sich in der ersten Hälfte. Er befreite sie von ihren Problemen. Die zweite Hälfte macht deutlich, dass Gott von ihnen erwartete, dass sie ihm für diese Gnade dankbar wären. Diese Dankbarkeit sollten sie dadurch zeigen, dass sie nach seinen Vorgaben lebten. Das ist ein wichtiger Punkt. Zu viele Menschen lesen das mosaische Gesetz und glauben, dass es ihnen zeigen würde, wie sie sich Gottes Annahme verdienen könnten. Doch es ist genau andersherum. Das Volk Israel wurde von Gott erlöst. *Danach erst* empfing es das Gesetz, das es als Ausdruck seiner Dankbarkeit halten sollte. Es ist dasselbe Prinzip wie im Neuen Testament: Christen werden zunächst erlöst. *Danach* erfahren sie, wie sie ein gottgefälliges Leben führen können. Um es theologisch auszudrücken: Rechtfertigung kommt vor Heiligung. Wir werden nicht dadurch zu Christen, dass wir ein rechtschaffenes Leben führen. Wir werden zu Jesusnachfolgern, indem wir erlöst und befreit werden und dann anfangen, nach Gottes Maßstäben zu leben. *Vor der Gesetzgebung kommt zunächst die Befreiung.*

Im Buch Exodus findet die Befreiung der Israeliten in Ägypten statt. Das Gesetz wird auf dem Weg nach Kanaan, am Berg Sinai gegeben. An diesem Ort reagieren die Israeliten auf Gottes Bundeszusage, die er ihnen gegenüber abgegeben hat. Der Bundesschluss erfolgt gemäß dem Ritus einer Trauzeremonie. Gott sagt: „Ich will" (euer Gott sein, wenn ihr mir gehorcht), woraufhin das Volk antworten muss: „Wir wollen" (dein Volk sein und dir gehorchen).

DIE ANWEISUNGEN DES SCHÖPFERS

STRUKTUR

Zusätzlich zu den beiden Teilen des Buches Exodus gibt es noch zehn verschiedene Abschnitte innerhalb dieser Hälften: sechs Abschnitte in den Kapiteln 118 und vier in den Kapiteln 1940.

Man kann sie folgendermaßen anordnen:

Kapitel 1–18	Kapitel 19–40
(Volk unterwegs) *Schlüsselthemen*	*(Volk an einem Ort)* *Schlüsselthemen*
TATEN GOTTES	WORTE GOTTES
GNADE	DANKBARKEIT
BEFREIUNG	GESETZGEBUNG
AUS ÄGYPTEN	ZUM BERG SINAI
SKLAVEREI (Menschen)	DIENST (Gott)
ERLÖSUNG	GERECHTIGKEIT
Die Abschnitte	*Die Abschnitte*
1. **1** Multiplikation und Mord (ISRAEL)	7. **19–24** Gebote und Bundesschluss
2. **2–4** Schilf und brennender Dornbusch (MOSE)	8. **25–31** Spezifikationen und Spezialisten (STIFTSHÜTTE)
3. **5–11** Pest und Plagen (PHARAO)	9. **32–34** Sünde und Fürbitte (GOLDENES KALB)
4. **12–13,16** Fest und Erstgeburt (PASSAH)	10. **35–40** Errichtung und Einweihung (STIFTSHÜTTE)
5. **13,17–15,21** Befreiung und Ertrinken (ROTES MEER)	
6. **15,22–18,27** Versorgung und Schutz (WÜSTE)	
6. **15,22–18,27** Versorgung und Schutz (WÜSTE)	

Der erste Teil (Kapitel 1–18) beschreibt die Ereignisse vor und nach ihrer Flucht aus Ägypten. Er enthält viele Wunder, einschließlich der zwei berühmtesten überhaupt: Die Israeliten wurden beschützt, als der Engel des Herrn die Erstgeborenen der Ägypter tötete; und sie waren in der Lage, durch das Rote Meer hindurchzuziehen. Dieser Teil beinhaltet auch die weniger bekannte und dennoch bemerkenswerte Versorgung Gottes auf der Reise von Ägypten zum Berg Sinai. Im Herbst 1973, während des Jom-Kippur-Krieges, hielt die ägyptische Armee nicht länger als drei Tage in der Wüste durch. Doch beim Auszug aus Ägypten überlebten 2,5 Millionen Menschen 40 Jahre lang an genau demselben Ort.

Im zweiten Teil liegt der Fokus auf der Gesetzgebung. Die Zehn Gebote machen den Anfang. Doch es gibt noch weitere Rechtsvorschriften, die Gottes Absicht betreffen, mitten unter seinem Volk zu wohnen. Genauso, wie sie in Zelten wohnten, wollte Gott sich in ihrem Lager niederlassen. Allerdings sollte sein eigenes Zelt anders aussehen und abgesondert von ihren Zelten stehen. Bis zu diesem Zeitpunkt hatten die Israeliten noch nie etwas anderes hergestellt als Lehmziegel. Doch Gott schenkte ihnen die Fähigkeit, mit Gold, Silber und Holz zu arbeiten.

Die zweite Hälfte enthält auch Erzählelemente. Es handelt sich um den traurigsten Teil des gesamten Buches. Das Volk verfällt der Sünde und macht sich ein goldenes Kalb, um es anzubeten. Das Buch endet mit dem Aufbau des Heiligtums. Gott lässt sich nieder und die Herrlichkeit des Herrn erfüllt seine Wohnung.

Kapitel 1–18

Viele empfinden den ersten Teil des Buches Exodus als sehr problematisch, weil es sich um eine so „unnatürliche" Geschichte handelt. Außergewöhnliche Ereignisse treten so häufig auf, dass nicht wenige davon ausgehen, dass es sich um eine Ansammlung von Legenden handelt statt um eine wahre Geschichte. Gehören die beschriebenen Vorkommnisse nun in den Bereich der Mythen oder der Wunder?

Mythos oder Wunder?

1. KEINE SÄKULAREN AUFZEICHNUNGEN
Das Problem liegt nicht nur in der Art der Ereignisse selbst, sondern auch darin, dass es keinerlei säkulare, historische Aufzeichnungen darüber gibt. Alles, was wir haben, ist nur eine einzige Erwähnung der „Habiru" im Lande Goschen. Das könnte ein Verweis auf die „Hebräer" sein, wie die „Kinder Israel" damals genannt wurden. Dieser Mangel an Dokumentation sollte uns jedoch nicht überraschen. Der Auszug der Juden war eines der demütigendsten Ereignisse in der Geschichte Ägyptens. Die Ägypter litten unter heftigen Plagen, einschließlich des Todes ihrer Erstgeborenen. Ihre besten Wagenlenker ertranken im Roten Meer. Das wird sie kaum zu einem auferbauenden historischen Rückblick motiviert haben.

2. DIE ZAHLEN
Viele Leser halten die Geschichte aufgrund der hohen Bevölkerungszahlen für unwahrscheinlich. Wir erfahren, dass 2,5 Millionen Sklaven Ägypten verließen. Welche Berechnungsmethode man auch anwenden mag, das ist eine riesige Anzahl. Sollten sie in Fünferreihen marschiert sein, wäre ihr Zug zirka 177 Kilometer lang gewesen, ohne ihren Viehbestand zu berücksichtigen. Sie hätten Monate gebraucht, um sich irgendwohin zu bewegen. Eine so riesige Bevölkerungsgruppe 40 Jahre lang in der Wüste mit Essen und Trinken zu versorgen, dürfte ebenfalls sehr schwierig gewesen sein.

3. DIE DATIERUNG

Auch die Datierung der Ereignisse ist mit einem Fragezeichen versehen. Weil uns kein anderer, außerbiblischer Bericht vorliegt, können wir die Geschehnisse nicht zweifelsfrei einem Datum zuordnen. Daher sind wir nicht sicher, um welchen Pharao es ging und wann sich alles ereignete. Die „neue Chronologie" von David M. Rohl[1] schlägt uns zwei Wahlmöglichkeiten vor: Entweder Ramses II, der über ein mächtiges Heer verfügte und riesige Statuen seiner eigenen Person aufstellen ließ. Das Grab seines Sohnes wurde erst kürzlich entdeckt; oder Pharao Dudimore.

4. DIE ROUTE

Auch die Route, welche die Israeliten beim Auszug aus Ägypten wählten, ist umstritten. Es gibt drei Möglichkeiten: eine Route nach Norden, eine andere nach Süden oder eine dritte durch die Mitte. Wir werden auf Seite 159 auf diese Frage zurückkommen.

5. DER NAME GOTTES

Andere Wissenschaftler problematisieren Gottes Ausspruch gegenüber Mose in 2. Mose 6,3. Dort heißt es: „Ich bin Jahwe. Ich bin Abraham, Isaak und Jakob erschienen; aber mit meinem Namen Jahwe habe ich mich ihnen nicht zu erkennen gegeben." (ELB).

Diesen letzten Satz kann man entweder als Aussage verstehen („... habe ich mich ihnen nicht zu erkennen gegeben ..."). In diesem Fall kannte Abraham ihn als „Gott", jedoch nicht bei seinem Eigennamen, der ihn von anderen Göttern unterschied. Oder man kann ihn als Frage interpretieren („... habe ich mich ihnen nicht

---

[1] Siehe seine Bücher „A Test of Time" (BCA, 1996), und „Legend" (BCA, 1988), in denen dieser Ägyptologe bemerkenswerterweise behauptet, Beweise für Josefs Aufenthalt in Ägypten, Moses Befreiungsgeschichte und sogar, noch weiter zurückliegend, für den Standort des Garten Eden gefunden zu haben!

zu erkennen gegeben …?") Dann hätte Abraham Gott mit Namen gekannt, genau wie Mose. Letzteres ist eher unwahrscheinlich.

DIE FAKTEN

Alle diese Probleme führen dazu, dass Bibelforscher sich fragen, ob sie im Buch Exodus Fakten, Fiktion oder eine Mischung aus beidem vorfinden. Wer nicht glaubt, dass sich diese Ereignisse tatsächlich zugetragen haben, muss sich fragen, warum er nicht daran glauben kann. Halten eine gewisse Voreingenommenheit oder eine sogenannte wissenschaftliche Sicht des Universums diese Forscher vom Glauben ab? Gleichzeitig können wir auch nach einer Erklärung für die unbestrittenen Fakten suchen, die am leichtesten nachvollziehbar ist.

1. Niemand kann bestreiten, dass es in unserer heutigen Zeit eine Nation gibt, die sich Israel nennt. Woher kommt sie? Wie ist sie entstanden? Wie konnte sie überhaupt zu einer Nation werden, wenn sie anfangs nur aus einer Horde von Sklaven bestand? Aus der säkularen Geschichtsschreibung wissen wir, dass sie am Anfang Sklaven waren. Etwas Dramatisches muss passiert sein, um die Existenz Israels zu erklären.

2. Jedes Jahr feiert jede jüdische Familie das Passahfest. Warum tun sie das? Dieses Ritual hat viele Jahrtausende überlebt. Auch das müssen wir erklären.

Wenigstens diese beiden bekannten Fakten erfordern eine Erörterung. Und das Buch Exodus gibt uns die Antworten. Daher wollen wir uns nun an den Abschnitten orientieren, die wir in der Tabelle auf Seite 147 aufgezeigt haben, und einige der Fragen untersuchen, die der Text aufwirft.

SCHLÜSSEL ZUM ALTEN TESTAMENT

1. Multiplikation und Mord

In diesem Anfangsabschnitt erfahren wir, dass die Anzahl der hebräischen Sklaven ungefähr 2,5 Millionen betragen haben muss, als die Exodusgeschichte beginnt. Bedenkt man, dass alles nur mit den 12 Söhnen Jakobs, ihren Nachkommen und der erweiterten Verwandtschaft anfing, erscheint einem diese Zahl recht groß. Doch wenn jede Familie vier Kinder hatte (keine besonders hohe Anzahl zur damaligen Zeit) und sich dieses Muster über 30 Generationen fortsetzte, erscheint diese Zahl realistisch.

Doch warum blieben sie 400 Jahre in Ägypten? Ursprünglich hatten sie nur einen siebenjährigen Aufenthalt geplant. Zunächst kamen sie zur Zeit Josefs und Jakobs ins Land, weil in Kanaan eine Hungersnot ausgebrochen war. (Ägypten war die Kornkammer des Nahen Ostens. Das war Josefs umsichtiger Vorratshaltung während der sieben guten Jahre zu verdanken.) Sie zogen freiwillig nach Ägypten und wurden dort als Gäste der Regierung willkommen geheißen. Man gab ihnen einen fruchtbaren Teil des Nildeltas, der Goschen hieß. Dort durften sie miteinander wohnen. Sie bleiben daher während der sieben Hungerjahre ein Stammesverband. Warum jedoch zogen sie nach dieser Zeit nicht wieder zurück in ihr eigenes Land? Das ist eine berechtigte Frage, insbesondere, wenn man bedenkt, dass sie in Ägypten schließlich zum Sklavendienst gezwungen wurden.

Der menschliche Grund für ihr Verhalten war, dass es ihnen sehr gutging. Sie konnten ihren Lebensunterhalt im Nildelta viel leichter bestreiten als in den judäischen Bergen. Das Land war fruchtbar, das Klima war wärmer; und im Winter gab es keinen Schnee wie im judäischen Bergland. Auch das Nahrungsmittelangebot war gut. Sie aßen Fisch aus dem Nil und konnten sich viel besser selbst versorgen. Sie blieben also, weil es bequemer für sie war.

DIE ANWEISUNGEN DES SCHÖPFERS

Erst als man sie zum Sklavendienst zwang, erinnerten sie sich an Gott und fingen an, ihn anzurufen.

Es gab auch einen göttlichen Grund. Gott unternahm 400 Jahre lang nichts, um sie dazu zu ermutigen, in ihr eigenes Land zurückzukehren. Hätten sie den Rückweg angetreten, sobald die Hungersnot vorbei war, wären sie nur ein paar wenige Menschen gewesen; viel zu wenige, um das zu erreichen, was Gott geplant hatte. Denn Gott beabsichtigte, die Völker Kanaans aus dem Land zu vertreiben. Er erklärte Abraham, dass seine Nachkommen in Ägypten bleiben würden, bis die Bosheit der Kanaaniter ihr volles Maß erreicht hätte. Gott musste abwarten, bis ihre Verdorbenheit so schlimm geworden war, dass es einem Akt der Gerechtigkeit und des Gerichts gleichkam, sie aus dem Verheißenen Land hinauszuwerfen und die hebräischen Sklaven hineinzulassen. Wir erfahren im 5. Buch Mose, dass Gott die Israeliten nicht deshalb erwählte, weil sie es in irgendeiner Weise verdient hätten. Tatsächlich würden auch sie das Land wieder verlassen müssen, wenn sie sich dort so verhielten, wie die Menschen, die sie daraus vertrieben hatten. Um als Werkzeug der Gerechtigkeit zu dienen, mussten sie sich selbst gerecht verhalten.

Doch dies alles würde sich erst später ereignen. Als Sklaven in Ägypten sah sich das Volk Israel drei gewalttätigen Erlassen gegenüber:

1. Zwangsarbeit: Der Pharao beschloss, die Hebräer als Arbeitskräfte in seinen Bauvorhaben einzusetzen.

2. Verschärfte Bedingungen: Sie mussten Ziegel ohne Stroh herstellen (Was zur Folge hatte, dass die Ziegel viel schwerer zu tragen waren.). Archäologische Ausgrabungen in Ägypten haben Gebäude zutage gebracht, die aus drei verschiedenen Ziegelarten

bestanden: Die Fundamente waren aus Ziegeln mit Stroh gemacht, die mittleren Gebäudeteile aus Ziegeln mit Müll, da die Hebräer weiterhin leichte Steine herstellen wollten, als man ihnen das Stroh verwehrte. Die Ziegelsteine ganz oben bestanden vollständig aus Lehm. Die Absicht hinter diesem harten Erlass war folgende: Das zusätzliche Gewicht der Ziegel sollte die Hebräer so ermüden, dass sie keine Kraft mehr für Sex oder Unfug hätten. So würden ihre Bevölkerungszahlen abnehmen. Es war eine primitive Form der Populationskontrolle. Doch sie funktionierte nicht. Daher erließen die Ägypter eine dritte Anordnung.

3. Tod: Alle männlichen Säuglinge, die den hebräischen Sklaven geboren wurden, mussten den Krokodilen im Nil zum Fraß vorgeworfen werden.

2. Schilf und brennender Dornbusch

Die Meisten kennen diese Geschichte sehr gut. Der Nil wimmelte nur so von Krokodilen. Die Ägypter hielten diese Art des Völkermordes für notwendig, um die Anzahl der Israeliten effektiv zu reduzieren. Auch Baby Mose sollte dieses Todes sterben. Doch wir erfahren, wie Gott alles zum Guten wendete. Mose wuchs, genau wie Josef, am Hof des Pharao auf und genoss die beste Ausbildung an der Universität von Ägypten. Dadurch war er natürlich bei Weitem gebildeter als die hebräischen Sklaven und konnte so die ersten fünf Bücher der Bibel niederschreiben. Für die Juden war Mose der zweitwichtigste Mann im Alten Testament nach Abraham. Allerdings fand seine Zeit als ägyptischer Prinz ein jähes Ende. Er verlor die Beherrschung mit einem der ägyptischen Sklaventreiber und tötete ihn. Danach musste er um sein Leben rennen.

DIE ANWEISUNGEN DES SCHÖPFERS

Statistisch gesehen führte Mose ein interessantes Leben. Ab einem Alter von 40 Jahren verbrachte er 40 Jahre damit, Schafe in derselben Wüste zu hüten, in die er zurückkehren würde, um dort 40 Jahre mit dem Volk Israel zu leben! Gott hatte ganz eindeutig seine Hand im Spiel.

Moses Begegnung mit dem Herrn am brennenden Dornbusch ist ebenfalls faszinierend; nicht so sehr wegen des Busches, sondern wegen der Ausreden des Mannes Gottes. Zunächst forderte Gott Mose dazu auf, seine Schuhe auszuziehen, da er auf heiligen Boden stand. Dann verkündete er ihm, dass er der Mann sei, der Gottes Volk aus Ägypten herausführen sollte. Mose brachte fünf Ausreden vor, warum er das nicht tun könnte.

Zunächst bezeichnete er sich als *unbedeutend*. Gott erklärte ihm, dass er ihm beistehen würde: Schließlich war er ja in dieser Angelegenheit der Wichtigste. Als Nächstes brachte Mose vor, dass er *unwissend* sei und nichts zu sagen hätte. Gott versprach ihm, dass er ihm mitteilen würde, was Mose sagen sollte. Seine dritte Ausrede bestand darin, dass er *unfähig* sein würde, das Volk zu überzeugen, dass Gott ihm begegnet sei und ihm gesagt hätte, dass er das Volk anführen sollte. Gott erklärte ihm, dass seine Macht Mose begleiten und dass er Wunder vollbringen würde. Dann sagte Mose, er sei *nicht qualifiziert* zu sprechen. Sein Stottern würde ihn daran hindern, zusammenhängend Sätze zu bilden. Als Reaktion darauf bestimmte Gott Moses Bruder Aaron zu seinem Sprecher. Gott würde Mose mitteilen, was er sagen sollte, und Mose würde das an Aaron weitergeben. Schließlich bezeichnete sich Mose als *irrelevant*. Könnte Gott bitte jemand anderen senden? Gott allerdings hatte ihm Aaron als einen Partner zur Seite gestellt: Sie würden zusammenarbeiten. Jedes Mal konzentrierten sich Moses Zweifel auf seine eigene Schwäche und jedes Mal hatte Gott eine Antwort darauf.

3. Pest und Plagen

Zehn Plagen werden in diesem Abschnitt erwähnt: Der Nil verwandelte sich in Blut, Frösche plagten das Land, ebenso wie Mücken, dann kamen die Stechfliegen, die Viehpest, Geschwüre und Hagel, Heuschrecken, Finsternis über dem Land und schließlich der Tod der Erstgeburt.

Mehrere Dinge sind dabei bemerkenswert, zuallererst Folgendes: Gott übt die totale Kontrolle über die Insektenwelt aus. Er kann Mücken und Heuschrecken befehlen, was sie zu tun und wohin sie sich zu bewegen hätten. Genauso kann er auch Fröschen Befehle erteilen. Die Plagen malen uns sehr drastisch vor Augen, wie Gott seine Schöpfung beherrscht.

Interessant ist auch, wie sich die Plagen immer mehr intensivieren. Sie steigern sich von reinem Unbehagen über Krankheit und Gefahr bis hin zum Tod. Auch verwandeln sich die Plagen, welche die Natur betreffen, im Fortlauf der Geschichte zu Plagen, die die Menschen quälen. Während der Pharao und das ägyptische Volk sich weigern, auf die Warnungen zu reagieren, werden die Beschwerden immer schlimmer. Manche Leser halten die letzte Strafe für ungerecht: Ist der Tod der Erstgeburt nicht bei weitem zu exzessiv und zu hart? Allerdings hatten die Ägypter den Israeliten Schlimmeres angetan, indem sie alle ihre männlichen Säuglinge töteten. Daher war dieser Akt der Vergeltung vollkommen angemessen.

Sehr leicht kann man auch den religiösen Wettstreit übersehen, der sich während der Plagen ereignete. Jede einzelne dieser Plagen war ein Angriff auf eine bestimmte Gottheit, die von den Ägyptern verehrt wurden:

Chnum: der Wächter des Nils
Hapi: der Geist des Nils
Osiris: Der Nil galt als Blutstrom des Osiris.
Heket: eine froschartige Göttin der Auferstehung

Hathor: eine Muttergöttin in Form einer Kuh
Apis: ein Stier des Gottes Ptah, Fruchtbarkeitssymbol
Minevis: ebenfalls ein Stier, der heilige Stier von Heliopolis
Imhotep: der Gott der Medizin
Nut: die Himmelsgöttin
Seth: der Wächter über die Ernten
Re, Aton, Atum und Horus: Sonnengötter
Der Pharao galt ebenfalls als göttlich.

Die Plagen richteten sich speziell gegen diese ägyptischen Götter. Die Botschaft war sehr einfach: Der Gott der hebräischen Sklaven ist bei weitem mächtiger als alle eure Götter zusammengenommen.

Manche finden die Passage über das Herz des Pharao in diesem Abschnitt problematisch. Wir erfahren, dass Gott das Herz des Pharao verhärtete. Es gibt Menschen, die aus diesen Bibelstellen und Versen aus Römer 9 sogar eine Doktrin der Vorherbestimmung entwickelt haben. Paulus erörtert die Herzensverhärtung des Pharao in Römer 9. Gott entscheide, ob er das Herz eines Menschen weich mache oder verhärte – das ergebe sich aus diesen Versen, sagen Vertreter der Vorherbestimmungslehre. Wir wüssten zwar nicht, warum Gott diese Entscheidungen treffe. Doch was auch immer der Grund dafür gewesen sein mag, im Falle des Pharao habe er die Herzensverhärtung gewählt. Das erweckt den Anschein, als würde Gott willkürlich Namen aus einer Lostrommel ziehen und auf diese Weise entscheiden, ob er einige Menschen retten will oder in die Hölle schickt, ob er manche verhärtet und anderen das Herz erweicht.

Allerdings lehrt die Bibel etwas anderes. Studiert man den Text aufmerksam, fällt einem auf, dass Pharaos Herz zehnmal verhärtet wurde. Die ersten sieben Male verhärtete der Pharao sein eigenes Herz. Die nächsten drei Male war Gott derjenige, der die Verhärtung vornahm. Also verhärtete

Gott erst das Herz des Pharao, nachdem der ägyptische Herrscher selbst absichtlich und wiederholt sein eigenes Herz hart gemacht hatte. Gott bestätigte nur die Wahl, die der Pharao getroffen hatte. Auf diese Art und Weise bestraft Gott die Menschen: Er unterstützt sie auf dem Weg, den sie ganz bewusst für sich gewählt haben. In der Offenbarung sagt Gott: „Wer unrein ist, der sei weiterhin unrein." Daher handelte Gott am Pharao nicht willkürlich: Der Pharao verhärtete sein eigenes Herz als erster und dann übernahm Gott diese Aufgabe für ihn. Gott reagiert auf unsere Entscheidungen. Wählen wir beharrlich den falschen Weg, unterstützt uns Gott auf dieser Route. Er wird an uns seine Gerechtigkeit demonstrieren, wenn wir uns weigern, ein Anschauungsbeispiel seiner Gnade zu sein.

4. Passahfest und Erstgeburt

Die zehnte Plage bestand darin, dass jeder erstgeborene Junge in jeder ägyptischen Familie sterben musste. Diese Plage war der Kern des gesamten Dramas. Für den Fall, dass die Juden nicht Gottes Anweisungen folgten, würde diese Tragödie sie ebenfalls treffen. Sie mussten das Blut eines Lammes an ihre Türpfosten streichen. Der Todesengel würde in dieser Nacht nach Ägypten kommen und an den Häusern mit dem Blutzeichen vorübergehen *(vom hebräischen Wort pessach, zu Deutsch Passah, wird das „Vorübergehen" abgeleitet, Anmerkung der Übersetzerin).* In den anderen Häusern würde um Mitternacht der Tod Einzug halten. Interessanterweise hat Blut eine rötlich-braune Farbe, die in der Dunkelheit am schwersten zu erkennen ist.

Das Blut hatte noch eine zusätzliche Bedeutung: Die Juden mussten einen einjährigen, voll ausgewachsenen Widder schlachten. Nachdem sie sein Blut an die Türpfosten gestrichen hatten, sollten sie ihn mit ins Haus nehmen, um ihn zu braten. Er bot ihnen daher sowohl Schutz als auch Nahrung. Wenn wir Jesus als das „Lamm Gottes" bezeichnen, erweckt das einen sanfteren, unterwürfigeren Eindruck. Er entspricht jedoch nicht der biblischen Intention. Denn Jesus ist tatsächlich der „*Widder* Gottes". Dieser Begriff malt uns ein robusteres Bild vor Augen. Die Juden mussten das Fleisch im Stehen essen, vollständig angezogen und bereit, jederzeit aufzubrechen. Gott befahl ihnen, Notfallrationen ungesäuerten Brotes mitzunehmen. Sie mussten Ägypten noch in derselben Nacht verlassen.

Auch heute noch feiern die Juden das Passahfest. Während des Passahmahls muss das jüngste Mitglied der Familie zu einem festgelegten Zeitpunkt folgende Frage stellen: „Was hat das alles zu bedeuten?" Das älteste Familienmitglied antwortet darauf: „Das hat Gott getan in der Nacht, als jeder erstgeborene Junge starb. Wir wurden durch das Blut des Widders gerettet." So werden sie daran erinnert, dass der Erstgeborene in jeder Generation ausgelöst werden muss.

5. Befreiung und Ertrinken
Es gibt drei mögliche Routen, welche die Israeliten bei ihrem Auszug aus Ägypten genommen haben könnten. Sie sind auf der Karte auf der nächsten Seite eingezeichnet.

Die erste ist als die nördliche Route bekannt. Um ihr zu folgen, hätten sie eine Reihe von Sandbänken in einem seichten Teil des Mittelmeeres überqueren müssen. Karten Ägyptens zeigen Sandbänke am Sirbonischen See. Von dort aus wären sie weiter nach Kadesch Barnea gezogen. Allerdings hätten die ägyptischen Streitwagen ihnen nicht über die Sandbänke folgen können, daher erscheint diese Option unwahrscheinlich.

Die zweite Theorie besagt, dass sie geradeaus direkt über den Mitla Pass nach Kadesch zogen. Doch auf dieser Route hätte ihnen eine Reihe von Befestigungsanlagen im Weg gestanden (dort, wo heute der Suez Kanal verläuft). Diese Festungen sollten Invasionen aus dem Osten abhalten. Die Israeliten hätten folglich zwischen diesen Wehranlagen hindurchmarschieren müssen. Da sie weder bewaffnet noch kampffähig waren, ist auch diese Route sehr unwahrscheinlich.

Die dritte Möglichkeit war die südliche Route zum Berg Sinai. Dort hatte Mose 40 Jahre lang als Hirte gearbeitet. Dieser Weg ist der wahrscheinlichste, da Mose sich in dieser Gegend auskannte. Der genaue Standort des Berges Sinai ist ungewiss, doch er wird im gesamten Nahen Osten traditionell im Süden verortet. Die Israeliten verließen Goschen und zogen nach Süden. Der Pharao hätte ihnen nur erlaubt, in die Wüste zu ziehen. Denn er dachte sich, dass er sie von dort immer wieder zurückholen könnte. Nachdem sie ihr Lager aufgeschlagen hatten, verbarg Gott sie vor den Ägyptern in einer Wolke.

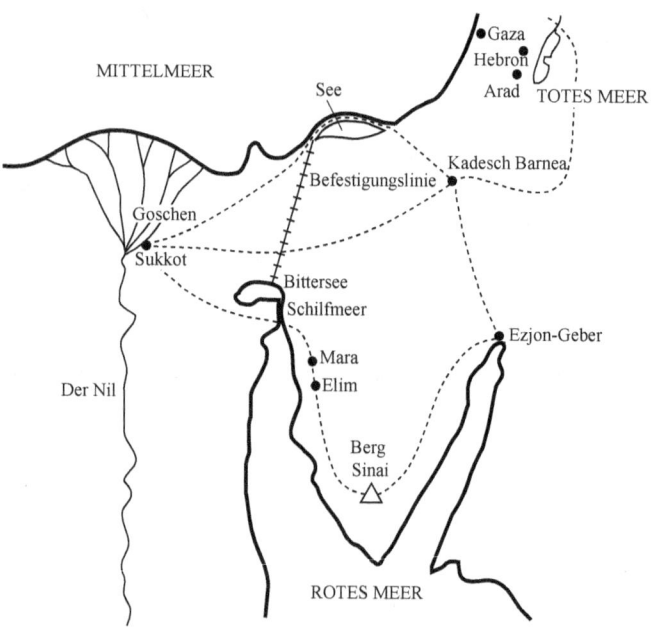

DIE ANWEISUNGEN DES SCHÖPFERS

Was die Durchquerung des Meeres betrifft, berichtet die Bibel nicht, dass Gott das Rote Meer teilte. Vielmehr heißt es, dass Gott einen Ostwind schickte, der das Wasser teilte. Doch wie könnte ein Ostwind das Meer teilen?

Wenn wir die Gegend eingehender betrachten, fällt uns auf, dass die Bitterseen vor Jahren mit dem sogenannten Roten Meer verbunden waren (siehe Schaubild auf der nächsten Seite). Das Verbindungsstück war ein flacher, sumpfiger Kanal, der „Schilfmeer" genannt wurde. Tatsächlich deutet der hebräische Originaltext darauf hin, dass „Schilfmeer" der wahrscheinlichere Name ist als das „Rote Meer". Die Befestigungslinie reichte direkt bis zu den Bitterseen hinunter.

Sollten die Hebräer dort hindurchgezogen sein, hätten zwei Naturgewalten das Meer teilen können: ein starker Ostwind, der das Wasser zum Westende des Großen Bittersees zurückdrängte und die Ebbe, die die Fluten auch nach Süden abfließen ließ.

Doch das allein kann das Wunder nicht erklären. Wie kam es, dass der Ostwind genau zum richtigen Zeitpunkt anfing zu wehen? Indem wir die Lage so nüchtern betrachten, versuchen wir nicht, das Wunder wegzuerklären. Vielmehr zeigen wir damit, dass es sich um ein Wunder des „zufälligen Zusammentreffens" mehrerer Faktoren handelt. Tatsächlich verdeutlicht uns die Bibel, dass es keine „Zufälle" gibt, sondern nur göttliche Fügungen.

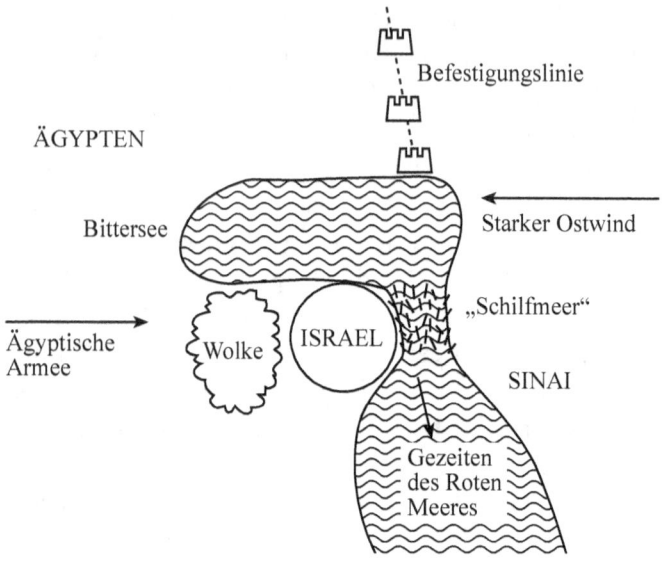

Das Auffälligste an der Durchquerung des Roten bzw. des Schilfmeers ist Folgendes: Sie geschah am dritten Tag nach der Schlachtung des Passahlammes. Die Israeliten wurden am dritten Tag nach dem Opfer des Passahlammes befreit. Darüber hinaus berichtet uns das Buch Exodus, wann genau das Passahlamm geschlachtet werden musste: um 15.00 Uhr. Drei Tage später gelang den Israeliten endlich die Flucht. Nun waren sie frei und würden den Pharao niemals wiedersehen. Später werden wir einige Parallelen zu Ereignissen im Neuen Testament entdecken.

6. Versorgung und Schutz

Die Wüstenregion, die die Israeliten durchzogen, konnte die Menschen nicht ernähren. Für 2,5 Millionen Menschen und ihr Vieh war es kein idealer Ort.

Daher sah sich Mose sowohl internen als auch externen Problemen gegenüber. Am grundlegendsten waren die ganz natürlichen Bedürfnisse: Wasser und Brot. Jeden Morgen versorgte Gott sie mit Essen. Wenn sie aufwachten, lag es bereits auf dem Boden. Man nannte es: „Was ist das?"; auf Hebräisch *Manna*. Jeden Tag gab es 900 Tonnen davon.

Es war wortwörtlich Brot aus dem Himmel. Dieses Thema greift die Bibel zu einem späteren Zeitpunkt erneut auf.

Obwohl die Israeliten rundum mit Manna versorgt wurden, beschwerten sie sich, dass sie kein Fleisch bekämen. In Ägypten hatten sie sich an eine proteinreiche Ernährung gewöhnt. Daher schickte Gott ihnen einen Schwarm Wachteln. Es waren so viele, dass sie den Wüstenboden mit einer Schicht von eineinhalb Metern bedeckten. Die Menschen aßen Wachteln, bis sie ihnen zu den Ohren wieder herauskamen!

Außerdem litten sie an Wassermangel. Die erste Oase, die sie erreichten, hieß Mara. Zwar gab es dort Wasser, doch es war ungenießbar, bis es schließlich durch ein Wunder rein wurde. Am nächsten Ort, in Elim, gab es von Anfang an frisches Wasser. Die benötigten Mengen waren beträchtlich. Sie brauchten mindestens 9 Millionen Liter pro Tag für diese große Zahl an Menschen und Vieh. Später erhielten sie Wasser aus Reservoiren im Felsen. Eines der größten Wunder auf ihrer schicksalsträchtigen Reise war, dass sich ihre Sandalen nicht abnutzten. Selbst heute noch können Steine Autoreifen aus Gummi ruinieren, doch diese Sandalen hielten 40 Jahre lang!

Mose sah sich auch internen Schwierigkeiten gegenüber. Die Menschenmenge war riesig. Daher war es kein Wunder, dass eines seiner größten Probleme darin bestand, Streitigkeiten unter dem Volk zu schlichten. Wir erfahren, dass diese Schlichtungen von morgens bis abends dauern konnten, bis Mose völlig erschöpft war. Erst der Rat seines Schwiegervaters Jitro, der vorschlug, die Verantwortung zu delegieren, führte dazu, dass Mose 70 Älteste einsetzte. Diese halfen ihm bei der Streitbeilegung.

Kapitel 19–40

Nach dem Erzählteil über den Auszug aus Ägypten beschäftigt sich die zweite Hälfte des Buches schwerpunktmäßig mit der Gesetzgebung. Es geht um die Gebote, die Gott seinem Volk gab und durch die er ihnen erklärte, wie sie ihr Leben führen sollten. Auch der Bund, den er mit ihnen schloss, ist Thema dieses zweiten Teils.

7. Gebote und Bundesschluss

In der zweiten Hälfte des Buches Exodus gibt es drei „Gesetzessammlungen". Die bekannteste sind die „Zehn Gebote" (oder der Dekalog, was „zehn Worte" bedeutet). Gott hatte sie mit seinem Finger auf Steintafeln geschrieben (Die meisten modernen Bilder der Gesetzgebung zeigen, wie Mose vom Berg Sinai mit den Zehn Geboten zurückkehrt und dabei zwei Steintafeln trägt. Die Zehn Gebote sind auf beide Tafeln verteilt, jeweils fünf auf einer Tafel und fünf auf der anderen. Allerdings standen tatsächlich alle zehn auf jedem Stein.). Es handelte sich um einen rechtsverbindlichen Vertrag, der mit anderen Vertragswerken der damaligen Zeit vergleichbar war. So schloss beispielsweise ein siegreicher König einen Vertrag mit einer besiegten Nation. Dabei erhielt jede Partei eine Kopie. Im Fall der Zehn Gebote war eine Vertragsausfertigung für Gott bestimmt und die andere für das Volk. Dieser Vertrag war jedoch eine Sonderform, die in der Bibel als „Bund" bezeichnet wird. Ein Bund war kein *Deal* zwischen zwei Parteien, sondern ein *Vertrag*, den Gott verfasst hatte. Das Volk konnte ihn entweder annehmen oder ablehnen.

Die Zehn Gebote bilden die erste Gesetzessammlung. Als Nächstes kommt das sogenannte „Bundesbuch". Wir finden es in 2. Mose 20,23 23,33. Es enthält Gesetze, die das gemeinschaftliche Leben regeln. Die dritte Sammlung ist das Buch der Gesetze. Es umfasst die Kapitel 25 31. Sie konzentrieren sich auf das religiöse Leben Israels und haben den Ort des Gottesdienstes und den Priesterdienst zum Gegenstand. Überschneidungen mit diesen Gesetzen und ihre Erweiterung finden wir um 5. Buch Mose. Es gibt also nicht nur Zehn Gebote, sondern insgesamt 613 Regeln und Bestimmungen. Sie legen fest, wie ein gottgefälliges Leben aussieht.

Der *Kontext* der Gesetze im Buch Exodus ist von entscheidender Wichtigkeit. Die Zehn Gebote und das Bundesbuch werden von zwei Aussagen umrahmt, die sich auf die Vergangenheit und die Zukunft beziehen.

1. In Exodus 20,2 erklärt Gott: „Ich bin der HERR, dein Gott, der ich dich aus dem Land Ägypten, aus dem Sklavenhaus, herausgeführt habe."
2. In Exodus 23, 20–33 verspricht Gott dem Volk, auch in Zukunft bei ihm zu bleiben und ihm das Land zu geben, wenn es seinen Geboten gehorcht.

Die erste Aussage betrifft Ägypten in der Vergangenheit und die zweite den Einzug in das Land Kanaan in der Zukunft. Der Kontext verdeutlicht uns, dass die Gesetze Gottes für Menschen bestimmt sind, die ihn in der *Vergangenheit* erlebt haben und sein Handeln auch in der *Zukunft* erwarten. Daher sind sie in der Lage, in seiner *Gegenwart* zu leben.

König Alfred legte die Zehn Gebote dem britischen Rechtssystem zugrunde. Allerdings ist es schwer vorstellbar, dass Menschen sie verstehen könnten, ohne vorher erlöst worden zu sein. Man muss sie im richtigen Kontext betrachten.

DIE ZEHN GEBOTE

In der näheren Betrachtung offenbaren die Zehn Gebote und die dazugehörigen Bestimmungen drei Grundprinzipien. Sie sind in diesen Vorschriften verankert. Das erste Prinzip lautet **Respekt**. Respekt ist die Grundlage aller Zehn Gebote: Respekt vor Gott und seinem Namen, Respekt vor seinem Tag, Respekt vor den Menschen, Respekt vor dem Familienleben und vor dem Leben an sich, Respekt vor der Ehe, Respekt vor dem Eigentum anderer Menschen und Respekt vor der dem guten Ruf des Nächsten.

Die Botschaft ist eindeutig: Das Fundament einer gesunden, heiligen Gesellschaft ist Respekt. Demgegenüber legen es weite Teile unserer heutigen Gesellschaft darauf an, den Respekt zu zerstören. Das gilt insbesondere für die Massenmedien. Comedy Shows im Fernsehen laden oft zu einer pietätlosen Weltsicht ein, der nichts mehr heilig ist. Alles und jeder wird zu einer potenziellen Witzfigur. Doch der Respektverlust vor Gott führt zweifellos zu Götzendienst; und Respektlosigkeit gegenüber anderen Menschen hat unmoralisches und ungerechtes Verhalten zur Folge.

Bei den Zehn Geboten geht es hauptsächlich um Worte oder Taten. Doch das letzte Gebot betrifft die Gefühle. Es ist das einzige, das sich um das menschliche Herz dreht. Vielleicht aus diesem Grund erklärt Paulus in Römer 7, dass er die ersten neun gehalten habe. Doch mit dem zehnten kam auch er nicht zurecht, mit dem Verbot der Habgier. Denn wenn wir etwas begehren, was wir nicht haben, dann hat unser innerer Mensch ein Problem. Bricht man ein Gebot, so hat man alle gebrochen. Sie hängen alle zusammen, so, wie Perlen an einer Halskette. Reißt die Kette auch nur an einer Stelle, sind alle Perlen verloren. Tatsächlich gibt es nicht zehn einzelne Gebote. Vielmehr bilden sie alle gemeinsam ein Gesetz.

Das zweite Prinzip heißt **Verantwortung**. Man will uns immer öfter weismachen, dass wir für unsere Handlungen nicht verantwortlich sind. Es geht sogar so weit, dass man behauptet, Boshaftigkeit sei erblich! Wir wissen, dass die Erbsünde durch die Gene weitergegeben wird. Doch der Ansatz, dass manche Menschen boshafter seien als andere, weil sie angeblich erblich vorbelastet sind, führt zu dem Irrglauben, dass Menschen für ihre Taten nicht zur Rechenschaft gezogen werden könnten. Das 2. Buch Mose vertritt genau den gegenteiligen Standpunkt. Unser Herr und Gott erklärt dort, dass wir vor ihm dafür rechenschaftspflichtig sind, ob und wie wir sein Gesetz befolgen.

Der dritte Grundsatz ist das **Strafprinzip**. Rein rechtlich gesehen gibt es drei Gründe dafür, dass man bestraft wird. Der erste Grund ist *Reformation* oder Veränderung: Die Strafe verfolgt den Zweck, den Übeltäter zu bessern. Der zweite Grund heißt *Abschreckung*: Potenzielle Täter sollen dadurch abgeschreckt werden, dass sie beobachten können, wie andere bestraft werden. Der dritte Grund heißt *ausgleichende Gerechtigkeit* oder Vergeltung: Die Bestrafung erfolgt einfach deshalb, weil der Täter sie verdient hat, ganz unabhängig davon, ob andere sich dadurch warnen lassen oder ob der Schuldige aus seinen Fehlern lernt. Dieser dritte Aspekt des Strafprinzips ist in den Gesetzen des Buches Exodus verankert.

Mit der Todesstrafe werden 15 verschiedenen Sünden (die im Buch Exodus aufgelistet sind) geahndet, von Mord bis zum Brechen des Sabbats. Sie alle richten sich gegen Gott. Dazu gehören auch Entführungen, das Verfluchen oder Angreifen der eigenen Eltern sowie Fälle, in denen das unbeaufsichtigte Tier einer Person den Tod eines anderen Menschen verursacht.

Das Gesetz Gottes unterscheidet sehr sorgfältig zwischen *vorsätzlichem* und *unbeabsichtigtem* Totschlag. Es gibt zwei Arten: den absichtlichen Mord und die fahrlässige Tötung. Mord zieht die Todesstrafe nach sich, die fahrlässige Tötung wird weniger streng geahndet. Auf jeden Fall gibt es im mosaischen Gesetz kein Sühneopfer für fortgesetzte absichtliche Sünde. Beim Lesen des Hebräerbriefs stellt man tatsächlich fest, dass dasselbe Prinzip auch im Neuen Testament gilt.

Interessanterweise ist der Freiheitsentzug im Gesetz nicht vorgesehen. Nirgendwo in der Bibel wird für diese Form der Strafe plädiert. Es gab allerdings ein klar umrissenes System der *Wiederherstellung*. Wer verletzt worden war, konnte Schadensersatzansprüche geltend machen. Dabei handelt es sich um das sog. „lex talionis", heute bekannt durch die Kurzbeschreibung „Auge um Auge, Zahn um Zahn." Wurde beispielsweise eine schwangere Frau angegriffen und ihr Kind aufgrund dessen mit einer Missbildung geboren, so fügte man dem Schuldigen dieselbe Verformung zu wie dem Opfer. In anderen Fällen gab es Schadensersatzregelungen, die eine Entschädigung in Naturalien oder durch Geldzahlungen vorsahen, wenn das Eigentum des Opfers beschädigt oder gestohlen worden war.

8. Spezifikationen und Spezialisten

SPEZIFIKATIONEN

Als Nächstes kommen wir zu der erstaunlichen Tatsache, dass Gott bei seinem Volk Israel wohnen wollte. Seine Heiligkeit hatte er ihnen bereits sehr deutlich vor Augen geführt. Als Gott am Berg Sinai das Gesetz gab, sollten die Israeliten begreifen, was seine Heiligkeit bedeutet. Niemand könnte seinen heiligen Berg berühren und am

Leben bleiben, erklärte Gott. Mose errichtete einen Zaun um den Fuß des Berges. Donner, Blitze und Feuer waren die Begleiterscheinungen der Gesetzgebung. Sie zeigten Gottes Macht und die Tatsache, dass Gott sich von den Menschen unterschied und abgesondert war.

Nachdem er jedoch seine Verschiedenartigkeit demonstriert hatte, verkündete Gott dem Mose, dass er aus dem Himmel herunterkommen und im Lager mitten unter dem Volk wohnen wollte. Wo sie sich auch niederließen, Gott wollte bei ihnen sein, im Herzen seines Volkes. Seine Wohnung würde aus einem Zelt in der Mitte des Lagers bestehen. Dieses Zelt sollte seine Heiligkeit vermitteln, sodass das Volk ihn respektvoll anbeten würde.

Dieses Zelt nannte man das „Heiligtum" *(Luther übersetzte es als „Stiftshütte", abgeleitet vom lateinischen Begriff „tabernaculum", auf Englisch „tabernacle", Anmerkung der Übersetzerin)*. Das Buch Exodus enthält die Baubeschreibung, die Gott in den Gesetzen über die Religionspraxis Israels (Kapitel 25-31) festlegte. Jedes Detail des Heiligtums sollte auf Gott hinweisen und zeigen, wie man sich ihm angemessen nähern konnte. Die Stiftshütte musste im Zentrum des Lagers errichtet werden, wobei sich die 12 Stämme in einer bestimmten Reihenfolge um das Zelt herum niederlassen sollten.

SPEZIALISTEN

Gebrauchsanweisung

Am wichtigsten war, dass man das Heiligtum nicht einfach betreten konnte, obwohl es sich im Zentrum des Lagers befand. Zunächst gab es einen Zaun von 100 Ellen Länge, 50 Ellen Breite und fünf Ellen Höhe (Eine Elle betrug zirka 45 cm, daher war der Zaun hoch genug, um zu verhindern, dass man von draußen hereinschauen konnte.). Im Zaun selbst gab es nur eine Öffnung; sie lag dem Lagerplatz des Stammes Juda direkt gegenüber. Innerhalb des Zauns befand sich der Vorhof, der einen *Altar* und ein *Becken* beherbergte.

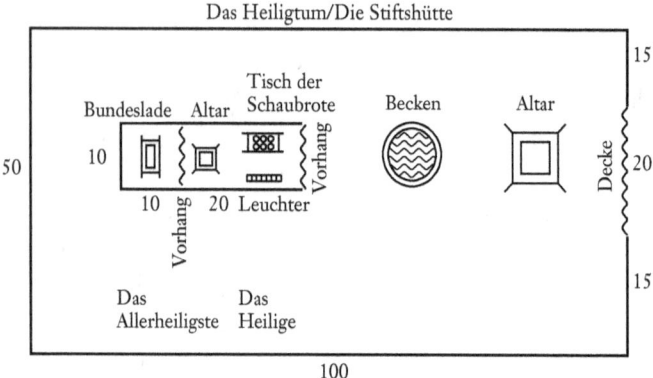

Wollte man sich Gott nähern, musste man als ersten Schritt ein Opfer bringen: Das Tier wurde geschlachtet und dann auf dem Altar als Opfer für den Herrn verbrannt. Danach reinigte der Anbeter seine Hände in dem bronzenen Becken, das zwischen dem Altar und der heiligen Wohnung stand. Erst dann konnte er sich Gottes Zelt nähern. Das Zelt bestand aus zwei Bereichen. Der Ort, an dem Gott tatsächlich wohnte, war ein kleinerer Teil des größeren Zeltes. Er war dem menschlichen Auge verborgen. Nur einmal im Jahr durfte der Hohepriester ihn betreten.

Der größere Teil des Zeltes umfasste 10 mal 20 Ellen und wurde als *das Heilig*e bezeichnet. Nur Priester durften hineingehen, nachdem sie ein Tier geopfert und ihre Hände im Becken gereinigt hatten. Dort gab es drei Möbelstücke: einen Tisch, auf dem die 12 *Schaubrote* lagen; sie repräsentierten die 12 Stämme Israels; einen siebenarmigen Leuchter, der mit heiligem Öl entzündet wurde; er brannte ununterbrochen; und einen weiteren Opferaltar, der in der Nähe eines Vorhanges stand.

DIE ANWEISUNGEN DES SCHÖPFERS

Der Vorhang verdeckte einen Ort, der zehnmal zehn Ellen maß, *das Allerheiligste*: Dort wohnte Gott. Im Allerheiligsten stand eine Truhe, über der sich zwei Cherubim befanden. Nach biblischem Verständnis sind Cherubim ausnahmslos Engel des Gerichts. Das Buch Exodus beschreibt, dass sie nach unten blickten, auf die goldene Deckplatte. Einmal im Jahr betrat der Hohepriester das Allerheiligste. Er opferte einen einjährigen, fehlerlosen Widder als Sühneopfer für das Volk. Auch die Bundeslade hatte ihren Platz im Allerheiligsten. Sie enthielt etwas Manna und die Bücher des Gesetzes. Es gab im Allerheiligsten kein Tageslicht, doch es war immer hell erleuchtet. Gott wohnte dort und seine Herrlichkeit ließ diesen Ort erstrahlen.

Die Schönheit des Heiligtums muss atemberaubend gewesen sein. Allerdings war der größte Teil verborgen. Es gab wunderschön bestickte Vorhänge und Zeltdecken, doch sie wurden von Dachshäuten bedeckt. Sie verbargen die Schönheit vor den Blicken des Volkes. Im Zelt gab es goldene Möbel und Vorhänge, die mit Blau (der Farbe des Himmels), Rot (der Farbe des Blutes) sowie Silber und Gold bestickt waren.

Das gesamte Gebäude zeigte Folgendes: Wer sich Gott nähern wollte, musste zunächst ein Opfer bringen, um rein zu sein. Gott erklärte, dass dies ein Abbild seiner Wohnung im Himmel sei.

Selbst wenn die Israeliten das Zelt abbauten und damit weiterzogen, blieben alle seine Elemente bedeckt. Das Zelt durfte nur von ausgewählten Männern getragen werden. Das „einfache" Volk hatte einen Abstand von eintausend Schritten einzuhalten, bis die Wohnung Gottes erneut aufgebaut wurde.

Die Heiligkeit Gottes zeigte sich auch in der priesterlichen Kleidung. Der Hohepriester erhielt spezielle Anweisungen zu seiner Amtskleidung. Er trug 12 Edelsteine auf seiner

Brust, welche die 12 Stämme Israels repräsentierten. Diese Edelsteine werden ganz am Ende der Bibel erneut erwähnt, als der Verfasser der Offenbarung das Neue Jerusalem beschreibt. Der Hohepriester trug zudem einen besonderen Gürtel, einen Turban, ein Oberkleid, ein Efod und einen Mantel.

Die einfachen Priester hatten ebenfalls ihre Amtskleidung. Doch diese bestand nur aus besonderen Mänteln, Gürteln, Kappen und Hosen. Betrachten wir diese Kleidungsstücke, so erkennen wir ein Bild dessen, der da kommen soll. Er wird der Hohepriester seines Volkes sein, und zwar bis in alle Ewigkeit.

Bauanleitung

Bis zu diesem Zeitpunkt wusste das Volk nur, wie man Ziegel herstellte und transportierte. Die Aufgabe, ein so kunstvolles Zelt zu bauen, wäre normalerweise weit über seine Fähigkeiten hinausgegangen. Wir erfahren, dass Bezalel, Oholiab und andere von Gott besondere Gaben erhielten, um den Bauprozess bewältigen zu können. Es ist das erste Mal, dass „Geistesgaben" in der Bibel erwähnt werden. Interessanterweise hatten sie mit der Ausführung handwerklicher Tätigkeiten zu tun.

9. Sünde und Fürbitte

SÜNDE

Mose verbrachte eine lange Zeit auf dem Berg Sinai, als er das Gesetz empfing. Da das Volk nicht wusste, ob ihm etwas zugestoßen war, fragte es Aaron, ob es nicht einen „Gott" anbeten könnte, der sichtbar war. Mit Aarons Hilfe schmolzen die Israeliten daraufhin ihren Goldschmuck ein und machten daraus ein Kalb, das sie als Gott verehrten. Die Wahl des Tieres ist von Bedeutung. Wie wir bereits festgestellt haben, gehörte das Kalb zu den vielen Tieren, welche die Ägypter als Götzen anbeteten. Stiere und Kälber waren Fruchtbarkeitssymbole. Zeit der Geschichte wurden sie in diesem Kontext verwendet. Götzendienst führt zu unmoralischem Verhalten, das ist ein klares biblisches Prinzip: Wer den Respekt vor Gott verliert, verliert als Nächstes die Achtung vor Menschen. Eine wilde Orgie war die Folge. Als Mose vom Berg herabkam und sah, was dort unten passierte, zertrümmerte er die beiden Ausfertigungen des Gesetzes. Er zeigte damit, was das Volk durch sein Verhalten bereits getan hatte.

FÜRBITTE

Mose stieg wieder den Berg hinauf. Oben angekommen erklärte er Gott, dass er die Nase voll hätte von diesem Volk. Und er erfuhr, dass es Gott genauso erging. Das war ein Schlüsselmoment in der Geschichte Israels und der Dreh- und Angelpunkt in Moses Funktion als Anführer des Volkes. Falls Gott Israel vernichten wollte, sollte er auch Mose aus dem Buch des Lebens austilgen, sagte Mose zu Gott. Denn er wollte nicht als einziger übrigbleiben. Eigentlich sagte er dadurch: „Nimm mein Leben als Sühnung für das ihre." Gott erklärte ihm, dass er nur die Namen derjenigen aus seinem Buch löschen würde, die gegen ihn gesündigt hätten. Dieses Prinzip wird in der gesamten Bibel immer wieder erwähnt. Das Wichtigste im Leben ist es, dafür zu sorgen, dass der eigene Name im Buch des Lebens vermerkt bleibt. „Ich lösche den aus meinem Buch, der gegen mich gesündigt hat", sagte Gott zu Mose.

Mose bestand darauf, dass das Volk bestraft würde und Gott trug ihm auf, sich die Rädelsführer vorzunehmen. 3000 Menschen starben. Diese genaue Zahlenangabe mag uns nicht viel bedeuten. Doch die Details der Exodusgeschichte zeigen eine erstaunliche Übereinstimmung mit Ereignissen im Neuen Testament. Gott gab das Gesetz am Sinai am 50.

Tag nach der Schlachtung des Passahlammes. Das Lamm wurde um 15.00 Uhr getötet. Drei Tage später wurden die Sklaven befreit. Am 50. Tag nach dem Passahfest gab Gott das Gesetz, diesen Tag nennen die Juden „Pfingsten" bzw. „Schawuot". 3000 Menschen starben damals, weil sie das Gesetz gebrochen hatten. Genau an diesem 50. Tag goss Gott Jahrhunderte später seinen Heiligen Geist aus, als die Juden die Gesetzgebung feierten – und diesmal wurden 3000 Menschen gerettet (siehe Apostelgeschichte 2).

10. Errichtung und Einweihung
Woher nahmen die Israeliten die Baumaterialien für das Heiligtum? Sie benötigten mindestens eine Tonne Gold, von den Tierhäuten, Stoffen, Edelsteinen, der Bronze und dem Holz ganz zu schweigen. Im Durchschnitt gab jeder Israelit ein Fünftel einer Unze Gold als freiwilliges Opfer.

Viele Jahrhunderte zuvor hatte Gott Abraham nicht nur erklärt, dass seine Nachkommen Sklaven sein würden. Wenn sie das Land ihrer Gefangenschaft verließen, würde Gott sie sogar mit großen Reichtümern in die Freiheit führen. Die Baumaterialien für das Heiligtum und die Priesterkleider stammten eigentlich von den Ägyptern. Diese waren so erleichtert, dass die Israeliten sie verließen, dass sie ihnen ihren gesamten Schmuck mit auf den Weg gaben. So kam das Volk Gottes an diese Werkstoffe. Sie konnten zur Errichtung des Heiligtums verwendet werden, weil das Volk sie freiwillig zu diesem Zweck spendete. Man kann die Art ihrer Spende mit folgenden vier Worten beschreiben: sie gaben spontan, wohlüberlegt, regelmäßig und opferbereit. Es handelte sich nicht um eine erzwungene Sammlung mit Strafandrohungen für diejenigen, die nichts geben wollten. Vielmehr war es eine vollkommen freiwillige Entscheidung des Volkes („Jeder, dem es am Herzen liegt ...").

Am Ende des Buches Exodus lesen wir, dass Gott sich in dem Zelt niederließ und es einweihte. Das Volk sah, wie seine Herrlichkeit herabkam. Es konnte beobachten, wie eine Wolke am Tag und ein Feuer bei Nacht über dem inneren Raum lagerten. Die innere Kammer wurde von Licht erfüllt, als die Herrlichkeit des Herrn dort einzog. Gott wohnte unter seinem Volk. Von da an wussten die Israeliten, wann es Zeit zum Aufbruch war. Wenn sich die Wolke und das Feuer bewegten, machten auch sie sich auf den Weg.

Die Bedeutung des Buches Exodus für Christen

Die Exodusgeschichte ist fesselnd und die Details der Religionsausübung der Israeliten sind faszinierend. Doch die Frage bleibt: Was können Christen von heute daraus lernen?

Als Erstes müssen wir festhalten, dass Gott sich nicht geändert hat. Er behandelt Christen genauso, wie er mit den Kindern Israel umgegangen ist. Aus diesem Grund werden so viele Begriffe aus dem Buch Exodus im Neuen Testament wiederverwendet: Worte wie beispielsweise Gesetz, Bund, Blut, Lamm, Passah, Exodus und Sauerteig. Sie sind Teil des Neuen Testaments, doch sie leiten ihre Bedeutung aus dem Buch Exodus ab.

Gleichzeitig gibt es einige wichtige Unterschiede. Wir sind nicht an das mosaische Gesetz gebunden, sondern stehen unter dem Gesetz Christi. Wie wir noch sehen werden, macht das manche Dinge schwieriger und andere Dinge leichter. Wir brauchen das Heiligtum nicht mehr, weil wir wissen, dass Christus uns direkten Zutritt zum Allerheiligsten verschafft hat. Auch sind wir nicht mehr davon abhängig, dass Gott uns mit Manna sowie Wasser aus dem Himmel und aus dem Felsen versorgt. Es gibt jedoch zwei grundsätzliche Aspekte, auf die wir das Buch Exodus anwenden müssen.

Christus

Christen sollten im Buch Exodus nach Christus Ausschau halten. Jesus sagte sinngemäß: „Erforscht die Schriften, denn sie sind es, die von mir zeugen." Der Exodus ist für das Alte Testament von zentraler Bedeutung. Alle nachfolgenden Bücher blicken darauf zurück. Sie betrachten ihn als die Erlösung, die allem anderen zugrunde liegt. In vergleichbarer Art und Weise steht das Kreuz im Zentrum des Neuen Testaments.

Diese Verbindung zwischen dem Kreuz und dem Exodus gehört nicht in den Bereich der Phantasie. Sechs Monate vor seinem Tod am Kreuz war Jesus im Norden Israels auf dem Gipfel des Berges Hermon in 1200 Meter Höhe. Dort sprach er mit Mose und *Elija*. Lukas berichtet uns in seinem Evangelium, dass sie über seinen „Ausgang" (Exodus) sprachen, den Jesus in Jerusalem erfüllen sollte.

Und mehr noch, Jesus starb um 15.00 Uhr, genau um dieselbe Zeit, als tausende von Passahlämmern geschlachtet wurden. Daher wird Christus „unser Passahlamm" genannt. Er ist es, der für uns geopfert wurde. Deshalb geht der Todesengel an uns vorüber, die wir ihm vertrauen. Jesus stand am dritten Tag von den Toten auf. Seine Auferstehung befreit uns vom Tod, genau wie die Hebräer am dritten Tag nach dem Passahmahl aus der Sklaverei erlöst wurden.

Es gibt noch weitere Verbindungen. Das Johannesevangelium bezeichnet Jesus als das Brot vom Himmel. Paulus schreibt, dass Jesus der Fels sei, aus dem Mose das Wasser für die Kinder Israels hervorbrachte. Johannes erwähnt in seinem Evangelium Folgendes: „Das Wort wurde Fleisch und ‚zeltete' unter uns"(Anmerkung zu Johannes 1,14; ELB). Er stellte sein Zelt buchstäblich unter den Menschen auf, denn Gott wohnte in Christus mitten unter seinem Volk.

Vor diesem Hintergrund ist Jesu Aussage im Matthäusevangelium besser verständlich. Dort erklärte er, dass er nicht gekommen sei, um das Gesetz aufzulösen, sondern um es zu erfüllen (siehe Matthäus 5,17). Kurz gesagt, ohne das Alte Testament können wir das Neue nicht verstehen.

Christen
Christen können aus dem Buch Exodus auch viel für ihren persönlichen Glaubensweg lernen. Nachdem er einige Ereignisse der Exodusgeschichte erörtert hat, schreibt Paulus an die Gemeinde in Korinth: „Diese Dinge aber sind als Vorbilder für uns geschehen, damit wir nicht nach Bösem gierig sind, wie jene gierig waren" (1. Korinther 10,6; ELB).

Die Durchquerung des Roten Meeres ist ein Vorschatten der Taufe. Paulus schreibt, dass die Kinder Israel im Roten Meer auf Mose getauft wurden, während seine Leser die Taufe im Namen Jesu empfingen.

Auch Christen essen regelmäßig ein Passahmahl, denn das Abendmahl entspricht dem Festessen zu Beginn der Passahfeierlichkeiten. Es erinnert an die Befreiungstat Christi.

Paulus erörtert auch die Einhaltung des Festes und das Auskehren des Sauerteigs, weil Christus, unser Passahlamm, geopfert wurde. Diese Ermahnung mag uns zunächst befremdlich erscheinen, bis wir den Kontext näher betrachten. Er schreibt an eine Gemeinde und thematisiert dabei das unmoralische Verhalten eines Gläubigen, der mit seiner Schwiegermutter schläft. In diesem Zusammenhang steht der Sauerteig für dieses gesetzlose Verhalten, das beendet werden muss, wenn sie das Fest in der richtigen Weise feiern wollen. Die Exodusgeschichte sieht die Dinge in ihrem natürlichen Zusammenhang, während das Neue Testament sie in einem moralischen Kontext betrachtet.

Viele Bibelleser beschäftigt die Frage sehr intensiv, wie Christen mit dem mosaischen Gesetz umgehen sollten. Es stimmt, dass wir das Gesetz nicht halten müssen. Doch in vielerlei Hinsicht ist das „Gesetz Christi" viel strenger als das „Gesetz des Mose". Das mosaische Gesetz postuliert Folgendes: „Du sollst nicht töten" und „Du sollst nicht ehebrechen." Das ist vielen Leuten klar. Doch das Gesetz Christi erklärt: „Denk nicht einmal daran." Im Vergleich zum Gesetz des Mose ist es daher viel schwieriger, das Gesetz Christi zu halten.

Auf der anderen Seite haben wir es in gewisser Weise viel leichter, weil wir keine Vielzahl von Priestern, Rituale und besondere Gebäude mehr brauchen. Der Apostel Johannes drückt es so aus: „Denn das Gesetz wurde durch Mose gegeben; die Gnade und die Wahrheit ist durch Jesus Christus geworden" (Johannes 1,17; ELB). Jedes Mal, wenn wir beten, haben wir im Namen Jesu freien Zugang zum Allerheiligsten.

Auch zwischen dem Neuen und dem Alten Bund gibt es einen großen Unterschied. Unter dem Geltungsbereich des Gesetzes, das zu Pfingsten gegeben wurde, starben 3000 Menschen. Als jedoch der Geist zu Pfingsten ausgegossen wurde, erfuhren 3000 Menschen Errettung. Ich ziehe den Geist, der das Gesetz in die Herzen schreibt, dem alten Gesetz vor.

Das Thema „Herrlichkeit" hat ebenfalls für Christen eine neue Bedeutung bekommen. Paulus vergleicht die vergängliche Herrlichkeit des Mose mit dem Wirken des Heiligen Geistes im Neuen Bund. Christen können dieselbe Herrlichkeit erleben, die Mose schon erfahren hatte, als er den wieder Berg hinabstieg. Allerdings hat diese Herrlichkeit nichts mit Altären, Weihrauch und Gewändern zu tun, sondern mit dem Geist, der in den Gläubigen wohnt. Diese Herrlichkeit wird mit jedem Tag größer.

Schließlich gilt es, die eindringliche Lektion des Heiligtums zu beachten. Es lehrt uns, wie wir uns Gott heute nähern können. Zunächst ist ein Opfer erforderlich (der Altar), wir kommen gerechtfertigt in Christus. Dann benötigen wir die Reinigung durch den Heiligen Geist (das Becken). Die Farben des Heiligtums haben ebenfalls Bedeutung: Rot symbolisiert das Königtum, blau den Himmel und weiß die Reinheit. Wir haben heute einen Hohepriester, der uns vor Gott vertritt. Doch er selbst benötigt kein Opfer für seine eigenen Sünden. Er hat das allumfassende und letztgültige Opfer erbracht, auf das alle Opfer im Alten Bund hinweisen.

Für Christen wird es in der Zukunft noch eine Errettung geben, die mit dem Exodus vergleichbar ist. Die Offenbarung berichtet uns, dass sich die Hälfte der Plagen des Pharao noch einmal wiederholen wird. Es gibt eine erstaunliche Übereinstimmung zwischen den Plagen am Ende der Zeit und den Plagen, die den Pharao befielen. Wer Jesus treu bleibt, wird sie siegreich überstehen. In Kapitel 15 der Offenbarung heißt es, dass die Märtyrer das Lied des Mose singen werden; gemeinsam mit denjenigen, die dem Druck der Verfolgung von außen und den Versuchungen von innen widerstanden haben. Exodus 15 beinhaltet das erste Lied der Bibel, das von Miriam komponiert wurde, um das Ertrinken der Ägypter im Roten Meer zu feiern. Dieses Lied werden wir singen, wenn alle Nöte und Leiden dieser Welt vorüber sind und wir uns in Sicherheit befinden – in Gottes Herrlichkeit. Dann werden wir einen doppelten Exodus feiern: den Auszug aus Ägypten und den Exodus des Kreuzes.

4.
DAS DRITTE BUCH MOSE

Einleitung

Viele Christen, die beschlossen haben, die ganze Bibel an einem Stück durchzulesen, bleiben im dritten Buch Mose, auch Levitikus genannt, stecken. Das ist leicht nachzuvollziehen. Levitikus ist ein sehr schwieriges Buch, aus folgenden drei Gründen:

Zunächst einmal ist es schlicht und einfach langweilig; seine Lektüre ist so spannend, als würde man ein Telefonbuch durchlesen. Es unterscheidet sich inhaltlich so sehr von den anderen biblischen Büchern, insbesondere von den beiden vorangegangenen, Genesis und Exodus. Sie sind voller Geschichten. Im ersten und zweiten Buch Mose gibt es sowohl Handlung als auch Drama, es ist richtig etwas los. Im dritten Buch Mose ist ein Erzählteil jedoch kaum vorhanden. Da viele die Bibel als eine Sammlung von Geschichten betrachten, sind sie sehr enttäuscht, ein Buch vorzufinden, das gar keine Geschichten enthält.

Der zweite Grund, der Levitikus zu einer schwierigen Lektüre macht, ist folgender: Das Buch ist uns so fremd. Sein kultureller Hintergrund und sein Inhalt sind uns nicht vertraut. Wir entfernen uns 3000 Jahre und 3000 Kilometer aus unserer heutigen Realität und finden uns in einer völlig anderen Welt wieder. Was wir über die damalige Zeit erfahren, finden wir sehr merkwürdig. Ein Beispiel aus dem Buch Levitikus ist der Umgang mit ansteckenden Krankheiten. Der arme Betroffene musste seine Kleider zerreißen und sich die Haare lang und ungekämmt wachsen lassen. Er hatte die untere Gesichtshälfte zu bedecken und „Unrein! Unrein!" auszurufen, wenn er sich in der Nähe von Menschen aufhielt. Wir gehen heute mit ansteckenden Krankheiten ganz anders um! Das Buch berichtet auch über andere bizarre Verhaltensweisen: Wir kommen nicht mit einem kleinen Lamm oder einer Taube in den Gottesdienst, um sie dem Pastor zu überreichen. Doch genau das taten die Israeliten zur damaligen Zeit. Der „Pastor" schlitzte dann dem Tier vor der gesamten Gemeinde die Kehle auf.

Der dritte Grund ist, dass das Buch uns ziemlich unbedeutend erscheint. Was hat mir das Buch Levitikus denn heute noch zu sagen? Montagmorgen an meinem Arbeitsplatz? Tief in unserem Inneren wissen wir, dass wir nicht an das mosaische Gesetz gebunden sind. Da das Buch Levitikus zum Gesetz gehört, ist uns nicht klar, was wir überhaupt damit anfangen sollen.

Kontext

Wir wollen nun das dritte Buch Mose mit dem Ziel betrachten, einige der Vorbehalte zu zerstreuen, die wir vielleicht gegen dieses Buch hegen. Levitikus ist eines der fünf Bücher, die gemeinsam den sogenannten Pentateuch (*penta* bedeutet „fünf") ausmachen. Sie bilden das Gesetz des Mose. Die Juden nennen es die Torah, die „Bücher der Weisung". Sie lesen sie einmal pro Jahr durch. Dabei beginnen sie am achten Tag des Laubhüttenfestes, jeweils im September oder Oktober, mit Genesis 1. Übers Jahr lesen sie den gesamten Text und beenden seine Lektüre beim nächsten Laubhüttenfest im darauffolgenden Herbst.

Interessanterweise haben die fünf Bücher Mose eine klar erkennbare Form, die man sich leicht merken kann. Sie wird uns dabei helfen, Levitikus in den richtigen Zusammenhang einzuordnen. Folgendes Schaubild zeigt uns diese Struktur.

DIE ANWEISUNGEN DES SCHÖPFERS

„PENTATEUCH" – Fünf Bücher Mose – „TORAH" – Weisung

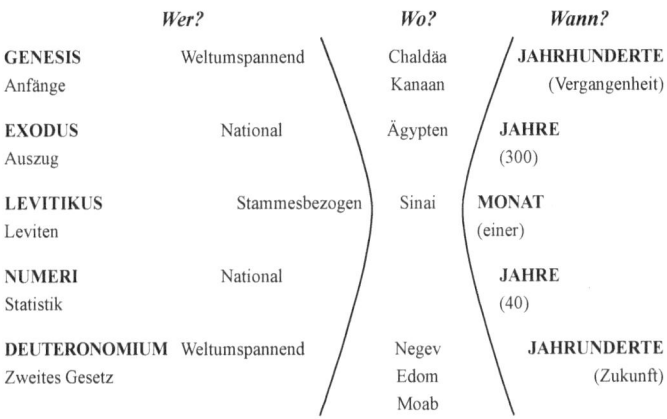

	Wer?	Wo?	Wann?
GENESIS Anfänge	Weltumspannend	Chaldäa Kanaan	JAHRHUNDERTE (Vergangenheit)
EXODUS Auszug	National	Ägypten	JAHRE (300)
LEVITIKUS Leviten	Stammesbezogen	Sinai	MONAT (einer)
NUMERI Statistik	National		JAHRE (40)
DEUTERONOMIUM Zweites Gesetz	Weltumspannend	Negev Edom Moab	JAHRUNDERTE (Zukunft)

SEIN PLATZ IM PENTATEUCH

Genesis ist das Buch der Anfänge, denn genau das bedeutet das Wort „Genesis". Es berichtet uns, wie alles begonnen hat: von der Erschaffung des Universums bis zur Berufung Israels zum Volk Gottes. Exodus behandelt den Auszug der Israeliten aus Ägypten. Levitikus leitet seinen Namen vom Stamm Levi ab, einem der Stämme Israels. Das Buch Numeri macht seinem Namen alle Ehre: Es ist ein Buch der Statistiken (600.000 Männer zogen aus Ägypten aus, plus Frauen und Kinder, das waren insgesamt zirka 2,5 Millionen Menschen.). Schließlich konzentriert sich Deuteronomium (*deutero* bedeutet „zweites" und *nomus* „Gesetz") auf die zweite Gesetzgebung (Gott gab den Israeliten sein Gesetz zweimal, einmal am Sinai und ein zweites Mal, kurz bevor sie den Jordan überquerten und ins Verheißene Land einzogen. Daher kommen die Zehn Gebote zweimal vor, einmal in Exodus und einmal in Deuteronomium. Dadurch sollten sich die Israeliten nochmals an das Gesetz erinnern, bevor sie das Verheißene Land betraten.).

Fragen wir uns nun, über wen diese Bücher berichten, fangen wir an, die Struktur zu erkennen. Genesis ist ein universelles, weltumspannendes Buch. Es handelt von jedem Menschen, von der Menschheit und dem gesamten Universum. Exodus ist ein nationales Buch – es fokussiert sich auf ein Volk, das Volk Israel. In Levitikus verengt sich der Fokus sogar noch mehr, auf nur einen Stamm aus dem gesamten Volk. Nach dem Buch Levitikus weitet sich der Blick wieder. In Numeri geht es erneut um die ganze Nation. Deuteronomium kontrastiert Israel mit der gesamten Welt und wir kehren wieder zum weltumspannenden Blickwinkel zurück.

Diese Struktur erklärt uns, warum so viele Leser im Buch Levitikus steckenbleiben. Auch wenn sie sich für universelle und sogar nationale Aspekte interessieren, so berührt sie doch der Fokus auf einen besonderen Stamm weniger; insbesondere, wenn es sich nicht um ihren eigenen handelt.

SEIN GEOGRAFISCHER STANDORT

Genesis beginnt mit der ganzen Welt, dann richtet sich der Fokus auf das Gebiet der Chaldäer, in dem Abraham lebte. Weiter geht es mit dem Land Kanaan, in das Abraham reiste und schließlich mit Ägypten, in das seine Nachkommen verschlagen wurden. In Ägypten wurden sie zu Sklaven, 400 Jahre lang. Im Buch Levitikus hat sich der Fokus erneut sehr verengt, auf nur einen Ort: den Berg Sinai, an dem das Gesetz und die Rechtsbestimmungen gegeben wurden. Der Blick weitet sich von dort aus wieder mit den Reisen durch die Wüste Negev, durch Edom und Moab zurück nach Kanaan.

SEINE DATIERUNG

Das Buch Genesis umfasst Jahrhunderte, die gesamte Vergangenheit unserer Erde. Exodus deckt rund 300 Jahre ab. Levitikus behandelt nur einen Monat, während Numeri über einen Zeitraum von 40 Jahren berichtet.

Deuteronomium schließlich blickt Jahrhunderte nach vorne auf die zukünftige Geschichte Israels. Auch hier erkennen wir die Struktur der fünf Bücher Mose. Levitikus ist der Dreh und Angelpunkt der ganzen Geschichte. Das Buch konzentriert sich auf den wichtigsten Monat am wichtigsten Ort und auf den wichtigsten Stamm. Das gesamte Gesetz des Mose ist hier verankert.

Die Juden verbringen zirka zwei bis drei Wochen mit dem Buch Levitikus, wenn sie den Pentateuch jedes Jahr einmal ganz durchlesen.

Verhältnis zum Buch Exodus
Nachdem wir das dritte Buch Mose nun im Kontext des Pentateuchs betrachtet haben, sollten wir es auch in Beziehung zum Exodus setzen. Wenn wir die biblischen Bücher umfassend verstehen wollen, müssen wir erkennen, wie sich jedes Buch aus dem vorhergehenden entwickelt hat. Der zweite Teil des Buches Exodus berichtet über den Bau der Stiftshütte. Sie ist das Zelt Gottes, in dem er mitten unter seinem Volk wohnt. Wenn wir uns das Lager des Volkes vorstellen, so wie es uns das Buch Exodus vor Augen malt, dann steht Gottes Zelt im Zentrum. Hunderte von anderen Zelten umringen es: Das göttliche Zelt und die menschlichen Zelte stehen beieinander. In Levitikus geht es um alles, was in Gottes Zelt passiert und darum, was in den Zelten der Menschen ablaufen sollte. Daher teilt es sich in zwei Hälften: Gottes Zelt und die Zelte des Volkes sowie alle Regeln und Vorschriften, die beide betreffen.

Zudem berichtet das Buch Exodus im Kontext des Heiligtums darüber, wie Gott sich den Menschen nähert. In Levitikus hingegen geht es darum, wie sich die Menschen Gott nahen sollen. Exodus hat die Befreiung, die Gott seinem Volk brachte, zum Gegenstand, während Levitikus sich um die Hingabe des Volkes an Gott dreht. Exodus beleuchtet die Gnade Gottes, die sich darin zeigt, dass er das Volk befreite. Levitikus jedoch beginnt mit den Vorschriften über die Dankopfer. Das Buch erklärt, wie das Volk Gott dafür danken kann, dass er es in die Freiheit geführt hat.

Beide Bücher mit ihren sich ergänzenden Aussagen sind unverzichtbar. Levitikus mag uns nicht so spannend erscheinen wie Exodus. Doch es zeigt uns, dass Gott etwas im Gegenzug dafür erwartet, dass er uns erlöst hat. Erneut werden wir daran erinnert, dass wir errettet wurden, um Gott zu dienen. Exodus zeigt uns, wie Gott sein Volk befreite. Levitikus hingegen erklärt uns, wie das Volk nun Gott dienen soll.

„Seid heilig"
Wenn wir das Alte Testament lesen, kann es hilfreich sein, uns vorzustellen, wir wären Juden. Für einen jüdischen Menschen ist der Grund, das Buch Levitikus zu lesen, offensichtlich: Es handelt sich im wahrsten Sinne des Wortes um eine Frage von Leben und Tod. Für die Juden gibt es nur einen Gott, und zwar den Gott Israels. Alle anderen sogenannten Götter sind nur Ausgeburten der menschlichen Phantasie. Dasselbe galt für die Israeliten in den Büchern Exodus und Levitikus. Da es nur einen Gott gab und sie sein einziges Volk auf dieser Erde waren, bestand zwischen ihnen eine besondere Beziehung. Gott machte den Israeliten zahlreiche Versprechungen: Er würde ihr Regent sein und ihr Verteidigungsminister, um sie zu beschützen; er würde ihr Finanzminister sein, sodass es unter ihnen keine Armen gäbe; er würde ihr Gesundheitsminister sein, sodass sie von keiner der Krankheiten Ägyptens befallen würden. Gott würde alles sein, was sie brauchten, ihr König. Im Gegenzug erwartete er von ihnen, dass sie ein rechtschaffenes Leben nach seinen Ordnungen führten. Das biblische Wort dafür ist „gerecht": Gerechtigkeit bedeutet, rechtschaffen zu leben. Der Schlüsseltext des gesamten

Buches Levitikus wird im Neuen Testament oft zitiert: „Seid heilig, denn ich bin heilig."

Gott erwartet von den Menschen, die er befreit, Folgendes: Sie sollen so sein wie er und nicht den Menschen in ihrer Umgebung gleichen. Viele Dinge, die uns in Levitikus verblüffend erscheinen, lassen sich durch diese Forderung erklären. Sie ist der Schlüssel, der das ganze Buch aufschließt. Verlangt Gott von den Israeliten, ein bestimmtes Verhalten zu unterlassen, dann tut er dies, weil sich die Völker in ihrer Nachbarschaft genauso verhalten. Das Volk Israel soll anders sein, es soll heilig sein, weil Gott heilig ist. Wenn Gott uns rettet, erwartet er von uns, ihm ähnlich zu sein; er erwartet von uns, dass wir unser Leben nach seinen Ordnungen ausrichten. Wir sollen heilig sein, weil er heilig ist.

Der Aufbau des Buches

Wir haben bereits festgestellt, dass das Buch zwei Hälften hat. Es schwingt sich bildlich gesprochen zu einem Höhepunkt auf und dann von dort wieder hinab. Es gleicht zudem einem mehrschichtigen Sandwich. Das Schaubild verdeutlicht, dass der erste Abschnitt mit dem siebten korrespondiert, der zweite mit dem sechsten und der dritte mit dem fünften. Genau in der Mitte bleibt eine Passage übrig. Es gibt klare Übereinstimmungen zwischen diesen Abschnitten, die sehr ästhetisch zusammengestellt und ausgearbeitet wurden.

Wir dürfen nicht vergessen, dass Gott der Urheber dieses Musters ist und nicht Mose. Tatsächlich gibt es mehr direktes Reden Gottes in Levitikus als in jedem anderen Buch der Bibel! Zirka 90 Prozent des dritten Buches Mose enthalten wörtliche Rede Gottes: „Und der HERR sprach zu Mose …" Kein anderes biblisches Buch enthält so viele Aussagen Gottes. Will man also Gottes Wort lesen, bietet sich Levitikus geradezu an. Man studiert dann die wahrhaftigen Worte Gottes.

Die Opfergaben der ersten sieben Kapitel werden durch die Sanktionen und die Gelübde des Volkes im letzten Abschnitt bestätigt. Die Details des Priestertums entsprechen den Einzelheiten des Gottesdienstes, den die Priester anzuleiten haben.

Den Höhepunkt des Buches bildet der Versöhnungstag. Es ist der Tag, an dem die Sünden des Volkes durch zwei Tiere bildlich dargestellt wurden. Die Priester opferten ein Tier, ein Schaf, innerhalb des Lagers. Einer nach dem anderen legten sie dann ihre Hände auf das andere Tier, einen Ziegenbock. Dabei bekannten sie ihre Sünden. Sie trieben den Ziegenbock aus dem Lager hinaus in die Wüste. Dort starb er mit allen ihren Sünden, die sie ihm aufgeladen hatten. Er wurde der „Sündenbock" genannt, ein Wort, das wir heute immer noch verwenden.

Dreh und Angelpunkt der beiden Hälften des Buches ist der Versöhnungstag. Die erste Hälfte beschreibt unseren Weg zu Gott. Wir bezeichnen ihn als **Rechtfertigung**. Die zweite Hälfte porträtiert unseren Weg mit Gott. Er wird **Heiligung** genannt.

Opfer und Gottesverehrung

Zunächst wollen wir die ersten sieben Kapitel betrachten. Sie beinhalten die Opfervorschriften. Es gibt fünf Opfer, die zu zwei unterschiedlichen Kategorien gehören.

Dankopfer

Die ersten drei Opfer zeigten, wie man sich bei Gott ordnungsgemäß für seinen Segen bedanken sollte. Es waren keine Opfer für begangene Sünden, sondern Dankopfer. Wenn wir Gott gegenüber Dankbarkeit empfinden, erwartet er von uns, dass wir ihm diesen Dank auch ausdrücken.

Zum **Brandopfer** verwendeten die Israeliten ein Tier, das sie schlachteten und dann verbrannten, sodass Gott den Brandgeruch riechen konnte. Dieses Opfer wurde als ein wohlgefälliger Geruch für den Herrn bezeichnet.

Beim Brandopfer wurde das gesamte Tier verbrannt. Handelte es sich dagegen um ein **Speiseopfer**, behielt man etwas von dem Opfer zurück. Der Opfernde konnte dann mit Gott gemeinsam ein Mahl abhalten. Einen Teil des Opfers gab man Gott, den anderen Teil aß die Person, die das Opfer darbrachte.

Das dritte Dankopfer war ein **Heilsopfer**, bei dem alles Fett verbrannt wurde.

Opfer für begangene Sünden

Bei den anderen beiden Arten des Opfers ging es nicht darum, Dankbarkeit auszudrücken. Hier stand vielmehr die menschliche Schuld im Mittelpunkt. Es gab das **Sündopfer** und das **Schuldopfer**. Sie bewirkten zwei Dinge:

Zunächst einmal sühnten sie begangene Sünden. Diese Opfer gewährten Gott Schadensersatz für das Fehlverhalten der betreffenden Person. Das Wort Sühne bedeutet eigentlich „Entschädigung". Wer eine Sünde sühnt, leistet also Schadensersatz. Sowohl das Sündopfer als auch das Schuldopfer waren Entschädigungsopfer, die Gott dargebracht wurden und Blutvergießen beinhalteten: Als Entschädigung oder Ausgleich für den schlechten Lebensstil des Opfernden wurde Gott ein fehlerloses Lebewesen dargebracht, das nicht gesündigt hatte.

Zweitens sühnten diese Opfer nur versehentlich begangene Sünden; für absichtlich begangenes Unrecht entfalteten sie keine Wirkung. Mit anderen Worten: Kein Mensch ist vollkommen, wir alle machen Fehler und verfallen unbeabsichtigt in sündhaftes Verhalten. Auch wenn wir nicht sündigen wollen, so passiert es uns trotzdem. Gott stellte daher den Israeliten Opferriten für unabsichtliche Sünden zur Verfügung. Allerdings gibt es auf seiner Liste kein Opfer für absichtlich begangene Übertretungen.

Das Neue Testament greift diese wichtige Tatsache wieder auf. Auch bei Christen unterscheidet es zwischen unabsichtlichen sowie absichtlich und willentlich begangenen Sünden. Wie das Alte Testament, so erklärt auch das Neue, dass es kein Sündopfer mehr gibt, wenn wir absichtlich sündigen, nachdem uns bereits vergeben worden ist. Wenn jemand, der bereits Vergebung empfangen hat, vorsätzlich weiter sündigt, ist das eine sehr ernste Sache. Aus diesem Grund sagte Jesus zu der ertappten Ehebrecherin: „Geh hin und sündige nicht mehr." Für unabsichtlich begangene Sünden gibt es hingegen vollumfängliche Wiedergutmachung. Denn Gott weiß, dass wir schwach sind und dass wir fallen. Ihm ist bewusst, dass wir nicht immer das beabsichtigen, was wir tun. Wie Paulus es im Römerbrief ausdrückt: „Das Böse, das ich nicht will, tue ich." Diese Unterscheidung zwischen absichtlich und versehentlich begangenen Sünden im Volk Gottes durchzieht das Neue Testament genauso wie das Alte.

Festkalender

Zusätzlich zu den Opfern, die sie Gott darzubringen hatten, mussten die Juden auch einen Festkalender einhalten. Einen entsprechenden Kalender, der für Christen gelten würde, gibt es im Neuen Testament nicht. Uns wird nicht geboten, Weihnachten oder Ostern zu feiern. Doch für das jüdische Volk war ein Kalender wesentlicher Bestandteil ihrer Gottesbeziehung. Sie wurden wie Kinder behandelt: Erwachsene brauchen keinen Kalender, Kinder allerdings schon. Sie müssen an Dinge erinnert werden, die sie sonst vergessen würden. Das Buch Levitikus erwähnt verschiedene Arten von Festen, die alle gefeiert werden mussten.

JÄHRLICHE FESTE

Der jüdische Kalender begann im ersten Monat des Jahres, was ungefähr den Monaten März/April unseres Kalenders entspricht. Am Anfang stand das **Passahfest**, das Fest der ungesäuerten Brote. Es wurde am fünfzehnten Tag des ersten Monats begangen und erinnerte daran, dass Gott die Israeliten aus der ägyptischen Sklaverei befreit hatte. Am Tag vor dem Passahfest musste um 15.00 Uhr ein Lamm geschlachtet werden.

Drei Tage später (d.h. drei Tage nach der Schlachtung des Lammes) hatten die Israeliten die **Erstlingsfrüchte** ihrer Ernte Gott als Opfer darzubringen. Die Parallelen dieses Musters zum Tod und zur Auferstehung Jesu sind leicht zu erkennen.

Fünfzig Tage später waren sie zur Feier des Pfingstfestes (abgeleitet vom griechischen Begriff *pentēkostē hēméra*, was 50. Tag bedeutet) verpflichtet. Es wird auch Wochenfest genannt. An diesem Tag gab Gott ihnen das Gesetz am Sinai. Die Israeliten sollten sich daran erinnern und Gott dafür danken. Als sie zum allerersten Pfingstfest das Gesetz am Sinai empfingen, wurden 3000 Menschen wegen ihrer Sünde getötet. Jahrhunderte später goss Gott zu Pfingsten seinen Geist aus und 3000 Menschen wurden gerettet.

Es folgen die Feste zum Ende des Jahres (im „siebten Monat", was unseren Monaten September/Oktober entspricht). Beim **Fest der Trompeten**, dem Neujahrstag, wurde das *Schofar*, das Horn eines alten Widders geblasen. Dieser Hörnerschall läutete eine ganze Abfolge weiterer Feste ein.

Als Nächstes kam der **Versöhnungstag**. An diesem entscheidenden Tag wurde der Sündenbock aus dem Lager getrieben. Dabei lasteten die Sünden des gesamten Volkes auf seinem Kopf.

Das **Laubhüttenfest** (auch Sukkot genannt) folgte auf dem Fuße. Es dauerte acht Tage. Für dieses Fest zogen sie aus ihren Häusern aus und lebten in kleinen Hütten. Sie mussten die Sterne durch das Dach erkennen können. Dadurch erinnerten sie sich an die 40 sinnlosen Jahre ihrer Wüstenwanderung. Tatsächlich hätten sie das Verheißene Land in nur elf Tagen erreichen können.

Alle diese Feste finden ihre Erfüllung in Christus. Die ersten drei wurden bereits durch das erste Kommen Jesu erfüllt. Die anderen drei werden durch sein zweites Kommen vollendet werden. Wir wissen nicht, in welchem Jahr Jesus zurückkehren wird, doch sicher ist, dass seine Wiederkunft im September oder Oktober stattfinden wird. Denn er hält sich immer an seinen Zeitplan. Tatsächlich wurde Jesus zur Zeit des Laubhüttenfestes geboren: Die Datierung im Lukasevangelium verweist auf den siebten Monat des Jahres, was dem Laubhüttenfest entspricht. Zu diesem Fest erwarten die Juden den Messias. Jedes Mal, wenn das Neue Testament eine Trompete erwähnt, geht es um die Ankündigung seines Kommens. Beim letzten Hörnerschall werden die noch ausstehenden drei Feste erfüllt werden. An diesem Versöhnungstag wird ganz Israel gerettet werden.

EIN WÖCHENTLICHER FEIERTAG

Zusätzlich zu den alljährlichen Festen gab es auch einen Ruhetag pro Woche. Für die Israeliten, die in Ägypten Sklaven gewesen waren, war er ein besonderer Segen. Vor der Zeit des Mose deutet nichts in der Bibel auf den **Sabbat** hin. So hielten beispielsweise weder Adam noch Abraham einen Sabbattag: Sie arbeiteten sieben Tage die Woche. Erst Mose führte diesen wöchentlichen Ruhetag ein. Er sollte kein Urlaubs oder Familientag sein, sondern ein Tag, der Gott geweiht war, ein heiliger Tag. Auch er war Bestandteil des jüdischen Kalenders.

JUBELJAHR
Doch es gab nicht nur alljährliche und wöchentliche Feiertage: Jedes 50. Jahr sollte ein Fest gefeiert werden. Es wurde das **Jubeljahr** genannt. Alle 50 Jahre glich man das Bankguthaben jedes Israeliten aus. Schulden wurden getilgt. Jede Familie erhielt das Eigentum zurück, das ihr ursprünglich gehört hatte. Daher wurden die Mieten immer günstiger, je näher man dem 50. Jahr kam. Auch Sklaven wurden im Jubeljahr freigelassen. Aus diesem Grund freuten sich die Menschen auf das Jubeljahr, das auch als „angenehmes Jahr des Herrn" bekannt war. Es beinhaltete eine gute Botschaft für die Armen, weil sie es wieder zu Vermögen bringen würden. Im Jubeljahr setzte man zudem Gefangene auf freien Fuß.

Jesus verkündete in Nazareth: „Der Geist des Herrn ist auf mir, ... Armen gute Botschaft zu verkündigen; ... Gefangenen Freiheit auszurufen, ... auszurufen ein angenehmes Jahr des Herrn" (Lukas 4,18+19; ELB). Mit anderen Worten: Jesus eröffnete das wahre Jubeljahr, auf das sich jeder Israelit schon gefreut hatte. Hieran zeigt sich wiederum, dass man das Neue Testament nicht ohne das Alte verstehen kann.

Gesetze über die Lebensführung

Rein und unrein

Ein wichtiger Aspekt des Buches Levitikus betrifft die Unterscheidung zwischen heilig und unheilig, rein und unrein. Die meisten Menschen denken in Kategorien von Gut und Böse, doch die Bibel arbeitet mit drei Kategorien, wie das Schaubild zeigt.[2]

---

[2] Für die erhellende Unterscheidung zwischen heilig, rein und unrein bin ich G.J. Wenham und seinem Bibelkommentar „New International Commentary on Leviticus" (Wm. B Eerdmans, Grand Rapids, Michigan, 1979) zu Dank verpflichtet.

SCHLÜSSEL ZUM ALTEN TESTAMENT

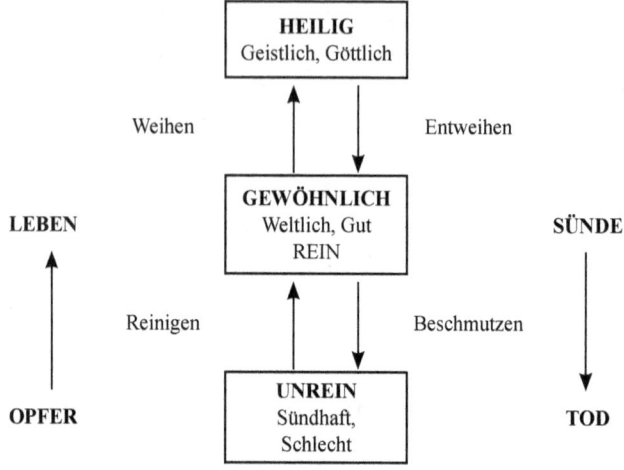

Es laufen zwei Prozesse ab. Der erste Prozess besteht darin, dass geistliche, göttliche, heilige Dinge entweiht werden und dadurch unheilig (d.h. gewöhnlich) werden. Man kann etwas Heiliges dadurch verderben, dass man es zu etwas Gewöhnlichem macht. Als die Bibelgesellschaft Bibeln nach Rumänien schickte, veranlasste die kommunistische Regierung, dass ihre Seiten zu Toilettenpapier verarbeitet wurden. Diese Maßnahme löste eine Revolution unter den Christen aus. Sie waren zutiefst empört über dieses Vorgehen. Wie lässt sich dieses Geschehen unter dem Blickwinkel des Buches Levitikus einordnen? Dadurch, dass die Bibeln zu einem so alltäglichen, wenn auch notwendigen Zweck missbraucht wurden, hatte man eine heilige Sache entheiligt. Der zweite Prozess beinhaltet, dass eine unheilige (gewöhnliche), reine Sache zu etwas Unreinem und Sündhaften gemacht wird.

Die drei Begriffe *geistlich*, *weltlich* und *sündhaft* entsprechen ungefähr dieser Aufteilung in *heilig*, *rein* und *gewöhnlich* und *unrein*. Genauso, wie es einen Prozess der Entweihung gibt, in dem das Heilige zum Gewöhnlichen und das Reine zum Unreinen gemacht wird, gibt es auch eine gegenläufige Bewegung. Sie stellt den ursprünglichen Zustand wieder her. Man kann das Unreine säubern und wieder rein machen. Dann weiht man es, so dass es heilig wird.

Das Heilige und das Unreine dürfen niemals miteinander in Berührung kommen. Sie müssen streng voneinander getrennt werden. Heilige und unreine Dinge haben nichts gemeinsam. Vermischt sich Reines und Unreines, so werden beide Teile unrein. In ähnlicher Weise wird alles weltlich oder gewöhnlich, wenn man heilige und weltliche Dinge miteinander verquickt. Sie werden dadurch nicht heilig.

Daher führt der abwärts gerichtete Prozess auf dem Schaubild wortwörtlich zum Tod, während der aufwärts gerichtete Prozess ins Leben mündet. Doch er erfordert Opfer. Nur durch ein Opfer kann man das Unreine reinigen und es zum Leben erwecken.

Das hat Auswirkungen auf unsere Einstellung zum Leben. Laut der Bibel kann unsere Arbeit Gott geweiht werden. Sie kann daher in jede dieser drei Kategorien fallen und sowohl heilig als auch rein oder unrein sein. Es gibt Berufe, die illegal und unmoralisch und daher unrein sind. Ein Christ sollte sie nicht ausüben. Es gibt andere Jobs, die zwar rein, aber gewöhnlich (unheilig) sind. Weihen wir sie Gott, dann verlassen sie den Bereich des Gewöhnlichen und werden zu einer heiligen Berufung im Herrn. Daher kann ein Drucker heilige Arbeit tun, genauso, wie ein Missionar nur einer gewöhnlichen Beschäftigung nachgehen kann. Unser Geld kann unrein sein, wenn wir es für schlechte Dinge ausgeben, rein sein, wenn wir damit Gutes kaufen und heilig sein, wenn wir es dem Herrn weihen. Auch der Sex kann in jede dieser drei Kategorien fallen.

Viele Menschen führen ein ehrbares, gewöhnliches und reines Leben, doch sie sind keine heiligen Menschen. Gott genügt es nicht, wenn wir einfach nur anständig leben: Er möchte, dass wir ein heiliges Leben führen. Diesen Aspekt betont das Buch Levitikus.

Menschen außerhalb der Gemeinde mögen behaupten, dass sie ihr Leben genauso gut führen würden wie die Gemeindeglieder. Allerdings sind sie nicht die heiligen Menschen, nach denen Gott Ausschau hält.

Heiliger Lebensstil

Ein heiliger Lebensstil hat alle möglichen praktischen Aspekte:

- Die **körperliche Gesundheit** ist genauso wichtig für die Heiligkeit wie ein gesunder Geist. Es ist wichtig, wie wir mit unserem Körper umgehen, wenn wir dem Herrn geweiht sein wollen. Im Buch Levitikus finden wir Anweisungen über Haarschnitte, Tattoos und Männer, die Ohrringe tragen. Auch wird dort geregelt, wie man mit männlichem und weiblichem Ausfluss und der Geburt von Kindern umzugehen hat.
- Es gibt viele Vorschriften über **Lebensmittel**, insbesondere über reine und unreine Speisen.
- Das Buch Levitikus warnt davor, sich an **okkulten Praktiken** zu beteiligen oder spiritistische Medien zu nutzen.
- Das dritte Buch Mose enthält Anweisungen für den Fall, dass ein Haus mit der **Baumfäule** befallen ist. Es muss aus Liebe zum Nachbarn abgerissen werden.
- Auch **Kleiderfragen** werden geregelt. Es darf kein gemischtes Gewebe geben.
- **Soziale Fragen** werden behandelt: Heiligkeit bedeutet, sich besonders um die Armen, die Tauben, die Blinden und die Alten zu kümmern. Als heiliger Jugendlicher steht man auf, wenn eine ältere Person den Raum betritt.
- Auch **Sex** ist ein Thema. Levitikus trifft Regelungen zu Inzest, Geschlechtsverkehr mit Tieren und Homosexualität.

Fragt man sich, wie ein heiliger Lebensstil aussieht, so hat das Buch Levitikus folgende Antwort parat: Es geht darum, wie man sein Leben von Montag bis Sonntag führt und nicht nur darum, wie man sich allein am Sonntag benimmt. Gott hält nicht nur nach reinen, sondern nach heiligen Menschen Ausschau. Das ist ein großer Unterschied. Bevor man Christ wird, kommt es einem nicht einmal in den Sinn, heilig zu werden; man ist nur damit beschäftigt, gut zu sein – und das ist nicht gut genug.

Regeln und Vorschriften
Wenn wir das mosaische Gesetz verstehen wollen, muss uns Folgendes klar sein: Es wird das „Gesetz" genannt, nicht die „Gesetze", weil sie alle zusammenhängen. Heiligkeit bedeutet Vollständigkeit; alle diese Regeln und Vorschriften gehören zusammen und bilden ein Ganzes. Wer nur eine Vorschrift verletzt, hat sie alle gebrochen. (Im Kapitel zum Buch Exodus habe ich die Verletzung eines Gebots damit verglichen, eine Halskette zu zerreißen. Alle Perlen werden dadurch verstreut.) Diese Tatsache widerspricht der Einstellung der meisten Menschen zu den Zehn Geboten. Grundsätzlich glauben wir doch, dass wir uns schon ganz wacker schlagen, wenn wir einen hohen Prozentsatz der Gebote einhalten! Das reicht allerdings nicht aus.

GRÜNDE
Gott hat uns nicht für alle seine Gebote Gründe angegeben. Er hat uns nicht mitgeteilt, warum wir beispielsweise keine Kleidung aus Mischgewebe tragen oder warum wir keine Tiere verschiedener Arten miteinander kreuzen sollten. Auch das Verbot, verschiedene Arten von Samen gemeinsam zu säen, begründet er nicht. Allerdings können wir einen Grund darin erahnen, dass Gott ein Gott der Reinheit ist. Daher mag er kein Mischgewebe in der Kleidung oder

gemischte Saat oder die Kreuzung verschiedener Tierrassen. Auch wenn er nicht immer eine Begründung für ein Verbot gibt, so können wir doch in einigen Fällen sachkundige Vermutungen anstellen. Manchmal geht es zweifellos um die Hygiene. Einige Vorschriften über die Entsorgung von Fäkalien sind beispielsweise aus hygienischen Erwägungen einleuchtend. Es ist auch möglich, dass einige der Lebensmittel, die als „unrein" verboten waren, aus gesundheitlichen Gründen nicht gegessen werden durften. Schweinefleisch zum Beispiel war im dortigen Klima besonders anfällig für Krankheitserreger.

Gab es keine Erklärung, so sollte das Volk einfach gehorchen, weil es darauf vertraute, dass der Gesetzgeber schon wusste, warum er dieses Gebot erlassen hatte. Genauso kommt es im Familienleben vor, dass Kindern aufgetragen wird, etwas zu tun, einfach, „weil Papa es gesagt hat." In manchen Fällen wäre eine Begründung unangemessen oder man könnte es schlichtweg nicht erklären.

Bei vielen Gesetzen fragt Gott: Vertraut ihr mir? Glaubt ihr mir, dass es einen sehr guten Grund dafür gibt, dass ich euch etwas verbiete?

Zu oft sind wir nur dann bereit, etwas zu tun, wenn wir überzeugt sind, dass es unserem Besten dient. Wir wollen so sein wie Gott; genau wie Adam und Eva, die die Frucht vom Baum der Erkenntnis des Guten und des Bösen nahmen. Wir wollen die Entscheidung treffen, Erfahrungen machen und die Sache selbst regeln. Gott jedoch trifft keine Verpflichtung, sich uns gegenüber zu erklären.

Sanktionen

Gott mag keine Begründungen liefern. Was er jedoch ankündigt, sind Konsequenzen für das Verhalten des Volkes. Er ruft zum Gehorsam auf, macht aber auch den *Preis für Ungehorsam* sehr deutlich. Und die Strafen sind ziemlich heftig. In Levitikus 26 legt er daher eine ganze Reihe positiver Anreize für gehorsames Verhalten dar. Allerdings kündigt er ebenso an, diejenigen zu verfluchen, die ihm nicht gehorchen. Liest ein Jude das dritte Buch Mose, so stellt er fest, dass ihn mehrere Sanktionen erwarten, wenn er dem Gesetz Gottes ungehorsam ist.

Er könnte seine Heimat, sein Bürgerrecht und sein Leben verlieren. Im Buch Levitikus sind 15 Sünden erwähnt, die mit dem Tod bestraft werden. Vielleicht begreifen wir jetzt, warum es so wichtig war, dieses Buch zu verstehen: Es war tatsächlich eine Frage von Leben und Tod.

Darüber hinaus verdeutlicht Levitikus, dass die Nation als Ganzes zwei Dinge einbüßen könnte: Durch den Einmarsch feindlicher Heere könnte das Land seine Unabhängigkeit verlieren (Das zeigt sich im Buch der Richter.). Die andere Möglichkeit wäre der Verlust des Landes: Die Israeliten könnten vertrieben und in der Fremde zu Sklaven gemacht werden. Im Laufe der Zeit stieß dem Volk Israel beides zu. Es waren daher keine leeren Versprechungen oder Drohungen. Wer Gott vertraut und ihm gehorcht, wird belohnt. Es gibt jedoch auch Strafmaßnahmen für diejenigen, die ihm misstrauen und ihm den Gehorsam verweigern.

HEILIGKEIT UND LEBENSGLÜCK

Gott sagt durch diese Kombination von Belohnungen und Strafen eigentlich Folgendes: Man kann nur wirklich glücklich sein, wenn man wirklich heilig ist. Lebensglück und Heiligkeit gehören zusammen. Ein Mangel an Heiligkeit macht unglücklich. Die meisten Menschen stellen die Sache jedoch auf den Kopf. Gottes Wille für uns besteht darin, dass wir in diesem Leben heilig und im nächsten glücklich werden. Viele wollen allerdings in diesem Leben glücklich sein und die Heiligkeit auf später verschieben.

Gott lässt in unserem Leben Dinge zu, die schmerzhaft sein mögen, jedoch letztlich zu unserer Heiligung beitragen. In schweren Zeiten hat unser Charakter die Angewohnheit, größere Fortschritte zu machen als in guten Zeiten.

Bedeutung des Buches Levitikus für Christen

Was hat uns nun dieses Buch als Christen zu sagen, die wir in einer modernen Gesellschaft leben? Müssen wir jetzt alle unsere Kleidungsstücke aus Mischgewebe entsorgen? Wenn unser Haus von der Baumfäule befallen wird, müssen wir es dann niederbrennen?

Im zweiten Timotheusbrief finden wir ein Prinzip, das uns hier weiterhelfen kann. Paulus schreibt an Timotheus: „Von Kindheit an bist du in der heiligen Schrift unterwiesen worden, und sie kann dich weise machen, die Rettung anzunehmen, die der Glaube an Christus Jesus schenkt! Die ganze Schrift ist von Gottes Geist eingegeben und kann uns lehren, was wahr ist, und uns erkennen lassen, wo Schuld in unserem Leben ist. Sie weist uns zurecht und erzieht uns dazu, Gottes Willen zu tun. Durch die Schrift bereitet Gott uns umfassend vor und rüstet uns aus für alles, was wir nach seinem Willen tun sollen" (2. Timotheus 3,1517; NLB).

Paulus spricht zu Timotheus über das Alte Testament. Das Neue Testament gab es noch nicht, als er diesen Brief schrieb. Daher muss es sich bei der „heiligen Schrift", auf die er sich bezieht, um das Alte Testament handeln. Als Jesus sagte: „Erforscht die Schriften, ... denn sie sind es, die von mir zeugen" (siehe Johannes 5,39), meinte er das Alte Testament. Wir können aus dem Alten Testament viel über die Bedeutung zweier Begriffe lernen: Errettung und Gerechtigkeit. Das gilt auch für das Buch Levitikus. Es hilft uns zu verstehen, wie man errettet werden kann. Darüber hinaus öffnet es uns die Augen dafür, wie ein rechtschaffenes Leben aussieht. Diese beiden Zielsetzungen treten besonders deutlich hervor.

Levitikus im Neuen Testament
Zu untersuchen, wie das Neue Testament mit einem alttestamentarischen Buch umgeht, war schon immer sehr aufschlussreich. Jemand formulierte es einmal so: „Das Alte wird im Neuen entdeckt, das Neue ist im Alten versteckt." Beide Testamente gehören zusammen, und jedes von ihnen erläutert das jeweils andere.

Im Neuen Testament gibt es eine ganze Reihe von direkten Zitaten aus dem Buch Levitikus. Zwei von ihnen kommen jedoch besonders häufig vor: „Seid heilig, denn ich bin heilig" (3. Mose 11,44) und „Du sollst deinen Nächsten lieben wie dich selbst" (3. Mose 19,18). Es gibt viele weitere Passagen des Neuen Testaments, bei denen der Verfasser Teile des Buches Levitikus eindeutig im Hinterkopf hatte. Insbesondere den Hebräerbrief können wir nicht verstehen, ohne das dritte Buch Mose zu kennen. Beide Bücher gehören zusammen. Ohne das Buch Levitikus hätte der Hebräerbrief nie geschrieben werden können.

Es gibt im Neuen Testament über 90 Verweise auf das dritte Buch Mose. Daher ist es sehr wichtig, dass Christen mit diesem Buch zurechtkommen.

DIE ERFÜLLUNG DES GESETZES
Wie sollen wir nun heute mit dem mosaischen Gesetz umgehen? Insbesondere, da es nicht nur zehn Gebote, sondern insgesamt 613 *Ge-*und Verbote gibt? Unser Bauchgefühl sagt uns vielleicht schon, dass nicht alle diese Vorschriften für uns gelten, aber wie viele haben denn für uns Gültigkeit? Einige Beispiele: Manche Gemeinden lehren, dass man als Gemeindeglied den Zehnten geben sollte. Andere haben sehr strikte Regeln über die Sabbatruhe, auch

wenn sie den Sonntag als den Sabbattag ansehen und nicht den Samstag, den die Juden als Ruhetag halten. Jeder Christ muss auf diese schwierigen Fragen eine Antwort finden. Es wird noch dadurch verkompliziert, dass Jesus sagte: „Ich bin nicht gekommen, um das Gesetz aufzulösen, sondern um es zu erfüllen" (siehe Matthäus 5,17).

Wir müssen daher untersuchen, wie jedes Gesetz erfüllt worden ist bzw. erfüllt wird. Offensichtlich gibt es einige Gebote, die in Christus ihre Erfüllung gefunden haben und daher für uns nicht mehr gelten. Aus diesem Grund sind wir nicht mehr verpflichtet, am kommenden Sonntag eine Taube oder ein Lamm in den Gottesdienst mitzubringen. Die Gesetze über die Blutopfer sind erfüllt worden.

In ähnlicher Weise erfüllt sich für uns das Sabbatgesetz an jedem Wochentag; nämlich dann, wenn wir unsere eigenen Werke einstellen und Gottes Werke tun. So treten wir in die Ruhe ein, die für das Volk Gottes vorhanden ist. Wir haben dann immer noch die Freiheit, einen Tag besonders zu halten, wenn wir das wünschen. Doch wir sind genauso frei, alle Tage gleich zu behandeln. Daher können wir nicht einmal anderen Christen die Sonntagsruhe aufzwingen, geschweige denn Nichtchristen. Denn in Christus sind wir alle frei.

Es ist sehr wichtig, genau zu erkennen, worin die Erfüllung jedes einzelnen Gesetzes besteht. Von den Zehn Geboten werden im Neuen Testament neun auf genau dieselbe Weise wiederholt, d.h. „Du sollst nicht stehlen", „Du sollte nicht ehebrechen" und so weiter. Die einzige Ausnahme ist das Sabbatgebot, das ganz anders erfüllt wird.

Weitere Gesetze des Mose werden ebenfalls auf andere Art und Weise erfüllt. Eine Vorschrift im fünften Buch Mose bestimmt beispielsweise Folgendes: Wer beim Dreschen des Getreides einen Ochsen verwendet, der immer im Kreis geht und mit seinen Hufen die Spreu vom Weizen trennt, soll ihm nicht das Maul verbinden. Dem

Tier steht nämlich das Recht zu, das zu fressen, was es für andere vorbereitet. Dieses Gesetz wird im Neuen Bund erfüllt. Paulus zitiert es und gibt ihm eine völlig neue Bedeutung. Er erklärt seinen Lesern, dass denjenigen, die ihr Leben dem Evangelium geweiht haben, genauso das Recht zusteht, von anderen finanzielle Unterstützung zu erwarten. Daher ist es notwendig, jedes einzelne Gesetz zu betrachten und herauszufinden, wie es im Neuen Testament erfüllt und mit einer tieferen Bedeutung versehen wird.

Allerdings gibt es vier entscheidende Grundsätze, die wir aus dem Buch Levitikus lernen können und die sich auch im Neuen Testament *nicht ändern*.

1. DIE HEILIGKEIT GOTTES

Kein Buch der Bibel betont die Heiligkeit Gottes stärker als Levitikus. Wir tendieren jedoch dazu, diesen Aspekt zu unserem eigenen Nachteil zu vergessen; insbesondere in einer Zeit, in der viele immer wieder folgende Frage stellen: „Wie kann ein liebender Gott irgendjemanden in die Hölle schicken?" Durch Jesus wissen wir, dass Gott ein Gott der Liebe ist. Gleichzeitig sprach auch Jesus ganz offen über die Hölle. Wir können uns nicht die Rosinen herauspicken: Wenn Jesus über Gott die Wahrheit verkündete und erklärte, dass er ein Gott der Liebe sei, dann müssen wir auch akzeptieren, dass er die Wahrheit über die Hölle sagte.

Tatsächlich sieht Gottes Verständnis von Liebe ein wenig anders aus als unseres. Für uns ist die Liebe etwas Sentimentales, für Gott ist sie etwas Heiliges. Seine Liebe ist so groß, dass er das Böse hasst. Sehr wenige von uns lieben intensiv genug, um das Böse zu hassen. Wir lernen die Heiligkeit Gottes im Buch Levitikus kennen. Wir erfahren, wie man Gott in Ehrerbietung und mit heiliger Ehrfurcht liebt. Der Hebräerbrief formuliert es so: „Lasst uns ... dankbar sein, wodurch wir Gott wohlgefällig dienen mit Scheu und Furcht! Denn auch unser Gott ist ein verzehrendes Feuer'" (Hebräer 12,28+29; ELB). Diese Einstellung empfing der Autor direkt aus dem Buch Levitikus. Für Christen in der heutigen Zeit ist es sehr wichtig, das dritte Buch Mose zu lesen, um sich diese Heiligkeit Gottes dauerhaft zu vergegenwärtigen.

2. DIE SÜNDHAFTIGKEIT DES MENSCHEN

Levitikus betont sowohl die Sündhaftigkeit des Menschen als auch die Heiligkeit Gottes sehr stark. Das Buch ist sehr realistisch und bodenständig. Die menschliche Natur wird uns vor Augen gemalt. Sie ist zu so vielem fähig: Sodomie, Inzest, Aberglaube und zu vielen anderen Dingen, die Gott ein Gräuel sind. „Gräuel" bedeutet, dass man Übelkeit empfindet, weil man von einer Sache so sehr angeekelt ist. Das hebräische Wort für Gräuel ist ein höchst intensiver Ausdruck; die Übersetzung dieses Begriffs mit gräulich, abscheulich, ekelhaft oder abstoßend wird dem Wort nicht annähernd gerecht.

In der Bibel geht es um Gottes Gefühle. Gott reagiert emotional auf die Sünde, weil er heilig ist. Die Sündhaftigkeit des Menschen beinhaltet nicht nur, reine Dinge zu verschmutzen, sondern auch heilige Dinge zu entweihen. Das weitverbreitete Fluchen entweiht heilige Worte. Es gibt nur zwei Beziehungen in unserem Leben, die heilig sind: die Beziehung zwischen uns und Gott und das Verhältnis zwischen Mann und Frau. Neunzig Prozent aller Schimpfwörter betreffen eine dieser beiden Beziehungen. Die Menschheit entweiht Heiliges und verschmutzt Reines. Wir leben in einer Welt, die beides tut. Die Sündhaftigkeit des Menschen besteht nicht nur darin, dass er Reines verschmutzt. Er entweiht vielmehr auch Heiliges und behandelt Dinge als gewöhnlich, die es nicht sind.

3. DIE FÜLLE GOTTES IN CHRISTUS

Levitikus verweist auf die Fülle Christi und auf sein Opfer, das ein für alle Mal gilt. Gott hat der Menschheit eine Möglichkeit eröffnet, von der Sünde reingewaschen zu werden. Sein Problem besteht darin, Gerechtigkeit und Gnade miteinander in Einklang zu bringen. Soll er wegen der Sünde Gerechtigkeit walten lassen und uns bestrafen? Oder soll er uns gnädig sein und uns vergeben? Da Gott sowohl gerecht als auch gnädig ist, muss er einen Weg finden, gleichzeitig Gnade und Gerechtigkeit auszuüben. Für uns wäre das unmöglich, doch er hat es möglich gemacht: dadurch, dass er ein unschuldiges Leben für ein schuldiges hingegeben hat. Nur, wenn das passiert, wird sowohl der Gerechtigkeit als auch der Gnade Genüge getan. Die Opfergesetze im Buch Levitikus zeigen uns im Ansatz, wie das geschehen kann.

Zu diesem Prozess gehören bestimmte Begriffe, die sehr häufig vorkommen. „Sühne" und „Blut" werden oft erwähnt, denn das Leben ist im Blut. Verliert eine Person zu viel Blut, wird ihr das Leben genommen. Auch „Opfer" finden vielfach Erwähnung. Das Brandopfer verdeutlicht die absolute *Hingabe*, die nötig ist. Das Speiseopfer symbolisiert unseren *Dienst*. Das Heilsopfer spricht von der *Gelassenheit*, die wir in der Beziehung mit Gott empfangen. Diese drei Dinge sollten das Leben eines dankbaren Menschen charakterisieren, der gerettet worden ist.

Gleichzeitig machen wir uns auch Gottes Beitrag bewusst, sein *Opfer*. Die einzigen Opfer, die wir Gott jetzt noch bringen müssen, sind die Opfer des Dankes und der Anbetung. Diese sollten angemessen vorbereitet und ihm präsentiert werden. Allerdings spricht das Buch Levitikus auch von dem Opfer, das Jesus erbracht hat. Das Sündopfer vermittelt uns, dass ein *Austausch* stattgefunden hat: Ein Unschuldiger muss mit seinem Leben für einen Schuldigen bezahlen. Das Schuldopfer verdeutlicht uns, dass dieses Opfer der göttlichen Gerechtigkeit *Genüge tut*. Es gibt ein Gesetz, dessen Forderungen dadurch erfüllt werden. Alle diese Grundsätze verweisen direkt in die Zukunft, auf das Neue Testament.

4. EIN HEILIGER LEBENSSTIL

Levitikus lehrt uns, dass wir in jedem Bereich unseres Lebens heilig sein sollen, selbst in den Fragen der Toilettenhygiene! Heiligkeit bedeutet Vollständigkeit. Aus diesem Grund wird uns vor Augen gemalt, wie unglaublich detailliert Gott seine Heiligkeit auf alle Lebensbereiche seines Volkes anwendet. Das dritte Buch Mose vermittelt uns, dass ein gottgefälliges Leben entweder durch und durch heilig ist oder dass es diese Bezeichnung überhaupt nicht verdient.

Allerdings müssen wir beachten, dass es zwei große Veränderungen zwischen der Heiligkeit im Alten und im Neuen Bund gibt. Im dritten Buch Mose erkennen wir die Dreiteilung in heilig, rein und unrein. Sie gilt im Neuen Testament immer noch, jedoch mit zwei bedeutenden Abänderungen.

Erstens verschiebt sich die Heiligkeit vom materiellen in den ethisch-moralischen Bereich. Die Kinder Israels waren Kinder und mussten auch als solche erzogen werden. Den Unterschied zwischen rein und unrein hatten sie beispielsweise anhand von Lebensmitteln zu lernen. Für Christen gibt es solche Regeln jedoch nicht. Der Apostel Petrus musste erst eine Vision empfangen, um das zu begreifen. Jesus sagte, dass uns nicht das unrein machen würde, was in unseren Mund hineinkäme, sondern das, was aus ihm herauskäme. Rein oder unrein ist jetzt keine Frage der Kleidung und der Nahrung mehr. Vielmehr kommt es auf die moralische Rein- oder Unreinheit an.

Der Schwerpunkt hat sich vom materiellen in den ethisch-moralischen Bereich verlagert. Wir haben daher keine Fülle von Regeln über Kleidung und Nahrung mehr, sondern viele Instruktionen, die sich mit der Heiligkeit in moralischen Fragen befassen.

Zweitens verschieben sich die Segnungen und Strafen von diesem Leben in das nächste. Es ist in diesem Leben durchaus möglich, dass heilige Menschen leiden und keine Belohnung erhalten. Doch es gibt eine Veränderung, weil wir mit dem Neuen Testament eine Langzeitperspektive bekommen haben. Es gibt noch mehr als das Leben auf dieser Erde, das nur der Vorbereitung auf eine viel längere Existenz an einem anderen Ort dient. Daher heißt es im Neuen Testament: „Euer Lohn wird groß sein im Himmel" und nicht hier unten auf der Erde.

Unter Berücksichtigung dieser beiden großen Verschiebungen ist das Buch Levitikus für Christen eine höchst lesenswerte Lektüre. Vor allem gewährt es uns Einsichten in diese vier wichtigen Bereiche: die Heiligkeit Gottes, die Sündhaftigkeit des Menschen, die Fülle Gottes in Christus und einen heiligen Lebensstil.

5.
DAS VIERTE BUCH MOSE

Einleitung

Das vierte Buch Mose ist weder ein besonders bekanntes Buch, noch wird es oft zitiert. Viele Menschen kennen wahrscheinlich nur zwei oder drei Textstellen aus diesem Werk. Samuel Morse zitierte einen dieser Verse, nachdem er mittels seines Morsealphabets die erste elektronische Nachricht am 24. Mai 1844 nach Washington D.C. telegrafiert hatte. Er drückte sein Erstaunen über das Geschehen folgendermaßen aus: „Was hat Gott (Großes) getan!" (4. Mose 23,23 SLT). Die Entdeckung der elektronischen Kommunikation wurde Gott zugeschrieben, der die dafür erforderliche Energie geschaffen hatte.

Der zweite Vers ist den meisten Menschen *(im englischen Sprachraum, Anmerkung der Übersetzerin)* geläufig: „... seid gewiss, dass eure Sünde euch einholen wird" (4. Mose 32,23; NeÜ). Mose richtete diese Warnung im Originalkontext an das Volk, als er es aufforderte, den Jordan zu überqueren und seine Feinde zu bekämpfen.

Dass diese beiden Schriftstellen aus dem vierten Buch Mose stammen, weiß kaum jemand. Sehr wenige Menschen können überhaupt Verse aus diesem Buch zitieren. Ich habe zudem festgestellt, dass nur eine Handvoll Bibelleser mit dem Inhalt irgendeines seiner Kapitel vertraut ist. Hier müssen wir Abhilfe schaffen, da das vierte Buch Mose ein weiterer sehr wichtiger Teil der Bibel ist.

„Numeri", wie die lateinische Bezeichnung des Buches lautet, ist ein merkwürdiger Titel. Im Hebräischen leitet sich der Buchtitel aus den ersten Worten der jeweiligen Schriftrolle ab, in diesem Fall *Bemidbar*, d.h. „In der Wüste". Als die hebräischen Schriften ins Griechische übersetzt wurden, gaben die Übersetzer dem Buch einen neuen Namen, *Arithmoi* (Daraus leiten wir die Arithmetik, die Rechenkunst ab.). Die lateinische Übersetzung, die Vulgata, übersetzte es dann als „Numeri" (Zahlen).

Das Buch beginnt und endet mit jeweils einer Volkszählung. Die erste wurde durchgeführt, als Israel die Wüste Sinai verließ, einen Monat, nachdem das Zelt der Begegnung aufgestellt worden war. Die Gesamtanzahl des Volkes betrug damals 603.550 Personen. Die zweite Volkszählung fand statt, als sie in Moab ankamen, kurz vor dem Einzug in das Land Kanaan, fast 40 Jahre später. Die Anzahl der Leute war um 1.820 auf 601.730 gesunken – kein sehr großer Unterschied. Es wurden nur die Männer gezählt, zum Zweck der militärischen Einberufung.

Das vierte Buch Mose zeigt uns, dass eine Volkszählung an sich nichts Falsches ist. König David wurde zwar von Gott bestraft, als er seine Männer zählte, doch dies geschah, weil er von Stolz getrieben war. In anderen Teilen der Bibel finden wir weitere Beispiele für Zählungen und Bestandsaufnahmen. Uns wird beispielsweise berichtet, dass zu Pfingsten 3000 Menschen der Gemeinde hinzugefügt wurden. Jesus ermutigte seine Jünger dazu, die Kosten der Nachfolge zu überschlagen. Dabei zog er das Beispiel eines Heerführers heran, der seine Siegeschancen danach einschätzte, wie stark seine eigene Armee im Vergleich zu der des Feindes war.

Zu den Zahlen in Numeri kann man drei verschiedene Aussagen treffen:

1. Eine so große Zahl!
Viele Verfasser von Bibelkommentaren stellen die Höhe der Zahlen in Frage. Dabei beziehen sie sich nur auf die militärische Musterung, d.h. auf kampffähige Männer über

20 Jahren. Wir haben bereits beim Studium des zweiten Buches Mose festgestellt, dass es insgesamt über zwei Millionen Israeliten gab. Daher macht die „große" Anzahl von 603.550 Personen eigentlich nur einen Bruchteil der Gesamtbevölkerung aus. Mehrere Gründe sprechen dafür, dass die genannten Zahlen tatsächlich glaubhaft und nachvollziehbar sind:

- Im 2. Buch Samuel wird berichtet, dass Davids Heer aus 1.300.000 Personen bestand, eine Anzahl von zirka 600.000 Mann ist daher vergleichsweise gering.
- Die Zahl ist auch im Vergleich zu den Kanaanitern niedrig. Die Israeliten mussten eine gewisse zahlenmäßige Stärke aufweisen, um überhaupt Schlachten schlagen zu können (Wobei sie gleichzeitig natürlich nicht vergessen durften, dass Gott auf ihrer Seite stand.).
- Wer argumentiert, dass es für die 70 Sippenangehörigen, die nach Ägypten zogen, unmöglich gewesen sein muss, so viele Nachkommen zu zeugen, vergisst, dass das Volk 400 Jahre in Ägypten war. Wenn jede Familie pro Generation vier Kinder hatte (eine geringe Anzahl zur damaligen Zeit), dann erscheint die Gesamtzahl durchaus möglich.
- Manche sagen, eine solche Menschenmenge wäre für die Wüste Sinai zu groß gewesen. Ihr Umfang ist dennoch glaubhaft, denn es gab dort genügend Platz. Wenn sie in Fünferreihen marschierten, wäre der gesamte Zug 177 Kilometer lang gewesen. Sie hätten zehn Tage gebraucht, um die Wüste zu durchqueren!
- Andere behaupten, dass es zu viele Menschen waren, um sie in der Wüste ausreichend ernähren zu können. Das stimmt sicherlich, aber nur, wenn man Gottes übernatürliche Versorgung außer Acht lässt.

2. Zwei so ähnliche Zahlen!

Angesichts dieser Größenordnungen erscheint ein Unterschied von 1.820 Personen zwischen der ersten und zweiten Volkszählung prozentual verhältnismäßig gering. Der Stamm Simeon hatte 37.100 Menschen verloren und Manasse 20.500 dazugewonnen, die übrigen blieben ungefähr gleich. Da zahlenmäßiges Wachstum auf Gottes Segen hinweist, können wir unschwer feststellen, dass Gott mit seinem Volk in diesem Zeitabschnitt nicht besonders zufrieden war. Wenn man jedoch die feindliche Umgebung und die Länge der Zeitspanne bedenkt, war es gleichzeitig bemerkenswert, dass sie diese Zahl halten konnten.

3. Eine so andere Zahl!

Zwischen den beiden Volkszählungen lagen 38 Jahre, eine ganze Generation starb folglich in der Wüste. (Es war damals selten, dass Menschen 60 Jahre alt wurden, Mose mit seinen 120 Jahren war eine Ausnahme.) Auch wenn die Zahlen in etwa gleich blieben, waren die Menschen nicht dieselben. Nur Josua und Kaleb (zwei aus zwei Millionen) überlebten von denen, die Ägypten verlassen hatten, um in das Verheißene Land zu ziehen. In gewisser Weise ist das die größte Tragödie der ganzen Bibel. Numeri ist ein sehr *trauriges* Buch. Zwei Drittel hätten im Idealfall nie geschrieben werden müssen. Es hätte eigentlich nur elf Tage gedauert, von Ägypten ins Verheißene Land zu ziehen, doch die Israeliten brauchten 13.780 Tage! Nur zwei von denen, die sich auf den Weg gemacht hatten, erreichten tatsächlich ihre neue Heimat. Der Rest blieb in einem Dasein ohne Ziel stecken und „schlug die Zeit tot", bis Gottes Gericht vollzogen war. Mit der Zeit starben sie alle in der Wüste, und eine neue Generation setzte die Reise fort.

Die meisten Lektionen, die wir aus dem vierten Buch Mose lernen können, sind negativ. Sie zeigen, wie man sich als Volk Gottes gerade nicht verhalten sollte! Paulus sagt uns in 1. Korinther 10, 6+11, wie wir das Ganze einordnen sollen: „Diese Ereignisse sind für uns ein warnendes Beispiel, damit wir nicht wie sie nach unrechten Dingen streben ... All diese Ereignisse, die ihnen widerfuhren, dienen uns als Beispiel. Sie wurden für uns, die wir am Ende der Zeiten leben, als Warnung aufgeschrieben" (NLB). Das vierte Buch Mose ist enthält sehr viele schlechte „Beispiele".

Kontext

Was ist nun der Kontext dieses Buches? Der Weg vom Berg Sinai nach Kadesch Barnea (die letzte Oase in der Wüste Negev) bis an die Grenze des Landes Kanaan dauert zu Fuß normalerweise elf Tage. Die Route, welche die Israeliten nahmen, bog von Kadesch ab, überquerte den Jordangraben und führte in die Berge von Edom. Sie endete in Moab auf der falschen Seite des Jordan. Ihre Reise dauerte 38 Jahre und ein paar Monate; und zwar nicht, weil es ein besonders schwieriges Terrain gewesen wäre, sondern, weil Gott sich jedes Mal immer nur ein wenig vorwärtsbewegte. Er verweilte sehr lange an jeder Station des Weges und sagte ihnen, er werde warten, bis alle Männer unter ihnen gestorben seien, außer Josua und Kaleb.

Was war passiert, dass Gott sein Volk so richtete? Als sie in Kadesch waren, weigerte sich das Volk, dem Befehl Gottes zu folgen und in das Land hineinzuziehen. Auch heute sind viele Christen aus der Sünde herausgeführt worden, doch sie sind noch nicht in den Genuss des Segens gekommen, den Gott für sie vorbereitet hat. Auch sie landen in einer armseligen Wüste.

Zwei Drittel des Buches Numeri handeln von dieser langwierigen Reise. Die Bibel geht mit ihren Lesern sehr ehrlich um. Sie berichtet uns über menschliches Versagen und Laster genauso wie über große Erfolge und Tugenden. Paulus schrieb den Korinthern, dass Numeri uns als negatives Beispiel zur Warnung verfasst worden sei. Das war eine eindeutige Stellungnahme zum Sinn und Zweck dieses Buches. Es ist wahrscheinlich keine besonders beliebte Lektüre, doch wenn wir die Geschichte nicht studieren, sind wir dazu verdammt, sie zu wiederholen.

Selbst Mose war es nicht erlaubt, das Verheißene Land zu betreten. Allerdings kam er Jahrhunderte später dorthin, als er mit Jesus sprach. Auch er versagte elendig an einem entscheidenden Punkt, wie wir später noch sehen werden.

Inhalt und Struktur
Numeri gehört zu den fünf Büchern Mose. Es beinhaltet eine Mischung aus Gesetzgebung und Erzählung. Der Autor der Gesetze ist nicht Mose, sondern Gott. 80 Mal lesen wir in diesem Buch: „Und der HERR redete mit Mose und sprach ..." Gott gab Mose allgemeingültige Gesetze und Rechtsvorschriften ebenso wie spezielle Regelungen für Rituale und religiöse Amtshandlungen.

Was den Erzählteil des Buches betrifft, erfahren wir, dass Mose auf Befehl des Herrn ein Tagebuch über ihre Reise führte. Er schrieb auch noch ein weiteres Buch, das „Buch der Kämpfe des HERRN", in dem er Berichte über die Schlachten der Israeliten festhielt. Mose verfasste das Buch Numeri auf Grundlage dieser beiden Aufzeichnungen, doch er selbst kommt immer nur in der dritten Person vor.

Die Mischung aus Erzählung und Gesetzgebung lässt Numeri mehr wie das zweite Buch Mose (Exodus) erscheinen. Doch während im zweiten Buch Mose die erste Hälfte aus dem Erzählteil besteht und die zweite Hälfte aus dem Gesetz, ist im vierten Buch Mose alles miteinander vermischt. Daher ist es hier viel schwerer, einen roten Faden zu finden.

DIE ANWEISUNGEN DES SCHÖPFERS

Ein Muster ist leichter zu erkennen, wenn wir den Erzählteil und das Gesetz im Zusammenhang anschauen. Die Struktur des Buches ist eher *chronologisch* aufgebaut als thematisch geordnet. Am besten können wir dies erkennen, wenn wir den Inhalt von Numeri gemeinsam mit dem zweiten, dritten und fünften Buch Mose betrachten.

Chronologischer Kontext	Inhalt	Dauer
2. Mose 1–18 *Ägypten bis Sinai*	Erzählung	50 Tage
2. Mose 19–40 *am Sinai*	Gesetzgebung	?
3. Mose 1–27 *am Sinai*	Gesetzgebung	30 Tage
4. Mose 1,1–10,10 *am Sinai*	Gesetzgebung	19 Tage
4. Mose 10,11–12,16 *Sinai bis Kadesch*	Erzählung	11 Tage
4. Mose 13,1–20,21 *Kadesch*	Gesetzgebung	?
4. Mose 20,22–21,35 *Kadesch bis Moab*	Erzählung	38 Jahre
4. Mose 22,1–36,13 *Moab*	Gesetzgebung	3 Monate, 10 Tage
5. Mose 1–34 *Moab*	Gesetzgebung	5 Monate

Das Schaubild verdeutlicht einen faszinierenden Aspekt: Die gesamte Gesetzgebung erfolgte immer dann, wenn die Israeliten ihr Lager aufgeschlagen hatten. Die Reiseberichte zeigen, wie sie diese Rechtsvorschriften später brachen. Während sie sich lagerten und an einem Ort blieben, sagte Gott ihnen, was sie tun *sollten*, doch während sie unterwegs waren, erfahren wir, was sie tatsächlich *taten*. Sie lernten ihre Lektionen auf zweierlei Weise: durch die Instruktionen des Mose und durch die Erfahrungen auf dem Weg (Genauso lehrte Jesus seine Jünger durch „Predigten", wie beispielsweise die Bergpredigt, und auch während sie gemeinsam „unterwegs waren".).

Das obige Schaubild sieht aus wie ein mehrschichtiges Sandwich. In 2. Mose 1–11 sitzen die Israeliten in Ägypten fest, in den Kapiteln 12–18 ziehen sie in die Wüste Sinai.

All das gehört zum Erzählteil. Doch in 2. Mose 19–40, 3. Mose 1–27 und 4. Mose 1–10 befinden sie sich noch immer im Sinai. Diese drei aufeinanderfolgenden Abschnitte sind voller gesetzlicher Regelungen.

In 4. Mose 10–12 ziehen sie wieder weiter, aus dem Sinai nach Kadesch, eine Reise von elf Tagen. Während ihres Aufenthaltes in Kadesch kommt es zur Krise, als das Volk rebelliert. Erneut spricht Gott zu ihnen in Kadesch von Kapitel 13–20, wieder durch Gesetzgebung.

4. Mose 20–21 behandelt die Reise von Kadesch nach Moab, die gesamte Wanderung von 38 Jahren füllt nur zwei Kapitel. 4. Mose 22–36 berichtet, was Gott zu den Israeliten sagte, als sie darauf warteten ins Verheißene Land einzuziehen. Das gesamte fünfte Buch Mose mit seinen Kapiteln 1–34 gehört zu derselben ortsgebundenen Zeitspanne.

Das vierte Buch Mose beinhaltet viel Bewegung, das fünfte Buch Mose gar keine und das zweite Buch Mose nur in seiner ersten Hälfte.

Gesetzgebung

Wie oben schon erwähnt, berichtet uns das vierte Buch Mose, dass Gott 80 Mal von „Angesicht zu Angesicht" zu Mose redete. Das war einzigartig. Andere empfingen Gottes Wort durch Visionen im Wachzustand oder durch Träume im Schlaf. Das Volk befragte die *Urim* der Priester (gleichbedeutend mit dem Ziehen von Losen), wenn es Gottes Willen für eine bestimmte Situation in Erfahrung bringen wollte.

Mose begegnete Gott das erste Mal auf dem Berg Sinai, in einiger Entfernung zum Rest Israels. Sobald das Heiligtum jedoch errichtet war, wohnte Gott mitten unter dem Volk. Jetzt, da Gott „mit ihnen" war, bestand allerdings die große Gefahr, dass sie zu plump-vertraulich mit ihm umgingen. Es war zu befürchten, dass sie sowohl die Ehrfurcht und den Respekt vor ihm verlören als auch seine Heiligkeit vergäßen. Die Gesetze im vierten Buch Mose sind daher keine moralischen oder sozialen Regelungen, sondern Vorschriften, die verhindern sollten, dass das Volk seine Ehrfurcht vor Gott einbüßte. Sie können in drei Kategorien eingeteilt werden: Achtsamkeit, Reinheit und Kostspieligkeit.

1. Achtsamkeit

IM LAGER
Sie mussten sehr genau darauf achten, dass sie sich am rechten Ort lagerten (Kapitel 2). Jedem Stamm wurde ein besonderer Platz im Verhältnis zu den anderen Stämmen und zum Heiligtum in der Mitte zugeteilt. Das Lager sah von oben aus wie ein „leeres Rechteck" (siehe das Schaubild unten.). Das einzige andere Volk, von dem man wusste, dass es sich auf diese Art und Weise lagerte, waren die Ägypter: Es war die bevorzugte Lagerordnung von Ramses II (der Pharao, der wahrscheinlich zu dieser Zeit herrschte).

Das Heiligtum in der Mitte wurde von einem Zaun umgeben. Es gab nur einen Eingang. Zwei Personen lagerten außerhalb dieses Eingangs: Mose und Aaron. Die Leviten ließen sich an den anderen drei Seiten nieder. Ihre drei Sippen trugen eine besondere Verantwortung, die Sippen Meraris, Gerschons und Kehats. Niemand außer ihnen durfte den Zaun auch nur berühren. Es gab einen Befehl, jeden zu töten, der sich ihm näherte. Gott war heilig und man konnte nicht einfach leichtfertig in seine Gegenwart kommen.

SCHLÜSSEL ZUM ALTEN TESTAMENT

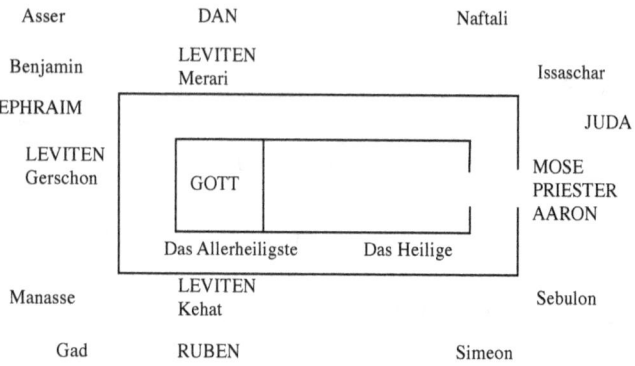

Die anderen Stämme wurden um das Heiligtum herum angeordnet. Jeder Stamm hatte seinen eigenen, ihm besonders zugewiesenen Platz im Verhältnis zum Zelt Gottes und seinem Eingang. Der wichtigste Ort war genau vor diesem Eingang, er wurde vom Stamm Juda eingenommen. Jesus kam später als Angehöriger dieses Stammes Juda auf die Welt.

AUF WANDERSCHAFT

Wenn sich das Lager auf die Reise begab, bewegten sich alle nach einem faszinierenden Muster. Es gab genaue Instruktionen für den Abbau und den Transport des Heiligtums. Die Priester wickelten die heiligen Einrichtungsgegenstände ein, bevor die Leviten sie dann aufhoben. Jeder wusste, wer welchen Gegenstand des Heiligtums zu tragen, wer die Vorhänge zu schultern hatte und in welcher Reihenfolge sie zu transportieren waren. Manche Stämme mussten abziehen, bevor die Gegenstände des Heiligtums getragen werden konnten. Wenn die anderen Stämme sich bewegten, lösten sie sich vom Heiligtum ab wie die Schale einer Orange vom Fruchtfleisch – nach einem stets gleichen Schema. Sie marschierten immer in derselben Reihenfolge. Daher war es für jeden Stamm einfach, seinen Platz wiederzufinden und seine Zelte aufzubauen, wenn sie den nächsten Lagerplatz erreichten. Das Ganze war sorgfältig und in allen Einzelheiten geregelt. Die silbernen Trompeten wurden geblasen, um das Signal zum Aufbruch des Lagers zu geben, und der Stamm Juda führte die Prozession mit Lobgesang an.

Sie wussten immer, wann es Zeit war, weiterzuziehen: Fing die Wolkensäule (oder die Feuersäule bei Nacht) über dem Heiligtum an, sich zu bewegen, war dies das Zeichen zum Aufbruch. Die Symbolik ist eindeutig: Wenn Gott sich bewegt, dann bewegt sich auch sein Volk.

Warum nahm Gott es mit diesen Details so übergenau? Es war nicht nur eine sehr effektive Art und Weise, eine so riesige Volksmenge zu bewegen, sondern auch eine ebenso effektive Methode, sie zu lagern. Er sagte: „Seid achtsam!" Eine achtlose Haltung hat keinen Platz im Lager Gottes. Achtlosigkeit ist gefährlich. Ein modernes Wort dafür wäre „(Nach)Lässigkeit", die Einstellung, dass „jedes x-beliebige Verhalten Gott schon genügen wird."

Durch diese detaillierten Anweisungen forderte Gott sein Volk auf, achtsam zu sein, denn er war mit ihnen im Lager. Er zeigte ihnen noch weitere Bereiche, in denen sie achtsam sein sollten. Es gibt einige Sünden, die im vierten Buch Mose beschrieben werden, und die man als „Sünden der Achtlosigkeit" bezeichnen könnte. Achtlosigkeit oder Nachlässigkeit am Sabbat wurde mit dem Tode bestraft. Quasten an ihrer Kleidung sollten sie daran erinnern zu beten. Gelübde waren eine sehr ernste Angelegenheit. Wer Gott gegenüber ein solches Gelübde ablegte, musste es einhalten (Im Buch der Richter wird von einem Mann berichtet, der schwor, Gott das erste Lebewesen zu opfern, das ihm bei seiner Rückkehr aus seinem Haus entgegenkam; es war seine Tochter!). Wenn eine Ehefrau Gott etwas gelobte, hatte ihr Ehemann 24 Stunden Zeit, sein Einverständnis oder seine Ablehnung dazu zu erklären.

2. Reinheit

Genauso, wie das Lager sorgfältig angeordnet sein musste, hatte es auch makellos sauber zu sein, denn es gehörte ja „Gottes Volk". Sogar Fragen wie die Entsorgung von Fäkalien wurden gründlich geregelt. Um das Lager für den Herrn rein zu halten, mussten sie, nachdem sie ihre Notdurft verrichtet hatten, einen Spaten benutzen. Es ging ihm nicht nur um die Keime. Gott war an einem sauberen Lager interessiert, weil er ein „reiner" Gott ist. Dieses Prinzip gilt heute immer noch. Ein schmutziges und vernachlässigtes Gemeindegebäude ist eine Beleidigung Gottes.

Nicht nur das *Lager* hatte rein zu sein. Uns wird auch berichtet, dass das *Volk* gereinigt wurde, bevor es die Sinai-Wüste verließ.

Weitere Details der Reinigungsriten finden wir in Kapitel 19. Der Tod ist eine unreine Sache. Gott ist ein Gott des Lebens, daher durfte nicht einmal die winzigste Spur des Todes im Lager gefunden werden. Es gab sogar „Eifersuchtstests" für untreue Ehefrauen. Selbst wenn es keine Zeugen gab, sah Gott, was passierte. Er würde den Übeltäter bestrafen, denn es war schließlich *sein* Lager.

Das (englische) Sprichwort, „Sauberkeit kommt gleich nach Gottesfurcht", wird also durch das vierte Buch Mose nachhaltig bestätigt!

3. Kostspieligkeit

OPFER UND GABEN

Es kostet einen sündigen Menschen etwas, in der Nähe eines heiligen Gottes zu leben. Jeden Tag, jede Woche und jeden Monat wurden Opfer für das Volk dargebracht. Es gab sprichwörtlich hunderte davon. Jedes Opfer musste etwas kosten – nur die besten Tiere wurden dafür verwendet.

Das tägliche, das wöchentliche sowie ein besonderes

monatliches Opfer machten deutlich, dass es kostspielig war, von Gott Vergebung zu empfangen. Blut musste dafür vergossen werden.

PRIESTERTUM

Zudem musste die Priesterschaft durch Gaben unterstützt werden. Die Leviten wurden für ihren Dienst geweiht, bevor sie die Wüste Sinai verließen. Rund 8.580 (von den insgesamt 22.000 Mitgliedern des Stammes) standen im priesterlichen Dienst. Sowohl die Priester als auch die Leviten waren für ihren Unterhalt von den anderen Stämmen abhängig.

Der Unterhalt für die Priesterschaft und die regelmäßigen Opfer stellten für das Volk beachtliche Kosten dar.

Wir lernen daraus, dass wir auch heute noch sehr vorsichtig sein müssen, wie wir uns Gott nähern. Ich muss sicherlich kein Schaf, keine Taube oder Turteltaube opfern, wenn ich zu Gott komme. Das heißt allerdings nicht, dass ich keinerlei Opfer zu bringen habe. Das Neue Testament spricht genauso viel über Opfer wie das Alte. Wir lesen beispielsweise über das *Lobopfer* und das *Dankopfer*. Wir müssen uns fragen, ob wir Gott tatsächlich Opfer bringen. Auch wir sollten uns entsprechend auf den Gottesdienst *vorbereiten.*

Das vierte Buch Mose beschreibt auch das Gelübde eines Nasiräers, einen Akt der freiwilligen Weihe und Hingabe an Gott, auch wenn dies nicht zum Priestertum gehörte. Die Nasiräer gelobten, weder ihre Haare zu schneiden, noch Alkohol zu trinken (Beide Bräuche standen im Widerspruch zu den sozialen Normen der damaligen Zeit.) oder Leichen zu berühren. Einige dieser Gelübde galten nur vorübergehend, andere lebenslang. Samuel und Samson sind die bekanntesten Nasiräer der Bibel. Zur Zeit des Amos wurde diese Praxis bereits verlacht.

WAS KÖNNEN WIR HEUTE DARAUS LERNEN?

In der heutigen Zeit besteht die Tendenz, Lobpreis und Gottesdienst formlos und (nach-)lässig zu gestalten, wobei wir vergessen, dass Gott heute genau derselbe ist wie damals. Wir müssen uns ihm in Ehrfurcht und Würde nähern. Der Hebräerbrief erinnert uns daran, dass er ein verzehrendes Feuer ist.

Das Neue Testament berichtet uns, dass die Gläubigen ein Lied, ein Wort, eine Prophetie, eine Zungenrede oder eine Auslegung „mitbrachten", wenn sie sich zum Gottesdienst versammelten. Das ist die neutestamentliche Vorbereitung, durch die wir uns Gott in einer angemessenen Geisteshaltung nähern.

Das vierte Buch Mose erinnert uns auch daran, dass wir Gott nach *seinem* Geschmack anbeten müssen, nicht nach unserem. Der moderne Lobpreis neigt dazu, sich auf die Vorlieben von Einzelpersonen zu konzentrieren, seien es nun beispielsweise Kirchen- oder Chorlieder. Wir können dabei vergessen, dass unsere Vorlieben ziemlich irrelevant sind. Wichtig ist vielmehr, dass unsere Gottesverehrung dem entspricht, was Gott gefällt.

Unsere Opfer des Lobpreises und der Gaben werden auch im Neuen Testament erwähnt: Sie sind „ein lieblicher Geruch, ein angenehmes Opfer, Gott gefällig.".

Aus dem dritten und vierten Buch Mose geht hervor, dass Gott den Duft eines gebratenen Lammes liebte. Genauso kann unser Lobopfer auch heute Gott gefallen.

Erzählteil

Wenn wir uns nun den Erzählteilen des vierten Buches Mose zuwenden, bewegen wir uns von Gottes Wort hin zu den menschlichen Taten – von dem, was das Volk *tun sollte* zu dem, was es *tatsächlich tat*. Es ist eine traurige und elende Geschichte. Die Wüste wurde für sie zu einem

Ort der Prüfung. Sie waren aus Ägypten ausgezogen aber noch nicht im Verheißenen Land angekommen. Dieser Schwebezustand war für sie sehr schwer zu ertragen.

Wir dürfen nicht vergessen, dass das Volk sich nun in einer Bundesbeziehung mit Gott befand. Er hatte sich an sie gebunden. Er würde ihren Gehorsam segnen und ihren Ungehorsam bestrafen. In 2. Mose 16–19 begingen sie dieselben Sünden wie in 4. Mose 10–14. Doch nur im vierten Buch Mose wurde dadurch das Gesetz gebrochen, daher fanden auch nur in Numeri die entsprechenden Sanktionen Anwendung.

Gottes Gesetz kann uns helfen zu erkennen, was richtig (und falsch) ist, doch es kann uns nicht helfen, das Richtige zu *tun*. Das Gesetz veränderte das Verhalten des Volkes nicht, sondern brachte Schuld, Verdammnis und Strafe. Aus diesem Grund war das Gesetz, das zum ersten Pfingstfest gegeben wurde, unzureichend. Später musste daher am selben Tag der Heilige Geist ausgegossen werden. Ohne übernatürliche Hilfe könnten wir das Gesetz niemals halten.

Anführer
Wir werden zunächst die Anführer des Volkes betrachten und sehen, wie sie sich vergeblich bemühten, dem Gesetz gerecht zu werden. Sie stammten alle aus einer Familie, zwei Brüder und eine Schwester: Mose, Aaron und Miriam (die hebräische Form des Namens Maria). Die Bibel berichtet uns über ihre guten Seiten und ihre Charakterstärken ebenso wie über ihre Schwächen.

STÄRKEN

Mose
Mose ist der dominierende Charakter im gesamten Buch. In vielerlei Hinsicht war er sowohl Priester, Prophet als auch König.

Wir haben bereits gesehen, wie anderen Propheten Visionen und Träume geschenkt wurden, doch Mose sprach im Heiligtum von Angesicht zu Angesicht mit Gott. Er durfte sogar einen Teil Gottes sehen – er sah ihn „von hinten".

Er agierte auch in der Rolle des Priesters. Fünfmal tat er vor Gott Fürbitte. Manchmal war er dabei ziemlich kühn, als er für das Volk eintrat und Gott dazu aufforderte, sich selbst treu zu bleiben.

Mose wurde niemals als „König" bezeichnet. Natürlich befinden wir uns Jahrhunderte vor der Einführung der Monarchie, doch er führte das Volk in die Schlacht und regierte es. So nahm er die Funktion eines Königs wahr, selbst wenn dieser Titel für ihn nicht verwendet wurde.

Eine der bemerkenswertesten Eigenschaften des Mose war, dass er niemals versuchte, sich zu verteidigen, wenn er kritisiert, schlecht behandelt oder verraten wurde. Er bezeichnete sich selbst als den demütigsten aller Menschen auf der gesamten Erde – eine schwierige Aussage, wenn man ihr selbst treu bleiben will! Natürlich sagte Mose hier nicht mehr als Jesus, der erklärte, dass wir von ihm lernen sollten, da er „sanftmütig und von Herzen demütig" sei. Mose erlaubte dem Herrn, ihn zu verteidigen. Sanftmut ist keine Schwäche, doch sie erfordert, dass man nicht versucht, sich selbst zu rechtfertigen.

Aaron

Aaron war der Bruder des Mose, der ihm als „Sprecher" zur Seite gestellt wurde, als Mose sich in Ägypten dem Pharao stellen musste. Auch er war ein Prophet. Aaron wurde zudem zum Priester bestimmt, zum obersten Priester. Das Priestertum Aarons wurde zum Herzstück der Anbetung und der religiösen Rituale des uralten Gottesvolkes.

Miriam

Miriam war Moses und Aarons Schwester. Sie war eine

bekannte Prophetin. Nachdem die Ägypter im Meer ertrunken waren, tanzte und sang sie voller Freude.

Wir haben also Mose als Propheten, Priester und König, Aaron als Propheten und Priester und Miriam als Prophetin. Wir können erkennen, dass diese Gaben und Dienste auf mehrere Personen verteilt wurden und dass Prophetie ein Dienst sowohl für Frauen als auch für Männer ist. Miriams besondere prophetische Begabung drückte sich im Gesang aus. Es gibt einen sehr direkten Zusammenhang zwischen Prophetie und Musik. In späterer Zeit wählte König David Chorleiter aus, die auch Propheten waren. Elisa bat oft um Musik als Vorbereitung für seine Prophezeiungen. Es scheint, dass die richtige Art der Musik eine gewisse Bedeutung für die Freisetzung des prophetischen Geistes hat.

Trotz ihrer Stärken und Gaben versagte jedoch jeder dieser Anführer auf die eine oder andere Weise. Es ist hilfreich, ihr Versagen im Einzelnen zu betrachten.

SCHWÄCHEN

Miriam

Miriams Problem war Neid. Sie wollte selbst geehrt werden und mit Gott genauso sprechen, wie Mose es tat. Zusätzlich kritisierte sie, dass Mose eine bestimmte Frau geheiratet hatte. Miriam wurde mit einem siebentägigen Aussatz bestraft, bis sie Buße tat. Sie gehörte zu denen, die in Kadesch starben.

Aaron

Der nächste, der vorzeitig aus dem Kreis der Anführer ausschied, war Aaron. Auch sein Problem bestand in Neid und Geltungsdrang. Miriam und Aaron kritisierten Mose gemeinsam. Ihr Vorwand war, dass Mose jemanden geheiratet hatte, den sie nicht für gut befanden (Er hatte eine Kuschiterin zur Frau genommen, die mit ihnen aus Ägypten ausgezogen und nicht einmal eine Hebräerin war.). Gott tadelte Mose nicht dafür, doch Miriam und Aaron taten genau das.

Aaron starb daher auf dem Berg Hor, in einiger Entfernung von Kadesch, im Alter von über 100 Jahren. Kurz nachdem sie ihrem Neid und ihrer Geltungssucht Ausdruck verliehen hatten, verstarben beide Geschwister des Mose.

Mose
Selbst Mose versagte. Er wurde sehr ungeduldig mit dem Volk. Das Neue Testament berichtet uns, dass er es mit ihnen vierzig Jahre lang in der Wüste aushielt. Es war eine sehr herausfordernde Leitungsaufgabe, über zwei Millionen Menschen zu führen, die ständig murrten, sich beschwerten und Streitigkeiten miteinander austrugen, die der Schlichtung bedurften.

Mose beging den entscheidenden Fehler, als er Gottes Anweisungen über die Wasserversorgung nicht gehorchte. Mose hatte dem Volk Wasser verschafft, indem er den Felsen mit seinem Stab schlug. Der Kalkstein der Wüste Sinai verfügt über die besondere Eigenschaft, Wasservorräte in seinem Inneren zu speichern. Es gibt riesige Wasserreserven im Sinai, die jedoch von Felsen umgeben und im Gestein selbst enthalten sind. Mose hatte diese Wasserreservoire einfach dadurch freigesetzt, dass er den Felsen mit seinem Stab berührte.

Beim zweiten Mal, als wieder Wassermangel herrschte, sagte Gott zu Mose, er solle den Felsen nicht schlagen, sondern einfach zu ihm sprechen. Ein Wort würde ausreichen, um dieses Wasser im Fels freizusetzen. Doch Mose war so ungeduldig mit dem Volk, dass er Gott nicht sorgfältig zuhörte, sondern zweimal auf den Felsen schlug. Gott sagte daraufhin zu Mose, dass er wegen seines Ungehorsams keinen Schritt in das Verheißene Land tun dürfte. Dieses Ereignis erinnert uns schmerzlich daran, wie wichtig es ist, als Leiter sorgfältig auf Gott zu hören. Mose starb auf dem Berg Nebo, in Sichtweite des Verheißenen Landes, doch unfähig, selbst hineinzukommen.

Das vierte Buch Mose verdeutlicht uns, dass es sehr viel Verantwortung bedeutet, Gottes Volk anzuführen. Es muss korrekt und auf Gottes Art und Weise geschehen.

Einzelpersonen
Es gibt mehrere Einzelpersonen, die Gott im vierten Buch Mose enttäuschten. Am auffälligsten verhielt sich ein Mann namens Korach. Korach führte eine Rebellion an, weil er sich darüber ärgerte, dass das Priesteramt ausschließlich Aaron und seiner Familie vorbehalten war. Andere schlossen sich ihm in diesem Umsturzversuch an, und bald waren 250 Personen beisammen, die die Autorität des Mose und das Priestertum Aarons herausforderten. Die Rebellen bezweifelten, dass Gott Mose und Aaron auserwählt hätte. Sie kritisierten auch ihr Versagen, die Israeliten tatsächlich in das Verheißene Land zu führen.

Sehr dramatisch forderte Mose dann das Volk auf, sich von den Zelten der Rebellen zu entfernen. Feuer fiel vom Himmel, ergriff ihre Zelte und vernichtete sie. Korach hatte es kommen sehen und war mit einigen seiner Anhänger davongelaufen. Die Erde verschluckt sie jedoch, als sie auf einer Schlickkruste einbrachen (In der Wüste Sinai gibt es Schlicklöcher mit einer sehr harten Kruste, die allerdings unter der Oberfläche sehr weich sind, vergleichbar einer dünnen Eisdecke auf einem See. Sie ähneln trügerischem Sumpfland oder Treibsand.).

Trotz alledem haben einige der Söhne Korachs mehrere Psalmen geschrieben. Die Familie dieses Mannes folgte ihm nicht in seiner Rebellion, und seine Kinder wurden später Sänger im Tempel. Wir müssen nicht unseren Eltern folgen, wenn sie Böses tun.

Im Neuen Testament wird Korach im Buch Judas als warnendes Beispiel für Christen bezeichnet. Wir sollen weder Gottes Erwählung anzweifeln noch neidisch werden.

Dann forderte Mose das Volk auf, zu prüfen, ob Gott ihn und seinen Bruder für ihre Ämter erwählt hätte. Er wies die Obersten der zwölf Stämme an, Stäbe von Büschen aus der Wüste herzubringen. Diese sollten dann die ganze Nacht vor dem Herrn im Allerheiligsten liegen. Am Morgen hatte Aarons Stab gesprosst; Blätter, Blüten und Mandeln hingen daran. Die anderen Stäbe waren tot. Von da an bewahrten sie Aarons Stab in der Bundeslade auf, als Beweis dafür, dass Aaron Gottes Wahl war und sich nicht selbst ernannt hatte.

Das Volk

Das Volk als Ganzes war problematisch, genauso wie einige Einzelpersonen. Die Apostelgeschichte berichtet uns, dass Gott ihr Verhalten in der Wüste 40 Jahre lang *ertrug*. Im vierten Buch Mose erfahren wir, dass das gesamte Volk scheiterte, bis auf zwei Personen – zwei von mehr als zwei Millionen, kein hoher Prozentsatz! Das Volk hatte ein allgemeines Problem und versagte bei drei Gelegenheiten ganz besonders.

MURREN

Das allgemeine Problem des Volkes war sein „Murren". Man braucht weder Talent dazu, noch Intelligenz, Charakter oder Selbstverleugnung, um sich dem Geschäft des Murrens und Meckerns zu widmen. Es ist eines der leichtesten Dinge der Welt.

Die Israeliten glaubten, dass Gott nicht mitbekam, was sie sagten, wenn sie sich in ihren eigenen Zelten aufhielten, weil Gott ja im Heiligtum wohnte. Was für ein riesiger Fehler! Sie meckerten über den Wassermangel und murrten über das eintönige Essen. Es heißt, dass sie sich beschwerten, weil sie weder Knoblauch, Zwiebeln und Fisch noch Gurken, Melonen oder Lauch hatten wie damals in Ägypten. Gott hörte ihr Murren und antwortete entsprechend. Kurzerhand schickte er ihnen Wachteln, um ihre Manna-Diät zu ergänzen. Es waren so viele, dass sie in einem Umkreis von 30 Kilometern eineinhalb Meter hoch auf dem Boden lagen. Das Volk verließ das Lager, um die Wachteln einzusammeln. Doch noch während sie das Fleisch aßen, schlug Gott sie mit einer schweren Plage, weil sie ihn abgelehnt hatten.

Murren richtet unter dem Volk Gottes wahrscheinlich mehr Schaden an als jedes andere sündhafte Verhalten.

DIE OASE VON KADESCH

Als sie in der letzten Oase der Wüste Negev angekommen waren, etwas mehr als 100 Kilometer südwestlich des Toten Meeres (heute En el-Quderat genannt), bot sich die erste spezielle Gelegenheit zu versagen. Sie sollten zwölf Kundschafter aussenden, einen pro Stamm, um das Land zu erkunden. Die Kundschafter hatten bei ihrer Rückkehr dem ganzen Volk Bericht zu erstatten, wie es im Verheißenen Land aussah. Die zwölf Männer verbrachten 40 Tage im Süden in der Gegend um Hebron und reisten auch in den hohen Norden. Sie fanden ein sehr fruchtbares Land vor. Doch die Schlussfolgerung aus ihrem Bericht war negativ. Sie verbreiteten das Gerücht, dass das Land sie verschlingen würde. Lieber wollten sie nach Ägypten zurückkehren.

Zwei der Kundschafter, Josua und Kaleb, erklärten, dass Gott mit ihnen sei und es nichts zu befürchten gäbe. Sie bestätigten, dass das Land gut befestigt und von Menschen bewohnt war, die viel größer waren als sie selbst. Aus der

Archäologie wissen wir, dass die Durchschnittsgröße der hebräischen Sklaven im Vergleich zu den Kanaanitern recht gering ausfiel. Sie stimmten auch damit überein, dass die Mauern um die Städte ein Hindernis darstellten. Doch sie argumentierten, dass Gott sie nicht so weit gebracht hätte, um sie dann in der Wüste zurückzulassen. Josua und Kaleb sagten dem Volk, dass Gott sie auf seinen Schultern tragen würde (genau wie einen kleinen Jungen, der sich auf den Schultern seines Vaters wie ein Riese fühlt).

Die pessimistischen Argumente der anderen zehn Kundschafter waren allerdings überzeugender. Das Volk wollte Mose und Aaron tatsächlich dafür steinigen, dass sie es bis hierher gebracht hatten. Sie hatten Ägypten erst vor drei Monaten verlassen, doch nun waren sie bereit, Mose und Aaron für ihre Befreiung aus der Sklaverei zu töten! Sie zogen es vor, sich auf die Beobachtungen und Aussagen der zehn Kundschafter zu verlassen. Sie folgten der Mehrheitsmeinung, die in diesem Falle jedoch im Gegensatz zu Gottes Plänen stand.

Der Unterschied zwischen beiden Berichten ist bemerkenswert. Die zehn Männer sagten, sie wären nicht in der Lage, das Land einzunehmen – und damit basta! Josua und Kaleb erklärten jedoch: „Wir können es nicht, aber Gott kann." Das war nicht einfach nur positives Denken, sondern die Bereitschaft, die Probleme als willkommene Gelegenheiten für Gottes Eingreifen zu betrachten.

Als Folge der ungläubigen Einstellung der Mehrheit schwor Gott, dass niemand aus dieser Generation jemals in das Verheißene Land einziehen würde – außer Josua und Kaleb. Uns wird berichtet, dass er bei sich selbst schwor, denn es gab niemand Höheren, bei dem er hätte schwören können.

Sie hatten das Land 40 Tage lang ausgekundschaftet. Daher sagte Gott ihnen, dass sie für jeden Tag ihrer Erkundungsreise, aus der sie die falschen Schlüsse gezogen hatten, ein Jahr in der Wüste verbringen müssten. Er vergalt ihnen damit in gewisser Weise Gleiches mit Gleichem. Dieses Ereignis wird zum Dreh- und Angelpunkt des vierten Buch Mose, schon nach einem Drittel des Buches. Hätten sie Gott damals gehorcht, wäre der Rest der berichteten Vorkommnisse niemals geschehen.

DAS TAL DER „SKORPIONE"

Das nächste Mal versuchte das Volk Gott und versagte dabei kläglich, nachdem es einen glorreichen Sieg über den kanaanitischen König von Arad errungen hatte. Sie machten sich auf den Rückweg in das tiefe Tal von Arovar, auch bekannt als das „Tal der Skorpione". Es liegt direkt unterhalb des Berges Hor und ist berühmt für seine Skorpion- und Schlangenpopulation. Erneut murrte das Volk gegen Gott und wandte sich wieder dem Thema der unzureichenden Ernährung zu. Es sagte, es würde lieber nach Ägypten zurückkehren als in der Wüste zu bleiben. Dieses Mal strafte Gott sie dadurch, dass er Schlangen sandte, die viele bissen, so dass sie starben. Sie sahen ein, dass sie gesündigt hatten und baten Mose darum, für sie vor Gott einzutreten. Gott hielt die Schlangen nicht zurück, sondern gab ihnen ein Heilmittel gegen die Schlangenbisse. Mose befestigte eine bronzene Schlange an einer Stange und stellte diese auf dem Berggipfel auf, der das Tal überragte. Wer von einer Schlange gebissen wurde, konnte auf diese bronzene Schlange blicken und musste nicht sterben. Nötig war nur der Glaube, dass es funktionieren würde.

DIE EBENEN VON MOAB

Die dritte und letzte Krise kam, als sie die Ebenen von Moab erreichten. Auf dem Weg dorthin errangen sie mehrere Siege. Die Israeliten wollten eine Hauptroute nutzen, die durch Edom führte. Ihre Bitte wurde jedoch abgewiesen, trotz ihrer historischen Beziehungen (Edom war ein Nachkomme Esaus, der seinerseits Jakobs Bruder war.). Es kam zur Schlacht, und Gott schenkte ihnen den Sieg über Edom und Moab, daher waren sie zuversichtlich. Sie lagerten am Jordan und richteten ihren Blick auf das Verheißene Land am gegenüberliegenden Ufer.

Doch es gab Widerstand gegen ihren Vorstoß nach Kanaan. Die Völker von Ammon und Moab, die Ländereien an der Grenze zum Verheißenen Land besaßen, beschlossen, ihre Pläne zu durchkreuzen. Dazu beauftragten sie einen Wahrsager aus Syrien.

Dieser Wahrsager aus Damaskus hieß Bileam. Er hatte sich dadurch einen Namen gemacht, dass man den Armeen, die er verflucht hatte, beim Verlieren zusehen konnte. Doch er war noch nie aufgefordert worden, Israel zu verfluchen. Er erzählte seinen Auftraggebern sogar, dass er nur das sagen könnte, was Gott ihm zu sagen auftrug! Für einen Wahrsager war es üblich, den Gegner vor der Schlacht zu verwünschen, daher wurde Bileam aufgetragen, üble Worte über den Israeliten auszusprechen. Seine Motivation war schlicht und einfach der Lohn, den man ihm dafür bezahlen würde. Doch er war unfähig, Flüche gegen das Volk Israel auszustoßen und segnete es schließlich. Er konnte einfach nicht anders!

Bileam erklärte, Gott werde Israel segnen und es vermehren – eine Vorhersage, die sich auf König David und den Sohn Davids bezog. Wir haben hier also einen erstaunlichen Bericht über einen Ungläubigen, der dem Volk Israel Segen prophezeite.

Dieser Bericht erzählt auch die außergewöhnliche Geschichte der sprechenden Eselin. Sie weigerte sich weiterzugehen, als sie sah, dass ihr ein Engel im Weg stand. Nachdem Bileam die Eselin dafür geschlagen hatte, dass sie sich nicht bewegte, erklärte ihm die Eselin endlich, warum sie stehengeblieben war! (Wer anzweifelt, ob dies tatsächlich passiert ist, vergisst, dass Tiere sowohl von guten als auch von bösen Geistern besessen sein können. Die Schlange im Garten Eden und die Dämonen, die Jesus in die Schweine schickte, sind zwei biblische Beispiele dafür.) Die Botschaft ist klar: Das Tier hatte mehr Verstand als Bileam!

Die Geschichte nahm allerdings ein trauriges Ende. Bileam erkannte schließlich, wie er doch noch Geld von den Königen von Ammon und Moab bekommen könnte. Er sagte ihnen, sie sollten das Verfluchen vergessen und stattdessen einige ihrer hübschen Mädchen in das Lager schicken, um die Israeliten zu verführen. Da dies per Gesetz verboten war, fand der gesetzwidrige Geschlechtsverkehr hauptsächlich außerhalb des Lagers statt. Doch ein Mann, Zimri, besaß die Dreistigkeit, eines der Mädchen direkt zur Eingangstür des Heiligtums zu bringen.

Als er diese Schandtat sah, rammte ein Mann namens Pinhas seinen Speer mitten durch das Paar hindurch in den Boden. Daraufhin wurde ihm und seiner Familie ein ewiges Priestertum verliehen. Er war der einzige Mann, der Gottes Haus gegen das verteidigte, was sich direkt vor Gottes Augen abspielte. Dieses Urteil scheint hart zu sein, doch wir müssen uns daran erinnern, dass sich die Israeliten auf dem Weg ins Verheißene Land befanden. Eines der schlimmsten Dinge, die sie dort vorfinden würden, war Unmoral. Es gab Fruchtbarkeitskulte, okkulte Statuen, phallische Symbole und alle Arten von unzüchtigem Verhalten. Sie mussten begreifen, dass solche Dinge für Gott ein Gräuel waren.

Was können wir aus dem vierten Buch Mose lernen?

Numeri richtet sich an die Juden. Ihre nachfolgenden Generationen sollten durch dieses Buch lernen, Gott zu fürchten. Somit wurde es auch für uns Christen verfasst, damit wir aus ihren Fehlern lernen können. Wie schon gesagt, teilte Paulus den Korinthern mit, dass diese Ereignisse als warnende Beispiele aufgezeichnet wurden. Sie sollen uns davor bewahren, so zu leben wie die Israeliten. Wir können genauso daran scheitern, das Ziel zu erreichen, wie sie. Die Bibel ist laut Jakobus ein Spiegel, in dem wir uns selbst erkennen. Wir können in der Wüste leben und sterben; wir können zurückblicken auf den „Genuss der Sünde" und gleichzeitig unfähig sein, uns auf „Gottes Ruhe" im Verheißenen Land zu freuen.

Im Buch Numeri können wir noch mehr über Gottes Charakter erfahren. Die „Zwillingsthemen" seiner Güte und Strenge werden mehrfach im Neuen Testament aufgegriffen, im Römerbrief, im Hebräerbrief, in Judas und im zweiten Petrusbrief.

Judas erwähnt Korach und Bileam ebenfalls. Murren war in der Urgemeinde ein genauso großes Problem wie in Israel. Wenn Menschen murren und sich beschweren, wird das eine „bittere Wurzel" genannt, die sich in einer Gemeinschaft ausbreiten und Probleme verursachen kann.

Im Neuen Testament werden wir daran erinnert, dass wir Namen haben und nicht nur Nummern sind. Selbst die Haare auf unserem Kopf sind gezählt. Unsere Namen stehen im „Buch des Lebens", doch sie können nachweislich daraus auch wieder gelöscht werden.

Was sagt das vierte Buch Mose über Gott?
Im vierten Buch Mose wird uns sehr deutlich vor Augen geführt, dass der Charakter Gottes zwei Seiten hat. Der Apostel Paulus stellt sie uns vor, indem er sagt: „Sieh nun die Güte und die Strenge Gottes ..." (Römer 11,22; ELB).

1. Einerseits erfahren wir, dass Gott die Israeliten mit allem versorgt: Nahrung, Wasser, Kleidung und Schuhe. Gott schützt sein Volk vor seinen Feinden,

die größer und zahlreicher sind als sie. Er bewahrt die Nation trotz ihrer Sündhaftigkeit.
2. Andererseits nehmen wir Gottes Gerechtigkeit wahr. Er steht treu zu seinen Bundesverheißungen und bestraft das Volk, wenn es sündigt. Das schließt Disziplinarmaßnahmen und am Ende sogar die Enterbung ein, wenn es sich weigert, voranzugehen und seinem Willen zu gehorchen. Wir haben es heutzutage mit genau demselben Gott zu tun. Er ist heilig, und wir müssen ihn fürchten.

Was sagt das vierte Buch Mose über Jesus?

1. Genauso, wie Israel durch die Wüste zog, verbrachte Jesus vierzig Tage in der Wüste, wo er versucht wurde.
2. Johannes 3,16 ist sehr bekannt, doch einer der vorangehenden Verse ist es weniger: „Und wie Mose in der Wüste die Schlange erhöht hat, so muss der Menschensohn erhöht werden" (Vers 14; LUT).
3. Johannes erklärt auch, dass Jesus das „Manna" sei, das „Brot vom Himmel".
4. Erstaunlicherweise spricht der Apostel Paulus über das Wasser, das aus dem Felsen kam, als auf ihn geschlagen wurde. Er sagt, der Felsen sei niemand anderes gewesen als Christus selbst.
5. Der Hebräerbrief erklärt Folgendes: Wenn die Asche einer roten Kuh Vergebung erwirken kann, wieviel mehr wird dann das Blut Christi dasselbe erreichen.
6. Das wahrscheinlich erstaunlichste Ereignis ist, dass Bileam, dieser falsche Prophet, tatsächlich eine wahre Prophezeiung über Jesus aussprach! „Ich sehe ihn, aber nicht jetzt, ich schaue ihn, aber nicht nahe. Es tritt hervor ein Stern aus Jakob, und ein

Zepter erhebt sich aus Israel" (4. Mose 24,17; ELB). Ab diesem Zeitpunkt hielt jeder gläubige Jude nach dem Stern des künftigen Königs Ausschau. Dieser Umstand brachte die Weisen aus dem Morgenland nach Bethlehem.

Der Segen der Gemeinschaft mit Gott
Die wohl bekanntesten Verse aus dem vierten Buch Mose stehen in 4. Mose 6,24–26 (ELB): „Der HERR segne dich und behüte dich! Der HERR lasse sein Angesicht über dir leuchten und sei dir gnädig! Der HERR erhebe sein Angesicht auf dich und gebe dir Frieden!"

Mit diesen Worten sollte Aaron das Volk segnen, bevor es aus dem Lager aufbrach – zur nächsten Ertappe seiner Reise. Der Segensspruch trägt jedes Kennzeichen direkter göttlicher Inspiration, denn er ist mathematisch perfekt. Immer, wenn Gott spricht, sind seine Aussagen mathematisch vollkommen. Auf Hebräisch besteht der Segen aus drei Zeilen:

Der HERR segne dich und behüte dich!

Der HERR lasse sein Angesicht über dir leuchten
und sei dir gnädig!

Der HERR erhebe sein Angesicht auf dich und gebe
dir Frieden!

Im Hebräischen stehen drei Worte im ersten Satz, fünf im zweiten und sieben im dritten. 15 Buchstaben bilden die erste, 20 die zweite und 25 die dritte Zeile. Der erste Satz besteht aus 12 Silben, der zweite aus 14 und der dritte aus 16. Wenn man das Wort „HERR" herausnimmt, bleiben zwölf hebräische Worte übrig. Es bleiben also der Herr und die zwölf Stämme Israels! Der Segen ist mathematisch perfekt. Selbst im Deutschen gibt es eine Steigerung: Von Zeile zu Zeile spürt man ein gewisses Crescendo. Jede hat zwei Verben, wobei das zweite Verb das erste noch erweitert.

Dieser Segen gilt auch uns Christen in der heutigen Zeit, denn er vermittelt uns zwei Dinge: **Gnade** und **Frieden**. Es ist derselbe christliche Segen, der in den Briefen des Neuen Testaments entboten wird: „Gnade euch und Friede von Gott, unserem Vater, und dem Herrn Jesus Christus!"

Wir können ebenfalls den Segen der Gemeinschaft Gottes empfangen, den Israel genießen durfte – wenn wir die Lektionen aus dem vierten Buch Mose beherzigen.

6.
DAS FÜNFTE BUCH MOSE

Einleitung

In jeder jüdischen Synagoge steht ein großer Schrank, der üblicherweise mit einem Vorhang oder einem Schleier verhüllt ist. In diesem Schrein befinden sich mehrere Schriftrollen, die in wunderschön bestickte Stofftücher eingewickelt sind. Diese Rollen sind das Gesetz des Mose, d.h. die fünf Bücher Mose. Sie werden die Thora genannt, was „Weisung" bedeutet, und gelten als Grundlage des gesamten Alten Testaments. Die ganze Thora wird im Jahreszyklus einmal laut vor- und durchgelesen.

Wer eine Rolle aus diesem Thoraschrein entnimmt, entrollt ihren Anfangsteil. So kann er die ersten Worte erkennen. Nach jüdischer Tradition wurde jeweils das ganze Buch nach diesen Worten benannt. Das fünfte Buch Mose heißt einfach „Die Worte", weil der erste Satz im Hebräischen mit „Dies sind die Worte …" beginnt. Als das hebräische Alte Testament ins Griechische übersetzt wurde, musste man einen passenderen Namen finden. Das latinisierte Wort „Deuteronomium" leitet sich aus zwei griechischen Wörtern ab, nämlich *deutero*, was „zweites" bedeutet und *nomos*, das „Gesetz".

Dieser Name lässt auf den Inhalt schließen, denn im fünften Buch Mose tauchen die Zehn Gebote aus dem zweiten Buch Mose erneut auf.

Eine zweite Lesung
Warum mussten die Zehn Gebote noch einmal wiederholt werden? Außerdem gibt es ja insgesamt 613 Ge- und Verbote des Mose, von denen viele hier nochmals erwähnt werden. Was war der Grund dafür?

Aufschluss darüber gibt uns das vierte Buch Mose. Deuteronomium wurde 40 Jahre nach dem zweiten Buch Mose (Exodus) geschrieben. Während dieser 40 Jahre starb eine gesamte Generation. Sie bestand aus allen Erwachsenen, die aus Ägypten ausgezogen waren. Sie hatten das Rote Meer durchquert, sich am Sinai gelagert und dort die Zehn Gebote zum ersten Mal gehört. Zur Zeit des fünften Buches Mose waren sie alle schon gestorben (außer Mose, Josua und Kaleb). Sie hatten das Gesetz so schnell gebrochen, dass Gott ihnen ankündigte, sie würden niemals in das Verheißene Land hineinkommen. Ihre Strafe bestand darin, 40 Jahre in der Wüste umherzuwandern, bis eine gesamte Generation gestorben war.

Die Angehörigen der nächsten Generation waren Kleinkinder, als sie das Schilfmeer durchzogen und am Berg Sinai lagerten. Die meisten von ihnen konnten sich daher kaum an das erinnern, was passiert war, als ihre Väter Ägypten verließen. Ganz sicher konnten sie sich nicht die Lesung des Gesetzes am Sinai wieder ins Gedächtnis rufen. Daher las Mose ihnen das Gesetz ein zweites Mal vor und erklärte es ihnen. Jede Generation musste den Bund mit Gott erneuern.

Es gibt einen weiteren Grund für die zweite Lesung. Er hat mit dem Timing zu tun. Sie befanden sich kurz vor dem Einzug in das Verheißene Land. In der Wüste waren sie für sich, doch nun standen sie an den Grenzen eines Lands, das bereits von Feinden bewohnt war. Das Gesetz wurde daher dem Volk ein zweites Mal vorgelesen und erklärt, als es sich am Ostufer des Jordan befand, damit es wusste, was Gott von ihm erwartete.

Zudem würde ihr Anführer Mose sie nicht mehr begleiten können. Er hatte sein Recht, ins Land einzuziehen, verwirkt, weil er Gottes Anweisungen über die Wasserversorgung aus dem Felsen missachtet hatte. Gott hatte ihm gezeigt, dass er in nur sieben Tagen sterben würde. Daher wollte Mose sicherstellen, dass diese neue Generation über die Vergangenheit Bescheid wusste und bereit war, sich der Zukunft zu stellen. Tatsächlich würden sie das Wunder der Teilung des Wassers noch einmal erleben, dieses Mal am Jordanfluss. Gott wollte, dass sie seine wunderwirkende Macht kennenlernten, genau wie die vorhergehende Generation sie erlebt hatte.

Es ist wichtig, sich den Kontext der zweiten „Gesetzgebung" bewusst zu machen. Gott führte die Israeliten zuerst durch das Rote Meer und schloss dann mit ihnen den Bund am Sinai. Er sagte ihnen erst, wie sie leben sollten, nachdem er sie gerettet hatte. Dieses Muster zieht sich durch die gesamte Bibel: Gott zeigt uns zuallererst seine Gnade dadurch, dass er uns rettet. Dann erst erklärt er uns, wie wir leben sollen.

Diese neue Generation erlebte Gottes Rettung, indem er sie durch den Jordan führte. Der Fluss war zu dieser Zeit wegen Hochwassers unpassierbar. Nach diesem Wunder zogen sie dann zu ihrem eigenen Gegenstück des Berges Sinai (zu den Bergen Ebal und Garizim), wo sie noch einmal die Segenssprüche und Flüche Gottes hörten. Nach Ablauf von 40 Jahren gab es eine Wiederholungsvorstellung für eine völlig neue Generation.

Als letztes der Bücher des Mose wurde das Buch Deuteronomium also im Lager der Israeliten auf der Ostseite des Jordan niedergeschrieben und verlesen. Mose war damals immer noch am Leben und ihr Anführer.

Das Land
Es gibt bestimmte Schlüsselbegriffe im fünften Buch Mose. Einer davon kommt fast 40 Mal vor. Er lautet: **„das Land, das der HERR, dein Gott, dir gibt."** Die Israeliten wurden daran erinnert, dass dieses Land ein unverdientes Geschenk

war. Psalm 24,1 stellt fest: „Die Erde ist des HERRN und was darinnen ist" (LUT). Wenn wir uns darüber streiten, wem das Land gehört, sollten wir uns daran erinnern, dass letztendlich alles Gottes Eigentum ist. Er gibt es, wem er will. In Apostelgeschichte 17 sagte Paulus zu den Athenern auf dem Areopag, dass Gott entscheiden würde, wieviel Raum und Zeit einer Nation auf dieser Erde zustehen.

Die zweite Wendung, die genauso oft vorkommt, ist: **„Geht hinein und nehmt das Land in Besitz."** Alles, was wir von Gott empfangen, ist ein Geschenk, doch wir müssen es ergreifen. Unsere Erlösung ist ein Geschenk Gottes, doch wir müssen „hineingehen und sie in Besitz nehmen", damit sie ganz unser wird. Gott zwingt sie uns nicht auf. Das Land in Besitz zu nehmen wurde für die Israeliten sehr kostspielig: Sie mussten darum kämpfen und ringen. Obwohl Gott uns alles schenkt, müssen wir uns anstrengen, es zu ergreifen und festzuhalten.

Eine wichtige Frage, die sich im fünften Buch Mose stellt, betrifft die Rechte am Verheißenen Land: Sollte es für immer ihnen gehören, oder konnten sie es behalten und dann auch wieder verlieren? Wir können hier zwei Schlussfolgerungen ziehen:

1. BEDINGUNGSLOSES EIGENTUM

Gott sagte, dass er ihnen das Land *für immer* geben würde. Das bedeutete jedoch nicht, dass sie notwendigerweise immer *darin wohnen*, es immer *besitzen* würden *(vergleichbar dem Unterschied zwischen Eigentum und Besitz im deutschen Recht, Anmerkung der Übersetzerin)*.

2. BEDINGTER BESITZ

Der Besitz des Landes war an Bedingungen geknüpft. *Ob* sie darin leben und es genießen konnten, hing davon ab, *wie* sie darin lebten.

Die Botschaft des fünften Buches Mose ist sehr einfach: Ihr könnt das Land so lange behalten, wie ihr mein Gesetz haltet. Falls ihr mein Gesetz nicht befolgt, dürft ihr dort weder leben noch es genießen, obwohl das Land euch gehört und ich es euch gegeben habe.

Es gibt einen Unterschied zwischen „bedingungslosem Eigentum" und „an Bedingungen geknüpften Besitz". An diesen Unterschied mussten die Propheten des Alten Testaments das Volk immer wieder erinnern. Sie erkannten nämlich, dass das Volk durch sein Verhalten das Recht, im Land zu leben, verwirken würde.

Bis heute stehen die Verheißungen Gottes unter bestimmten Bedingungen. Sie sind göttliche Geschenke, doch wie wir mit diesen Verheißungen umgehen, bestimmt, ob wir sie tatsächlich voll ausschöpfen können.

Bundesstruktur
Die Bundesstruktur, die im fünften Buch Mose beschrieben wird, war im gesamten Nahen Osten des Altertums weit verbreitet. Wenn ein König sein Reich vergrößern wollte und dazu andere Länder eroberte, schloss er mit ihnen einen sogenannten „suzeränen Vertrag" *(Suzerän bedeutet, dass ein Staat die Oberhoheit über einen anderen Staat ausübt, Anmerkung der Übersetzerin.)*. Dieser Vertrag bestimmte, dass der König die Eroberten beschützen und für sie sorgen würde, wenn sie sich gut benahmen. Taten sie das nicht, würde er sie bestrafen. Archäologen haben zahlreiche solcher Verträge aus dem Altertum entdeckt, insbesondere in Ägypten. Ihre Struktur ist genau dieselbe, wie sie im fünften Buch Mose umrissen wird.

Wahrscheinlich hatte Mose diese Art Verträge während seiner Ausbildung in Ägypten nicht nur kennengelernt, sondern auch studiert. Den Israeliten präsentierte Mose den Bund in der Form eines solchen Abkommens, denn der Herr war ihr König und sie waren seine Untertanen. Die Struktur eines suzeränen Bündnisses sah folgendermaßen aus:

- **Präambel**: „Das ist ein Vertrag zwischen dem Pharao und den Hetitern ..."
- **Geschichtliches Vorwort**, das zusammenfasst, wie die Verbindung zwischen dem König und seine neuen Untertanen zustande kam.
- **Erklärung der Grundprinzipien**, auf denen der gesamte Vertrag beruht.
- **Detaillierte Gesetze** darüber, wie sich die Untertanen zu verhalten haben.
- **Sanktionen** (d.h. Belohnungen oder Strafen): Was der König tun wird, wenn sie sich angemessen verhalten und was er zu tun gedenkt, wenn sie ihm nicht gehorchen.
- **Beglaubigte Unterschrift**, normalerweise wurden „die Götter" als Zeugen für einen Vertrag angerufen.
- **Regelung der Rechtsnachfolge**: Was passieren wird, wenn der König stirbt, sowie die Benennung eines Nachfolgers, dem sich das Volk künftig immer noch unterordnen müsste.

Der Vertrag wurde dann in feierlichem Rahmen niedergeschrieben. Der König und seine neuen Untertanen stimmten ihm zu und unterzeichneten ihn.

Die Parallelen zwischen dieser Vertragsstruktur und Form und Inhalt des Gesetzes aus dem Buch Deuteronomium sind leicht zu erkennen.

- **Präambel**   Kapitel 1,1-5
- **Historischer Prolog**   Kapitel 1,6-4,49
- **Erklärung der Grundprinzipien**   Kapitel 5-11
- **Detaillierte Gesetze**   Kapitel 12-26

DIE ANWEISUNGEN DES SCHÖPFERS

- **Sanktionen**   Kapitel 27-28
- **Anrufung des göttlichen Zeugen**   Kapitel 30,19; 31,19; 32
- **Regelung der Rechtsnachfolge**   Kapitel 31-34

Die Sanktionen sind ein sehr wichtiger Teil des Buches und helfen uns, spätere Ereignisse in der biblischen Geschichte zu verstehen. Es gab zwei besondere Strafmaßnahmen, die Gott verhängen würde, wenn die Israeliten nicht so lebten, wie er es ihnen geboten hatte.

NATÜRLICHE SANKTIONEN

Eine „natürliche" Strafe, die Gott anordnen konnte, war das Ausbleiben von Regen. Das Land, in das die Israeliten zogen, lag zwischen dem Mittelmeer und der Arabischen Wüste. Wenn der Wind aus Westen kam, brachte er Regenfälle vom Mittelmeer, die auf dem Verheißenen Land niedergingen. Doch wenn der Wind aus Osten wehte, kam heiße trockene Wüstenluft, die alles ausdörrte und das Land in eine Öde verwandelte. Zur Zeit Elias bestrafte Gott den Götzendienst des Volkes mit einer Dürre, die dreieinhalb Jahre andauerte. Auf diese einfache Art und Weise belohnte oder maßregelte Gott das Volk.

MILITÄRISCHE SANKTIONEN

Wenn die natürlichen Sanktionen nichts bewirkten, griff Gott zu deutlich heftigeren Maßnahmen. Er benutzte menschliche Akteure, um sie anzugreifen. Amos 9 berichtet uns in diesem Zusammenhang etwas sehr Bemerkenswertes: Als Israel den Jordan überquerte, brachte Gott aus dem Westen ein anderes Volk zur selben Zeit in dieses Land. Es waren die Philister. Gott schickte also ein Volk, das sich als Israels größter Feind herausstellen sollte, zeitgleich mit den Israeliten auf dasselbe Territorium. Israel ließ sich im Bergland nieder, die Philister siedelten in der

Küstenebene (heute der Gazastreifen). Wenn Gottes Volk sich gewissenhaft an die Gebote hielt, lebte es in Frieden. Wenn sich die Israeliten danebenbenahmen, schickte Gott die Philister, die sich dann um sie „kümmerten". So einfach war das.

Verdorbenheit

Das Land Kanaan wurde von einer Mischung aus Amoritern und Kanaanitern bewohnt. Gott befahl den Israeliten, diese Nationen zu vertreiben und das Land in Besitz zu nehmen. Diese Tatsache hat zu weitverbreiteter Kritik an der Bibel geführt. Ein so offensichtlicher Völkermord erscheint dem modernen Menschen barbarisch. Wie können wir einen Gott der Liebe mit einem Gott in Einklang bringen, der den Juden befiehlt, alle Völker, die im Verheißenen Land leben, abzuschlachten? Es erscheint uns unmoralisch und ungerecht.

Die Antwort auf diese Frage finden wir im ersten Buch Mose. Gott sagte zu Abraham, dass er seine Familie und ihre Nachkommen 400 Jahre lang in einem fremden Land festhalten würde, bis die Boshaftigkeit der Amoriter ihr volles Maß erreicht hätte. Gott wartete also 400 Jahre, bis diese Menschen so verdorben waren, dass sie es nicht länger verdienten, in Kanaan zu leben – oder an irgendeinem anderen Ort auf dieser Erde. Gott lässt Menschen und Völker nicht dauerhaft seinen Planeten bewohnen, ohne zu berücksichtigen, wie sie sich verhalten. Er ist sehr geduldig, doch schließlich bringt er Gericht. Die Archäologie hat viele Beweise dafür ans Licht gebracht, wie verdorben die Amoriter tatsächlich waren. Geschlechtskrankheiten waren unter ihnen weit verbreitet. Hätten sich die Israeliten mit diesen Völkern vermischt, wäre ihre Lage mit der einer Gesellschaft vergleichbar gewesen, in der jeder HIV-infiziert war; ganz abgesehen davon, dass der pervertierte Lebensstil der Bewohner Kanaans grundsätzlich einen ungesunden Einfluss auf Gottes Volk ausgeübt hätte.

Im fünften Buch Mose sagt Gott: „Nicht wegen deiner

Gerechtigkeit und der Aufrichtigkeit deines Herzens kommst du hinein, um ihr Land in Besitz zu nehmen. Sondern wegen der Gottlosigkeit dieser Nationen vertreibt der HERR, dein Gott, sie vor dir und damit er das Wort aufrechterhält, das der HERR deinen Vätern, Abraham, Isaak und Jakob, geschworen hat" (5. Mose 9,5; ELB).

Manche mögen sich fragen, warum es denn notwendig war, dass gerade die *Israeliten* sie abschlachteten. Hätte Gott die Amoriter nicht selbst vernichten können? Darauf gibt es eine sehr klare Antwort: Er musste den Israeliten beibringen, wie wichtig es war, dass sie so lebten, wie er es ihnen geboten hatte. Wenn sie sich benahmen wie die Amoriter, würden sie genau dasselbe Schicksal erleiden.

Beim Lesen des Buches Deuteronomium muss uns bewusst sein, dass wir ein *Spiegelbild* des Lebens in Kanaan präsentiert bekommen. Alles, was Gott den Israeliten verbot, passierte bereits in Kanaan. Wir können daraus rekonstruieren, was im Verheißenen Land vor sich ging, bevor die Israeliten hineinkamen. Die drei folgenden Begriffe fassen es gut zusammen:

1. UNMORAL
Wir haben schon festgestellt, dass es Geschlechtskrankheiten im Land gab. Außerehelicher Geschlechtsverkehr, Ehebruch, Inzest, Homosexualität, Transvestismus und Sodomie waren weitverbreitet. Auch Scheidung und Wiederheirat kamen häufig vor. Das fünfte Buch Mose verbietet solches Verhalten strengstens.

2. UNGERECHTIGKEIT
Deuteronomium geht auch gegen Ungerechtigkeit vor. „Die Reichen wurden immer reicher und die Armen immer ärmer". Die uralten Sünden des Stolzes, der Gier und der Selbstsucht waren offensichtlich und führten zur Ausbeutung

der Armen. Menschen mit Behinderungen, Blinde und Taube wurden nicht versorgt. Viele Menschen waren wegen des Zinswuchers nicht in der Lage, aus dem Teufelskreis der Armut auszubrechen. Gott gebot den Israeliten, selbstlos zu sein. Sie sollten sich um Taube, Blinde sowie um Witwen und Waisen kümmern. Menschen waren wichtig.

3. GÖTZENDIENST

Götzendienst war in Kanaan weit verbreitet. Es gab Okkultismus, Aberglauben, Astrologie, Spiritismus, Geister- und Totenbeschwörungen sowie Fruchtbarkeitskulte. Sie beteten dort „Mutter Erde" an und glaubte, dass sexuelle Handlungen Einfluss auf die Fruchtbarkeit des Landes hätten. In den heidnischen Tempeln gab es männliche und weibliche Prostituierte. Sex gehörte zur Verehrung der Götter dazu. Diese Praktiken waren an den Denkmälern im Land ablesbar: *Ascherabilder* in Pfahlform (phallische Symbole) waren häufig auf den Höhen zu sehen. Sie zeugten von den heidnischen Ritualen, die dort praktiziert wurden.

Das fünfte Buch Mose macht sehr deutlich, wie Gott dieses Verhalten bewertete. Es war sein Land, das nun völlig verdorben, entweiht und wertlos war. Gott konnte es nicht zulassen, dass diese Schändung so weiterging. Ist unsere heutige Zeit so anders als damals?

Das Vermächtnis des Mose
Deuteronomium ist das letzte der fünf Bücher Mose, des Pentateuch. Wie wir gesehen haben, wurde es zu einem für das Volk Israel kritischen Zeitpunkt verfasst. Sie standen kurz davor, in das Verheißene Land einzuziehen, doch Mose würde sie nicht mehr anführen. Er war damals schon ein alter Mann von 120 Jahren und befand sich in seiner letzten Lebenswoche (Das Buch endet mit seinem Tod.). Da er die Schwächen der Eltern der jetzigen Generation kannte, fürchtete er, dass sie

dieselben Wege wählen würde wie ihre Vorfahren. Er konnte die Schlachten, die sie schlagen müssten, schon voraussehen, sowohl die physischen als auch die geistlichen.

In der letzten Woche seines Lebens sprach Mose dreimal zum Volk Israel. Das ganze Buch besteht aus drei langen Reden. Jede einzelne von ihnen muss fast einen ganzen Tag gedauert haben. Die direkte Rede ist deutlich erkennbar. Es ist ein sehr persönliches und emotionales Buch. Mose redete ihnen ins Gewissen, so, wie ein sterbender Vater zu seinen Kindern spricht.

Es ist ziemlich wahrscheinlich, dass Mose in dieser letzten Woche seines Lebens, während der verbleibenden sechs Tage immer abwechselnd an einem Tag sprach und am nächsten schrieb. An den Tagen eins, drei und fünf hielt er seine Reden, um dann an den Tagen zwei, vier und sechs aufzuschreiben, was er am Vortag gesagt hatte. Er übergab seine Schriften den Priestern, die sie neben die Bundeslade legten, damit das Volk sie niemals vergessen würde. Es ist sein „letzter Wille und Testament". So übergab der größte Prophet des Alten Testaments dem Volk Gottes das Wort des Herrn.

Man kann das Buch sehr leicht in drei Teile aufteilen.

1. Vergangenheit: Rückbesinnung (Kapitel 1,1–4,43)
a. Ungehorsam wird verurteilt (1,6–3,29).
b. Gehorsam wird empfohlen (4,1–43).

2. Gegenwart: Gesetzgebung (Kapitel 4,44–26,19)
a. Liebe wird ausgedrückt (4,44–11,32).
b. Gesetz wird ausgelegt (12,1–26,19).

3. Zukunft: Vergeltung
a. Bund wird bestätigt (27,1–30,20).
b. Beständigkeit wird zugesichert (31,1–34,12).

Erste Rede (1,1–4,43) Vergangenheit

In seiner ersten Rede blickt Mose zurück auf die Zeit nach dem Bundesschluss am Sinai. Gott hatte damals einen Bund mit den Eltern seiner Zuhörer geschlossen. Er erinnerte sie daran, dass ihre Eltern 13.780 Tage für den Marsch vom Sinai bis zum Verheißenen Land benötigten. Dabei beträgt die Reisezeit eigentlich nur elf Tage. Als sie in Kadesch Barnea an der Grenze ankamen, machten sie eine Pause. Auf Gottes Anweisung hin schickten sie Männer los, je einen aus jedem Stamm, um das Land auszukundschaften. Die Kundschafter bewerteten die Qualität der Nahrung im Land als positiv, nicht jedoch ihre Chancen, es zu erobern. Die Menschen dort wären zu groß und die Städte uneinnehmbar, sagten sie. Nur zwei von ihnen, Josua und Kaleb, forderten das Volk auf, Gott zu vertrauen und vorwärtszugehen.

Israel stand alles offen, doch das Volk hatte die falsche Einstellung. Obwohl Gott treu zu ihnen hielt, verhielten sie sich treulos. Die Botschaft des vierten Kapitels ist ganz einfach: „Seid nicht wie eure Eltern. Sie verloren ihren Glauben und damit ebenso das Land. Wenn ihr an eurem Glauben festhaltet, könnt ihr auch das Land behalten."

Zweite Rede (4,44–26,19) Gegenwart

Die Gesetzgebung im zweiten Teil ist eine vergleichsweise schwierige Lektüre. Sie bildet den mit Abstand längsten Abschnitt. Mose übermittelte dem Volk das Gesetz wahrscheinlich am dritten Tag seiner letzten Lebenswoche. Diese Gebote und Verbote machten deutlich, wie die Israeliten leben mussten, wenn sie in dem Land bleiben wollten, das Gott ihnen geben würde.

Zusammenfassung

Kapitel 5: Mose beginnt mit den Grundprinzipien eines gerechten Lebens nach Gottes Vorstellungen, mit seinen rechtschaffenen Wegen, nämlich mit den Zehn Geboten. Dabei dreht sich alles um ein Prinzip, um *Respekt*. Respektiere Gott und seinen Namen, beachte seinen Tag, ehre deine Eltern, respektiere das Leben, die Ehe und das Eigentum sowie den Ruf anderer Menschen. Die schnellste Art, eine Gesellschaft kaputtzumachen, besteht darin, den Respekt auszuhöhlen.

Es ist sehr interessant, die Gesetze des Mose den Gesetzen einer heidnischen Gesellschaft gegenüberzustellen. Vergleicht man die Vorgaben des mosaischen Gesetzes mit den schlimmsten Praktiken der Heiden, wie wir es bereits bei den Amoritern in Kanaan getan haben, dann wird deutlich, wie rein und heilig die Zehn Geboten tatsächlich sind.

Kapitel 6: Das Gesetz des Bundes wird näher erläutert und ausgelegt. Uns wird der *Sinn und Zweck* des Gesetzes erklärt: Er besteht darin, die Liebe (zu Gott) von einer Generation zur nächsten weiterzugeben.

Kapitel 7: Die Israeliten müssen jede Form des Götzendienstes abschaffen (d.h., das Erste Gebot umsetzen) und die Kanaaniter auslöschen, damit diese sie nicht auf Abwege führen.

Kapitel 8: Das Volk wird ermutigt, sich voller Dankbarkeit daran zu erinnern, wie Gott mit ihm umgegangen ist. Mose warnt die Israeliten davor, dies zu vergessen, insbesondere dann, wenn Wohlstand bei ihnen Einzug hält.

Kapitel 9,1–10,11: Mose lässt die Sünde und Rebellion des Volkes Revue passieren. Er warnt es vor Selbstgerechtigkeit.

Kapitel 10,12–11,33: Das Thema dieses Abschnitts ist Gehorsam. Sind die Israeliten gehorsam, werden sie gesegnet; sind sie nicht gehorsam, werden sie verflucht – die Entscheidung liegt bei ihnen. Dieser Schwerpunkt zieht sich durch das gesamte Buch. Die Worte „höre", „gehorche" kommen 50 Mal vor, die Begriffe „tut", „haltet", „nehmt zu Herzen" und „beachtet/bewahrt" rund 150 Mal.

Gleichzeitig benutzt Mose in seinen Erläuterungen das Wort „lieben" recht häufig. Es wird 23 Mal gebraucht. Wenn du den Herrn liebst, hältst du seine Gebote. Paulus erklärt im Neuen Testament, dass die Liebe die Erfüllung des Gesetzes sei. Es geht hier nicht um Gesetzlichkeit, sondern um Liebe. Lieben bedeutet zu gehorchen, weil Liebe in Gottes Augen Loyalität bedeutet. Es geht darum, jemandem treu zu bleiben. Die Liebe und das Gesetz sind keine Gegensätze – das eine gehört zum anderen.

Kapitel 12–26: In diesen Kapiteln werden sehr viele Themen behandelt, manchmal erstaunlich detailliert. Mose wechselt in diesem Abschnitt seiner Rede vom Allgemeinen zum Besonderen, von der Vertikalen (der Beziehung zu Gott) in die Horizontale (die Beziehung zu den Mitmenschen).

Rechtliches Kontrastprogramm
Wir können diese Gesetze als „rechtliches Kontrastprogramm" betrachten. Was war so anders und so besonders am Gesetz des Mose im Vergleich zum geltenden Recht anderer Gesellschaften dieser Region?

1. NORMEN IM VERHEISSENEN LAND
Wir haben bereits festgestellt, dass die Gesetze im fünften Buch Mose ein *Spiegelbild* dessen sind, was damals im Land geschah. Einige der verblüffenderen Regelungen beziehen sich auf die Praktiken der Völker, die bereits im Verheißenen Land siedelten.

2. NORMEN IN DEN NACHBARSTAATEN

Es gibt zudem interessante Parallelen zwischen dem Gesetz des Mose und einem weiteren Gesetzeswerk des Altertums, dem sog. Kodex Hammurabi. Es handelt sich hierbei um eine Sammlung von Rechtssprüchen, die dem amoritischen König Babyloniens (oder Babels) zugeschrieben wird. Diese Gesetze wurden 300 Jahre vor Mose verfasst. Sie beinhalten Verbote zu töten, Ehebruch zu begehen, zu stehlen und falsches Zeugnis abzulegen. Zudem ist auch das berühmte „lex talionis" oder „Gesetz der Vergeltung" („Auge um Auge, Zahn um Zahn") enthalten. All das sollte uns nicht überraschen. Im Römerbrief erklärt Paulus, dass Gott sein Gesetz den Heidenvölkern „in ihr Herz geschrieben" habe. Er hat es nicht nur auf Steintafeln verewigt, sondern den Menschen aufs Herz gelegt, damit jeder wissen kann, dass bestimmte Dinge falsch sind. Jede Volksgruppe dieser Erde hat beispielsweise Inzest schon immer als Unrecht eingestuft.

Es gibt jedoch einige bedeutende Unterschiede zwischen dem Gesetz Hammurabis und dem Gesetz des Mose. Bei Hammurabi kommt nur eine Art der Strafe für jede Übertretung vor – der Tod. Im Gesetz des Mose ist die Todesstrafe recht selten. Es gibt bei Mose nur 15 Verstöße, die mit dem Tod bestraft werden. Im Vergleich zu Hammurabis Kodex ist das mosaische Gesetz nicht annähernd so streng.

Ein weiterer großer Unterschied besteht darin, dass das Gesetz des Mose Sklaven und Frauen als Menschen einstuft. Im Gesetz Hammurabis gelten sie als Eigentum. Frauen stehen im babylonischen Recht weder die Rechte noch der Respekt zu, die ihnen das mosaische Gesetz gewährt.

Der Kodex Hammurabi macht zudem Klassenunterschiede. Es gibt Adlige und einfache Leute.

Je nach Klasse findet ein anderes Recht Anwendung. Im Gesetz des Mose kommen keine Bevölkerungsklassen vor. Für alle gilt dasselbe Recht.

Schließlich sind die Gesetze Hammurabis *kasuistische* Gesetze – sie sind als Bedingungen formuliert. „*Wenn* du dies und jenes tust, *dann* musst du sterben." Die Gesetze des Mose sind hingegen *apodiktisch* (keinen Widerspruch duldend) abgefasst – nicht als Bedingungen, sondern als Gebote. „Du *sollst* dies *nicht* tun." Sie spiegeln Gottes Recht wieder, als König die Spielregeln zu bestimmen. Er erteilt Befehle, weil er die Maßstäbe festlegt.

Die Gebote und gesetzlichen Regelungen unterfallen verschiedenen Kategorien, die im Folgenden näher erläutert werden.[3]

1. Religiöse und zeremonielle Gesetze

GÖTZENDIENST/HEIDNISCHE BRÄUCHE
- Israel darf keinen anderen Göttern nachlaufen und keine Götzenbilder errichten. Wir erfahren, dass Gott ein eifersüchtiger Gott ist. Eifersucht ist ein Gefühl, das Gott angemessen ist, selbst wenn es auf den ersten Blick nicht so aussieht. Wir sind eifersüchtig, wenn wir das haben wollen, was uns zusteht. Neid hingegen begehrt das, was einem *nicht* gehört. So wie ein Mann eifersüchtig wird, wenn ein anderer ihm die Frau wegnimmt, hat Gott das Recht, eifersüchtig zu sein, wenn sein Volk anderen Göttern nachläuft.

---

[3] Für die folgende Einteilung der mosaischen Gesetze bin ich meinem Freund F. LaGard Smith zu Dank verpflichtet. Er war früher Rechtsprofessor an der Universität von Pepperdine in Malibu, Kalifornien und hat die Bibelübersetzung „New International Version" ohne Kapitel und Versangaben herausgegeben. Die biblischen Bücher ordnete er dabei chronologisch an und teilte die Gesetze in zweckmäßige Kategorien ein, genau wie hier. Die gebundene Ausgabe trägt den Titel „The Narrated Bible" (Die erzählte Bibel) und die Taschenbuchausgabe heißt „The Daily Bible" (Die tägliche Bibel). Beide sind 1978 bei Harvest House erschienen.

- Als Folge des Ersten Gebots sind insbesondere Standbilder der *Aschera* verboten.
- Es gibt Gesetze, die das Ritzen der Haut und das Scheren des Kopfes in Trauerzeiten verbieten.
- Wenn ein Verwandter versucht, die Familie zum Abfall von Gott zu verführen, muss er getötet werden – ohne jegliches Mitleid.
- Wenn die Israeliten Städte angreifen, die Götzen verehren, müssen sie die gesamte Bevölkerung töten und die Städte niederbrennen, damit sie nie wieder aufgebaut werden können.
- Götzendiener müssen auf die Aussage von zwei oder drei Zeugen hin gesteinigt werden. Einer der Zeugen hat den ersten Stein zu werfen.
- Es darf nur einen Ort der Anbetung geben. Alle „Höhen", auf denen die Kanaaniter anbeten, müssen zerstört werden.
- Die Israeliten dürfen sich nicht für andere Religionen interessieren und entsprechende Nachforschungen anstellen. Sie sollen sich davor hüten, ihre eigenen Kinder zu opfern; es ist dem Herrn ein Gräuel.

ZAUBERER, WAHRSAGER UND FALSCHE PROPHETEN

- Alle falschen Propheten, Traumdeuter und „Nachfolger fremder Götter" müssen getötet werden.
- Alle Formen des Spiritismus werden mit dem Tod bestraft: Befragung der Toten, Zauberei, Magie, Beschwörung, Wahrsagerei.
- Ein wahrer Prophet wie Mose wird angekündigt (ein Hinweis auf Jesus).
- Wenn falsche Propheten im Namen anderer Götter reden oder wenn sie prophezeien und ihre Weissagung trifft nicht ein, müssen sie getötet werden

GOTTESLÄSTERUNG
- Wer den Namen Gottes missbraucht, muss getötet werden.

HEILIGUNG DER ERSTGEBURT
- Alle erstgeborenen Tiere müssen dem Herrn geweiht werden.

DER ZEHNTE
- Ein Zehntel allen Ertrages muss beiseitegelegt werden. Alle drei Jahre werden diese Erträge an die Leviten, die Fremden, die Waisen und die Witwen verteilt.

EROBERUNG
- Körbe voller Erstlingsfrüchte von jedem Landstrich, den die Israeliten erobern, müssen vor den Herrn gebracht werden.
- Die Israeliten müssen ihre Geschichte weitererzählen, wenn sie in das Land kommen, und von ihrer Befreiung aus Ägypten berichten.
- Dankgebete sind ebenfalls zu entrichten.

SABBAT
- Bis zur Zeit des Mose gab es keinen Sabbat. Der Ruhetag ist eine neue Regel für ehemalige Sklaven, die sieben Tage die Woche arbeiten mussten, nun aber einen Tag frei bekommen.

FESTE (PILGERFESTE FÜR ALLE ISRAELITEN)
- Passahfest
- Wochenfest (Pfingsten)
- Laubhüttenfest

OPFER UND GABEN
- Wenn ein Mord begangen wird und der Täter unauffindbar bleibt, muss eine junge Kuh geopfert werden. Dadurch wird die nächstgelegene Stadt für unschuldig erklärt.

AUSSCHLUSS AUS DER GEMEINDE
- Menschen mit kastrierten oder zerstückelten Genitalien dürfen nicht in die Versammlung des Herrn kommen.
- Kinder aus verbotenen Verbindungen (bis zur zehnten Generation) können ebenfalls nicht zur Gemeinde dazugehören.
- Ammonitern und Moabitern ist es ausdrücklich verboten, sich den Israeliten anzuschließen.
- Edomiter (ab der dritten Generation) dürfen Teil der Gemeinde des Herrn werden.

GELÜBDE/SCHWÜRE
- Was immer wir geloben, müssen wir tun. Gelübde/Schwüre sind freiwillig, daher sollten sie auch ausgeführt werden. Wenn man Gott gegenüber ein Gelübde ablegt, muss es gehalten werden.

TRENNUNG
- Die Vermischung von Samen ist verboten.
- Ein Rind und ein Esel sollen nicht gemeinsam unter einem Joch gehen.
- Gewebe aus Wolle und Leinen darf nicht miteinander vermischt werden.

Diese Trennungsvorschriften erscheinen uns sehr seltsam, doch sie hatten mit alten Fruchtbarkeitsriten zu tun, die im Land weit verbreitet waren. Die Heiden glaubten, durch solche Vermischungen Fruchtbarkeit zu erzeugen.

Gott betonte jedoch, dass er Fruchtbarkeit schenke. Von daher hatten die Israeliten es gar nicht nötig, einen solchen Aberglauben zu praktizieren.

2. Regierung

KÖNIG
Obwohl es noch Jahrhunderte dauern sollte, bis die Israeliten ihren eigenen König bekamen, gab es bereits Gesetze über das Königtum.

- Gott ist ihr König – ein menschliches Königtum ist ein Zugeständnis Gottes, jedoch nicht Teil seines Planes für sein Volk.
- Wenn ein König den Thron besteigt, muss er das Gesetz des Mose persönlich abschreiben und es regelmäßig durchlesen.
- Der König soll sich weder viele Frauen nehmen, noch viele Pferde halten oder viel Geld anhäufen.

RICHTER
- Es gibt Vorschriften über die Durchführung von Rechtsstreitigkeiten vor Gericht; das schließt Regelungen über eine Berufungsinstanz mit ein. Interessanterweise wird die Missachtung des Gerichts mit dem Tod bestraft.
- Auch die Rechtsprechung ist gesetzlich geregelt: Bestechung und Begünstigung sind verboten. Ein Fremder, eine Waise und eine Witwe müssen genauso behandelt werden wie der wohlhabendste Geschäftsmann.
- Mindestens zwei oder drei Zeugen sind notwendig, die in ihren Beobachtungen vollständig übereinstimmen müssen. Wenn sie eine falsche Zeugenaussage

machen, wird genau die Strafe gegen sie verhängt, die der Angeklagte im Fall eines Schuldspruchs bekommen hätte. Wenn mein falsches Zeugnis vor Gericht also dazu führt, dass jemand eine Strafe von 1000 Euro zahlen muss, dann muss ich 1000 Euro zahlen, wenn meine Falschaussage entdeckt wird; „Auge um Auge, Zahn um Zahn."
- Es gibt Vorschriften über die Art und Weise der Bestrafung. Bei Prügelstrafe dürfen höchstens 40 Schläge verabreicht werden (Üblicherweise wurde 39 Mal geschlagen, um sicherzustellen, dass man das Gesetz nicht brach.). Exzessives Schlagen ist entwürdigend – dabei wird der Straftäter wie ein Stück Fleisch behandelt. Wenn jemand exekutiert wird, darf die Leiche nach Sonnenuntergang nicht am Baum hängen bleiben. (Der Apostel Paulus bezieht diese Vorschrift im Galaterbrief auf Jesus am Kreuz.) Es gibt keine Gefängnisstrafe.

3. Spezielle Verbrechen

GEGEN PERSONEN
- Mord wird immer mit dem Tod bestraft, es sei denn, es handelt sich um unbeabsichtigten Totschlag. Sechs Zufluchtsstädte, je drei auf jeder Seite des Jordan, sollen bestimmt werden. Dorthin kann ein Mann, der fahrlässig jemanden getötet hat, fliehen, um der Todesstrafe zu entgehen.
- Entführung wird ebenfalls mit dem Tod bestraft.
- Ein Vergewaltiger wird mit dem Tod bestraft, wenn der Übergriff auf freiem Feld stattfand. Beide Parteien werden getötet, wenn sich der Angriff in der Stadt ereignete, weil das Opfer hätte schreien können.

GEGEN DAS EIGENTUM
- Es gibt Gesetze gegen Diebstahl und das Verrücken von Grenzsteinen.

4. Persönliche Rechte und Pflichten
- Sach- und Personenschäden
- Herren und Sklaven: Sklaven haben Rechte; Arbeiter müssen rechtzeitig bezahlt werden.
- Darlehen, Zinsen und Pfand: Israelitische Gläubiger müssen Kreditnehmern aus ihrem Volk alle sieben Jahre die Schulden erlassen. Zinsen sind nicht aufzuerlegen.
- Gewichte und Maßeinheiten: Es müssen immer korrekt abgewogene Gewichtssteine verwendet werden.
- Erbrecht: Die nächsten Verwandten sind dafür verantwortlich, dass die Abstammungslinie eines Verstorbenen fortgesetzt wird.

5. Sexuelle Beziehungen
- Ehe: Strenge Vorschriften über den Bund der Ehe, für Verheiratete, für Verlobte sowie für Vergewaltigte.
- Scheidung: Scheidung ist dann nicht erlaubt, wenn der Ehemann seiner Frau einfach „überdrüssig" wird. Eine Wiederheirat mit dem ursprünglichen Ehemann nach einer Scheidung ist verboten, um die unschuldige Frau zu schützen.
- Ehebruch: Beide Parteien, die Ehebruch begangen haben, müssen sterben.
- Transvestismus: Männer in Frauenkleidern und Frauen in Männerkleidern sind dem Herrn ein Gräuel.

6. Gesundheit
- Zur Feststellung von Lepra gibt es ein gründliches Verfahren. Dieses muss eingehalten werden, wenn jemand den Verdacht hat, erkrankt zu sein. Eine Untersuchung durch den Priester gehört dazu.

- Das Aas von Tieren darf nicht gegessen werden.
- Es gibt strenge Regeln über „reine und unreine" Tiere. Kamele, Hasen, Schweine und bestimmte Vögel gehören nicht auf den Speiseplan der Israeliten.
- Fleisch und Milch dürfen nicht zusammen gekocht werden.

Dieser letzte Punkt wurde und wird von fast jedem Juden missverstanden. Die gesetzliche Regelung lautet: „Du sollst ein Böckchen nicht in der Milch seiner Mutter kochen" (5. Mose 14,21; ELB). Auf Grundlage dieses einen Verses haben die Juden ein „koscheres" Ernährungssystem aufgebaut. Es führt letztlich dazu, dass sie praktisch zwei Küchen haben mit zwei streng getrennten Sets von Töpfen, Pfannen und Geschirr und zwei Waschbecken, um sie darin abzuwaschen. So werden Milch- und Fleischprodukte strikt voneinander getrennt. Abraham tat dies jedoch nie. Vielmehr bot er seinen Besuchern ein Kalb mit Rahm und Milch an. Die Juden haben den Sinn und Zweck dieses Gesetzes vollkommen missverstanden – es hatte erneut etwas mit einem heidnischen Fruchtbarkeitskult zu tun. Die Kanaaniter glaubten, dass das Kochen eines Böckchens in der Milch seiner Mutter zu Inzest führen würde, was seinerseits die Fruchtbarkeit fördern sollte.

7. Fürsorge
- Die Israeliten werden nicht nur zur Wohltätigkeit ermutigt, sie wird ihnen vielmehr befohlen. Sie müssen Getreidegarben auf dem Feld zurücklassen, damit die Armen sie aufsammeln können.
- Eltern dürfen Respekt und Unterstützung von ihren Kindern erwarten. Ein störrischer und widerspenstiger Sohn muss getötet werden.
- Einem Nachbarn, dessen Tiere sich verirrt haben, muss man helfen.

- Die Israeliten müssen Tiere gut behandeln. Einem Ochsen, der da drischt, darf man das Maul nicht verbinden. Es ist erlaubt, Eier aus einem Vogelnest zu nehmen, doch die Vogelmutter darf nicht entfernt werden – sie muss dortbleiben, damit sie weitere Eier legen kann.

8. Kriegsdienst
- Die (mentale) Vorbereitung ist wichtig. Krieg ist nichts für Zartbesaitete. Wer Angst hat, darf nach Hause gehen.
- Die Soldaten dürfen während einer Belagerung nicht die Bäume der Stadt abhauen.
- Außerhalb des Lagers muss ein Toilettenbereich eingerichtet werden. Alle Ausscheidungen müssen in einem Loch mit Erde bedeckt werden.
- Ein Soldat, der erst kürzlich geheiratet hat, darf ein Jahr lang zu Hause bleiben, bevor er wieder Kriegsdienst leisten muss. Niemand sollte auf Kosten seiner Ehe in den Kampf ziehen.

Was können wir daraus lernen?

1. GELTUNGSBEREICH
Gott interessiert sich für alle Bereiche unseres Lebens. Ein gerechter Lebensstil beschränkt sich nicht nur auf den Sonntagsgottesdienst, sondern betrifft unser gesamtes Sein und Tun. Für alles gibt es einen richtigen Weg. Gott möchte, dass sich die Menschen in jedem Lebensbereich richtig verhalten.

2. INTEGRATION
Diese Gesetze beziehen eine erstaunlich große Bandbreite verschiedenster Lebensbereichen mit ein. Beispielsweise steht das Verbot, Kamelfleisch zu essen, gleich neben einer Vorschrift zum Feiertag. Solch ein Ansatz ist dem modernen, westlich geprägten Denken fremd. Wir

fühlen uns gedrängt, alle diese Vorschriften irgendwie unterschiedlich einzustufen. Doch Gott sagt uns hier, dass es keine Teilung unseres Lebens in geistliche und weltliche Bereiche gibt; unser ganzes Leben gehört ihm.

3. ZWECK
Die Gesetze verfolgen einen eindeutigen Zweck. Es geht nicht darum, dem Volk den Spaß zu verderben oder es durch Beschränkungen einzuengen. Ein immer wiederkehrender Satz in diesem Buch lautet, **„damit es dir gut geht und du lange lebst in dem Land"**. Gott möchte, dass wir glücklich und gesund sind, deshalb hat er uns Gesetze gegeben. Manche stellen sich einen Gott im Himmel vor, der ständig sagt, „tu das nicht" oder „du sollst nicht." Doch er spricht Verbote nur zu unserem Besten aus. Sie sind Zeichen seiner Fürsorge.

Dritte Rede (27,1–34,12) Zukunft

Die dritte und letzte Rede des Mose hat zwei Teile:

1. Der Bund wird bestätigt (27,1–30,20)
Im ersten Teil sagt Mose den Israeliten, dass sie das Gesetz selbst bestätigen müssen. Nach der Durchquerung des Jordan sollen sie sich unterhalb der Berge Ebal und Garizim aufstellen. Diese Berge liegen direkt nebeneinander und bilden eine Art Amphitheater – mit einem Tal in der Mitte. Die Anführer des Volkes sollen die Segensworte vom Berg Garizim herunterrufen und die Fluchworte vom Berg Ebal. Nach jedem Satz muss das Volk mit „Amen" antworten, was so viel bedeutet wie: „So sei es!". Kapitel 28 enthält alle diese Flüche und Segensworte (ebenso wie übrigens das Anglikanische Gebetbuch, das ihre Wiederholung in der Fastenzeit vorschreibt).

Worte haben Kraft. Der Rest der Geschichte des

Alten Testaments hängt von Israels Reaktionen auf diese Segenssprüche und Fluchworte ab. Lesen wir Kapitel 28, so scheint es, als würde uns die Geschichte Israels der letzten 4000 Jahre vor Augen gemalt.

2. Kontinuität wird zugesichert (31,1–34,12)
Josua wird im Alter von 70 Jahren zum Nachfolger des Mose ernannt. Mose übergibt dann das geschriebene Gesetz den Priestern, die es neben der Bundeslade aufbewahren. Er ordnet an, dass das ganze Gesetz alle sieben Jahre laut vorgelesen werden muss.

Mose beschließt seine Rede mit einem Lied. Wie viele andere Propheten war auch er ein Musiker. Seine Schwester Miriam sang nach der Durchquerung des Schilfmeeres. Nun trägt Mose kurz vor seinem Tod ein Lied vor. Es beschreibt die Treue Gottes und sein gerechtes Handeln an Israel. Er ist ein Fels, auf den man sich immer verlassen kann, er ändert sich nicht und ist absolut vertrauenswürdig. Nach dem Liedvortrag segnet Mose die zwölf Stämme und gibt kurze prophetische Einblicke in ihre Zukunft.

Schließlich stirbt Mose und wird begraben. Das ist der einzige Teil der fünf Bücher Mose, den er ganz sicher nicht selbst geschrieben hat! Wahrscheinlich fügte Josua die Details hinzu. Mose starb allein auf dem Gipfel des Berg Nebo, mit dem Rücken an den Fels gelehnt. Er blickte über den Jordan auf das Verheißene Land, das er jedoch selbst nie betreten würde.

Wir lesen in den Evangelien, dass Mose Jahrhunderte später mit Jesus auf einem der Berggipfel ein Gespräch führte. Doch während seines irdischen Lebens setzte er keinen Fuß in das Land Kanaan. Mose wurde auf dem Berg Nebo begraben, allerdings nicht von den Israeliten. Judas berichtet uns im Neuen Testament, dass ein Engel Mose bestattete. Als der Engel bei Mose erschien, stand der

Teufel auf der anderen Seite des Leichnams. Er behauptete, dass dieser Mann ihm gehöre, weil er einen Ägypter ermordet hätte. Doch der Erzengel Michael erwiderte dem Teufel: „Der Herr strafe dich!" So konnte Mose von dem Engel begraben werden – ein erstaunliches Ende eines bemerkenswerten Lebens. Das Volk trauerte einen Monat lang, bevor es sich bereitmachte, den Jordan zu überqueren.

Die Bedeutung des fünften Buches Mose

Deuteronomium ist der Schlüssel zur gesamten Geschichte Israels. Da das Volk unfähig und unwillig war, die Kanaaniter aus dem Land zu vertreiben, als es dort ankam, vermischte es sich sehr schnell mit den ursprünglichen Bewohnern. Die Israeliten waren bald in dieselben schlimmen Praktiken verwickelt wie die Heiden. Tatsächlich brauchten sie 1000 Jahre, von der Zeit Abrahams bis zu König David, um schließlich das Land einzunehmen, das Gott ihnen verheißen hatte. In den darauffolgenden 500 Jahren verloren sie alles wieder, wie wir im Buch der Könige noch sehen werden. Die gesamte Geschichte Israels kann in zwei Sätzen zusammengefasst werden: Gehorsam und Gerechtigkeit brachten ihnen Segen. Ungehorsam und Bosheit führten zum Fluch. Das alles macht das fünfte Buch Mose sehr deutlich.

Deuteronomium spielt auch im Neuen Testament eine große Rolle. Dort wird es achtzigmal in nur 27 Büchern zitiert.

Jesus
- Jesus ist *der* Prophet, den Mose im Buch Deuteronomium vorhersagte.
- Jesus kannte das fünfte Buch Mose sehr gut. Als er in der Wüste versucht wurde, zitierte er aus der Bibel, um sich zu verteidigen, und zwar jedes Mal aus Deuteronomium.

- In der Bergpredigt heißt es, dass auch nicht „der kleinste Buchstabe noch ein Tüpfelchen" vom Gesetz vergehen werden.
- Als Jesus aufgefordert wurde, das Gesetz des Mose zusammenzufassen, tat er es mit folgenden Worten aus dem fünften Buch Mose: „Du sollst den Herrn, deinen Gott, lieb haben von ganzem Herzen, von ganzer Seele und mit all deiner Kraft" – und mit einem Zitat aus dem dritten Buch Mose (Levitikus): „Du sollst deinen Nächsten lieben wie dich selbst."

Paulus
- Paulus zitierte aus dem fünften Buch Mose, als er über die Wichtigkeit einer Herzensveränderung der Gläubigen schrieb.
- Er zog den Tod Jesu als Beispiel für jemanden heran, der verflucht war.
- Er zitierte das Gesetz, dass man dem Ochsen nicht das Maul verbinden dürfe, um zu verdeutlichen, dass Prediger grundsätzlich Unterstützung verdienen.

Christen und das Gesetz des Mose

Wie sollen Christen in der heutigen Zeit mit dem Gesetz des Mose umgehen?

Spezielle Regeln

Wir sind nicht dem Gesetz des Mose verpflichtet, sondern dem Gesetz Christi. Daher müssen wir herausfinden, welche Gesetze des Alten Testaments im Neuen Testament wiederholt oder neu ausgelegt werden.

Beispielsweise wird im Neuen Testament von den Zehn Geboten nur das vierte Gebot über den Sabbat nicht wiederholt. Auch die Abgabe des Zehnten wird im Neuen Testament nicht verlangt. Wir werden jedoch ermutigt, großzügig, fröhlich und freiwillig zu geben. Gesetze über reine und unreine Tiere werden abgeschafft.

Allgemeine Prinzipien
Wir werden nicht *durch* Werke der Gerechtigkeit gerettet, sondern *für* Werke der Gerechtigkeit. Dieses wichtige Konzept müssen wir verinnerlichen. Die Notwendigkeit etwas *zu tun* ist im Neuen Testament genauso vorhanden wie im Alten, doch jetzt spielt die Motivation eine ebenso große Rolle. Unsere Gerechtigkeit muss die der Pharisäer und Schriftgelehrten „übertreffen". Doch jetzt geht es sowohl um *innere* als auch um äußere Gerechtigkeit. Nun haben wir den Heiligen Geist, der uns zu einem gerechten Leben befähigt. Daher werden wir durch Glauben gerechtfertigt, aber nach unseren Werken beurteilt.

Wichtig ist auch, dass das fünfte Buch Mose vor Synkretismus (der Vermischung von Religionen) warnt. Es kann uns leicht passieren, dass wir heidnische Praktiken in unser Leben integrieren, ohne es überhaupt zu merken. Halloween und Weihnachten beispielsweise waren ursprünglich heidnische Feste. Die Kirche versuchte sie „christlich umzudeuten", statt sie ganz abzuschaffen, was besser gewesen wäre.

Fazit
Deuteronomium ist ein wichtiges Buch in der Geschichte Israels, nicht nur, weil es sich um eines der fünf Bücher Mose handelt. Es erinnert das Volk an die Vergangenheit, lehrt es, wie es in der Gegenwart leben soll und fordert es auf, die Zukunft in den Blick zu nehmen. Das Buch spiegelt die Sorge des Mose wieder, dass sein Volk von Gott abfallen könnte. Gleichzeitig verdeutlicht es Gottes Wunsch und Willen, dass sein Volk ihn ehren und respektieren soll, um sich des Landes würdig zu erweisen, das er ihnen geben wird.

EIN LAND UND EIN KÖNIGREICH

7. Josua

8. Richter und Rut

9. 1.&2. Samuel

10. 1.&2. Könige

7.
JOSUA

Einleitung

Ein Lehrer fragt seine Klasse: „Wer hat die Mauern von Jericho niedergerissen?" Langes Schweigen, schließlich meldet sich Klein Fritzchen zu Wort: „Diesmal war ich's wirklich nicht!"

Der Lehrer berichtet später dem Direktor im Lehrerzimmer über den Vorfall. „Sie werden nicht glauben, was heute im Klassenzimmer passiert ist! Ich fragte, wer die Mauern von Jericho niedergerissen hätte und Klein Fritzchen antwortete: ‚Diesmal war ich's wirklich nicht!'"

„Nun, ich kenne Klein Fritzchen seit einigen Jahren", antwortet der Direktor. „Und auch seine Familie – es ist eine ehrenwerte Familie. Wenn er sagt, dass er es nicht war, dann stimmt das sicherlich."

Nach einer Weile erzählt der Direktor einem Schulinspektor, der gekommen ist, um an der Schule nach dem Rechten zu sehen, von der Antwort des Jungen. Der Inspektor erklärt daraufhin: „Wahrscheinlich ist es zu spät, um herauszufinden, wer es getan hat; lassen Sie einfach die Mauern reparieren und schicken Sie uns die Rechnung."

Die Pointe dieses Witzes ist natürlich, dass jeder wissen sollte, wer die Mauern von Jericho zum Einstürzen gebracht hat. Es ist eine der bekannteren biblischen Geschichten. Selbst wer sie nicht direkt aus der Bibel kennt, hat wahrscheinlich schon das Lied „Joshua fit the battle of Jericho" (Josua schlug die Schlacht von Jericho) gehört. Dabei handelt es sich um einen sog. Spiritual, ein christliches Lied afroamerikanischer Sklaven aus den USA. Vielen Menschen ist allerdings nur diese eine Geschichte aus dem Buch Josua geläufig. Josua ist kein sehr bekanntes

Buch. Das Wissen um die Schlacht von Jericho bedeutet zudem nicht automatisch, dass man auch daran glaubt, dass sie sich tatsächlich zugetragen hat. Denn auch diese Geschichte wirft Fragen auf: Wie kam es zum Einsturz der Mauern? Wurden sie überhaupt aktiv niedergerissen?

Ganz offensichtlich müssen wir zunächst ein paar einleitende Punkte klären, bevor wir uns dem Buch Josua zuwenden. Zuallererst ist die Frage zu beantworten, um welche Art von Buch es sich handelt; und wie sollen wir mit den unglaublich erscheinenden Geschichten, die darin vorkommen, umgehen? In einem nächsten Schritt werden wir dann den Inhalt und die Struktur Buches untersuchen. Das Thema, wie Christen aus Josua den größtmöglichen Nutzen ziehen, schließt unsere Betrachtungen ab.

Um was für ein Buch handelt es sich?
Josua ist das sechste Buch das Alten Testaments. Es kommt in der deutschen Bibel direkt nach dem fünften Buch Mose. Das erscheint logisch und stimmig. Denn am Ende von Deuteronomium steht der Tod des Mose und Josua wird zu Beginn des nächsten Buches als sein Nachfolger eingesetzt. Doch für die Juden hat der Standort des Buches eine ganz andere Bedeutung. Das Ende des fünften Buches Mose markiert auch das Ende der Thora, des mosaischen Gesetzes. Diese fünf Bücher werden jedes Jahr in der Synagoge abschnittsweise einmal durchgelesen. Zum jüdischen Neujahrsfest beginnt man mit dem ersten Buch Mose Kapitel 1, Vers 1 und schließt das Jahr mit dem fünften Buch Mose Kapitel 34, Vers 12 ab. Jedes der fünf Bücher ist nach seinen ersten Worten benannt. Sie sind das Erste, was die Leser sehen, wenn sie die entsprechende Buchrolle aus dem Thoraschrein nehmen und zum Vorlesen entrollen. Josua ist das erste Buch, das den Namen seines Autors trägt.

EIN LAND UND EIN KÖNIGREICH

Das Buch Josua ist auch eine völlig neue Art von Literatur. Die ersten fünf Bücher der Bibel bilden quasi das Grundgesetz des Volkes Israel. Sie sind die Basis all dessen, was später kommt. Im Gegensatz dazu finden wir im Buch Josua und in den nachfolgenden Büchern kein einziges Gesetz. Das Buch Josua zeigt uns zum ersten Mal, wie das Gesetz in der Praxis umgesetzt wird.

Josua wird normalerweise als Geschichtsbuch angesehen. In der deutschen Bibel gehört es zur „Geschichtsabteilung". Doch es ist mehr als nur ein Geschichtsbuch. Wie bereits im Überblick zum Alten Testament (Kapitel 1) erläutert, teilen die Juden das Alte Testament in drei Bereiche oder Abschnitte ein. Dabei behandeln sie die Bibel wie eine Bibliothek, in der sie Bücher in drei verschiedene Kategorien einordnen (siehe Seite 39). Die ersten fünf sind die „Gesetzbücher", auch Thora oder Pentateuch genannt. Als nächstes kommen die „Bücher der Propheten". Josua ist das erste Buch der „vorderen oder früheren Propheten", gefolgt von Richter, 1. und 2. Samuel sowie 1. und 2. Könige. Die Bücher von Jesaja bis Maleachi stellen mit ein paar wenigen Ausnahmen die „hinteren oder späteren Propheten" dar. Die dritte Kategorie sind „die Schriften". Dazu gehören die Psalmen, Hiob, Sprüche, Rut, das Hohelied, der Prediger, die Klagelieder, Esther, Daniel, Esra, Nehemia sowie 1. und 2. Chronik. Demnach gehören zwei Bücher, Daniel und die Klagelieder, die in der deutschen Bibel zu den Propheten gezählt werden, im jüdischen Alten Testament zu den „Schriften". Die Chronik ist das letzte Buch der Schriften, obwohl die deutsche Bibel es in die Geschichtsabteilung einordnet.

Viele überrascht es, dass Josua nach jüdischer Anordnung zu den Propheten gezählt wird. Schließlich besteht das Buch doch größtenteils aus Erzählungen. Es liest sich eher wie ein reines Geschichtsbuch. Mit der poetischen

Prophetie späterer Bücher hat es nichts gemein. Dennoch sprechen mehrere Gründe dafür, sich der Einordnung als prophetisches Werk anzuschließen.

Erstens wissen viele einfach nicht, dass Josua ein Prophet war. Als Militärführer ist er in der Tat viel bekannter. Doch er war auch ein Prophet, genau wie Mose, weil er Gottes Stimme hörte und im Namen Gottes redete. Tatsächlich sprach Josua im letzten Kapitel in der Ich-Form, als er dem Volk Gottes Worte verkündete.

Zweitens ist die biblische Geschichte in jedem Fall eine ganz besondere. Bei der Aufzeichnung historischer Begebenheiten sind immer zwei Grundsätze zu befolgen:

- Auswahl: Es ist unmöglich, alles zu berücksichtigen, selbst wenn man nur einen kurzen Zeitabschnitt behandelt. Die biblische Geschichte ist höchst selektiv. Sie konzentriert sich überwiegend auf eine Nation und nur auf bestimmte Ereignisse in deren Geschichte.
- Zusammenhang: Ein guter Historiker greift scheinbar zusammenhangslose Ereignisse auf und zeigt dann, welche Verbindungen zwischen ihnen bestehen. So entwickelt sich ein umfassendes Thema.

Wenn wir diese beiden Grundsätze berücksichtigen, erkennen wir, warum die Geschichte in Josua und in den anderen „Geschichtsbüchern" der Bibel tatsächlich *prophetisch* ist. Der Autor wählt diejenigen Ereignisse aus, die für Gott wichtig sind oder die sich auf Gottes Handeln zurückführen lassen. Nur ein Prophet kann eine solche Historie aufzeichnen. Denn nur er weiß, was dazu gehört und warum. Die Einstufung des Buches als Prophetie weist uns auch darauf hin, dass der wahre Held der Geschichte nicht Josua ist, sondern Gott selbst (Das gilt übrigens für jedes Buch der Bibel.). Wir erkennen Gottes Handeln auf dieser Erde, was er sagt und was er tut. Daher müssen wir das Buch als *prophetische* Geschichte betrachten, weil es die Realität Gottes widerspiegelt und seine Aktivitäten auf unserem Planeten. Es handelt sich aber auch um einen echten historischen Text, da er beschreibt, was tatsächlich passiert ist.

Das Schaubild unten zeigt den Unterschied zwischen den Büchern der „früheren Propheten" und den Gesetzbüchern.

DIE ERSTEN FÜNF BÜCHER	DIE FOLGENDEN SECHS BÜCHER
Erstes Buch Mose	Josua
Zweites Buch Mose	Richter
Drittes Buch Mose	1. und 2. Samuel
Viertes Buch Mose	1. und 2. Könige
Fünftes Buch Mose	
GESETZ (THORA)	PROPHETEN (FRÜHERE)
VERHEISSUNG	ERFÜLLUNG
GNADE	DANKBARKEIT
BEFREIUNG	RECHTSCHAFFENHEIT
GESETZGEBUNG	ANWENDUNG
SEGEN	GEHORSAM (LAND WIRD GEGEBEN)
FLÜCHE	UNGEHORSAM (LAND WIRD GENOMMEN)
BUND GESCHLOSSEN	BUND UMGESETZT
URSACHE	WIRKUNG

Dieses Schaubild verdeutlicht uns folgende Punkte:

1. Das Gesetz enthält **Gottes Verheißungen für Israel.** Die früheren Propheten beschreiben, **wie er diese Verheißungen erfüllte.**
2. Das Gesetz ist **Gottes Gnade,** die er seinem Volk gegenüber ausdrückte. Die früheren Propheten berichten, **wie das Volk mit Dankbarkeit auf das reagierte**, was ihm verkündet wurde (obwohl diese Dankbarkeit leider oft auch fehlte, wie wir noch sehen werden.).

3. Die Gesetzbücher erzählen, wie **Gott sein Volk aus Ägypten befreite** (Exodus). Die früheren Propheten verkünden, **wie das Volk darauf reagieren sollte**, nämlich durch einen rechtschaffenen Lebenswandel.
4. Die Bücher des Gesetzes vermitteln, dass **Gott Gehorsam segnen und Ungehorsam bestrafen würde**. Im Buch Josua sehen wir, **dass gehorsames Verhalten zum Sieg führte,** wie beispielsweise in der Schlacht von Jericho. Umgekehrt können wir auch die Auswirkungen von Ungehorsam gegenüber dem Gesetz beobachten; ein Beispiel dafür ist die Niederlage von Ai. Fortgesetzter Ungehorsam hatte zur Folge, dass die Israeliten das Land, das sie im Buch Josua einnahmen, später (in 2. Könige) wieder verloren.

Die früheren Propheten erzählen eine traurige Geschichte. Sie berichten, wie die Israeliten das Verheißene Land durch ihre Gesetzestreue einnahmen und wie sie es durch ihren Ungehorsam wieder einbüßten. Mit anderen Worten: Die ersten fünf Bücher Mose sind die Ursache, die darauffolgenden sechs Bücher die Wirkung.

Wie sollen wir die Wundergeschichten im Buch Josua einordnen?

Bevor wir uns auf das Buch selbst konzentrieren, müssen wir uns der wissenschaftlichen Diskussion stellen. Sie kann für unser Verständnis von großen Teilen der biblischen Geschichte sehr kontraproduktiv sein. Viele Theologen behaupten, dass die biblische Überlieferung nicht historisch oder wissenschaftlich nachprüfbar sei, sondern nur moralische und religiöse Bedeutung habe. Sie akzeptieren problemlos, dass Wunder zur Bibel dazugehören – solange niemand daran glaubt, dass sie tatsächlich geschehen sind! Sie vertreten die Ansicht, dass die biblische Geschichte in den Bereich der „Mythen" oder „Legenden" gehöre und damit nur geistliche Wahrheiten oder Werte vermittle. Die Bibel enthält ihrer Meinung nach jedoch keine Ereignisse, die tatsächlich stattgefunden haben.

Wir können nicht leugnen, dass bestimmte Teile der Bibel fiktiv sind. Die Gleichnisse Jesu sind so gesehen „Mythen". Es ist nicht wichtig, ob es den verlorenen Sohn tatsächlich gab oder nicht. Viel wichtiger ist, dass den Hörern des Gleichnisses wichtige Wahrheiten vermittelt wurden. Doch die Einsicht, dass die Bibel auch erfundene Geschichten enthält, bedeutet noch lange nicht, dass man den biblischen Bericht grundsätzlich als Fiktion abtun kann.

Im Neunzehnten Jahrhundert fingen Wissenschaftler an, die Wahrheit der Bibel in Zweifel zu ziehen. Diese Gelehrten behaupteten, Adam und Eva seien gar keine echten Menschen gewesen, sondern nur Wesen aus einer Sage, deren Handlungen allgemeingültige Wahrheiten vermittelten. Sie betrachteten den Sündenfall als eine bloße Geschichte, die den universellen Grundsatz verdeutlichen sollte, dass Menschen genau das immer haben wollen, was ihnen verboten worden ist. Nach ihrer Auffassung kam durch den Sündenfall auch nicht die Sünde in die Welt – und Adam und Eva waren keine realen Menschen, die eine von Gott verbotene Frucht gegessen hatten.

Dieser Ansatz begnügte sich nicht mit der Geschichte von Adam und Eva. Als nächstes kam Noahs Arche dran. Schließlich gab es kaum noch biblische Ereignisse, die von dieser Art von Umdeutung verschont blieben. Am Ende war gewissermaßen nur noch eine biblische Version von „Aesops Fabeln" übrig. Sie vermittelt geistliche Wahrheiten, enthält jedoch so gut wie keine historischen Fakten.

Der Prozess, die Bibel auf diese Art und Weise zu verstehen, hat einen langen Namen: *Entmythologisierung.* Mit einfachen Worten: Um die Wahrheit zu erkennen, muss man die Geschichte (den Mythos) praktisch entsorgen – und mit ihr auch jegliche Vermutung, dass sie auf historischen Fakten beruhen könnte. Wunder oder übernatürliche Elemente können dann als Teil des Mythos ebenfalls verworfen werden.

Die Entmythologisierung beschränkte sich nicht auf das Alte Testament. Das Neue Testament wurde ebenfalls angegriffen. Die Jungfrauengeburt, die Wunder und die Auferstehung betrachtete man als ungeschützte Ziele. Diese akademische Diskussion beeinflusste schließlich die Theologenausbildung. Es dauerte nicht lange, bis es Gemeindeleiter gab, die lehrten, es wäre nicht wichtig, ob die Auferstehung tatsächlich stattgefunden hätte. Hauptsache, die Leute *glaubten daran!* Sie behaupteten, es mache keinen Unterschied für unseren „Glauben", ob die Gebeine Jesu tatsächlich immer noch im Erdreich Israels vergammelten.

Vor diesem Hintergrund ist es nicht überraschend, dass Teile des Buches Josua seither angezweifelt wurden, vor allem die Geschichte über den Fall Jerichos. Wissenschaftler argumentierten, dass Leser in unserem hochentwickelten wissenschaftlichen Zeitalter die Wunder in dieser Geschichte nicht als Fakten akzeptieren könnten. Sie betrachteten den Bericht vielmehr als reine Erzählgeschichte. Sie würde uns vor Augen malen, dass es Gottes Wille sei, dass wir unsere Schlachten gewinnen.

Wenn man jedoch das Buch Josua entmythologisiert, muss man einen großen Teil des Buches verwerfen. Es gibt nämlich viele angebliche Mythen darin: Der Jordan vertrocknet, die Mauern von Jericho stürzen ein, riesige Hagelkörner verhelfen zum Sieg und Sonne und Mond stehen einen ganzen Tag lang still.

Wie reagieren wir nun auf diesen Versuch, den historischen Wert des Buches Josua zu untergraben?

1. Wenn wir akzeptieren, dass es keine Wunder gibt, bleibt uns ausschließlich eine menschliche Geschichte von geringem oder gar keinem geistlichen Nutzen. **Wir würden Gottes Handeln vollkommen ausschließen.** Die „Wahrheiten" oder „Werte", die wir daraus ableiten könnten, wären nicht mehr wert als die Lektionen, die wir beispielsweise aus der weltlichen Geschichte Chinas ziehen könnten.
2. Verfasser mythischer Schriften erfinden Orte und Menschen, damit man diese Literaturgattung von der echten Geschichtsschreibung unterscheiden kann. Doch die biblische Geschichte ist ganz anders. **Das Buch Josua enthält reale Orte,** die wir heute noch besuchen können: den Jordanfluss, Jericho und Jerusalem. **Es beschreibt auch reelle Volksgruppen,** die nach Angaben weltlicher Historiker zur damaligen Zeit existierten: die Kanaaniter und die Israeliten.
3. Das Buch Josua erhebt den Anspruch von **Augenzeugen der damaligen Zeit verfasst** worden zu sein. Sie schreiben in der Wir-Form, denn sie berichten über Ereignisse, die sie selbst erlebt haben. Darüber hinaus kommt der Ausdruck „bis zum heutigen Tag" im Text recht häufig vor. Zeitgenossen der Verfasser konnten also die Details selbst überprüfen. Es handelt sich daher nicht um eine Fabel mit mythischen Akteuren, sondern um eine Abfolge historischer Ereignisse. Menschen, die sie selbst erlebt hatten, berichteten darüber.
4. **Archäologen bestätigen einen Großteil der Informationen aus dem Buch Josua.** Sie haben herausgefunden, dass sich die gesamte Kultur

einiger Städte, die im Buch vorkommen, innerhalb eines Zeitabschnitts von 50 Jahren veränderte. Es ist erwiesen, dass Städte wie Hazor, Bethel und Lachisch zwischen 1250 und 1200 v. Chr. zerstört wurden. Danach kehrten ihre Einwohner zu einem viel einfacheren Lebensstil zurück. Der Zeitpunkt dieser Veränderungen stimmt gut mit Josuas Bericht über die Eroberung dieser Städte überein.

5. Wer die Wunder im Buch Josua in Frage stellt, übersieht, dass die Ereignisse an sich gar nicht notwendigerweise übernatürlich sein mussten. Es fällt uns zwar nicht schwer, das Auftreten von Wundern grundsätzlich zu akzeptieren. Doch gleichzeitig ist es interessant festzustellen, dass diese Phänomene erklärbar sind. Beispielsweise trocknet der Jordan zur Hochwasserzeit auch heute noch aus. Der Fluss schlängelt sich durch das Jordantal und unterhöhlt, gerade wegen des Hochwassers, das Ufer in den Kurven. Diese Uferböschungen können so unterhöhlt werden, dass sie zusammenbrechen und einen natürlichen Damm bilden. Das Wasser staut sich dann manchmal bis zu fünf Stunden lang. Ähnlich verhält es sich mit dem Einsturz großer Gebäude. Auch das geschieht in unserer Zeit. Kathedralen und Wolkenkratzer sind auf dieselbe Art und Weise zusammengebrochen wie die im Buch Josua beschriebenen Mauern. **Nicht die Ereignisse an sich sind übernatürlich, sondern ihr *Timing*.** Gott sagt einen Zeitpunkt voraus, und genau dann trocknet der Fluss aus oder die Mauern stürzen ein.

6. Wie schon gesagt, beschreibt die Bibel nicht die Geschichte Israels an sich. Dafür wird zu viel ausgespart. Das Buch Josua dokumentiert lediglich einen Zeitabschnitt von 40 Jahren. Doch der

Großteil der Geschehnisse während dieser Zeit wird ausgeklammert. Der Fall Jerichos allein füllt drei Kapitel, völlig überproportional, wenn man es mit der Gesamtgeschichte Israels vergleicht. **Die Bibel ist tatsächlich die Geschichte des Gottes Israels, sie schildert uns, was er getan hat.** Der Verfasser zeichnet die Zeitabschnitte auf, in denen Gott handelt, denn er ist ein lebendiger Gott. Er ist aktiv in Raum und Zeit, er spricht und er wirkt. Wenn Gott nicht eingegriffen hätte, wären die Israeliten niemals in den Besitz des Verheißenen Landes gekommen. Es war für einen Haufen ehemaliger Sklaven ohne militärische Ausbildung unter normalen Umständen einfach nicht zu schaffen, in ein so wehrhaftes Land einzumarschieren und es einzunehmen; ganz zu schweigen von der Aufgabe, die dortige Kultur, die der eigenen aus humanistischer Sicht haushoch überlegen war, durch die eigene zu ersetzen. Wenn das Thema dieses Buches jedoch Gottes Handeln ist, sollte es uns nicht überraschen, dass sein Wirken unser menschliches Verstehen übersteigt. Versuchen wir jedoch, diese Abschnitte zu entfernen oder zu entmythologisieren, so untergraben wir den Charakter und den Zweck des Buches.

Ist die Bibel nun ein Mythos oder eine wahre Geschichte? An diesem Punkt wird es persönlich, es geht eigentlich um folgende Frage: Glauben wir an einen *lebendigen* Gott? Beantworten wir diese Frage positiv, können wir die Bibel weiterhin als einen Bericht über das ansehen, was er gesagt und getan hat. Wir können uns auch fragen, warum er so gehandelt hat.

In der Bibel geht es nicht allein um Gott und auch nicht nur um den Gott Israels. Es ist die Geschichte Gottes *mit*

Israel – die Geschichte ihrer Beziehung. Unter diesem Blickwinkel müssen wir jedes Buch des Alten Testaments lesen, einschließlich Josua. Es ist weder überspannt noch übertrieben, Gottes Beziehung zu Israel als einen Ehebund zu betrachten. Die Verlobung kam mit Abraham zustande. Damals versprach Gott, dass er der Gott Abrahams und seiner Nachkommen sein würde. Die Hochzeit fand am Sinai statt. Das Volk hörte dort die Verpflichtungen und Verheißungen, die mit dem Gesetz einhergingen. Es stimmte zu, seinen Teil dieses verbindlichen Vertrages zu erfüllen, den Gott ihm vorlegte. Die Flitterwochen sollten drei Monate dauern, während das Volk an die Grenzen des Verheißenen Landes marschierte. Die Braut war jedoch nicht bereit oder willens, ihrem Ehemann zu vertrauen. Daher dauerte es 40 Jahre, bis sie endlich in das Land hineinkamen. Das Buch Josua zeichnet den Anfang ihres gemeinsamen Lebens an einem vorbereiteten Ort nach, ihrer neuen Heimat. Das Volk erhielt die Eigentumsrechte am Verheißenen Land, musste jedoch noch selbst dort einmarschieren und es eigenhändig in Besitz nehmen. Leider klappte es mit der Ehe nicht. Es gab sogar eine vorübergehende Trennung. Das Verschulden lag dabei auf Seiten der „Ehefrau". Da Gott jedoch Scheidung hasst, verstieß er sie nicht dauerhaft.

Der Inhalt des Buches Josua
Bevor wir uns den Einzelheiten zuwenden, ist es wichtig, einen Gesamtüberblick über das Buch Josua zu gewinnen. Das wird uns davor bewahren, unangemessene oder ungerechtfertigte Schlüsse über seine Bedeutung zu ziehen. Wir würden ja auch einen Roman nicht nach dem Inhalt einzelner Seiten beurteilen, ohne den Gesamtzusammenhang ins Auge zu fassen. Der Kontext eines Buches gibt jedem einzelnen Satz seine Bedeutung.

Daher müssen wir das Buch zunächst als Ganzes anschauen.

Das Buch behandelt den Zeitabschnitt von 70 bis 110 Jahren im Leben Josuas. Auch Mose führte das Volk Israel 40 Jahre lang an. Das zweite, dritte, vierte und fünfte Buch Mose berichten darüber. Der Unterschied zwischen beiden besteht darin, dass Mose Gesetzgeber und Anführer war, während Josua sich auf die Leitungsaufgabe beschränkte. Die Gesetzgebung war zu seiner Zeit schon abgeschlossen.

Struktur

Das Buch ist wie ein Sandwich strukturiert. Es gibt drei Teile: zwei dünne Scheiben Brot mit einer umfangreichen Füllung in der Mitte.

- Die obere „Scheibe" ist **Kapitel 1**, die Einführung, die **Josuas Berufung** zum Anführer behandelt.
- Die untere „Scheibe" besteht aus den **Kapiteln 23 und 24.** Sie hat Josuas **Abschiedsrede**, seinen **Tod und sein Begräbnis** zum Inhalt.

Der Hauptteil zwischen diesen beiden äußeren „Scheiben" besteht aus dem Bericht, wie Israel das Land einnahm, das Gott ihm versprochen hatte – trotz der Tatsache, dass es bereits besiedelt war. Diesen Mittelteil können wir weiter unterteilen:

- **Kapitel 2–5** behandeln den Einmarsch in das Land Kanaan durch den Jordanfluss.
- **Kapitel 6–12** beschreiben, wie sie das Land eroberten. Kapitel 12 enthält eine Liste der 24 Könige, die Josua dabei besiegte.
- **Kapitel 13–22** berichten über die Aufteilung des Landes unter den Stämmen, die es erobert hatten.

Josuas Berufung

Josua war 70 Jahre alt, als er zum Anführer berufen wurde. Man kann zwei Elemente seiner Berufung erkennen: göttliche Ermutigung und menschliche Begeisterung.

GÖTTLICHE ERMUTIGUNG

Gott sagte zu Josua, dass er ihn nach dem Tod des Mose zu dessen Nachfolger erwählt habe. Mose hatte Israel aus Ägypten herausgeführt. Josua sollte das Volk nun in das Verheißene Land hineinführen. Gott versprach, dass er Josua genauso beistehen würde, wie er Mose beigestanden hatte. Er forderte ihn auf, stark und mutig zu sein und das Gesetz sorgfältig einzuhalten. Wenn er das tue, werde er Erfolg haben.

Es ist ein ermutigender und gleichzeitig herausfordernder Anfang seiner Leitungsaufgabe. Der Ausdruck *„Erfolg haben"* (*auf Englisch „prosper", Anmerkung der Übersetzerin*) wird oft missverstanden. Er bedeutet nicht „reich werden". Wer glaubt, dass die Bibel finanzielle Belohnungen verspricht, irrt sich. In Josuas Fall bedeutete Erfolg, dass er das verwirklichen würde, was er sich in Gottes Namen vorgenommen hatte.

Diese Worte der Ermutigung sollten Josua nicht nur ein gutes Gefühl vermitteln. Gott wusste, dass seine Führung die Haltung des gesamten Volkes beeinflussen würde. Zusätzlich zu diesem wichtigen Einfluss, der sich positiv auf die allgemeine Stimmung auswirken sollte, musste Josua sicherstellen, dass seine eigene Einstellung höchsten Anforderungen entsprach. Er führte ja nicht nur eine Gruppe von Einzelpersonen in die Schlacht, die aufmunternde Worte brauchten. Er war der Anführer des Volkes Gottes. Die moralischen Standards der Israeliten würden auch ihren Erfolg auf dem Schlachtfeld beeinflussen. Daher musste Josua mit gutem Beispiel vorangehen.

MENSCHLICHE BEGEISTERUNG

Als Josua den Israeliten Gottes Entscheidung mitteilte, waren sie begeistert. Ihre Antwort war ein Widerhall der persönlichen Aufforderung Gottes an Josua. Auch sie forderten ihn auf, „stark und mutig" zu sein. Zudem versprachen sie, ihm uneingeschränkt zu gehorchen, so wie sie auf Mose gehört hatten. Das mag uns merkwürdig erscheinen, da man das Verhalten der Israeliten unter der Führung des Mose kaum als „Gehorsam" bezeichnen kann. Schließlich war es der Grund dafür, dass sie 40 Jahre gebraucht hatten, um das Verheißene Land zu erreichen. Doch diese neue Generation hatte aus dem Ungehorsam ihrer Vorfahren gelernt. Sie gehorchte Mose, solange er am Leben war, gerade bei der Eroberung Moabs und Ammons. Daher hatte sie kein Problem damit, ihre Unterstützung für den neuen Anführer zu bekräftigen. Diese neue Generation versprach ausdrücklich, das zu tun, was Josua ihr auftrug und dorthin zu gehen, wohin er sie sandte. Sie bat darum, dass Gott mit Josua sein möge, so wie er es mit Mose war.

Diese beiden Elemente der Erwählung Josuas sind auch für Dienstberufungen in der heutigen Zeit wegweisend. Es braucht beide Aspekte: ein von Gott geschenkter Eindruck, dass eine Person zu einer bestimmten Aufgabe berufen ist; und eine entsprechende Bestätigung durch das Volk Gottes, die von Herzen kommt.

Josuas Oberkommando

Im Kern dreht sich das Buch darum, wie Josua das Volk bei seinem Einzug in das Land Kanaan anführte. Es besteht aus drei Abschnitten, die sich alle ganz grundlegend mit dem Land beschäftigen.

SCHLÜSSEL ZUM ALTEN TESTAMENT

1. DER EINMARSCH

(i) Vor dem Einmarsch

Vor dem Einmarsch schickte Josua zwei Kundschafter in das Land. 40 Jahre zuvor waren 12 Kundschafter ausgesandt worden. Zehn von ihnen hatten einen negativen Bericht zurückgebracht, was dazu führte, dass Israel sich ungläubig weigerte, in das Land einzuziehen. Diesmal wurden nur zwei losgeschickt. Diese Zahl erinnert an die zwei, die beim ersten Mal einen positiven Bericht überbrachten. Kundschafter auszusenden mag ungläubig erscheinen – Gott hatte ihnen schließlich das Land doch schon versprochen! Doch sie wendeten damit einen Grundsatz an, auf den auch Jesus während seiner Zeit auf der Erde verwies: Es ist wichtig, sich zu beraten und die Kosten zu überschlagen, bevor man in den Krieg zieht. Die Israeliten wären vermessen gewesen, in Kanaan einzumarschieren, ohne zuerst ein Höchstmaß an Informationen darüber einzuholen, was ihnen dort begegnen könnte.

Der Ort, an dem die Kundschafter übernachteten, sagt uns viel über den moralischen Zustand Kanaans. Sie landeten in einem Bordell bei einer Prostituierten namens Rahab. Die Gespräche mit Rahab machen deutlich, dass die Bewohner Jerichos von den Siegen der Israeliten über die Ägypter und die umliegenden Nationen gehört hatten. Deshalb fürchteten sie sich und bezweifelten, dass sie eine Invasion der Israeliten zurückdrängen könnten. Tatsächlich war Rahab so sehr davon überzeugt, dass Gott das Land den Israeliten geben würde, dass sie sich ihnen anschließen wollte. Das Neue Testament lobt Rahab für ihren erstaunlichen Glauben und schließt sie in die Liste der großen Glaubenshelden im Hebräerbrief mit ein.

Das Geheimzeichen, das Rahab während der Invasion vor dem Tod bewahrte, erinnert uns an eine andere biblische

Geschichte: Als der Engel des Todes durch Ägypten ging, wurden die jüdischen Erstgeborenen durch das Blut gerettet, das die Hebräer an ihre Türpfosten gestrichen hatten. Rahab sollte eine rote Schnur aus ihrem Fenster hängen lassen. Dadurch würden sie und ihre Familie der Zerstörung entgehen, die über Jericho kommen sollte. Es war, als würde sie ihr Fenster mit Blut kennzeichnen, so dass der Tod ihr Haus nicht berühren konnte. Sie wurde nicht nur für ihren Glauben gelobt. Das Matthäus-Evangelium berichtet, dass diese Prostituierte in den königlichen Stammbaum Jesu aufgenommen wurde. Was für eine außergewöhnliche und bewegende Geschichte!

(ii) Während des Einmarsches
Der Jordan hatte die Wirkung eines Festungsgrabens an der Ostgrenze des Landes Kanaan. Insbesondere zur Erntezeit konnte das Hochwasser einen Stand von bis zu sechs Metern erreichen, und es gab weder Brücken noch seichte Stellen, die eine leichte Überquerung ermöglicht hätten. Wie bereits erwähnt, führte wahrscheinlich ein natürlicher Damm flussaufwärts dazu, dass der Jordan sich dort vorübergehend staute. So konnte das Volk problemlos ans andere Ufer gelangen. Das Timing war perfekt: Das Flussbett war genau in dem Moment trocken, als der Priester am Anfang des Zuges seinen Fuß hinein setzte.

Dieses Wunder ermöglichte nicht nur die Durchquerung des Flusses, sondern erfüllte noch einen zusätzlichen Zweck: Viele Angehörige der neuen Generation, die mit Josua ins Land einmarschierten, hatten das Wunder der Teilung des Roten Meeres selbst nicht miterlebt. Das Buch Exodus beschreibt diesen unerklärlichen Vorgang im Detail. Gott wollte nun seinem Volk erneut seine große Macht demonstrieren. Darüber hinaus war es ihm wichtig, dass die Israeliten lernten, der Führung Josuas zu vertrauen. Er war es ja schließlich, der sie ins Verheißene Land bringen und gegen die Kanaaniter anführen würde. Gott war mit ihm, genau wie er mit Mose gewesen war.

(iii) Nach dem Einmarsch

Die Israeliten schlugen ihr erstes Lager im Verheißenen Land in Gilgal auf. Diese Freifläche befand sich nahe der befestigten Stadt Jericho. Jericho war gebaut worden, um den östlichen Zugangsweg in die Berge zu bewachen. Bei ihrer Ankunft taten die Israeliten drei Dinge:

1. **Sie nahmen zwölf Steine aus dem Flussbett des Jordan mit und schichteten sie zu einem Steinhaufen auf.** Er sollte künftige Generationen daran erinnern, dass Gott den Fluss hatte austrocknen lassen. Das Gedenken war ein wichtiger Bestandteil der Frömmigkeit des Alten Testaments. Es gehörte zur Kultur Israels, sich durch solche Erinnerungszeichen darauf zu besinnen, was Gott in der Vergangenheit für sein Volk getan hatte. Es war eine beliebte Methode, einen wichtigen Ort durch einen Steinhaufen zu kennzeichnen. Dabei repräsentierten zwölf Steine die zwölf Stämme Israels.
2. Sie **beschnitten alle Männer.** Die neue Generation hatte sich diesem Ritus des Bundesschlusses noch nicht unterzogen, der auf Abraham zurückgeht. Josua wollte das Gesetz buchstabengetreu erfüllen – der geistliche Zustand des Volkes war ihm wichtig.
3. Sie **nannten den Ort Gilgal, was „Abwälzung" bedeutet**, denn Gott hatte die Schande Ägyptens von ihnen „abgewälzt".

Gott tat auch etwas, als sie in das Land einmarschierten: Er stellte die Versorgung mit Manna ein. 40 Jahre lang hatten sich die Israeliten täglich davon ernährt. Doch jetzt waren sie im fruchtbaren Land Kanaan angekommen, in dem „Milch und Honig fließen". Damit war das Manna überflüssig geworden. Bis heute kann man übrigens in Jericho köstliche Grapefruits und Orangen kaufen.

(iv) Der Oberbefehlshaber über das Heer Gottes
Jericho war die erste Stadt, die sie angreifen sollten, und noch vor der Schlacht machte Josua eine außergewöhnliche Erfahrung. Er näherte sich der Stadt bei Nacht, um ihre Befestigungen persönlich zu inspizieren. Dabei stieß er auf einen bewaffneten Mann.

Josua argwöhnte, dass es sich um einen Feind handeln könnte und fragte ihn, ob er zu Israel oder zum feindlichen Lager gehöre. Die Antwort „Nein" überraschte ihn, denn sie machte ja gar keinen Sinn! Doch dann fügte der Mann hinzu, dass er weder ein Angehöriger der Israeliten noch der Kanaaniter sei. Er gehöre vielmehr zu den Streitkräften Gottes und sei Teil der himmlischen Heere, nicht menschlicher Truppen. Damit fragte er Josua gewissermaßen, auf wessen Seite *er* denn stehe! Diese Person war niemand anderer als der Oberbefehlshaber über das Heer Gottes, d.h., ein hochrangiger Engel, ein Erzengel oder sogar der Sohn Gottes selbst, vor seiner Menschwerdung. Auf diese Weise wurde Josua daran erinnert, dass er selbst nicht den höchsten Rang in der Armee des Herrn bekleidete, sondern quasi nur ein Unteroffizier war. Diese Begegnung machte ihm auch deutlich, dass er weder allein kämpfte noch den Oberbefehl über Israel innehatte – vielmehr war er ein Diener Gottes und auch des Volkes.

2. DIE EROBERUNG
Die Militärstrategie für die Eroberung des Landes stand unzweifelhaft fest: Sie sollten teilen und herrschen. Josua trieb einen Keil genau durch die Mitte Kanaans und teilte

damit die Feinde in zwei Lager. Danach eroberte er zuerst den Süden und dann den Norden des Landes. Dieser Schachzug verhinderte, dass sich die Armeen Kanaans zusammenschlossen. Israel war es auf diese Weise auch möglich, Heere in beherrschbarer Größe zu bekämpfen und eine Region nach der anderen einzunehmen.

Die Ansicht, dass Josua prophetische Geschichte ist, wird dadurch erhärtet, dass die Berichte über die Angriffe auf die ersten beiden Städte so umfangreich sind. Nach Ansicht des Verfassers waren Jericho und Ai am wichtigsten. Die Lektionen, die man aus diesen beiden ersten Attacken lernen kann, sowohl die positive aus dem erfolgreichen Angriff, als auch die negative aus der Niederlage, würden sich auch bei späteren kriegerischen Auseinandersetzungen bestätigen. Die prophetische Interpretation musste künftig jedoch nicht noch einmal wiederholt werden.

(i) Das Zentrum

Jericho
Das antike Jericho befindet sich zirka 1,5 Kilometer von der modernen Stadt Jericho entfernt. Seine Ruinen in Tel Es Sultan offenbaren, dass Jericho die älteste Stadt der Welt ist. Sie wurde 8000 v. Chr. errichtet. Dort befindet sich das älteste Gebäude der Welt, ein runder Turm mit einer Wendeltreppe im Inneren. Archäologen haben diese Überreste ausgegraben. Die entscheidende Frage ist natürlich, ob man die Stadtmauern, die zu Josuas Zeiten eingestürzt waren, gefunden hat. Der Archäologe John Garstang glaubte in den 1920er Jahren, die Mauern entdeckt zu haben. Doch Kathleen Kenyon widersprach ihm und behauptete, Jericho sei zur Zeit Josuas nicht einmal bewohnt gewesen! Der Ägyptologe David Rohl wiederum korrigierte die Datierung und entdeckte eingestürzte Mauern und verbrannte Gebäude

in einer anderen Schicht der Ausgrabungen. (Siehe sein bemerkenswertes Buch, *"A Test of Time"*, zu Deutsch „Die Zeit überdauern", das 1995 im Verlag Century veröffentlicht wurde. Es erschien nach der Ausstrahlung der gleichnamigen Fernsehserie. Darin beschreibt er, wie er Ruinen aus der Zeit Josefs in Ägypten entdeckte. Noch außergewöhnlicher ist sein Buch *„Legend: The Genesis of Civilisation"*, zu Deutsch „Legende: Der Ursprung der Zivilisation", das 1998 bei Century erschien. Er lokalisiert darin den Garten Eden, in dem immer noch zahlreiche Obstbäume stehen – dabei ist Rohl selbst kein wiedergeborener Christ!)

Nach dem Fall Jerichos verfluchte Josua jeden, der versuchen würde, die Stadt wieder aufzubauen. Der Erstgeborene dieses Mannes würde bei der Grundsteinlegung sterben, sein Jüngster bei der Einsetzung der Stadttore. Das Buch der König berichtet über einen Versuch, die Stadt 500 Jahre später wieder zu errichten. Der Fluch wirkte sich genauso aus, wie Josua es vorhergesagt hatte. Obwohl Aufbauarbeiten in den Ruinen zu erwarten gewesen wären, hatte der Fluch offensichtlich eine sehr reale Abschreckungswirkung. Die Überreste Jerichos waren den Elementen ausgesetzt. Jeder, der Steine für andere Bauvorhaben benötigte, konnte sich dort bedienen. Dass einige Mauern fehlten, erhärtet daher den biblischen Bericht.

Archäologen ist es gelungen, die Größe der Stadtmauern zu rekonstruieren, indem sie ähnliche Bauten zum Vergleich heranzogen. Sie gehen davon aus, dass die Mauern von Jericho zirka neun Meter hoch waren. Es gab eine knapp zwei Meter dicke Außenmauer, dann einen Zwischenraum von dreieinhalb bis viereinhalb Metern Breite und schließlich eine dreieinhalb Meter dicke innere Wand. Als die Stadt wuchs, wurden die Mauern zum Hindernis, daher setzte man Häuser auf die Mauern, eines direkt neben das andere. Man kann sich leicht vorstellen wie ein Erdstoß die ganze Konstruktion zum Einsturz bringen konnte. Die Bibel berichtet uns, dass das langanhaltende Kriegsgeschrei von 40 000 Männern und der Lärm der Widderhörner zum Auslöser des Einsturz wurden. Vielleicht reichte dieser Schall aus – ähnlich wie eine Opernsängerin eine Glühbirne zerspringen lassen kann, wenn sie in einer bestimmten Lautstärke einen sehr hohen Ton trifft. Das Haus, aus dessen Fenster eine rote Schnur hing, blieb als einziges stehen – es war das Haus der Prostituierten Rahab. Sie wurde verschont, weil sie an den Gott Israels glaubte.

Kämpfen war gar nicht mehr nötig, so groß war die Zerstörung – die Israeliten gingen einfach hinein und nahmen die Stadt ein. Doch die Siegesfeiern standen unter einer Bedingung. Gott sagte ihnen, dass ihm die Stadt gehörte, vergleichbar den Erstlingsfrüchten der Ernte. Die Israeliten mussten anerkennen, dass es Gottes Sieg war, nicht ihr eigener. Er erlaubte ihnen, die Städte zu plündern, die sie zukünftig einnehmen würden, aber nicht Jericho. Doch ein Mann widersetzte sich diesem Befehl, und das bringt uns zur nächsten Geschichte.

Ai

Die blühende Stadt Ai befand sich in den Bergen oberhalb von Jericho. Doch diesmal verloren die Israeliten die Schlacht. Israel beging zwei Fehler. Der erste war, dass sie zu selbstsicher wurden. Josua setzte weniger Soldaten ein, weil er glaubte, dass die Eroberung dieser Stadt genauso einfach sein würde wie die Einnahme Jerichos. Die Israeliten lernten folgende wichtige Lektion: Es ist verhängnisvoll zu glauben, Gott werde ein Vorhaben auf genau dieselbe Art wieder segnen, nur, weil er es in der Vergangenheit schon einmal getan hat.

Der Mann, der sich an der Beute von Jericho bediente,

beging den zweiten Fehler. Achan nahm sich einen babylonischen Mantel, 200 Schekel Silber und einen Goldbarren, der 50 Schekel wog. Er glaubte, niemand würde das Verschwinden dieser Gegenstände bemerken. Als Josuas Soldaten Ai zum ersten Mal angriffen, wurden sie in die Flucht geschlagen. Verzweifelt fragte Josua Gott, warum er dies zugelassen hätte, insbesondere jetzt, da das Ansehen der Israeliten wuchs. Gott erklärte ihm, Israel habe gesündigt; einer von ihnen hätte sich etwas genommen, das Gott geweiht war. Daher warfen sie das Los, um zunächst den schuldigen Stamm, dann die Sippe und schließlich Achans Familie zu identifizieren.

Es mag uns sonderbar erscheinen, eine Sache von solcher Wichtigkeit durch das Los zu entscheiden. Doch die Israeliten glaubten, dass Gott jede Situation unter seiner Kontrolle hätte. Er würde erlauben, dass das Losverfahren die richtige Person traf. Und genauso geschah es. Die Israeliten nutzten zeit ihrer Geschichte eine ähnliche Methode. Der Priester trug in seiner Brusttasche einen schwarzen und einen weißen Stein, die sogenannten Urim und Tummim. Man zog diese Steine, um zu entscheiden, was man tun sollte. Wenn der weiße Stein gezogen wurde, war die Antwort positiv, der schwarze Stein bedeutete einen negativen Bescheid. Gottes Volk setzte diese Praxis bis zur Ausgießung des Heiligen Geistes zu Pfingsten fort. Von da an leitete der Heilige Geist die Gläubigen und solche Methoden wurden nie wieder bemüht.

Achan wusste, dass er schuldig war. Hätte er seine Schuld früher bekannt, wäre ihm möglicherweise vergeben worden. Doch er hatte sich geweigert, reinen Tisch zu machen. Seine Familie war ebenfalls an der Tat beteiligt, weil sie ihn gedeckt hatte. Daher wurden alle gesteinigt. Es ist beängstigend, dass die Sünde einer Person dazu führen kann, dass ein ganzes Volk in Ungnade fällt.

Nachdem die Israeliten diese Sünde bestraft hatten, kämpften sie erneut gegen Ai, und diesmal waren sie erfolgreich.

Die Berge Ebal und Garizim
Nach der Zerstörung Ais führte Josua das Volk zu zwei Bergen im Zentrum des Landes. Mose hatte ihnen klare Anweisungen gegeben, wie der Bund zu erneuern sei, den Gott mit dem Volk am Sinai geschlossen hatte. Sie mussten die Gesetze, die er ihnen gegeben hatte, auf unbehauene Steintafeln schreiben. Dann sollten sie sich in zwei Gruppen aufteilen, von denen eine auf dem Berg Garizim stand. Sie rief die Segensworte des Bundes vom Berg hinunter. Die andere Gruppe lies die Flüche vom Berg Ebal erklingen. Diese Berge bilden ein natürliches Amphitheater, daher konnte jede Gruppe die andere hören und mit „Amen" auf ihre Aussprüche antworten.

(ii) Der Süden
Trotz dieser Bestätigung des Bundes war das Volk immer noch fehlbar. Es beging unmittelbar danach einen großen Fehler im Umgang mit den Gibeonitern. Die Gibeoniter waren eine Stammesgruppe im Land Kanaan. Sie hatten begriffen, dass sie einem Angriff der Israeliten wahrscheinlich nicht würden standhalten können. Stattdessen setzen sie auf List und Tücke. Sie besuchten das Lager der Israeliten in abgenutzten Kleidern und mit geflickten Schuhen an den Füßen. Ihre Weinschläuche waren alt, ebenso wie ihre Reisesäcke. Das Brot ihrer Wegzehrung war vertrocknet und schimmelig. Sie behaupteten, aus einem fernen Land zu stammen und dort von Israel gehört zu haben. Nun suchten sie bei den Israeliten Schutz.

Der Text berichtet, dass die Männer Israels diese Geschichte für bare Münze nahmen und den Herrn nicht befragten. Erst später erkannten sie ihren Irrtum, doch da war es schon zu spät. Die Israeliten durften die vier Städte der Gibeoniter nicht antasten, da sie einen Eid geschworen hatten, ihr Leben zu schonen. Der Vertrag, den die Gibeoniter durch Täuschung erschlichen hatten, wurde ihnen zum Schutz. Sie dienten dem Volk Israel als Holzfäller und Wasserschöpfer. Daher konnte Israel dieses Volk nicht aus seinem Land vertreiben.

Gibeon spielte auch weiterhin eine Rolle. Als der König von Jerusalem, Adoni-Zedek, von dem Vertrag hörte, den die Gibeoniter mit den Israeliten geschlossen hatten, rief er vier Könige der Amoriter dazu auf, sich ihm anzuschließen und Gibeon anzugreifen. Die Gibeoniter baten Israel um Hilfe. Die Schlacht begann. Gott versprach den Israeliten den Sieg und schickte Hagelsteine, die so groß waren, dass mehr Feinde durch diesen Hagelsturm umkamen als durch das Schwert.

Genau zu diesem Zeitpunkt bat Josua Gott um ein außergewöhnliches Wunder. Er wusste, dass er seinen Siegeszug gegen den Feind nicht fortsetzen konnte, sobald die Dunkelheit einsetzte – denn bei Sonnenuntergang wurden alle Kampfhandlungen eingestellt, wie auch immer die Lage auf dem Schlachtfeld aussah. Es war einfach nicht mehr möglich, zwischen Freund und Feind zu unterscheiden. Josua äußerte daher ein beispielloses Gebetsanliegen: Die Sonne sollte stillstehen, damit der Kampf weitergehen konnte! Sein erstaunlicher Glaubensmut wurde belohnt, denn wir können nachlesen, dass die Sonne einen ganzen Tag lang am Himmel stehen blieb. Der Sieg war vollkommen.

Die Militäroffensive im Süden ging weiter, Siege über Bethel und Lachisch folgten (Aus der Archäologie wissen wir, dass beide Städte zwischen 1250 und 1200 v. Chr. zerstört wurden.). Die ganze Region wurde unterworfen.

(iii) Der Norden

Nachdem das Volk den Süden erobert hatte, wandte es sich nach Norden. Da die Könige im Norden bereits von den Erfolgen der Israeliten gehört hatten, vereinigten sie ihre Truppen zum Kampf. Doch erneut versprach Gott den Israeliten den Sieg. Die Wagen ihrer Feinde wurden verbrannt und ihre Pferde gelähmt.

Die Städte auf den Hügeln waren die einzigen, die nicht vollständig zerstört wurden, abgesehen von Hazor. Josua brannte die Stadt nieder. Archäologen bestätigen, dass Hazor zu dieser Zeit, zwischen 1250 und 1200 v. Chr., durch Feuer verwüstet wurde.

Auf den Bericht über den Eroberungsfeldzug folgt eine interessante Zusammenfassung der Aktivitäten der Israeliten. Darin heißt es, dass der Herr die Herzen der Nationen verstockte, so dass sie gegen Israel in den Krieg zogen. Offensichtlich waren ihre Sünden so groß und umfangreich, dass ihre vollständige Vernichtung die einzige Lösung darstellte.

3. VERTEILUNG

Bevor wir im Text weitergehen, müssen wir den Unterschied zwischen *Besetzung* und *Unterwerfung* klarstellen. Besetzung bezieht sich auf Orte, Unterwerfung auf Menschen. Obwohl das Land ihnen gehörte, weil sie die anderen Völker unterworfen hatten, mussten die Israeliten immer noch große Landflächen einnehmen. Der Großteil der verbleibenden Kapitel beschäftigt sich mit diesem Prozess.

Die Verteilung des Landes geschah durch eine landesweite Verlosung. Daher glauben manche, dass Gott diese Art der Lotterie gutheiße, wie sie in vielen Ländern, einschließlich Großbritanniens, stattfindet. Dabei ist jedoch ein entscheidender Unterschied zu beachten: Lotterien werden durchgeführt, damit Menschen das Ergebnis nicht beeinflussen können. Israel wählte die Lotterie jedoch ganz bewusst, damit *Gott* ihr Resultat beeinflussen konnte. Für Gott, der ja sogar den Lauf der Sonne bestimmte, war das ein Leichtes.

(i) Das Ostjordanland
Das Land selbst ist faszinierend. Das Buch Josua gibt uns einen Überblick. Es ist genauso groß wie Wales und stellt den einzigen grünen Teil des gesamten Nahen Ostens dar. Die Arabische Wüste liegt östlich davon, die Negev-Wüste südlich. Der Regen kommt vom Mittelmeer.

Mose hatte den Rubenitern, den Gaditern und dem halben Stamm Manasse das fruchtbare Land östlich des Jordan versprochen, unter der Bedingung, dass sie bei der Eroberung Kanaans mithalfen. Dieses Versprechen löste Josua ein.

Während der gesamten Aufteilung des Landes drehte sich alles um den Begriff „Erbteil". Das Land war Israels Erbe, nicht nur vorübergehend und nicht nur während der Lebenszeit der Eroberer. Vielmehr sollten sie es als ihre beständige Heimat an ihre Nachfahren weitervererben.

(ii) Das Westjordanland
In Gigal: 2 ½ Stämme
Kaleb war einer der zwölf Kundschafter gewesen, der 45 Jahre zuvor mit einem positiven Bericht über das Land zurückgekehrt war. Jetzt, mit 85, war er immer noch so stark wie damals im Alter von 40 Jahren. Er wandte sich an Josua und bat ihn darum, das Gebirge einnehmen zu dürfen, das ihm so viele Jahre zuvor versprochen worden war. Josua segnete ihn und gab ihm die Stadt Hebron.

Die Töchter Manasses erinnerten Josua an das Versprechen des Mose, ihnen ebenfalls Land zu geben. Die Söhne Josefs behaupteten, zu zahlreich für das Land zu sein, das sie erhalten hatten. Daher bekamen sie noch Waldgebiete dazu, die sie roden durften.

Das Buch beschreibt mit beachtlicher Genauigkeit, welche Städte und Dörfer jedem Stamm zugeteilt wurden, wobei gelegentlich auch andere Begebenheiten erwähnt werden. Wir erfahren beispielsweise, dass die Israeliten ihre Feinde nicht besiegen konnten, als der Stamm Juda vergeblich versuchte, die Jebusiter aus Jerusalem zu vertreiben.

In Silo, 8 ½ Stämme
Mehrere Stämme hatte noch kein Land zugewiesen bekommen. Daher wählte jeder Stamm Männer aus, die das Land begutachten sollten, um es dann weiter zu unterteilen.

(iii) Besondere Städte
Zufluchtsstädte
Es gab sechs besondere Zufluchtsstädte, je drei auf jeder Seite des Jordan. Dorthin konnten Totschläger fliehen, die von den Bluträchern verfolgt wurden. Im jüdischen Recht gab es eine Unterscheidung zwischen unabsichtlicher, fahrlässiger Tötung und vorsätzlichem Totschlag. Durch die Bestimmung dieser Städte konnte das Gesetzt nun zur Anwendung kommen.

Leviten
Als das Land ausgelost wurde, erhielten die Leviten kein Land an sich, kein spezifisches Territorium. Der biblische Text ist hier sehr deutlich. Es wird berichtet, dass der Herr ihr Erbteil war – Gott zu dienen genügte ihnen. Natürlich mussten die einzelnen Leviten dennoch irgendwo wohnen. Daher teilte man ihnen durch das Los Städte mit Weideland zu, die auf dem Gebiet der anderen Stämme verstreut waren.

(iv) Der Altar im Ostjordanland

Gegen Ende des Buches Josua erfahren wir, wie eine potenzielle Tragödie verhindert wurde. Als die zweieinhalb Stämme zu ihrem Land jenseits des Jordan am Ostufer zurückkehrten, gab Josua ihnen eine besondere Aufforderung mit: Sie sollten darauf achten, Gott zu lieben, in seinen Wegen zu wandeln und seine Gebote zu halten. Doch kaum hatten sie ihr Zuhause erreicht, bauten sie in Peor am Jordan einen Altar. Die anderen Stämme hielten das für Götzendienst und erklärten ihnen sofort den Krieg. Glücklicherweise beschlossen sie jedoch, mit ihren Brüdern zu reden, bevor sie zuschlugen. Die „schuldigen" Stämme machten geltend, der neue Alter sei ihr Erinnerungszeichen daran, dass sie immer noch zu Gottes Volk auf der anderen Seite des Flusses gehörten. Diese Erklärung beruhigte die besorgten Stammesfürsten und ein Krieg wurde verhindert.

Josuas Vermächtnis

Die letzten beiden Kapitel sind das bewegende Finale des Buches. Josua war sich seines fortgeschrittenen Alters bewusst. Er hatte 40 Jahre gedient und wusste, dass er bald sterben würde. Daher wollte er für die Zukunft des Volkes Vorsorge treffen.

Ein wichtiger Unterschied zu Mose besteht darin, dass Josua keinen Nachfolger bestimmte, während Mose Josua zu seinem Nachfolger einsetzte. Das mag sonderbar erscheinen, doch ab diesem Zeitpunkt konnte die Führungsaufgabe nicht mehr nur auf den Schultern eines einzelnen Mannes lasten. Die Anforderungen an die Leitung hatten sich verändert und das Volk war im ganzen Land verstreut. Ein Einzelner konnte sie nicht mehr effektiv anführen, da ein so großes Territorium abzudecken war. Daher gab er seinen Auftrag an sie alle weiter.

Josuas Botschaft war sehr eindringlich und klar: Gott hatte ihnen nicht nur versprochen, sie zu segnen, wenn sie gehorsam waren, sondern ihnen auch verheißen, sie zu verfluchen, wenn sie ihm nicht gehorchten. Gott hatte sie ins Land gebracht, genau wie er es zugesagt hatte. Doch sie mussten dem Gesetz folgen, wenn sie seine Gunst dauerhaft erleben wollten.

Josua gab Gott alle Ehre dafür, dass Israel das Land eingenommen hatte. Obwohl er das Volk angeführt hatte, war ihm bewusst, dass Gott es war, der für sie kämpfte. Sie sollten Gott für ihre Erfolge danken. Er schloss seine Rede mit der Aufforderung an die Israeliten ab, Gott einen Treueeid zu schwören.

Das letzte Kapitel ist in einem völlig anderen Stil verfasst. Josua spricht hier in der Ich-Form, genau wie im vorhergehenden Kapitel, doch diesmal redet er im Namen Gottes. Seine letzte Botschaft ist prophetisch und wird auch so vom Volk verstanden.

(i) Gnade

Zunächst erinnert Gott die Israeliten an alles, was er für sie getan hat. Josuas Rolle wird dabei nicht erwähnt.

(ii) Dankbarkeit

Jetzt redet Josua. Er fordert das Volk auf, Gott zu fürchten, ihm zu dienen, ihm treu zu sein und sich aller anderen Götter zu entledigen. Dann spricht er für sich selbst und sein Haus: „Wir wollen dem Herrn dienen."

Das Volk gelobt Josua, Gott nachzufolgen, woraufhin Josua einen Stein als Zeugen aufstellt. Dreimal erklärt das Volk „Wir wollen dem Herrn dienen."

Die letzten Verse des Buches beschreiben drei Beerdigungen: das Begräbnis Josuas, die Beisetzung der Gebeine Josefs und die Beerdigung Eleasars. Vierzig

Jahre lang hatten die Israeliten einen Sarg mit sich herumgetragen, der die Gebeine Josefs enthielt. Denn es war Josefs letzter Wunsch gewesen, im Verheißenen Land beerdigt zu werden. Nun konnten seine Überreste endlich in dem Land begraben werden, nach dem Josef sich vor Zeiten gesehnt hatte.

Drei Beerdigungen schließen also dieses Buch ab. Wir erfahren auch, dass das Volk so lange Gott treu blieb, wie Josua und die Ältesten seiner Generation am Leben waren. Doch als die nächste Generation heranwuchs, veränderte sich die Lage dramatisch zum Negativen.

Man kann die Lektionen aus dem Buch Josua in zwei einfachen Sätzen zusammenfassen:

- Ohne Gott **konnten** die Israeliten es nicht schaffen.
- Ohne die Israeliten **wollte** Gott es nicht tun.

Diese beiden Erkenntnisse sind sehr wichtig. Es ist sehr einfach, alle Verantwortung auf Gott zu schieben oder sie ganz auf sich zu nehmen. Die Bibel bringt diese beiden Optionen ins Gleichgewicht: Ohne Gott können wir nicht schaffen, was er uns aufträgt; doch ohne uns will er es nicht tun. Die Veränderung des Verbs ist wichtig – es ist nicht so, dass Gott es ohne uns nicht könnte. Aber er *will* es einfach nicht. Wenn Josua und das Volk Israel nicht mit Gott zusammengearbeitet hätten, wären sie nicht in das Verheißene Land gekommen. Doch ohne Gott und sein Eingreifen hätten sie es auf gar keinen Fall geschafft.

Göttliches Eingreifen

1. GOTTES WORTE

Gottes Worte spielen im Buch Josua eine wichtige Rolle. Wir erfahren von seinem feierlichen Bund mit Israel, den er niemals brechen würde. Er hatte bei sich selbst geschworen, dass er bei ihnen bleiben würde, und das Land war sein versprochenes Geschenk. Gott hält immer Wort – er kann nicht lügen. Folglich berichtet uns das Buch Josua, wie Gott Israel das ganze Land gab, das er ihren Vorvätern durch einen Eid zugesagt hatte.

2. GOTTES TATEN

Gottes Taten sind mit seinen Worten verknüpft. Wir lesen, dass Gott für Israel kämpfen und die anderen Nationen aus dem Land vertreiben würde.

Das Buch Josua ist voller handfester Wunder: die Teilung des Jordanflusses, die plötzliche Einstellung der Manna-Versorgung, der Einsturz der Mauern von Jericho, die Hagelstürme, die zur Niederlage der fünf Könige beitrugen, die Verlängerung des Tages durch den Stillstand der Sonne sowie das Losverfahren, das entschied, wie das Land aufzuteilen war.

Der Verfasser des Buches Josua achtet sorgfältig darauf, Gott für diese erstaunlichen Begebenheiten die Ehre zu geben. Gott war wahrhaftig mit Israel. Der Name *Immanuel* kann vier mögliche Bedeutungen haben bzw. kann auf vier verschiedene Arten und Weisen betont werden:

1 *Gott* ist mit uns!
2 Gott *ist* mit uns!
3 Gott ist *mit* uns!
4 Gott ist mit *uns*!

Die vierte Variante trifft die Bedeutung des biblischen Textes am besten. *Immanuel* heißt: „Gott ist auf *unserer* Seite" – die Betonung liegt darauf, dass er für uns kämpfen wird, nicht für die anderen. Das Buch Josua bezeugt diese Wahrheit.

Menschliche Kooperation (positiv)
Gott wirkt dadurch, dass Menschen mit ihm kooperieren. Er kämpfte nicht allein. Die Israeliten mussten selbst auf das Schlachtfeld ziehen und sich dem Feind tatsächlich stellen. Ohne sie hätte Gott es nicht getan – sie mussten in das Land einmarschieren und aktiv werden. Gott versicherte ihnen, dass er ihnen jeden Fußbreit des Landes, auf dem sie standen, geben würde.

1. IHRE HALTUNG

Keine Furcht (negativ)
Die Israeliten sollten sich nicht fürchten, als sie loszogen und in das Land einmarschierten. Josua erhielt diesen Befehl ganz am Anfang. Furcht war der Grund für das Versagen des Volks 40 Jahre zuvor, als es sich geweigert hatte, in das Land Kanaan einzuziehen.

Sondern Glaube (positiv)
Wenn sie jede Schlacht gewinnen wollten, mussten sie eine Haltung der Zuversicht und des Gehorsams an den Tag legen. Dieser Glaube zeigte sich in Aktion, als sie dem Befehl des Herrn gehorchten und sieben Mal schweigend um Jericho herum marschierten. Gewiss hätten sie lieber gleich losgelegt und angefangen zu kämpfen! Sie mussten andererseits auch bereit sein, etwas zu riskieren. Josua ging das Risiko ein, Gott öffentlich darum zu bitten, die Sonne stillstehen zu lassen.

2. IHR VERHALTEN
Die Folge ihrer Zuversicht sollte Gehorsam sein. Sie hatten auf Gottes Wort zu reagieren und es zu befolgen – sie mussten tun, was er ihnen sagte. Das erinnert uns daran, dass es notwendig ist, Gottes Gaben aktiv zu empfangen.

Den Israeliten wurde jeder Ort gegeben, auf den sie ihre Füße setzten; doch es bedeutete, dass sie etwas tun mussten, um sich ihr Erbe anzueignen. Es kam nicht automatisch.

Wir müssen darauf achten, unseren Glauben und unsere Werke in einem anspruchsvollen Gleichgewicht zu halten. Oliver Cromwell fasste dies auf brillante Art und Weise zusammen, als er einmal seine Soldaten aufforderte: „Vertraut auf Gott und haltet euer Schießpulver trocken." Oder, wie C.H. Spurgeon sagte: „Bete, als ob alles von Gott abhinge und arbeite, als ob es nur auf dich ankäme."

Wären die Israeliten jedoch zu selbstbewusst und Gott gegenüber ungehorsam geworden, dann hätten sie jede Schlacht verloren. Aus diesem Grund nehmen die beiden Geschichten über die Eroberungen Jerichos und Ais so viel Platz ein. Ein Angriff war erfolgreich, während der andere (beim ersten Mal) in einer Niederlage endete. Wenn wir die Lektionen aus den Eroberungen dieser beiden Städte lernen, dann sind wir in der Lage, unser eigenes „verheißenes Land" einzunehmen.

Menschliche Kooperation (negativ)
Die Bibel ist ein sehr ehrliches Buch. Sie thematisiert Schwächen genauso wie Stärken. Das Buch Josua berichtet von drei Fehlern, welche die Israeliten begingen, als sie das Land einnahmen.

Der erste Fehler geschah in Ai. Sie wurden von einer überlegenen Armee besiegt, weil sie zu selbstbewusst waren. Die vorige Generation war zu wenig selbstsicher und hatte sich der Feigheit schuldig gemacht. Doch diese Generation hatte zu großes Selbstvertrauen und wurde von ihrer Dummheit eingeholt. Beide Haltungen waren gleich schädlich.

Der zweite Fehler unterlief den Israeliten, als sie sich von den Gibeonitern täuschen ließen und einen Schutzvertrag mit ihnen abschlossen. Ihre Weigerung, zunächst den Herrn zu befragen, was sie tun sollten, war diesmal der Grund für ihr Versagen.

Der dritte Fehler passierte, als die zweieinhalb Stämme am Ostufer des Jordan einen Altar errichteten und die Stämme auf der anderen Seite des Flusses ihnen daraufhin Verrat und Abfall vom Herrn vorwarfen. Dieses Missverständnis führte fast zu einem Bürgerkrieg.

Bedeutung für uns als Christen

In 1. Korinther 10 und Römer 15 heißt es, dass alle vergangenen Ereignisse aufgeschrieben wurden, damit wir aus ihnen lernen. Wo wird nun im Neuen Testament auf das Buch Josua Bezug genommen und wie können wir seine Lektionen heute anwenden?

Glaube

Josua und die Hure Rahab werden uns in Hebräer 11 als Vorbilder des Glaubens präsentiert. Sie sind Teil der „Wolke von Zeugen", die uns umgibt.

Jakobus erklärt, dass Glaube ohne Werke „in sich selbst tot" sei; er kann uns nicht erretten. Wieder wird Rahab als positives Beispiel herangezogen, weil sie die Kundschafter aktiv versteckte und sich von ihrer Vergangenheit verabschiedete, um den Glauben Israels anzunehmen.

Sünde

Das Buch dokumentiert auch sehr anschaulich die Probleme, die durch die Sünde eines einzelnen für ein ganzes Volk entstehen können. Das Fehlverhalten von Hananias und Saphira im Neuen Testament entspricht exakt der Sünde Achans. Die Apostelgeschichte berichtet, wie dieses Ehepaar die Gemeinde um Geld betrog, das es der gemeinschaftlichen Gemeindekasse vorenthielt.

Achan hingegen täuschte das Volk dadurch, dass er sich nicht dazu bekannte, Gegenstände aus Jericho gestohlen zu haben. Die Folge war in beiden Fälle die gleiche – Gott richtete die Schuldigen. Hananias und Saphira fielen sofort tot um, während Achan vom Volk gesteinigt wurde.

Rettung
Das Buch stellt auch ein wunderbares Bild für unsere Errettung dar. Josuas Name lautete ursprünglich Hoschea, was „Rettung" bedeutet. Doch Mose änderte ihn in Jehoschua bzw. Jeschua um, „der HERR ist Rettung". Die griechische Version des Alten Testaments übersetzt ihn mit „Jesus".

Der Name Mose bedeutet „herausgezogen". Somit beschreiben sein Name und der Josuas gemeinsam den Fortschritt Israels auf seinem Weg in das Verheißene Land. Mose führte sie aus Ägypten heraus, doch erst Josua, der Retter, brachte sie in das Verheißene Land hinein. Der Auszug aus Ägypten war an sich noch nicht die Errettung, sondern erst der Einzug in Kanaan.

Diese Geschehnisse illustrieren einen wichtigen Grundsatz: Christen werden nicht nur *von oder aus* etwas errettet, sondern sie werden auch *zu* etwas erlöst. Es ist sehr leicht möglich, aus Ägypten auszuziehen aber immer noch in der Wüste herumzuirren. Man kann den Lebensstil eines Ungläubigen zwar abgelegt haben aber gleichzeitig immer noch nicht in den Genuss des herrlichen Lebens als Christ gekommen sein.

Das Konzept des Verheißenen Landes
Schließlich müssen wir uns fragen: Wie sollte ein Christ das Konzept des Verheißenen Landes auf sein Leben anwenden?

HIMMEL

Manche glauben, das Verheißene Land stelle den „Himmel" dar. Ein Kirchenlied enthält beispielsweise folgenden Vers: „Komm ich zu des Jordans Fluten, sprich du Trost und Mut mir ein". Dabei wird der Fluss als Sinnbild des Todes verstanden, während Kanaan den Himmel auf der anderen Seite symbolisiert.

HEILIGKEIT

Das Verheißene Land ist jedoch nicht der Himmel, sondern es steht für Heiligkeit.

Der Verfasser des Hebräerbriefes äußert sich zur Eroberung des Landes durch Josua. Er schreibt, dass die Israeliten unter Josua niemals in „die Ruhe" eingingen, obwohl sie in Kanaan einzogen. Er führt weiter aus, dass es immer noch „eine Ruhe" für das Volk Gottes gäbe. Diese „Ruhe" bedeutet Ausruhen vom Kampf – wir haben das Verheißene Land erreicht, wenn wir das genießen, was Gott für uns vorbereitet hat. Wann immer wir also der Versuchung widerstehen, erhalten wir einen kleinen Vorgeschmack der Ruhe, die Gott verheißen hat. Die Siege Josuas sollten sich im Leben jedes Gläubigen wiederholen, der für Christus lebt und gegen die Sünde kämpft. Die „Ruhe" besteht in dieser Erleichterung, die wir erleben, wenn wir unsere Kämpfe mit feindlichen Mächten erfolgreich hinter uns gebracht haben und unsere Anstrengungen belohnt werden.

8.
RICHTER UND RUT

Einleitung

Das Buch der Richter und das Buch Rut gehören zusammen. Daher werden wir sie gemeinsam betrachten. Im Vergleich zu anderen heiligen Schriften ist die Bibel einzigartig, da sie hauptsächlich aus Geschichtsschreibung besteht. Der Koran beispielsweise enthält wenig bzw. gar keine historischen Fakten, während die Bibel von Anfang bis Ende historische Dimensionen offenbart. Darüber hinaus beinhaltet die Bibel geschichtliche Ereignisse, die nicht aus der Feder eines menschlichen Wesens stammen können: den Uranfang unseres Universums im ersten Buch Mose und die Beschreibung seines Endes in der Offenbarung. Entweder sind dies rein menschliche Vorstellungen oder Gott hat diese Geschehnisse selbst offenbart – es gibt keine andere Erklärung.

Bei der Betrachtung des Buches Josua haben wir festgestellt, dass prophetische Geschichte eine besondere Art der Geschichte ist. Denn sie zeichnet Ereignisse auf, die das Handeln und Reden Gottes an und mit seinem Volk Israel betreffen. Die Bibel ist daher kein gewöhnliches Geschichtsbuch, das einfach festhält, was eine Nation getan oder erlebt hat – sie ist Gottes Geschichte mit seinem Volk.

Man kann geschichtliche Studien auf vier verschiedenen Ebenen betreiben:

1. **Menschliche Persönlichkeiten:** Dieser Ansatz analysiert detailliert Einzelpersonen, die Geschichte „geschrieben haben" – Monarchen, Militärführer, Philosophen und Denker. Welche Fakten man mit einbezieht, wird durch ihr Leben bestimmt; sie sind der Bezugspunkt für alle Geschehnisse.

2. **Völker:** Hier liegt der Schwerpunkt auf ganzen Ländern oder Volksgruppen. Wir entdecken, wie Nationen stärker oder schwächer werden und wie dies die Machtverhältnisse auf der Welt beeinflusst.
3. **Muster:** Zusätzlich zu Persönlichkeiten und Völkern untersucht dieser Ansatz bestimmte Muster, die über verschiedene Zeitspannen hinweg erkennbar sind, beispielsweise wie Zivilisationen aufsteigen und wieder untergehen. Dabei geht es weniger um Details als vielmehr um übergreifende Aspekte.
4. **Sinn und Zweck:** Historiker stellen auch die Frage, wohin sich die Geschichte bewegt. Sie untersuchen ihren Sinn und Zweck. Marxistische Historiker glauben beispielsweise an den dialektischen Materialismus, d.h. dass die Geschichte der Völker Konflikte beinhaltet, insbesondere zwischen der Arbeiterklasse und der Führungsschicht. Zukunftsoptimisten gehen von der Weiterentwicklung des Menschen aus, d.h. die Menschheit macht Fortschritte in Richtung einer besseren Welt. Andere betrachten Kriege, die es im Laufe der Geschichte gab, und prophezeien düstere Untergangsszenarien.

Geschichtsstudien, die sich auf den Sinn und Zweck der Geschichte konzentrieren, kann man in zwei Sichtweisen unterteilen: Die eine sieht die Geschichte als lineare Weiterentwicklung – Dinge bewegen sich vorwärts, wobei die Gegenwart auf der Vergangenheit aufbaut; die andere betrachtet Geschichte als eine Serie von Zyklen, wobei sich der Kreis immer wieder schließt. Bei diesem Ansatz gibt es kaum Fortschritt, sondern nur ziellose und nutzlose Aktivität, die nichts zu bedeuten hat.

Es ist nicht überraschend, dass eine göttliche Sicht der Geschichte auch einen Sinn bzw. ein Ziel beinhaltet. Dabei geht es nicht um den Optimismus der Evolutionisten, denn nicht alles „wird besser". Doch weil Gott die Kontrolle ausübt, hat biblische Geschichte ein Ziel. Er wird die Geschehnisse zu dem Ende bringen, das er geplant hat. Die Geschichte dieser Welt liegt tatsächlich in seinen Händen.

Diese beiden Aspekte der Geschichte – die lineare und die zyklische Sichtweise – werden uns helfen, Richter und Rut zu verstehen. Die Historie im Buch der Richter ist der klassische Fall einer Serie von Zyklen: Man kann denselben Kreislauf sieben Mal identifizieren, und obwohl es eine Zeitachse gibt, bleibt diese doch sehr im Hintergrund. Rut hingegen ist eine lineare Geschichte mit einem Anfang, einem Mittelteil und einem Schluss. Zusätzlich dazu gibt es auch einen deutlich wahrnehmbaren Fortschritt.

Das Muster der Geschichte im Buch der Richter spiegelt uns sehr deutlich das Leben vieler Menschen wieder, die Gott nicht kennen. Sie stehen auf, gehen zur Arbeit, kommen nach Hause, sehen fern und gehen wieder ins Bett, bereit, denselben Kreislauf am folgenden Tag wieder zu durchlaufen. Es ist wie das Leben in einem Hamsterrad! Man kommt nirgendwo an und erreicht nichts. Das Muster im Buch Rut hingegen entspricht eher der Art und Weise, die Gott sich für sein Volk wünscht: dass es im Leben vorankommen möge. Hier gibt es sowohl Sinn und Zweck und als auch das Streben auf ein Ziel hin.

Die wichtigste Frage, die wir zu jedem Buch der Bibel beantworten müssen, ist: Wozu wurde es geschrieben? Manche Bücher offenbaren ihren Sinn und Zweck geradeheraus, doch Richter und Rut erfordern eine gründlichere Untersuchung. Wir müssen jedes Buch genau überprüfen, bevor wir irgendwelche Schlussfolgerungen über die zugrundeliegende Absicht ziehen können.

Richter

Die meisten Christen kennen das Buch der Richter nur aus dem Kindergottesdienst – in der jugendfreien „bowdlerschen" Version. Thomas Bowdler gefielen bestimmte Teile der Theaterstücke William Shakespeares nicht, daher schrieb er sie um. Er ließ die Passagen weg, die er als den „unanständigen Kram" ansah, und mittlerweile ist sein Name in die Annalen der Geschichte eingegangen. Auf die gleiche Art und Weise lassen Kindergottesdienst-Geschichten aus dem Buch der Richter einige weniger geschmackvolle Elemente einfach unter den Tisch fallen – Nebenfrauen, Prostituierte, die in Stücke geschnitten werden, Vergewaltigungen, Mord, phallische Symbole und so weiter. Infolgedessen sind vielen Menschen bestimmte Persönlichkeiten wie beispielsweise Simson, Delila, Debora und Gideon bekannt. Doch sie wissen nichts vom Rest des Buches, ganz zu schweigen von seinem Gesamtthema und seinem Sinn und Zweck.

Individuelle Lebensgeschichten

Die Geschichten in diesem Buch sind auf jeden Fall spannend. Es werden nicht zu viele Worte gemacht, doch wir erfahren interessante Details. Die anschaulichen Beschreibungen lassen die Hauptpersonen lebendig werden.

Der Umfang, der jedem Charakter zugestanden wird, ist überraschenderweise sehr unterschiedlich. Simson erhält ganze vier Kapitel, Gideon drei und Deborah und Barak zwei. Einigen Personen wird jedoch nur ein einziger kurzer Absatz zugebilligt. Es scheint fast so, als ob der Platz danach verteilt worden wäre, wie aufsehenerregend und schillernd jemand war. Ganz eindeutig war es nicht die Absicht des Autors, einen ausgewogenen Bericht über jeden Helden zu verfassen. Man kann jedoch leicht den Eindruck gewinnen, dass es in diesem Buch nur um eine Reihe von Volkshelden geht, die in allen möglichen und unmöglichen Situationen die Lage retteten (Das Buch enthält tatsächlich eine ganze Reihe bizarrer Ereignisse.). Man könnte sie mit Nelson oder Wellington *(zwei großen britischen Kriegshelden, die u.a. gegen Napoleon kämpften, Anmerkung der Übersetzerin)* in der britischen Geschichte vergleichen.

Am Anfang des Buches berichtet der Verfasser über Kalebs jüngeren Bruder **Otniel**. Wir erfahren eigentlich nur, dass er seinem Volk eine vierzigjährige Friedenszeit bescherte.

Wir lesen von **Ehud**, dem Anführer, der Linkshänder war und seine 45cm lange Schwertklinge unter seiner Kleidung an seinem rechten Bein befestigte. Da die meisten Menschen Rechtshänder waren, war es üblich, das linke Bein nach Waffen abzusuchen. So war es ihm möglich, seine Waffe zu einem privaten Treffen mit dem König von Moab mitzunehmen und sie dann in den Bauch des Königs zu rammen!

Wir erfahren, dass **Schamgar** 600 Philister mit einem Viehtreiberstock erschlug.

Der Verfasser berichtet über **Debora** und **Barak**. Debora war eine Prophetin, die mit Lappidot verheiratet war. Ihr Name bedeutet „fleißige Biene", und Lappidot ist das hebräische Wort für „Lichtblitz"! Debora schlichtete Streitigkeiten, indem sie sich die gerechte Lösung von Gott zeigen ließ. Im Buch der Richter ist aufgezeichnet, dass sie eines Tages Barak aufforderte, das Volk in den Kampf zu führen. Barak weigerte sich, ohne sie in die Schlacht zu ziehen. In Israel waren und sind es immer die hochrangige Offiziere, die ihre Soldaten in den Kampf führen. Gott war zornig über Baraks Weigerung und sagte ihm, dass Israels Feind Sisera durch die Hand einer Frau fallen würde, um Barak zu demütigen. Und genau so geschah es.

In der nächsten Geschichte geht es um **Gideon**, einen der ängstlichsten Männer der Bibel. Er legte etwas Fleisch auf den Altar, und Feuer vom Himmel verzehrte es. Dann bat er den Herrn um ein Zeichen vom Himmel, als ob das Feuer nicht schon genug gewesen wäre! Gott gab ihm in seiner Gnade noch ein weiteres Zeichen – ein Wollvlies, das an einem Tag trocken war und am nächsten nass. Gideon musste begreifen, dass Schlachten durch Gottes Stärke und Strategie gewonnen werden. Gott reduzierte seine Armee von 32.000 auf 300 Mann, um Gideon zu lehren, dass er sein Vertrauen nicht in menschliche Ressourcen setzen durfte.

Als Nächstes lernen wir **Abimelech** kennen (mehr zu ihm später); dann begegnen wir **Tola**, über den nur kurz berichtet wird, dass er Israel 23 Jahre lang richtete. Nach ihm kam **Jair**, der 22 Jahre an der Spitze Israels stand. Er hatte 30 Söhne, die auf 30 Eseln ritten und über 30 Städte herrschten. Ein kleines interessantes Detail, mehr aber auch nicht!

In einem längeren Abschnitt wird die Geschichte von **Jeftah** erzählt, dem Oberhaupt Gileads. Er leistete das übereilte Gelübde, Gott das erste Lebewesen zu opfern, das ihm bei seiner Rückkehr vom Schlachtfeld aus seinem eigenen Haus entgegenkam. Er musste schließlich seine eigene Tochter opfern.

Ibzan von Bethlehem hatte 30 Söhne und 30 Töchter, die alle außerhalb der Stammes Juda heirateten. **Elon** richtete Israel zehn Jahre lang. **Abdon,** sein Nachfolger, hatte 40 Söhne, 30 Enkel und 70 Esel! Erneut erfahren wir keine weiteren Details.

Doch über **Simson** berichtet die Bibel weit mehr. Sein Name bedeutet wörtlich übersetzt „Sonnenschein". Er wurde als Nasiräer erzogen, d.h. er durfte keinen Alkohol trinken und sich nicht die Haare schneiden. Es ist die außergewöhnliche Geschichte eines Mannes, der Probleme mit Frauen hatte. Er heiratete, doch seine Ehe zerbrach noch vor den Flitterwochen. Dann zog er weiter zu einer namenlosen Prostituierten, bevor er sich schließlich Delila zur Geliebten nahm. Obwohl er über große physische Kräfte verfügte, war Simson eigentlich ein schwacher Mann. Seine Schwäche lag in erster Linie nicht im Beziehungsbereich, sondern in seinem Charakter. Seine charismatische Salbung erlaubte es ihm, viele erstaunliche Heldentaten zu vollbringen, doch dann verließ ihn der Geist des Herrn. Er wurde von den Philistern gefangengenommen, die ihm die Augen ausstachen. Im Gefängnis musste er die Mühle drehen; so wurde er zum Gespött der Philister.

Vor vielen Jahren hielt ich eine Predigt mit dem Titel „Simsons Haar wächst wieder". Sie wurde sehr bekannt. Eine junge Frau, die sie gehört hatte, schrieb daraufhin ein Gedicht. Es handelt von dem blinden Simson, den ein kleiner Jungen zu den Säulen des Tempels führte, die er soweit auseinanderdrückte, dass der ganze Tempel zusammenstürzte.

Der Junge ihm zur Seite

Sie haben seine Augen ausgestochen,
der erste Blick auf das entstellte Antlitz
entsetzlich: wunde, ausgemerzte Höhlen.
Nicht anschaun wollte ich die Wucht der Leere,
die zeigte, dass er nie mehr sehen würde.

Den tief gebeugten Kopf, den kahl geschornen,
sah ich im Kreise mit dem Mühlstein schaukeln,
zusammen drehten sie sich, Rund' um Runde.

Ich nahm die Ketten wahr, die ihn umschlossen,
sie schnitten hart ins Fleisch, sinnlose Fesseln,
wo er doch gar nicht hätte fliehen können.

Doch jetzt verliert sein Blindsein an Bedeutung.
Das Augenlicht bin ich für ihn geworden,
er sieht durch mich, sein einzig wahrer Ausweg.

Ich hab' die Tränen auch für ihn vergossen,
die er um all die Zeit nicht weinen konnte,
als er in schrankenlosem Leichtsinn lebte.

Zutiefst gebrochen ist er. Ihn zu lieben,
erlernte ich, indessen er nun endlich
so weit gekommen, seinen Gott zu fürchten.

Deshalb hab' ich auch keine Angst zu sterben:
mein Glück, sein Augenlicht zu sein am Ende.

Ich führe an der Hand ihn ganz behutsam.
Ich lenke Schritt um Schritt ihn bis zum Hause,
wo er kann beten: Gott, oh du Allmächtiger!

Die Säulen stürzen ein, ich schreie: Amen!

Was Simson in den letzten fünf Minuten seines Lebens tat, hatte mehr Bedeutung als alles, was er je zuvor vollbracht hatte.

MENSCHLICHE SCHWÄCHE

Die Bibel berichtet immer sehr ehrlich über das Versagen und die Schwächen der Individuen, die sie beschreibt. Das Buch der Richter macht da keine Ausnahme. Die Personen, die in diesem Buch vorkommen, zeigen mehrere Schwächen: Barak war nicht mannhaft genug; Gideon hatte Angst und bat ständig um Zeichen. Gegen Ende seines Lebens fertigte er einen goldenen Efod an, einen priesterlichen „Pullover", der später für Israel zum „Fallstrick" wurde. Denn diese

Reliquie entwickelte sich zum Objekt der Anbetung. Jeftah war der Sohn einer Prostituierten, der ein unbesonnenes Gelübde ablegte; Simson behandelte seine Frau schlecht, schlief mit einer Prostituierten und nahm sich eine Geliebte. Sie waren weder starke Persönlichkeiten noch besonders heilige Menschen – doch Gott gebrauchte sie trotzdem!

GÖTTLICHE KRAFT
Wie konnten diese unvollkommenen Menschen nur so viel erreichen? Jedenfalls nicht durch ihre eigene Kraft! Ihr Geheimnis war, dass der Heilige Geist über sie kam – sie waren alle „Charismatiker".

Das Buch der Richter gibt uns Anschauungsbeispiele göttlicher Kraft, die durch schwache Menschen wirkt. Wir können nachlesen, wie diese Personen übernatürliche Heldentaten vollbrachten. Simson ist wahrscheinlich das eindrücklichste Beispiel, doch es gibt viele weitere erstaunliche Geschichten. Eine besonders wichtige Erkenntnis ist in diesem Zusammenhang, dass die Salbung des Heiligen Geistes im Alten Testament nur auf *ein paar wenige* Menschen fiel. Im Buch der Richter erlebten nur zwölf von den insgesamt zwei Millionen Israeliten diese Salbung. Auffällig ist auch, dass der Heilige Geist nur *vorübergehend* auf sie kam, nicht dauerhaft: Beispielsweise heißt es im biblischen Text, dass der Heilige Geist Simson *verließ*. Zur Zeit des Alten Testaments überkam die Salbung des Heiligen Geistes die Menschen nur zeitweise. Der Heilige Geist hatte noch nicht in ihnen Wohnung genommen und blieb auch nicht dauerhaft bei ihnen.

WER ODER WAS WAREN DIE RICHTER?
Bei der Betrachtung einiger dieser Lebensgeschichten der Richter haben wir eine wichtige Frage ausgelassen: Was genau waren die Richter? Wer waren sie und was taten sie?

Im Deutschen werden sie „Richter" genannt, doch dieser Begriff erfasst nicht wirklich den Kern des Wortes, das ursprünglich benutzt wurde, um sie zu beschreiben. Wenn wir lesen, dass Simson Israel „richtete" oder dass Gideon Israel „richtete", bedeutete das im Sinne des hebräischen Ausdrucks, dass sie sog. Troubleshooter waren, die das Volk Gottes vor sich selbst und anderen bewahrten. Ihnen wurde nie ein offizieller Titel verliehen, sondern sie wurden durch ihre Taten beschrieben und charakterisiert. Tatsächlich ist die einzige Person, die im Buch der Richter mit diesem Substantiv bezeichnete wird, Gott selbst. Er war *der* Richter, der ihre Probleme löste. Es wäre daher richtiger zu sagen, dass Gott der Retter oder der Troubleshooter war, der durch diese Helden wirkte, zum Besten des Volkes.

Die „Richter" beschäftigten sich zwar auch mit Gerechtigkeitsfragen im Inneren. Doch ihr Hauptaugenmerk lag auf den äußeren Problemen, da das Volk von feindlichen Nationen umgeben war, die sie zu verschiedenen Zeiten angriffen: die Ammoniter (dreimal), die Amalekiter (zweimal), die Moabiter (einmal), die Midianiter (einmal) und die Philister (dreimal). Die Könige von Jericho, Moab und Hazor werden ebenfalls besonders erwähnt.

Das Volk Gottes war in ein dicht bevölkertes Gebiet gekommen, dessen Einwohnerschaft ihm größtenteils feindlich gesinnt war. Die Israeliten wurden als Eindringlinge betrachtet. Das einzige, was ihre Präsenz in diesem Land rechtfertigte, war, dass Gott es ihnen gegeben hatte. Sie sollten die einheimische Bevölkerung dadurch bestrafen, dass sie sie auslöschten. Daher geht es in diesem Buch nicht nur um einzelne Helden – oder um die Untersuchung von Persönlichkeiten auf der ersten Ebene der Geschichtsstudien, die wir am Anfang des Kapitels betrachtet haben. Es geht auch darum, ganze Völker zu studieren, und damit um die zweite Ebene der Geschichte.

Nationale Geschichte
Rechnet man die Jahre zusammen, in denen die oben erwähnten zwölf Personen Israel richteten, kommt man auf 400 Jahre. Doch das Buch der Richter beschreibt eigentlich nur einen Zeitabschnitt von 200 Jahren. Wie ist das möglich?

GEOGRAPHIE
Dieses Problem lässt sich leicht lösen, wenn wir uns bewusst machen, was die Richter eigentlich taten. Wenn wir Gideon und Simson betrachten, neigen wir dazu, uns vorzustellen, dass sie das ganze Volk befreiten. Doch Israel war jetzt in Stammesgruppen aufgeteilt, die über ein weiträumiges Gebiet von der Größe Wales verstreut waren. Wenn wir daher lesen, dass ein Richter 40 Jahre lang richtete, kann sich das nur auf die Stämme im Norden beziehen. Ein anderer Richter rettete möglicherweise zur selben Zeit die Lage im Süden des Landes. Simson beispielsweise befreite die südlichen Stämme, während Gideon die nördlichen rettete.

POLITIK
Zur damaligen Zeit gab es ein Machtvakuum in Israel. Mose hatte sie aus Ägypten herausgeführt, und Josua führte sie ins Verheißene Land hinein. Da diese beiden großen Männer nun aber gestorben waren, gab es keinen Anführer mehr für das Volk. Wir müssen bedenken, dass wir uns noch nicht in der Zeit der Monarchie befinden. Daher waren die Richter regionale Anführer, die Stammesgruppen befehligten, jedoch nicht die ganze Nation einten.

MORAL
Es gab einen moralischen Grund dafür, dass die Stämme sich ständig dem Widerstand anderer Nationen und Volksgruppen gegenübersahen. Das ist das Herzstück der

Botschaft dieses Buches. Die Struktur der Richter macht dies sehr deutlich, wie wir an folgender kurzer Gliederung erkennen können. Sie hat drei klar unterscheidbare Teile:

1. Unverzeihliche Kompromisse (Kapitel 1–2)
(i) Zugeständnisse
(ii) Allianzen

2. Unverbesserliches Verhalten (Kapitel 3–16)
(i) Ungehorsam des Volkes
(ii) Unterwerfung durch einen Feind
(iii) Gebet zum Herrn
(iv) Errettung durch einen Befreier

3. Unausweichliches Verderben (Kapitel 17–21)
(i) Götzendienst im Norden – Dan
(ii) Unmoral im Süden – Benjamin

Im zweiten Teil wiederholen sich die vier Phasen dieses Zyklus insgesamt siebenmal. Das Buch endet mit einer Aussage, die sich tatsächlich wie ein Refrain durch den gesamten Text zieht: „In jenen Tagen war kein König in Israel. Jeder tat, was recht war in seinen Augen."

1. Unverzeihliche Kompromisse

(I) ZUGESTÄNDNISSE – VERWUNDBARE TÄLER
Gott schickte Israel in das Land, um dessen Bewohner völlig zu vernichten. Die Archäologie bestätigt die üblen Praktiken der Völker Kanaans – Geschlechtskrankheiten waren weit verbreitet. Wer die Rechtmäßigkeit dieser Ausrottung in Zweifel zieht, vergisst Gottes Zusage an Abraham über die Zukunft seiner Nachkommen. Gott sagte Abraham, dass die Juden Jahrhunderte lang in Ägypten bleiben würden, bis die

Bosheit der Amoriter ihr „volles Maß" erreicht hätte. Gott tolerierte ihre Verdorbenheit, doch als sie schließlich die Grenze überschritten, benutzte Gott Israel als Instrument seines Gerichts an einer höchst pervertierten Gesellschaft.

Statt jedoch Gottes Befehlen Gehorsam zu leisten, waren die Israeliten sehr selektiv bei ihren Strafaktionen. Sie eroberten die Hügel und Berge, erlaubten aber gleichzeitig vielen der anderen Völker im Land zu bleiben, insbesondere den Bewohnern der Täler. Dadurch wurde Israel in drei Gruppen aufgespalten, in eine nördliche, mittlere und südliche Sektion. Die Kommunikation zwischen den Stämmen war schwierig, und sie waren unfähig, schnell und in Einheit zu reagieren, wenn sie von außen bedroht wurden. Darüber hinaus boten die Täler Zugangswege für Eindringlinge, die nur allzu gern bereit waren, eine solche innere Schwäche auszunutzen.

(II) ALLIANZEN – MISCHEHEN

Für viele israelitische Männer waren die lockeren moralischen Umgangsformen in den Tälern eine große Versuchung. Es dauerte nicht lange, bis die Israeliten Frauen außerhalb ihrer eigenen Glaubensgemeinschaft heirateten. Dadurch rebellierten sie ganz offen gegen Gottes Gesetz, das Mischehen verbot. Diese Tatsache beeinflusste das geistliche Leben Israels. Wer ein Kind des Teufels heiratet, wird zwangsläufig Probleme mit dem eigenen Schwiegervater bekommen! Jegliche Ausprägungen einer heiligen Lebensführung wurden so zunichte gemacht, und viele Israeliten, die in Mischehen lebten, dienten schließlich den Göttern Kanaans. Der geistliche Einfluss eines nichtgläubigen Partners in einer gemischten Ehe hat die Tendenz, der stärkere zu sein. Das gilt bis heute. Die Anbetung der kanaanitischen Götter führte zwangsläufig zu unmoralischem Verhalten, denn ein falscher Glaube führt immer zu falschem Verhalten.

2. Unverbesserliches Verhalten

Das Buch der Richter besteht hauptsächlich aus einer Reihe von Zyklen. Das Volk Gottes wiederholte in fast schon monotoner Regelmäßigkeit dasselbe Verhaltensmuster.

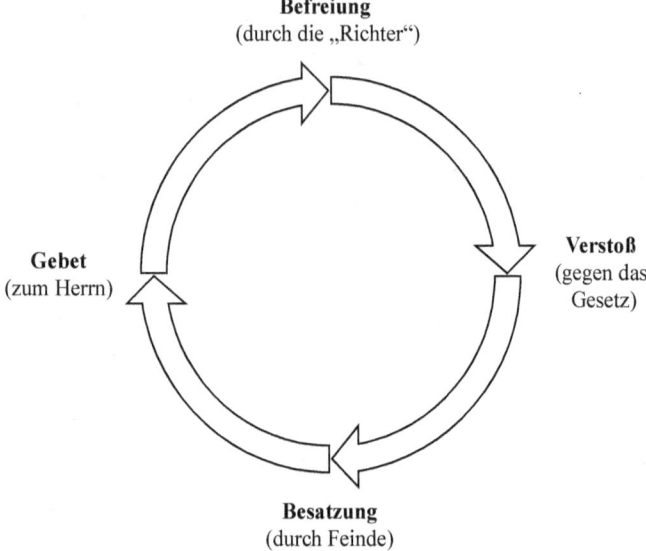

- **Gebet**: Der Kreislauf beginnt damit, dass Israel den Herrn anflehte, weil es unterdrückt wurde.
- **Befreiung**: Gott schickte einen Erlöser (beispielsweise Gideon oder Simson), der das Volk rettete.
- **Verstoß**: Trotz seiner Befreiung verfiel das Volk erneut der Sünde.
- **Besatzung**: Gott schickte den Israeliten daher ein feindlich gesinntes Volk (beispielsweise die Midianiter oder die Philister), das sie überwältigte. Israel wurde zu einem Vasallenstaat in einem Land, das es eigentlich selbst beherrschen sollte.
- **Gebet**: Angesichts ihrer Notlage flehten die Israeliten erneut zum Herrn, und der Kreislauf setzte sich fort.

Es scheint, dass die Israeliten nur dann beteten, wenn sie in Schwierigkeiten waren. Es ist schwer zu sagen, ob sie tatsächlich Buße taten oder einfach nur die Folgen ihres Verhaltens bedauerten. Offensichtlich war vielen nicht bewusst, dass die Bedrückung durch fremde Mächte ihr eigener Fehler war.

Nicht nur das Volk als Ganzes durchlief diesen Zyklus. Auch Einzelpersonen lebten in einem ähnlichen Kreislauf von Sünde, Vergebung und erneuter Sünde. Es handelte sich auch nicht nur um eine Endlosschleife, sondern vielmehr um eine Abwärtsspirale. Es wurde immer schlimmer.

3. Unausweichliches Verderben
Der letzte Teil des Buches ist ein zutiefst entmutigender Bericht darüber, wie es mit dem Volk weiterging. Er beschreibt zwei Vorkommnisse, eines im Norden auf dem Stammesgebiet Dan und eines im Süden auf dem Gebiet des Stammes Benjamin. In beiden Fällen wurde das Volk Gottes von einem Priester in die Irre geführt. Der oben erwähnte Grundsatz, dass Götzendienst (falscher Glaube) zu Unmoral (falschem Verhalten) führt, wird dadurch perfekt illustriert.

(I) GÖTZENDIENST IM NORDEN – DAN
Die Geschichte beginnt damit, dass ein Sohn, Micha aus Ephraim, seiner eigenen Mutter 1.100 Silberstücke stahl. Er gab ihr das Geld zurück, worüber sie sich so freute, dass sie für einen Teil der Summe ein Götzenbild herstellen ließ. Dieses gab sie Micha für seinen privaten Schrein, den er in seinem Haus aufgestellt hatte.

Ein junger Levit kam auf der Suche nach einer Unterkunft in Michas Haus. Micha bot ihm an, in seinem Haus Vater und Priester zu werden. Dafür sollte der junge Mann ein Jahresgehalt, Kleidung und Nahrung erhalten. Der Levit nahm dieses Angebot an. Etwas später zog der Stamm Dan nach Norden. Zuvor war es ihm nicht gelungen, das Land, das Gott ihm im Süden zugewiesen hatte, einzunehmen. Als die Anführer des Stammes in dem Haus Michas mit den Götzenbildern und dem Priester unterkamen, machten sie dem Leviten ein Angebot: Er sollte als Priester ihres ganzen Stammes dienen und dafür mehr Geld erhalten, als er bisher bekommen hatte. Der Levit willigte ein.

Der Stamm Dan verstieß damit ganz eindeutig gegen das Gesetz Gottes und verfiel somit dem Götzendienst. Genau wie Judas Iskariot, einer der zwölf Jünger Jesu, infolge seiner großen Sünde verloren ging, fehlt vom Stamm Dan im Buch der Offenbarung jede Spur. Die Sünde nahm ihren Anfang mit einem Mann, der seiner Mutter Geld entwendete und ging dann auf einen Leviten über, der zu einem privaten Geistlichen wurde. Zunächst war er der Hauskaplan einer Familie. Dann wurde er zum Priester eines ganzen Stammes – ganz ohne ordnungsgemäße Bestellung oder Bestätigung.

(II) UNMORAL IM SÜDEN – BENJAMIN

Jetzt wird es sogar noch schlimmer. Ein weiterer Levit vom Stamm Ephraim nahm sich eine Nebenfrau aus Bethlehem in Juda. Sie verließ ihn und kehrte in das Haus ihrer Familie zurück. Nach vier Monaten kam der Levit nach Bethlehem, um sie zu überreden, zu ihm zurückzukommen. Ihr Vater bedrängte den Leviten immer wieder, noch etwas länger in seinem Haus zu bleiben, bevor er sie endlich gehen ließ. Am Abreisetag brachen sie schließlich zu spät auf und schafften es nur bis nach Jerusalem, damals eine heidnische Stadt. Der Levit weigerte sich bei „Heiden" zu übernachten und sie reisten nach Norden weiter, bis ins Stammesgebiet Benjamin. Bei Anbruch der Nacht erreichten sie Gibea. Ein alter Mann nahm sie gastfreundlich in seinem Haus auf.

Doch während sie noch beim Essen saßen, wurden sie von „ruchlosen Männern der Stadt" gestört. Sie verlangten, dass der Levit ihnen zum Geschlechtsverkehr ausgeliefert würde. Der alte Mann weigerte sich und bot ihnen stattdessen seine Tochter an. Schließlich lieferte der Levit ihnen seine Nebenfrau aus. Am nächsten Morgen lag die Nebenfrau tot auf der Türschwellen, nachdem sie die ganze Nacht lang von der Männergruppe vergewaltigt worden war.

Der Levit zerteilte daraufhin seine Nebenfrau in zwölf Stücke, die er an die anderen Stämme Israels schickte. Als die Israeliten erfuhren, dass der Stamm Benjamin dieses Verbrechen begangen hatte, wollten sie sich an den Tätern rächen. Die Söhne Benjamins reagierten gekränkt auf diese Anklage und weigerten sich, die Männer auszuliefern.

Es folgte ein Bürgerkrieg, der fast den gesamten Stamm auslöschte – nur 600 Mann blieben übrig. Ihre Städte wurden zerstört und alle Frauen und Kinder abgeschlachtet. Die anderen Stämme hatten geschworen, ihre Töchter nicht den Angehörigen des Stammes Benjamin zur Frau zu geben. Doch jetzt stand Benjamin kurz vor dem Untergang, und die Israeliten hatten Mitleid mit ihm. So wurden sie wurden aktiv, um seine Auslöschung zu verhindern. In Jabesch-Gilead taten sie 400 Jungfrauen auf, die sie den Söhnen Benjamin als Ehefrauen gaben. Doch diese Anzahl reichte nicht aus. So ersannen die Israeliten eine List. In Silo veranstalteten sie ein Fest und erlaubten den Söhnen Benjamin, ihre Töchter zu entführen – rein technisch gesehen „gaben" sie dadurch ihre Töchter nicht weg. So hielten sie sich zumindest an den Wortlaut ihres Schwures, wenn auch nicht an seinen tatsächlichen Inhalt.

Es ist in jeder Hinsicht eine fürchterliche Geschichte. Gemeinsam mit der Erzählung über das Schicksal des Stammes Dan bildet sie das deprimierende Ende des Buches der Richter.

Theologische oder ewige Bedeutung

Nach dieser düsteren Geschichte wenden wir uns einem erbaulicheren Thema zu: der Frage nach dem theologischen Sinn und Zweck des Buches. Schlussendlich ist die Geschichte der Bibel kein rein menschlicher Bericht, sondern eine Aufzeichnung der Aussprüche und Taten Gottes. Sie zeigt uns, wer er wirklich ist.

Wir haben bereits festgestellt, dass Gott selbst der Richter oder Befreier des Volkes ist. Denn er ist die einzige Person im ganzen Buch, die mit dem Hauptwort „Richter" bezeichnet wird. Er ist der wahre Held, und Erfolge gibt es nur zu verzeichnen, wenn die menschlichen Anführer mit ihm zusammenarbeiten.

Doch wenn wir uns die Frage stellen: „Wer vertrieb die Kanaaniter aus dem Land, Israel oder Gott?", dann kann die Antwort nur lauten: „Beide!" Wir können die Lage folgendermaßen zusammenfassen: Ohne ihn konnten sie es nicht tun; ohne sie wollte er es nicht tun. Einerseits erklärte Gott, dass er ihnen das Land geben und seine Einwohner vor ihnen vertreiben würde, andererseits war es erforderlich, dass die Israeliten seinen Anordnungen Folge leisteten.

Darüber hinaus erfahren wir, dass Gott in einigen Fällen die Feinde nicht vertrieb, sondern sie im Land beließ, um die Israeliten zu prüfen und sie das Kämpfen zu lehren. Im Buch Amos heißt es, dass Gott die Philister aus Kreta ins Land brachte und zu Israels Nachbarn machte – genauso wie Gott die Israeliten aus Ägypten herausgeführt hatte. Er tat dies, um Israel Probleme zu bereiten.

Im Buch der Richter wird uns vor Augen geführt, dass Gott sein Volk züchtigt. Er liefert es *dem Bösen aus* und zeigte ihm dadurch seine Gerechtigkeit. Er erlöst es aber auch *von dem Bösen* und offenbarte ihm so seine Gnade.

Dieses Prinzip finden wir auch im Neuen Testament. Zuallererst im Vaterunser, in dem es heißt: „Und führe uns nicht in Versuchung, sondern erlöse von dem Bösen." Die Kraft des Heiligen Geistes kann Kranke heilen, aber auch Krankheit bringen; sie kann den Blinden das Augenlicht geben, aber auch gesunde Augen am Sehen hindern; sie kann die Toten auferwecken und genauso den Tod bringen, wie bei Hananias und Saphira. Das allerletzte Mittel der Gemeindezucht besteht darin, unbeirrt sündigende Mitglieder dem Satan zu übergeben. Seine zerstörerische Kraft, die sich auf ihren Körper auswirkt, bringt sie vielleicht wieder zur Einsicht und vermag ihre Seelen am Tag des Gerichts zu erretten.

Doch gleichzeitig hört Gott auch die Gebete der Israeliten und beantwortet sie. Ihr Elend betrübt ihn, er ist geduldig und zeigt ihnen seine Treue trotz ihres wiederholten Ungehorsams. Wir sehen also, wie Gott auf ihr Flehen reagiert, gesalbte Anführer schickt und Militäreinsätze lenkt, beispielsweise bei Gideon und Barak. Wir erkennen hier die dynamischen Beziehungen zwischen Gott und den Menschen, die sich gegenseitig beeinflussen.

Diese wichtige Dynamik erklärt uns jedoch immer noch nicht den Sinn und Zweck dieses Buches. Er wird uns erst wirklich klar werden, wenn wir auch das Buch Rut analysiert haben. Bis jetzt können wir nur diesen wenig erbaulichen Kreislauf beobachten, in dessen Verlauf Israel immer wieder in Schwierigkeiten gerät und auch wieder herausfindet. Wir wissen allerdings noch nicht, wo das alles hinführen soll.

Die Probleme Israels kann man unter zwei Aspekten erklären:

1. EIN VOLK DER ZWEITEN GENERATION
Das Volk Israel, das jetzt im Verheißenen Land lebte, kannte Gott nicht so gut wie die vorige Generation und wusste auch nicht mehr, was er alles für sie getan hatte. Es

wollte Gott auch nicht kennenlernen. Die Israeliten taten vielmehr, was in ihren eigenen Augen richtig war, auch wenn sie nach Gottes Maßstäben falsch lagen. Jeder war sich selbst Gesetz.

2. ANFÜHRER DER ZWEITEN GENERATION

Es gab keine übergangslose Rechtsnachfolge auf der Führungsebene Israels. Wenn ein Richter starb, entstand eine Lücke, bevor ein weiterer Richter auf der Bildfläche erschien. In dieser Zwischenzeit verfiel das Volk wieder in Verhaltensweisen, die Gott bestrafen musste. Das Muster dieses Kreislaufes spiegelt sich in folgenden Ausdrücken wieder: „solange der Richter lebte ... sobald aber der Richter gestorben war ..." Die dynastische Rechtsnachfolge bei anderen Völkern war davon völlig verschieden. Sie garantierte Kontinuität und Stabilität. Zudem regierten die Richter nur über eine begrenzte Gruppe von Menschen, nicht über eine geeinte Nation.

Die Frage der Königsherrschaft taucht mehrfach auf.

1. **Gideons** Anhänger boten ihm nach seinem Sieg über die Midianiter den Thron an. Das Volk bat ihn, eine Dynastie zu gründen. Es gibt Stimmen, die sagen, er hätte dieses Angebot annehmen sollen. Doch nach Gottes Timing war die Zeit für die Wahl eines Königs eindeutig noch nicht gekommen. Gideons Botschaft an das Volk war sinngemäß: „Euer Problem besteht darin, dass ihr Gott nicht als eurem König vertraut."
2. Nach Gideon lag die Herrschaft in der Hand mehrerer Personen. **Abimelech** fragte das Volk, ob es seine Herrschaft der Regierung von Gideons 70 Söhnen als ganze Gruppe vorziehen würde. Er wurde antragsgemäß zum Anführer eingesetzt und ermordet daraufhin seine Brüder. Die Lage verschlechterte

sich immer mehr. Sein Machthunger zeigte, dass er kaum Interesse am Wohlergehen des Volkes hatte. Schließlich wurde er im Kampf getötet.
3. Im Buch der Richter wiederholt sich der Satz „In jenen Tagen war kein König in Israel" immer wieder. Dadurch wird angedeutet, dass die Lage viel besser gewesen wäre, hätte es einen König gegeben.

Wir werden später noch auf dieses Thema zurückkommen. Bis hierher ist es wichtig Folgendes festzuhalten: Das Buch der Richter vermittelt uns, dass ein König dringend benötigt wurde. Wenn wir uns nun dem Buch Rut zuwenden, begegnen wir einer optimistischeren Botschaft. Sie besagt, dass für einen König gesorgt werden wird. Rut beschäftigt sich mit der Frage: Wer wird das sein?

RUT

Das Buch Rut wurde zur selben Zeit wie das Buch der Richter verfasst, doch der Unterschied zwischen beiden könnte kaum größer sein.
- Richter enthält die Geschichten vieler verschiedener Menschen, Rut nur einiger weniger.
- Richter ist ziemlich umfangreich, während Rut zu den kürzesten Büchern des Alten Testaments gehört.
- Richter behandelt ganz Israel, bei Rut geht es nur um eine einzige Kleinstadt.
- Richter deckt einen Zeitraum von 200 Jahren ab, Rut nur eine Generation.

Rut liest sich wie ein Roman von Thomas Hardy *(ein britischer Schriftsteller und Poet des 19. Jahrhunderts, der stark vom Realismus und der Romantik beeinflusst war, Anmerkung der Übersetzerin)*. Eine solche Liebesgeschichte könnte man sich auch in einer Illustrierten vorstellen. Nach dem Buch der Richter wirkt Rut wie eine erfrischende Meeresbrise. Massentötungen, Vergewaltigung, eine Nebenfrau, die in Stücke geschnitten wird, Bürgerkrieg und bösartige Priester – all das begegnet uns im Buch der Richter. Auch wenn sich der Schauplatz des Buches Rut nur zirka drei Kilometer vom Territorium Benjamins entfernt, auf dem Stammesgebiet von Juda befindet, ist die Atmosphäre dort eine völlig andere.

Das Buch Rut umfasst nur vier Kapitel. Die ersten beiden Kapitel handeln von zwei unzertrennlichen Frauen, die letzten beiden von zwei einflussreichen Männern. Diese vier Personen sind die Hauptdarsteller dieses Dramas.

- Kapitel 1 Leid der Schwiegermutter
- Kapitel 2 Loyalität der Schwiegertochter
- Kapitel 3 Liebe des Lösers
- Kapitel 4 Linie des Königs

1. Leid der Schwiegermutter

Die Geschichte beginnt mit einer Hungersnot in Israel. Sie bringt drei Männer dazu, nach Moab umzuziehen. Wir können erahnen, dass der Nahrungsmangel eine Strafe Gottes war, denn Hungersnöte waren ein übliches Zeichen göttlichen Unmuts. Gleichzeitig bildet der Hunger einen Kontrast zum Schauplatz des Hauptdramas – Bethlehem ist Hebräisch und bedeutet übersetzt „Haus des Brotes".

Hätte diese Familie die Lektionen aus der Geschichte Israels gelernt, hätte sie gewusst, dass die Suche nach Versorgungsquellen außerhalb Israels immer zu Problemen führt. Die Erzählungen über Abraham, Isaak und Jakob zeugen davon. Dass sie Gott im Gebet um Nahrung angerufen hätten, wird nicht berichtet. Noomi und ihr Ehemann machten sich vielmehr in Richtung Osten auf den Weg, überquerten die Berge jenseits des Toten Meeres und kamen nach Moab. Die Zeit verging und jeder ihrer beiden Söhne heiratete eine moabitische Frau. Ihre Lage verschlechterte sich immer mehr. Noomis Ehemann starb, ebenso wie die beiden Söhne. Die drei Witwen standen nun alleine da. In der damaligen Zeit waren die Zukunftsperspektiven einer Witwe trostlos. Das ganze Drama begann mit der Weigerung der Männer, auf Gott zu vertrauen. Sie suchten nach einer menschlichen Lösung, statt Gott um eine Erklärung zu bitten und ihn zu fragen, was sie nun tun sollten.

Gott hätte ihnen gesagt, dass die Hungersnot Teil seiner Strafe war. Wenn sie nur zu ihm umkehrten, würden sie wieder genug zu essen haben. Doch sie nahmen sich nicht einmal die Zeit, ihn zu fragen, geschweige denn auf seine Antwort zu warten.

Infolge dieser Krise wurde Noomi bitter. Ihr Name bedeutet eigentlich „Wonne" oder „Lieblichkeit", doch als sie nach Israel zurückkehrte, erkannten ihre dortigen Verwandten sie nicht mehr. Sie bat darum, statt Noomi „Mara" genannt zu werden, was „bitter" bedeutet. Noomi ermutigte zudem ihre beiden Schwiegertöchter, in Moab zu bleiben, wohl wissend, dass die Rückkehr nach Juda ihnen kaum Heiratschancen eröffnen würde. Die Männer von Juda würden bestimmt nicht außerhalb ihres Stammes heiraten.

Orpa war einverstanden und kehrte nach Moab zurück. Sie wird nie wieder erwähnt. Aufgrund ihrer Entscheidung gab es für sie keinen Platz mehr in Gottes Plan. Doch Rut begleitete Noomi. Ihr Name ist als Vorfahrin unseres Herrn Jesus Christus in die Geschichte eingegangen.

Das Buch Rut erinnert uns daran, dass viel von einem einzigen Entschluss abhängen kann. Unsere Entscheidungen formen unseren Charakter, und Rut traf zum richtigen Zeitpunkt die richtige Entscheidung.

Endlich sehen wir jemanden, dessen Handlungen den endlosen Kreislauf durchbrechen. Rut wurde tatsächlich Teil der göttlichen Erbfolge. Das Matthäusevangelium listet ihren Namen im Geschlechtsregister Jesu auf, obwohl sie eine Heidin und eine Frau war.

2. Loyalität der Schwiegertochter

Rut war eine schöne Frau, sowohl innerlich als auch äußerlich. Sie war sehr demütig und besaß doch gleichzeitig diese besondere Art von Kühnheit, die Männer anziehend finden. Sie war loyal und bereit, anderen zu dienen, ohne dabei passiv zu sein. Die Opferhaltung eines sog. Underdog, der ständig von anderen herumgeschubst wird, war ihr fremd.

Sie beschloss nicht nur, bei Noomi zu bleiben, sondern sie entschied sich auch für Noomis Volk und Noomis Gott. Offensichtlich war Gott für sie real und wahrhaftig. Dass sie beobachtet hatte, wie er sein Volk bestrafte, schreckte sie nicht ab. Viermal sagte sie zu Noomi „ich will". Rut bewies Noomi mit ihrer Loyalität auch ihre Liebe. Im Hebräischen sind die Worte für „Loyalität" und „Liebe" fast gleichlautend. Liebe, die nicht loyal ist, ist keine wahre Liebe. Gottes Liebe zu seinem Volk, zu der er sich durch einen Bund verpflichtet hatte, bedeutete, dass er mit ihnen durch dick und dünn ging. Darüber hinaus erfahren wir, dass Rut „Gunst" in den Augen des Boas fand, den sie „mein Herr" nannte. Das hebräische Wort „Gunst" bedeutet gleichzeitig auch „Liebling" – Rut wurde zu einem von Boas' Lieblingen. Aus der Geschichte geht hervor, dass Rut das Stadtgespräch Bethlehems war. Denn der Herr erwies ihr fortlaufend seine Freundlichkeit und Güte.

3. Liebe des Lösers

Der zweite Teil des Buches handelt von zwei einflussreichen Männern, von Boas und dem Mann, der König werden würde.

Boas war ein sehr angesehener und äußerst großzügiger Mann. Es war üblich, den Armen zu erlauben, Ähren aufzulesen, die nach der Ernte auf den Feldern übriggeblieben waren. Doch Boas wies seine Arbeiter an, sicherzustellen, dass gerade Rut eine ganz besonders große Menge Getreide einsammeln konnte.

Im Buch Rut gibt es zwei weitere Bräuche, die wir verstehen müssen, um den weiteren Verlauf dieses Dramas richtig einschätzen zu können. Der erste Brauch ist die Leviratsehe. Alle 50 Jahre, im Jubeljahr, wurden alle Vermögenswerte an die Familie zurückgegeben, der sie im vorangegangenen Jubeljahr gehört hatten. Es war daher unverzichtbar, dass es einen männlichen Vertreter der Familie gab, der das Familieneigentum nach 50 Jahren einfordern konnte. Das Leviratsgesetz hatte folgenden Inhalt: Starb der Ehemann einer Frau, bevor sie einen Sohn zur Welt brachte, dem sie ihr Erbe hinterlassen konnte, so musste der Bruder ihres Mannes diese Frau heiraten und mit ihr einen Sohn zeugen. So wurde sichergestellt, dass das Eigentum in der Familie blieb. Rut war natürlich mit einem Mann verheiratet gewesen, dem ein Recht auf bestimmte Vermögenswerte zustand. Doch nun hatte sie weder einen Ehemann noch einen Sohn. Daher musste ein Verwandter sie heiraten, um den Namen und die Erblinien ihres Mannes zu erhalten und ihre Habe erneut als Familienerbe zu beanspruchen, sobald sie im Jubeljahr wieder verfügbar wurde.

Die zweite Regelung, die wir verstehen müssen, betrifft eine Sitte der damaligen Zeit. Ein Mädchen konnte nicht um die Hand eines Mannes anhalten. Doch es war der jungen Frau erlaubt, zu signalisieren, wen sie gerne heiraten würde. Das konnte sie auf mehrere Arten tun. Eine davon bestand tatsächlich darin, dass sie die Füße ihres Auserwählten wärmte! Dadurch, dass Rut sich an Boas Fußende niederlegte und es mit ihrem Mantel bedeckte, zeigte sie an, dass sie nichts dagegen hätte, ihn zu heiraten. Diese beiden Bräuche veranschaulichen uns, wie es dazu kam, dass Boas Rut zur Frau nahm.

Als Rut sich Boas zu Füßen legte, bezeugte sie ganz eindeutig, dass sie an ihm interessiert war. Da er weder der älteste noch der jüngste Löser war, der zur Auswahl stand, fühlt er sich durch ihre Entscheidung geschmeichelt. Doch es oblag seinem älteren Bruder, die rechtliche Pflicht der Leviratsehe als erster zu erfüllen, deshalb musste er ihm den Vortritt lassen! Sein älterer Bruder gab jedoch auf die übliche Art und Weise seine Zustimmung zu ihrer Verbindung. Er zog seine Sandale aus und reichte sie Boas – das entsprach einem Handschlag beim Geschäftsabschluss. So konnten Rut und Boas heiraten.

4. Linie des Königs
Es ist eine wunderschöne Geschichte – eine liebliche Romanze inmitten ländlicher Idylle. Doch wir müssen uns fragen, was Gott damit beabsichtigte. Denn es ist doch unwahrscheinlich, dass diese Begebenheit einfach nur als heiteres Zwischenspiel in die Bibel aufgenommen wurde. Vielmehr wird deutlich, dass Gott den königlichen Stammbaum für einen Regenten Israels vorbereitete. Rut traf die richtige Wahl, indem sie sich Noomi anschloss und mit ihr heimkehrte, um Teil ihres Volkes zu werden. Damit bestätigte sie zugleich, dass Gott mit ihr die richtige Person ausgewählte hatte, die nach seinem Plan Teil des königlichen Stammbaus werden sollte.

Obwohl Gottes Eingreifen in dieser Geschichte nicht direkt erwähnt wird, findet sein Name im Buch Rut doch oft Erwähnung. Die Hauptfiguren bitten ihn immer wieder, andere Menschen zu segnen. Noomi bittet Gott, Rut dafür zu segnen, dass sie bei ihr bleibt. Die Schnitter erbitten den Segen Gottes für Boas, und er gibt diesen Segen zurück.

Boas bittet den Herrn, Rut dafür zu segnen, dass sie ihn erwählt hat. Wenn sie über Gott sprechen, benutzen sie den Namen JAHWE, der zu Deutsch mit „immer" oder „allezeit" übersetzt werden könnte – Gott ist „immer" mein Versorger, „allezeit" bei mir, „immer" mein Heiler.

Interessanterweise war Boas ein direkter Nachfahre des Juda, eines der zwölf Söhne Jakobs. Er stammte zudem von Tamar ab, die Kinder gebar, nachdem sie mit ihrem Schwiegervater geschlafen hatte. Das zeigt uns, dass Gott die unglaublichsten Situationen für seine Pläne nutzen kann. Jakob verkündete Juda folgende Prophetie, als er auf dem Sterbebett lag: „Es wird das Zepter von Juda nicht weichen noch der Stab des Herrschers von seinen Füßen, bis dass der komme, dem es gehört" (1. Mose 49,10; LUT). Dies ereignete sich mehrere Jahrhunderte bevor die Israeliten überhaupt daran dachten, einen König einzusetzen. Doch Jakob prophezeite Juda schon damals, dass die königliche Linie in seinem Haus ihren Anfang nehmen würde.

Wir erfahren auch, dass Boas' Mutter keine Jüdin war. Die Prostituierte Rahab war die erste Heidin im Land Kanaan, die sich an den Gott Israels hängte. Der Familienstammbaum war folglich gemischt: Tamar hatte Nachkommen von ihrem eigenen Schwiegervater, Rahab war eine heidnische Prostituierte und Rut war Moabiterin. Doch alle diese Frauen gehören zu den Vorfahren unseres Herrn Jesus Christus.

Wer ist der Autor von Richter und Rut?

Jetzt ist es an der Zeit, herauszufinden, warum Richter und Rut zusammengehören. Wir müssen auch die Frage klären, wer diese Bücher verfasst hat und warum.

Das Ende eines biblischen Buches offenbart oft seinen Sinn und Zweck. Der Satz: *„In jenen Tagen* war kein König in Israel" (Richter 21,25; ELB; *Hervorhebung durch den*

Autor) bedeutet, dass sowohl das Buch der Richter und damit auch das Buch Rut geschrieben wurden, *nachdem* die Israeliten schon einen König hatten. Aus dem Ende des Buches Rut geht auch hervor, dass David zu der Zeit, als es abgefasst wurde, noch nicht König war. Denn dort steht: „Isai zeugte David" (Rut 4,22; ELB) und nicht „Isai zeugte David, den König."

Diese beiden Tatsachen legen eindrücklich die Vermutung nahe, dass das Buch geschrieben wurde, als es schon einen König ab, aber noch vor Davids Regentschaft. Der einzige Zeitabschnitt, der dafür in Frage kommt, ist die Regierungszeit Sauls, denn David bestieg direkt nach Saul den Thron. Das Buch wurde daher geschrieben, als Saul, der erste König Israels, über sein Volk herrschte. Das Volk hatte ihn auserwählt, weil er groß war und gut aussah – nicht wegen seines Charakters oder seiner besonderen Fähigkeiten.

Da wir nun wissen, wann das Buch geschrieben wurde, wenden wir uns jetzt der Frage zu, wer es verfasst hat. Man hat festgestellt, dass die Reden des Propheten Samuel im ersten Buch Samuel genau denselben Sprachstil aufweisen wie die Bücher Richter und Rut. Es war seine Art, die Geschichte seines Volkes als Grundlage seiner Botschaften zu nutzen. Es ist daher sehr wahrscheinlich, dass Samuel zur Regierungszeit Sauls Richter und Rut als ein zusammenhängendes Buch verfasste.

Wir können die Absicht hinter diesen Schriften noch besser erkennen, wenn wir uns fragen, welchem Stamm König Saul angehörte. Die Antwortet lautet Benjamin. Die ganze Botschaft der beiden Bücher ist folgende: Benjamin ist, im Gegensatz zu Juda und den Bewohnern Bethlehems, einfach ein verdorbener Stamm. Mit anderen Worten: Dieses zweibändige Werk wurde verfasst, um das Volk auf den Wechsel von Saul zu David vorzubereiten. Samuel hatte David bereits heimlich gesalbt, doch er musste das Volk erst noch darauf einstimmen, ihn als seinen König zu akzeptieren – anstelle Sauls, den sich die Israeliten selbst ausgesucht hatten.

Samuel fordert seine Leser dazu auf, die verdorbenen Männer Benjamins mit den reizenden Bewohnern von Bethlehem zu vergleichen. Ganz am Ende erwähnt er, dass Isai der Vater Davids war. Dies tat er im vollen Bewusstsein, dass Gott David zum König erwählt hatte. Er würde die ganze Situation zum Besseren wenden.

Ein Detail in den ersten Kapiteln des Buches der Richter erhärtet diese Theorie. Als der Stamm Juda in das Verheißene Land einzog, wurde die Stadt Jerusalem dem Stamm Benjamin zugeteilt. Doch schon früh im Buch der Richter erfahren wir, dass sich die Stadt in den Händen der Jebusiter befand, und zwar „bis auf diesen Tag". Das bedeutet, dass Benjamin die Stadt nie eroberte. Die Einnahme der Stadt gehörte jedoch zu den ersten Taten, die David als König vollbrachte, wie das erste Buch Samuel berichtet. Diese Tatsache hilft dabei, das Buch eindeutiger zu datieren. Sie bestätigt auch die Vermutung, dass die Absicht des Buches darin bestand, das Volk zu ermutigen, David zu unterstützen.

Die Position des Buches Rut direkt hinter den Richtern lässt zwei Städte ins Blickfeld rücken: Bethlehem, das „Haus des Brotes", Davids Heimatstadt und Jerusalem, das von den Jebusitern besetzt war aber bald zur Hauptstadt Israels werden sollte.

Was können wir von den Richtern und Rut lernen?

Der Apostel Paulus teilt Timotheus im Neuen Testament mit, dass die gesamte Bibel von Gott inspiriert sei. Sie könne uns die Weisheit vermitteln, die wir zu unserer Rettung benötigten. Jesus sagt, dass die Heilige Schrift von ihm Zeugnis ablege. Daher müssen wir uns fragen, wie Christen Richter und Rut auf ihr Leben anwenden sollten.

Richter

Jeder Christ kann eine Menge von den Persönlichkeiten der Richter lernen. Wir können sowohl von ihren Fehlern als auch von ihren richtigen Entscheidungen profitieren. Jede einzelne Geschichte enthält wertvolle Lektionen für jeden Gläubigen. Doch zu Vorbildern sollten wir uns die Richter nicht nehmen. Tatsächlich rät uns das Neue Testament davon ab. Der Verfasser des Hebräerbriefes erklärt uns in Kapitel 12, dass diejenigen, die uns vorausgegangen sind, uns jetzt beobachten. Sie werden in Kapitel 11 aufgelistet und unter ihnen befinden sich auch einige der Richter. Sie verfolgen nun, wie wir unseren Lauf vollenden. Dabei sollen wir zu unserem einzig wahren Vorbild aufblicken, zu Jesus, dem Anfänger und Vollender unseres Glaubens. Sein vollkommenes Werk am Kreuz überdauert Zeit und Ewigkeit.

Die Gemeinde muss das Buch der Richter lesen, damit sie heute nicht in dieselbe Spirale der Anarchie verfällt wie damals. Sie könnte sonst wie Israel nur das tun, was ihr selbst richtig erscheint. Sie könnte auch dadurch vom Weg abkommen, dass sie nach einer realen „Monarchie" Ausschau hält, einem menschlichen Wesen, dessen Meinung oder dessen Führung höher geachtet wird als die Leitung durch Christus selbst. Die Herrschaftsformen der Demokratie, Oligarchie oder Autokratie sind von menschlichen Führungspersonen abhängig. Doch die Bibel lehrt uns, dass uns eine Theokratie (Gottesherrschaft) regieren sollte. Unser Herrscher ist Gott und Mensch zugleich. Er lebte auf der Erde und befindet sich nun im Himmel.

Wir dürfen auch nicht vergessen, dass Gott heute derselbe ist wie damals. Sein Charakter hat sich seit den Ereignissen, die in Richter und Rut beschrieben werden, nicht verändert. Er liebt sein Volk und zeigt diese Liebe dadurch, dass er diejenigen bestraft, die von seinen Wegen abweichen. Gleichzeitig hat er bei der Umsetzung seiner Pläne unser Bestes im Blick. Wir müssen uns nicht in einem Kreislauf der Hoffnungslosigkeit verrennen. Vielmehr können wir reale Wegweisung erfahren und Gottes Plänen und Absichten folgen.

Rut
Rut war eine der ersten Nichtjüdinnen, die dem Gott Israels nachfolgte. Sie ist ein Bild für alle Gläubigen, die durch ihren Glauben an Jesus zu seinen Geschwistern geworden sind. Dadurch haben sie Anteil am königlichen Stammbaum erhalten.

Das Buch Rut malt uns Jesus vor Augen. Denn wenn Rut die Gemeinde symbolisiert, dann ist Boas ein Sinnbild für Christus – den (Er-)Löser. Die Gemeinde ist in die Erbfolge des alttestamentarischen Gottesvolkes hineingenommen worden. Wir sind die Braut, und er ist unser Bräutigam. Rut ist kein isoliertes Buch des Alten Testaments, sondern es behandelt ein Thema, das sich durch die gesamte Bibel hindurchzieht. Die ganze Heilige Schrift ist eine Liebesgeschichte, die mit dem Hochzeitsmahl des Lammes in der Offenbarung ihren Abschluss findet. Die Romanze zwischen Rut und Boas ist ein vollkommenes Bild für Christus und seine nichtjüdische Braut.

9.
1. UND 2. SAMUEL

Einleitung

Im Gegensatz zur deutschen Bibel bilden das erste und zweite Buch Samuel in den jüdischen heiligen Schriften nur ein einziges Buch. Es gehört zur Kategorie der „früheren Propheten". Samuel deckt einen Zeitraum von insgesamt 150 Jahren der jüdischen Geschichte ab. Sie wird unter einem prophetischen Blickwinkel betrachtet. Es geht darum, wie Gott die Dinge sieht und was er als wichtig erachtet. Das Buch ist nach dem Propheten benannt, der in dieser Geschichte die Hauptrolle spielt. Wahrscheinlich hat er den größten Teil dieser Schriften verfasst. Sie haben bedeutende Veränderungen in der Geschichte Israels zum Inhalt, einschließlich des Auftretens des großen König David. Sein Ruhm ist bis heute legendär.

Zusammenhang

Abraham, der Stammvater des jüdischen Volkes, lebte um zirka 2000 v. Chr. König David bestieg ungefähr 1000 v. Chr. den Thron. Gottes Verheißung an Abraham, dass er ihm ein Land und Nachkommen geben würde, ist daher zur Zeit Samuels und des Auftretens Davids bereits 1000 Jahre alt. Im Anfangskapitel „Überblick über das Alte Testament" gibt es ein Zeitdiagramm zum Alten Testament (Seite 35). Es zeigt, dass das Buch Samuel eine dritte Veränderung der Herrschaftsform in der Geschichte des Volkes Israels dokumentiert.

1. **Von 2000 bis 1500 v. Chr.** waren *Patriarchen* die Anführer Israels: Abraham, Isaak, Jakob und Josef (auch, wenn Israel zum damaligen Zeitpunkt noch kein Volk war.)

2. **Von 1500 bis 1000 v. Chr.** standen *Propheten* an der Spitze des Volkes: angefangen mit Mose bis hin zu Samuel.
3. **Von 1000 bis 500 v. Chr.** wurde Israel von *Prinzen* (oder Königen) angeführt: von Saul bis Zedekia.
4. **In den 500 Jahren bis zur Zeit Jesu** waren die *Priester* an der Macht: angefangen mit Jeschua bis hin zu Hannas und Kaiphas.

Es handelt sich nur um ungefähre Zeitangaben, doch sie ermöglichen einen hilfreichen Überblick. Samuel beschreibt den Übergang von den Propheten zu den Prinzen (oder Königen), d.h. die insgesamt 150 Jahre des Aufschwungs einschließlich des Großreichs König Davids.

Es war eine höchst bedeutsame Zeit in der Geschichte Israels. Bei den Juden gilt die Herrschaft Davids als das goldene Zeitalter des Friedens und des Wohlstandes. Damals eroberten sie den Großteil des Landes, das Gott ihnen versprochen hatte. Noch heute sehnt sich das jüdische Volk nach dieser Zeit zurück, in der ein König über die geeinte und siegreiche Nation herrschte. Doch auch damals war nicht alles nur eitel Sonnenschein. Samuel berichtet über den Beginn eines Verfalls, der sich durch das erste und zweite Buch der Könige fortsetzt. Schließlich verlor Israel alles wieder, was es in den vorherigen 1000 Jahren erreicht hatte.

Bevor wir uns der Deutung der wichtigsten Geschichten in den Büchern Samuel zuwenden, werden wir sie zunächst im Detail betrachten. Wir beginnen dabei mit einem Überblick über ihren Inhalt und ihre Struktur.

EIN LAND UND EIN KÖNIGREICH

Struktur

1. Samuel – der letzte Richter
(i) Hanna – die betrübte Ehefrau
(ii) Eli – der angeschlagene Priester
(iii) Israel – die überhebliche Armee
(iv) Saul – der gesalbte König

2. Saul – der erste König
(i) Jonatan – der abenteuerlustige Sohn
(ii) Samuel – der zornige Prophet
(iii) David – der offenkundige Rivale

REIN
(a) Einfacher Hirte
(b) Begabter Musiker
(c) Großartiger Krieger

RAUS
(a) Verdächtiger Höfling
(b) Verfolgter Außenseiter
(c) Kriegerischer Verbannter

(iv) Philister – die aggressiven Feinde

3. David – der beste König
(i) Triumphaler Aufstieg

AUFWÄRTS
(a) Ein Stamm
(b) Geeinte Nation
(c) Ansehnliches Reich

(ii) Tragischer Abstieg

ABWÄRTS
(a) Diskreditierter Mann
(b) Zerrüttete Familie
(c) Unzufriedenes Volk

4. Nachwort

In dieser Übersicht werden Samuel und Saul jeweils zu drei Einzelpersonen und einer Volksgruppe in Beziehung gesetzt: Samuel zu Hanna, Eli, Saul und Israel; Saul zu Jonathan, Samuel, David und den Philistern.

Wie der obige Überblick zeigt, kann man Davids Lebensweg sehr anschaulich anhand von vier richtungsweisenden Wörtern nachzeichnen: rein, raus, aufwärts und abwärts. „Rein" und „raus" beziehen sich dabei auf die Gnade und Gunst, die David zunächst bei König Saul findet und dann wieder verliert. „Aufwärts" beschreibt den Aufstieg zum Höhepunkt seiner Macht als König. „Abwärts" charakterisiert schließlich seine Reise in die Tiefen der Verzweiflung.

Inhalt

1. Samuel – der letzte Richter

(I) HANNA – DIE BETRÜBTE EHEFRAU

Das Buch beginnt mit Hannas Geschichte; sie ist die Mutter Samuels. Ihr Ehemann Elkana hat zwei Frauen. Hanna ist kinderlos und muss die Kränkungen der anderen Ehefrau, Peninna ertragen, die mehrere Kinder geboren hat. Die Jahre vergehen und Hannas Schmerz über ihre Kinderlosigkeit intensiviert sich. Sie besucht den Tempel in Silo, wo die Israeliten die Bundeslade aufbewahren. Dort gibt sie Gott im Gebet ein Versprechen: Wenn er ihr nur endlich einen Sohn schenke, werde sie ihm das Kind für den Dienst an seinem Haus zurückgeben. Der Priester Eli beobachtet, dass sie lautlos vor sich hinmurmelt und beschuldigt sie, betrunken zu sein. Doch Hanna erklärt ihm, dass sie nur tief betrübt sei, woraufhin Eli sie mit dem Segen Gottes entlässt. Hanna wird danach tatsächlich schwanger und bringt einen Sohn zur Welt, den sie Samuel nennt.

Voller Dankbarkeit hält sie das Versprechen, das sie Gott gegeben hat und bringt Samuel zu Eli, damit er Gott im Tempel dienen kann. Dann betet sie erneut zum Herrn und drückt ihm dabei ihre überschwängliche Freude und ihr Vertrauen aus. Ganz offensichtlich erinnert sich Maria 1000 Jahre später an dieses Gebet, als der Engel ihr die Geburt Jesu ankündigt. In ihrem Lobgesang, dem berühmten „Magnifikat", finden wir ein Echo der Freude und der Dankbarkeit wieder, die schon damals Hannas Herz bewegten.

(II) ELI – DER ANGESCHLAGENE PRIESTER

Samuel dient im Tempel unter der Aufsicht des Priesters Eli. Eines Nachts hört er eine Stimme und läuft zu Eli. Er glaubt, dass dieser ihn gerufen habe. Doch Eli verneint dies. Der Vorfall wiederholt sich insgesamt dreimal, bis der Priester begreift, dass Gott versucht, zu Samuel zu reden. Es ist ein bedeutender Moment, da prophetische Offenbarungen, seien es Worte vom Herrn oder Visionen, zur damaligen Zeit nur noch selten vorkommen.

So wird Samuel im Alter von 12 Jahren in die Pflicht genommen, Eli das Gericht Gottes über seine Familie anzukündigen. Es werde sie treffen, weil sich seine beiden Söhne äußerst schlecht benähmen, während der Priester beide Augen zudrücke. Die Söhne haben tatsächlich ihre Position im Tempel missbraucht, indem sie dem Herrn geweihtes Opferfleisch aßen und mit einigen der Frauen schliefen, die Opfergaben brachten. Von jetzt an, sagt Gott, solle niemand aus der Nachkommenschaft Elis das Greisenalter erreichen.

Mit dieser Gottesbegegnung beginnt der prophetische Dienst Samuels. Es ist jedoch nicht das letzte Mal, dass er eine schwierige Botschaft zu verkünden hat.

(III) ISRAEL – DIE ÜBERHEBLICHE ARMEE

In der nächsten Geschichte geht es um die Niederlage Israels, die sie durch die Philister erleiden. Diese kriegerische Nation lebt an der Westküste des Verheißenen Landes. Die Israeliten glauben, dass sie die Schlacht verloren hätten, weil sie die Bundeslade im Tempel ließen. Bei der nächsten Auseinandersetzung mit den Philistern nehmen sie die Lade daher mit. Doch sie werden erneut vernichtend geschlagen. 30.000 Fußsoldaten verlieren ihr Leben, unter ihnen auch die Söhne Elis (Dadurch erfüllt sich die Prophezeiung über ihren frühen Tod.). Die Philister erbeuten die Bundeslade und stellen sie im Tempel ihres Gottes Dagon auf.

Eli ist bereits ein alter und gebrechlicher Mann. Als er die schlechten Nachrichten vom Schlachtfeld hört, fällt er rücklings vom Stuhl und bricht sich das Genick. Doch die Bundeslade bringt den Philistern nur Unglück. Gott lässt furchtbare Krankheiten über sie kommen, so dass sie die Lade schließlich an die Israeliten zurückschicken. Sie stellen sie auf einen Wagen, der von zwei Kühen gezogen wird. Die Philister folgen diesem Wagen, um zu sehen, wohin er sich wenden wird. Sie beobachten schließlich, wie ihn die Kühe bergauf in Richtung Jerusalem ziehen.

Samuel ruft die Israeliten in Mizpa zusammen. Er erklärt ihnen, dass ihre bisherigen Niederlagen nichts mit der Bundeslade zu tun hätten, sondern vielmehr damit, dass sie heidnische Götter anbeteten. Israel verbrennt daraufhin seine Götzenbilder und besiegt diesmal die Philister. Wir erkennen hier einen Grundsatz, der bereits im Buch der Richter beschrieben wurde: Sooft die Israeliten Gott ungehorsam sind, taucht ein Feind auf, der sie überwältigt. Doch wenn sie Buße tun und alles wieder in Ordnung bringen, sind sie es, die ihren Feinden eine Niederlage zufügen.

Von jetzt an wird Samuel immer berühmter und genießt großes Ansehen als Richter und Prophet.

EIN LAND UND EIN KÖNIGREICH

(IV) SAUL – DER GESALBTE KÖNIG

In seiner letzten öffentlichen Handlung als Prophet salbt Samuel Saul zum König. Die Israeliten haben den Propheten gebeten, ihnen einen menschlichen König zu geben. Sie wollen, genau wie die benachbarten Nationen, einen eigenen Regenten haben. Sie wissen zwar, dass Gott ihr König ist, doch sie bevorzugen einen sichtbaren Herrscher. Samuel ist zunächst empört über ihr Ansinnen. Doch Gott erinnert ihn daran, dass er kein Recht habe, sich angegriffen zu fühlen. Denn schließlich hätten sie den Herrn verworfen und nicht ihn.

Gott verkündet Samuel, dass das Volk die Folgen bedenken müsse, wenn es einen König begehre. Ein menschlicher Herrscher werde nach einem Palast und einer Armee verlangen. Aus diesem Grund sei direkt nach der Krönung mit der Einführung der Wehrpflicht und eines Steuersystems zu rechnen. Trotz dieser Warnungen halten die Israeliten jedoch weiterhin an ihrem Anliegen fest. Sie erwählen sich Saul, einen Mann, der größer ist und besser aussieht als alle anderen Israeliten.

2. Saul – der erste König

Die Berufung Sauls ist ungewöhnlich. Gott verkündet Samuel, dass er den Mann zum König salben solle, der nach verlorengegangenen Eselinnen suche! Als Saul daher zu Samuel kommt und ihn um Hilfe bittet, weiß der Prophet genau, was er zu tun hat. Als Zeichen, dass er der Thronanwärter ist, erhält Saul die Gabe der Prophetie – doch wir erfahren wenig darüber, wie sie sich später tatsächlich auswirkt. Das Volk bestätigt die Regentschaft Sauls, der zu diesem Zeitpunkt 30 Jahre alt ist. Samuel, der letzte Richter, übergibt ihm daraufhin die Herrschaft über Israel.

Saul hat einen guten Start als König. Das Volk ist

angetan von seiner Einsetzung, und er kann frühe Erfolge bei der Bekämpfung der Ammoniter verzeichnen. Doch schon bald wird ein Negativtrend einsetzen, der mit Sauls persönlichen Beziehungen zu tun hat.

(I) JONATAN – DER ABENTEUERLUSTIGE SOHN

Sauls Sohn Jonatan trägt entscheidend zur Niederlage der Philister bei, und Saul ist zunächst sehr stolz auf ihn. Doch Jonatan begeht den Fehler, in die nächste Schlacht zu ziehen, ohne seinem Vater Bescheid zu sagen. Wieder ist er siegreich, doch Saul neidet ihm den Erfolg und seine Beziehung zu Jonatan wird dadurch belastet.

In der nächsten Geschichte befinden sich die beiden erneut im Kampf. Saul leistet den übereilten Schwur, jeden töten zu lassen, der irgendetwas isst, bevor Saul sich an seinen Feinden gerächt hat. Jonatan weiß nichts von diesem Schwur und verzehrt etwas Honig. Das führt zu einer grotesken Situation: Saul droht, seinen eigenen Sohn zu töten, weil Jonatan gegen Anweisungen verstoßen hat, von denen er nichts wusste. Hätten die Männer unter seinem Kommando nicht eingegriffen, wäre Jonatan gestorben.

(II) SAMUEL – DER ZORNIGE PROPHET

Auch Sauls Beziehung zu Samuel verschlechtert sich. Samuels Aufgabe als Prophet besteht darin, Saul das weiterzugeben, was Gott ihm kundgetan hat. Einmal soll Saul auf Samuel warten, bevor er nach der Schlacht ein Opfer darbringt. Als sich Samuels Ankunft auf dem Schlachtfeld verzögert, nimmt Saul die Opferhandlung selbst vor. Diese Anmaßung erzürnt Samuel. Er verkündet Saul, dass sein Königtum bald auf jemand anderen übergehen werde.

Auch bei seinem zweiten großen Fehler ist Saul dem Wort Gottes ungehorsam. Diesmal soll er die Amalekiter und ihr Vieh vollständig vernichten, doch Saul verschont ihren König Agag und das beste Vieh. Erneut erscheint Samuel und stellt fest, dass Saul Gott nicht in allem gehorcht hat. Samuel wird sehr zornig und tötet Agag vor dem Altar des Herrn. Dann verkündet er Saul, dass Gehorsam besser sei als Opfer. Samuel fügt hinzu, dass Gott Saul als König verworfen habe, weil Saul seinerseits das Wort des Herrn verwarf.

Von diesem Tag an bis zum Tod des Propheten hört Saul nie wieder etwas von Samuel. Diese Geschichte lehrt uns folgende heilsame Lektion: Rituelle Handlungen ersetzen keinen rechtschaffenen Lebenswandel. Für den ersten König Israels markiert sie in der Tat den Anfang vom Ende.

Ohne den Rat Samuels hat Saul keine Möglichkeit, den Willen des Herrn zu erforschen. Daher weiß er jetzt auch nicht mehr, ob Israel auf dem Schlachtfeld erfolgreich sein wird oder nicht. Zu Beginn seiner Königsherrschaft verbannte Saul zwar zur Freude Gottes jedes parapsychologische Medium aus dem Land Israel. Doch gegen Ende seiner Regentschaft, einige Zeit nach dem Tod Samuels, gelingt es ihm, doch noch eine aktive Totenbeschwörerin in En-Dor ausfindig zu machen. Saul geht zu ihr und veranlasst sie, Samuels Geist heraufzuholen, um mit ihm ein letztes Gespräch zu führen. Samuel lässt ihn wissen, dass die bevorstehende Schlacht gegen die Philister Sauls letzte sein werde.

(III) DAVID – DER OFFENKUNDIGE RIVALE

Mit dem Auftreten Davids gerät Sauls Geschichte immer mehr in den Hintergrund. Der junge David tritt in den Dienst des Königs ein. Wir erfahren, dass Saul ihn zunächst sehr schätzt. Doch nach einem guten Anfang entwickelt sich die Beziehung zwischen Saul und David genauso wie die zu Jonatan und Samuel.

REIN

(a) *Einfacher Hirte*
Nachdem Gott Saul als König verworfen hat, erscheint David auf der Bildfläche – obwohl Saul noch einige Zeit regieren wird. Samuel wird zu Davids Familie geschickt, um einen der Söhne Isais zum König zu salben. Doch er findet dort niemanden, den Gott gutheißt. Erst als der achte und jüngste Sohn von den Feldern geholt wird, zeigt Gott ihm, dass er diesen zum nächsten König auserkoren hat. David wird heimlich gesalbt, doch bis es endlich zu seiner Krönung kommt, werden noch viele Jahre vergehen.

(b) *Begabter Musiker*
Mittlerweile baut Saul geistlich und moralischer immer weiter ab. Wir erfahren, dass der Heilige Geist ihn verlässt und ein unreiner Geist die Herrschaft übernimmt. Sauls Verhalten wird unberechenbar. Er wird zu einem Mann, der ohne jede Vorwarnung aus der Haut fahren kann. Seine Berater stellen fest, dass er nur durch Musik zu beruhigen ist. Daher wird David, der für sein kunstvolles Harfenspiel bekannt ist, an den Hof gebracht. Seine Musik bringt Saul Linderung.

(c) *Großartiger Krieger*
Die Geschichte von David und Goliat gehört zu den bekanntesten der gesamten Bibel. Es ist die abenteuerlichste Personenkonstellation, die man sich überhaupt vorstellen kann. Erzählungen dieser Art sind bei den Juden sehr beliebt: Goliat aus Gat misst fast drei Meter, während ihm mit David nur ein kleiner Hirtenjunge gegenübertritt. Zur damaligen Zeit ist es üblich, dass zwei gegnerischen Heere jeweils einen Helden auswählen, der gegen den Kämpfer des anderen Heeres antritt. Wer diesen Kampf gewinnt, erringt gleichzeitig den Sieg für seine gesamte Armee. Dadurch wird großes Blutvergießen verhindert.

Zu diesem Zeitpunkt hat Saul seine Rolle als „Held" der Nation bereits aufgegeben. Daher erlaubt er David nach einigem Hin und Her, im Namen Israels gegen Goliat zu kämpfen. Trotz seiner verschwindend geringen Chancen ist David fest davon überzeugt, dass Gott ihm den Sieg schenken wird. Er glaubt, dass der Herr für ihn kämpfen und sein Sieg dazu dienen werde, der ganzen Welt Gottes Macht zu zeigen. Er benutzt eine Steinschleuder, die er als Hirte im Gebrauch hat. Mit nur einem von insgesamt fünf Steinen, die er gesammelt hat, tötet er Goliat und besiegt die Philister.

RAUS

(a) Verdächtiger Höfling

Wenn Saul schon seinen eigenen Sohn beneidet, wie wird er sich nun gegenüber diesem neuen Helden verhalten? Er hört, wie das Volk singt: „Saul hat seine Tausende erschlagen, und David seine Zehntausende." David wird ein großer Nationalheld, während Saul anfängt, ihn zu hassen. Ab diesem Zeitpunkt ist Davids Leben in Gefahr. David musiziert auch weiterhin vor Saul, um dessen aufgewühlten Geist zu beruhigen. Doch manchmal wird Saul so wütend, dass er seinen Speer nach David schleudert.

Später schmiedet Saul heimlich Mordpläne gegen den neuen Volksliebling. Zunächst bietet er David an, seine Tochter Merab zu heiraten. Im Gegenzug soll David die Philister besiegen. Doch David weigert sich, Sauls Tochter zur Frau zu nehmen. Sauls Pläne werden schließlich vereitelt, als David siegreich und unverletzt aus der Schlacht gegen die Philister hervorgeht. Kurze Zeit später heiratet David Michal, eine weitere Tochter Sauls.

Saul bittet daraufhin Jonatan, an der Ermordung Davids mitzuwirken. Jonatan und Michal stehen jedoch auf Davids Seite und warnen ihn vor Sauls bösen Absichten, der mehrfach Verschwörungen gegen David anzettelt.

(b) Verfolgter Außenseiter
Es wird immer deutlicher, dass David nicht im Palast bleiben kann. Daher flieht er und versteckt sich bei Samuel in Rama. Als Saul und seine Männer daraufhin versuchen, David gefangen zu nehmen, geschieht etwas Außergewöhnliches: Der Geist Gottes kommt über sie und sie weissagen und werden so von prophetischer Begeisterung ergriffen, dass sie ihren Plan nicht mehr ausführen können.

Jonatan unterstützt David auch weiterhin. Die beiden schließen einen Bund, durch den Jonatan gelobt, sich David unterzuordnen, obwohl er Sauls Sohn ist. Als Prinz verzichtet er damit auf den Thron und lässt einem Hirtenjungen den Vortritt. Die Bibel beschreibt hier eine bemerkenswerte Freundschaft. Wir erfahren, dass es nie zuvor eine so große Liebe zwischen zwei Männern gegeben habe wie zwischen David und Jonatan.

Der Priester Ahimelech verpflegt David in Nob mit heiligem Schaubrot und überlässt ihm das Schwert Goliats. Dann flieht David weiter Richtung Westen nach Gat. Dort erkennt der König der Philister, dass der Thronanwärter Israels vor ihm steht. Um mit dem Leben davonzukommen, muss David sich daher wahnsinnig stellen.

In der Höhle Adullam schließen sich 400 verfolgte, verschuldete und verbitterte Männer David an. Er schickt seine Eltern zu ihrem eigenen Schutz nach Moab, zur Familie seiner Urgroßmutter. Dann verkündet ihm ein Prophet, dass er nach Juda zurückkehren solle.

Während er David in der Wüste von Ein Gedi nachjagt, betritt Saul eine Höhle, um sich zu erleichtern. Dabei weiß er nicht, dass David sich in dieser Höhle befindet. Der Verfolgte schneidet ihm heimlich einen Zipfel seines Oberkleides ab. Als Saul die Höhle verlassen hat, ruft David ihm hinterher und gibt sich zu erkennen. Saul ist so erschüttert von der Erkenntnis, dass David ihn in der Höhle hätte töten können, dass er für kurze Zeit Buße tut. Doch es dauert nicht lange, bis er die Verfolgungsjagd wieder aufnimmt.

In der Wüste Maon begegnet David dann einer Frau, die er später heiraten wird. Ihr Ehemann Nabal weigert sich, David und seine Männer gastfreundlich aufzunehmen. Doch seine Frau Abigail bringt ihnen Lebensmittel und rettet dadurch ihre Familie vor der Rache Davids. Kurz darauf stirbt Nabal, und David nimmt Abigail zur Frau.

(c) Kriegerischer Verbannter
Über den außergewöhnlichsten Part der Lebensgeschichte Davids wird selten gepredigt. David befürchtet, dass Saul ihn eines Tages doch noch einholen werde. Daher bietet er sich mit seinen Männern den Philistern, den Erzfeinden Israels, als Söldner an. Schon bald werden sie zu deren geschätzten Verbündeten.

(IV) PHILISTER – DIE AGGRESSIVEN FEINDE

Sauls Ende naht, als die Israeliten gegen die Philister kämpfen. Obwohl David und seine Männer als Söldner im Dienst der Philister stehen, dürfen sie an dieser besonderen Schlacht nicht teilnehmen. Die Anführer der Philister befürchten nämlich, dass sie ihnen nicht treu bleiben würden, wenn sie gegen ihr eigenes Volk kämpfen müssten. Doch ihre Hilfe wird bei dieser Schlacht ohnehin nicht benötigt. Die Israeliten erleiden eine vernichtende Niederlage, bei der Saul und Jonatan getötet werden. Genau das hatte Samuel vorhergesagt. Der verletzte Saul stürzt sich in sein eigenes Schwert, als ihm bewusst wird, dass er bald sein Leben aushauchen wird. So endet das erste Buch Samuel mit dem Tod einer der undurchschaubarsten Figuren der gesamten Bibel.

3. David – der beste König

(I) TRIUMPHALER AUFSTIEG

AUFWÄRTS

(a) Ein Stamm

Wir können den triumphalen Aufstieg Davids in den ersten neun Kapiteln des zweiten Buches Samuel mitverfolgen. Alles beginnt mit seiner Totenklage für Saul und Jonatan. Sie enthält bewegende Passagen, in denen sich David an die liebevolle und herzliche Freundschaft erinnert, die ihn mit Jonatan verband.

Doch gleichzeitig entwickelt sich ein Krieg zwischen dem Haus Davids und dem Haus Sauls, in dem es von Mord, Totschlag und Vergeltung nur so wimmelt. Sauls Oberbefehlshaber Abner wechselt schließlich die Seiten und vereinigt den Stamm Benjamin mit dem Stamm Juda. Trotz alledem ist die Nation immer noch gespalten.

(b) Geeinte Nation

Der Stamm Juda krönt David in Hebron zum König. Sieben Jahre lang bleibt er dort im Süden. Schließlich befriedet und eint er die gesamte Nation. In diesem Prozess spielt die Eroberung der Stadt Jerusalem aus der Hand der Jebusiter eine hilfreiche Rolle. Während die Jebusiter Jerusalem für unangreifbar halten, dringt David durch einen Wasserschacht in die Bergfeste Zion ein, die innerhalb der Stadtgrenzen liegt. Der Schacht führt vom Inneren der Stadt zu einer Quelle außerhalb ihrer Mauern. So erobert er Jerusalem.

Gleich aus mehreren Gründen ist die Stadt als Regierungssitz geeignet: Zum einen ist sie hervorragend befestigt, da sie an drei Seiten von Felswänden begrenzt wird. Zum anderen liegt Jerusalem auf „neutralem"

Territorium zwischen Juda (dem Stamm, der David unterstützt) und Benjamin (Sauls Stamm). Da keiner der beiden Stämme Jerusalem für sich beanspruchen kann, ist es der geeignete Standort für eine politische Hauptstadt.

(c) Ansehnliches Reich
Es folgen Berichte über Davids erfolgreiche Feldzüge gegen die Philister, die Ammoniter und die Edomiter. Ihre Ländereien werden Teil seines riesigen Reiches. Zum ersten (und letzten) Mal beherrschen die Israeliten den Großteil des Landes, das Gott ihnen versprochen hat. Israel befindet sich auf dem Höhepunkt seiner Geschichte.

Doch bei all seinen persönlichen Erfolgen vergisst David die Familie Sauls nicht. Er ehrt Mefi-Boschet, den gelähmten Sohn Jonatans, dessen Füße verkrüppelt sind.

(II) TRAGISCHER ABSTIEG

ABWÄRTS
(a) Diskreditierter Mann
Der Abstieg Davids beginnt an einem schicksalsträchtigen Nachmittag. Sein Heer ist ausgerückt, um gegen die Ammoniter zu kämpfen. Doch statt seine Truppen anzuführen, sitzt David zu Hause in seinem Palast und sieht aus dem Fenster. Dabei bemerkt er Batseba, die Frau seines Nachbarn. Sie badet auf dem Dach ihres Hauses, und David ist sehr angetan von ihr. Daraufhin bricht er fünf der Zehn Gebote. Er begehrt die Frau seines Nächsten, legt falsches Zeugnis gegen ihren Ehemann ab, raubt ihm die Frau, bricht mit ihr die Ehe und arrangiert schließlich die Ermordung des Mannes. Es ist eine furchtbare Geschichte. Ab diesem Nachmittag geht es mit Israel bergab. In den nächsten 500 Jahren verlieren die Israeliten alles wieder, was Gott ihnen zuvor gegeben hat.

Batseba wird schwanger, und David versucht, die Sache zu vertuschen. Schließlich veranlasst er, dass Uria, ihr Ehemann, auf dem Schlachtfeld getötet wird. Das Baby stirbt, und David holt Batseba in seinen Palast. Dort heiraten sie. Batseba wird erneut schwanger, doch diesmal überlebt das Kind und wird Salomo („Friede") genannt. Doch David findet keinen Frieden. Ein Jahr später schickt Gott ihm den Propheten Nathan. Er verdeutlicht David anhand eines Gleichnisses, dass er gesündigt hat, und David erkennt die Schwere seines Vergehens. Nach dieser Offenbarung schreibt David den 51. Psalm, ein Gebet, in dem er seine Sünden bekennt.

(b) Zerrüttete Familie

Davids unmoralisches Verhalten scheint eine Welle von Widerwärtigkeiten innerhalb seiner eigenen Familie auszulösen. Sein ältester Sohn Amnon vergewaltigt Tamar, eine seiner Schwestern. Davids zweiter Sohn Absalom erfährt davon und sorgt zwei Jahre später persönlich dafür, dass Tamar gerächt wird.

Absalom wird beim Volk so beliebt, dass David Jerusalem verlassen muss. Erneut ist er gezwungen, im Exil zu leben.

Wie Nathan es prophezeit hat, stellt Absalom Davids Frauen auf dem Dach des Palastes zur Schau und schläft dann in aller Öffentlichkeit mit ihnen. In der darauffolgenden Schlacht wird Absalom getötet, doch David ist erschüttert und wünscht sich, dass er an seiner Stelle gestorben wäre.

(c) Unzufriedenes Volk

Der Hass in Davids Familie hat Auswirkungen auf das gesamte Volk. Obwohl sie jetzt ein riesiges Reich kontrollieren, sind die Israeliten mit Davids Herrschaft unzufrieden. Da sich die Hauptstadt im Süden befindet, fühlt sich das Volk im Norden vernachlässigt. Scheba, ein

Benjaminiter, treibt die Sache auf die Spitze. Er weigert sich, David als König anzuerkennen und zettelt einen Aufstand an. David schlägt die Revolte zwar nieder, doch Wut und Groll bleiben.

4. Nachwort

Bei der Anordnung der letzten Kapitel verwendet der Verfasser ein besonderes literarisches Stilmittel. Es arrangiert den Inhalt des Epilogs nach aufeinander bezogenen Themen. Dieser Aufbau kann in sechs Abschnitte unterteilt werden, die wir als A1, B1, C1, C2, B2 und A2 bezeichnen wollen. Dabei behandeln A1 und A2 jeweils ähnliche Themen, genauso wie B1 und B2 beziehungsweise C1 und C2.

A1 EINE ALTLAST AUS DER VERGANGENHEIT

Drei Jahre lang leidet ganz Israel unter einer Hungersnot. Gott lässt David wissen, dass diese Lebensmittelknappheit eine göttliche Strafe sei. Saul hatte nämlich die Gibeoniter getötet, obwohl die Israeliten dieser Volksgruppe geschworen hatten, sie zu verschonen. Die übriggebliebenen Gibeoniter verlangen als Entschädigung für diese Schandtat, dass sieben Nachkommen Sauls getötet werden. David liefert sie ihnen aus.

B1 DAVIDS MÄNNER

Es folgt ein kurzer Bericht über Davids „Riesentöter" – jene Männer, die an seiner Seite gekämpft und ihm in mehreren Schlachten zum Sieg über die Philister verholfen haben.

C1 DAVIDS PSALM

In einem seiner bedeutendsten Psalmen erzählt David, wie Gott ihn aus der Hand aller seiner Feinde gerettet hat. Er bezeichnet Gott als seinen Fels, seine Burg und seinen Erretter – es sind die Worte eines Mannes, der dankbar auf ein Leben zurückblicken kann, das von der außergewöhnlichen Fürsorge Gottes gekennzeichnet ist.

C2 DAVIDS LETZTE WORTE

Diese Aussprüche Davids klingen wie ein Psalm. Er sinnt über Gottes Geist nach, der ihn zum Niederschreiben der Lieder inspiriert hat, die seit Jahrtausenden zu unserem Liedgut gehören. Sie sind Davids größtes Vermächtnis.

B2 LOBENDE ERWÄHNUNG WEITERER HELDEN

David drückt den Männern, die an seiner Seite gekämpft haben, seine Anerkennung aus. Er berichtet über ihre Taten und ehrt sie. Darunter sind auch die drei Helden, die sich nach Bethlehem hineinschlichen, um David Trinkwasser zu bringen, als er auf der Flucht war.

A2 WIEDER TRIFFT ISRAEL DAS GÖTTLICHE GERICHT

Der Teufel verführt David am Ende seines Lebens dazu, das Kriegsvolk Israels zu zählen. Sein Stolz motiviert David zu dieser Musterung, und Gott bestraft ihn dafür. Er schickt ihm den Propheten Gad, um David Gottes Missfallen kundzutun und ihm drei Wahlmöglichkeiten vorzulegen: sieben Jahre Hungersnot, drei Monate Flucht vor seinen Feinden oder drei Tage Pest. David entscheidet sich für die dritte Option, und 70 000 Menschen sterben an der Pest.

David fleht den Herrn an, der Pest Einhalt zu gebieten. Daraufhin wird er angewiesen, auf der Tenne Araunas, des Jebusiters, ein Opfer zu bringen. Dessen ebener Dreschplatz befindet sich hoch über der Stadt Jerusalem. David opfert dort und das Wüten der Pest endet. Der König betrachtet die Tenne als idealen Standort, um Gott einen Tempel zu bauen. Arauna will ihm das Landstück schenken, doch

David lehnt ab. Sein Opfer vor dem Herrn wäre unwürdig, wenn es ihn nichts kosten würde. Er besteht darauf, das Land zu kaufen. Die Bücher der Könige beschreiben später die Errichtung des Tempels an genau diesem Ort.

David ist es nicht erlaubt, den Tempel selbst zu bauen, weil er nach der Aussage Gottes „Blut an den Händen" hat. Das Heiligtum muss von einem Mann des Friedens errichtet werden. Daher wird der Tempel in Jerusalem, der sprichwörtlichen „Stadt des Friedens", von Davids Sohn Salomo (dessen Name „Friede" bedeutet) gebaut. Obwohl David die Baupläne erstellt, die Arbeiter organisiert und das Baumaterial heranschaffen lässt, ist es sein Sohn Salomo, der das Projekt schließlich durchführt.

Unter welchem Blickwinkel sollen wir Samuel betrachten?

Die Frage, unter welchem Blickwinkel wir das Buch Samuel betrachten sollen, haben wir bei unserem Überblick bisher ausgeklammert. Jeder Leser hat bestimmte Erwartungen, wenn er sich einem Text zuwendet. Wichtig ist jedoch, dass wir die Bibel so lesen, wie sie ursprünglich gedacht war, damit wir sie richtig verstehen und interpretieren können. Es gibt sechs verschieden Sichtweisen, unter denen wir biblische Geschichten studieren können. Entscheidend ist dabei, die richtige dieser verschiedenen Betrachtungsweisen auszuwählen.

1. **Anekdotisch (interessante Geschichten)**
(i) Kinder
(ii) Erwachsene

2. **Lebensnotwendig (persönliche Anwendung)**
(i) Wegweisung
(ii) Trost

3. Biographisch (Charakterstudien)
(i) Individuell
(ii) Zwischenmenschlich

4. Historisch (nationale Entwicklungen)
(i) Herrschaftsform
(ii) Staatssystem

5. Kritisch (mögliche Fehler)
(i) Textkritik
(ii) Historisch-kritische Methode

6. Theologisch (göttliches Eingreifen)
(i) Gerechtigkeit – Vergeltung
(ii) Gnade – Erlösung

1. Anekdotisch
(I) KINDER

Am einfachsten ist es, sich auf die interessantesten Geschichten zu konzentrieren, Kindergottesdienst-Mitarbeiter wählen Ereignisse aus, die Kinder am meisten ansprechen. Die Geschichte von David und Goliat beispielsweise gehört zu den beliebtesten überhaupt.

Maria Matilda Penstone formulierte es folgendermaßen:

Gott hat uns ein Buch voll Geschichten gegeben,
verfasst für sein Volk aus uralter Zeit.
Am Anfang ein paradiesischer Garten,
am Schluss die Stadt Gottes, aus Gold ist ihr Kleid.
Da sind Geschichten für Eltern und Kinder,
für Großeltern auch, die öfter mal ruhn,
doch Hörer und Leser sind sich einig,
die besten haben mit Jesus zu tun.

Es hat Vorteile, die biblischen Erzählungen unter diesem Gesichtspunkt zu betrachten. Doch dieser Ansatz ist gleichzeitig selektiv. Mit der Absicht, Kindern die Vorgänge durch ein relativ niedriges Niveau verständlich zu machen, können Lehrer sehr leicht die wahre Bedeutung eines Ereignisses zugunsten scheinbar wertvoller Binsenweisheiten verfälschen.

(II) ERWACHSENE
Die Geschichten im Buch Samuel sind kunstvoll erzählt, wobei der Verfasser sparsam mit seinen Worten umgeht. Sein Stil ist hervorragend. Da auch Erwachsene eine gute Story zu schätzen wissen, lesen viele die Bibel daher einfach nur wegen ihres Unterhaltungswertes. Filmregisseure lieben es, Dramen wie beispielsweise David und Batseba für die Kinoleinwand aufzubereiten.

Auch wenn es begrüßenswert ist, dass die biblischen Geschichten überhaupt gelesen werden, vernachlässigt dieser Ansatz einen entscheidenden Punkt: Betrachtet man die Bibel nur als Anekdotensammlung, macht es keinen Unterschied, ob die beschriebenen Ereignisse wahr sind oder nicht. Es könnte sich um Fakten, Fiktion oder Fabeln handeln – wofür man sich auch entscheidet, dem Lesegenuss tut es keinen Abbruch und die „Moral von der Geschicht" ist immer noch erkennbar. Das große Problem mit dieser Sichtweise besteht jedoch darin, *dass es sehr wohl einen Unterschied macht*, ob diese Geschichten wahr sind oder nicht. Denn diese kleineren Begebenheiten sind Teil des Gesamtzusammenhangs des Buches Samuel. Und dieses Buch hat seinerseits einen sehr wichtigen Stellenwert innerhalb der biblischen Erlösungsgeschichte als Ganzes. Wenn wir anzweifeln, ob die Personen in diesem Buch das getan haben, was über sie berichtet wird, wie können wir dann sicher sein, dass Gott seinerseits das vollbracht hat, was dort über ihn geschrieben steht? Das menschliche und das göttliche Handeln sind schließlich untrennbar miteinander verbunden.

2. Lebensnotwendig
(I) WEGWEISUNG

Ich bin versucht, diesen Ansatz, der die biblischen Geschichten zur persönlichen Wegweisung heranzieht, die „Horoskop-Methode" zu nennen. Denn es gibt Menschen, die jeden Tag die Bibel lesen und dabei hoffen, dass ihnen etwas „entgegenspringt", was auf sie persönlich zutrifft! Es gibt seltene Fälle, in denen Christen davon berichtet haben, dass ein bestimmter Vers oder eine bestimmte Passage in ihrem Leben eine wichtige Rolle gespielt hätte. Doch diese Tatsache sagt mehr über Gottes Vermögen aus, jedes erdenkliche Mittel seiner Wahl zu nutzen, um uns zu führen als über die Rechtmäßigkeit dieser Methode. Sie ignoriert nämlich vollkommen, dass die meisten Verse auf die spezifische persönliche Situation eines Gläubigen gar nicht anwendbar sind. Folgende Geschichte illustriert dies sehr anschaulich: Ein Mann blättert auf der Suche nach einem „persönlichen Vers" durch seine Bibel und findet Folgendes: „Danach ging er (Judas) weg und erhängte sich." Unzufrieden sucht er weiter und stößt auf dieses Zitat: „So geh hin und tue desgleichen!"

Wenn wir die Bibel lesen, um eine persönliche Botschaft zu empfangen, was machen wir dann mit folgenden Worten im ersten Buch Samuel, die ein Prophet an den Priester Eli richtete: „In deinem Haus wird es keinen alten Mann mehr geben"? Diese Ankündigung traf Jahrhunderte später auf einen Nachkommen Elis zu, den Propheten Jeremia. Er begann seinen prophetischen Dienst bereits im Alter von 17 Jahren, da er kein hohes Alter erreichen würde. Doch auf uns findet dieser Vers keine Anwendung. Oder nehmen wir einen anderen Vers: „Und er (Samuel) schlug Agag vor dem Altar in Gilgal in Stücke." Wie wollen wir das auf unser eigenes Leben übertragen?

Ich mache mich über diese Methode lustig, weil ich der Überzeugung bin, dass wir diese Geschichten nicht hauptsächlich lesen sollten, um persönliche Botschaften zu empfangen. Die beiden Bücher Samuel werden uns relativ wenig zu sagen haben, wenn wir sie unter diesem Blickwinkel betrachten. Wir müssen den Text in dem Kontext lesen, in dem er geschrieben wurde, um seine wahre Bedeutung zu erfassen. Wir werden sehr viel verpassen, wenn wir nur nach Passagen suchen, die für unsere eigene Situation bedeutsam sind.

(II) TROST

Früher benutzten die Frommen sog. Verheißungskästchen, um Ermutigung in ihrem Alltag zu finden. Sie druckten alle biblischen „Verheißungen" auf kleine Zettel, die sie zusammenrollten und in ein Kästchen steckten. Jeden Tag zogen sie dann mit einer Pinzette nach dem Zufallsprinzip eine Verheißung heraus. Natürlich wurde jede Verheißung auf diese Weise auch aus ihrem Kontext herausgenommen, und daher auch oft von den Bedingungen abgetrennt, unter denen sie gegeben worden war. Beispielsweise steht „siehe, ich bin bei euch alle Tage" im Kontext des Missionsbefehls „gehet hin und machet zu Jüngern". Wir sollten daher diese Verheißung nicht für uns beanspruchen, ohne den Missionsbefehl auch auszuführen. Auch in Ermangelung eines Kästchens ist es jedoch möglich, die Bibel auf ganz ähnliche Art und Weise lesen. Das tun wir, indem wir nach einem Vers Ausschau halten, den wir dann für uns selbst verwenden können. In den historischen Büchern der Bibel, wie beispielsweise bei Samuel und den Königen, werden wir allerdings nicht recht fündig werden. Sie offenbaren ihre Schätze nur dem, der sie als Ganzes liest und allein wissen möchte, wie Gott wirklich ist und wie er über uns denkt. Wem es nur um sich selbst geht oder darum, wie er über Gott denkt, wird bei dieser Lektüre leer ausgehen.

3. Biographisch
(I) INDIVIDUELL

Prediger nutzen diese dritte Methode am häufigsten. Es gehört zu den herausragenden Eigenschaften der Bibel, dass sie so ehrlich über die Erfolge und Niederlagen ihrer Hauptpersonen berichtet. Jakobus vergleicht die Bibel im Neuen Testament mit einem Spiegel. Die Lebensgeschichten ihrer Protagonisten können uns zeigen, wie wir wirklich sind. Wir haben daher die Möglichkeit, uns mit den biblischen Hauptfiguren zu vergleichen und uns zu fragen, ob wir uns genauso verhalten hätten.

In diesem Sinne können wir feststellen, dass die zwei ersten Könige Israels beide einen guten Start hatten aber ein schlechtes Ende nahmen. Doch Saul gilt als der schlimmste König, während David als der beste angesehen wird.

Wir erfahren über Saul, dass er sprichwörtlich alle anderen um Haupteslänge überragte und über viele persönliche Vorteile verfügte. Der Geist des Herrn kam über ihn und verwandelte ihn in einen anderen Menschen. Doch auch die verhängnisvollen Schwächen seines Charakters werden uns nicht verschwiegen. Seine Unsicherheit führte zu armseligen Beziehungen und dazu, dass er die talentierten Menschen in seinem Umfeld beneidete.

Im Gegensatz zu Saul beschreibt die Bibel David als einen „Mann nach dem Herzen Gottes." Als Samuel David salbte, sagte Gott zu ihm: „Ich urteile nach anderen Maßstäben als die Menschen. Für die Menschen ist wichtig, was sie mit den Augen wahrnehmen können; ich dagegen schaue jedem Menschen ins Herz."

Wir erfahren aus der Bibel, dass David ein Mann war, der in der freien Natur lebte und kräftig zupacken konnte. Er war attraktiv und mutig. Während seiner einsamen Tage und Nächte im Hirtendienst entwickelte und pflegte er seine Beziehung zu Gott. Er las das Gesetz und betete. Er lobte Gott sowohl für seine Schöpfung als auch für seine Erlösung. Diese Jahre waren seine Vorbereitung darauf, einmal der wichtigste Mann des Landes zu werden.

Seine Führungskompetenz zeigte sich darin, dass er Gott nach seiner Meinung fragte, bevor er irgendeine wichtige Entscheidung traf. Obwohl er schon zum König gesalbt war, weigerte er sich, vorschnell den Thron zu besteigen. Stattdessen wartete er auf Gottes Timing. Selbst im Sieg war David großherzig. Es freute ihn nicht, wenn seine Feinde getötet wurden. Er erzürnte ihn, dass ein überlebender Sohn Sauls schließlich umgebracht wurde, obwohl Saul sein Feind gewesen war. David war überhaupt nicht nachtragend und ein Mann, der Tapferkeit honorieren konnte – im zweiten Buch Samuel finden wir eine Liste der Männer, die David ehren wollte.

Er war daher das Gegenteil von Saul: David hatte ein Herz für Gott und liebte es, anderen Menschen Ehre zu erweisen. Sauls Herz hingegen schlug nicht für den Herrn und er konnte es nicht ertragen, erfolgreiche Menschen auch nur in seiner Nähe zu haben.

Wir können noch weitere Vergleiche anstellen: Samuel und Eli hatten gemeinsam, dass sie ihre Kinder nicht disziplinieren konnten. Jonatan und Absalom waren beide Königssöhne, die sich jedoch sehr unterschiedlich verhielten. Jonatan war der selbstlose Sohn eines schlechten Königs (Saul), der bereit war, sich der Herrschaft Davids unterzuordnen. Absalom hingegen war der selbstsüchtige Sohn eines guten Königs (David), der seinem Vater den Thron entreißen wollte.

Die Frauen in den Büchern Samuel bieten ebenfalls genügend Stoff für ansprechende Charakterstudien. Sowohl Hanna als auch Abigail offenbaren interessante Züge. Die Bibel berichtet über Hannas Gottergebenheit und ihre Begeisterung, als sie schwanger wurde. Abigail verhinderte mutig eine Krise. Sie versorgte Davids Männer mit Lebensmitteln, nachdem ihr Ehemann ihnen die Gastfreundschaft verweigert hatte. David war so beeindruckt von ihr, dass er sie kurz nach dem Tod ihres Ehemannes zur Frau nahm.

(II) ZWISCHENMENSCHLICH
Wir können auch die Beziehungen zwischen den einzelnen Personen betrachten. Die Freundschaft zwischen Jonatan und David gehört zu den reinsten und Gott wohlgefälligsten in der gesamten Bibel.

Der frustrierende und sogar bedrohliche Umgang Sauls mit David ist ein klassisches Beispiel dafür, wie schwierig zwischenmenschliche Beziehungen sein können, wenn eine Partei ein unbeständiges Temperament mitbringt, das zwischen Annahme und Ablehnung schwankt und zusätzlich noch von bösen Mächten beeinflusst wird.

Davids „unendliche Geschichte" mit den verschiedenen Frauen in seinem Leben bietet uns viele Einblicke in die Beziehungen zwischen den Geschlechtern. Und auch seine Fähigkeit, die Zuneigung und Hingabe unterschiedlicher Männer zu gewinnen, ist für unsere heutige gesellschaftliche Realität von Bedeutung.

Das Beharren des Volkes auf der Wahl seines ersten Königs und seine Gründe für diese Wahl haben uns ebenfalls viel zu sagen: Sie führen uns vor Augen, wie ein bestimmtes Image auch unsere heutigen Volksabstimmungen beeinflusst.

Diese Geschichten beinhalten folglich sowohl gesellschaftliche als auch individuelle Aspekte, aus denen wir wertvolle Lektionen ableiten können. Doch auch dies greift immer noch zu kurz und wird dem beabsichtigten Zweck des Textes nicht gerecht.

4. Historisch

(I) HERRSCHAFTSFORM

Als vierte Möglichkeit kann man die Bücher Samuel auch als eine Darstellung der Geschichte Israels betrachten. Israel entwickelte sich von einer Familie zu einem Stamm, dann zu einer Nation und schließlich zu einem Großreich. Samuel beschreibt diese Entwicklung zum Imperium über einen Zeitraum von 150 Jahren.

Das Volk verlangte einen König, weil es seine Nachbarländer um die geeinte und sichtbare Führung ihrer Monarchien beneidete. Die Israeliten hatten auch genug von dem Bündnissystem der zwölf unabhängigen Stämme, das zur damaligen Zeit bestand.

Samuel warnte das Volk vor den hohen Kosten, die der Übergang zu einer Zentralregierung mit einem König an der Spitze verursachen würde. Doch das Volk bestand auf seiner Forderung, und damit war der Lauf der Geschichte vorgezeichnet. Gott gab ihrem Wunsch nach, beharrte jedoch darauf, dass der König Israels sich von den Monarchen anderer Völker unterscheiden sollte. Der israelische Herrscher musste das Gesetz eigenhändig abschreiben und täglich darin lesen. Er war auch für die geistliche Leitung des Volkes zuständig (Die entsprechenden Regelungen im fünften Buch Mose zeigen, dass Gott diese Entwicklungen schon vorhergesehen hatte.). Folglich war der Charakter des Volkes nun von dem seines Königs abhängig

(II) STAATSSYSTEM

Der Übergang von einem Föderalsystem zu einer Zentralregierung ging nicht schmerzlos an Israel vorüber. Wir können das Buch unter diesem Blickwinkel betrachten und dabei untersuchen, wie David mit den Herausforderungen umging und sie schließlich meisterhaft überwand. Israel erreichte unter seiner Herrschaft den Zenit von Frieden und Wohlstand. Das war auf sein geniales Organisationstalent und seine Fähigkeit zurückzuführen, als Militärkommandant unter Gottes Führung zu agieren. Seine Wahl Jerusalems zur Hauptstadt gehört zu den herausragenden Meisterleistungen seiner Herrschaft. Die Stadt wurde von der Kontrolle der Jebusiter befreit und galt daher nicht als exklusiver Landbesitz eines der zwölf Stämme.

Unter Davids Herrschaft wuchs das Imperium, und frühere Feinde wurden zu Vasallenstaaten. Zum ersten und letzten Mal eroberten die Israeliten fast das gesamte Gebiet, das ihnen verheißen worden war. Die Philister stellten für sie keine Bedrohung mehr dar. Doch die Zentralregierung wurde den Israeliten gleichzeitig zum Verhängnis. Denn da sich die Macht auf immer weniger Personen konzentrierte, bestimmte nun zwangsläufig der Charakter der Leute, in deren Händen sie lag, wie es mit der gesamten Nation weiterging.

5. Kritisch

(I) TEXTKRITIK

Unter Textkritik versteht man die wissenschaftliche Untersuchung der Bibel, wobei die Gelehrten überprüfen, ob der Text irgendwelche Fehler enthält. Sie untersuchen und vergleichen biblische Manuskripte in ihren Originalsprachen. Dabei liegt ihr besonderes Augenmerk auf Abweichungen, die möglicherweise durch Übertragungsfehler beim Abschreiben der Schriftrollen entstanden sind. Dieser Disziplin verdanken wir die enorme Zuversicht, dass die Manuskripte, die Übersetzer heute verwenden, dem Original sehr ähnlich sind. Man geht davon aus, dass das Neue Testament zu 98 Prozent korrekt überliefert wurde.

Das früheste vollständige Manuskript des Alten Testaments ist der masoretische Text aus dem Jahr 900 n.Chr. Zudem gibt es eine vollständige Abschrift der Jesaja-Rolle, eine der Schriftrollen vom Toten Meer, die auf 100 v. Chr. datiert wurde. Sie ist daher 1000 Jahre älter als alle anderen vorhandenen Abschriften. Man entdeckte sie, als die „Revised Standard Version", eine englische Bibelausgabe, gerade übersetzt wurde. Die Übersetzer warteten mit der Veröffentlichung, bis ihr Text mit dem älteren Manuskript abgeglichen worden war. Tatsächlich stellte sich heraus, dass der Text, mit dem sie ursprünglich gearbeitet hatten, sehr akkurat war und daher nur ein paar wenige Änderungen vorgenommen werden mussten.

Während der Text des Alten Testaments nicht über dieselbe Exaktheit verfügt wie das Neue Testament, können wir dennoch sicher sein, dass es nur sehr wenige Abweichungen vom Original gibt. Darüber hinaus betreffen jegliche Ungereimtheiten in der Übersetzung nur kleine Details und gerade nicht zentrale Grundsätze unseres Glaubens. In den Büchern Samuel gibt es beispielsweise zwei Berichte über den Tod Goliats. Nur einer von beiden macht David für Goliats Ableben verantwortlich. Wenn man jedoch nur einen einzigen Buchstaben anpasst, löst sich diese Unstimmigkeit auf. Ganz eindeutig ist hier dem Thoraschreiber ein Fehler bei der Abschrift unterlaufen.

(II) HISTORISCH-KRITISCHE METHODE

Die Textkritik an sich ist eine notwendige und hilfreiche Disziplin, doch die historisch-kritische Methode hat bereits großen Schaden angerichtet. Sie entstand im Deutschland des neunzehnten Jahrhunderts und breitete sich im zwanzigsten Jahrhundert an vielen theologischen Hochschulen aus.

Das Hauptargument der historisch-kritischen Methode lautet folgendermaßen: Selbst wenn der ursprüngliche Text genau das vermittelt, was der Verfasser gemeint hat, können wir uns immer noch im Irrtum darüber befinden, was wir glauben sollten. Historisch-kritische Theologen nähern sich dem Text mit ihrer eigenen vorgefassten Meinung darüber, was rational nachvollziehbar ist. Wer überzeugt ist, dass die Wissenschaft die Existenz von Wundern widerlegt hat, ignoriert jegliche übernatürliche Ereignisse im Text. Wer nicht an prophetische Vorsehung glauben kann, lässt jede Prophezeiungen, welche die Zukunft genau vorhersagt, außer Acht.

Diese Wissenschaftler arbeiten ausschließlich auf akademischer und intellektueller Ebene. Dabei spielt ein persönlicher Glaube oder das Verständnis einer individuellen Gottesbeziehung so gut wie keine Rolle. Ihr Ansatz führt zwangsläufig zu einem zerstückelten Text, der im Vergleich zum Original kaum noch wiederzuerkennen ist.

6. Theologisch

Liest man die biblischen Bücher unter einem theologischen Blickwinkel, so werden jede Seite und jeder einzelne Satz wertvoll. Die Ansätze, die wir bisher betrachtet haben, konzentrieren sich allein auf die menschliche Seite des Bibelstudiums. Doch die Bibel ist zuallererst ein Buch über Gott, während Gottes Volk nur von zweitrangigem Interesse ist. Bei dieser Art des Bibellesens geht es um folgende Frage: Wie können wir den Text nutzen, um Gott kennenzulernen?

Wir haben bereits festgestellt, dass Samuel zu den prophetischen Büchern gehört. Die dort aufgezeichnete Geschichte wird aus Gottes Blickwinkel betrachtet. Es geht darum, was er für wichtig hält.

Der theologische Ansatz betrachtet ein Ereignis und fragt dann, was es mit Gott zu tun hat. Wie denkt und fühlt er darüber? Warum ist diese Geschichte für Gott so wichtig, dass sie in die Bibel aufgenommen wurde, damit wir sie nun studieren können? So beginnen wir das Buch aus Gottes Blickwinkel zu lesen und können daraus schlussfolgern, wer und wie er wirklich ist. Im vollen Vertrauen darauf, dass er sich nicht ändert, können wir diese zeitlosen Grundsätze dann auf unsere Zeit und unsere Generation übertragen.

GERECHTIGKEIT UND GNADE

Das ist die beste und spannendste Sichtweise, um das Buch Samuel zu lesen. Samuel berichtet, wie Gott in das Leben Israels eingreift, denn er ist der wahre Akteur in diesen Geschichten, nicht Saul, David oder Samuel. Einerseits veranlasst Gott historische Ereignisse, andererseits reagiert er auch auf sie. Hanna ist unfruchtbar, sie betet und Gott schenkt ihr einen Sohn. David tötet Goliat in Gottes Namen mit seinem ersten Stein. Mit Gottes Hilfe entkommt David den Fängen des Heeres Sauls, obwohl Tausende Soldaten auf ihn angesetzt sind. Gott hilft manchen Menschen, anderen legt er Steine in den Weg. In seiner Gerechtigkeit bestraft er Unrecht. Manchmal zeigt er auch seine Gnade, wenn er von Strafe absieht, auch wenn der Täter sie verdient hätte.

Er gibt den Israeliten das Land, doch wenn sie ihm nicht gehorchen, schickt er ihnen Feinde, die sie unterdrücken. Sobald sie Buße tun, sendet er ihnen Helden, die sie befreien. Er erlaubt dem Volk, sich einen König zu bestimmen. Als dieser König dann versagt, gibt er ihm einen anderen Herrscher, einen Mann nach seinem Herzen.

Wir können die Ereignisse im Buch Samuel studieren, Lehren aus der Geschichte ziehen und uns selbst mit Saul oder David vergleichen. Doch die beste Motivation, dieses Buch zu lesen, besteht darin, den Charakter Gottes kennenzulernen.

Gottes Handeln offenbart sich insbesondere im Herzstück des Buches. Der Herr schließt mit David einen Bund und bestätigt dadurch seine Treue zu Israel. Sie fand bereits Jahrhunderte zuvor in den Bundesschlüssen mit Abraham und Mose ihren Ausdruck. Das ist der wichtigste Moment im ersten und zweiten Buch Samuel: David fragt Gott, ob er ihm ein Haus bauen dürfe. Es ist ihm peinlich, dass er für sich selbst einen so prächtigen Palast errichtet hat, während Gott bloß in einem Zelt in seiner Nachbarschaft wohnt.

Als David Gott verspricht, ihm ein Haus zu bauen, erhält er durch den Propheten Nathan drei verschiedene Botschaften: Die erste lautet: „Tu es." Die zweite besagt: „Tu es nicht." Gott erklärt ihm, dass ihm ein Zelt genüge, da er nie einen Palast aus Stein verlangt habe. In der dritten Botschaft sagt Gott, dass David den Tempel nicht bauen dürfe, da er viel Blut vergossen habe. Doch seinem Sohn wird die Errichtung des Tempels erlaubt.

Beim Bundesschluss verkündet Gott David, wie er seinen Sohn behandeln werde. Auch wenn er ihn künftig züchtigen müsse, werde er nie aufhören, ihn zu lieben. Davids Haus und sein Königreich werden für immer vor ihm Bestand haben. Sein Thron werde ewig bestehen und es werde immer einen Nachkommen Davids auf dem Königsstuhl geben.

Von da an pflegen die Nachkommen Davids ihren Familienstammbaum mit großer Sorgfalt. Denn jeder fragt sich, ob nicht sein Sohn dieser „Sohn Davids" sein könnte, der im Bund erwähnt wurde. In den folgenden 3000 Jahren rückt diese Verheißung ins Zentrum der nationalen Hoffnungen Israels, da die Juden nach ihrem Messias Ausschau halten.

Dieser Bund mit David ist von entscheidender Wichtigkeit für den Rest der Bibel. Eintausend Jahre später erfüllt sich die Verheißung, als Jesus als Sohn eines einfachen

Paares aus der königlichen Nachkommenschaft geboren wird. Jesus war der rechtmäßige Sohn Davids durch die väterliche Linie Josefs. Doch er war auch ein physischer Nachkomme Davids durch die Linie seiner Mutter Maria. Er war also im doppelten Sinne Davids Sohn. Zeit seines Lebens nannte man ihn den „Sohn Davids". Seine Jünger erkannten, dass er berechtigt war, als „Messias" (der Gesalbte) bezeichnet zu werden. Diese Betitelung setzt sich in den späteren Schriften über Jesus und seine Gemeinde fort. Die Apostelgeschichte, der Römerbrief, der zweite Brief an Timotheus und die Offenbarung verwenden alle diesen Ehrentitel, wenn sie sich auf Jesus beziehen. Sie verkünden, dass alle Macht im Himmel und auf Erden dem Sohn Davids gegeben sei und auch für immer in seinen Händen verbleiben werde. Die Verfasser dieser Schriften freuen sich darüber, dass Gott seinen Bund mit David in seinem Sohn Jesus gehalten hat.

An der Erfüllung des Bundes erkennen wir, dass Gottes Verheißung weitreichende Auswirkungen hat. Denn der König auf dem Thron Davids regiert über Juden und Heiden, die zusammen seine Gemeinde bilden.

Nur wenn wir Samuel unter einem theologischen Blickwinkel lesen, erschließt sich uns der Reichtum dieses Buches. Seine Botschaft wird ebenso deutlich wie seine Rolle in der Erlösungsgeschichte der Bibel als Ganzes.

Fazit

Samuel ist ein Geschichtsbuch der besonderen Art. Seine prophetische Geschichte beinhaltet viele interessante, bizarre, romantische und grausame Begebenheiten. Sie offenbaren in der Gesamtschau Gottes Absichten für sein Volk. Gott will, dass wir von einem einzigen Mann regiert werden – nicht von König David I, sondern von König David II. Das erste und zweite Buch Samuel sind Teil der christlichen Geschichte. In der Vergangenheit war Jesus der König der Juden. Heute ist er der König der Gemeinde und in Zukunft wird er als König über die ganze Welt herrschen. Dann wird er in Recht und Gerechtigkeit regieren und die Königsherrschaft für Israel endlich wiederherstellen.

Die wahre Bedeutung des Buches wird daher erst deutlich, wenn wir erkennen, wie Gott involviert ist. Er wirkt hinter den Kulissen, prägt die Geschichte und versichert seinem Volk, dass sein Königreich sich ausbreiten wird. Eines Tages wird schließlich sein eigener Sohn, der auch der Sohn Davids ist, als König regieren.

10.
1. und 2. Könige

Einleitung

Der Geschichtsunterricht an meiner Schule war extrem langweilig. Es ging immer nur um Daten und Schlachten, Könige und Königinnen. Das alles schien sehr kompliziert und bedeutungslos zu sein. Doch mein Interesse wurde neu geweckt, als ich das satirische Geschichtsbuch *„1066 and All That"* zu lesen begann *(*zu Deutsch „1066 und das alles"; *im Jahr 1066 besiegte der normannische Könige Wilhelm der Eroberer die Angelsachsen in der Schlacht von Hastings, Anmerkung der Übersetzerin.)*. Das Buch war auf jeden Fall viel amüsanter als die Geschichtsstunden in der Schule. Jedes historische Ereignis wurde entweder als „gute" oder „schlechte Sache" zusammengefasst und eingeordnet – ohne jegliche Abstufungen dazwischen.

Die Bücher der Könige lassen sich ein wenig mit *„1066 and All That"* vergleichen (Allerdings fehlt das humoristische Element.). Sie beschreiben die Könige von Israel und Juda jeweils als gute oder schlechte Regenten, abhängig davon, wie sie regierten. Doch anders als der Geschichtsunterricht in der Schule, an den sich viele von uns noch erinnern können, ist die biblische Geschichte äußerst spannend. Es geht dabei gerade nicht um irrelevante Daten und Schlachten. Vielmehr besteht sie aus einem Bericht über Gottes Volk, der aus Gottes Perspektive erzählt wird. Diese Aufzeichnungen sind auch nicht nur von rein akademischem Interesse – sie sind absolut lebenswichtig für die gesamte Menschheit.

Zusammenhang
Die Bücher der Könige konzentrieren sich auf die dritte von insgesamt vier Phasen in der Entwicklung der nationalen

Herrschaftsform Israels. Das Zeitdiagramm zum Alten Testament (Kapitel 1) verdeutlicht, dass die ersten Anführer Israels die Patriarchen waren, von Abraham bis Josef. Dann kamen die Propheten, von Mose bis Samuel. In der dritten Epoche gab es die Könige, von Saul bis Zedekia, und schließlich die Priester, angefangen mit Jeschua bis hin zu Kaiphas. Vier Bücher der deutschen Bibel behandeln diesen Zeitabschnitt der Könige:

1. **Samuel**: Samuel bis Saul
2. **Samuel**: David
1. **Könige**: Salomo bis Ahab
2. **Könige**: Ahasja bis Zedekia

In den hebräischen Schriften sind es nur zwei Bücher, die diese Phase der Herrschaftsform dokumentieren, Samuel und Könige. In der deutschen Bibel hingegen bilden das Ende der Herrschaft Ahabs im letzten Kapitel von 1. Könige bzw. der Tod des Propheten Elia am Anfang von 2. Könige die inhaltliche Zäsur zwischen diesen beiden Schriften. Als 200 v. Chr. das Alte Testament ins Griechische übersetzt wurde, stellte sich heraus, dass die Bücher für eine Rolle zu lang wurden. Da die hebräischen Worte nur aus Konsonanten bestehen, führte das Hinzufügen der Vokale im Griechischen dazu, dass sich der Buchumfang verdoppelte. Die Aufteilung in 1. und 2. Samuel bzw. 1. und 2. Könige war daher zunächst gar nicht beabsichtigt, sondern erfolgte aus Gründen der Übersetzung.

Königreiche

Im Hebräischen heißt das Buch „Königreiche" Israels statt nur „Könige". Das Wort „Königreich" hat auf Hebräisch eine andere Bedeutung. Im Englischen (und Deutschen) bezieht es sich auf ein Land, das von einem Herrscher regiert wird. Daher ist England beispielsweise Teil des Vereinigten Königreichs unter der Regentschaft der Queen. Doch im Hebräischen beschreibt der Begriff „Königreich" die Herrschaft eines Monarchen. Es geht um die Autorität des Herrschers und nicht um sein Gebiet. Seine Machtbefugnisse sind entscheidend, nicht sein Territorium.

Das biblische Konzept der „Herrschaft" unterscheidet sich zudem erheblich vom Regierungssystem im Vereinigten Königreich. Dort „herrscht" zwar die Königin im Rahmen einer konstitutionellen Monarchie, aber sie regiert nicht (*sondern hat hauptsächlich repräsentative Aufgaben, Anmerkung der Übersetzerin*). Die Macht liegt bei der gewählten Regierung. Der große Vorteil besteht darin, dass die Streitkräfte und die Gerichtsbarkeit nicht direkt der Regierung unterstellt sind, sondern sich der Königin gegenüber verantworten müssen. Nicht ihre große Autorität macht daher den Wert der Monarchie aus, sondern die Tatsache, dass sie die Befugnisse anderer Institutionen beschränkt.

Im Gegensatz dazu verfügten die Könige Israels über die absolute Macht. Ihr Wort war Gesetz, und sie kommandierten die Streitkräfte. Es gab kein Parlament, keine Abstimmungen und keine Oppositionsparteien. Der König regierte per Dekret, Debatten waren ausgeschlossen. Seine Herrschaft über seine Untertanen war allumfassend. Daher formten sein Charakter und sein Verhalten während seiner Regierungszeit die gesamte Gesellschaft. Der König musste sich vor Gott als Vertreter der ganzen Nation verantworten, trat aber auch seinem Volk als Repräsentant Gottes gegenüber.

Das brachte eine große Veränderung in der Bewertung des Volkes mit sich. Während der Zeitspanne, die in den Büchern Josua, Richter und Rut beschrieben wird, gab es einen lockeren Zusammenschluss der verschiedenen

Stämme. Die Menschen wurden damals nach ihrem persönlichen Verhalten beurteilt. Doch nun, in Samuel und Könige, bestimmten der Charakter und das Handeln des Königs das Schicksal der Nation.

Ausgewählte Geschichte
Obwohl das Buch die Könige Israels behandelt, räumt es nicht jedem Regenten gleichviel Platz ein. Omri, beispielsweise, regierte das Nordreich Israel. Aus anderen historischen Quellen wissen wir, dass seine Herrschaft ganz außerordentlich war, da er einen bemerkenswerten wirtschaftlichen Aufschwung herbeiführte. Doch das Buch der Könige widmet ihm nur acht Verse, weil er in der entscheidenden Frage versagte: Er tat, was böse war in den Augen des Herrn. Ähnlich verhält es sich mit Jerobeam II., der dem Norden eine Kurzform des „goldenen Zeitalters" bescherte. Aus genau demselben Grund werden ihm nur sieben Verse zugestanden. Andererseits bekommt Hiskia, der ein überwiegend guter König war, ganze drei Kapitel. Ein einziges Gebet Salomos umfasst sogar 38 Verse. Die Geschichten von Elia und Elisa, die selbst gar keine Könige waren, machen schließlich ein Drittel der beiden Bücher der Könige aus.

Zu dieser offensichtlichen Ungleichbehandlung kommt es, weil sich der Verfasser nicht von einem herkömmlichen historischen Ansatz leiten lässt. Wir haben bei der Betrachtung des Buches Josua bereits festgestellt, dass jeder Historiker auswählen muss, was ihm wichtig erscheint, um dann die Ereignisse oder Personen seiner Wahl miteinander in Beziehung zu setzen. Am Ende muss er noch erklären, warum eine Begebenheit zur nächsten geführt hat. Der Verfasser der Könige ist nicht an politischer, wirtschaftlicher oder militärischer Geschichte an sich interessiert, auch wenn er sie sozusagen im Vorübergehen streift. Vielmehr geht es ihm um zwei Aspekte der Herrschaft oder des Königreichs jedes einzelnen Regenten:

1. Die **geistliche** Qualität: Anbetung des Gottes Israels oder Götzendienst
2. Die **moralische** Qualität: Gerechtigkeit und gute Sitten oder ihr Gegenteil

Prophetische Geschichte
In der hebräischen Bibel sind die Könige das letzte Buch in der Reihe der sog. „früheren Propheten". Sie folgen auf Josua, die Richter und das Buch Samuel. Die Geschichte wird aus Gottes Blickwinkel betrachtet. Einzelpersonen und Ereignisse finden Erwähnung, da Gott sie für die nachfolgenden Generationen als wichtig und unerlässlich ansieht. Jemand mag ein brillanter Politiker oder Wirtschaftsfachmann sein, doch Gott ist in erster Linie an seinem Glauben und an seinem Verhalten interessiert.

Man könnte diese Bücher mit Fug und Recht auch als „heilige Geschichte" bezeichnen, da ihre Botschaft die Zeit überdauert und ihre Ethik Ewigkeitswert hat. Die Könige präsentieren uns nicht nur Lektionen *aus* der Geschichte, sondern *die* entscheidende Lektion der Geschichte. Wer sie nicht beherzigt, ist dazu verdammt, denselben Fehler ständig zu wiederholen.

Allgemeingültige Grundsätze
Bestimmte Muster in der Geschichte Israels haben allgemeine Gültigkeit, beispielsweise die Länge der Herrschaft jedes erwähnten Königs. Ein guter Herrscher regierte im Durchschnitt 33 Jahre lang, während ein schlechter Regent es auf durchschnittlich elf Jahre brachte. Daraus können wir den Grundsatz ableiten, dass gute Könige länger an der Macht bleiben als schlechte. Denn

Gott kontrolliert letztendlich die Geschichte und kann gute Monarchen auf dem Thron halten.

Es gibt Ausnahmen. Nicht jeder gute König hatte eine lange Amtszeit und nicht jeder schlechte Regent eine kurze. Doch dieses Prinzip erfreut sich noch immer allgemeiner Gültigkeit. Es zeigt sich tatsächlich noch heute an der Länge der Amtszeit unserer modernen Staats- und Regierungschefs.

Aufstieg und Fall einer Nation
Die Könige behandeln einige wichtige Ereignisse in der Geschichte Israels. Wir müssen sie näher betrachten, um die Botschaft des Buches und die der nachfolgenden Bücher zu verstehen. Das zweite Buch Samuel und der Anfang des ersten Buches der Könige beschreiben Israels Vormachtstellung auf der Weltbühne. Doch der größere Teil der Königsbücher hat den Niedergang der Nation zum Thema. Unter der Herrschaft Davids und Salomos wurde Israel schließlich geeint. Das Großreich erstreckte sich von Ägypten bis an den Euphrat. Endlich bewohnten die Israeliten fast das ganze Land, das Gott Abraham 1000 Jahre zuvor versprochen hatte. Darüber hinaus kontrollierten sie noch weitere Gebiete. Doch mit der Regierungszeit Salomos setzte eine Abwärtsspirale ein. Zunächst gab es Bürgerkrieg, dann kam es zur Teilung des Königreichs und schließlich zum Exil in einem fremden Land.

Die Teilung des Imperiums bedeutete auch, dass der Name Israel sich nicht länger auf das ganze Land bezog, sondern nur noch auf die zehn Stämme im Norden. Die südlichen Stämme Juda und Benjamin wurden nach dem größeren der beiden, nach Juda benannt. Diese Unterscheidung setzt sich durch den verbleibenden Teil des Alten Testaments fort.

Die Angehörigen der südlichen Stämme Juda und Benjamin bezeichnete man nun als „Juden", abgeleitet vom

Stammesnamen Juda. Bis dahin galten alle als „Hebräer" oder „Israeliten". Diese wichtige Unterscheidung müssen wir im Kopf behalten. Das Johannesevangelium im Neuen Testament differenziert zwischen den Juden im Süden und den Galiläern im Norden. Nur die Juden im Süden waren hauptsächlich für die Kreuzigung Jesu verantwortlich, nicht das gesamte Volk Israel *an sich*.

DIE GESCHICHTE ZWEIER NATIONEN
Das Buch der Könige behandelt die Geschichte dieser beiden „Nationen". Der geistliche und moralische Zustand der zehn Stämme im Norden verschlechterte sich fortlaufend, bis Assyrien sie ins Exil schickte. Im Süden verlief der Abstieg zunächst schleichender. Es gab gute Könige wie beispielsweise Hiskia und Josia, doch schließlich entwickelte sich alles genauso wie im Norden. Die Bewohner Judas wurden nach Babel weggeführt. Gott hatte ihren Vorvater Abraham aus Ur in Chaldäa herausgerufen – jetzt endeten sie selbst dort, wo Abraham einst losmarschiert war. Doch im Gegensatz zum „Vater des Glaubens" waren sie nun heimatlose Flüchtlinge.

Wir können daraus lernen, wie einfach es ist, etwas Erreichtes auch wieder zu verlieren. Oft braucht der Absturz viel weniger Zeit als der Aufstieg zum Gipfel gekostet hat.

Das Königreich Israel
Das Königreich Israel durchlief drei Phasen, die in der untenstehenden Tabelle zusammengefasst sind.

1. Vereinigtes Königreich
Saul	40 Jahre
David	40 Jahre
Salomo	40 Jahre

2. Geteiltes Königreich
Zehn Stämme im Norden – „Israel"
Zwei Stämme im Süden – „Juda"

Krieg	80 Jahre	Elia
Frieden	80 Jahre	Elisa
Krieg	50 Jahre	Israel nach Assyrien verschleppt, 721 v. Chr.

3. Einzelnes Königreich
140 Jahre   Juda nach Babel verschleppt, 587 v. Chr.

EINHEIT

Die erste Phase war das „Vereinigte Königreich". Drei Könige regierten jeweils über ganz Israel. Der erste Herrscher, Saul, war überwiegend schlecht. Der zweite Regent, David, war hauptsächlich gut, und der dritte Monarch, Salomo war sowohl gut als auch schlecht.

Jede dieser drei Herrschaftszeiten dauerte genau 40 Jahre. Die Zahl 40 steht oft für eine Zeitspanne, in der Gott die Menschen prüft. Jesus wurde 40 Tage lang in der Wüste versucht. Die Kinder Israel verbrachten ebenfalls 40 Jahre in der Einöde. Aus Gottes Perspektive ist es eine Zeit der Prüfung, und alle drei Könige bestanden sie nicht. Sie hatten einen guten Start, nahmen jedoch ein schlechtes Ende. David wurde zwar anerkennend als „Mann nach dem Herzen Gottes" bezeichnet, doch selbst er enttäuschte am Schluss.

Das erste Buch Samuel beschreibt die 40 Jahre der Herrschaft Sauls, das zweite Buch Samuel berichtet über die 40 Jahre, die David regierte und die ersten elf Kapitel des ersten Buches der Könige decken Salomos vierzigjährige Herrschaft ab.

EIN LAND UND EIN KÖNIGREICH

KRIEG

Sobald Salomo gestorben war, verbissen sich der Norden und der Süden in einen Bürgerkrieg, der das „Vereinigte Königreich" zerstörte. Salomo hatte die Samen der Zwietracht selbst gesät, als er dem Land hohe Steuern auferlegte. Dabei ließ er die Steuereinnahmen nur dem Süden zugutekommen, so dass die Unzufriedenheit im Norden immer weiter wuchs. Salomos Tod war der Auslöser dafür, dass die gärende Unzufriedenheit schließlich in einen bewaffneten Konflikt umschlug.

Die Hauptstadt Jerusalem und die königliche Familie Davids verblieben bei den beiden Stämmen des Südreichs. Die zehn Stämme im Norden verloren beides und errichteten daher in Bethel und in Dan ihre eigenen Anbetungsstätten. Dort stellten sie zwei goldene Kälber als zentrale Objekte ihrer Verehrung auf. Da sich das Herrscherhaus im Süden befand, wählten sie auch ihren eigenen König, Jerobeam.

Die Rechtsnachfolge der Herrscher im Norden verlief selten reibungslos. Attentate, Staatsstreiche und Machtwechsel waren an der Tagesordnung. Oft ernannten sich die Könige selbst.

Nach der Teilung des Reiches herrschte 80 Jahre lang Krieg zwischen dem Norden und dem Süden. Die Feindschaft wuchs immer mehr und gipfelte in einem Pakt des Nordreichs mit Syrien und Damaskus. Gemeinsam mit seinen Bündnispartnern wollte Israel die beiden Stämme im Süden auslöschen. Jesaja dokumentiert dies in seinem prophetischen Buch.

FRIEDEN

Auf die 80 Jahre des Krieges zwischen Nord und Süd folgten 80 Jahre des Friedens. Während dieser Zeit schickte Gott zwei Propheten, die in den Büchern der Könige eine große Rolle spielen. 1. Könige und die ersten beiden Kapitel von 2.

Könige berichten über den Dienst Elias. Elisa, sein Nachfolger, ist eine zentrale Figur am Anfang des zweiten Buches.

Diese „Ruhepause" konnte den Absturz jedoch nicht aufhalten. Im Jahr 721 v. Chr. besiegten die Assyrer die nördlichen Stämme und deportierten sie. Aus ihnen wurden die „zehn verlorenen Stämme", die nie wieder als Nation in ihr Land zurückkehren sollten.

Nachdem das Nordreich ins Exil geschickt worden war, konzentriert sich das Buch ausschließlich auf Juda und Benjamin im Süden. Es war ein sehr kleines Königreich mit Jerusalem als Hauptstadt und ein wenig Land im Umkreis der Metropole. Doch seine Herrscher entstammten der königlichen Linie. Sie kannten die Verheißung, die Gott David gegeben hatte, dass immer einer seiner Nachkommen auf dem Thron sitzen würde.

Als die nördlichen Stämme deportiert wurden, ließ Gott den Süden durch die Propheten Jesaja und Micha warnen: Dasselbe würde mit Juda und Benjamin passieren. Doch diese Warnungen hatten so gut wie keine Auswirkungen. Das letzte Ereignis, das im Buch der Könige beschrieben wird, ist die Wegführung Judas ins Exil nach Babel. Es geschah nur 140 Jahre nach der Deportation Israels.

Sinn und Zweck

Wenden wir uns nun den grundlegenden Fragen zu, die für das Verständnis jedes einzelnen biblischen Buches wichtig sind: Wer hat das Buch geschrieben? Wie wurde es verfasst? Wann wurde es niedergeschrieben und warum?

Wer hat Könige geschrieben?
Wir können den Verfasser nicht mit absoluter Sicherheit benennen. Die meisten Juden halten Jeremia für den Autor, und es gibt mehrere gute Gründe, die dafür sprechen.

1. Teile aus dem Buch der Könige decken sich mit Jeremias Prophezeiungen – sogar der Wortlaut ist identisch.
2. Jeremia selbst wird im Buch der Könige nicht erwähnt, obwohl er ein Zeitgenosse Josias war und bei vielen der berichteten Ereignisse eine wichtige Rolle spielte. Es erscheint unmöglich, über diesen Zeitabschnitt zu berichten, ohne Jeremia zu erwähnen. Doch wenn Jeremia selbst der Autor wäre, entspräche seine Zurückhaltung dem traditionellen Verhaltensmuster anderer Verfasser der Bibel.
3. Wir wissen, dass Propheten oft Berichte über Könige verfassten. Jesaja beispielsweise schrieb über Usija und Hiskia. Aus dem prophetischen Buch, dessen Autor Jeremia ist, erfahren wir, dass Gott Jeremia ausdrücklich anwies, über das Schicksal Israels und Judas zu schreiben.
4. Darüber hinaus gab es eine Zeit im Dienst des Jeremia, zu der es besonders passend gewesen wäre, dem Volk die Geschichte der Nation ins Gedächtnis zu rufen. In seinem prophetischen Buch berichtet er, wie das Volk Gottes seine leidenschaftlichen Appelle zurückwies, dem Bund mit Gott treu zu bleiben. Schließlich musste er das Land verfluchen. Das wäre genau der richtige Zeitpunkt gewesen, um das Buch der Könige niederzuschreiben.

Das einzige Problem mit dieser Hypothese besteht darin, dass Jeremia 586 v. Chr. nach Ägypten gebracht wurde, wo er starb. Doch der letzte Teil des zweiten Buches der Könige offenbart bemerkenswerte Kenntnisse über Ereignisse, die sich in Babel zutrugen. Es ist daher schwierig, diese Fakten mit der Annahme in Einklang zu bringen, dass er das gesamte Buch geschrieben haben soll. Am besten geht man wahrscheinlich davon aus, dass Jeremia einen Teil der Könige verfasste, während eine weitere Person das Buch vollendete. Damit lässt sich auch seine eigene Abwesenheit in der Geschichte erklären.

Andere bringen Hesekiel als einen möglichen weiteren Verfasser ins Spiel. Man weiß, dass er sich auf Jeremias Prophezeiungen stützte und einen ähnlichen Stil hatte. Doch der Zeitpunkt seiner letzten Prophezeiung im Jahr 571 v. Chr. spricht gegen seine Autorenschaft. Jeremia ist der wahrscheinlichste Kandidat, doch ohne weitere Beweise müssen wir diese Frage offen lassen.

Wie wurde das Buch der Könige verfasst?
Das Buch der Könige verweist darauf, dass weitere Informationen in anderen Quellen vorhanden sind: im Buch der Geschichte Salomos, im Buch der Geschichte der Könige von Israel (17 Mal erwähnt) und im Buch der Geschichte der Könige von Juda (15 Mal erwähnt). Diese Chroniken sind nicht die Bücher der Chronik in unserer Bibel. Der Verfasser kombiniert hier vielmehr verschiedene staatliche Aufzeichnungen, um ein historisches Lehrstück zu vermitteln.

Teile der Prophezeiungen Jesajas haben denselben Wortlaut wie die Bücher der Könige. Das lässt darauf schließen, dass die Autoren entweder dieselbe Quelle nutzten oder an bestimmten Punkten voneinander abschrieben.

Der Verfasser stellt Ereignisse in den Königreichen Juda und Israel zeitgleich nebeneinander. Es mag zunächst verwirrend erscheinen, erst etwas über den König von Juda zu lesen und gleich darauf einen Abschnitt über den König von Israel präsentiert zu bekommen. Doch diese Reihenfolge ist beabsichtigt. Der Autor möchte uns vor Augen führen, wie jedes der beiden Königreiche sich im Verhältnis zum anderen entwickelte. In Zeiten, in denen beide gegeneinander Krieg führten oder Heiratsbündnisse zu einer Phase des Friedens führten, ist diese Beziehung für den Geschichtsverlauf von entscheidender Bedeutung.

Der Autor ging also auf dieselbe Art und Weise vor, wie es ein Historiker in der heutigen Zeit auch tun würde. Er nutzte Material aus anderen Quellen, sammelte Informationen in Bibliotheken und so weiter. Der entscheidende Unterschied besteht darin, dass seine Auswahl von Gott inspiriert war. Daher ist das Buch der Könige nicht einfach nur Geschichtsschreibung, sondern Wort Gottes.

Wann wurde das Buch der Könige niedergeschrieben?
Aussagen, dass der Tempel in Jerusalem noch stand, und zwar „bis zum heutigen Tag", liefern uns entscheidende Hinweise auf das Entstehungsdatum des Buches. Sie deuten darauf hin, dass die Könige vor der Wegführung ins babylonischen Exil im Jahr 586 v. Chr. verfasst wurden. Damals wurde der Tempel zerstört.

Doch ein anderer Teil des Buches scheint ein späteres Datum nahezulegen. Die Babylonier töteten Zedekia, den letzten König von Juda. Zuvor hatten sie ihn in Ketten gelegt und ihn gezwungen, die Exekution seiner eigenen Söhne mitanzusehen. Dann stachen sie ihm die Augen aus. Der vorherige König, Jojachin, hatte sich den Babyloniern ergeben und wurde von ihnen gefangen gehalten. Im letzten Kapitel der Könige lesen wir, dass Nebukadnezar, der König von Babel, Jojachin aus dem Gefängnis entließ und ihn einlud, an seinem Tisch zu essen. Das lässt darauf schließen, dass das Buch während der Zeit des Exils beendet wurde, insbesondere, da die Rückkehr des Volkes nicht erwähnt wird. Die Tatsache, dass jemand aus der Nachkommenschaft Davids am Tisch des Königs von Babel speiste, bedeutete Folgendes: Ohne es zu wissen trug Nebukadnezar dazu bei, dass das Herrscherhaus überlebte.

Die Gesamtschau dieser beiden Details (der Hinweis auf den Tempel und König Jojachin in Babel) lässt vermuten, dass das Buch größtenteils vor dem Fall Jerusalems geschrieben aber erst während des Exils beendet wurde.

SCHLÜSSEL ZUM ALTEN TESTAMENT

Warum wurde das Buch der Könige geschrieben?
Die Motivation des Verfassers ergibt sich ganz natürlich aus der Antwort auf die Frage, wann das Buch geschrieben wurde.

Als die Niederschrift des Buches fertig war, hatte das Volk Israel sowohl sein Land als auch seine Hauptstadt verloren und war in ein fremdes Land deportiert worden. Eine ganze Generation würde ihre Heimat niemals wiedersehen. Erneut waren sie zu Sklaven geworden, und ihr Tempel lag in Trümmern. Unweigerlich stellten sie ihre Beziehung zu Gott in Fragen. Wo war er? Warum hatte er das alles zugelassen? Was war mit seinen Verheißungen?

Das Buch der Könige beantwortet diese Fragen. Es verdeutlicht, dass sich das Volk die Schuld an seiner Wegführung ins Exil ganz allein selbst zuzuschreiben hatte. Gott war seinem Versprechen treu geblieben: Er hatte ihnen angekündigt, dass sie ihr Land verlieren würden, wenn sie ihm nicht gehorchten. Doch obwohl er sie immer wieder warnte, hörten sie nicht auf ihn. Diesem Volk im Exil erteilte das Buch der Könige daher eine Lektion, die es in sich hatte.

Doch selbst in diesem düsteren Buch ist die Hoffnung noch nicht verloren. Denn Gott versprach, seinen Part des Bundes niemals zu brechen. Auch wenn das Volk gegen den Bund verstoßen hatte – er würde dies niemals tun. Das verhieß er ihnen. Er sagte seinen Kindern zu, sie aus der Verbannung zurückzubringen. Ihre Strafe war zeitlich begrenzt.

Tatsächlich blieb das Volk 70 Jahre in Babylon. Diese Zeitspanne war kein Zufall. Gott hatte sie angewiesen, das Verheißene Land in jedem siebten Jahr ruhen zu lassen. Doch sie hatten dieses Gesetz 500 Jahre lang ignoriert, beginnend mit der Zeit König Salomos. Seitdem waren dem Territorium Israels 70 Jahre der Ruhe entgangen. In gewisser Weise gab das siebzigjährige Exil dem Land daher die Möglichkeit, seinen „Erholungsurlaub" nachzuholen!

Das Buch der Könige beschreibt das Exil als eine Zeit

der Katastrophe, doch es gab noch Hoffnung. Gott hatte versprochen, die königliche Nachkommenschaft Davids zu erhalten, und so geschah es.

Inhalt

Salomo

Wir beginnen die genauere Betrachtung des Buches mit dem König, der in den Anfangskapiteln die Hauptrolle spielt. Salomos Name bedeutet „Friede", eine sehr passende Bezeichnung. Denn seine Regentschaft profitierte von dem Frieden, den David beim Aufbau des Reiches gesichert hatte. Salomo war ein guter Mann, dessen Herrschaft einen positiven Anfang nahm.

Gott erschien ihm zu Beginn seiner Regierungszeit im Traum. Der Herr bot ihm alles an, worum Salomo ihn bitten würde. Da der junge König wusste, dass ihm die nötige Erfahrung fehlte, bat er um Weisheit. Daraufhin versprach Gott Salomo nicht nur Weisheit, sondern zusätzlich noch viele andere Dinge, nach denen er nicht verlangt hatte: Reichtum, Ruhm und Macht.

Salomos Weisheit zeigt sich besonders in der bekannten Geschichte der zwei Prostituierten, die sich um ein Baby stritten. Beide waren Mutter jeweils eines Säuglings. Doch eines Nachts starb eines der Neugeborenen, und seine Mutter stahl der anderen Frau ihr Kind. An dessen Stelle legte sie die Leiche ihres Säuglings. In dieser äußerst prekären Lage sollte Salomo nun Recht sprechen. Wem gehörte das lebendige Baby? Salomo bat Gott um Weisheit. Dann ließ er die Frauen wissen, dass der Säugling in der Mitte durchgeschnitten würde. Jede sollte eine Hälfte des Kindes an sich nehmen. Kaum hatte der König diese Anordnung ausgesprochen, flehte ihn die wahre Mutter an, das Neugeborene am Leben zu lassen und es der anderen Frau zu geben. So erkannte Salomo, wer tatsächlich die Mutter des Kindes war.

Der Bau des Tempels war das denkwürdigste Unterfangen der Regierungszeit Salomos. Er errichtete ihn anhand der Pläne und mit den Baumaterialien, die ihm sein Vater David zur Verfügung stellte. Gott hatte David verheißen, dass er seinem Sohn erlauben würde, diesen ersten zentralen und permanenten Ort der Gottesverehrung zu bauen. Das fünfte Buch Mose sagt bereits Jahrhunderte zuvor seine Errichtung voraus. Er war ein prachtvolles Gebäude, dessen Fertigstellung sieben Jahre benötigte (Allerdings dauerte es ganze zwölf Jahre, Salomos eigenen Palast zu vollenden.).

Obwohl der Tempel aus behauenen Steinen gebaut wurde, war der Klang von Hammer und Meißel nie zu hören. Dieser Umstand blieb lange Zeit ein ungelöstes Rätsel. Das änderte sich jedoch, als man eine riesige Höhle im Berg Moria in der Nähe von Golgatha außerhalb der Stadtmauern Jerusalems entdeckte. Sie war so groß wie ein weitläufiger Konzertsaal. Der Boden der Höhle war mit Millionen von kleinen Steinspänen bedeckt, die beim Behauen der Quader anfielen. Der Stein war so weich, dass er mit einem Taschenmesser bearbeitet werden konnte, doch wenn man ihn nach draußen brachte, oxidierte er mit der Außenluft und wurde ziemlich hart. Aus dieser Höhle kamen alle Steine, die für den Tempelbau verwendet wurden. Die Bauleute hieben die Quader dort unten zurecht, so dass sie genau die benötigte Form hatten, um in den oberirdischen Tempel eingefügt zu werden.

Die Einweihung des Tempels gehörte ebenfalls zu Salomos Verantwortungsbereich. Das Buch der Könige dokumentiert sein Gebet zur Tempelweihe in aller Ausführlichkeit. Der Text beruht auf 3. Mose, Kapitel 26 und 5. Mose, Kapitel 28. Darin wird Gottes Verheißung erwähnt, sein Volk aus dem Exil zurückzubringen, wenn es sich ihm wieder zuwenden würde. Als das Buch herauskam, war dieses Versprechen für die Verbannten in Babylon von besonderer Bedeutung.

Salomos Herrschaft bescherte dem Volk Israel großen Wohlstand. Sein Königreich erstreckte sich von Ägypten bis an den Euphrat. Es umfasste den Großteil des Territoriums, das Gott den Israeliten versprochen hatte. Die Kunde von Salomos Ruhm verbreitete sich in nah und fern. Sie erreichte sogar die Königin von Saba, die ihm einen Besuch abstattete und von der Herrlichkeit seines Palastes tief beeindruckt war.

Die Friedenszeit bot Gelegenheit zu Muße und Gelehrsamkeit. Salomo trug 3000 Sprichwörter zusammen und schrieb 1005 Lieder. Gott beschloss jedoch, nur sechs dieser Gesänge in der Bibel zu veröffentlichen. Nach meiner persönlichen Theorie schrieb Salomo je ein Lied für jede seiner 700 Frauen und 300 Nebenfrauen. Doch Gott wählte nur einige wenige aus, das Hohelied der Liebe eingeschlossen. Übrigens lässt die Tatsache, dass Salomo so viele Frauen heiratete, wirklich Zweifel an seiner Weisheit aufkommen, zumindest in diesem Punkt. Schließlich legte er sich auf diese Weise auch 700 Schwiegermütter zu! Wie so viele Menschen hatte er kluge Ratschläge für alle anderen parat, nur nicht für sich selbst.

Als junger Mann verfasste er das Hohelied der Liebe. Er war damals so verliebt, dass Gott darin nicht direkt erwähnt wird. Das Buch der Sprüche stammt größtenteils aus Salomos Feder. Bei dessen Niederschrift war er mittleren Alters. Am Ende seines Lebens schrieb er schließlich den Prediger. Dort vermittelte er der jungen Generation die Weltanschauung eines alten Mannes. Dieses Buch umspannt das ganze Leben Salomos; sowohl die Philosophie als auch die Musik, die Landwirtschaft und die Architektur finden darin ihren Platz. Obwohl der König viele verschieden Interessen entwickelte, befriedigte ihn keine einzige. Insofern ist der Prediger eines der traurigsten Bücher der Bibel.

DIE SCHATTENSEITE

Die größte Schwäche Salomos haben wir bereits angedeutet: Er hatte zu viele Frauen. Sinnliche Freuden waren nicht der einzige Beweggrund, sein Machtstreben spielte ebenfalls eine Rolle. Viele seiner Ehen ging der König aus politischen Gründen ein, ein Beispiel dafür ist seine Vermählung mit der Tochter des Pharao. Sie durfte als Ägypterin nicht in der heiligen Stadt Jerusalem wohnen. Daher baute Salomo ihr außerhalb der Stadtmauern, etwas nördlich des Tempels, einen Palast. Ausgrabungen aus jüngster Zeit haben dort die einzigen ägyptischen Artefakte in ganz Israel zutage gefördert.

Der Verfasser präsentiert uns somit ein interessantes Nebeneinander gegensätzlicher Einflüsse: einerseits der prächtige Tempel, der erbaut wurde, um Israels Anbetung des einzig wahren Gottes zu fördern; andererseits König Salomo, der mit vielen ausländischen Frauen verheiratet war, die alle ihre eigenen Götzen mitbrachten und die Menschen von der Verehrung des Gottes Israels abhielten. Salomo war nicht der einzige König, der Frauen aus dem Ausland heiratete, doch kein anderer Monarch hatte so viele Gemahlinnen wie er.

Die Errichtung des Tempels war zudem sehr kostspielig. Salomo setzte Zwangsarbeiter ein und legte dem Land hohe Steuern auf. Das erzürnte die Stämme im Norden. Sie waren gekränkt, dass sie ein Bauwerk im Süden finanzieren mussten, das so weit von ihrem eigenen Gebiet entfernt lag. Obwohl der Tempel ein Erfolgsprojekt war, legte Salomo folglich selbst den Grundstein für eine nationale Katastrophe. Er war ein König mit einem geteilten Herzen, der ein gespaltenes Königreich hinterließ. Schon bald würde sein Imperium auseinanderbrechen. Bereits zu Salomos Lebzeiten zettelte der Edomiter Hadad eine Rebellion an, und weitere sollten folgen.

Geteiltes Königreich

Die Regierungszeit der Könige von Juda und Israel wird unterschiedlich dokumentiert.

EIN LAND UND EIN KÖNIGREICH

NORDEN	**SÜDEN**
Datum der Thronbesteigung	Datum der Thronbesteigung
Dauer der Regentschaft	Alter bei Thronbesteigung
Ausdrückliche Verurteilung	Dauer der Regentschaft
Name des Vaters	Name der Mutter
	Charakterzeugnis
Quellenverweis	Quellenverweis
Tod	Tod und Begräbnis
Sohn oder Thronräuber	Sohn als Nachfolger

Der Verfasser vergleicht alle Monarchen Israels mit dem ersten Regenten des Nordreichs, Jerobeam. Er war ein schlechter König. Daher wiederholt sich folgende Aussage über die späteren Könige immer wieder: „… und er tat, was dem HERRN missfiel, und beging die gleiche Sünde wie Jerobeam, der die Israeliten zum Götzendienst verführt hatte."

Für seinen Bericht über die Könige von Juda im Südreich verwendet der Autor andere Aufzeichnungen und wandelt sowohl die Reihenfolge als auch die Details ab. Er beginnt mit dem Datum der Thronbesteigung, doch als nächstes gibt er das Alter des Königs an. Josia war beispielsweise erst acht Jahre alt. Dann folgt die Dauer der Regentschaft. Aus Gründen, die uns unbekannt sind, wird danach der Name der Mutter erwähnt, nicht der des Vaters (In der heutige Zeit gilt als Jude, wer eine jüdische Mutter hat, doch in der Bibel bestimmte der Vater die Nationalität einer Person). Die Beurteilung, ob es sich um einen guten oder schlechten König handelte, ist der nächste Punkt. Während jeder König im Norden als negativ bewertet wurde, gab es im Süden eine Mischung aus guten und schlechten Regenten, wobei David als Maßstab diente.

Die Könige

Im Norden regierten 20 Könige, genauso wie im Süden. Doch das Südreich Juda überlebte 140 Jahre länger als das Nordreich Israel. Wie wir bereits festgestellt haben, lag es

SCHLÜSSEL ZUM ALTEN TESTAMENT

daran, dass gute Monarchen länger regieren. Einige der schlechten Könige überdauerten nur wenige Monate, bevor sie getötet wurden.

Wie schon erwähnt, waren alle Regenten im Nordreich verdorben. Doch manche waren nicht ganz so schlimm wie die anderen.

\	NORDEN „ISRAEL" (10 Stämme)	SÜDEN „JUDA" (2 Stämme)	
Propheten	Könige	Könige	Propheten
AHIJA	**Jerobeam**	**Rehabeam**	SCHEMAJA
	Nadab	**Abija**	
JEHU	**Bascha**	*Asa*	
	Ela		
	Simri		
	Omri		
ELIJA	**Ahab**	*Joschafat*	OBADJA
MICHA	**Ahasja**	**Joram**	
	Joram	**Ahasja**	
ELIA	Jehu	ATALJA	
	Joahas	*Joasch*	JOEL
	Joasch	*Amazja*	
JONA	**Jerobeam Ii**	*Usija*	
AMOS	**Secharja**		
	Schallum	*Jotam*	
	Menahem		JESAJA
HOSEA	**Pekachja**		MICHA
	Pekach	**Ahas**	
	Hoschea	*Hiskia*	
	721 v. Chr.	**Manasse**	
		Amon	NAHUM
		Josia	JEREMIA
Sehr gut		**Joahas**	ZEFANJA
Gut		**Jojakim**	HABAKUK
Schlecht		**Jojachin**	DANIEL
Sehr schlecht		**Zedekia**	
KÖNIGIN		587 v. Chr.	HESEKIEL

Im Süden gab es sechs gute und zwei sehr gute Könige (Hiskia und Josia). Doch Juda hatte auch einen Regenten, der als der schlimmste von allen gilt. Er bildet die Ausnahme zu der Regel, dass schlechte Könige nur für kurze Zeit herrschen. Denn Manasse regierte 55 Jahre lang.

Der Süden hatte nur ein Herrscherhaus, während der Norden neun verschiedene Dynastien erlebte. Attentate waren der Grund dafür, dass die Thronfolge in Israel sechsmal von einem Familienclan auf einen anderen überging.

Eine Königin gab es auch. Es werde immer einen *Mann* auf dem Thron sitzen, so hatte Gott es David verheißen – Frauen waren als Regentinnen nicht zugelassen. Doch Atalia hatte andere Pläne. Als Tochter Isebels heiratete sie den König des Südreichs Juda. Da sie die erste Monarchin Israels werden wollte, tötete sie systematisch alle Kinder der Königsfamilie Davids, um sich den Zugang zum Thron zu sichern. Doch eine Tante versteckte den jüngsten Sprössling, Joasch. Er sollte König werden, wenn Atalia starb. So wurde das Fürstenhaus gerettet.

Die beiden sehr guten Könige Judas waren Hiskia und Josia. Als Zeitgenosse Hiskias dokumentierte Jesaja die Geschichte dieses Königs in seinem prophetischen Buch. Hiskia war in vielerlei Weise ein guter Herrscher. Er ordnete beispielsweise an, den nach ihm benannten Tunnel zu graben, um Jerusalem mit Wasser zu versorgen und die Stadt gegen feindliche Belagerungen zu sichern. Er beging jedoch den Fehler seines Lebens, als er krank war und Männer aus der (damals noch) kleinen und unbekannten Stadt Babylon in seinem Palast empfing. Sie überbrachten ihm Genesungswünsche. Hiskia fühlte sich geschmeichelt, dass man in einem so weit entfernten Land von seiner Krankheit wusste und sich um ihn sorgte. Er führte die Besucher daraufhin durch seinen Palast und durch den Tempel. Jesaja machte ihn schließlich auf seinen Fehler aufmerksam. Die Babylonier würden alles rauben, was der

König ihnen gezeigt hätte, verkündete er ihm. Einige Jahre später erfüllte sich diese Prophezeiung aufs Wort.

Der andere gute König war erst acht Jahre alt, als er den Thron Judas bestieg. Josia wurde im selben Jahr geboren wir der Prophet Jeremia. Seine Männer fanden die Schriftrolle des fünften Buches Mose, als sie den Tempel säuberten. Sie war seit vielen Jahren nicht mehr vorgelesen worden. Als Josia die Flüche hörte, die Gott verheißen hatte, falls sein Volk von seinem Gesetz abwich, erschrak er sehr. Sofort machte er sich daran, die göttliche Ordnung wiederherzustellen. Er befahl landesweite Reformen, indem er alle Höhenheiligtümer zerstören ließ und zu einem Ende des Götzendienstes aufrief, der das Land verunreinigt hatte. So hoffte Josia, eine geistliche Erneuerung herbeiführen zu können. Doch das Herz des Volkes blieb fern von Gott. Denn allein durch die Verabschiedung guter Gesetze kann man Menschen nicht zum Positiven verändern.

Auch Josia beging einen schweren Fehler: Er zog gegen Ägypten in den Krieg, obwohl dies unnötig war, und wurde in Megiddo getötet. Nach seinem Tod kehrte das Volk zu den schlimmen Praktiken zurück, die Josia zuvor ausgemerzt hatte.

Auf Hiskia folgte Manasse. Er war ein sehr schlechter König, der das Böse auf die Spitze trieb. Er betete den Moloch an. Zur Verehrung dieses Götzen opferte Manasse ihm seine kleinen Söhne im Tal des Ge-Hinnom, das auch als „Gehenna" bezeichnet wird. Der König tötete zudem den Propheten Jesaja, weil ihm dessen Verkündigung nicht gefiel. Er veranlasste, dass Jesaja gefesselt in einen ausgehöhlten Baumstamm gesteckt wurde. Dann zerteilten zwei Zimmerleute den Stamm mit einer großen Säge.

Nachdem Manasse mit einem Ring in der Nase und bronzenen Fesseln an Armen und Beinen in die babylonische Gefangenschaft geführt worden war, demütigte er sich. Er kehrte von seinen bösen Wegen um. Daher durfte er nach Juda zurückkehren, wo er die Götzen und ihre Tempel zerstören ließ, die er selbst errichtet hatte. Das Volk stellte daraufhin die Götzenverehrung ein und kehrte zum Herrn zurück. Doch es konnte sich nicht abgewöhnen, in den Höhenheiligtümern anzubeten, die Manasse erbaut hatte. Sein schlechter Einfluss konnte folglich nicht gänzlich getilgt werden, obwohl er Buße getan hatte.

Zu den schlimmsten Königen gehörte Ahab. Er heiratete eine Prinzessin der Phönizier aus Tyrus. Ihr phönizischer Name bedeutete „Schlüsselblume", doch auf Hebräisch stand derselbe Name für „Müll" oder „Abfall". Sie machte ihm alle Ehre. Es war offensichtlich, dass sie Ahab benutzte, um ihre eigenen bösen Pläne umzusetzen, und ihr Ehemann ließ es sich gern gefallen. Ihr Ränkespiel war für den Tod eines Nachbarn, Nabot, verantwortlich und führte dazu, dass Ahab sich dessen Weinberg aneignen konnte.

Elia

Genau zu diesem Zeitpunkt trat Elia auf den Plan. Er war ein Tischbiter und stammte aus Gilead, aus der Region jenseits des Jordan. Man zählt ihn zu den vortrefflichsten Propheten Israels. Obwohl kein biblisches Buch seinen Namen trägt, berichtet das Buch der Könige mehr über seine Lebensgeschichte, als über die Biographien der meisten Monarchen.

Am bekanntesten ist seine Auseinandersetzung mit den Propheten Baals auf dem Berg Karmel. Das Karmel-Gebirge ist zirka 20 Kilometer lang und schiebt sich im Norden Israels, am Karmelkap, bis ins Meer hinaus. An seinem östlichen Ende auf der Landseite gibt es eine riesige Senke direkt unter dem Gipfelgrad. Sie bietet Platz für 30 000 Menschen. Das muss der Ort gewesen sein, an dem Elia die Propheten Baals herausforderte, denen Isebel Zugang zum Königspalast verschafft hatte. Dort oben gibt es eine

Quelle, die selbst in Zeiten der Dürre nicht versiegt. Daher konnte Elia sein Opfer mit Wasser übergießen, obwohl es seit dreieinhalb Jahren nicht mehr geregnet hatte.

Die Geschichte ist wohlbekannt. Elia errichtete einen Altar und forderte die Propheten Baals auf, direkt daneben eine zweite Opferstätte aufzubauen. Dann sollten sie ihre Götter bitten, Feuer vom Himmel fallen zu lassen, um das Opfer zu verzehren.

Elias Kampfansage war sehr gut durchdacht. Heute wissen wir, dass unter den Altären des Baal ein Tunnel verlief. Dort versteckte sich ein Priester, der das Brennholz von unten anzündete, wenn das Volk seinen Götzen anrief.

Schlau wie er war, forderte Elia sie nun auf, ihren Altar im Freien zu errichten. Er versprach, seinen eigenen auf genau die gleiche Art und Weise zu bauen. Zusätzlich würde er allerdings noch Wasser über sein Opfer gießen, um die Herausforderung noch zu steigern. In seiner Kühnheit verspottete Elia die Priester so sehr, dass sie ihn sicherlich getötet hätten, wäre sein Experiment fehlgeschlagen. Sie sollten doch lauter schreien, ermutigte er sie, vielleicht sei ihr Gott ja gerade im Urlaub oder auf die Toilette gegangen. Es war ein entscheidender Moment in der Geschichte der Stämme des Nordreichs. Gott schickte Feuer vom Himmel und Elias Opfer wurde verzehrt. Israel erkannte, wem tatsächlich alle Macht gehörte. Die Propheten Baals wurden daraufhin getötet.

Diese erstaunliche Begebenheit hatte ein ungewöhnliches Nachspiel. Als Isebel vom Triumph Elias und dem Tod der Propheten erfuhr, bedrohte sie den Mann Gottes. Trotz seines Sieges über die 400 Baals-Priester rannte Elia um sein Leben, bis er an den Berg Horeb kam. Er litt unter emotionaler und geistlicher Erschöpfung. Doch Gott war ihm gnädig und schickte ihm einen Engel, der ihm eine Mahlzeit zubereitete. Später sagte Gott Elia seine

Gegenwart zu und versicherte ihm, dass er auch künftig für Israel sorgen würde. Der Herr hatte bereits einen Mitstreiter für Elia ausgewählt, der die Arbeit fortsetzen sollte.

Elisa
Elisa, der Ackerbauer, wurde Elias Nachfolger im Prophetenamt. Er bat Elia um einen doppelten Anteil seines Geistes. Dieser Ausdruck wird oft missverstanden. Er bedeutet nicht, dass er doppelt so gesalbt sein wollte wie Elia. Der Begriff stammt aus den erbrechtlichen Gebräuchen der damaligen Zeit. Hatte ein Mann beispielsweise vier Söhne, wurde sein Vermögen durch fünf geteilt, wenn er starb. Der doppelte Anteil ging an seinen ältesten Sohn, der das Familienunternehmen erbte. Die zusätzlichen Mittel sollten ihm helfen, diese Verantwortung erfolgreich zu schultern. Elisa bat also darum, Elias Erbe und Nachfolger zu werden, um das „Geschäft zu übernehmen". Aus diesem Grund begehrte er einen doppelten Anteil von Elias Geist.

Könnte Elisa ihn beim Verlassen der Erde beobachten, würde er seine Nachfolge antreten, sagte Elia seinem Kollegen. Elia gehörte zu den wenigen biblischen Gestalten, die nicht sterben mussten (Henoch teilte dasselbe Schicksal.). Der biblische Text berichtet uns, dass er in einem Sturmwind in den Himmel hinauffuhr und dass Elisa Zeuge dieser Himmelfahrt wurde. Elisa hob daraufhin den Mantel Elias auf, der zu Boden gefallen war und begab sich an den Jordan. Gott teilte den Fluss für Elisa und bescherte dem Propheten dadurch einen großartigen Dienstbeginn. Er versicherte ihm, dass er Elisa beistehen würde, genauso, wie er an Elias Seite gewesen war.

Das Wirken Elias und Elisas
Die beiden Propheten waren sehr unterschiedlich. Elia war ein kämpferischer Prediger, ein Mann, der das Volk herausforderte. Elisas Dienst hatte eher seelsorgerlichen Charakter.

Im Dorf Schunem erweckte er beispielsweise den Sohn einer Witwe wieder zum Leben. Der Ort befindet sich nur knapp einen Kilometer von der Stadt Nain entfernt, in der Jesus später dasselbe tat. Auch speiste Elisa hundert Männer mit ein paar wenigen Gerstenbroten. Während Elias Vorgehen dem Wirken Johannes des Täufers ähnelt, kann man Elisas Dienst eher mit den Taten Jesu vergleichen.

Elia und Elisa gehörten zu einer Gruppe von Propheten, die Gott zu den Stämmen des Nordreichs sandte: Jona wurde als Prophet nach Israel geschickt, bevor er nach Ninive ging. Auch er findet im Buch der Könige Erwähnung. Gott beauftragte zudem Amos und schließlich Hosea. Von allen Propheten ist es Hosea, der in seinem Buch die tiefsten Gefühle Gottes offenbart. Denn in seinem persönlichen Leben spiegelte er die leidenschaftliche Liebe wieder, die Gott für sein Volk empfindet.

Der beträchtliche Umfang, der Elia und Elisa im Buch der Könige zugestanden wird, macht Folgendes deutlich: Gott warnte sein Volk immer wieder vor den Konsequenzen, die es treffen würde, wenn es sein Gesetz nicht beachtete.

Gottes Warnungen

MIT WORTEN
Die Priester hätten das Volk während des geistlichen Niedergangs der Nation immer wieder an seine Pflichten erinnern sollen. Doch sie standen dem Establishment zu nahe, um eine objektive Stimme sein zu können. An ihrer Stelle schickte Gott daher die Propheten.

Acht von ihnen wurden in den Norden geschickt: Ahija, Jehu, Elia, Elisa, Amos, Jona, Micha und Hosea. Andere dienten vor und während des Exils dem Südreich: Schemaja, Obadja, Joel, Jesaja, Micha, Nahum, Jeremia, Zefanja, Habakuk, Daniel und Hesekiel.

Wir müssen zur Kenntnis nehmen, dass Gott seinem Volk die Strafe immer im Voraus ankündigte, falls es in seiner Sünde verharren würde. Gott verurteilt die Menschen dafür, dass sie etwas tun, von dem sie *wissen*, dass es falsch ist. Jemand, der von Jesus noch nie etwas gehört hat, wird nicht in die Hölle geschickt, weil er den Erlöser nicht erkannt hat. Diese Person wird gerichtet, weil sie sich gegen ihr eigenes Gewissen versündigt hat.

Israel und Juda ignorierten die prophetischen Warnungen. Sie bevorzugten die falschen Propheten, die ihnen versicherten, dass alles in Ordnung sei. Auch gaben sie für die Katastrophen, die das Volk befallen hatten, die falschen Gründe an. Die echten Propheten waren trotz alledem bereit, die Wahrheit zu verkünden und dafür den Preis zu bezahlen. Er bestand aus Hohn und Spott, Schlägen, Gefängnisstrafe und manchmal sogar aus dem gewaltsamen Tod.

DURCH TATEN

Gott warnte sie nicht nur mit Worten, sondern auch durch sichtbare Zeichen. Das Volk hätte erkennen müssen, dass ihm die Segnungen Gottes genommen wurden. Dabei steigerte sich der Ernst dieser Warnungen immer mehr, wie die folgende Auflistung zeigt:

1. Das Volk verlor einen Teil seines Territoriums, als Hadad das Königreich Edom aus dem Staatenverbund herausführte.
2. Es verlor seine Unabhängigkeit, als die Stämme jenseits des Jordan unter die Kontrolle Syriens gerieten und der Stamm Naftali vollständig nach Assyrien deportiert wurde.
3. Juda erlebte mit, wie die übrigen neun Stämme nach Assyrien verschleppt wurden.
4. Schließlich musste sich auch Juda der Wegführung nach Babylon stellen, die in drei Etappen vor sich ging.

Zusätzlich zu den mündlichen Warnungen der Propheten gab es also etliche weitere Warnzeichen. Diese Ereignisse signalisierten, dass man sich ganz eindeutig auf dem Weg in die Katastrophe befand. Doch das Volk ignorierte auch sie und änderte sein Verhalten nicht.

Was können wir aus dem Buch der Könige lernen?

Christen dürfen sich sicher sein, dass alle Bücher des Alten Testaments auch für sie bestimmt sind. Im ersten Korintherbrief heißt es, dass die Begebenheiten des Alten Testaments, uns „als warnendes Beispiel" dienen sollen, „damit wir nicht wie sie nach unrechten Dingen streben (1. Korinther 10,6+11; NLB). Im zweiten Brief an Timotheus schreibt Paulus: „Denn jede Schrift, die von Gottes Geist eingegeben wurde, ist nützlich für die Unterweisung im Glauben, für die Zurechtweisung und Besserung der Irrenden, für die Erziehung zu einem Leben, das Gott gefällt." (2. Timotheus 3,16; GNB).

Individuelle Anwendung

IN DER GEGENWART
Selbst wenn wir keine Könige *sind*, haben wir doch eine Vorbildfunktion, sei es bei der Arbeit, in der Familie oder in der Gesellschaft. Wie die Könige, so sollen auch wir den geistlichen Ton in unserem Lebensumfeld angeben. Das gilt insbesondere, wenn wir eine Führungsrolle innehaben.

Die Versuchung besteht, dass wir Verbindungen zu Menschen eingehen, die „fremden" Göttern dienen. Wir müssen uns der Gefahren bewusst sein, die es mit sich bringt, jemanden zu heiraten, der nicht zu Gottes Familie gehört.

Das Buch der Könige führt uns Königin Atalia als Negativbeispiel vor Augen. Sie wollte die Führungsrolle, obwohl dies dem Willen Gottes widersprach. Alle Christen können der Versuchung erliegen, aus den falschen Gründen eine leitende Position anzustreben; oder sich nach einem Amt auszustrecken, für das sie persönlich ungeeignet sind.

Durch König Josia werden wir daran erinnert, wie wichtig es ist, regelmäßig in der Bibel zu lesen. Wenn wir biblische Grundsätze vernachlässigen oder ignorieren, kann das ähnliche Folgen für uns haben wie für den Regenten des Südreiches Juda.

Das Buch enthält zudem wichtige Lektionen für christliche Leiter. Denn ein König hatte gegenüber seinem Volk die Rolle eines Hirten inne, die er jedoch leider oft missbrauchte.

FÜR DIE ZUKUNFT

Eines Tages *werden* wir Könige *sein*. Auch wir gehören zur königlichen Familie und bereiten uns darauf vor, mit Christus zu herrschen. Eine glänzende Zukunft erwartet uns. Selbst wenn unser jetziges Leben uns wenig Gelegenheit bietet, eine Führungsrolle einzunehmen, wird sich das in der künftigen Welt ändern.

Gemeinschaftliche Anwendung

IN DER GEMEINDE

Genau wie Israel Götzenbilder auf den Höhen platzierte, errichtete man in Großbritannien heidnische Kultstätten traditionell auf Bergen und Hügeln. Heute stehen an vielen dieser Orte christliche Kirchen. Doch die Gefahr, Kompromisse mit dem Paganismus einzugehen, bleibt. Der Synkretismus, also die Vermischung verschiedener Religionen, existiert immer noch und erfreut sich großer Beliebtheit.

Als Elia das Volk Israel herausforderte, fragte er sie, wie lange sie noch unentschieden *zwischen* zwei Glaubenslehren hin und her schwanken wollten. Dieselbe Frage könnte man heute der christlichen Gemeinde stellen. Denn in Großbritannien und anderswo finden bekennende Christen nichts dabei, ihren Glauben sowohl mit heidnischen Religionen als auch mit zeitgenössischem Materialismus und der Philosophie des New Age zu vermischen. Prinz Charles zieht es mittlerweile vor, „Glaubensverteidiger" statt „Verteidiger *des* Glaubens" genannt zu werden *(Verteidiger des Glaubens, englisch „Defender of the Faith" ist ein Ehrentitel der britischen Monarchen, der sich ursprünglich auf das christliche Bekenntnis bezog, Anmerkung der Übersetzerin.).* In unserer Zeit gehört die Aussage, dass alle Religionen zu Gott führen, mittlerweile zum Zeitgeist.

Zudem hat die Kirche heidnische Feste übernommen, oft ohne sich dessen bewusst zu sein. Das offensichtlichste Beispiel hierfür ist Weihnachten. Ursprünglich handelte es sich um ein absolut heidnisches Fest anlässlich der Wintersonnenwende. Dabei feierte man die „Wiedergeburt" der Sonne. Die Menschen verbrannten Scheite aus Eibenholz, sangen fröhliche Lieder und aßen und tranken zu viel. Augustinus von Canterbury war der erste christliche Missionar, der im siebten Jahrhundert von Papst Gregor I. zu den Angelsachsen geschickt wurde. Nach seiner Ankunft in England vermeldete er nach Rom, dass es ihm unmöglich sei, das Volk von diesem heidnischen Fest abzubringen. Der Papst erklärte daraufhin, die beste Strategie bestünde darin, es in ein christliches Fest umzuwandeln. Genau das passierte dann auch – mit zweifelhaftem Ergebnis. Heute feiert die Christenheit auf der ganzen Welt dieses heidnische Fest, obwohl die Gläubigen nirgendwo in der Bibel dazu verpflichtet oder auch nur ermutigt werden.

Das Buch der Könige verdeutlicht zudem den Grundsatz, dass Spaltung zum Niedergang führt. Leider können viele christliche Gemeinden ein trauriges Lied davon singen. Die Einheit, die das Volk unter der Herrschaft Davids und Salomos genoss, ließ Israel seinen Höhepunkt, sein goldenes Zeitalter erreichen. Doch als die Einheit zerstört war, verloren sie alles wieder. Der Niedergang dauerte dabei nur halb so lang wie die Zeit, die sie benötigt hatten, um den Zenit zu erreichen. Wir müssen wachsam sein, damit in unseren Gemeinden nicht dasselbe passiert.

IN DER WELTGESCHICHTE

Das Buch vermittelt sehr eindrücklich, dass Gott die menschlichen Geschicke lenkt und leitet. Israel steht dabei im Fokus seines Handelns. Gott selbst greift in das Leben der Könige ein, indem er Segen ausgießt oder Strafmaßnahmen verhängt. Gleichzeitig hat er ein offenes Ohr für ihre Hilfeschreie. Gute Könige bleiben länger im Amt als schlechte, auch dieses Prinzip ist erkennbar. In gleicher Weise regiert Gott über *alle* Nationen, nicht nur über Israel. Er bestimmt die Staats- und Regierungschefs und legt fest, wieviel Zeit und Raum jedem einzelnen von ihnen zusteht. Manchmal lässt er Gerechtigkeit walten und gibt dem Volk den Herrscher, den es verdient. Ein anderes Mal hat er Erbarmen und schenkt ihm den Regenten, den es tatsächlich braucht. Selbst bei demokratischen Wahlen ist seine Stimme letztendlich die ausschlaggebende.

Seine Fähigkeit, das Volk zu „überstimmen", entbindet die Menschen jedoch keinesfalls von ihrer Eigenverantwortung. Gott kann sogar Personen gebrauchen, die ihn gar nicht kennen, wie beispielsweise Nebukadnezar, einen schlechten Herrscher. Der Herr nutzte ihn, um sein Volk ins babylonische Exil zu führen. Er bediente sich gleichermaßen eines guten Königs, des persischen Monarchen Kyrus, um das Volk Israel wieder in sein eigenes Land zurückzubringen.

Nachrichtenagenturen haben nur die menschliche Geschichte im Blick. Propheten hingegen können das göttliche Wirken erkennen, das sich gleichzeitig auf einer höheren Ebene abspielt. Deshalb unterscheiden sich die Bibel im Allgemeinen und das erste und zweite Buch der Könige im Besonderen ganz erheblich von anderen historischen Aufzeichnungen. Die biblischen Bücher lassen uns das *Gesamtbild* erkennen und berichten wahrheitsgemäß, was in der Geschichte Israels tatsächlich passiert ist.

CHRISTUS

Vor allen Dingen müssen wir die Bücher der Könige lesen, weil sie uns etwas über Jesus vermitteln. Mehrere Hauptpersonen, die dort vorkommen, lassen Bezüge zu Christus erkennen.

- **Salomo:** Im Matthäusevangelium heißt es, dass Jesus größer sei als Salomo. Paulus bezeichnet Christus als unsere Weisheit. Das Johannesevangelium berichtet, dass Jesus seinen eigenen Körper mit dem Tempel verglich. Als Jesus starb, zerriss der Vorhang im Tempel von oben bis unten entzwei.
- **Jona:** Der Prophet wird in den Büchern der Könige erwähnt. Jona befand sich drei Tage und drei Nächte lang im Bauch des Fisches. Genauso war Jesus drei Tagen und Nächten in der Tiefe der Erde, bevor er auferweckt wurde – in beiden Fällen eine Auferstehung von den Toten.
- **Elia:** Jesus traf ihn auf dem Berg der Verklärung und sprach dort mit ihm. Johannes der Täufer, der Cousin Jesu, wurde mit Elia verglichen. Er aß dieselbe Speise und trug dieselbe Kleidung wie der Prophet aus dem Alten Testament.

- **Elisa:** Jesus ließ indirekt, durch die Art seiner Wunder, Anklänge an Elisa erkennen. Christus erweckte in der Stadt Nain einen Jungen von den Toten. Das Dorf Schunem befindet sich in unmittelbarer Nachbarschaft. Dort hatte Elisa das gleiche Wunder vollbracht. Jesus versorgte 5000 Personen mit Fisch und Brot, ähnlich wie Elisa, der 100 Männer mit Brot speiste. Als Jesus starb, kamen Menschen aus ihren Gräbern. Genauso geschah es mit einem Toten, der wieder zum Leben erwachte, als er mit Elisas Leichnam in Berührung kam.

Das Leben und der Dienst Jesu erfüllen in gewisser Weise auch die Erwartungen, welche die Menschen an das biblische Königtum stellten. Er ist der König, nach dem sich das Volk des Alten Testaments sehnte. Als ein Nachkomme König Davids wird er eines Tages die Königsherrschaft für Israel wiederherstellen. Er allein erfüllt alle Verheißungen, die über den Nachfahren Davids ausgesprochen wurden. Jesus ist der eine König, der niemals versagen wird. Er ist sogar bedeutender als sein Urahn König David.

Fazit

Das Buch der Könige verkündet der Welt eine wichtige Botschaft. Gott ist der Herr über die gesamte Erde. Sein Volk muss die Lektionen dieses Buches lernen, wenn es nicht den Niedergang, der darin dokumentiert wird, selbst durchleben will: die Zerrüttung des Volkes Israel, das aufhörte, Gott zu gehorchen und seine Gesetze zu befolgen. Wir können jedoch gleichzeitig Ermutigung daraus schöpfen, dass Gott die Macht und die Fähigkeit besitzt, mit seinem Volk gleichzeitig gerecht und barmherzig umzugehen. Niemand kann Gottes Pläne durchkreuzen. Sein Königreich wird in Ewigkeit bestehen. Das Buch der Könige (oder Königreiche) weckt in Christen eine Sehnsucht nach der Zeit, in der alle Menschen Jesus als den letzten und wahren König anerkennen werden.

GEDICHTE DER ANBETUNG UND DER WEISHEIT

11. Einführung in die hebräische Lyrik

12. Die Psalmen

13. Das Hohe Lied

14. Die Sprüche

15. Der Prediger

16. Das Buch Hiob

11.
EINFÜHRUNG IN DIE HEBRÄISCHE LYRIK

Im Alten Testament kommen mehrere verschiedene Literaturgattungen vor. Die Lyrik oder Dichtkunst ist eine von ihnen. Wir finden sie in den prophetischen Büchern und in den „Schriften" oder der „Weisheitsliteratur", insbesondere in den Psalmen, im Buch Hiob und im Hohen Lied. Da sich die hebräische Lyrik jedoch grundlegend von der englischen und deutschen unterscheidet, müssen wir sie eingehend untersuchen. Nur so werden wir den größten Nutzen aus diesen biblischen Büchern ziehen können.

Lyrische Texte lassen sich in modernen Bibeln relativ leicht aufspüren. Denn das Druckbild sieht anders aus als bei den reinen Erzähltexten, der Prosa. Dort gibt es lange Sätze und gut gefüllte Spalten. In der Dichtkunst haben wir es jedoch mit kurzen Zeilen zu tun, die durch größere Abstände voneinander getrennt sind. Das flüchtige Durchblättern einer Bibel offenbart, dass es im Alten Testament wesentlich mehr Gedichte gibt als im Neuen.

Die Prosa stellt die natürlichere und spontanere Art der Kommunikation dar. Wenn Menschen reden und schreiben, bedienen sich grundsätzlich dieser Sprachform. Dabei nutzen sie Sätze unterschiedlichster Länge, um ihr Anliegen zu vermitteln. Die Lyrik hingegen ist eine ungewöhnliche und künstliche Form des Schrifttums. Sie muss vorbereitet werden, erfordert gründliches Nachdenken und hat den Regeln der Dichtkunst zu gehorchen. Die Frage ist daher berechtigt, warum man sich überhaupt der Lyrik bedient, wenn es mit der Prosa doch so viel einfacher geht.

Stellen wir uns einmal vor, ich würde nach Hause kommen und Folgendes zu meiner Frau Enid sagen:

Vom Hunger bin ich sehr geplagt,
ich hätt' gern eine Schnitte.
Die Spülmaschine hat versagt – ein saubres
Messer, bitte!
Und da es keinen Nachtisch gibt,
nehm' ich noch Nachschlag, wenn's beliebt.

Wollte ich mich so ausdrücken, hätte ich mir meine Worte im Voraus gut zurechtlegen müssen. Das gekünstelte Reden in Reimen würde in diesem Rahmen allerdings die klare Kommunikation behindern!

Tiefenwirkung

Warum sollte man dann überhaupt Gedichte schreiben?

Die Lyrik übt eine viel stärkere Wirkung auf den Menschen aus als die Prosa. Sie kann Schichten der menschlichen Persönlichkeit durchdringen, welche die Prosa nie erreichen würde.

Tiefer ins Gedächtnis

Gedichte lassen sich viel einfacher im Gedächtnis behalten als reine Erzähltexte. Das gilt insbesondere, wenn die Reime vertont werden. Sie sprechen den intuitiven und künstlerischen Bereich des Gehirns an. Diese Region kann gleichzeitig von den logischen Argumenten der Prosa völlig unberührt bleiben.

Daher können wir uns noch Jahrzehnte später an Gedichte aus der Schulzeit erinnern, während wir den Inhalt einer Vorlesung möglicherweise in der darauffolgende Woche bereits wieder vergessen haben. Aus diesem Grund nehmen wir Glaubensinhalte grundsätzlich durch Choräle und Lobpreislieder auf. Und genau darum müssen wir sicherstellen, dass die Texte unserer Anbetungslieder auf biblischen Inhalten beruhen.

Tiefer ins Herz
Gedichte werden auf Glückwunschkarten abgedruckt, weil sie das Herz des Empfängers nachhaltiger berühren. Die Poesie kann positive Gefühle hervorrufen. Der Leser bliebe jedoch völlig unbeeindruckt, wenn man dieselben Empfindungen in Prosa fassen würde.

Nehmen wir folgendes Gedicht als Beispiel:

Sie schlenderten gemeinsam den Pfad entlang,
der Himmel war voller Sterne,
Vereint erreichten sie das Gattertor,
er öffnete es ihr gerne.
Weder lächelte sie noch dankte sie ihm,
sie wusste auch nicht wie,
war er doch nur ein Bauernjung'
und sie ein Rindvieh!

Jedes Mal, wenn ich dieses Gedicht in einem meiner Vorträge zitiert habe, fingen meine Zuhörer an zu lachen. Sie erwarteten etwas Romantisches, doch es kam eine Albernheit, die ihren Sinn für Humor ansprach. Würde man denselben Inhalt in Prosa ausdrücken, erntete man wahrscheinlich nicht einmal ein Lächeln.

Tiefer in den Willen und ins Bewusstsein
Die Poesie beeinflusst auch unser Bewusstsein und unsere Willenskraft. Sie kann uns so sehr bewegen, dass wir uns entschließen, etwas Bestimmtes zu tun. Im Schulunterricht

verwendet man Gedichte, um den Schülern Werte zu vermitteln. Kriegsgesänge dienten schon immer dazu, Soldaten zum Kampf zu motivieren.

Das Gedicht „Gleichgültigkeit" von Studdert Kennedy, einem Militärgeistlichen im Ersten Weltkrieg, macht dies sehr deutlich:

Als Jesus kam nach Golgatha,
da schlug man ihn ans Kreuz,
trieb Nägel durch die Füße ihm
und Hände beiderseits.
Mit Dornen wurde er gekrönt,
blutend und tief versehrt.
Die Zeiten roh, erbarmungslos,
ein Mensch war nicht viel wert.

Als Jesus kam nach Birmingham,
ging man an ihm vorbei,
man tat ihm nichts, doch dass er starb,
war ihnen einerlei.
Feinfühliger geworden,
hat man ihn nicht verletzt,
vorüber ging's, man ließ ihn nur
dem Regen ausgesetzt.

Vergib's der Menge, Jesus rief,
sie weiß nicht, was sie unterlässt.
Eiskalter Regen fiel und fiel,
bis auf die Haut ward er durchnässt.
Sie gingen heim, die Straßen leer,
kein einzger war mehr da.
Doch Jesus, an die Wand gedrückt,
weinte um Golgatha.

Der Rhythmus und die sorgfältig gewählten Worte dieses Gedichts bringen uns unweigerlich dazu, unsere eigene Herzenshaltung zu überprüfen.

Schönheit
Die Poesie rührt das Herz, den Verstand und den Willen dadurch an, dass sie den Worten sowohl *Schönheit* als auch Bedeutung verleiht. Gedichte sind für uns reizvoll, weil die Worte so angeordnet sind, dass sie unserem Sinn für Ästhetik, Balance, Symmetrie und Proportionen entsprechen.

Genauso, wie die ausgewogenen Proportionen eines schönen Menschen für uns anziehend sind, gefällt uns dieses Gleichmaß auch in der Poesie.

Drei grundlegende Elemente der Lyrik lassen die Worte schön erscheinen:

Reim, Rhythmus und Wiederholung.

Reim
Die Reimform ist ein typisches Merkmal der englischen und deutschen Lyrik. In der hebräischen Poesie kommt sie jedoch normalerweise nicht vor. Dieser klassische Kinderreim zeigt sehr schön die Balance der sich die reimenden Worte:

> Max und Moritz, gar nicht träge,
> Sägen heimlich mit der Säge,
> Ritzeratze! voller Tücke,
> In die Brücke eine Lücke.
> *(Aus „Max und Moritz" von Wilhelm Busch,*
> *Anmerkung der Übersetzerin)*

Diese einfache Reimform kommt in den meisten Kinderreimen vor. Die Kleinen erlernen sie schnell und problemlos.

Rhythmus

Das zweite Element der Lyrik, das den Worten Schönheit verleiht, ist der Rhythmus bzw. das Versmaß. Entscheidend ist, dass die Wörter richtig betont werden, wobei es auf die korrekte Betonung der Silben ankommt, aus denen sich ein Wort zusammensetzt. Betrachten wir folgendes Beispiel:

Das Kind stand auf dem heißen Deck
Die Flammen schlugen hoch.
(Angelehnt an das Gedicht „Casabianca" der britischen Dichterin Felicia Hemans, Anmerkung der Übersetzerin)

Das Gedicht besteht aus einem vierhebigen und einem dreihebigen Jambus *(Eine unbetonte und eine betonte Silbe wechseln sich je Zeile vier- bzw. dreimal ab, Anmerkung der Übersetzerin.)*. Dieses Versmaß ist sowohl in der hebräischen als auch in der englischen und deutschen Lyrik sehr beliebt. Es kommt häufig in den gesungenen Psalmen Schottlands vor. Hier ein weiteres Beispiel:

Der *Herr*, mein *Hirte*, *führet mich*. (4)
Für*wahr*, nichts *man*gelt *mir*. (3)
Er *la*gert *mich* auf *grü*nen *Au*'n (4)
bei *fri*schem *Wa*sser *hier*. (3)
Francis Rous

Der Rhythmus ist dann gut, wenn die Betonung auf die richtigen Silben fällt. Ist das bei einem Kirchen- oder Chorlied nicht der Fall, klingt es für uns unangenehm. Folgende Verse dienen der Veranschaulichung, in der zweiten Zeile passt die Betonung nicht:

O *Mensch*, be*wein* dein *Sün*de *groß*/
da*rum* Chris*tus* seins Vaters Schoß/
äußert'und kam auf Erden ...!

Der Akzent liegt hier bei den ersten beiden Worten der zweiten Zeile nicht auf den richtigen Silben, wodurch die Worte falsch betont werden. Es führt dazu, dass die Schönheit des Kirchenliedes leidet.

Der Rhythmus kann auch verwendet werden, um den Leser wachzurütteln:

Dreißig Tage im September,
April, Juni und November;
einunddreißig hat der Rest,
ist das fair?

Die letzte Zeile kommt überraschend, weil sie aus dem bisherigen Rhythmus ausbricht und den Leser aufrüttelt.

Wiederholung
Die Wiederholung ist das dritte Element der Lyrik, das Worten Schönheit verleiht. Wiederholt man ein Wort oder einen Vers, so wird er poetisch. In Shakespears Drama „Julius Caesar" gibt es eine berühmte Rede, in der die Zeile „Und Brutus ist ein ehrenwerter Mann" immer wieder vorkommt. Oder betrachten wir diesen bekannten Kinderreim, der ebenfalls die Wiederholung nutzt:

„Mäh, mäh, schwarzes Schaf, hast Du Woll' für mich?'
Ja, Sir, ja Sir, drei Säcke nur für Dich."

Verse, Ausdrücke oder sogar Buchstaben können sich wiederholen. In der englischen Originalversion des Gedichts „Gleichgültigkeit" von Studdert Kennedy kommen häufig Worte vor, die mit dem Buchstaben C beginnen (*Leider gehen sie in der deutschen Übersetzung verloren, Anmerkung der Übersetzerin.*). Sie verweisen auf die beiden Schlüsselworte des Gedichts (die im Englischen mit C beginnen): Kreuz und kreuzigen (*cross* und *crucify*).

In anderen Fällen dient ein Refrain dazu, einen bestimmten Punkt zu betonen. Beispielsweise wiederholt sich in Psalm 136 immer wieder die Wendung „Denn seine Güte währet ewiglich".

Andere Gedichte bedienen sich der Alliteration. In dem Werk „The Siege of Belgrade" (Die Belagerung Belgrads) beginnt das erste Wort jeder Zeile mit einem fortlaufenden Buchstaben des Alphabets. Gleichzeitig steht derselbe Buchstabe auch am Anfang jedes Hauptwortes der entsprechenden Verszeile. Psalm 119 ist ähnlich alphabetisch angeordnet.

Erstaunen

Bei der Poesie geht es auch darum, Wohlklänge zu vermitteln. Daher wird ihr Effekt oft gedämpft oder er geht ganz verloren, wenn man sie nur schweigend liest. Gedichte müssen deutlich hörbar vorgetragen werden. Poetische Klänge verschaffen dem Menschen ein besonderes Gefühl innerer Befriedigung. Sie versetzen den Hörer in Erstaunen und Bewunderung; solche Regungen sind der Prosa eher fremd. Daher ist es nicht überraschend, dass Gedichte zur Anbetung Gottes verwendet werden. Die Psalmen (das Gesangbuch der Juden) sind ohne Ausnahme lyrische Texte. Prosa zu singen, ist im Allgemeinen sehr schwierig, während Gedichte sich einfacher vertonen lassen.

Darüber hinaus hilft uns die Lyrik, bewusst zu staunen und dieses Gefühl der Bewunderung in der Anbetung auch auszudrücken. Ich möchte das anhand eines sehr bekannten Gedichtes verdeutlichen:

> Funkel, funkel, kleiner Stern,
> wer du bist, das wüsst' ich gern.
> Über uns in großen Höhn,
> wie ein Diamant so schön.
> *Jane Taylor*

Man kann das kindliche Staunen in diesem Gedicht dadurch zerstören, dass man es auf wissenschaftliche Begriffe reduziert:

Funkel, funkel, kleines Licht,
wer du bist, das frag ich nicht.
Heiße Gase kondensiert
eingestampft und komprimiert.

Gehen wir noch einen Schritt weiter:

Szintillier', szintillier', kleine Plasmakugel,
deine Daten finde ich auf Google.
Lichtjahre entfernt, im Kosmos platziert,
mit Carbon hoch drei assoziiert.

Der Kontrast zwischen wissenschaftlicher und poetischer Sprache ist an diesen Beispielen gut zu erkennen. Während erstere exakt und kalt wirkt, ist letztere weniger genau, erzeugt dafür aber Erstaunen und Bewunderung. Aus diesem Grund eignet sich die Poesie besonders gut zum Lob Gottes. Kirchenlieder, Chorgesänge, Anbetungslieder und vertonte Psalmen helfen uns dabei, unser Staunen über die Herrlichkeit Gottes in einer Art und Weise auszudrücken, die wissenschaftlichen Ausdrucksformen fremd ist.

Die Lyrik ist nicht nur eine verbale Kunst, sondern auch eine visuelle. Sie malt Bilder in unsere Gedanken. Ein gehöriges Maß an Vorstellungskraft ist unverzichtbar, um lyrische Texte zu schreiben. Die Poesie macht von Metaphern (Übertragungen), Gleichnissen und Bildern Gebrauch. Die Worte „Funkel, funkel, kleiner Stern … wie ein Diamant so schön" beschwören in unserer Vorstellung beispielsweise das Bild eines strahlenden Himmelskörpers herauf.

Betrachten wir als ein weiteres Beispiel aus Psalm 42,2 (ELB):

Wie der Hirsch lechzt nach Wasserbächen,
so lechzt meine Seele nach dir, o Gott!

Wir stellen uns ein hechelndes Tier vor, dem die Zunge heraushängt. Dadurch werden wir uns unseres eigenen Durstes, unserer eigenen Sehnsucht nach Gott bewusst.

Klang und Bedeutung
Grundlagen der englischen und deutschen Poesie sind die griechische und römische Lyrik. Dort ist der Klang entscheidend. Englische Gedichte reimen sich grundsätzlich, obwohl es auch andere Formen und Stile gibt. Die hebräische Lyrik hingegen betont die Bedeutung oder den Sinn.

Dieser Unterschied zeigt sich besonders deutlich an der englischen Tradition der sog. Nonsensliteratur, zu deren Meistern Edward Lear und Lewis Carroll gehören. *Anmerkung der Übersetzerin: Ein bekannter deutscher Vertreter dieser Richtung ist Christian Morgenstern mit seinem Gedicht „Das große Lalula". Es wird der Lautpoesie zugerechnet:*

Kroklokwafzi? Semememi!
Seiokrontro -- prafriplo:
Bifzi, bafzi; hulalemi:
quasi basti bo ...
Lalu lalu lalu lalu la!

Solche Gedichte zu lesen lässt sich ein wenig damit vergleichen, Pavarotti italienische Opern singen zu hören, ohne die Sprache zu verstehen; oder Popmusik zu genießen, deren Worte unverständlich oder bedeutungslos sind. Wir haben keine Ahnung, worum es bei den Texten geht, aber sie gefallen uns trotzdem.

Diese Art der Lyrik „bewegt" uns vielleicht innerlich, hat aber ansonsten keinerlei Auswirkungen. Sie hilft uns gegebenenfalls dabei, uns zu entspannen und das Leben zu genießen, doch sie beeinflusst unsere Lebensgestaltung nicht.

Die hebräische Poesie unterscheidet sich sehr von der englischen und deutschen. Selbst in der Ursprache liegt die Betonung auf dem Sinn der Worte statt auf ihrem Klang. Das ist ein Grund dafür, dass es in der hebräischen Lyrik sehr wenige Reime gibt.

Parallelismus
Während der Rhythmus auch in der hebräischen Poesie vorkommt (insbesondere die vierhebigen und dreihebigen Jamben in den Kombinationen 4/3 und 3/3), beruht die hebräische Lyrik hauptsächlich auf einer Form der Wiederholung, die *Parallelismus* genannt wird. Dieser Begriff bezieht sich auf Ausdrücke eines poetischen Verses, die einander entsprechen. Der Parallelismus ist sozusagen der „Grundbaustein" der hebräischen Poesie. Er dient Folgendem:

- *Betonung:* Wird etwas zweimal gesagt, wissen wir, dass es wichtig ist.
- *Antwort:* Ein sog. Couplet (ein „Verspaar") ermöglicht einen Wechselgesang. Zwei Chöre singen dabei einander zu. Der erste Chor singt den ersten Satz, der zweite wiederholt ihn.
- *Balance:* Im menschlichen Körper gibt es ein Gleichgewicht – zwei Hände, zwei Augen, zwei Ohren, zwei Arme und zwei Beine – das wir als ästhetisch empfinden. Genauso hilft uns das Couplet, die Schönheit eines Gedankens zu erfassen.

Normalerweise tritt die Wiederholung in Form eines Verspaares auf, doch die Psalmen enthalten auch dreifache und in wenigen Fällen sogar vierfache Verskombinationen. Ein Beispiel für ein Couplet finden wir in Psalm 6,2 (ELB):

Herr, strafe mich nicht in deinem Zorn,
und züchtige mich nicht in deinem Grimm!

„Strafen" kann sowohl nicht körperliche als auch körperliche Maßnahmen beinhalten, während „züchtigen" in der zweiten Zeile bedeutet, jemanden durch Schlagen hart zu bestrafen. Die zweite Zeile steigert daher den Gedanken der ersten um ein gewisses Maß. Betrachten wir nun den nächsten Vers dieses Psalmes (6,3; NLB):

Hab Erbarmen mit mir, Herr, denn ich bin schwach.
Heile mich, Herr, denn mein Körper leidet Qualen.

In der ersten Zeile fühlt sich der Psalmist schwach, doch in der zweiten leidet sein Körper Qualen und benötigt Heilung. Erneut entwickelt die zweite Zeile die erste ein wenig weiter. Dabei ist es wichtig, dass die *Bedeutung* oder der *Sinn* wiederholt wird, nicht der Klang.

Poesie zu analysieren ist fast so, als würde man eine Blume auseinanderrupfen, um ihre Einzelteile zu untersuchen. Die Analyse zerstört die Schönheit, das ist mir bewusst. Dennoch fördert der analytische Ansatz das Verständnis. Wir erkennen, was passiert, wenn wir biblische Poesie lesen; und uns wird klar, warum und wie sie geschrieben wurde.

Es gibt drei verschiedene Formen des Parallelismus:

Synonym
Der synonyme Parallelismus drückt denselben Gedanken zweimal aus, allerdings mit unterschiedlichen Worten.

Psalm 2,1-5 (ELB) gibt uns dafür ein gutes Beispiel:

> Warum *toben* die *Nationen*
> und *sinnen Eitles* die *Völkerschaften*?
> Es treten auf *Könige* der Erde,
> und *Fürsten* tun sich zusammen
> gegen den *HERRN*
> und *seinen Gesalbten*:
> „Lasst uns *zerreißen ihre Bande*
> und *von uns werfen ihre Stricke*."
> *Der im Himmel thront, lacht,*
> *der Herr spottet* über sie.
> Dann spricht er sie an *in seinem Zorn*,
> *in seiner Zornglut* schreckt er sie.

Die kursiv gedruckten Worte in jedem Verspaar haben dieselbe Bedeutung, doch oft ist das zweite Wort stärker oder nachdrücklicher als das erste.

Gegensätzlich/anthitetisch

Der antithetische Parallelismus ähnelt dem synonymen, nur dass die zweite Zeile einen Kontrast zur ersten bildet. Gut erkennbar an diesem Beispiel aus Psalm 126,5 (LUT):

> Die mit Tränen *säen*,
> werden mit Freuden *ernten*.

Folgende Begriffe werden einander gegenüber gestellt: Säen und ernten, Tränen und Freude. Das Thema wird im nächsten Vers weiterentwickelt:

> Sie gehen hin und *weinen* und tragen *guten Samen*
> und kommen mit *Freuden* und bringen ihre *Garben*.

Diese beiden Zeilen reichern den Kontrast mit weiteren Details an. Jetzt „gehen sie" mit „Samen" hin und „kommen" mit „Garben" zurück.

Vereinigend/synthetisch
Beim synthetischen oder vereinigenden Parallelismus ergänzt oder erweitert die zweite Zeile die erste. Sie vermittelt nicht dasselbe oder das Gegenteil der ersten Zeile, sondern etwas, das sich aus dem Vorangegangenen ergibt. Zum Beispiel:

Als der Herr die Gefangenen Zions zurückführte,
waren wir wie Träumende.
Psalm 126,1 (ELB)

Der Herr ist mein Hirte,
mir wird nichts mangeln.
Psalm 23,1 (ELB)

Hier ist der zweite Satz die Folge des ersten. Psalm 23 ist nach diesem synthetischen Muster aufgebaut, wie an Vers 2 gut zu erkennen ist:

Er lagert mich auf grünen Auen,
er führt mich zu stillen Wassern.

Der Hirte muss wissen, wo es grüne Wiesen und stille Wasser gibt. Doch erst diese beiden Dinge zusammen erzeugen das Bild eines Hirten, der seine Arbeit wirklich gut macht und sich um seine Schafe kümmert.

***

Innerhalb dieser drei Formen der hebräischen Poesie gibt es viele Variationen. Der Parallelismus findet nicht nur in Worten und ihrer Bedeutung seinen Ausdruck, sondern auch in der Grammatik. So stellt sich beispielsweise im Hebräischen die Wortreihenfolge von Psalm 2,5 folgendermaßen dar:

Dann er spricht sie an in seinem Zorn,
in seiner Zornglut er schreckt sie.

Die Reihenfolge von Verb, Objekt und Präpositionalgefüge ändert sich in der zweiten Zeile.

Trikolon
Oft unterbrechen Unregelmäßigkeiten diese drei Arten des Parallelismus. Manchmal ändern sich Rhythmus und Versmuster. In anderen Fällen gibt es statt einem Verspaar drei Verszeilen, die zusammengehören. Man nennt sie Trikolon oder Dreiergruppe.

Ein Beispiel findet sich in Psalm 29,1+2a (ELB):

Gebt dem Herrn, ihr Göttersöhne,
gebt dem Herrn Herrlichkeit und Kraft!
Gebt dem Herrn die Herrlichkeit seines Namens.

Hier steigern sich die Zeilen zu einem Crescendo, einem Höhepunkt. Dabei ist „Gebt dem Herrn" der Refrain, dem in jeder der drei Zeilen unterschiedliche Worte hinzugefügt werden.

Oder betrachten wir Psalm 3,2+3 (LUT):

Ach, HERR, wie sind meiner Feinde so viel
und erheben sich so viele wider mich!
Viele sagen von mir: Er hat keine Hilfe bei Gott.

Hier wiederholt sich das Wort „viel" bzw. „viele". Dabei baut jede Zeile auf der vorangegangenen auf. Es geht zunächst darum, über wen sich der Psalmist beschwert, dann steht im Fokus, was diese Feinde tun und schließlich, was sie sagen. Manchmal gibt es auch Auslassungen. Ein Wort wird nicht erwähnt oder ein Ausdruck fällt weg.

Weitere Elemente der hebräischen Lyrik

Vergleiche
Vergleiche kommen in der hebräischen Lyrik sehr häufig vor. Es sind Bilder, die uns zeigen, wie eine Person oder Sache einer anderen ähnelt. Hier ein Beispiel:

> Wie sich ein Vater über Kinder erbarmt,
> so erbarmt sich der Herr über die, die ihn fürchten.
> Psalm 103,13 (ELB)

Hier vergleicht der Psalmist Gottes Haltung zu seinem Volk mit der Fürsorge eines gütigen Vaters gegenüber seinen eigenen Kindern.

Chiasmus/Kreuzstellung
Beim Chiasmus wird der zweite Teil der ersten Zeile zum ersten Teil der zweiten Zeile. Psalm 1,6 (SLT) illustriert dies:

> Denn der HERR kennt den Weg der Gerechten;
> aber der Weg der Gottlosen führt ins Verderben.

Die zweite Zeile dreht die Reihenfolge der ersten um – „der Weg" hat seinen Platz gewechselt.

Auslassung
Die Auslassung (oder Ellipse) lässt einen Teil der zweiten Zeile oder des zweiten Satzteils entfallen. Zur Veranschaulichung hier ein Beispiel aus Psalm 88,7 (ELB):

> Du hast mich in die tiefste Grube gelegt,
> in Finsternisse, in Tiefen.

Eigentlich müssen wir uns die Wendung. „Du hast mich ... gelegt" beim Lesen in der zweiten Zeile dazudenken.

Klimax oder treppenartige Steigerung
Manchmal erinnern die Zeilen eines Psalms an eine Treppe. Ihr Inhalt steigert sich stufenartig:

> Die Stimme des Herrn zerbricht Zedern,
> der Herr zerschmettert die Zedern des Libanon.
> Psalm 29,5 (ZB)

Die zweite Zeile führt das weiter aus, was in der ersten schon vermittelt wurde. Wir wissen bereits, dass der „Herr Zedern zerbricht". Jetzt erfahren wir, dass er sie „zerschmettert" und dass es sich um die Zedern „des Libanon" handelt.

Abcdarius
Bei diesem Stilmittel wird der poetische Text nach dem Alphabet strukturiert. Jeder Abschnitt von Psalm 119 (und jeder Vers in diesem Abschnitt) beginnt jeweils mit dem nächsten Buchstaben des hebräischen Alphabets.

Refrain
Unter Refrain versteht man Wendungen, die sich durch das gesamte Gedicht oder Lied hindurch regelmäßig am Ende einer Strophe wiederholen. So bilden beispielsweise in Psalm 136 die Worte „Denn seine Gnade währt ewig!" die zweite Zeile jedes Verses

Poesie im Wort Gottes
Die nähere Betrachtung der hebräischen Lyrik zeigt, wie angemessen es ist, sie in der Bibel zu verwenden.

Für Autoren moderner Kirchenlieder sind die Psalmen eine Quelle der Inspiration. Doch wenn diese Lieder wortwörtlich zitiert werden, geschieht dies kaum in voller Länge. Daher stehen die Worte dann nicht mehr in ihrem ursprünglichen Kontexte. Das kann dazu führen, dass die

Balance eines Psalms verlorengeht und in manchen Fällen sogar seine Bedeutung verändert wird.

Es ist einfach, hebräische Poesie in andere Sprachen zu übersetzen, weil der Schwerpunkt auf ihrem Inhalt liegt und nicht auf ihrem Klang. Predige ich mithilfe eines Dolmetschers jedoch vor einer Gemeinde, die kein Englisch versteht, und zitiere dabei englische Lyrik, so geht der Effekt des Gedichts in der Übersetzung völlig verloren. Der Grund dafür liegt darin, dass sich die englische Poesie oft auf den Klang der Worte gründet. Doch diese englischen Klänge überleben den Übersetzungsprozess in der Regel nicht. Die hebräische Poesie hingegen kann problemlos in jede andere Sprache übertragen werden. Daher ist es leicht nachvollziehbar, warum Gott ein solches Medium gewählt hat.

Poesie in Lobpreis und Anbetung

Viele plädieren dafür, dass wir uns Gott auf spontane Art und Weise nähern sollten. Es wäre doch gekünstelt, uns im Voraus zurechtzulegen, was wir ihm sagen wollen. Da ist etwas Wahres dran. Doch gleichzeitig hat es enormen Wert, sich seine Worte genau zu überlegen, bevor man sie an Gott richtet. Die Psalmen geben uns ein Modell vor, wie wir Gott ansprechen können, ohne in eine plumpe Vertraulichkeit abzurutschen – und sie offenbaren uns Gottes Größe und Majestät. Gleichzeitig beschreibt der Psalter eine vertraute Beziehung zu Gott, die viele Menschen bisher noch nicht erlebt haben. Daher können sie uns dazu anspornen, uns nach einer intensiveren Erfahrung der Güte Gottes auszutrecken.

Die vorformulierten Texte der biblischen Poesie sind ein notwendiger Bestandteil unserer gemeinschaftlichen Anbetung. Würden wir einfach nur das singen, was uns gerade einfällt, wenn wir zusammenkommen, gäbe es ein heilloses Durcheinander – ganz abgesehen von einem furchtbaren

Lärm! Gemeinsam Gott zu loben wird dadurch möglich, dass es Kichenlieder und Chorusse gibt, die genau zu diesem Zweck verfasst wurden, nämlich, dass eine Gemeinde sie miteinander singt. Wer dafür eintritt, nur das zu singen, was wir gerade „fühlen", vergisst, dass es seinen Wert hat, Antworten *unabhängig* von unseren Emotionen zu formulieren. Es kann uns dazu ermutigen, wirklich zu reagieren und die Wahrheit über Gott und uns künftig nicht zu vergessen.

Es gab bei uns eine besondere Familientradition. Unsere drei Kinder hatten die Angewohnheit, mich an einem bestimmten Tag des Jahres zu unchristlicher Zeit aufzuwecken. Sie standen aufgereiht am Fußende meines Bettes und sprachen mich höchst gekünstelt in poetischer Form an. Schließlich überreichten sie mir einer Tüte ihre Lieblingssüßigkeiten. Das Gedicht bzw. das Lied, das sie vortrugen, war „Happy Birthday to you!"

Ganz sicher war das in gewisser Weise unnatürlich – drei Kinder, aufgestellt in einer Reihe, die alle dasselbe sagten bzw. sangen. Wäre es nicht schöner gewesen, jedes einzelne wäre zu mir gekommen und hätte mir gesagt, was es wirklich fühlte? Nein, denn sie hätten es nicht gemeinsam getan, als meine Familie. Sie kamen miteinander und sangen zusammen, als Ausdruck ihrer Verbundenheit untereinander – dadurch wurde diese kleine Familientradition für mich noch viel wertvoller.

Auf ähnliche Art und Weise gefällt es dem Herrn, wenn wir ihm gemeinsam etwas sagen, selbst wenn wir dazu Worte gebrauchen müssen, die jemand anderes geschrieben hat. Gott liebt es, uns in Gemeinschaft zu sehen. Auch wenn wir dabei in einer Reihe stehen und ihm ein wenig gekünstelt etwas zusingen. Entscheidend ist, dass wir unsere Liebe zu Gott miteinander bekunden, und die Poesie ermöglicht uns diesen Ausdruck unserer Gefühle.

Wie bereits ausgeführt, eignen sich die Psalmen zu

Wechselgesängen, wobei verschiedene Chöre einander zusingen. Man kann Psalmen sowohl singen als auch jubelnd ausrufen. Psalm 47 ist hierfür ein Beispiel.

Die Psalmen können auch unsere gemeinschaftliche Identität als Leib Christi fördern. Lobgesänge, die in der Ich-Form geschrieben sind, eigenen sich besonders für die persönliche Anbetung, während Psalmen in der Wir-Form uns daran erinnern, dass wir Gott gemeinsam als seine Familie preisen.

Genau wie die Poesie das Herz des Menschen anrührt, so bewegt sie auch das Herz Gottes. Wie bereits festgestellt, kommt die Dichtkunst in allen Psalmen und in vielen prophetischen Büchern vor. Der Heilige Geist hat diese Literaturgattung ausgewählt, um uns Gottes Gesinnung zu offenbaren und uns gleichzeitig eine Möglichkeit zu geben, darauf zu reagieren. Wer anzweifelt, dass die Poesie Gottes Herz bewegt, sollte sich die deutlichen Worte vergegenwärtigen, welche die Bibel verwendet, um Gottes Gefühle zu beschreiben.

Beispielweise heißt es in Psalm 2, dass Gott „lacht", wenn er die vergeblichen Versuche der Menschheit betrachtet, ihm die Stirn zu bieten. Der Prophet Zephania schreibt im dritten Kapitel, dass Gott über uns „mit Jubel jauchzt" *(In englischen Bibelübersetzungen heißt es wörtlich: „Er jubelt ... mit Gesang", Anmerkung der Übersetzerin.)*. Gott ist also musikalisch! Die Musik ist keine Erfindung der Neuzeit, sondern ein Teil unserer menschlichen Identität, die nach dem Bilde Gottes erschaffen worden ist.

Spricht Gott uns daher in lyrischer Form an, wissen wir, dass er uns seine Gefühle von Herz zu Herz mitteilen möchte. Wir können uns dann fragen, was uns diese Bibelverse über Gottes Emotionen vermitteln. Das Verständnis der hebräischen Lyrik schließt uns Gottes Innerstes, sein Herz, auf, damit wir es besser erfassen können.

12.
Die Psalmen

Einleitung

Das Buch der Psalmen ist der beliebteste und bekannteste Teil der Bibel. Einzelne Psalmen sind sowohl bei Menschen populär, die nicht regelmäßig in der Bibel lesen, als auch bei Gläubigen, die den Gott anbeten wollen, den sie persönlich kennen und lieben. Diese Loblieder üben eine universelle Anziehungskraft aus. Sie lassen sich leicht in unseren modernen kulturellen Kontext übersetzen, obwohl sie schon so alt sind. Die meisten Psalmen sprechen ganz direkt zu uns, während der Großteil des Alten Testaments im Licht des Neuen Testaments verstanden werden muss. Sie sind in gewisser Weise zeitlos und können sehr leicht auf das Leben als Christ angewendet werden. Daher überrascht es nicht, dass Komponisten von Anbetungsliedern sich zeit der Geschichte von ihnen haben inspirieren lassen.

Während der gesamten Kirchengeschichte haben die Psalmen viel Wertschätzung erfahren. Martin Luther sagte über die Psalmen: „Da siehst du allen Heiligen ins Herz." Johannes Calvin erklärte, dass wir in den Psalmen „in einen Spiegel blicken und unser eigenes Herz erkennen". Ein moderner Zeitgenosse formulierte es folgendermaßen: „Auf jedem Psalm scheinen mein Name und meine Adresse zu stehen." Der Psalter ist der menschlichste Teil des Alten Testaments, mit dem sich jeder ohne weiteres identifizieren kann.

Die Psalmen sind das Gesang- und Gebetbuch Israels zur Zeit des Alten Testaments. Es ist das längste biblische Buch. Seine Niederschrift dauerte fast 1000 Jahre. Während die meisten Psalmen zur Zeit Davids verfasst wurden (um 1000 v. Chr.), schrieb man manche zu Lebzeiten des Mose nieder (um 1300 v. Chr.) und wieder andere während des Exils (500 v. Chr.).

Das aus dem Griechischen abgeleitete Wort „Psalm" bedeutet wörtlich übersetzt „die Saiten spielen" oder „schlagen". Es bezieht sich auf die Saiteninstrumente, die man beim Singen der Psalmen zur Begleitung einsetzte. In der hebräischen Bibel sind die Psalmen das erste Buch der sog. Schriften. Es handelt sich um den dritten Abschnitt der Bibel, nach den Gesetzesbüchern und den Propheten. Auf Hebräisch heißt das Buch *Tehillim*, was „Buch der Lobpreisungen" bedeutet. Das ist ein viel treffenderer Name (insbesondere, da das Wort „Jude" von „Juda" kommt, was Lobpreis bedeutet). Die Psalmen werden meistens gesprochen oder gesungen, doch sie können sogar mit lautem Jubelgeschrei vorgetragen werden. Diese Ausdrucksform erfreut sich in manchen Kulturen allerdings nicht allzu großer Beliebtheit!

Wie wir später noch sehen werden, gibt es verschieden Arten von Psalmen. Am einfachsten unterteilt man sie in die persönlichen Psalmen in der Ich-Form und die kollektiven Psalmen, die das Wort „wir" verwenden. So eignen sich manche Psalmen am besten für die persönliche Anbetungszeit, während andere zum gemeinsamen Lobpreis passen. Doch sollte man diese Unterteilung nicht allzu eng sehen. Jesus selbst ermutigte nämlich seine Jünger, die Worte „Unser Vater" zu gebrauchen. Damit forderte er seine Nachfolger auf, Verantwortung für ihre Gemeinschaft zu übernehmen, selbst wenn sie im privaten Kontext beteten.

Gefühle

Tiefe Trauer findet in manchen Psalmen ihren Ausdruck. Als besonders bewegend empfinde ich Psalm 56, in dem es heißt, dass Gott unsere Tränen in seinem Krug sammle. Wollten Juden früher ihr Beileid anlässlich des Todes eines geliebten Menschen ausdrücken, taten sie dies nicht durch Blumen oder Kränze bei der Beerdigung. Stattdessen verwendeten sie kleine Glasfläschchen von zirka 10 cm Höhe. Sie hielten sie unter ihre Augen und ließen ihre Tränen hineinfallen. Diese Fläschchen voller Tränen übermittelten sie dann den trauernden Angehörigen, um ihr Beileid zu bezeugen. Der Psalmschreiber bekundet hier, dass Gott genau dasselbe für uns tun kann – selbst wenn wir Tränen über Angelegenheiten vergießen sollten, die bei weitem nicht so einschneidend sind wie der Tod.

Die Psalmen zeigen die gesamte Bandbreite menschlicher Emotionen. Auch Gefühle, die wir als „negativ" bezeichnen würden, wie Zorn, Frustration, Eifersucht, Verzweiflung, Furcht und Neid finden hier ihren Platz. Der Psalmist nimmt kein Blatt vor den Mund, wenn er seine Gedanken und Emotionen äußert. Das schließt ebenso das Verfluchen von Menschen wie Beschwerden über Gott mit ein. Auch „positive" Emotionen wie Freude, Begeisterung, Hoffnung und Frieden finden im Psalter ihren Ausdruck.

Die meisten persönlichen Psalmen entstammen der Feder Davids. Sie beinhalten viel von dem, was Menschen Gott typischerweise sagen würden. Später werden wir drei besonderen Arten der Psalmen betrachten. Ich nenne sie die „Bitte-Psalmen", die „Danke-Psalmen" und die „Tut mir leid-Lieder".

Obwohl sie sehr auf das Lob Gottes fokussiert sind, waren die Psalmen nie dazu bestimmt, nur von Priestern rezitiert zu werden. Altäre, Priester, liturgische Gewänder und Weihrauch kommen in den Psalmen fast gar nicht vor. Diese Loblieder sollen ganz gewöhnliche Menschen in ihrer Anbetung Gottes verwenden.

Biblische Themen
Die Psalmen beinhalten nicht nur jede menschliche Gefühlsregung, sie beziehen auch recht umfassend jedes biblische Thema mit ein. Luther bezeichnete die Psalmen einmal als die „kleine Biblia" – die Bibel in Miniaturform.

Sie behandeln die Geschichte Israels, die Schöpfung, die Patriarchen, den Exodus, die Monarchie und die Rückkehr nach Jerusalem.

Die Psalmen sind das Buch des Alten Testaments, das im Neuen Testament am häufigsten zitiert wird. Der Spitzenreiter unter den Zitaten im Neuen Bund ist dabei Psalm 110,1 (NLB): „Der HERR sprach zu meinem Herrn: ‚Setze dich zu meiner Rechten, bis ich deine Feinde zum Schemel unter deine Füße lege.'"

Nicht alle Psalmen des Alten Testaments sind im Psalter zu finden. Mose und Miriam schrieben einen Psalm (siehe Exodus 15), und auch Deborah und Hanna komponierten Loblieder (siehe Richter 5 und 1. Samuel 2). Interessant ist, dass Frauen ebenfalls Psalmen verfassten, obwohl der Großteil der Bibel von Männern geschrieben wurde. Vielleicht ist diese Tatsache der weiblichen Intuition geschuldet, diesem ahnenden Erfassen, das ein ganz natürlicher Bestandteil des weiblichen Charakters ist. Hiob schrieb drei Psalmen, während Jesaja und König Hiskia jeweils einen zu Papier brachten.

Auch andere Persönlichkeiten des Alten Testaments bedienten sich der Psalmform. Jonas Gebet im Inneren des Wales ist hierfür ein klassisches Beispiel. Er erklärte, dass er vom Scheol aus betete, dem Totenreich, und zitierte in seinem Gebet fünf verschiedene Psalmen. Habakuk bemühte in seinem prophetischen Buch dreimal den Psalter.

Alle Psalmen bedienen sich der Poesie als einziger Ausdrucksform. Auch das Hohe Lied, die Sprüche und die Klagelieder bestehen ausschließlich aus lyrischen Texten. Andere Bücher des Alten Testaments (zum Beispiel der Prediger und die Propheten) enthalten eine Mischung aus Poesie und Prosa. Teile der historischen Bücher (beispielsweise 1. Mose 49; 2. Mose 15; Richter 4; 2. Samuel 22) wurden ebenfalls in lyrischer Form abgefasst.

Fünf Bücher in einem

Das Buch der Psalmen besteht eigentlich aus fünf Liederbüchern. Einige Kommentatoren sehen darin Parallelen zu den fünf Büchern des Gesetzes. Doch der Grund dafür, dass es im Psalter diese fünf Bücher gibt, ist wahrscheinlich vergleichsweise banal. Die Lobgesänge Israels wurden möglicherweise auf insgesamt fünf Schriftrollen festgehalten, weil eine Rolle allein nicht genügend Platz bot.

Bei den Psalmen gibt es enorme Längenunterschiede. Nur zwei Verse umfasst Psalm 117, der kürzeste von allen. Psalm 119 hingegen, das längste Loblied, hat insgesamt 176 Verse.

Am besten liest man die Psalmen laut, da es sich um Texte der hebräischen Poesie handelt. Es ist nicht ratsam, sie Vers für Vers zu analysieren, wie man es bei den Briefen des Paulus tun würde. Tatsächlich würde eine übermäßige Analyse ihre Schönheit zerstören. Viel besser ist es, den jeweiligen Psalm als Ganzes zu lesen, über ihn nachzudenken und ihn auf sich wirken zu lassen. Falls nötig, kann man diesen Prozess dann nochmals wiederholen.

Jedes der fünf Bücher endet mit einer Verherrlichung Gottes (siehe die Psalmen 41, 72, 89 und 106). Am Ende des letzten Buches steht Psalm 150, ein Gotteslob, das alle fünf Bücher abrundet und abschließt. Die Bücher sind im Umfang unterschiedlich, was mit der variierenden Länge der einzelnen Psalmen zu tun hat. Das erste und das letzte Buch sind am längsten.

Die Namen Gottes

Viele Kommentatoren haben nach Alleinstellungsmerkmalen für jedes der fünf Bücher gesucht. Die Art und Weise, wie Gott in diesen Büchern angesprochen wird, lässt ein interessantes Muster erkennen. Es werden zwei Namen Gottes verwendet, *Jahwe* und *Elohim*. Beide kommen im gesamten Alten Testament vor.

Elohim bedeutet schlicht und einfach „Gott". Doch da dieser Name im Plural steht, beinhaltet er den Gedanken der Dreieinigkeit Gottes. *Jahwe* war der Eigenname Gottes, mit dem die Israeliten Gott bezeichnen und anreden sollten. Er ist von dem Verb „sein" abgeleitet. Das deutsche Wort „allezeit" oder „immer" vermittelt seine Bedeutung sehr treffend.

Der Gottesname *Jahwe* wird hauptsächlich im ersten Buch verwendet, nämlich 272 Mal, während *Elohim* nur 15 Mal vorkommt. Doch im zweiten Buch ist das Gegenteil der Fall: *Elohim* wird 207 Mal verwendet und *Jahwe* nur 74 Mal. Das dritte Buch bevorzugt erneut *Elohim* (36 Mal) gegenüber *Jahwe* (13 Mal). Die Bücher vier und fünf drehen das Verhältnis wieder um, mit 339 *Jahwe*-Erwähnungen und nur sieben *Elohim*-Bezeichnungen.

Der Grund dafür ist leicht erkennbar. Die Psalmen König Davids finden wir hauptsächlich in den Büchern eins und zwei. Ein paar wenige Loblieder Davids sind auch im fünften Buch enthalten. Wie wir später noch feststellen werden, sind seine Psalmen persönlicher und verwenden daher auch Gottes Eigennamen.

Der Name *Elohim* vermittelt uns die Erhabenheit, die Transzendenz Gottes. Er ist weit entfernt und ganz anders als wir; er ist der allerhöchste Gott. Der Name *Jahwe* hingegen erweckt den Eindruck einer größeren Vertrautheit mit ihm. Gott ist sowohl erhaben als auch ganz bei uns. Diese beiden Aspekte des Wesens Gottes müssen wir in ihrer Spannung aushalten.

Die Psalmen spiegeln dieses Spannungsverhältnis anhand der Namen wieder, die sie Gott zuschreiben. Der Psalter beginnt und endet mit dem vertrauten Eigennamen, den Gott seinem Volk offenbart hat.

Psalmengruppen

Abgesehen von den Gottesnamen haben Bibelforscher vergeblich nach einer Systematik gesucht, um den Psalter einteilen zur können. Es gibt Psalmengruppen, die eine gewisse Zusammengehörigkeit aufweisen. Doch es gibt keine logische Abfolge und keine ersichtlichen Gründen, warum bestimmte Psalmen in einem bestimmten Buch so angeordnet wurden, wie sie uns vorliegen.

Es gibt folgende Psalmengruppen:

- Psalmen 22–24: Heiland, Hirte und Herrscher
- Psalmen 42–49: Von den Söhnen Korachs
- Psalmen 73–83: Von den Söhnen Asafs
- Psalmen 96–99: Gott ist König.
- Psalmen 113–118: Die „Hallel-Psalmen" (gesungen zum Passahfest)
- Psalmen 120–134: Die „Lieder des Hinaufgangs" oder „Wallfahrtslieder" (gesungen zu den Pilgerfesten beim Hinaufziehen nach Jerusalem)
- Psalmen 146–150: Die „Halleluja-Psalmen"

Manche Psalmen enthalten Abschnitte, die sich in anderen Lobliedern wiederholen (siehe beispielsweise Psalmen 108 und 57,8–12).

Wer schrieb die Psalmen?
David verfasste über die Hälfte der Psalmen: 73 Loblieder bezeichnen ihn als ihren Verfasser. Das Neue Testament schreibt ihm auch die Psalmen 2 und 95 zu. Es ist wahrscheinlich, dass seiner Feder noch weitere Loblieder entstammen.

David hatte viele verschiedene Funktionen: Er war Hirte, Krieger, König und Musiker. Doch diese letzte Rolle bedeutete ihm am meisten, denn auf seinem Totenbett dankte er Gott dafür, dass er „der liebliche Psalmdichter" Israels gewesen sei. Das Komponieren und Singen von Lobliedern war ihm ein Herzensanliegen. In Davids frühen Jahren diente sein Gesang dazu, den beunruhigten Geist Sauls zu besänftigen. Jahrhunderte später wählte der Prophet Amos das Bild Davids, wie er auf seiner Harfe zupfte, als ein Beispiel für die Selbstgefälligkeit und Bequemlichkeit Israels (siehe Amos 6,5).

Salomo schrieb ebenfalls Loblieder, und zwar die Psalmen 72 und 127. Psalm 127 komponierte er, als der Tempel gebaut wurde. Er erkannte, dass die Bauleute umsonst arbeiteten, wenn der Herr nicht selbst das Haus baute. Ohne die Herrlichkeit Gottes war der Tempel nichts wert, das wurde ihm bewusst.

Die Söhne Korachs schrieben zehn Psalmen. Ein Mann namens Korach kommt in einer Begebenheit im vierten Buch Mose vor. Gott bestrafte ihn mit dem Tod, weil er eine Rebellion gegen Mose und Aaron angezettelt hatte. Doch Generationen später nahmen seine Nachkommen am Lobpreis im Tempel teil. Ihre Psalmen finden wir im zweiten Buch.

Die Söhne Asafs schrieben zwölf Psalmen. Sie sind im dritten Buch verzeichnet. Sowohl die Nachkommen Asafs als auch die Nachfahren Korachs gehörten zum Chor, der im Tempel diente. Da Chorleiter als Seher oder Propheten galten, ist es nicht überraschend, dass sie einige der Psalmen komponierten.

Viele der Psalmen bezeichnen keinen Verfasser. Sie alle befinden sich in den Büchern vier und fünf. Man hält es für wahrscheinlich, dass der Priester Esra dem Buch der Psalmen seine endgültige Gestalt gab.

Persönliche Erlebnisse

Viele Psalmen sind durch persönliche Erlebnisse inspiriert, vergleichbar mit der Art und Weise, wie Lobpreislieder und Chorgesänge auch heute zustande kommen. David hatte während seines Hirtendienstes auf dem Lande gelernt, seine Gesänge auf Musikinstrumenten zu begleiten. So war es ihm zu Gewohnheit geworden, seine alltäglichen Erfahrungen in Lieder zu fassen.

Tatsächlich finden wir die Hauptereignisse seines Lebens im Buch der Psalmen wieder. Beispielsweise verfasste David Psalm 3 nach seiner demütigenden Flucht vor seinem Sohn Absalom, der den Thron an sich gerissen hatten und ihn dazu zwang, seinen Palast fluchtartig zu verlassen. Psalm 7 hat einen Benjaminiten namens Kusch zum Thema. Psalm 18 schrieb er nieder, nachdem „der Herr ihn gerettet hatte aus der Hand aller seiner Feinde und aus der Hand Sauls" (ELB).

David schrieb zwei Bußpsalmen, nachdem er ganz bestimmte Sünden begangen hatte. Einer der beiden ist Psalm 51, den er zu Papier brachte, nachdem er Batseba, die Frau eines anderen Mannes, verführt hatte. In diesem Prozess brach er fünf der zehn Gebote. Den anderen Psalm verfasste er nach der Musterung seiner Truppen. Sein einziges Motiv war dabei, sein Ego zu stärken. Als er sich seiner Sünde bewusst wurde, schrieb er den sehr bewegenden Psalm 30.

Andere Psalmen haben Bezüge zu besonderen Orten. So verfasste David viele dieser Lieder, als er sich auf der Flucht vor Saul in Ein-Gedi befand. Er beschreibt Gott oft als seinen „Fels" und seine „Festung", vielleicht weil er sich bei dem riesigen Felsvorsprung versteckte, der als Massada bekannt ist.

Vierzehn Psalmen haben historische Überschriften, die Ereignisse in Davids Leben beschreiben. Hier einige Beispiele:

- Psalm 3: Als David vor seinem Sohn Absalom floh
- Psalm 30: Davids Sünde vor der Einweihung des Tempels
- Psalm 51: Nachdem Nathan Davids Sünde mit Bathseba aufgedeckt hatte
- Psalm 56: Davids Angst in Gat

- Psalm 57: In Ein-Gedi, wo Saul in die Falle gerät
- Psalm 59: Davids missgünstige Zeitgenossen
- Psalm 60: Die gefährliche Militärkampagne in Edom
- Psalm 63: Davids Flucht nach Osten
- Psalm 142: David in der Höhle Adullam

Darüber hinaus sind viele Psalmen aus Davids verschiedenen Erlebnissen als Musiker, Hirte, Krieger und König entstanden, auch wenn dies nicht ausdrücklich erwähnt wird. Beispielsweise beruht Psalm 23 auf seinem Alltagsleben als Hirte. Psalm 29 wurde ganz deutlich von einem heftigen Gewittersturm inspiriert, der David an die Stimme Gottes erinnerte.

David ist erfrischend ehrlich in seinen Liedern. Er verflucht Menschen, beklagt sich über Gott und bittet um Racheakte an seinen Feinden. Allerdings richtet er jede negative Aussage direkt an Gott. Er teilt Gott ganz genau mit, wie er sich fühlt und was er gerade denkt, wie unangemessen dieses Gefühl auch erscheinen mag. Daher ist es nicht überraschend, dass seine Psalmen auf der ganzen Welt Anklang gefunden haben; denn Menschen aller Nationen und Generationen können sich mit seinen Worten identifizieren.

Für das gesamte Volk Gottes

Nicht alle Psalmen sind persönlicher Natur; manche sind für das gesamte Volk Gottes bestimmt. David schrieb Psalm 2 zur Krönung Salomos. Er drückt darin seine Hoffnungen für seinen Sohn aus, ebenso wie die Erfüllung der Verheißung, die Gott David gegeben hatte: „Mein Sohn bist du, ich habe dich heute gezeugt" (Psalm 2,7; ELB).

Andere Psalmen veranschaulichen, wie sich eine Gruppe von Menschen oder eine Nation fühlen mag. Die „Wallfahrtspsalmen" (Psalmen 120 - 134) sind für die Pilger bestimmt, die sich auf dem Weg nach Jerusalem befinden.

Viele Psalmen sollen Menschen auf ihrem persönlichen Glaubensweg mit Gott unterstützen. Psalm 119 dient beispielsweise dazu, uns zu ermutigen, die Bibel zu lesen. In jedem Vers dieses Psalms finden wir ein Synonym für die Schriften. So spricht er von dem „Gesetz des Herrn", „den Geboten des Herrn" oder den „Vorschriften des Herrn", den „Bestimmungen des Herrn" und den „Ordnungen des Herrn.

Psalm 92 ermutigt dazu, den Sabbat zu halten. Er lehrt die Gläubigen, „am Morgen…Gottes Gnade zu verkünden" und seine „Treue in den Nächten". Das war die Grundlage des sonntäglichen Morgen- und Abendgottesdienstes. (Diese Tradition gibt es kaum noch. Heute feiern wir am Morgen eineinhalb Stunden lang Gottesdienst, und der Rest des Tages gehört dann uns selbst!)

Natürlich stehen wir nicht mehr unter dem Sabbatgebot – es ist ja Teil des mosaischen Gesetzes. Für uns ist jeder Tag ein Tag des Herrn, doch wir haben die Freiheit, einen Tag besonders zu halten, wenn wir das wünschen (siehe Römer 14).

Ein „Psalmen-Sandwich"

Die Psalmen 22 bis 24 bilden eine sehr wichtige Gruppe. Man kann sie mit einem Marmeladen-Sandwich vergleichen, bei dem die Leser allerdings dazu neigen, den süßen Aufstrich in der Mitte herauszulecken und das Brot übrigzulassen! Damit meine ich Folgendes: Diese drei Psalmen gehören wirklich zusammen. Ich nenne sie das Kreuz, die Krümmung (des Hirtenstabes) und die Krone. Sie stellen uns den Herrn vor, der zuallererst Heiland, dann Hirte und schließlich auch Herrscher ist. Wenn wir nur den gutbekannten Psalm 23 aus der Mitte des „Sandwich" herausziehen und Jesus als unseren Hirten beanspruchen, verpassen wir die Lektionen der anderen beiden Psalmen, die davor und danach kommen.

Psalm 22 beginnt mit dem Ausruf, den Jesus später am Kreuz zitierte: „Mein Gott, mein Gott, warum hast du mich verlassen?" (ELB). Am Anfang von Psalm 23 hingegen steht der Satz: „Der Herr ist mein Hirte" (ELB). Die Reihenfolge der beiden Psalmen verdeutlicht, dass wir Jesus nur dann als unseren Hirten ansehen können, wenn wir ihn zuvor am Kreuz als unseren Herrn und Retter angenommen haben.

Dann heißt es in Psalm 24: „Wer ist der König der Ehre? Es ist der HERR, stark und mächtig, der HERR, mächtig im Streit. Machet die Tore weit und die Türen in der Welt hoch, dass der König der Ehre einziehe!" (Verse 8 und 9; LUT). Oder, mit anderen Worten: „Öffnet die Tore – der Herr kommt als unser Herrscher, als König der Könige, als Herr aller Herren."

Wir können Jesus nur als unseren guten Hirten betrachten, weil er zuerst unser Retter war und in Zukunft als unser König wiederkommen wird.

Diese drei Psalmen passen auf wunderbare Art und Weise zusammen. In einem meiner Bücher mit dem Titel „Loose Leaves from the Bible" (zu Deutsch „Lose Blätter aus der Bibel") habe ich sie in eine moderne Sprachform übertragen:

Mein Gott, mein Gott, warum?
Warum hast du mich völlig verlassen – mich, warum ausgerechnet mich?
Warum scheinst du so weit weg zu sein,
   zu weit weg, um mir zu helfen,
   zu weit, um auch nur mein Stöhnen zu hören?
Oh, mein Gott, ich schreie am Tag nach dir,
   doch keine Antwort kommt;
ich heule in der Nacht,
   doch ohne Erleichterung.
Es macht keinen Sinn,
   denn du bist so überaus gut,

diese Nation lobt dich in den Himmel.
Unsere Vorfahren vertrauten dir voll und ganz,
   und wenn sie das taten,
    hast du sie befreit.
Sie riefen zu dir,
   und waren in Sicherheit,
wenn sie sich auf dich verließen,
   hast du sie niemals enttäuscht.
Doch mich behandeln sie wie einen Wurm,
nicht wie einen Menschen,
   ohne Mitleid, nur Verachtung
   schenkt mir der Mob.
Wer mich ansieht, verspottet mich;
   sie strecken ihre Zungen heraus,
    zucken mit den Schultern und höhnen:
„Er hat gesagt, der Herr würde ihm Recht verschaffen;
   mal sehen, ob er ihn hier heraus holt!
Wenn der Herr so stolz auf ihn ist,
   soll er ihn doch befreien."
Wenn sie nur wüssten –
   du hast mich bei meiner
     Geburt bewahrt
   und mich beschützt, während ich noch ein Säugling
war, an meiner Mutter Brust.
   Ich war von dir abhängig
   von Anfang an,
und du bist immer mein Gott gewesen, mein Gott
   seit meine Mutter mich gebar.
   Verlass mich nicht, ich bin in großer Gefahr,
   denn niemand außer dir kann mir helfen.
Ich bin in einer Stierkampfarena,
   umgeben von den bösartigsten Tieren
des Landes;
   sie fletschen ihre Zähne wie ein zorniger,

ausgehungerter Löwe.
Meine Kraft verlässt mich,
> meine Glieder werden ausgerenkt,
> mein Herz zerschmilzt wie Wachs in meiner Brust,
> mein Körper ist so ausgetrocknet wie gebrannter Lehm,
> meine Zunge klebt am Gaumen.

Du lässt mich zu Staub zerfallen.
Eine Bande von Gaunern umringt mich wie ein Rudel Wölfe;
> sie haben mir bereits Hände und Füße zerrissen.

Meine Rippen treten so klar hervor, dass man sie zählen kann,
> doch sie ergötzen sich mit sadistischem Blick an

meinem Unglück.
Sie haben meine Kleider an sich gerissen
> und würfeln um mein Gewand.

Was tust du da, Herr?
> Bleib doch nicht fern von mir!
> Du bist meine einzige Hilfe!
> Eile zu mir!

Rette mein Leben vor diesem gewaltsamen Tod –
> aus den Fängen der Wölfe,
> aus dem Rachen der Löwen,
> vor den Hörnern dieser Stiere ...

du hast mir schon geantwortet!

Ich werde meinen Brüdern sagen, dass du deinem
Namen wieder alle Ehre gemacht hast!
Ich werde unter ihnen sein, wenn sie sich versammeln,
um von dir zu zeugen.
Jeder, der diesen Gott, Jahwe, fürchtet,
> sag ihm, wie sehr du ihn achtest.

Jeder, der sich einen Sohn Jakobs nennt,
> gib` ihm alle Ehre.

Alle, die zu Israel gehören,
> erweist ihm euren tiefen Respekt.

Denn er war weder zu erhaben noch zu erschrocken,
   um sich des Leidens des Ausgestoßenen anzunehmen;
er hat sich nicht von ihm abgewandt,
   sondern seinen Hilfeschrei erhört.
Du wirst mich
     in der großen Versammlung preisen;
und ich werde dir meine Versprechen halten,
   ehrfürchtige Augen werden es sehen.
Die Leidenden werden Genugtuung erfahren;
   die Suchenden werden zu Singenden werden.
Möge diese ergreifende Erfahrung ewig dauern.
Überall auf der Welt
   werden die Menschen wieder an Gott denken
   und zu ihm zurückkehren.
Verschiedene Völker und Nationen
   werden ihn in wahrer Einheit anbeten.
Denn der Herr regiert diese Welt
   und bestimmt alle internationalen Angelegenheiten.
Ja, selbst die höchsten Würdenträger werden sich ihm beugen,
   denn sie sind nur Sterbliche, die ihrem Grab entgegengehen.
   Niemand kann für immer bleiben.
Künftige Generationen werden seine Arbeit fortführen,
   und die Menschen werden ihren Kindern
   von diesem Gott erzählen, der wirklich existiert.
Seine Befreiung wird denen verkündigt,
   die noch nicht einmal geboren sind;
sie werden erfahren, dass Gott alle Probleme gelöst hat –
   es ist vollbracht!

Psalm 22

Jesus dachte unzweifelhaft an diesen Psalm, als er am Kreuz starb.

SCHLÜSSEL ZUM ALTEN TESTAMENT

Der einzige Gott, den es wirklich gibt,
   der Gott der Juden,
sorgt für mich ganz persönlich,
   wie ein Hirte für sein Schaf.
Mir wird nichts fehlen,
   was ich wirklich brauch'.
Er zwingt mich zu ruh'n,
   wo es Gras gibt ihm Überfluss,
dann führt er mich weiter,
   und dauerhaft erfrischt er mich.
Er belebt mich neu,
   wenn ich am Ende bin.
Er führt mich auf rechtem Weg,
   damit sein Ansehen nicht leidet.
Selbst wenn ich durch eine tiefe dunkle Schlucht muss,
   wo in den Schatten Gefahr droht,
fürchte ich mich nicht vor irgendeinem Unglück,
   denn du bist ganz nah bei mir.
Mit deinem Knüppel beschützt du mich,
mit deinem Hirtenstab führst du mich,
   so fühle ich mich ganz sicher.
Du deckst mir eine Tafel
   und meine hilflosen Feinde müssen zuschau'n.
Du behandelst mich wie einen Ehrengast
   und tischt mir reichlich auf.
Bis zum Ende meines Lebens wird mir nichts mehr nachstellen –
   außer deiner großzügigen und unverdienten Güte.
Und ich werde bei dir wohnen bis in Ewigkeit.
Psalm 23

Dem Gott der Juden gehört die ganze Welt,
mit allem, was auf ihr steht,
mit jedem, der auf ihr lebt.
denn ihre Fundamente legte er auf Meeresgrund,
   ließ Wasser herabregnen, das ihre Flüsse füllt.
Doch wer könnte seinen heiligen Berg ersteigen?

In seiner Gegenwart unbeschadet bleiben?
Nur, wer sich einwandfrei benimmt,
   nur, wer nicht auf Böses sinnt.
Nur, wer die Wahrheit wirklich liebt,
   nur, wer das Wort hält, das er gibt.
Beachtung würde Gott ihm dafür schenken,
   mit Wohlgefallen der Retter an ihn denken;
denn so ein Mensch will ihn wirklich finden,
   sein Angesicht sehn, sich mit ihm verbinden, wie Jakob.

(Halte einen Moment inne und prüfe dich selbst.)

Stoßt die Stadttore auf!
   Öffnet weit die Türen der Zitadelle!
Denn seine Majestät will einziehen!
Wer ist dieser herrliche Herrscher?
   Der mächtige Gott der Juden,
   der unbesiegbare Gott Israels!

Stoßt die Stadttore auf!
   Öffnet weit die Türen der Zitadelle!
Denn seine Majestät will einziehen!
Wer ist dieser herrliche Herrscher?
   Der Gott, dem alle Mächte des Alls gehorchen –
Er ist der herrliche Herrscher!

(Sei eine Weile still und denke über Gott nach.)

Psalm 24

Gott ist König

Wir können uns bei der Behandlung der übrigen Psalmengruppen kürzer fassen.

Die Psalmen 96–99 haben ein gemeinsames Thema: Gott ist König. Nirgendwo sonst im Alten Testament kommen wir dem Konzept des Königreichs Gottes so nahe wie hier.

Im Hebräischen gelten die Psalmen 113–118 als die „Hallel–Psalmen". Sie werden beim Passahfest gemeinsam gesungen.

Psalm 118 inspirierte einen modernen Komponisten zu dem bekannten Loblied „Dies ist der Tag, den der Herr gemacht/ Wir wolln uns freun und fröhlich sein". Doch „der Tag", um den es hier geht, ist das Tag des Passahfestes im Alten Testament, nicht der Sabbat und schon gar nicht der Sonntag.

In Psalm 118 finden wir auch den Ausruf: „Ach, Herr, hilf doch!" oder wörtlich: „Befreie uns". Das hebräische Wort für „befreie uns" ist *hoschiana*. Davon wird das Wort „Hosianna" abgeleitet.

Leider halten viele Christen dieses Wort heute für eine Art „himmlisches Hallo"! Doch eigentlich ist es eine Bitte um Befreiung. Als Jesus auf dem Esel in Jerusalem einzog, forderte das Volk ihn durch seine „Hosianna"-Rufe dazu auf, es von den Römern zu befreien. Die Massen verstummten dann, weil er zur Peitsche griff und die jüdischen Geschäftsleute aus dem Tempel vertrieb, statt gegen die Römer vorzugehen.

Die Psalmen 120–134 werden wörtlich „Lieder des Hinaufgangs" genannt. Denn Jerusalem befindet sich ganz oben in den Bergen (Tatsächlich liegt es in einer kleinen Senke direkt unterhalb der Gipfel.), so dass alle Pilger nach Jerusalem hinaufziehen mussten.

Psalm 121 bedeutet meiner Frau und mir persönlich sehr viel. Denn vor ein paar Jahren wurde bei ihr Augenkrebs festgestellt, der ein lebensgefährliches Stadium erreicht hatte. Die Chirurgen kämpften um ihr Leben, während ich mich fragte, worüber ich an diesem Sonntag, als sie im Krankenhaus lag, predigen sollte. Der Herr machte mich auf Psalm 121 aufmerksam. Da wurde mir bewusst, dass es darin in jedem Vers um die Augen geht. In der ersten Zeile heißt es: „Ich hebe meine Augen auf zu den Bergen" (Psalm

121,1; ELB). Wenn man den steilen Weg nach Jerusalem hinaufzieht, ist es sehr gefährlich, den Blick von den eigenen Füßen abzuwenden. Doch der Psalmist sagt: „Ich hebe meine Augen auf zu den Bergen". So predigte ich über diesen Psalm und brachte ihr eine Audioaufnahme davon ins Krankenhaus mit. Doch eine junge Krankenschwester, die erst seit zwei Monaten Christ war, hatte mich bereits „überholt". Sie hatte meine Frau besucht und ihr ein Wort vom Herrn weitergegeben, das lautete: „Du wirst deine Augen zu den Bergen aufheben". Ein paar Wochen später waren wir in Kanada und bestiegen gemeinsam die Rocky Mountains. Seit dieser Zeit ist meine Frau krebsfrei.

Die letzte Gruppe besteht aus den Psalmen 146 – 150. Es sind alles „Halleluja!" - Lieder. *Halleluja* ist das hebräische Wort für „Preist den Herrn" (*hallel* bedeutet „preisen" und *ja* ist eine Kurzform von Jahwe).

Psalmenarten

Obwohl es nicht möglich ist, das Buch der Psalmen in verschiedene Kategorien einzuteilen, so sind doch verschiedene Arten von Psalmen erkennbar.

Klagepsalmen

Zunächst gibt es die Klage- oder „Bitte-Psalmen". Es sind traurige Lieder, die vom persönlichen Unglück des Psalmisten inspiriert sind. In einigen dieser Lieder ist der Verfasser krank, in anderen leidet er unter Ungerechtigkeit und in manchen spürt er seine eigene Schuld. Etliche Leser sind überrascht, wenn sie feststellen, dass diese Kategorie mit ihren 42 Psalmen die größte ist.

Selbstmitleid spielt in diesen Liedern eine große Rolle, doch die Gefühle werden vor Gott gebracht und Heilung geschieht.

Diese Psalmen haben alle dieselbe Form und wurden

üblicherweise zu langsamer Trauermusik gesungen. Jeder hat fünf Teile:

1. Das Anrufen Gottes
2. Die Beschwerde über das, was falsch läuft.
3. Die Vertrauensbekundung, dass Gott helfen wird.
4. Die Bitte an Gott einzugreifen.
5. Das Versprechen, Gott zu preisen, wenn er Befreiung geschenkt hat.

Alle Klagepsalmen folgen diesem fünfteiligen Muster. Aus diesem Grund ist es notwendig, den ganzen Psalm zu lesen – nur ein paar wenige Verse eines Psalms offenbaren nicht seine ganze Form.

Betrachtete man nur den ersten Teil, würde man es sich erlauben, in Selbstmitleid zu versinken. Doch der Psalmist endet immer mit dem Versprechen, Gott zu preisen, wenn er aus seiner schwierigen Lage herausgefunden hat.

Während es sich bei der Mehrheit um persönliche Psalmen handelt, wurden einige von ihnen für die ganze Nation geschrieben (siehe die Psalmen 44, 74, 79, 80, 83, 85 und 90). Interessanterweise hat David keinen dieser genannten Psalmen verfasst.

Dankpsalmen

Zweitens gibt es die Psalmen der Dankbarkeit. Diese „Danke-Psalmen" bilden nach den Klagepsalmen die zweitgrößte Gruppe. Sie haben eine bestimmte Form und sind fast alle anonym verfasst. Vier Dinge finden in jedem einzelnen Lied Erwähnung:

1. Die Ankündigung: „Ich werde Gott preisen ..."
2. Die Aussage, wofür der Verfasser Gott preisen wird.
3. Das Zeugnis über göttliche Hilfe und Befreiung
4. Das Versprechen des Lobpreises: Der Verfasser wird Gott auch weiterhin für das preisen, was er getan hat.

Diese Psalmen vermitteln uns viel über Gottes Eigenschaften und sein Wirken. Sie danken für Gottes Königsherrschaft, für die Schöpfung, den Auszug aus Ägypten, Jerusalem, den Tempel und für die Möglichkeit, Pilgerreisen zu unternehmen. Dankbarkeit für Gottes Wort kommt ebenfalls vor, wie an Psalm 119 mit seinen 176 Versen besonders gut zu erkennen ist.

Bußpsalmen
Als dritte Gruppe kann man die Buß- oder „Tut mir leid-Psalmen" unterscheiden. Ihre Anzahl ist gering, doch sie spiegeln die tiefe Zerknirschung wieder, die der Psalmist fühlt, als er sich seiner Sünde bewusst wird. Beispiele hierfür sind die Psalmen 6, 32, 38, 51, 130 und 143.

Besondere Psalmen
Es gibt noch weitere besondere Kategorien der Psalmen.

Königliche Psalmen
Genau wie David über seine Erlebnisse als Hirte schrieb, verfasste er auch Psalmen über seine Erfahrungen als König. Die Psalmen 2, 18, 20, 21, 45, 72, 89, 101, 110, 132 und 144 gehören zu dieser Kategorie.

Die britische Nationalhymne beruht auf einigen dieser Loblieder. In Psalm 68 geht es schwerpunktmäßig um den Sieg des Königs im Kampf. Er ist die Inspirationsquelle für folgende Zeilen der Hymne: „Send her victorious" (zu Deutsch „Lass sie siegreich …sein") bzw. „Oh Lord, our God arise, scatter her enemies" („Oh Herr, unser Gott, erhebe dich und zerstreue ihre Feinde") . Natürlich besteht der große Unterschied darin, dass ein britischer Monarch gerade nicht der Herrscher über Gottes Volk ist. Daher sind viele dieser Aussagen unangemessen. Es gibt nur ein Volk, das Gott zu seinem Volk auserwählt hat, nämlich Israel.

Wir dürfen niemals vergessen, dass jede nichtjüdische Nation eine heidnische Nation ist. Sie kann daher nicht auf dieselbe Art und Weise besonders sein wie Israel.

Es gibt jedoch einen wunderschönen Psalm über eine Königin. Psalm 45 beschreibt, wie unwürdig sie sich fühlte, als sie die Ehefrau des Königs werden sollte. Das ist ein gutes Bild dafür, wie unsere Herzenshaltung als Braut Christi aussehen sollte. Denn wir werden künftig neben Jesus auf einem Thron sitzen und ein königliches Leben führen.

Viele Nationen haben sich als auserwähltes Volk betrachtet und daher die Psalmen fälschlicherweise auf sich bezogen. Der Löwe und das Einhorn im englischen Wappen wurden beispielsweise aus Psalm 22 abgeleitet. Eine der ältesten englischen Bibelübersetzungen enthält das Einhorn, obwohl es im Originaltext gar nicht vorkommt.

Kanada ist die einzige Nation der Welt, welche die Worte „The Dominion" (zu Deutsch „Das Herrschaftsgebiet") in ihrem Namen trägt. Die Bezeichnung „The Dominion of Canada" fußt auf Psalm 72,8 (ELB): „Und er möge herrschen von Meer zu Meer" (auf Englisch: „He shall have dominion ... from sea to sea."). Kanada erstreckt sich vom pazifischen bis zum atlantischen Ozean und wurde daher von seinen Gründungsvätern „das Herrschaftsgebiet Kanadas" genannt.

Messianische Psalmen

Einige der königlichen Psalmen sind gleichzeitig auch messianischer oder prophetischer Natur. David war das Vorbild eines idealen Königs. Diese Psalmen spiegeln das Verlangen nach einem Herrscher wieder, der sich der Ehre Gottes wahrhaft würdig erweist.

Das Wort „Messias" bedeutet „Gesalbter". Jeder König Israels wurde bei seiner Krönung mit Öl gesalbt, ein Symbol für den Heiligen Geist. Selbst die Könige und

Königinnen Englands kennen diese Tradition, die mit einem besonderen Salböl vollzogen wird. Es besteht aus 24 verschiedenen Kräutern und Ölen.

Im gesamten Alten Testament kommt der Begriff „Messias" (auf Griechisch „Christus", d.h. Gesalbter) nur einmal vor, nämlich in Psalm 2. Doch wenn wir die Psalmen nach prophetischen Elementen untersuchen, stellen wir fest, dass insgesamt 20 dieser Gesänge im Neuen Testament zitiert werden. Es ist verblüffend festzustellen, was dort über Jesus, den Sohn Davids, prophezeit wird:

- Gott wird erklären, dass er sein Sohn sei.
- Gott wird ihm alle Dinge unterstellen.
- Gott wird ihn nicht der Verwesung im Grab preisgeben.
- Er wird von Gott verlassen sein und von Menschen verachtet und verspottet werden; seine Hände und Füße werden durchbohrt; man wird um seine Kleider würfeln; doch keiner seiner Knochen wird gebrochen werden.
- Falsche Zeugen werden ihn anklagen.
- Er wird ohne Grund gehasst werden.
- Ein Freund wird ihn verraten.
- Ihm wird Essig vermischt mit Galle zu trinken gegeben.
- Er wird für seine Feinde beten.
- Das Amt seines Verräters wird einem anderen übertragen werden.
- Seine Feinde werden zu seinem Fußschemel werden.
- Er wird ein Priester nach der Ordnung Melchisedeks sein.
- Er wird zum Eckstein werden und im Namen des Herrn kommen.

David bezeichnete sich selbst als Prophet, weil er erkannte, dass er diese Zeilen nicht über sich selbst, sondern über jemand anderen schrieb. Es ist erstaunlich, wie er sich mit dem Leiden Jesu am Kreuz identifizieren konnte, ohne es je selbst erlebt zu haben.

Psalm 22 beginnt mit den Worten „Mein Gott, mein Gott, warum hast du mich verlassen?" (Diese Worte rief Jesus aus, als er am Kreuz hing.)

Jahrhunderte bevor die Römer die Kreuzigung als Form der Todesstrafe nutzten, spricht dieser lyrische Text von durchbohrten Händen und Füßen. Eine der größten „Ich bin"-Aussagen Jesu kommt in diesem Psalm vor, und sie ist sehr überraschend: „Ich aber bin ein Wurm und kein Mensch."

Weisheitspsalmen

Die „Weisheitspsalmen" sind das Ergebnis tiefen Nachdenkens und stiller Meditation. Sie erinnern an das Buch der Sprüche und enthalten viele praktische Lebensweisheiten.

Biblische Weisheit fokussiert sich hauptsächlich auf zwei Dinge: die Art und Weise der Lebensführung und die Widersprüchlichkeiten des Lebens.

Am Anfang des Psalters steht ein Weisheitspsalm über die Lebensführung. Es gibt zwei Wege, die wir beschreiten können: „den Weg der Sünder" oder „den Weg der Gerechten". Gegen Ende der Bergpredigt im Matthäusevangelium benutzt Jesus ganz ähnliche Worte: „Denn die Pforte ist weit und der Weg ist breit, der zur Verdammnis führt, und viele sind's, die auf ihm hineingehen. Wie eng ist die Pforte und wie schmal der Weg, der zum Leben führt, und wenige sind's, die ihn finden!" (Matthäus 7, 13+14; ELB). Folglich legt Psalm 1 nahe, dass die Psalmen für Menschen geschrieben worden sind, die auf dem richtigen Weg gehen wollen. Dieses biblische Buch ist nicht für diejenigen bestimmt, die mit den Gottlosen gemeinsam unterwegs sind, mit ihnen zusammenstehen oder bei ihnen sitzen (*Im Englischen steht in Vers 1: „Walk in the counsel oft the wicked", d.h. im Rat der Gottlosen **wandeln** und „stand in the path of sinners", d.h. auf dem Weg der Sünder **stehen** oder ihn betreten, sowie „sit in the seat of scoffers", d.h. im Kreis der Spötter **sitzen**, Anmerkung der Übersetzerin.*). Wenn wir mit jemandem einen Weg gehen, mit ihm wandeln, nehmen wir etwas von ihm auf oder an. Beim Zusammenstehen wird die Beziehung tiefer. Wenn wir mit anderen zusammensitzen, werden wir schließlich zu ihren Freunden. Es heißt hier also, dass wir nicht zusammen mit Sündern gehen, stehen oder sitzen sollen, weil die Gesellschaft, in die wir uns begeben, den wohl größten Einfluss auf unser Leben ausübt.

Die Weisheitspsalmen nehmen auch die Widersprüchlichkeiten des Lebens ins Visier. Der größte Widerspruch besteht darin, dass schlechte Menschen oft mit ihrem bösartigen Verhalten davonkommen, während gute Menschen leiden müssen.

Psalm 73 packt dieses Problem bei den Hörnern. Der Psalmist hat den Eindruck, sein Herz umsonst rein gehalten zu haben; er glaubt, dass es Zeitverschwendung sei zu versuchen, ein rechtschaffenes Leben zu führen. Denn die schlechten Menschen stürben friedlich in ihren Betten, nachdem sie viel Geld angehäuft hätten.

Diese Frage beunruhigt ihn so, dass sie ihn tagsüber umtreibt und nachts nicht schlafen lässt. Die Lösung des Psalmschreibers besteht darin, in den Tempel zu gehen und über Gottes Herrlichkeit nachzudenken – und darüber, welches Ende die Gottlosen nehmen werden. Es handelt sich um einen der wenigen Psalmen, der das Leben nach dem Tod erwähnt. Dieses Konzept wird im Alten Testament nicht so ausführlich erklärt wie im Neuen.

Fluchpsalmen

In diesen Psalmen bittet der Autor Gott, seine Feinde mit Gericht heimzusuchen. Hier ein Beispiel:

Das Unglück, über das meine Feinde beraten,
komme über sie selber.
Er möge feurige Kohlen über sie schütten;
er möge sie stürzen in Gruben, dass sie nicht mehr aufstehen.
(Psalm 140,10+11; LUT)

Einer der bekanntesten Fluchpsalmen ist Psalm 137. Er wurde in Babylon komponiert:

An den Wassern zu Babel saßen wir und weinten, wenn wir an Zion gedachten.
Unsere Harfen hängten wir an die Weiden im Lande.
Denn dort hießen uns singen, die uns gefangen hielten, und in unserm Heulen fröhlich sein: „Singet uns ein Lied von Zion!"

Wie könnten wir des HERRN Lied singen in fremdem Lande?
Vergesse ich dein, Jerusalem, so werde meine Rechte vergessen.
Meine Zunge soll an meinem Gaumen kleben, wenn ich deiner nicht gedenke, wenn ich nicht lasse Jerusalem meine höchste Freude sein.

HERR, vergiss den Söhnen Edom nicht den Tag Jerusalems,
da sie sagten: „Reißt nieder, reißt nieder bis auf den Grund!"

Tochter Babel, du Verwüsterin, wohl dem, der dir vergilt,
was du uns getan hast!
Wohl dem, der deine jungen Kinder nimmt
und sie am Felsen zerschmettert!
(Psalm 137; LUT)

Das ist nicht schön. Vergebung für die Feinde ist hier kein Thema. Und es fehlt jegliches Bewusstsein, dass diese Aussagen unangemessen sein könnten. Daher ist es verständlich, dass sich manche Menschen fragen, ob Christen diese Psalmen überhaut verwenden sollten.

Dürfen Christen Fluchpsalmen nutzen?

Erstens dürfen wir nicht vergessen, dass den Juden nur das Alte Testament zur Verfügung stand. Daher sollten wir nicht erwarten, dass das Alte Testament einen vollkommenen christlichen Charakter hat. Sie kannten Jesus noch nicht, der sagte. „Vater, vergib ihnen, denn sie wissen nicht, was sie tun."

Zweitens sind diese Psalmen gute Anschauungsbeispiele für ehrliches Gebet. Haben wir bestimmte Gefühle, dann ist es angemessen, sie Gott auch mitzuteilen. Es wäre genauso schlimm, zu fühlen, was der Psalmist hier fühlt, und es Gott nicht zu sagen, statt ihm diese Emotionen auch auszudrücken. Tatsächlich wäre es sogar noch schlimmer, weil wir versuchen würden, unsere Empfindungen vor Gott zu verstecken.

Ich erinnere mich an eine Christin, die in einen schrecklichen Autounfall verwickelt war. In der Folge war sie 20 Jahre lang schwer behindert. Sie konnte sich nur mühsamst mit Krücken fortbewegen und litt ständige Schmerzen. Eines Abends, als sie in ihr Schlafzimmer ging, verfluchte sie schließlich Gott für ihre Qualen. Doch dann stolperte sie über die Teppichkante und stürzte zu Boden, wobei sie das Bewusstsein verlor. Sie war viele Stunden lang bewusstlos. Als sie wieder aufwachte, war der Morgen schon angebrochen. Sonnenstrahlen fielen durch das Fenster und schienen ihr direkt in die Augen. Sie war überzeugt, dass sie gestorben sei und nun dem Herrn gegenüberstand. Ein großer Schreck durchfuhr sie, als sie daran dachte, was die letzte Tat ihres Lebens gewesen war: Sie hatte Gott verflucht. Sie war überzeugt, deshalb nun in die Hölle zu kommen. Doch dann wurde ihr bewusst, dass das gleißende Licht nur die Sonnenstrahlen waren und dass sie immer noch in ihrem Schlafzimmer lag. Ihre Erleichterung war enorm. Nun stellte sie plötzlich fest, dass sie keine Schmerzen mehr hatte. Sie stand auf und erkannte, dass sie vollkommen geheilt war. Sie konnte jedes einzelne ihrer Körperteile bewegen! Sie rannte hinaus auf die Straße und verkündete jeder Person der sie dort begegnete, folgende Botschaft: „Ich habe Gott verflucht, doch er hat mich geheilt!" Natürlich ist das kein nachahmenswertes Beispiel. Doch der entscheidende Punkt ist, dass diese Frau Heilung empfing, weil sie Gott gegenüber ehrlich war. Wie gnädig er doch ist!

Drittens, die Feinde Israels waren auch Gottes Feinde. Die Fluchpsalmen bitten Gott nicht einfach nur darum, sich an den persönlichen Feinden des Psalmisten zu rächen. Sie erinnern den Allmächtigen vielmehr daran, dass die Widersacher des Psalmschreibers auch Gottes Gegner sind. Für uns als Christen gilt heute Folgendes: Die Feinde Gottes bestehen nicht aus Fleisch und Blut, sondern es sind Mächte und Gewalten in der Himmelswelt. Wenn wir Gott wirklich lieben, dann werden wir den Teufel und alles Böse hassen. Die Gläubigen des Alten Testaments verfügten nicht über dasselbe Wissen wie wir, was den Tag des Gerichts, sowie Himmel und Hölle angeht. Daher mussten sie darum bitten, dass die Gottlosen im Hier und Jetzt bestraft würden. Sie glaubten daran, dass jeder

Mensch nach seinem Tod im Scheol landen würde. Dieser Ort ist wie ein Warteraum in einem Bahnhof, an dem keine Züge ankommen. Sie mussten Gott darum bitten, in diesem Leben gerechtfertigt zu werden. Sie riefen daher einen guten Gott an und baten um Gerechtigkeit.

Viertens verzichten die Psalmisten in jedem Fall darauf, selbst Vergeltung zu üben. Sie überlassen es Gott, Rache zu üben. Dieses Prinzip vertritt auch Paulus im Römerbrief: „Rächt euch nicht selbst, meine Lieben, sondern gebt Raum dem Zorn Gottes" (Römer 12,19; LUT). Er wird den Gottlosen ihre Übeltaten vergelten.

Schließlich unterscheidet sich das Neue Testament in dieser Frage nicht vom Alten. Es gibt auch Fluchpsalmen im Neuen Bund. In der Offenbarung beten die Seelen der Märtyrer im Himmel: „Herr, du Heiliger und Wahrhaftiger, wie lange richtest du nicht und rächst nicht unser Blut an denen, die auf der Erde wohnen?" (Offenbarung 6,10; LUT). Diese Gebete unterscheiden sich nicht von den Fluchpsalmen, nur dass sie „im Himmel" gebetet werden. Die christlichen Märtyrer bitten Gott, seinem Wesen entsprechend für Gerechtigkeit zu sorgen.

Wenn wir diese Psalmen also in der richtigen Geisteshaltung beten, steht ihrem heutigen Gebrauch nichts entgegen. Eines Tages wird Gott jede Sünden bestrafen und das Ansehen der Gottesfürchtigen wiederherstellen. Die Märtyrer werden dann selbst auf den Richterstühlen sitzen, von denen aus sie einst zum Tode verurteilt wurden.

Das Gottesbild der Psalmen

Die Psalmen zeigen in ihrem Gottesbild eine bemerkenswerte Ausgewogenheit. Wir haben bereits festgestellt, dass Gottes Innewohnen, seine Anwesenheit (*Jahwe*) die Transzendenz Gottes (*Elohim*) harmonisch ausgleicht.

Diese Loblieder ermutigen uns, Gott zu verherrlichen, nicht weil wir ihn dadurch größer machen könnten, sondern damit sich unser Gottesbild erweitern kann.

Gottes *Eigenschaften* finden in den Psalmen Erwähnungen, d.h., uns wird vermittelt, wie er ist. Die Psalmen 8, 9, 29, 103, 104, 139, 148 und 150 sind hierfür gute Beispiele. Psalm 139 beschreibt seine Omnipotenz (seine Allmacht), seine Omnipräsenz (seine Allgegenwart) und seine Omniszienz (seine Allwissenheit).

Der Psalter berichtet auch über Gottes *Wirken*, über das, was er *tut*. Anschauliche Beispiele sind die Psalmen 33, 36, 105, 111, 113, 117, 136, 146 und 147. Wir erfahren insbesondere etwas über seine beiden Hauptwerke:

die Schöpfung (beispielsweise Psalmen 8 und 19) und
die Erlösung (beispielsweise Psalm 78, der die Geschichte des Exodus erzählt).

Gott ist Hirte, Krieger, Richter, Vater und vor allem König. Das vermitteln uns die Psalmen.

Betrachtet man diese Eigenschaften und Werke Gottes, überrascht es nicht, dass die Theologie, die Glaubenslehre im Buch der Psalmen sehr schnell zur Gottesverehrung wird. Die Wahrheit führt unausweichlich zum Lob des Allerhöchsten.

Der Gebrauch der Psalmen in der heutigen Zeit

Die häufige Verwendung der Psalmen im Neuen Testament macht deutlich, dass es für Christen legitim und erstrebenswert ist, diese Loblieder zu nutzen. Gesänge im Neuen Testament sind den Psalmen nachempfunden (beispielsweise Lukas 1 und 2). Die Apostel wenden sich den Psalmen zu, wenn sie unter Druck geraten (zum Beispiel in Apostelgeschichte 4), und greifen häufig zum

Psalter, wenn sie predigen (siehe Apostelgeschichte 13).

Der Verfasser des Hebräerbriefes zitiert die Psalmen sehr ausführlich. Jedes der ersten fünf Kapitel seiner Epistel enthält einen oder mehrere Verweise auf die Psalmen.

Jesus selbst verwendet Zitate aus den Psalmen, sowohl in seinen öffentlichen Predigten (beispielsweise in der Bergpredigt) als auch in seinen Streitgesprächen mit den Juden, bei der Reinigung des Tempels und beim letzten Abendmahl.

Wie sollten die Psalmen nun heute genutzt werden?

Am besten ist, sie laut vorzulesen oder zu singen. Einige Psalmenschreiber empfehlen ausdrücklich, ihre Lieder mit lauten Jubelrufen vorzutragen! Ihr Effekt und ihr Wert werden enorm geschmälert, wenn man sie nur leise liest. Viele dieser Loblieder ermutigen auch zu körperlichen Ausdrucksformen, wie beispielsweise zum Erheben der Hände, Klatschen, Tanzen und zum Aufblicken nach oben.

Das Neue Testament fordert uns auf, die Psalmen im gemeinschaftlichen Lobpreis zu nutzen (beispielsweise in Epheser 5). Sänger oder Vorleser können sie der Gemeinde vortragen oder die ganze Gemeinde liest, singt (oder ruft!) sie gemeinsam.

Ganz offensichtlich sollen die Psalmen zu musikalischer Begleitung gesungen werden. Wie wir bereits festgestellt haben, bedeutet das hebräische Wort, das wir mit „Psalm" übersetzen, wörtlich „die Saiten spielen". Es lässt darauf schließen, dass normalerweise Saiteninstrumente den Psalmengesang begleiteten (obwohl auch andere Instrumente im Buch der Psalmen Erwähnung finden.). Das Wort *Sela* kommt in vielen Psalmen vor. Es handelt sich wahrscheinlich um eine Anweisung an den Chorleiter, die „Pause", „Tonartwechsel", „lauter spielen" oder sogar „lauter singen" bedeuten könnte.

Wie sollten wir die Psalmen in unserer heutigen Zeit singen? Am besten wäre es, sie jeweils ungekürzt, „am Stück" vorzutragen. Zu viele Chorgesänge, Kirchen- und Lobpreislieder beinhalten nur einzelne Abschnitte eines Psalms. Dadurch missachten sie seine ursprüngliche Bedeutung und seinen Kontext.

Manche Psalmen kann man in metrischen Versen singen (wie es oft in schottischen Kirchen und Gemeinden geschieht). Einige passen sehr gut zu Chorgesang. Der Psalter eignet sich zudem auch zum persönlichen Gebrauch. Dazu möchte ich einige Empfehlungen geben:

- Einen Psalm pro Tag zu lesen, ist eine gute Angewohnheit.
- Manche Psalmen sind die ideale Bettlektüre. Sie können helfen, destruktiven Gedanken und Albträumen entgegenzuwirken.
- Es empfiehlt sich, auch solche Psalmen zu lesen, die gerade für das eigene Leben keine Relevanz zu haben scheinen. Denn die Zeit wird kommen, in der sie perfekt zu den eigenen Umständen passen werden.
- Dem jeweiligen Psalm eine eigene Überschrift zu geben, hilft dabei, sich besser auf seinen Inhalt konzentrieren zu können.
- Es ist auch hilfreich, einen Psalm mit eigenen Worten wiederzugeben (Wie ich es weiter oben in diesem Kapitel getan habe.).
- Manche Psalmen spenden sehr viel Trost, wenn man krank ist – oder sogar, wenn man im Sterben liegt.

Die Psalmen zu studieren, ist sehr wertvoll. Doch wir ziehen aus ihnen den größten Nutzen, wenn wir sie in unserem alltäglichen Leben *praktisch anwenden*. Wir entdecken ihre wahre Schönheit und Kraft, wenn wir sie laut vorlesen, singen oder ausrufen. Der Psalter wurde verfasst, um in uns eine leidenschaftliche Anbetung zu erwecken, die Gott verherrlicht.

13.
DAS HOHE LIED

Einleitung

Viele Christen sind überrascht, dass das Hohe Lied zum biblischen Kanon dazugehört. Es ist eines der beiden biblischen Bücher, in denen Gott nicht ein einziges Mal erwähnt wird (Das Buch Esther ist das andere der beiden.). Von Anfang bis Ende finden wir nichts offensichtlich Geistliches darin. Und die anschauliche Beschreibung menschlicher Sexualität sorgt dafür, dass es zu den Büchern der Heiligen Schrift gehört, die im Kindergottesdienst grundsätzlich vermieden werden!

Sein Titel, wörtlich übersetzt „Das Lied der Lieder", klingt merkwürdig. Das biblische Hebräisch kennt keine Adjektive, daher sind Ausdrücke wie ein „fantastisches Lied" oder ein „brillantes Lied" nicht möglich. So nutzt der Verfasser anstelle der Bezeichnung „das wunderbarste Lied" den Begriff „das Lied der Lieder". Genauso wie der „erhabenste König" der „König der Könige" und der „höchste Herr", der „Herr aller Herren" genannt werden.

Doch selbst wenn wir anerkennen, dass es sich um ein wunderschönes Lied handelt, erklärt uns diese Tatsache immer noch nicht, warum es Teil des biblischen Kanons geworden ist. Denn dieses Buch ist nicht nur ungeistlich, sondern auch sehr lustbetont. Es spricht alle fünf Sinne an – das Riechen, das Sehen, das Fühlen, das Schmecken und das Tasten. Außerdem liefert es uns eine erotische Beschreibung der Körper des jungen Mannes und der jungen Frau, die in diesem Drama mitspielen. Auch wenn es daher im Kindergottesdienst nicht behandelt wird, ist es dennoch gerade bei jungen Leuten sehr beliebt!

Viele Jahre lang habe ich keine Predigten auf Grundlage

dieses Buches gehalten, weil ich einfach nicht wusste, wie ich damit umgehen sollte. Doch dann ich fand heraus, dass die jüdischen Rabbiner es als ein sehr heiliges Buch betrachten.

Sie nennen es „das Allerheiligste" und ziehen sogar ihre Schuhe aus, bevor sie es lesen. Zudem erfuhr ich, dass einige christliche Verfasser von Andachtsbüchern vom Hohen Lied schwärmten. Daraufhin kaufte ich mir Kommentare und Andachtswerke, die das Buch auslegen, um es besser zu verstehen. Doch all dies verstärkte nur mein Schuldgefühl. Mir wurde vermittelt, dass das Hohe Lied in einem Geheimcode verfasst sei, und dass keines der Worte wirklich das meinte, was ich mir dachte. Den Tiefpunkt erreichte ich, als ich in einem Kommentar die Erklärung zu einem Vers in Kapitel 1 nachlas. Dort spricht die Frau in der Geschichte darüber, dass ihr Geliebter zwischen ihren Brüsten ruhe. Der Kommentarschreiber behauptete daraufhin, er ruhe zwischen dem Alten und dem Neuen Testament! Ich muss zugeben, dass es das Letzte war, woran ich dachte, als ich diesen Vers las. Daher kam ich zu dem Schluss, dass Gott dieses Buch als eine Art Prüfung in die Bibel integriert hätte, um herauszufinden, ob der Leser geistlich oder fleischlich gesinnt sei. Es sollte noch viele Jahre dauern, bis ich das Buch schließlich tiefergehender studieren konnte.

Um welche Art der Literatur handelt es sich?

Allegorie?

Eine Allegorie ist eine erfundene Geschichte, die eine versteckte Botschaft vermitteln soll. So ist beispielsweise der Klassiker *„The Pilgrim's Progress" (zu Deutsch „Pilgerreise")* von John Bunyan aus dem Siebzehnten Jahrhundert eine Allegorie. Jeder Abschnitt dieser

Geschichte soll dabei eine geistliche Wahrheit vermitteln. Viele interpretieren das Hohe Lied als Allegorie, doch jeder Kommentarschreiber erfindet offenbar seinen eigenen Code, der oft wenig mit dem Text selbst zu tun hat. Es scheint, dass viele dieser Autoren genau das darin sehen, was sie sehen wollen. Gleichzeitig zögern sie, die wörtliche Bedeutung des Textes zugrunde zu legen, weil sie das Buch mit seiner anschaulichen Beschreibung der Sexualität so nicht akzeptieren können.

Ein Grund dafür liegt darin, dass Christen grundsätzlich mehr vom griechischen als vom hebräischen Denken beeinflusst sind. Die alten Griechen glaubten, dass das Leben in einen „physischen" und einen „geistlichen" Bereich aufgeteilt sei. Dabei betrachteten sie das „Geistliche" grundsätzlich als wichtiger. Im Gegensatz dazu glaubten die Hebräer an den einen Gott, der sowohl das Physische als auch das Geistliche geschaffen hatte. Für sie war beides gleich wertvoll. Wenn ein guter Gott diese materielle Welt gemacht hatte, dann waren die materiellen Dinge gut; und wenn derselbe Gott uns als Frauen und Männer schuf, mit der Fähigkeit, uns zu verlieben und zu Ehemann und Ehefrau zu werden, dann war das gleichermaßen positiv.

Bejahung und Bestätigung

Das hebräische Denken kann uns bei unserer Interpretation des Buches helfen. Statt das Hohe Lied als Allegorie anzusehen, ermutigt uns diese Denkweise, das „Lied der Lieder" als Bejahung und Bestätigung zu betrachten. Hier, in der Mitte der Bibel, bestätigt und bejaht Gott die Liebe zwischen einem Mann und einer Frau. Die Tatsache, dass das Hohe Lied zur Bibel gehört, verdeutlicht uns, dass die Sexualität Gottes Idee war. Er hat sie sich ausgedacht. Tatsächlich ist es eine der größten Lügen des Teufels, die er auf der ganzen Welt verbreitet hat, dass Gott gegen

Sex sei und der Teufel dafür. In Wahrheit ist genau das Gegenteil der Fall. Gott vermittelt uns, dass die Sexualität ein reiner und legitimer Bestandteil der gegenseitigen Liebe eines verheirateten Paares ist. Wann immer ich einen Traugottesdienst halte, zitiere ich aus dem Hohen Lied und ermutige dann das Paar, den Rest während seiner Flitterwochen selbst zu lesen.

Analogie
Doch das Hohe Lied ist mehr als nur eine Bestätigung und Bejahung – es ist auch eine Analogie. Sie unterscheidet sich sehr deutlich von den abstrusen allegorischen Interpretationen, denen wir bereits widersprochen haben. Eine Allegorie ist eine fiktive Geschichte mit einer versteckten Bedeutung, während eine Analogie die Ähnlichkeit zwischen zwei Tatsachen feststellt. Jesus hat in seinen Predigten Analogien verwendet. Beispielsweise hat er das Himmelreich mit Begriffen beschrieben, die seine Hörer erfassen konnten. Mit dem Hohen Lied verhält es sich ähnlich. Die Liebe zwischen einem Mann und einer Frau ist der Liebe zwischen Gott und den Menschen vergleichbar. Beide sind real, und die menschliche Liebe hilft dabei, die göttliche Liebe zu erklären. Das Hohe Lied vermittelt uns, dass unsere Beziehung zu Gott eine solche Liebesbeziehung sein kann. Wir sollten sagen können: „Ich gehöre meine Geliebten, und mein Geliebter gehört mir", genauso, wie Liebende übereinander sprechen würden.

Der Verfasser des Buches

König Salomo, der poetisch begabt war, hat dieses Buch geschrieben. Im ersten Buch der Könige erfahren wir, dass er insgesamt 1005 Lieder verfasste. Doch nur sechs von ihnen wurden Teil der Bibel. Meine Theorie besagt, dass

Salomo ein Lied für jede seiner 700 Ehefrauen und 300 Nebenfrauen schrieb. Doch nur eine dieser Frauen war in Gottes Augen die richtige für ihn. Daher wurde nur das Lied, das er für sie schrieb, als einziges Liebeslied in die Bibel aufgenommen. Im Hohen Lied erfahren wir, dass Salomo bereits 60 Frauen hatte, als er dieses Werk zu Papier brachte.

Drei Hauptpersonen oder zwei?

Was die Handlung des Buches betrifft, ist die Wissenschaft gespalten. Manche behaupten, dass drei Personen an dieser Geschichte beteiligt seien. Sie meinen, ein Tauziehen in einer Dreiecksbeziehung erkennen zu können, zwischen einem Hirtenjungen, einem König und einem Mädchen, das zwischen den beiden steht. Diese Variante würde tatsächlich eine interessante Geschichte abgeben und eine gute Predigt. Denn man könnte sie mit folgendem bewegenden Aufruf beenden: „*Du* bist dieses Mädchen! Wirst Du den Prinzen dieser Welt erwählen oder den guten Hirten?" Doch leider entspricht dieser Clou nicht dem biblischen Text – denn warum sollte Salomo ein Lied schreiben, in dem der König (d.h. er selbst) den Schurken abgibt? Zudem ist die Atmosphäre der Geschichte von Unschuld geprägt, nicht von Schuld. Es geht hier nicht um einen bösen König, der ein einfaches Mädchen verführt. Es handelt sich vielmehr um ein von Reinheit durchdrungenes Liebeslied, von Anfang bis Ende.

Daher ist es wahrscheinlicher, dass nur zwei Personen in dieser Geschichte die Hauptrolle spielen. Das bedeutet, dass der König und der Hirte ein und dieselbe Person sind. Es mag uns zunächst unwahrscheinlich erscheinen, bis wir uns in Erinnerung rufen, dass einige der Könige Israels Hirten waren. David ist ein augenscheinliches Beispiel dafür. Auch Mose war Hirte, bevor er zum Anführer des Volkes Gottes wurde. Es handelt sich daher nicht um eine ungewöhnliche Kombination.

Doch selbst wenn man annimmt, dass der König und der Hirte dieselbe Person sind, ist es immer noch nicht leicht verständlich, wie die ganze Geschichte zusammenpasst. Es ist ein bisschen so, als würde man den Deckel von der Schachtel eines Puzzles anheben und all die verschiedenen bunten Teile betrachten, die völlig durcheinander gemischt in diesem Karton liegen. Wir würden beim Fertigstellen des Puzzles verzweifeln, wenn wir nicht das Gesamtbild auf dem Kartondeckel als Hilfe hätten.

Daher möchte ich jetzt das Bild auf der Puzzleschachtel präsentieren, damit wir beim Selbststudium des Buches später alle kleinen Teile gut zusammensetzen können.

Die Handlung

Salomo besaß ein Landgut an den Hängen des Berges Hermon. Er nutzte es als Rückzugsort, um dem Druck seines Herrscheramtes in Jerusalem zu entfliehen. Hier konnte er sich entspannen, auf die Jagd gehen und für eine Weile vergessen, dass er der König war. Manchmal weidete er Schafe und führte sie zu grünen Wiesen und Wasserläufen inmitten des felsigen Terrains. Normalerweise legte er dabei zirka 25 Kilometer pro Tag zurück.

Auf diesem Landgut war ein Pächter gestorben. Er vererbte seinen Hof an seine Söhne, wobei wir nicht genau wissen, wie viele Nachkommen er hatte. Es gab wahrscheinlich drei oder vier Söhne und zwei Töchter. Eine dieser beiden Töchter war noch ein Kind; die andere war schon erwachsen. Um sie geht es in diesem Lied. Ihr Leben ist sehr eintönig. Ihr Vater hat seinen Landbesitz aufgeteilt und die Weinberge seinen Söhnen und Töchtern vermacht.

Doch die Söhne lassen ihre Schwester all die Arbeit im Haus und auf dem Hof verrichten. Sie beschwert sich darüber, dass sie sich so intensiv um deren Weinberge kümmern muss, dass sie ihren eigenen vernachlässigt. Zudem ist ihre Haut braun gebrannt, weil sie so viel draußen arbeitet. Zwar ist in unserer Kultur gebräunte Haut ein Zeichen von Attraktivität, doch für sie gilt das Gegenteil – tatsächlich sorgte man damals dafür, dass eine Braut zwölf Monate vor ihrer Hochzeit nicht der Sonne ausgesetzt war. Ihr ist daher bewusst, dass sie aufgrund ihres dunklen Teints wahrscheinlich für den Rest ihres Lebens die Sklavin ihrer Brüder bleiben wird.

Eines Tages arbeitet sie auf den Feldern und trifft dabei einen jungen Mann. Die beiden unterhalten sich gut und verabreden sich für den nächsten Tag. Nach weiteren gelegentlichen Treffen beschließen sie, sich jeden Tag zu sehen. Diese Zusammentreffen werden zum Höhepunkt ihres Tages; und nach zwei Wochen sind sie heftig ineinander verliebt. Das Einzige, was die junge Frau beunruhigt, ist die Tatsache, dass sie nicht weiß, wer dieser junge Mann ist. Sie löchert ihn immer wieder und fragt ihn, zu welchem Hof er denn gehöre und wo er seine Schafe zur Mittagszeit lagern lasse. Doch er weicht ihren Fragen aus und gibt seine Identität nicht preis.

Sie liebt ihn von Herzen und er erwidert ihre Gefühle. Schließlich fragt er sie, ob sie ihn heiraten wolle. Seit Jahren hat sie von diesem Moment geträumt! Überglücklich und ohne zu zögern sagt sie „Ja". Er eröffnet ihr, dass er am nächsten Tag zu seiner Arbeit in der großen Stadt im Süden zurückkehren müsse. Dann verlässt er sie, um die Hochzeit vorzubereiten und verspricht ihr, zu ihr zurückzukehren.

Die nächsten paar Monate sind die aufregendsten ihres Lebens. Sie hatte diesen Gedanken schon längst aufgegeben, doch nun würde sie endlich heiraten. Allerdings wird sie von Albträumen geplagt. Man muss kein psychologischer Experte sein, um ihre Träume interpretieren zu können. Sie drehen sich alle nur um ein Thema: „Ich habe ihn verloren und suche nun nach ihm."

Eines Nachts träumt sie, dass sie auf der Suche nach ihrem Geliebten durch die Straßen rennt. Sie trifft den Wächter und fragt ihn, ob er ihren Freund gesehen hätte. Doch er verneint. Auf ihrer fieberhaften Suche durchstreift sie weiterhin die Stadt. Als sie ihren Geliebten schließlich findet, hält sie ihn fest und zerrt ihn in das Schlafzimmer ihrer Mutter. Dort sagt sie ihm, dass sie ihn niemals wieder loslassen werde. Doch als sie aufwacht, stellt sie fest, dass sie nur ein Kissen in den Armen hält.

Ein anderes Mal träumt sie davon, dass ihr Geliebter vor der Tür steht und seine Hand durch das Loch hindurchstreckt, um den Riegel an der Innenseite zu lösen. Doch er kann die Tür nicht öffnen, da er den Riegel nicht erreicht, der sich weiter unten befindet. Sie ist wie gelähmt und kann sich nicht rühren. Während er versucht, die Tür zu öffnen, ist sie unfähig, ihr Bett zu verlassen, was ihre Frustration nur noch steigert. Dann verschwindet seine Hand, und sie kann sich wieder bewegen. Sie rennt zur Tür – und er ist fort!

Diese Albträume sind einfach zu erklären: Sie hat Angst, dass er nicht zurückkommen wird, um sie zu heiraten. Sie befürchtet, dass es für ihn nur ein Urlaubsflirt war und dass ihr Geliebter sein Versprechen nicht halten wird.

Eines Tages ist sie draußen auf den Feldern und bemerkt, dass sich Pferde und Wagen in einer großen Staubwolke nähern. Sie fragt ihre Brüder, wer denn das sei.

Ihre Brüder teilen ihr mit, dass es sich um den Gutsherrn, König Salomo handle, der gekommen sei, um sein Gut zu besuchen. Sie setzen gerade dazu an, sich tief vor ihm zu verbeugen. Weil sie ihm noch nie begegnet ist, wagt sie einen Blick – nur um festzustellen, dass der König in der großen Sänfte ihr Geliebter ist!

Da jeder weiß, dass er bereits 60 Frauen hat, wird ihr klar, dass sie Nummer 61 sein muss!

So verlässt sie den Hof und zieht nach Süden, um im Palast zu leben. Sie heiraten und die junge Frau erscheint beim ersten Bankett, das zu ihren Ehren gegeben wird. Sie sitzt am oberen Ende des Tisches neben dem König. Sie fühlt sich den 60 wunderschönen, hellhäutigen Königinnen in ihren prächtigen Roben, die ebenfalls an ihrem Tisch speisen, deutlich unterlegen.

Hat ein Mann mehrere Frauen, löst dieser Umstand bei jeder einzelnen ein Gefühl der Unsicherheit aus. „Liebt er mich mehr als die anderen?" fragt sie sich. Daher erkundigt sie sich bei Salomo, ob sie nicht in den Norden zurückkehren könnten: „Warum können wir nicht einfach im Gras unter den Bäumen liegen? Können wir nicht auf unserem Landgut dort oben leben?" fragt sie ihn. Er erklärt ihr, dass er in Jerusalem leben und herrschen müsse, weil er nun einmal der König sei. Schließlich thematisiert sie die wunderschönen Frauen, die alle um sie herumsitzen. Zutiefst verunsichert sagt sie: „Ich bin doch nur eine Narzisse von Scharon, eine Lilie der Täler." (Hohes Lied 2,1; ELB)

Wir stellen uns darunter anmutige Gewächse vor. Doch in Israel sind es klitzekleine Blümchen. Man würde sie zertreten wie Gänseblümchen auf einem Rasen. Die „Lilien des Tales" sind eigentlich Maiglöckchen, die im Schatten wachsen, während die „Narzisse von Scharon" als winziger kleiner Krokus auf auf der Küstenebene am Mittelmeer vorkommt.

Die Antwort des Königs, „Du bist wie eine Lilie unter Dornen", beglückt sie, denn Lilien unter Dornen sind, anders als Maiglöckchen und Krokusse, die schönsten Blumen Israels. Diese Lilien sind weiß und von anmutiger

Gestalt. Genau dieses Bild hat der Geliebte von ihr. Vor Freude singt sie daraufhin ein kleines Lied, dessen Text folgendermaßen lautet: „Ins Festhaus hat mein Liebster mich geführt; und sein Banner über mir ist Liebe."

Das war die Kurzzusammenfassung der Handlung – das Bild auf dem Karton des Puzzles.

Warum sollten wir dieses Buch lesen?

Es gibt zwei gute Gründe, dieses Buch zu lesen und zu studieren. Erstens, im Zentrum des Christseins steht eine sehr persönliche Beziehung. Christsein bedeutet nicht, in die Kirche zu gehen, die Bibel zu lesen oder Missionare zu unterstützen. Christsein heißt, den Herrn von ganzem Herzen zu lieben. Wir singen nur deshalb Lobpreislieder, weil wir ihm Liebeslieder singen. Wenn uns das nicht klar ist, haben wir nichts verstanden.

Daher finden wir in der Mitte der Bibel diese sehr intime, liebevolle Beziehung zwischen Salomo und einem Bauernmädchen.

Das Hohe Lied fügt dem Bild der Beziehung zwischen Gott und seinem Volk noch eine weitere Dimension hinzu. Manchmal spricht die Bibel von Gott als dem Ehemann und Israel als seiner Ehefrau. Er wirbt um sie und heiratet sie am Berg Sinai, wo ihr Bund miteinander geschlossen wird. Läuft das Volk Israel dann anderen Göttern hinterher, wird es als Ehebrecherin bezeichnet.

Dieses Thema liegt der Prophezeiung des Hosea zugrunde. Der Herr beauftragt den Propheten, sich auf der Straße eine Prostituierte zu suchen. Hosea protestiert und fragt Gott, warum er das tun sollte. Ihm wird aufgetragen, sie zu heiraten. Aus dieser Verbindung werden drei Kinder hervorgehen. Sie werde das erste Kind lieben, jedoch nicht das zweite. Das dritte Kind, das nicht einmal von Hosea stammt, solle er „nicht meins" nennen. Gott erklärt Hosea, dass sie zu ihrem Leben auf der Straße in ihren alten Beruf zurückkehren und die drei Kinder bei ihm lassen werde. Er solle seine Frau dann suchen und von ihrem Zuhälter freikaufen, der sie kontrolliert. Dann hat der Prophet sie wieder mit nach Haus zu bringen, um sie erneut zu lieben. Schließlich soll Hosea Israel sagen, dass Gott sein Volk genauso sieht und liebt wie diese Prostituierte.

Tatsächlich ist die Beziehung zwischen Gott und Israel im Alten Testament voll und ganz mit der Verbindung zwischen einem Ehemann und seiner Frau vergleichbar. Dabei benimmt sich die Ehefrau furchtbar. Er wirbt um sie, erobert sie, verliert sie wieder, liebt sie immer noch und sehnt sich danach, sie wieder nach Hause zu holen.

Auch im Neuen Testament setzt sich dasselbe Thema fort. Jesus wird als Bräutigam dargestellt, der nach seiner Braut Ausschau hält. Auf der letzten Seite der Bibel ist sie bereit, ihn zu heiraten und sagt:„Komm!" Sie hat sich für ihren Mann in strahlend weißes Leinen gekleidet. Es symbolisiert Gerechtigkeit. Die gesamte Bibel ist also eine Liebesgeschichte, von Anfang bis Ende.

Das Hohe Lied malt uns diese Beziehung vor Augen. Die Worte des jungen Mannes sind die Worte, die Gott zu uns spricht. Mit den Antworten der jungen Frau können wir darauf reagieren. Es handelt sich folglich weder um eine Allegorie noch um eine Geschichte voller versteckter Botschaften. „Granatäpfel" bedeuten „Granatäpfel" und „Brüste" bedeuten „Brüste." Gott meint, was er sagt. Doch es ist die Analogie einer Beziehung, die wir mit Gott pflegen können.

In unserer Interpretation müssen wir allerdings vorsichtig sein. Unsere Beziehung zum Herrn ist nicht erotischer Natur; doch sie ist emotional. Obwohl das Lied eindeutig sexuelle Begriffe verwendet, zeigt es eine angemessene

Zurückhaltung. Der Verfasser geht nicht so körperbetont ins Detail, wie es die moderne Literatur tun würde.

Gleichwohl ist es eine von Emotionen geprägte Beziehung. Die Geschichte erinnert uns an die Unterhaltung zwischen Jesus und Petrus in Galiläa, die nach der Auferstehung Jesu stattfand. Petrus hatte den Herrn an einem Kohlenfeuer in einem Hof verleugnet. Das Neue Testament erwähnt nur ein einziges weiteres Mal ein solches Kohlenfeuer, und zwar bei dieser Begebenheit ein paar Wochen später in Galiläa. Petrus sieht das Feuer und erinnert sich an diesen furchtbaren Moment. Doch Jesus erklärt ihm weder, wie enttäuscht er von ihm sei, noch schließt er ihn von seinem künftigen Dienst aus. Nein, er versichert Petrus, dass er mit ihm zurechtkommen werde, unter einer Bedingung – dass Petrus ihn liebt.

Genauso fragt uns der Herr nicht, wie oft wir in die Kirche gegangen sind oder wie viele Kapitel wir diese Woche in der Bibel gelesen haben. Er fragt uns: „Liebst du mich?" Jesus sagte einmal, dass man das Gesetz folgendermaßen zusammenfassen könnte: „Du sollst den Herrn, deinen Gott, lieben von ganzem Herzen, von ganzer Seele und mit all deiner Kraft und deinem ganzen Gemüt, und deinen Nächsten wie dich selbst" (Lukas 10,27; LUT). Die Liebe ist tatsächlich von so großer Wichtigkeit.

Zweitens ist unsere Beziehung zum Herrn nicht nur eine sehr persönliche, sondern auch eine sehr öffentliche Angelegenheit. Die meisten Menschen verlieben sich in Jesus, weil sie ihn als ihren guten Hirten kenngengelernt haben. Sie sehen ihn als jemanden, der mit ihnen durch das Tal des Todes geht und sie zu stillen Wassern und grünen Weiden führt. Doch nachdem wir uns in Jesus als unseren Hirten verliebt haben, stellen wir an einem bestimmten Punkt fest, dass er auch König ist! Er ist der König der Könige, und wir sind seine Braut. Wir werden mit ihm herrschen und seine königliche Gemahlin werden. Daher befinden wir uns im Fokus der öffentlichen Aufmerksamkeit, was uns eine zusätzliche Verantwortung aufbürdet. Es wäre so schön, unsere Beziehung als Privatsache zu behandeln, in die Wälder des Hermon zurückzukehren und unsere Liebe als ein Geheimnis zu hüten. Das würde uns eine Menge Unannehmlichkeiten, Kritik und öffentliches Interesse ersparen. Doch er möchte, dass wir im Rampenlicht bleiben und dabei immer wieder auf ihn als die Quelle unseres Lebens hinweisen. Es ist sein Verlangen, dass wir mit ihm gemeinsam die Verantwortung teilen, über diese Erde zu herrschen.

14.
Die SPRÜCHE

Einleitung[4]

Es mag zunächst merkwürdig anmuten, dass das Buch der Sprüche in die Bibel aufgenommen wurde. Seine humorvollen Betrachtungen und kernigen Redensarten scheinen kaum mehr zu sein als das, was man als gesunden Menschenverstand bezeichnen würde.

Das Buch macht keinen besonders geistlichen Eindruck. Es enthält kaum Aussagen über die persönliche oder gemeinschaftliche Gottesverehrung und einige seiner Themen wirken ausgesprochen banal.

Einige Sprüche stellen fest, was für jeden offensichtlich ist. Zum Beispiel: „… das Unglück der Armen aber ist ihre Armut" (Sprüche 10,15; NLB). „Ein fröhliches Herz macht ein fröhliches Angesicht" (Sprüche 15,13; LUT). „Besser auf dem Dach in einer Ecke wohnen als eine zänkische Frau und ein gemeinsames Haus" (Sprüche 21,9; ELB). „Wer sich in einen fremden Streit einmischt, handelt sich unnötig Ärger ein wie jemand, der einen vorbeilaufenden Hund bei den Ohren packt" (Sprüche 26,17; HfA).

Manche Sprichwörter wirken eher unterhaltsam als erbaulich, während andere ganz und gar unmoralisch erscheinen. Zum Beispiel: „Das Geschenk des Menschen schafft ihm Raum und bringt ihn vor die großen Herren" (Sprüche 18,16; LUT).

Viele Sprüche haben ihren Weg in unsere Alltagssprache gefunden:

---

[4] Für die Sprüche (und den Prediger) bin ich Derek Kinder und seinen hervorragenden Kommentaren zu großem Dank verpflichtet. Sie wurden in der „Tyndale"- Reihe von IVP veröffentlicht. Lesern, die diese Bücher gründlicher studieren möchten, seien Kinders Werke, die ihresgleichen suchen, wärmstens ans Herz gelegt.

„Wer sein Kind liebt, züchtigt es."
„Hoffnung, die sich verzögert, ängstet das Herz."
„Hochmut kommt vor dem Fall."
„Verbotene Früchte schmecken am besten."
„Eisen schärft Eisen."

Das Buch beschreibt das Leben, wie es tatsächlich ist – nicht das Leben in der Kirchengemeinde, sondern auf der Straße, im Büro, im Supermarkt und im eigenen Zuhause. Es behandelt alle Aspekte des Alltags – nicht nur unser Verhalten am Sonntag im Gottesdienst. Es befasst sich damit, wie wir uns an jedem Wochentag und in jeder Lebenslage verhalten sollten.

Daher finden wir die Persönlichkeiten, die in den Sprüchen beschrieben werden, auch in allen Kulturen wieder. Da gibt es die Frau, die zu viel redet, die Ehefrau, die immer nörgelt, den Jugendlichen, der ziellos auf der Straße herumhängt, den Nachbarn, der ständig vorbeikommt und zu lange bleibt und den Freund, der schon früh am Morgen unerträglich fröhlich ist.

Tatsächlich behandeln die 900 Sprüche die meisten der Themen, die im Leben wichtig sind. Oft werden sie als Kontraste präsentiert: Weisheit und Dummheit, Stolz und Demut, Liebe und Lust, Reichtum und Armut, Arbeit und Freizeit, Herren und Diener, Ehemänner und Ehefrauen, Freunde und Verwandte, Leben und Tod. Doch es gibt wichtige und überraschende Auslassungen. „Geistliches" kommt kaum vor, Priester und Propheten werden nicht erwähnt und Könige nur äußerst selten. Alle diese Personen spielen im Rest des Alten Testaments eine prominente Rolle.

Es ist wichtig, dass wir die Themen, die im Buch der Sprüche behandelt werden, von vornherein richtig einordnen. Manche Leser behaupten irrigerweise, dass die Sprüche sich nur auf das „weltliche" Leben konzentrieren würden.

Doch die Einteilung der Welt in einen „weltlichen" und einen „geistlichen" Bereich entspricht nicht der biblischen Sicht. Tatsächlich ist aus Gottes Perspektive nur eine Sache „weltlich" oder „profan", nämlich die Sünde selbst.

Die Überzeugung, dass nur das „Religiöse" „heilig" oder „geistlich" sei, kommt aus der griechischen Philosophie. Sie hat weite Bereiche unseres modernen Denkens durchdrungen, selbst in christlichen Kreisen. Doch der Bibel ist eine solche Unterteilung fremd. Jede Aktivität kann heilig sein, wenn es möglich ist, sie Gott zu weihen. Gott würde einen guten Taxifahrer immer einem schlechten Missionar vorziehen. Für ihn sind alle seriösen Berufe gleichwertig.

Die Sprüche konzentrieren sich folglich auf den Lebensbereich, in dem sich der Großteil unseres Seins im Wachzustand abspielt – auf unseren Alltag. Dieses Buch vermittelt uns, wie wir das Beste aus unserem Leben machen können und führt uns vor Augen, dass viele Menschen ihr Dasein vergeuden. Es geht um ein moralisch „gutes Leben". Die Weisheit der Sprüche befähigt uns, das Ziel unseres Lebens zu erreichen und dabei mit dem zufrieden zu sein, was wir erreicht haben.

In welchem Verhältnis steht nun das Buch der Sprüche zur Hauptbotschaft der restlichen Bibel? In seinem zweiten Brief an Timotheus erklärt der Apostel Paulus, dass die heiligen Schriften in der Lage seien, ihn „weise zu machen zur Rettung durch den Glauben an Christus Jesus" (2. Timotheus 3,15; ELB). Doch auch nach der Lektüre der Sprüche bleibt die Frage offen, wo denn hier „Rettung" vorkommt. Denn der Themenkomplex der Erlösung glänzt befremdlich mit Abwesenheit, während er in anderen biblischen Schriften häufig anzutreffen ist.

Doch das Thema kommt tatsächlich vor. Der Begriff „Rettung" ist in seiner Bedeutung eng mit Worten wie

„Bergung" oder „Recycling", d.h. „Wiederverwertung" bzw. „Regenerierung" verwandt. Gott ist damit beschäftigt, Menschen zu regenerieren, damit sie nützlich werden. Christen, die früher Sünder waren, werden zu Heiligen gemacht. Doch nicht nur das: *Dummheit* verwandelt sich in *Weisheit*. Der wahre Grund für die Verschmutzung unseres Planeten ist der Mensch, das lehrt die Bibel. Jesus selbst verglich die Hölle mit der Müllhalde im Tal des Ge-Hinnom (Gehenna) außerhalb Jerusalems. Dorthin warf man allen Abfall. Er sprach davon, dass Menschen in die Hölle „geworfen" würden, so, als wären sie zu nichts mehr nütze. Gott recycelt Menschen, die sonst in der Hölle landen würden. Er macht aus Törichten kluge Menschen.

In diesem Sinne enthalten die Sprüche daher vieles zum Thema „Rettung". Denn sie vermitteln uns, für welche Art von Leben wir errettet worden sind. Gleichzeitig erinnern sie uns auch daran, wovon wir erlöst wurden. Das Buch korrigiert somit ein Ungleichgewicht, das in den Predigten vieler Gemeinden anzutreffen ist. Sie fokussieren sich zu sehr darauf, *wovor* wir bewahrt wurden und beleuchten zu wenig, *zu welchem Zweck* und *auf welches Ziel hin* wir befreit worden sind.

Wie verhält es sich nun mit Weisheitsliteratur außerhalb der biblischen Schriften? Viele Menschen behaupten, dass es sehr viel Weisheit gebe, die nicht Bestandteil der Bibel sei. Wie sind die Weisheiten des Plato, des Sokrates, des Aristoteles und des Konfuzius einzuordnen? Es sollte uns nicht überraschen, dass es Weisheit auch außerhalb der Bibel gibt; denn alle Männer und Frauen auf dieser Welt sind nach dem Ebenbild Gottes geschaffen. Daher sind sie auch in der Lage, ihrem Leben einen Sinn zu geben. Doch das bedeutet nicht, dass sie genug Weisheit besäßen, um *das Beste* aus ihrem Leben zu machen. Nur wenn Christus uns erlöst hat, begreifen wir den wahren Sinn unseres Daseins und können dann auch so leben, wie Gott es sich gedacht hat. In diesem Sinne wird folglich die „Weisheit" der Welt immer Torheit bleiben, denn ihr fehlt die Perspektive der Ewigkeit.

So bekräftigen die Sprüche die Wahrhaftigkeit der Aussage, dass Gott der „Allwissende" ist, die Quelle aller Weisheit. Sie bestätigen auch, dass seine Weisheit das gesamte Universum in all seiner Vielschichtigkeit erschaffen hat.

Zu welchem Zweck wurden die Sprüche verfasst?

Die Sprüche sind als biblisches Buch insofern ungewöhnlich, als es uns mitteilt, warum es geschrieben wurde. In der Einleitung heißt es, dass wir Weisheit erlangen werden, wenn wir die Sprüche beherzigen. Dabei bestehe der erste Schritt in Richtung Weisheit darin, „Gott zu fürchten" (Mit Gott ist hier Jahwe, der Gott der Juden gemeint.). Wenn wir verstehen, dass er das Böse hasst und dass ihm als allwissendem Richter nichts entgeht, dann werden wir unsere Dummheit erkennen. Uns wird bewusst werden, dass wir Hilfe brauchen, um unser Leben so zu gestalten, wie es ihm gefällt. Weisheit erlangen wir, wenn wir ihn fürchten und ihn um Weisheit bitten. Dann werden wir lernen, wie wir die Angelegenheiten dieser Welt geschickt und vernünftig regeln können.

Das Buch erklärt uns auch, dass Gott seine Weisheit durch andere Menschen weitergibt. Gott hat sich festgelegt, seine Weisheit insbesondere durch Eltern, Großeltern und andere Menschen zu vermitteln, die erfahrener sind als wir. Daher beziehen sich die Sprüche oft auf Familienbeziehungen. Sie bilden den Kontext, in dem die Weisheit weitergetragen wird.

Der Verfasser

Das Buch der Sprüche wurde von dem Mann verfasst, der in der Bibel am meisten mit Weisheit assoziiert wird, König Salomo. Als er den Thron bestieg, bot ihm Gott alles an, worum er ihn bitten würde. Salomo bat damals um die Weisheit, sein Volk gerecht regieren zu können. Gott schenkte ihm Weisheit und dazu noch andere Dingen, um die er nicht gebeten hatte, wie beispielsweise Ruhm, Macht und Reichtum. Salomos weise Worte waren legendär, obwohl er mehr Weisheit für andere zu haben schien als für sich selbst. Schließlich kann man es kaum als weise bezeichnen, sich 700 Frauen (und damit wahrscheinlich auch 700 Schwiegermütter!) „anzusammeln", von seinen 300 Nebenfrauen ganz zu schweigen.

Doch Gott hatte sein Versprechen, ihm Weisheit zu schenken, unter eine wichtige Bedingung gestellt. Er sagte zu Salomo in 1. Könige 3,14 (LUT): „... ich gebe dir ein weises und verständiges Herz ... *wenn* du in meinen Wegen wandeln wirst, dass du meine Satzungen und Gebote befolgst ..." Aus der offensichtlichen Torheit, die er in seinen späteren Jahren an den Tag legte, müssen wir daher schließen, dass er diese Vorgaben vernachlässigt hatte.

Auf dem Höhepunkt seiner Macht wurde Salomo so berühmt für seine Weisheit, dass die Königin von Saba die lange Reise nach Israel auf sich nahm. Sie wollte nicht nur seinen Reichtum sehen, sondern auch seine weisen Aussprüche hören. Moderne Philosophen blicken zurück auf die Weisen Griechenlands, wie beispielsweise Plato, Sokrates und Aristoteles, der um 400 v. Chr. lebte. Doch sie vergessen, dass es bereits in der Bronzezeit, um 1000 v. Chr., einen genauso berühmten Weisen gab. Salomo verfasste viele der Sprüche in seinem gleichnamigen Buch selbst und sammelte zudem zahlreiche Aussprüche anderer

Autoren. Er schrieb auch das Lied der Lieder (das Hohe Lied) und den Prediger.

Das Hohe Lied brachte er als junger Mann zu Papier. Damals war er so verliebt, dass er Gott völlig vergaß. Es ist ein Buch des Herzens. Die Sprüche verfasste Salomo in seiner Lebensmitte. Sie sind ein Buch des Willens. Seine letzte Schrift, den Prediger, schrieb er als alter Mann nieder. Dieses Werk ist ein Buch des Verstandes, in dem er über sein Leben nachsinnt und sich fragt, ob er überhaupt irgendetwas erreicht hat. Salomo war also als junger Liebhaber, als Vater in der Lebensmitte und als betagter Philosoph schriftstellerisch tätig und schrieb diese drei Bücher der Weisheit. Einer der faszinierendsten Aspekte des Buches der Sprüche ist, dass einige seiner Sprichwörter ihren Ursprung nicht in Israel haben, sondern im Ausland. Manche Redensarten stammen von arabischen Philosophen und ein ganzes Kapitel kommt aus Ägypten. Es wurde wahrscheinlich mithilfe einer seiner Frauen zusammengestellt, der Tochter des Pharao. Salomo erkannte, dass Gott auch Menschen außerhalb Israels Weisheit geschenkt hatte. Daher nahm er sie gerne in seine Sammlung mit auf. Diese Aussprüche stellte er in den Zusammenhang eines Lebens unter der Herrschaft Gottes.

Es muss dabei betont werden, dass das Buch der Sprüche eine große Gottesfurcht erkennen lässt. Der Allmächtige wird 90 Mal als *Jahwe*, der Gott Israels erwähnt – und gerade nicht als irgendein anderer Gott, den andere Völker verehrt haben mögen. Das Buch legt keinesfalls nahe, dass die arabischen oder ägyptischen Götter irgendeinen Wert hätten.

König Hiskia vollendete einen Teil dieser Sprüche-Sammlung. Er stellte zirka 250 Jahre später viele der nur mündlich überlieferten Sprichwörter Salomos zusammen.

Auch sie sind in diesem Buch enthalten. Die Sprüche wurden, so wie sie uns heute vorliegen, erst um 550 v. Chr. fertiggestellt.

Der Stil des Buches
Bevor wir den Inhalt des Buches untersuchen, müssen wir einige Hintergrundinformationen über seinen Stil und seine Intention beachten.

Sprichwörter statt Verheißungen
Zunächst ist die Erkenntnis wichtig, dass es sich um eine Sammlung von Sprichwörtern handelt und nicht um ein Buch der Verheißungen. Ein Sprichwort sollten wir niemals so zitieren, als handelte es sich um ein göttliches Versprechen.

Das englische Wort für Sprichwort, „proverb", kommt vom lateinischen *proverba*. *Pro* bedeutet „für" und *verba* ist ein „Wort". Zusammengenommen bedeutet es „ein Wort für eine Situation". Ein Sprichwort ist demnach ein zutreffender Ausspruch, der zu den Umständen passt. Er ist zeitlos und kann auf verschiedenen Lebenslagen angewendet werden.

Das hebräische Wort, das wir mit „Sprichwort" bzw. „Spruch" übersetzen, lautet *maschal*. Es bedeutet „ähneln" oder „gleichen". Jesus leitete einige seiner Gleichnisse mit folgenden Worten ein: „Das Himmelreich gleicht ..."

Ein Sprichwort ist daher eine allgemeine Beobachtung über das Leben, während eine Verheißung eine bestimmte Verpflichtung beinhaltet.

Zur Veranschaulichung hier ein Sprichwort: „Pawson hat eine Passion für Pünktlichkeit." Wie wendet man dieses Sprichwort nun an? Es bedeutet, dass Pawson gerne pünktlich ist. Doch es besagt nicht, dass Pawson ein Versprechen abgibt, zu einer bestimmten Zeit an einem bestimmten Ort zu sein. Ich kann nicht moralisch dafür zur Verantwortung gezogen werden, wenn sich das Sprichwort nicht bewahrheitet. Sehr wohl aber kann man mir vorwerfen, ein bestimmtes Versprechen nicht eingehalten zu haben. Sprichwörter haben daher nur *allgemeine* Gültigkeit. Wir sollten ein Sprichwort nicht auf jede erdenkliche Situation anwenden und dann erwarten, dass es sich erfüllt. Wenn wir die Sprüche lesen, dürfen wir nicht annehmen, dass Gott uns bestimmte Versprechen macht.

Die Auffassung, dass ein Sprichwort ein Versprechen darstellt, hat schon viele Menschen in Schwierigkeiten gebracht, beispielsweise im Falle von „Ehrlich währt am längsten." Es stimmt zwar grundsätzlich, aber auch nicht immer. Ich kenne Personen, die durch ihre Ehrlichkeit ein Vermögen verloren haben!

Zudem können sich Sprichwörter auch widersprechen, zum Beispiel „Gut Ding will Weile haben" und „Wer zögert, verliert".

Im Buch der Sprüche sehen wir dasselbe Phänomen. In Kapitel 26,4 (ELB) heißt es: „Antworte dem Toren nicht nach seiner Narrheit, damit nicht auch du ihm gleich wirst!" Doch der nächste Vers besagt: „Antworte dem Toren nach seiner Narrheit!"

Zwei Sprüche, die schon oft als Verheißungen behandelt worden sind, haben unter Christen große Verwirrung ausgelöst. Einer davon lautet: „Vertraue dein Vorhaben dem Herrn an, dann werden deine Pläne gelingen". (Sprüche 16,3; NLB) Auf Grundlage dieses Verses haben Christen alle möglichen geschäftlichen Unternehmungen begonnen. Obwohl diese Aussage grundsätzlich wahr ist, bedeutet sie nicht, dass jede Geschäftsidee, die dem Herrn geweiht ist, auch erfolgreich sein muss.

Das zweite Sprichwort, das Probleme hervorgerufen hat, ist das folgende: „Lehre dein Kind, den richtigen Weg zu wählen, und wenn es älter ist, wird es auf diesem Weg bleiben" (Sprüche 22,6; NLB).

Viele Eltern mit ungläubigen Kindern haben Schwierigkeiten mit diesem Vers. Sie sagen, sie hätten ihre Kinder gelehrt, den richtigen Weg zu wählen, doch scheinen diese davon abgewichen zu sein.

Hier gilt erneut, dass ein Sprichwort keine Verheißung darstellt. Es besitzt nur allgemeine Gültigkeit. Kinder sind keine Marionetten. Wir können sie nicht dazu zwingen, unseren Weg zu wählen. Sie werden ein Alter erreichen, in dem sie ihre eigenen Entscheidungen treffen, und das dürfen sie auch. Diese beiden Sprichwörter sind Leitlinien, keine Garantien. Den Lesern der Sprüche wäre viel Herzeleid erspart geblieben, hätten sie dies berücksichtigt.

Poesie

Der zweite Aspekt, den wir berücksichtigen müssen, ist folgender: Die Sprüche gehören zur Literaturgattung der Lyrik. Sie sind so abgefasst, dass man sie sich leicht merken kann.

> Hier meine eigene Übersetzung eines bekannten Sprichwortes:
>
> Bevor du dich zu seinem bestimmten Verhalten entschließt, erwäge sorgfältig alle Umstände und Möglichkeiten.
>
> Oder, mit anderen Worten:
>
> Es gibt bestimmte Korrekturmaßnahmen für kleinere Probleme, die, wenn sie frühzeitig ergriffen werden, das Entstehen größerer Probleme verhindern helfen.

Beide genannten Formulierungen sind Übersetzungen des Spruches: „Erst denken, dann handeln!" Welche Version kann man sich einfacher merken!?

Wir haben bereits festgestellt, dass die hebräische Lyrik in ihrer Form einzigartig ist. Sie basiert nicht auf Reimen, wie der Großteil der englischen und deutschen Lyrik, sondern auf Rhythmen. Beim Rhythmus geht es nicht nur um die Betonung oder das Versmaß, sondern auch um das Gleichmaß der Gedanken. Daher besteht die hebräische Poesie oft aus Verspaaren (sog. Parallelismus), bei denen die Verse auf drei verschiedene Arten zueinander in Beziehung stehen. Beim *synonymen Parallelismus* wiederholt die zweite Zeile den Inhalt der ersten. Zum Beispiel:

Stolz kommt vor dem Verderben
und Hochmut vor dem Fall.
(Sprüche 18,16; NLB)

Beim *gegensätzlichen/antithetischen Parallelismus* bildet die zweite Zeile einen Gegensatz zur ersten:

Wer den Geringen unterdrückt, verhöhnt den, der ihn gemacht hat;
aber ihn ehrt, wer sich über den Armen erbarmt.
(Sprüche 14,31; LUT)

Der *synthetische oder vereinigende Parallelismus* entwickelt den Inhalt der ersten Zeile in der zweiten Zeile weiter:

Halte dich von den Narren fern,
denn bei ihnen wirst du nichts Kluges finden.
(Sprüche 14,7; NLB)

In den obigen Beispielen deuten die Worte „und", „aber" und „denn" bereits an, um welche Art des Parallelismus es sich handelt.

Alle Sprüche folgen diesem Muster. Im Englischen und Deutschen kann man sie sich jedoch nicht so einfach merken, weil ihr Rhythmus in der Übersetzung verlorengeht.

Doch jüdische Eltern haben ihren Kindern auf diese Art und Weise Werte vermittelt, und wir tun es bis heute.

Es gibt weitere Stilmittel, die im Buch der Sprüche Verwendung finden. Kapitel 31 ist als Abcdarius arrangiert, das bedeutet, dass jede Zeile fortlaufend mit einem weiteren Buchstaben des Alphabets beginnt. An anderen Stellen ist die Struktur numerisch: „drei sind es ...und vier ..." oder „es gibt sechs Dinge, die Gott hasst", und so weiter. Diese Formen erleichtern es dem Leser oder Hörer, sich die Sprüche zu merken.

Patriarchat

Der dritte Punkt, den wir beherzigen müssen, ist, dass es sich um ein patriarchalisches, d.h. ein väterlich dominiertes Buch handelt. Es präsentiert uns den Rat eines Vaters an seinen jugendlichen Sohn. Es enthält keinerlei Ratschläge für Frauen! Dieser Ansatz ist in der Bibel allgemein üblich. So richten sich die Briefe des Neuen Testaments nicht an „Brüder und Schwestern", sondern nur an „Brüder". Dieser scheinbare Chauvinismus ergibt sich aus einer grundlegenden Annahme der heiligen Schriften, dass nämlich die Frauen und Kinder dann ein rechtschaffenes Leben führen werden, wenn es die Männer tun. Die Bibel wendet sich mit voller Absicht an die Männer, weil es genau ihre Verantwortung ist, ihren Familien vorzustehen, indem sie ihnen das Richtige beibringen und mit gutem Beispiel vorangehen.

Weisheit und Dummheit

Im Buch der Sprüche sehen wir nun wie Salomo, ein Vater mittleren Alters, verzweifelt versucht, einen jungen Mann davon abzuhalten, die gleichen Fehler zu begehen, die er einst selbst gemacht hat. Was die Lebensführung angeht, stellt er seinen Sohn und damit auch seine Leser vor die Wahl: Wollen sie die Weisheit zu ihrer Lebensgefährtin machen oder die Dummheit? Diese beiden Optionen stellt er ihnen bildhaft als zwei Frauen vor.

Weisheit als Person
Die Kapitel 8 und 9 porträtieren die Weisheit als eine wunderschöne Frau. Dem Sohn wird geraten, sie wie sein Herzblatt zu lieben. Er soll sie zu einem geschätzten Mitglied seiner Familie machen, ihr nachlaufen und um sie werben. Sie sagt: „Ich liebe, die mich lieben; und die mich suchen, finden mich" (Sprüche 8,17; ELB).

Weisheit in Person
In Kapitel 31 (das alphabetisch strukturiert ist) verrät eine Mutter ihrem Sohn, worauf es bei der Suche nach einer geeigneten Frau ankommt. Sie sollte eine gute Ehefrau, Mutter, Nachbarin und Händlerin sein. Eine solche Frau ist für ein stabiles und positives Familienleben unverzichtbar. Sie ist „wertvoller als die kostbarsten Edelsteine" (Sprüche 31,10; NLB).

Dummheit als Person
Dieselbe Darstellungsweise sehen wir bei der Dummheit, die in Kapitel 9 als Person porträtiert wird. Die Dummheit oder Unvernunft verführt Männer mit ihren schmeichelnden Worten. Dabei lockt sie ihre Opfer mit reizvollen Angeboten an. Doch für alle, die ihrem Charme zum Opfern fallen,

steht am Ende der Tod: „Sie wird dich zerstören und deiner Männlichkeit berauben" (siehe Kapitel 6,32).

Dummheit in Person
Kapitel 6 stellt die Dummheit als Prostituierte dar. Für sie ist ihr Opfer nur ein Mittel zum Zweck, nicht mehr als ein Laib Brot, den sie für ihre Dienste erhalten wird.

Ein biblisches Motiv

Diese Verwendung des Weiblichen als Sinnbild beschränkt sich nicht nur auf das Buch der Sprüche. In der Offenbarung gibt es zwei Frauen: eine schmutzige Prostituierte und eine reine Braut. Die Prostituierte heißt Babylon, und die Braut wird Jerusalem genannt. Dieses Motiv zieht sich durch die gesamte Bibel: Welche dieser beiden Frau soll deine Begleiterin und deine Partnerin sein, die Dummheit oder die Weisheit?

Die Bibel stellt uns oft vor die Wahl, genau wie hier in den Sprüchen. Werden wir das Leben oder den Tod wählen, Licht oder Dunkelheit, Himmel oder Hölle?

Moralisch oder mental?
Die Sprüche beschreiben Weisheit und Dummheit zudem anders als allgemein üblich: Sie vermitteln uns, dass es um *moralische* Fragen geht und nicht um *mentale*. Wenn die Welt von „Dummköpfen" spricht, meint sie Menschen, deren Intelligenzquotient nicht sehr hoch ist. Doch nach biblischer Betrachtungsweise kann jemand, der sehr intelligent ist, sich äußerst dumm verhalten. Es ist möglich, gescheit und gleichzeitig moralisch töricht zu sein.

Vor vielen Jahren erzählte man mir von einem „Bauerntölpel" in Somerset, dem nachgesagt wurde, recht skurril zu sein. Bot man ihm einen Penny oder eine

5 Pfundnote an, wählte er immer den Penny. Tausende Touristen hatten von ihm gehört und machten die Probe aufs Exempel. Der arme, dumme Mann wählte immer die Münze und nie die Banknote. Doch ein Dummkopf war er keinesfalls – denn er verdiente damit ein Vermögen!

Dummheit und Weisheit sind keine Frage persönlicher Fähigkeiten. In Psalm 14,1 (ELB) heißt es: „Der Tor spricht in seinem Herzen: ‚Es ist kein Gott!'" Der Teufel sagte zu Eva, sie würde Weisheit erlangen, wenn sie von der Frucht äße. Doch tatsächlich führte es nur zur Unabhängigkeit von Gott, der die Quelle aller Weisheit ist. Die Weisheit dieser Welt sucht nach der gewinnbringendsten Möglichkeit. Biblische Weisheit hingegen strebt das an, was für den menschlichen Charakter am besten ist. Sie gründet sich nicht auf weltliche Erkenntnisse, sondern auf die Erkenntnis Gottes.

Ein Vers aus Kapitel 29 bestätigt diesen Gedanken. Er wird jedoch oft missverstanden. In Sprüche 29,18 heißt es *(in älteren Übersetzungen, Anmerkung der Übersetzerin)*: „Wenn keine Vision da ist, geht ein Volk zugrunde." Gemeindeleiter benutzen diesen Vers oft, um ihre Gemeinden zu überzeugen, einer ihrer spezifischen Ideen zu folgen. Doch in modernen Bibelausgaben wird das hebräische Wort, das mit „Vision" wiedergegeben wurde, richtiger mit „Offenbarung" übersetzt. Das Wort „zugrunde gehen" gibt man mit „verwildern" oder „töricht werden" wieder. Somit besagt dieser Vers eigentlich: „Wenn Gott dir nicht Dinge offenbart, wirst du zum Narren." Weisheit besteht folglich darin, Gottes Gegenwart in jedem Lebensbereich zu suchen. Wir brauchen die Hilfe seines guten Geistes, um seine Gedanken zu verstehen.

Der Aufbau des Buches

Als Nächstes untersuchen wir den Aufbau des Buches. Die Sprüche zeichnen sich durch eine erstaunliche Symmetrie aus. Die einzige Passage, die nicht wirklich zu dieser

Struktur passt, ist die Einleitung am Anfang der arabischen Weisheitssprüche in Kapitel 30. Es folgt eine Übersicht des Aufbaus:

EINLEITUNG (**1,1–7**)
RATSCHLÄGE FÜR DIE JUGEND (**1,8–9,18**)
SALOMOS SPRÜCHE (**10,1–22,16**)
WEISE WORTE (**22,17–23,14**)
RATSCHLÄGE FÜR DIE JUGEND (**23,15–24,22**)
WEISE WORTE (**24,23–34**)
SALOMOS SPRÜCHE (**25,1–29,27**)
(AGUR [**30,1–33**])
RATSCHLÄGE FÜR DIE JUGEND (**31,1–31**)

Das Buch ist wie ein mehrschichtiges Sandwich angeordnet. Die „Ratschläge für die Jugend" stellen die beiden äußeren Schichten dar, die „Sprüche Salomos" die nächsten beiden. Dann nehmen die „weisen Worte" die „Ratschläge für die Jugend" in ihre Mitte.

Nach der Darstellung des Aufbaus folgt nun eine Anreicherung der Struktur mit weiteren Details.

EINLEITUNG
Gründe für das Sammeln der Sprüche

RATSCHLÄGE FÜR DIE JUGEND (**1,8–9,18**)
Ausführungen eines Vaters über verruchte Frauen

1. *TUE FOLGENDES*:
   Deinen Eltern gehorchen
   Weisheit suchen und erwerben
   Dein Herz reinhalten
   Deinem Ehepartner treu sein

GEDICHTE DER ANBETUNG UND DER WEISHEIT

2. *UNTERLASSE FOLGENDES*:
   Schlechte Gesellschaft pflegen
   Ehebruch begehen
   Kredite aufnehmen
   Faul sein
   Mit törichten Frauen Beziehungen eingehen

SALOMOS SPRÜCHE (**10,1–22,16**)
Von ihm selbst zusammengestellt

1. *KONTRAST*: gottgefällige und verdorbene Lebensführung
2. *INHALT*: gottgefälliges Leben

WEISE WORTE (**22,17–23,14**)
Ägyptisch (Quelle: Prinzessin?)

RATSCHLÄGE FÜR DIE JUGEND (**23,15–24,22**)
Weitere *Handlungsanweisungen* („werde weise") und *Aufforderungen zur Unterlassung* („sich betrinken")

WEISE WORTE (**24,23–34**)
Arabisch
SALOMOS SPRÜCHE (**25,1–29,27**)
Zusammengetragen von Hiskia

1. *BEZIEHUNGEN* zu den
   Nachbarn des Königs
   Feinden
   Sich selbst
   Narren
   Faulpelzen
   Klatschbasen

2. GERECHTIGKEIT (27,1–29,27)
Demut im eigenen Leben
Gerechtigkeit für andere
Ehrfurcht vor dem Herrn

RATSCHLÄGE FÜR DIE JUGEND (31,1–31)
Ausführungen einer Mutter über die ideale Ehefrau

1. *KÖNIG EINER NATION*
2. *KÖNIGIN EINES ZUHAUSES* (31,10–31)

Die Struktur und der Inhalt des Buches verdeutlichen folgende Punkte:

Die Sprüche gehören zu den wenigen Büchern, die ihren Sinn und Zweck eindeutig benennen – siehe ihre Einleitung.

Besonders für die königliche Familie besitzen diese Sprichwörter Relevanz. Es gibt zehn Ermahnungen, die mit „mein Sohn" beginnen. Sie sind insbesondere für Salomos eigenen Sohn bedeutsam. Sie vermitteln ihm, welche Gesellschaft er pflegen und welche Art von Frau er heiraten sollte.

Die meisten Sprüche in den Kapiteln 10–15 sind im antithetischen Parallelismus verfasst, während die Kapitel 16–22 den synonymen Parallelismus verwenden.

Während eine Gesamtstruktur des Buches erkennbar ist, sind die Sprichwörter nicht thematisch geordnet. Sie lesen sich wie Ratschläge, die Eltern einem Sohn erteilen würden, der von zu Hause auszieht. Sie sind durcheinander gewürfelt und unverbunden, doch sie decken die wichtigsten Bereiche ab. Kein Elternteil würde seine Ratschläge im Voraus in Abschnitte aufteilen und sie dann jeweils fein säuberlich mit einem Fazit enden lassen!

Zum Zwecke der Analyse werden wir die Sprüche jedoch nach Themen anordnen und dann näher untersuchen.

Der weise Mann

Die Sprüche verwenden mehrere Synonyme, um die Weisheit zu beschreiben: „Klugheit", „verständig", „besonnen", „angemessen", „sorgfältig darauf bedacht, unliebsame Konsequenzen zu vermeiden". Ein weiser Mann wird dem Dummkopf gegenübergestellt, der „unbedacht", „übereilt", „leichtfertig" und „verschwenderisch" ist.

Ein weiser Mann kann zwischen Gut und Böse unterscheiden. Er weiß, wie er auf bestimmte Situationen reagieren und mit ihnen umgehen muss. Er ist diskret und realistisch und hat die Fähigkeit, Pläne zu schmieden. Er macht das Beste aus seinem Leben.

Die Weisen sind offen für Korrektur und Tadel. Sie sind darauf bedacht, ihrer eigenen Unabhängigkeit und Autarkie zu entsagen und sich dem Licht der göttlichen Wahrheit zu öffnen. Statt Menschen zu fürchten, begegnen sie Gott mit Ehrfurcht. Der weise Mann will die Wahrheit wissen, was auch immer es ihn kosten mag – sei es die Wahrheit über ihn selbst, über andere oder über Gott.

Der Dummkopf

Über 70 Sprüche behandeln den Dummkopf. Ein Narr (immer männlichen Geschlechts) wird als unwissend, dickköpfig, arrogant, pervers, langweilig, ziellos, unerfahren, unvernünftig, leichtgläubig, unvorsichtig, selbstzufrieden, unverschämt, respektlos, missmutig, unzivilisiert und streitlustig beschrieben. Er will alles auf dem Silbertablett präsentiert bekommen; er denkt nicht selbständig nach; er zieht die Fantasie den Fakten und die Illusion der Wahrheit vor. Im besten Fall ist er verstörend, im schlimmsten Fall gefährlich. Er bereitet seinen Eltern nur Kummer, während er sie als altmodisch verachtet.

In dieser Sammlung der Dummköpfe gibt es zwei ganz besondere Narren. Einer ist der *Spötter* oder „Bloßsteller". Er tritt allen anderen, außer sich selbst, in einer zynischen und kritischen Haltung gegenüber. Der andere ist der *Faulpelz*. Damit ist der träge Mensch gemeint, der mit seinem Bett verwachsen zu sein scheint. Er wird als jemand beschrieben, der sein Leben vergeudet.

Worte

Ein weiteres zentrales Thema der Sprüche ist die menschliche Zunge. In Kapitel 6 zählt der Verfasser sieben Dinge auf, die dem Herrn verhasst sind: Stolz, Lüge, Mord, Verschwörung, Unrecht, Meineid sowie Klatsch und Tratsch. Die Zunge spielt bei vier von ihnen eine Rolle. Folglich sind Sünden, die mit Worten begangen werden, ein Hauptthema des Buches, denn wovon das Herz voll ist, davon geht der Mund über.

Worte haben Macht
Worte schlagen tiefe Wunden. Sie können grausam, plump und leichtfertig sein. Worte können das Selbstbewusstsein ruinieren, indem sie es übermäßig verstärken oder in den Keller treiben. Selbst die Gesundheit kann durch Worte in Mitleidenschaft gezogen werden.

Unsere Glaubenssätze und Überzeugungen werden durch Worte geformt. Ein Wort zur rechten Zeit kann enorme Auswirkungen haben.

Worte können sich wie ein Lauffeuer verbreiten und dabei Zwietracht und Uneinigkeit säen sowie Spaltungen hervorrufen. Manchmal handelt es sich nur um unterschwellige Andeutungen, Hinweise oder Anspielungen. Doch auch gute Worte können viele Menschen erreichen, da sich ihre positiven Auswirkungen überall in der Gesellschaft verbreiten.

Worte haben Grenzen

Worte können keine Taten ersetzen. Die Zunge hat nicht die Macht, Fakten zu verändern. Dreistes Leugnen und die stärksten Ausflüchte können sich gegenüber Tatsachen nicht behaupten.

Worte können Menschen nicht dazu zwingen, auf eine bestimmte Art und Weise zu reagieren. Selbst der beste Lehrer kann einen apathischen Schüler nicht verändern, und selbst der schlimmste Klatsch und Tratsch wird dem Unschuldigen nicht schaden. Nur Böswillige werden ihm Aufmerksamkeit schenken.

Gute Worte

Es gibt vier Kategorien guter Worte, die wir aussprechen sollten:

- Ehrliche Worte: ein klares „Ja" oder „Nein".
- Wenige Worte: Je weniger man sagt, desto besser. Zurückhaltung beim Sprechen ist eine Tugend.
- Besonnene Worte: Worte sollten aus einer gelassenen Haltung heraus gesprochen werden. Ein erregtes Gemüt hilft selten weiter.
- Passende Worte: Ein Wort, das dem Anlass angemessen ist und darauf abzielt, dem Hörer oder Leser wohlzutun, kann große Freude hervorrufen.

Ein solcher Sprachgebrauch erfordert Zeit zum Nachdenken, bevor man den Mund öffnet. Wir müssen wissen, worum es geht. Auch ist es unverzichtbar, die möglichen Folgen zu bedenken, bevor wir anfangen zu sprechen.

Zudem entspringt diese Redeweise dem Charakter desjenigen, der spricht. Denn was ein Mensch sagt, wird von seiner Identität gespeist. Die Worte einer Person sind so vertrauenswürdig wie die Person selbst.

Jakobus sagt im Neuen Testament, dass derjenige vollkommen sei, der mit seinen Worten nicht sündigt.

Familie

Die Sprüche enthalten eine Fülle von Ratschlägen über Beziehungen – sowohl innerhalb der Familie als auch im Freundeskreis. Die Familie ist der Dreh- und Angelpunkt der Gesellschaft. Drei der Zehn Gebote, die Gott dem Mose gegeben hat, haben mit Familie zu tun; einschließlich des einzigen Gebots, das eine Verheißung enthält: „Ehre deinen Vater und deine Mutter, damit deine Tage lange währen in dem Land, das der HERR, dein Gott, dir gibt" (2. Mo. 20,12; ELB). Die Sprüche malen dem Leser folgendes Familienideal vor Augen:

Ehemann und Ehefrau: Eltern in fröhlicher Eintracht
Die Sprüche propagieren die Monogamie (die Einehe), obwohl sie von Salomo geschrieben worden sind! Eltern sollten ihre Kinder gemeinsam erziehen und mit einer Stimme sprechen. Der Ehemann hat treu zu seiner Frau zu stehen, doch auf die Ehefrau kommt es hier entscheidend an. Sie hat die Macht, Segen oder Verderben über ihn zu bringen.

Das Buch vermittelt eine sehr hohe Wertschätzung der Ehe. Es betrachtet jede Sünde als schwerwiegend, die zum Zerbrechen der Ehe führen würde, insbesondere sexuelle Untreue. Wer Ehebruch begeht, verliert seine Ehre und seine Freiheit. Er wirft sein Leben weg, wird gesellschaftlich geächtet und gerät körperlich in Gefahr. Kurz gesagt, ein solcher Mensch begeht moralischen Selbstmord.

Eltern und Kinder: sorgfältig erzogener Nachwuchs
Eltern sind Narren, wenn sie ihre Kinder nicht bestrafen, das machen die Sprüche deutlich. „Wer sein Kind liebt, züchtigt es" lautet eines der bekannteren Sprichwörter. Der Verfasser vermittelt auch, dass Strafmaßnahmen durch Liebe motiviert sein müssen. Nirgendwo heißt es, dass sie ein Allheilmittel

darstellen, zu dem Eltern jederzeit greifen dürften. Das Herz eines Kindes steckt voller Dummheiten, auch das ist den Sprüchen zu entnehmen. Junge Menschen haben die Wahl, die Anweisungen, die man ihnen erteilt, anzunehmen oder zu verachten. Kinder sind von Natur aus unklug und brauchen Ermutigung, um weise zu werden, auch das lehrt uns das Buch. Diese Ansicht steht der heutigen humanistischen Philosophie diametral entgegen. Sie besagt, dass Kinder grundsätzlich gut seien und sich positiv entwickeln würden, wenn sie nur im richtigen Umfeld aufwüchsen. Die Bibel ist hier in ihrer Aussage ganz unverblümt: Bestraft man seine Kinder nicht unverzüglich, wenn sie etwas Falsches tun, dann liebt man sie nicht.

Weitere Erziehungsratschläge betonen, dass man Kindern bereits sehr früh rechtschaffenes Verhalten beibringen müsse. Dabei ist es wichtig, weise Angewohnheiten zu fördern, damit die Kleinen so denken und handeln, dass sie Stolz und Freude hervorrufen statt Schimpf und Schande. Selbst die beste Unterweisung kann jedoch keinen Gehorsam erzwingen; sie kann nur zu weisen Entscheidungen ermutigen. Auch die fähigsten Eltern können Söhne haben, die immer noch zu rebellisch, zu faul, zu undiszipliniert oder zu stolz sind, um guten Rat anzunehmen. Solche Kinder sind imstande, das Familienvermögen zu verschleudern und ein bedürftiges Elternteil im Alter zu vernachlässigen.

Brüder (einschließlich Cousins und anderer Verwandter)
Nur wenige Sprüche befassen sich ganz direkt mit den horizontalen Beziehungen innerhalb der Familie. Das Buch beschreibt Verwandtschaftsverhältnisse, in denen sich der Bruder als hilfreich und treu erweist. Gleichermaßen porträtiert es aber auch Beziehungen, die zu Uneinigkeit, Verletzungen und Bitterkeit führen.

Freunde

Das hebräische Wort, das mit „Freund" übersetzt wird, bedeutet auch „Nachbar". Es bezieht sich auf alle Personen im unmittelbaren Beziehungsumfeld, mit denen man nicht verwandt ist. Die Empfehlungen des Buches widersprechen den Gepflogenheiten der heutigen unpersönlichen Gesellschaft, in der wahre Freundschaften nur selten vorkommen.

Gute Nachbarn

Gute Nachbarn fördern Frieden und Harmonie. Sie streiten nur ungern und sind entwaffnend freundlich. In ihren Beurteilungen sind sie im positiven Sinne großzügig und gnädig. Sie sind immer hilfsbereit, wenn man ihre Unterstützung braucht. Ruhe und Privatsphäre sind ihnen wichtig. Unkluge Vereinbarungen lehnen sie ab.

Gute Freunde

Die Sprüche vermitteln uns, dass ein paar wenige gute Freunde besser sind als ein riesiger Bekanntenkreis. Ein guter Freund kann einem näherstehen als ein Verwandter.

Ein guter Freund verfügt über folgende vier Eigenschaften:

- *Treu:* Er hält zu einem, was auch geschehen mag.
- *Ehrlich:* Er ist offen und ehrlich und sagt einem die Wahrheit.
- *Beratend:* Er gibt Ratschläge. Manchmal ist eine gegensätzliche Meinung genau das, was man braucht.
- *Höflich:* Er respektiert immer die Gefühle des anderen und weigert sich, die Freundschaft auszunutzen.

Fazit

Wie sollen wir mit dem Buch der Sprüche umgehen? Zunächst stellt sich die Frage, ob diese Weisheitssammlung ihr Ziel erreicht hat. Israel lebte damals in Frieden und Sicherheit. Salomo erkannte, dass sie diesen Zustand sehr leicht wieder verspielen könnten (obwohl ihm nicht bewusst war, dass er selbst es war, der diesen Verlust herbeiführen würde.).

In Kapitel 14, 34 (NLB) heißt es: „Gerechtigkeit erhöht ein Volk, die Sünde aber ist für jedes Volk eine Schande." Salomo stellte die Sprüche in Buchform zusammen, weil er Folgendes erkannt hatte: Ohne Weisheit würde Israel sich unmöglich Frieden und Wohlstand erhalten können. Doch Israel ignorierte größtenteils dieses Geschenk der Weisheit. Die Menschen entfernten sich immer weiter von Gott. Und sogar Salomo selbst richtete sich nicht nach seiner eigenen Weisheit.

Das Buch der Sprüche ist das Fundament vieler Schriftstellen im Neuen Testament, die sich auf das Thema Weisheit konzentrieren. Die Verfasser des Neuen Testaments zitieren das Buch 14 Mal direkt, und bei vielen anderen Gelegenheiten verweisen sie darauf.

In Lukas 1, 17 (NLB) heißt es, dass Johannes der Täufer gesandt wurde um „die Ungehorsamen dazu bewegen, sich der göttlichen Weisheit zu öffnen". Jesus lehrte mit so viel Weisheit, dass sich seine Hörer fragten, wo diese Weisheit denn herkäme.

Die meisten Christen kennen die „Weisen aus dem Morgenland", die einem Stern nach Bethlehem folgten. Während sie zumeist als Heiden angesehen werden, ist es wahrscheinlicher, dass sie von den Juden abstammten, die nach dem babylonischen Exil dort zurückgeblieben waren. Sie erinnerten sich an die Prophetie Bileams, dass ein Stern aus Israel aufgehen würde, um als König über die Nationen zu herrschen (siehe 4. Mose 24). Daher folgten sie dem Stern, nachdem sie ihn entdeckt hatten. Dass sie in der Geschichte der Geburt Jesu im Matthäusevangelium eine Rolle spielen, sagt uns viel über die Wichtigkeit der Menschwerdung Christi.

Jesus war schon als Kind „mit Weisheit erfüllt" (Lukas 2,40; NLB). Als er öffentlich wirkte, erklärte er, dass die Königin von Saba von den Enden der Erde angereist sei, um Salomos Weisheit zu hören. Doch nun sei ein Größerer als Salomo gekommen (siehe Lukas 11). Als Jesus dafür kritisiert wurde, dass er Brot aß und Wein trank, antwortete er: „... die Weisheit ist gerechtfertigt worden von allen ihren Kindern" (Lukas 7,35; ELB).

Als der Apostel Paulus über das Leben Jesu nachdachte, bezeichnete er Christus im ersten Kapitel des Korintherbriefs als unsere „Weisheit" und als den, der für uns zur „Weisheit von Gott" wurde.

Die Weisheit Gottes zeigt sich in ganz besonderer Weise am Kreuz. Die Welt hält den Kreuzestod Jesu für höchst unsinnig. Doch laut Paulus ist das, was die Welt für Unsinn hält, tatsächlich die Weisheit Gottes.

In den Briefen des Neuen Testaments gibt es viele direkte Zitate aus den Sprüchen. Paulus schreibt in Römer 12, 20 (ELB): „Wenn nun deinen Feind hungert, so speise ihn; wenn ihn dürstet, so gib ihm zu trinken! Denn wenn du das tust, wirst du feurige Kohlen auf sein Haupt sammeln."

Auch Petrus zitiert die Sprüche häufig. In 2. Petrus 2 bemüht er Sprüche 26,11 (ELB): „Ein Hund kehrt zu dem wieder zurück, was er erbrochen hat." Seine Aufforderung an seine Leser: „... fürchtet Gott; ehrt den König!" (1. Petrus 2,17; ELB) kommt direkt aus Sprüche 24,21.

Der Verfasser des Hebräerbriefes zitiert im zwölften Kapitel aus Sprüche 3,11+12. Dabei geht es um die

Erziehung, die Gott seinen Kindern angedeihen lässt: „Mein Sohn, lehne dich nicht dagegen auf, wenn der Herr dich zurechtweist und lass dich dadurch nicht entmutigen! Denn der Herr weist die zurecht, die er liebt, und er straft jeden, den er als seinen Sohn annimmt." (Hebräer 12,5+6; NLB)

In Sprüche 30,4 (ELB) stellt Agur folgende Frage: „Wer ist hinaufgestiegen zum Himmel und herabgefahren?" Genau diese Frage beantwortet Jesus in Johannes 3, als er über seine eigene Reise vom Himmel zur Erde spricht.

Doch am allermeisten verwendet Jakobus das Buch der Sprüche in seiner Epistel. Sein Brief wird auch als neutestamentliche Version der Sprüche bezeichnet, weil er ihnen im Stil so ähnlich ist. Der Jakobusbrief springt zügig von einem Thema zum nächsten, wobei ein System kaum erkennbar ist, genau wie in seiner alttestamentarischen Entsprechung. Einige der Inhalte kommen direkt aus dem Buch der Sprüche, nicht zuletzt die verheerende Analyse der Sünden, die wir mit Worten begehen können. Auch die Vorzüge der Weisheit werden beschrieben.

Es mag zunächst merkwürdig erscheinen, dass gerade das Buch der Sprüche in den biblischen Kanon aufgenommen worden ist. Doch eine nähere Untersuchung dieser Schrift zeigt, dass sie ihren Platz in der Bibel in jeder Hinsicht verdient hat. Das Buch behandelt einige der Hauptthemen der Heiligen Schrift und wird in anderen Teilen der Bibel zitiert. An vielen Stellen wird darauf verwiesen. Es ist ein wichtiger Bestandteil des Waffenarsenals eines Christen in seinem Kampf gegen eine unweise Lebensführung. Doch es ist kein einfaches Buch. Sorgfalt ist bei seiner Lektüre vonnöten, und viele seiner Lektionen führen uns vor Augen, wie wir wirklich sind.

15.
Der Prediger

Einleitung

Der Prediger enthält einige Aussagen, die viele Leser als fragwürdig einstufen würden. Mit welcher der folgenden Behauptungen würden wir übereinstimmen?

- Generationen kommen und gehen, doch die Welt verändert sich nicht.
- Einem Menschen ergeht es nicht besser als einem Tier, denn für beide ergibt das Leben keinen Sinn.
- Besser sich mit dem zufriedenzugeben, was man hat, als ständig etwas anderes anzustreben.
- Ein Arbeiter mag manchmal zu wenig und manchmal genug zu essen haben. Doch wenigstens bekommt er genügend Schlaf. Ein reicher Mann hat so viel, dass seine Sorgen ihn wachhalten!
- Sei nicht zu gut oder zu weise. Warum willst du dich totarbeiten? Aber sei auch nicht zu bösartig oder zu dumm. Warum willst du frühzeitig sterben?
- Unter tausend habe ich einen Mann gefunden, den ich respektieren konnte, jedoch keine einzige Frau!
- Schnelle Läufer machen nicht immer das Rennen, und die Tapferen gewinnen nicht immer den Kampf.
- Lege dein Geld in verschiedenen, ja sogar in vielen verschiedenen Projekten an. Denn du weißt in dieser Welt nie, welches Unglück dich ereilen wird!

Es gibt ein Sprichwort, das besonders gut zu unserem Studium dieses Buches passt: „Ein Text ohne Kontext wird zum Prätext (Vorwand)." Mit anderen Worten: Wir müssen verstehen, welche Funktion ein spezieller Text oder ein spezieller Vers in dem Buch innehat, in dem er steht, bevor wir ihn zitieren. Die oben aufgelisteten Aussagen gehören zu den Gedankengängen des Verfassers, aber wir dürfen sie nicht aus dem Kontext des Buches als Ganzes herauslösen.

Der Prediger ist wohl das seltsamste Buch der Bibel. Obwohl es leicht verständlich ist, trifft es doch die ungeheuerlichsten Aussagen. Manchmal ähneln seine Sprüche den „Weisheiten", die man auf kleinen Zetteln in Knallbonbons oder Glückskeksen findet. An anderen Stellen zeigt es lyrische Qualitäten. Die folgenden Verse des englischen Poeten Alfred Lord Tennyson hätten auch aus der Feder des Verfassers des Predigers stammen können:

Besser geliebt und verloren, als überhaupt nicht geliebt.
In Memoriam

Männerzwist tobt höchstens zwischen Himmel und Erde, doch streiten sich Frauen, kämpft das Paradies mit der Hölle.
Pelleas and Ettare

Einen sterbenden König vergisst die Macht.
Morte'd'Arthur

Unsere kleinen Mechanismen kommen zum Einsatz, sie kommen zum Einsatz und vergehen.
In the Valley of Cauteretz

Weil Recht Recht bleiben muss, wäre es weise, dem Recht zu folgen, ungeachtet aller Konsequenzen.
The Revenge

Doch trotz seiner Merkwürdigkeiten klingt der Prediger gleichzeitig sehr modern. Er enthält viele philosophische Ideen unserer heutigen Zeit:

- *Fatalismus*: Komme, was kommen mag.
- *Existentialismus*: Lebe für den Moment – wer weiß, was die Zukunft bringen mag.
- *Chauvinismus*: Männer sind besser als Frauen.
- *Hedonismus*: Vergnügen ist der Sinn und Zweck des Lebens.
- *Zynismus*: Selbst positive Dinge sind nicht das, was sie zu sein scheinen.
- *Pessimismus*: Es wird immer schlimmer.

Der Verfasser des Buches
Dieses Buch philosophischer Gedankenspiele stammt von König Salomo. Er steht am Ende seines Lebens und ist enttäuscht, desillusioniert und hoffnungslos. Liest man die drei Bücher Salomos, findet man leicht heraus, wie alt er gewesen sein muss, als er sie niederschrieb. Das Hohe Lied brachte er als junger Mann zu Papier, der über beide Ohren verliebt war. Die Sprüche sind das Buch eines Mannes mittleren Alters, der versucht, seinen Sohn vor den Fehlern zu bewahren, die er selbst einmal begangen hat. Doch der Prediger ist das Werk eines alten Mannes. Folgender Vers am Ende des Buches, in Prediger 12,1 (NLB) bestätigt dies: „Denk an deinen Schöpfer, solange du jung bist. Warte damit nicht, bis du alt bist, die Tage für dich beschwerlich werden und die Jahre kommen, von denen du sagen musst: ‚Sie gefallen mir nicht!'"

Als alter Mann hat er gründlich über das Leben nachgedacht. Der Ausdruck „Ich sah..." gefällt ihm besonders gut. Die Einsichten dieses Buches sind das Ergebnis seiner Beobachtungen.

Der Stil des Buches

Salomo verleiht sich selbst den hebräischen Titel *Kohelet*. Dieses Wort hat mehrere Bedeutungen: „Prediger" oder „Philosoph" oder „Dozent". Doch die beste Übersetzung ist „Speaker" *(wörtlich Sprecher)*, weil dieser Titel im englischen Sprachgebrauch auch für die Person verwendet wird, die den Vorsitz über die Debatten im Unterhaus innehat *(zu Deutsch Parlamentspräsident, Anmerkung der Übersetzerin)*. Er vermittelt sehr treffend den Stil des Buches. Denn es ist so geschrieben, als ob ein alter Mann den Vorsitz über eine Debatte führen würde – eine Debatte, die in seinem Kopf stattfindet. Wie jeder gute „Speaker" gibt er den Befürwortern einer These genauso viel Raum wie ihren Gegnern. Daher folgt auf die Behauptung, dass das Leben nicht lebenswert sei, eine Aussage, die das genaue Gegenteil proklamiert.

Das Buch besitzt daher eine zeitlose Aktualität. Denn Menschen haben schon immer ähnliche Debatten geführt, insbesondere, wenn sie die Altersschwelle von 40 Jahren überschreiten und sich fragen: „War das schon alles?" Manche nehmen dann radikale Veränderungen in ihrer Lebensführung vor, weil sie das Gefühl haben, das „wahre Leben" zu verpassen.

Im Prediger stellt Salomo einige fundamentale Fragen: Was ist der Sinn des Lebens? Lohnt es sich überhaupt zu leben? Wie können wir das Beste aus unserem Leben machen? Er stellt die richtigen Fragen, auch wenn er nicht die richtigen Antworten findet. Seine Gedankengänge und seine Antworten sind im gesamten Buch Schwankungen und Änderungen unterworfen. Seine *Botschaft* ist manchmal optimistisch und dann wieder pessimistisch. Seine *Stimmung* schwankt zwischen ermutigt und depressiv. Die *Qualität* des Buches ist mal tiefgründig, dann wieder oberflächlich und schließlich wieder fundiert.

Negative Aussagen

Salomos Aussage am Anfang des Buches ist zutiefst negativ: „Es ist alles sinnlos und bedeutungslos …unnütz und bedeutungslos – ja, es ist alles völlig sinnlos" (Prediger 1,2; NLB). Das Wort, das mit „sinnlos" übersetzt wird, könnte man auch mit „Nichtigkeit" wiedergeben. Wir sehen hier einen Mann, der am Ende seines Lebens alles, was war, als bedeutungs- und zwecklos bezeichnet.

Man darf nicht vergessen, dass Salomo ein König war, der alles tun konnte, was ihm in den Sinn kam. Sein Reichtum erlaubte es ihm, sich jeden Wunsch zu erfüllen. Der Prediger erwähnt das riesige Spektrum an Aktivitäten, denen Salomo nachging, um das Glück zu finden, das ihm jedoch letztendlich versagt blieb.

Er versuchte sich an Wissenschaft und Landwirtschaft und züchtete sogar sein eigenes Vieh. Dann wandte er sich der Kunst zu. Die Liebe zur Musik hatte er zweifellos von seinem Vater geerbt. Er baute einige großartige Gebäude. Er sammelte Bilder aus aller Welt und stellte sie in einer Gemäldegalerie aus. Schließlich widmete er sich der Unterhaltung und ließ Hofnarren an seinen Palast kommen. Doch keines dieser Interessensfelder befriedigte ihn. Er betätigte sich in der Wirtschaft und häufte sich in der Geschäftswelt ein Vermögen an. Salomo versuchte es mit dem Vergnügen – gutes Essen, Wein, Weib und Gesang. Immer noch unerfüllt, wandte er sich der Philosophie zu. Er kaufte viele Bücher, einige davon aus Ägypten. Sie stimulierten ihn, doch konnten sie seine tiefsten Sehnsüchte nicht stillen.

Diese Interessen an sich waren nicht verwerflich, doch sie konnten ihm nicht das bieten, was er suchte. Sein Leben war angefüllt aber nicht erfüllt. Manchmal wünschte er sich, nur ein einfacher Mann zu sein.

Es gibt eine Erklärung für sein Scheitern, den Sinn des Lebens zu finden. Der springende Punkt seines Problems bestand darin, dass er so viel *beobachtet* und gleichzeitig so wenig *erkannt* hatte. Er hatte einen Tunnelblick – wie beim Beobachten durch ein Teleskop betrachtete er das Leben nur mit einem Auge. Dabei fehlten ihm Tiefe und Perspektive.

Zwei Beschränkungen werden besonders deutlich:

1. Raum
28 Mal verwendet er einen Ausdruck, um den Ort zu beschreiben, an dem er alles beobachtete: Es war „unter der Sonne". Diese Wendung kommt nirgendwo anders in der Bibel vor. Wenn unsere Sicht auf diese Erde und auf dieses Leben beschränkt ist, werden wir niemals begreifen, worum es im Leben tatsächlich geht und was ihm einen Sinn verleiht. Wir müssen dann Erfüllung in den flüchtigen Vergnügungen suchen, die diese Welt zu bieten hat.

2. Zeit
Salomo verwendet sinngemäß auch den Ausdruck „solange wir noch am Leben sind". Er geht davon aus, dass der Tod das Ende einer bedeutungsvollen und bewussten Existenz darstellt. Er verschwendet keinen Gedanken an das Leben nach dem Tod, das den uns zugemessenen Lebensjahren Perspektive und Bedeutung geben kann.

Unser modernes Zeitalter teilt in gewissem Umfang Salomos Tunnelblick. Es betrachtet die Welt oft unter rein wissenschaftlichen Gesichtspunkten und geht davon aus, dass es keinen Gott und kein Leben nach dem Tod gibt. Die Wissenschaft kann uns vermitteln, wie die Welt entstanden ist, jedoch nicht, warum sie in Existenz kam. Salomo müsste das Leben aus einer anderen Perspektive betrachten. Doch diese könnte er sich nur aneignen, wenn er das Sein von Gottes Standpunkt aus beobachten würde.

Positive Aussagen

Die ungelösten Fragen des Buches treten manchmal hinter einer optimistischen Haltung zurück. Unsere Unwissenheit muss uns nicht in die Verzweiflung führen; vielleicht sind wir ignorant, weil niemand die Antwort kennt oder weil Gott sie zwar kennt aber wir sie noch nicht selbst erfasst haben. Sooft Salomo Gott in sein Denken einbezieht, hellt sich seine Stimmung auf. Es gibt zwei Passagen im Prediger, an denen dies besonders deutlich wird.

Die Erste finden wir in Kapitel 3. Es ist der bekannteste und am meisten zitierte Teil des Buches. Seine Verse haben schon oft als Titel von Filmen und Romanen gedient. Es handelt sich um ein Gedicht mit einem wunderschönen Rhythmus. Es erinnert uns daran, dass es für alles eine geeignete Zeit und einen geeigneten Ort gibt.

> Gott ist Herrscher,
> bestimmt die Zeiten:
> den Geburtstag
> und auch den Tod.
>
> Zeit zu säen,
> Zeit zu ernten;
> Zeit zu töten,
> Zeit zum Heil.
>
> Zeit zu zertrümmern,
> Zeit zu bauen,
> Zeit für Leiden,

Zeit für Freud.
Zeit zu trauern,
Zeit zu tanzen,
Zeit zu küssen,
Zeit vorbei!

Zeit zu finden,
Zeit zu verlieren,
Zeit zu sparen,
Zeit im Überfluss;
Zeit zu zerreißen,
Zeit zu verbinden,
Zeit zu schweigen,
Zeit zum Gespräch.

Zeit zu lieben,
Zeit zu hassen;
Zeit zu kämpfen
und Friedenszeit.
Genießt das Leben,
doch vergesst nicht ...
Gott ist Herrscher,
Er bestimmt.[5]

Die meisten Leser übersehen einen Schlüssel-Vers. Dort wo die Poesie endet und der Text wieder in die Form der Prosa wechselt, heißt es, Gott selbst habe „alles ... schön gemacht zu seiner Zeit" (Prediger 3,11; ELB). Daher liegt hier die Gesamtbetonung nicht auf menschlicher Entscheidung, sondern auf göttlicher Bestimmung. „The New English Bible" übersetzt den Vers folgendermaßen: „Alles, was auf dieser Welt passiert, geschieht zu der Zeit, die Gott bestimmt."

---

5 * Diese Verse können nach der Melodie des Schlagers „I am sailing" gesungen werden.

Genau diese Perspektive erhellt das Dunkel des Pessimismus in unserem Leben. Wenn wir glauben, dass unser Leben in Gottes Händen liegt und dass er weiß, wann es an der Zeit ist zu tanzen oder zu weinen, dann betrachten wir die Dinge, die uns geschehen, nicht als Zufall. Vielmehr gehören sie zu Gottes Plan für unser Dasein. Er webt das Muster unseres Lebens.

Manche halten diesen Ansatz für fatalistisch. Sie glauben, dass er ein unpersönliches Schicksal propagiere, das niemand beeinflussen könne. Doch was Gott in unserem Leben zulässt, entscheidet er in aller Freiheit, und das ist etwas ganz anderes. Unser freier Wille wird Gottes Willen niemals außer Kraft setzen. Er wirkt in allem und durch alles, um sein Ziel zu erreichen. Er fordert uns dazu auf, seinen Weg zu wählen, d.h. unseren Willen seiner souveränen Kontrolle unterzuordnen. Wir sind ihm gegenüber für unser eigenes Leben sowohl rechenschaftspflichtig als auch verantwortlich.

Diese Sichtweise des Lebens finden wir auch in anderen Passagen der Bibel wieder. Sie ermutigt uns, bei allen Pläne, die wir schmieden, die Souveränität Gottes im Blick zu behalten. Alle unsere Vorhaben stehen unter dem Vorbehalt „so Gott will". Ein Lieblingsspruch meines Vaters lautete: „Das Leben ist lang genug, um Gottes Pläne umzusetzen, doch es ist zu kurz, um nur einen Augenblick zu verschwenden." Das ist die Botschaft des dritten Kapitels: Unsere Zeit steht in seinen Händen, und er entscheidet, was das Beste für unsere Zukunft ist.

Der andere Abschnitt, der ein starkes Gefühl der Gegenwart Gottes vermittelt, befindet sich in den Kapiteln 11 und 12. „The Living Bible" übersetzt Kapitel 11,7 bis 12,14 folgendermaßen:

Es ist wunderbar, am Leben zu sein! Wenn jemand sehr alt wird, soll er sich jedes seiner Tage erfreuen, doch er möge auch bedenken, dass die Ewigkeit viel länger dauert. Im Vergleich dazu ist alles hier unten unerheblich.

Junger Mann, es ist wunderbar, jung zu sein! Genieße jeden Moment deiner Jugend! Tue alles, was du möchtest; nimm alles in dich auf, doch bedenke, dass du Gott gegenüber für alle deine Taten Rechenschaft ablegen musst.

Verbanne daher Trauer und Schmerz, doch bedenke, dass die Jugend, vor der ein ganzes Leben liegt, schwere Fehler begehen kann. In der ganzen Begeisterung deiner Jugend vergiss deinen Schöpfer nicht.

Ehre ihn in deiner Jugend bevor die bösen Jahre kommen – in denen das Leben dir keine Freude mehr bereiten wird. Dann wird es zu spät sein, an ihn zu denken, wenn die Sonne, das Licht, der Mond und die Sterne deinen alten Augen nur noch trüb erscheinen; wenn dein Horizont keinen Silberstreifen mehr hat. Denn die Zeit wird kommen, da deine Glieder vor Alter zittern und deine starken Beine schwach werden, deine Zähne zu wenige sind, um ihre Arbeit zu tun und du mit Blindheit zu kämpfen hast. Dann schließe deine Lippen fest beim Essen, wenn deine Zähne nicht mehr sind! Du wirst im Morgengrauen beim ersten Vogelzwitschern erwachen; doch du selbst wirst taub und tonlos sein mit zitternder Stimme. Du wirst dich vor der Höhe und vor dem Fallen fürchten – ein weißhaariger, welker alter Mann, der sich dahinschleppt: ohne sexuelles Verlangen steht er an der Schwelle zum Tod und nähert sich seiner ewigen Heimat, während die Trauernden schon die Straßen bevölkern.

Ja, denke an deinen Schöpfer während du noch jung bist, bevor die silberne Schnur des Lebens zerreißt; bevor die goldene Schale zerbricht; bevor der Wasserkrug an der Quelle zerbirst; bevor das Rad an der Zisterne entzweigeht; bevor der Staub zur Erde zurückkehrt, wo er herkam und der Geist zu Gott, bei dem er seinen Anfang nahm. Alles ist sinnlos, sagt der Prediger; äußerst sinnlos.

Doch weil der Prediger weise war, fuhr er fort, die Menschen alles zu lehren, was er wusste; und er sammelte Sprüche und ordnete sie nach Themen an. Denn der Prediger war nicht nur ein weiser Mann, sondern auch ein guter Lehrer. Er lehrte die Leute nicht nur, was er wusste, sondern er vermittelte seinen Stoff auch auf interessante Art und Weise.

Die Worte des weisen Mannes sind wie Stacheln, die seine Hörer zum Handeln antreiben. Sie konkretisieren wichtige Wahrheiten. Weise sind Schüler, die das erlernen, was ihre Lehrer ihnen vermitteln.

Doch, mein Sohn, lass dich warnen: Endlos ist die Liste der Ansichten, die darauf warten, dass jemand sie vertritt. Sie zu studieren dauert ewig und kann sehr anstrengend werden!

Hier kommt mein abschließendes Fazit: Fürchte Gott und gehorche seinen Geboten, das ist die allumfassende Pflicht des Menschen. Denn Gott wird alle unsere Taten richten, auch die verborgenen, mögen sie gut oder schlecht gewesen sein.

In diesem letzten Abschnitt des Buches gibt es ein paar hilfreiche und bemerkenswerte Punkte:

Gedenken

Salomo fordert seine Hörer, insbesondere die jungen, dazu auf, Gott nicht zu vergessen. Dieser Rat beruht wahrscheinlich auf seiner eigenen Erfahrung – das Hohe Lied beispielsweise erwähnt Gott kein einziges Mal. Er sagt hier Folgendes: Hätte er in seiner Jugend doch nur an Gott gedacht, müsste er sich jetzt nicht dem „Trauma" der Fragen und Zweifel stellen, was denn der Sinn des Lebens sei.

Ehrfurcht

Er ermahnt seine Hörer dazu, Gott zu fürchten. Die Weisheitsliteratur der Bibel vermittelt uns immer wieder, dass die Furcht des Herrn der Anfang aller Weisheit sei. Wenn wir Gott wirklich fürchten, haben wir vor nichts und niemand anderem mehr Angst. Wir müssen Gott mit Ehrfurcht beggenen, weil er von uns Rechenschaft über das Leben fordern wird, das er uns geschenkt hat.

Jesus forderte seine Jünger dazu auf, nicht diejenigen zu fürchten, die den Körper töten könnten, sondern vielmehr den zu fürchten, „der nach dem Töten Macht hat, in die Hölle zu werfen" (Lukas 12,5; ELB). Wenn Menschen außerhalb der christlichen Gemeinde Gott nicht fürchten, liegt es daran, dass die Mitglieder im Inneren es auch nicht tun.

Gehorsam
Salomo ist bewusst, dass er Gott nicht so gehorcht hat, wie er es hätte tun sollen. Dennoch fordert er seine Leser dazu auf, sich Gott in aller Sorgfalt zu fügen. Er weiß jetzt, dass Gott seine Gebote zu unserem Besten erlassen hat. Gott geht es nicht darum, uns das Leben zu vermiesen, sondern er will uns helfen, das Beste daraus zu machen. Der Prediger bezeichnet Furcht und Gehorsam als die „allumfassende Pflicht des Menschen" (siehe Kapitel 12,13). Unsere Pflichten sind wichtiger als unsere Rechte.

Fazit

Salomo sammelte und verglich viele Sprichwörter, doch er vertiefte sich auch in zu viele andere philosophische Strömungen. Wir sehen hier einen Mann, der zu viel las und dadurch desillusioniert wurde. Ein Großteil der Leere im Prediger rührt von diesen anderen Philosophien her. Das Buch zeigt uns die Grenzen der menschlichen Weisheit auf und dient uns als heilsame Warnung: Wir werden auch so enden wie Salomo, wenn wir nicht zu dem Lebensstil finden, den Gott für uns vorgesehen hat.

Gott hat dieses merkwürdige Buch in die Bibel aufgenommen, weil es uns erlaubt, die falschen Ideen direkt mit den guten und richtigen zu vergleichen. Der Prediger führt uns die pessimistische und fatalistische Sicht des Lebens vor Augen. Dadurch zeigt er uns das Beste, was menschliches Denken zu bieten hat.

Das Buch vermittelt uns, dass wir desillusioniert, enttäuscht und depressiv enden werden, wenn wir nicht lernen, den Sinn des Lebens aus der Perspektive des Himmels und des ewigen Lebens zu betrachten.

Natürlich lässt es die Bibel nicht mit dem Pessimismus des Predigers bewenden. Das Neue Testament lehrt uns, dass Christus unsere Weisheit ist. Durch ihn entdecken wir, *warum* und *wie* wir unser Leben gestalten sollen.

In Johannes 17 heißt es, dass das wahre Leben daraus bestehe, ihn zu kennen. Er ist das Alpha und das Omega. Er stellt sicher, dass unser Leben tatsächlich Sinn und Ziel hat.

16.
DAS BUCH HIOB

Einleitung

Viele englische Redewendungen stammen aus dem Buch Hiob. Bleibt jemand in großem Leiden standhaft, so zeigt er „die Geduld Hiobs". Menschen, deren Aussagen dazu führen, dass sich der Leidende danach noch schlechter fühlt, nennt man „Hiobs Tröster".

Bei Beerdigungen nach anglikanischem Ritus wird ein Vers aus den Anfangskapiteln des Buches Hiob gesprochen: „Der HERR hat's gegeben, der HERR hat's genommen; der Name des HERRN sei gelobt!" (Hiob 1,21; LUT). Musikliebhaber kennen den Refrain „Ich weiß, dass mein Erlöser lebt", den Georg Friedrich Händel im *Messias* vertonte. Obwohl Christen ein paar wenige Verse aus diesem Buch vertraut sind, ist es doch als Ganzes kaum bekannt. Den meisten erschließt sich der Sinn und Zweck des Buches nicht. Daher können sie die ihnen bekannten Teile auch nicht in einen sachgerechten Gesamtzusammenhang einordnen.

Das Buch Hiob gehört zu den ältesten Büchern, die wir kennen. Doch seine Datierung ist nicht einfach. Wir wissen, dass es aus der Zeit Abrahams stammen muss, weil so viele Details nur zu dieser Periode passen. Der Verfasser verwendet den Namen „Jahwe", um Gott zu bezeichnen, genau wie Mose. Gleichzeitig gibt es keine Spuren des Exodus, des Bundesschlusses am Sinai oder des mosaischen Gesetzes, die einen so grundlegenden Teil des Alten Testaments bilden.

Lesern des Buches Hiob stellt sich von Anfang an eine konkrete Frage. Wie sie diese Frage beantworten, bestimmt ihren weiteren Umgang mit diesem Werk. Ist Hiob ein Tatsachenbericht, eine Fiktion oder eine Mischung aus beiden?

Tatsachenbericht?

Wer das Buch Hiob für einen Tatsachenbericht hält, betont, dass andere biblische Autoren Hiob als reale Person behandeln. Hesekiel bezeichnet Hiob gemeinsam mit Noah und Daniel als einen der drei gerechtesten Männer, die je gelebt haben. Im Neuen Testament hebt Jakobus das Ausharren Hiobs als ein nachahmenswertes Beispiel für seine Leser hervor.

Zudem erfahren wir im Anfangskapitel, dass Hiob „im Lande Uz" (Hiob 1,1; ELB) lebte. Obwohl die genaue Lage von Uz nicht mit Sicherheit feststeht, können wir doch davon ausgehen, dass Hiob im sog. Mesopotamischen Becken lebte. Es umfasst die Flüsse Euphrat und Tigris und liegt östlich von Damaskus.

Darüber hinaus legt die Handlung eine reale Person nahe. Hiobs Reaktionen auf die Katastrophen, die ihn befallen, sind realistisch und die Beschreibungen seiner Gefühle wirken authentisch. Seine Diskussionen mit seiner Frau folgen Mustern, die wir typischerweise erwarten würden. Auch die Kommentare seiner Freunde machen einen lebensnahen Eindruck. Dass er so große Viehherden besaß, war für einen wohlhabenden Bauern nichts Ungewöhnliches.

Fiktion?

Viele lassen sich von diesen Argumenten nicht überzeugen. Obwohl der Großteil des Buches plausibel erscheint, kann sich der Leser doch des Eindrucks nicht erwehren, dass einiges nicht glaubhaft wirkt.

Betrachten wir beispielsweise die Ereignisse des ersten Kapitels. Es ereignen sich vier Katastrophen, eine nach der anderen. Bei jedem dieser Desaster gibt es nur einen Überlebenden, der zu Hiob zurückkehrt, um ihm Bericht zu erstatten. Es ist eine Überbeanspruchung unserer Gutgläubigkeit, anzunehmen, dass nach allen vier Unglücken jeweils nur ein einziger Augenzeuge übrigbleibt. Und es ist auch unglaubwürdig, dass jeder von ihnen dieselben Worte wählt, nämlich: „Ich bin der einzige, der dem Unheil entronnen ist, um dir davon zu berichten!"

Das Happy End wirkt ebenso gestellt. Hiob verliert im ersten Akt alle seine Kinder. Doch im letzten bekommt er genau dieselbe Anzahl Sprösslinge wieder zurück: sieben Jungen und drei Mädchen. Wir sollen uns offensichtlich über diesen guten Ausgang der Geschichte freuen, fast so, als wäre der Verlust seiner früheren Kinder für ihn unbedeutend. Folgende Frage drängt sich uns auf: „Ist das nicht zu schön, um wahr zu sein? Können wir das tatsächlich als Tatsachenbericht einordnen?"

Zweifel an der Faktengrundlage des Buches kommen auch auf, wenn wir die darin enthaltenen Reden betrachten. Denn jede einzelne ist in hebräischer Lyrik abgefasst. Wie wir bereits festgestellt haben, ist die Poesie eine konstruierte Form der Sprache. Man verwendet sie nicht für normale Alltagsgespräche; und ganz sicher auch nicht, um die bedeutsamen Themen zu erörtern, die Hiob und seine Freunde miteinander besprechen. Doch alle „Tröster" Hiobs drücken sich in kunstvoll verfassten Gedichten aus. Das führt uns zu der Frage: „Wer hat diese Gedichte zu Papier gebracht?" Entweder waren alle Freunde Hiobs brillante Dichter mit einem hervorragenden Gedächtnis oder wir müssen eine andere Erklärung finden.

Mischung aus Fakten und Fiktion?

Die einzige Lösung, die einen Sinn macht, besteht darin, das Buch Hiob als eine *Mischung aus Fakten und Fiktion* anzusehen. Das bedeutet, dass das Buch auf Fakten beruht, die jedoch erweitert und ausgeschmückt wurden. Hiob ist daher eine reale Person, die aus Katastrophen und andauerndem Leiden schlau werden muss. Seine Erfahrungen hat Hiob zusätzlich noch mit dem Glauben an den Gott der Bibel in Einklang zu bringen.

Folglich gleicht das Buch Hiob manchen Theaterstücken von William Shakespeare. Shakespeare nahm historische Fakten über Personen wie Heinrich den V. als Grundlage und schuf daraus Dramen, die sich auf die inneren Beweggründe der Figuren konzentrierten. Ein modernes Beispiel ist Robert Bolts Theaterstück *Ein Mann für jede Jahreszeit*. Es basiert auf dem Leben von Thomas Morus. Bolt stellt das Kernproblem dar, dem sich Morus gegenübersah. Doch das Publikum weiß, dass das Endprodukt, Bolts Drama, nicht eins zu eins mit den wahren Begebenheiten übereinstimmt.

Literaturform

Das Buch Hiob ist in hebräischer Poesie verfasst, welche die Wortbedeutung und die Wiederholung als ästhetische Stilmittel verwendet, statt auf den Wortklang abzustellen. Es handelt sich um ein herausragendes literarisches Werk, das sich einer exakten Einordnung entzieht. Das Buch vereint Heldendichtung, Drama und Streitgespräch und kombiniert sie mit einer faszinierenden Handlung und tiefgründigen Dialogen. Es überrascht daher nicht, dass einige der größten Dichter und Denker zu seinen glühenden Verehrern gehören. „Es ist ein edles Buch", erklärte Thomas Carlyle, während Alfred Lord Tennyson es als „das größte Gedicht der Antike und der Neuzeit" beschrieb. Martin Luther sagte es sei „so reisig und prächtig, als freilich kein(es) Buch(s) in der ganzen Schrift". Als eines der größten literarischen Errungenschaften aller Zeiten hat man es mit den Werken Homers, Virgils, Dantes, Miltons und Shakespeares auf eine Stufe gestellt.

Philosophie

Doch Hiob ist mehr als ein großartiges literarisches Opus – es ist auch ein philosophisches Werk. Es stellt dieselben Fragen, über denen Philosophen zeit der Menschheitsgeschichte gebrütet haben: Warum sind wir hier? Was ist der Sinn des Lebens? Woher kommt das Böse? Warum müssen gute Menschen leiden? Inwieweit mischt Gott sich in das Weltgeschehen ein? Interessiert es ihn und kümmert er sich darum?

Das Buch behandelt alle diese Themen, jedoch insbesondere die Frage: „Warum müssen gute Menschen leiden?" Hiob war unzweifelhaft ein gerechter Mann, doch er erlebte eine der schrecklichsten Tragödien überhaupt. Das Buch thematisiert die Frage, warum dies geschehen konnte.

Theologie

Hiob ist auch ein theologisches Buch. Die Philosophie kann die großen Lebensfragen abstrakt abhandeln, doch die Theologie stellt den Bezug dieser Fragen zu Gott her. Dabei ist von Anfang an klar, dass nur diejenigen mit der Tatsache des Leidens ein Problem haben, die ein ganz bestimmtes Gottesbild vertreten. Glaubt man, dass Gott böse ist, dann stellt Leid kein Problem dar, da man ja von einem bösen Gott erwarten würde, dass er den Menschen leiden lässt. Nur wenn man glaubt, dass Gott gut ist, wird es schwierig. Geht man zudem davon aus, dass Gott zwar gut aber schwach ist, könnte er folglich gar nichts tun, um jemanden aus seiner misslichen Lage zu befreien. Auch dann hätte man logischerweise kein Problem mit dem Leiden, da ein schwacher Gott zwar mitfühlen, aber nicht helfen könnte. Nur wenn man davon ausgeht, dass Gott von seinem Wesen her *gut* und gleichzeitig *fähig* ist, uns zu helfen, dann wird es mit der Leidensfrage schwierig.

Viele „moderne Theologen" versuchen, das Leidensproblem zu umgehen, indem sie eine dieser beiden Tatsachen leugnen. Entweder gehen sie davon aus, dass Gott böse ist und uns übel mitspielt oder sie glauben, dass er zu schwach ist, um irgendetwas zu bewirken. Doch der Verfasser des Buches Hiob glaubt unzweifelhaft Folgendes:

1. Dass es nur einen Gott gibt.
2. Dass er eine Beziehung zu seinen Geschöpfen hat.
3. Dass er der allmächtige Schöpfer ist.
4. Dass er gut, fürsorglich und barmherzig ist.

Doch gleichzeitig scheint Hiobs Situation, die das Buch beschreibt, diesen Glaubenssätzen völlig zu widersprechen. Es bleibt nun dem Leser überlassen zu beobachten, wie Hiob mit diesem Konflikt umgeht und wie Gott sich darin offenbart.

Weisheitsliteratur

Ein weiterer wichtiger Punkt, den es zu beachten gilt, ist folgender: Das Buch Hiob gehört in englischen und deutschen Bibeln zur „Weisheitsliteratur", genau wie die Sprüche, die Psalmen, der Prediger und das Hohe Lied. In der hebräischen Bibel werden diese Bücher die „Schriften" genannt. Dabei handelt es sich um eine Sammlung verschiedenartiger Texte, die aus der prophetischen Zeit stammen. Sie selbst werden jedoch nicht als Prophetien betrachtet. Das Buch Hiob in dieser Weise einzuordnen, wird uns dabei helfen, es richtig zu interpretieren. Denn manche Aussagen in der Weisheitsliteratur könnten uns sonst in die Irre führen. Ich werde das im Folgenden genauer erklären.

Zunächst einmal entspricht nicht alles in der Weisheitsliteratur der Wahrheit. Sie enthält Abschnitte, in denen der Mensch mit Fragen ringt. Seine Aussagen spiegeln nicht immer Gottes Ansichten wieder, sondern werden erwähnt, um die Fragestellung zu verdeutlichen, um die es geht. Wenn wir den Zweck dieser Äußerungen erkennen, können wir sie problemlos richtig deuten. Hiobs Freunde geben viele Erklärungen ab, die auf ihr begrenztes Verständnis zurückzuführen sind. Sie werden zitiert, um uns beispielhaft zu zeigen, wie Menschen sich mit der Leidensfrage arrangieren. Doch es wäre völliger Unsinn, irgendeine dieser Erklärungen aus dem Kontext herauszulösen und zu behaupten, sie würde Gottes Ansicht zu diesem Problem darstellen. Jede biblische Aussage muss im Kontext des Buches betrachtet werden, in dem sie vorkommt. Die Botschaft des Buches als Ganzes bestimmt die Bedeutung jeder Erklärung, die in diesem Buch steht.

Zweitens ist zu beachten, dass die Weisheitsliteratur allgemeine Gültigkeit hat und keine Einzelfälle regelt. Das bedeutet, dass sich die Worte der Weisheit nicht immer und in jeder Situation als wahr erweisen. So enthält das Buch der Sprüche beispielsweise keine Liste von Verheißungen, sondern Sprichwörter, die im Allgemeinen und in den meisten Fällen gültig sind.

Versucht man zu behaupten, dass sie sich in jeder Situation bewahrheiten würden, so wird man enttäuscht. Diese Tatsache weist auf das Problem hin, dem sich Hiob und seine Freunde gegenübersahen. Ihnen waren Sprichwörter bekannt, die besagten: „Du wirst leiden, weil du ein gottloses Leben führst." Das ist oft zutreffend, jedoch nicht immer. Und auf Hiob traf diese Aussage gerade nicht zu. Das Buch Hiob setzt sich mit der Ausnahme von dieser Regel auseinander.

Eine jüdische Perspektive

Wir müssen uns einen großen Unterschied zwischen dem jüdischen und christlichen Verständnis dieses Buches bewusst machen. Die Juden zur Zeit des Alten Testaments konnten die Probleme des vergänglichen Lebens nicht im Lichte der Ewigkeit betrachten. Sie waren der Ansicht, dass sich Gottes Gerechtigkeit in diesem Leben zeigen müsste, da sowohl die guten als auch die schlechten Menschen auf dasselbe Ziel zusteuerten – den *Scheol*, einen Ort der Schatten, an dem die Geister der Toten schlummerten.

Christen sehen natürlich das Leiden in diesem Leben unter einem völlig anderen Blickwinkel. Im Lichte dessen, was Christus vollbracht hat, ist ihnen die Gesamtperspektive des Himmels bewusst. Das Leiden auf dieser Erde ist gering im Vergleich zu dem wunderbaren Leben, das sie im Himmel genießen dürfen.

Daher wird das Leben nach dem Tod im gesamten Buch Hiob nur andeutungsweise erwähnt. Hiob verkündet einmal, dass er Gott sehen werde, wenn er gestorben sei. Doch das ist kein durchgängiges Thema. Zudem versteht er sicher nicht, wie das vonstattengehen soll.

Die Struktur des Buches

Die Einleitung erzeugt eine fantastische Spannung, die der gesamten Rahmenhandlung des Buches zugrunde liegt. Gott geht eine Wette mit Satan ein, und diese Wette wirkt sich auf Hiobs Körper aus. Doch Hiob ist zu keinem Zeitpunkt bewusst, dass diese Abmachung stattgefunden hat. Dieses Geheimnis, das dem Leser bekannt ist, führt dazu, dass wir dranbleiben. Wir mutmaßen, wie es weitergehen könnte, während Hiob sich mit seiner misslichen Lage auseinandersetzen muss.

Eine solche Handlung ist extrem riskant, denn sie erzeugt bestimmte Vorstellungen über Gottes Charakter und sein Handeln, insbesondere über seine Beziehung zu Satan. Gott selbst war für Satans Angriff auf den guten Mann verantwortlich. Das ist eine Tatsache. Wüsste der Leser nicht, dass dies der Wahrheit entspricht, würde er jeden, der eine solche Behauptung aufstellt, der Gotteslästerung bezichtigen.

Betrachten wir nun die Struktur des Buches:

DIE EINLEITUNG (**Kapitel 1+2**) (Prosa)
Zwei Runden: Gott gegen Satan

DER DIALOG (**3,1–42,6**) (Poesie)
1. *Menschlich* (**3–37**)
(a) Elifas, Bildad, Zofar (**3–31**)
  (i) Erste Runde (**3–14**)
  (ii) Zweite Runde (**15–21**)
  (iii) Dritte Runde (**22–31**)

(b) Elihu (**32–37**) – ein Monolog

2. *Göttlich* (**38,1–42,6**)
  (i) Erste Runde (**38–39**)
  (ii) Zweite Runde (**40,1–42,6**)

DAS NACHWORT (**42,7–17**) (Prosa)
Letzte Runden: Gott gegen Hiob

Das Buch Hiob ist wie ein Sandwich aufgebaut. Die Prosa, der Erzähltext ist das „Brot". Es vermittelt uns die Geschichte und den Hintergrund am Anfang und am Ende. Der lyrische Teil ist die „Füllung" in der Mitte. Sie besteht aus den Diskussionen, die Hiob mit seinen drei Freunden führt und mit einem jungen Mann, der erscheint, nachdem die Freunde wieder gegangen sind.

Das Nachwort schließlich liefert die Auflösung des vorherigen Geschehens. Es ist ein Happy End der besonderen Art.

Zwei Handlungsstränge

Es gibt zwei Handlungsstränge, die kunstvoll miteinander verwoben werden: eine himmlische und eine irdische Handlung. Die Ereignisse auf der Erde sind das Ergebnis von Vorkommnissen, die bereits im Himmel stattgefunden haben, genau wie im Buch der Offenbarung. Dort bricht Krieg auf der Erde aus, direkt nach einem Krieg im Himmel.

Die göttliche Handlung
Das Buch beginnt mit dem himmlischen Handlungsstrang: Gott und Satan treffen sich im Himmel. Satan war ein Engel, dessen Aufgabe darin bestand, Sünden zu melden. Er war Gottes Staatsanwalt, der die ganze Erde bereiste und Gott berichtete, wie die Menschen sich verhielten. Zur Zeit Hiobs war er bereits so zynisch geworden, dass er nicht glauben konnte, dass irgendjemand Gott um seiner selbst willen lieben würde. Er dachte, die Menschen liebten Gott nur, wenn es für sie lohnenswert war und sie von ihm eine profitable „Gegenleistung" erhalten würden.

Es findet also eine Diskussion zwischen Gott und Satan statt, bei der Satan genau diese Ansicht vertritt. Gott fragt Satan, ob er Hiob begegnet sei, als er auf der Erde war. Gott macht geltend, Hiob liebe ihn, weil er ihn einfach liebe und nicht, weil er irgendeine Segnung von ihm empfangen habe.

Satan bleibt weiterhin zynisch und behauptet, Hiob würde Gott verfluchen wie alle anderen Menschen auch, wenn Gott seine Segnungen von ihm nähme. So kommt es zu der himmlischen Wette.

Spannung ist das Schlüsselelement jeden guten Dramas. Während der Leser von der himmlischen Wette weiß, hat Hiob keine Ahnung. Wüsste er davon, wäre es keine Prüfung.

Dieses Zusammenspiel lehrt uns wichtige Lektionen

über Satan: Erstens lässt es darauf schließen, dass er nicht an mehreren Orten gleichzeitig, sondern nur an einem Ort sein kann. Er verfügt nicht über Gottes Allgegenwart. Wenn Menschen daher behaupten, Satan würde sie belästigen, weil irgendetwas Alltägliches schiefgegangen ist, dann irren sie sich. Im Allgemeinen hat er Wichtigeres im Leben anderer Menschen zu tun! Was manche als „satanischen Angriff" bezeichnen, sollte man eher einen „dämonischen Angriff" nennen. Satans Streitkräfte wirken auf der ganzen Welt, doch das bedeutet nicht notwendigerweise, dass Satan persönlich beteiligt ist.

Dieser falsche Denkansatz über Satan rührt teilweise daher, dass wir dem Irrtum der alten Griechen verfallen sind. Sie teilten die Welt in den „natürlichen" und den „übernatürlichen" Bereich auf. Wir gehen davon aus, dass Satan übernatürlich sei und stellen ihn daher mit Gott auf eine Stufe, als besäße er dieselbe Macht und Autorität. Stattdessen sollten wir die Welt so einteilen, wie die Bibel es tut. Sie stellt den Schöpfer auf die eine Seite und seine Geschöpfe (einschließlich Satans) auf die andere. Satan ist weder allmächtig noch allwissend noch allgegenwärtig; er ist nur ein Geschöpf.

Zweitens, Satan benötigt Gottes Erlaubnis, um Hiob anzugreifen. Er kann niemanden, der zu Gott gehört, antasten, es sei denn, Gott gestattet es ihm. Im Neuen Testament verspricht Gott allen Gläubigen, dass sie niemals über ihre Kraft versucht würden, weil er Macht über den Versucher habe.

Die menschliche Handlung
Der Großteil des Buches beschreibt die Diskussion zwischen Hiob und seinen Freunden. Die Schlüsselfrage, um die es hier geht, ist folgende: „Warum muss Hiob mehr leiden als andere Menschen?"

Es gibt dazu zwei Meinungen:

a. Die Freunde sind überzeugt, dass Hiob leiden muss, weil er gesündigt hat.
b. Hiob ist sich sicher, dass er nicht sündigt und beruft sich auf seine Unschuld.

Da Hiob Recht hat, wie der Leser weiß, ist der Dialog sehr spannungsgeladen.

Die in zwei Strängen aufgebaute Handlung des Buches verdeutlicht uns, dass niemand von uns die Gesamtsituation kennt, wenn es um die Frage geht, warum jemand leidet. Zusätzlich zu der Suche nach möglichen Gründen ist jeder Mensch mit einer noch größeren Frage konfrontiert: Kann ich weiterhin an einen guten Gott glauben, wenn alles in meinem Leben schiefgeht? Das Buch Hiob beantwortet uns diese Frage.

Zur Klärung dieses wichtigen Problems trägt folgend Frage bei: „Worin bestand Hiobs größter Schmerz?" War dieser Schmerz ...

- physisch? Er hatte Geschwüre am ganzen Körper, war müde und erschöpft und litt beachtliche körperliche Schmerzen.
- sozial? Sein Aussehen und die Tatsache, dass seine Umgebung von der Tragödie wusste, die ihn kürzlich befallen hatte, machten ihn zum Außenseiter der Gesellschaft. Er saß auf dem Aschehaufen am Ausgang des Dorfes. Die Bewohner wechselten die Straßenseite, wenn sie ihn sahen, statt mit ihm zu reden. Sogar die Jugendlichen verspotteten ihn.
- mental? Er litt mental darunter, dass er nicht wusste, warum ihn diese furchtbaren Dinge ereilt hatten, insbesondere da es in seiner Vergangenheit nichts Verwerfliches zu geben schien.
- geistlich? Sein geistlicher Schmerz war weitaus größer als alles andere, da er glaubte, die Verbindung zu Gott

verloren zu haben. Er rief nach ihm, bat darum, ihn wiederfinden, mit ihm reden und sogar mit ihm streiten zu dürfen! Das war der wahre und tiefste Schmerz Hiobs. Die Qual des Leidens wird nur noch schlimmer, wenn wir das Gefühl haben, dass Gott weit entfernt von uns ist und sich nicht mehr um uns kümmert. (Als Hiob jedoch schließlich mit Gott sprechen konnte, war es doch anders, als er es sich vorgestellt hatte.)

Die Einleitung

Die Einleitung stellt uns die Hauptpersonen der Geschichte vor.

Gott
Gott (der hier *Jahwe* genannt wird) bringt das Gesamtgeschehen in Gang, indem er Satan herausfordert.

Satan
Satan ist der Staatsanwalt. Im hebräischen Text wird er „*der* Satan" genannt, was „der Ankläger" bedeutet. „Satan" ist zu diesem Zeitpunkt noch kein Eigenname.

Hiob
Hiob wird als „rechtschaffen und redlich" bezeichnet; er fürchtet Gott und „meidet das Böse". Diese beiden Dinge gehören zusammen: Die Ehrfurcht vor Gott führt dazu, dass wir das Böse meiden. Wer keine Ehrfurcht vor Gott empfindet, wird sich kaum Sorgen darüber machen, ob er sündigt. Ganz offensichtlich findet Gott Gefallen an Hiobs Frömmigkeit. Er segnet ihn mit Kindern, Wohlstand und Gesundheit.

Hiobs Frau
Es fällt schwer, über Hiobs Frau zu schreiben, ohne dabei negativ zu erscheinen! Der Text beschreibt sie als „törichte"

bzw. „dumme und gottlose Frau". Das bedeutet, dass sie Hiobs Not gegenüber unsensibel ist. Sie fordert ihn dazu auf, Gott zu verfluchen und dann zu sterben. Gerade als er Unterstützung und Hilfe braucht, ist sie die erste, die ihm Schmerzen zufügt. Sie verkündet Hiob, dass Gott ihn verlassen habe und schickt sich dann an, dasselbe zu tun.

Hiobs Freunde
Die drei Freunde Hiobs sind älter als er. Zunächst sitzen sie sieben Tage bei ihm und sprechen kein einziges Wort.

Der menschliche Dialog

Schließlich bricht Hiob das Schweigen und verflucht den Tag seiner Geburt. Er wünscht sich, als Totgeburt in den *Scheol* hinabgefahren zu sein. Der *Scheol* steht für das bewusstlose, schemenhafte Leben nach dem Tod, an das die Menschen zur Zeit des Alten Testaments glaubten. Dort würde er wenigstens seinen Frieden finden, statt ständige Schmerzen zu erleiden. Es ist ein düsterer Monolog voller Selbstmitleid, doch zu keinem Zeitpunkt denkt Hiob daran, sich das Leben zu nehmen

Jeder seiner drei Freunde spricht dreimal. Um die Aussagen zu analysieren, behandeln wir ihre drei Reden jeweils gemeinsam.

Elifas
Elifas' Reden lassen darauf schließen, dass er ein verdienter Staatsmann in fortgeschrittenem Alter ist, eine fromme und mystische Figur. Im Gegensatz zu Hiobs anderen Freunden geht er behutsam vor. Er glaubt, dass Hiob bestraft wird, weil er gesündigt hat. Seine Ansicht begründet er mit der orthodoxen Glaubenslehre von Belohnung und Strafe, mit der Geschichte an sich und mit der geballten Weisheit

des Alters. Kurz gesagt: Wenn Hiob nicht gesündigt hat, warum wird er dann bestraft?

Darüber hinaus erwähnt er eine Vision, die er hatte. Sie sei die Bestätigung dafür, dass Hiob die Bestrafung aufgrund seines Verhaltens voll und ganz verdient habe, erklärt Elifas. Weil die menschliche Natur grundsätzlich schlecht sei, könne niemand behaupten, vor Gott unschuldig zu sein. Da wir alle Sünder seien, solle Hiob doch einfach zugeben, dass der Grund für seine Schmerzen in seiner Sünde liege. Als Hiob ihn fragt, warum er denn mehr leiden müsse als andere, antwortet ihm Elifas, dass Gott ihn auf diese Art und Weise zu einem besseren Menschen machen wolle.

Obwohl der Rat sehr vorsichtig gegeben wird, akzeptiert Hiob ihn nicht. Daher argumentiert Elifas jetzt leidenschaftlicher und behauptet, es sei halsstarrig von Hiob, auf seiner Unschuld zu beharren. Er wirft ihm auch vor, dass er respektlos sei und darauf aus, religiöse Glaubenssätze zu untergraben. Elifas verübelt es Hiob ganz offensichtlich, dass dieser seiner Ansicht nicht zustimmt. Schließlich weicht seine Empathie dem Sarkasmus. Er argumentiert, dass sich niemand über Leid beklagen dürfe, da wir alle völlig verdorben seien. Die Gottlosen würden keinen Erfolg haben, und wenn doch, dann wären sie nicht wirklich glücklich; sie würden nur glücklich erscheinen.

Als Hiob darauf immer noch nicht positiv reagiert, spricht Elifas von Gottes Transzendenz, seiner Erhabenheit und Größe. Er behauptet, dass Gott zu groß sei, um sich um Hiob zu kümmern. Daher solle er keine göttliche Aufmerksamkeit erwarten. Ein transzendenter Gott könne sich nicht mit jedem einzelnen Menschen abgeben.

Bildad
Bildads Name bedeutet „Gottes Liebling", doch seine Worte passen nicht zu seinem Namen. Nach damaliger Tradition würde die ältere Person zuerst sprechen. Daher

ist davon auszugehen, dass Bildad ein wenig jünger ist als Elifas, wahrscheinlich um die fünfzig.

Bildad ist der „Theologe" unter den dreien und das *Musterbeispiel* eines Traditionalisten. Seine Rede wimmelt nur so von Klischees, Fachbegriffen und Gemeinplätzen, während er Hiob gegenüber kaum Geduld oder Erbarmen erkennen lässt. Er verkündet Hiob, dass er seine Kinder verloren habe, weil diese Sünder gewesen seien. Sie hätten Gottes Zorn verdient. Bildad glaubt an ein Universum, in dem die Moral regiert. Das Gesetz von Ursache und Wirkung findet dabei sowohl auf unser ethisches Verhalten als auch auf unseren materiellen Besitz Anwendung.

Für ihn ist klar: Wenn du sündigst, dann leidest du. Daher muss Hiob ein ziemlich schlimmer Sünder sein. So überrascht es nicht, dass seine Beziehung zu Hiob im Laufe des Dialogs immer spannungsgeladener wird.

Am Ende erklärt er Hiob, dass dieser Unsinn reden würde. Bildad flüchtet sich in die Allgewalt Gottes und fragt Hiob, ob er vergessen habe, dass Gott allmächtig sei. Da Gott größer sei als der Mensch, könne man nicht mit ihm streiten. Warum also nicht einfach das Schicksal akzeptieren?

Sein Fazit ähnelt der Ansicht, die Elifas vertritt: Gottes Allmacht ist die Antwort.

Zofar

Der Mann, der als nächstes mit Hiob redet, ist der dogmatischste der drei. Er ist jünger als die beiden anderen, doch immer noch in der Lebensmitte. Wir könnten Zofar auch den Namen „der Schonungslose" geben, weil er Hiob beschuldigt, nur zu reden, um seine eigene Schuld zu verschleiern. Selbst wenn Hiob nicht bewusst sündigen würde, müsste er doch unbewusst Gottes Gebote übertreten. Er beleidigt Hiob und fordert ihn auf, zwischen dem breiten und dem schmalen Weg zu wählen, d.h. zwischen dem Pfad der Gottlosen und dem der Gerechten. Er gibt zu, dass ihn der Wohlstand der Gottlosen verblüfft. Doch er behauptet, dass dieser nur für kurze Zeit Bestand habe. Da Hiob sein Vermögen eingebüßt habe, müsse er gottlos sein. Zofar erinnert Hiob an die Allmacht und Allwissenheit Gottes, der die Sünden kenne, die Hiob selbst nicht bewusst seien.

***

Die Argumente der drei „Freunde" Hiobs haben vieles gemeinsam. Sie gehen alle davon aus, dass wir in einem Universum leben, das von moralischen Werten bestimmt wird. Dort herrscht der Grundsatz von Ursache und Wirkung. Sie alle bemühen sich, die Fakten zwanghaft so zurechtzustutzen, dass sie mit ihren Glaubensüberzeugungen übereinstimmen. Sie suchen ihr Heil in Lehrmeinungen und versuchen, diese Hiob ohne jede Sensibilität aufzuzwingen. Damit geben sie uns ein Beispiel, wie man biblische Überzeugungen gerade *nicht* anwenden sollte! Wir müssen uns kompromisslos an klare Glaubensgrundsätze halten und dabei gleichzeitig sehr vorsichtig sein, wie wir sie auf Einzelfälle anwenden. Beispielsweise entspricht die Aussage, dass jemand nicht geheilt werde, weil es ihm am Glauben mangele, manchmal schon der Wahrheit. Doch es bedarf großer Weisheit, zu wissen, wann dieser Grundsatz auf eine konkrete Person zutrifft und wie dann weiter zu verfahren ist. Wenn wir nicht weise damit umgehen, können wir großen Schaden anrichten.

Nach dieser Analyse bleibt festzuhalten, dass nicht alles schlecht ist, was die drei Freunde Hiobs vorbringen. Ihre Reden enthalten Hinweise auf die letztgültige Antwort, die Gott Hiob geben wird.

Hiob

Hiob hält neun Reden: drei richtet er an Elifas, drei an Bildad and drei an Zofar. „Gott ist verantwortlich für mein Leiden", das ist die Grundaussage, die Hiob in diesen Reden trifft. Er erklärt, dass er nicht Buße tun könne, weil er sich keiner Sünde bewusst sei. Er habe versucht, vor Gott ein rechtschaffenes Leben zu führen.

In seinen Reden ist eine deutliche *Steigerung* oder Entwicklung wahrnehmbar. Wir können eine wachsende Kühnheit erkennen: Sowohl in den Aussagen gegenüber seinen Freunden als auch in dem, was er Gott sagen möchte, wird er immer mutiger.

Ein klares *Wechselspiel* zeichnet sich ab: auf der einen Seite Verzweiflung und Hoffnungslosigkeit, auf der anderen Seite Zuversicht und Hoffnung. Solche Stimmungsschwankungen kommen bei kranken Menschen häufig vor. Manchmal hofft Hiob, dass sich die Lage zum Besseren wenden werde. Zu anderen Zeiten fürchtet er, dass sie sich noch verschlimmern könnte. Er bittet Gott, ihn in Ruhe zu lassen und spricht doch gleichzeitig offen und ehrlich mit ihm. Er will Gott auf die Anklagebank setzen und behauptet, dass er gegen ihn einen Rechtsstreit gewinnen könnte. Er macht auch Andeutungen, dass er an ein Leben nach dem Tod glaube. Dabei ist es allerdings schwer feststellbar, ob es sich um eine feste Glaubensüberzeugung handelt oder nur um eine heftige Stimmungsschwankung.

Es gibt zwei herausragende Kapitel in den Reden Hiobs. Das erste ist Kapitel 28, ein Lied über die *Weisheit*. Es beschreibt die Weisheit als eine begehrenswerte Frau, ähnlich wie Salomo sie im Buch der Sprüche porträtiert. Voller Nostalgie blickt Hiob auf die Zeit zurück, in der man ihm Respekt entgegenbrachte und seine Worte schätzte. Die andere bemerkenswerte Passage ist Kapitel

31. Dort macht Hiob seine *Unschuld* geltend. Er ruft sich in Erinnerung, in welchen Bereichen er sich untadelig verhalten hat. Hätte er diese Verhaltensregeln verletzt, wäre seine Strafe gerechtfertigt, das gibt er zu. Doch er habe sich nichts zuschulden kommen lassen. Er behauptet, dass es für seine Bestrafung keinen Grund gebe.

Diese letzte Rede führt zu einer Pattsituation. Elifas, Bildad und Zofar verlassen Hiob. Sie werden durch einen jungen Mann namens Elihu ersetzt, der Hiobs Reden zugehört hat.

Elihu

Elihu zeichnet sich durch jugendliche Arroganz aus. Er behauptet, ein zurückhaltender Redner zu sein, doch er scheint unfähig, seinen eigenen Redefluss zu stoppen. Er verkündet Hiob, was er für die modernsten Ideen hält, letztlich kann er jedoch nichts Neues zur Debatte beitragen. Er widerspricht Hiobs Argumenten, doch sein Ansatz ist derselbe, wie der seiner drei Vorredner: Er versucht, Hiob von seiner Sünde zu überzeugen.

Er argumentiert, dass Gott verschiedene Mittel und Wege nutze, um Menschen vor sich selbst zu bewahren: Visionen, Träume in der Nacht und manchmal auch Krankheiten. Hiobs Leiden sei die Methode, die Gott für ihn ausgewählt habe. So helfe er ihm, sich zu bessern, bevor er sterben müsse. Hiob erachtet diese Rede keiner Antwort würdig, so dass schließlich auch Elihu ihn verlässt.

Wir haben bereits festgestellt, dass Weisheitsliteratur einer sorgfältigen Interpretation bedarf. Einige der Aussagen der vier „Tröster" entsprechen ganz eindeutig nicht der Wahrheit, weil sie über Dinge sprechen, die sie nicht vollumfänglich verstehen. Doch ansonsten sprechen sie die Wahrheit. Ihr Fehler liegt in der Art und Weise, wie sie ihre Weisheit anwenden. Sie nehmen das Sprichwort

„Was der Mensch sät, wird er ernten" als Grundlage und gehen davon aus, dass es auf Hiobs Situation zutrifft.

Darüber hinaus berufen sie sich in unangemessener Art und Weise auf Gottes Charakter. Sie haben missverstanden, wie er sich auf Hiobs Situation auswirkt. Elifas beruft sich auf Gottes Transzendenz und erklärt, dass er zu groß und zu weit entfernt sei, um sich um die Menschen zu kümmern. Bildad macht Gottes Allmacht geltend und Zofar die Tatsache, dass Gott allwissend ist.

Die Freunde haben teilweise Recht, wie Hiob noch herausfinden wird. Doch in der Gesamtschau sind ihre Antworten unzureichend.

Der göttliche Dialog

Erste Runde: der Schöpfer
Während seiner Reden bittet Hiob Gott 36 Mal darum, zu ihm zu sprechen. Nun wird sein Wunsch erfüllt. Gott wendet sich zweimal an Hiob, und beide Male spricht er zu ihm aus einem Sturm. Die Art und Weise, wie Gott ihn anspricht, lässt viel Humor erkennen. Gott erinnert Hiob daran, dass er der Schöpfer aller Dinge ist. Er führt ihm seine wunderbare Fähigkeit vor Augen, die Welt zu erschaffen und zu erhalten. Gleichzeitig fragt er Hiob, ob er sich darin mit ihm messen könne. Am Ende erkundigt sich Gott danach, ob Hiob in der Position sei, ihn zu beurteilen. Dabei macht er ihm klar, dass es unverschämt von Hiob sei zu glauben, dass Gott sich ihm erklären müsste. Hiob wird das Gefühl vermittelt, sehr klein zu sein.

Schließlich antwortet Hiob: „Siehe, zu gering bin ich! Was kann ich dir erwidern? Ich lege meine Hand auf meinen Mund. Einmal habe ich geredet, und ich will nicht mehr antworten; und zweimal, und ich will es nicht wieder tun". (Hiob 40,4+5; ELB)

Zweite Runde: die Geschöpfe

In der zweiten Runde spricht Gott nicht über sich selbst als Schöpfer, sondern über zwei seiner Geschöpfe. Wieder ist seine Rede von Humor durchzogen. Er fragt Hiob, was er vom Nilpferd („Behemot") und vom Krokodil („Leviatan") halte. Als ob die Antwort zu den wirklich grundlegenden Fragen des Lebens in diesen außergewöhnlichen Kreaturen zu finden sei!

Hiob wird verdeutlicht, dass er Gott nicht verstehen kann. Er kann die Tierwelt nicht begreifen, geschweige denn die Welt von Ethik und Moral. Der springende Punkt in Gottes Rede ist daher sinngemäß die Frage: „Warum versuchst du überhaupt, mit mir zu streiten?"

Hiob antwortet, dass Gott allwissend sei und niemand seine Pläne durchkreuzen könnte. Er erkennt jetzt, dass es absolut unangemessen war, Gott infrage zu stellen. Er widerruft seine Aussagen und bereut in Staub und Asche.

Obwohl die Begegnung mit Gott für Hiob demütigend ist, wird das Kernproblem gelöst, denn er ist wieder mit Gott verbunden. Dieser Dialog stellt den großartigen, wenn auch unerwarteten Höhepunkt des Buches dar.

Das Nachwort

Nachdem Hiob akzeptiert hat, dass er Gott nicht vorwerfen sollte, wie dieser mit ihm umgeht, wechselt der Text von der Poesie in die Prosa. Gott schenkt ihm erneut Kinder (sieben Söhne und drei Töchter) und erstattet ihm seinen Besitz sowie seine Kamel- und Schafherden zurück. Hiob wird schließlich noch viel reicher und glücklicher, als er es je zuvor gewesen ist. Gott bekennt sich zu seinem Diener Hiob und spricht ihn gerecht.

Äußerst kritisch sieht Gott allerdings die drei Freunde Hiobs. Er verkündet, dass sie sich nicht zutreffend über

Hiob geäußert hätten. Das zeigt uns, dass wir ihre Reden nicht als göttliche Wahrheit zitieren sollten.

Faszinierender Weise gibt Gott Hiob in seinen zwei „Runden" immer noch keine Antworten auf seine Fragen. Auch erzählt er Hiob nichts von seiner Wette mit Satan. Gott hatte seine Gründe, Hiobs Leiden zuzulassen. Es würde Hiob nicht guttun zu wissen, was sich im Himmel ereignet hatte.

Schlussfolgerungen

Aus dem Buch Hiob kann man verschiedene Schlussfolgerungen ziehen:

Jüdische Schlussfolgerungen

Der jüdische Leser würde aus dem Buch folgendes Fazit ziehen:

1. Es gibt in diesem Leben keinen unbedingten Zusammenhang zwischen Sünde und Leid.
2. Gott lässt alles Leiden zu.
3. Wir werden vielleicht nie den Grund dafür herausfinden. Manche Not kann uns als Strafmaßnahme ereilen. Doch selbst wenn dies nicht der Fall ist, kann sie immer noch einen Sinn haben, selbst wenn uns der Grund dafür nicht ersichtlich ist.
4. Wenn Sünde und Leiden in direktem Zusammenhang zueinander stünden, wären wir gezwungen, aus rein egoistischen Gründen ein gottgefälliges Leben zu führen. Die Liebe zu Gott und den Menschen wäre nicht freiwilliger Natur.

Christliche Schlussfolgerungen

Christen können das Buch Hiob im Kontext des Neuen Testaments betrachten:

1. Hiob kannte den Gott der Schöpfung, aber nicht den Gott der Gnade. Das Kreuz Jesu gibt dem menschlichen Leiden einen anderen Stellenwert. Hiob ist ein „Typus" Christi, ein Vorschatten des Erlösers, der Jahrhunderte später unschuldig leiden musste. Jesus war ein rechtschaffener Mensch, doch er litt, als ob er schuldig wäre. Anhand des Kreuzes verstehen wir, dass Gott aus jeder Situation etwas Gutes machen kann. Alles menschliche Leiden muss aus dem Blickwinkel des Schmerzes am Kreuz betrachtet werden.

2. Gott erlaubte Satan, den Tod Jesu am Kreuz herbeizuführen. Dabei stellte Gottes eigener Sohn die Frage: „Mein Gott, warum?" Genau wie bei Hiob gab Gott ihm keine Erklärung. Das legt nahe, dass selbst der Sohn Gottes den Grund seines Leidens aus den Augen verlor, als der Schmerz der Kreuzigung übermächtig wurde.

3. Christen wissen, dass es ein Leben nach dem Tod gibt. Die Probleme irdischen Leidens müssen nicht in diesem Leben gelöst werden. Interessanterweise hat man der griechischen Übersetzung des Buches Hiob einen Vers hinzugefügt: „... und es steht geschrieben, dass er (Hiob) auferstehen wird mit denen, die der Herr auferweckt."

4. Diese Auferstehungshoffnung erinnert uns daran, dass Hiob am Ende für gerecht erklärt werden wird. Christen glauben, dass Jesus eines Tages zurückkehrt,

um die Lebenden und die Toten zu richten. Eines Tages wird er als Richter im Gerichtssaal fungieren. Alle gottlosen und alle gerechten Menschen, die je gelebt haben, werden vor seinem Thron stehen, um ihr Urteil zu empfangen, je nachdem, wie sie in ihrem irdischen Leben gehandelt haben. Das, wonach Hiob sich gesehnt hat, wird also tatsächlich passieren. Jesus wird öffentlich für Gerechtigkeit sorgen, wobei Gottes Gerechtigkeit als Maßstab für die gesamte Menschheit dient.

AUFSTIEG UND FALL EINES GROSSREICHES

17. Einführung in die Prophetie

18. Jona

19. Joel

20. Amos und Hosea

21. Jesaja

22. Micha

23. Nahum

24. Zefanja

25. Habakuk

26. Jeremia und Klagelieder

27. Obadja

17.
EINFÜRHUNG IN DIE PROPHETIE

Dieser Abschnitt konzentriert sich auf die Propheten vor dem Exil. Damit sind die Weissager gemeint, die auftraten, bevor Gott sein Volk zweimal in die Verbannung schickte. 722 v. Chr. wurde das Volk im Nordreich (Israel) nach Assyrien deportiert. Die Bewohner des Südreiches (Juda) erlebten 587 v. Chr. die Wegführung nach Babylon. Die meisten Propheten, die wir in diesem Teil behandeln, waren damit beschäftigt, die Menschen zu warnen: Gott würde das Volk ins Exil schicken, wenn es nicht zu seinem Bund zurückkehrte. Eine solche Katastrophe schien jedoch undenkbar. Die Menschen konnten sich einfach nicht vorstellen, dass Gott die Zerstörung seines Tempels und die Wegführung seines Volkes aus dem Land, das er ihnen verheißen hatte, zulassen würde.

Diese Warnungen waren jedoch nicht die einzige Botschaft, welche die Propheten verkündeten. Einige von ihnen hatten auch den Nachbarländern Israels und Judas etwas zu sagen. Anderen wiederum wurden Aussprüche aufgetragen, die sich ausschließlich an eine fremde Nation richteten.

Sowohl in biblischen Zeiten als auch heute herrscht viel Verwirrung über das Wesen der Prophetie. Daher werde ich einige Erläuterungen dazu voranstellen, bevor wir die Bücher selbst genauer betrachten.

Seit Israel als Nation existierte, gehörte Prophetie zum Leben des Gottesvolkes dazu. Mose wird als Prophet bezeichnet. Zudem gelten die Schriften des Alten Testaments, die wir als Geschichtsbücher einordnen würden, in der jüdischen Bibel als prophetische Bücher. Die Propheten vor dem Exil sind als die „Buchpropheten" bekannt. (Das bedeutet, dass ein biblisches Buch ausschließlich aus der Botschaft eines einzigen Propheten besteht, während die Aussprüche der „früheren Propheten" in historische Erzählungen eingebettet sind. Oft kommen dabei mehrere Propheten in einem Buch vor.) Doch die Reihenfolge der Buchpropheten in der Bibel entspricht nicht der tatsächlichen Chronologie, in der diese Bücher verfasst wurden.

Es handelte sich um ganz normale Männer. Allerdings war ihre Aufgabe, für Gott zu sprechen, sehr außergewöhnlich. Sie empfingen Gottes Botschaften sowohl in Form von Worten als auch in Form von Bildern. Diese Worte wurden ihnen zu einer innerlichen Last, die sie nur wieder loswurden, wenn sie die Botschaft weitergaben.

Die „Bilder" nennt man Visionen, wenn der Prophet sie im Wachzustand empfing. Kamen sie im Schlaf, werden sie als Träume bezeichnet. Beim Studium prophetischer Bücher muss man beachten, dass die Propheten ihre Visionen normalerweise in der Vergangenheitsform beschreiben; so, als wären die Dinge, die sie gesehen haben, bereits passiert. Wir würden eher das Futur verwenden und sagen: „Ich habe gesehen, was passieren wird." Doch der biblische Prophet formuliert es entweder in der Gegenwartsform: „Ich sehe, was gerade geschieht" oder in der Vergangenheitsform: „Ich sah, was passierte." In beiden Fällen sagt die Prophetie die Zukunft voraus. Die Beschreibungen sind oft sehr detailliert. Nahum sah sogar die roten Uniformen der Soldaten, die Babylon zerstören würden. Allerdings trug zu Nahums Zeit keine damals bekannte feindliche Armee die Farbe Rot. Doch die Perser, die erst vor kurzem auf der Bildfläche erschienen waren, zerstörten schließlich Babylon in roten Mänteln.

Die prophetische Gabe beinhaltet zwei Aspekte: Die Fähigkeit, für Gott zu sprechen, hängt von dem Vermögen ab, Gottes Stimme zu hören. Die Botschaft muss zunächst empfangen werden, bevor sie weitergegeben werden kann. Sie erreicht den Propheten über verschiedene Kanäle, durch die körperliche, verstandesmäßige oder geistliche Wahrnehmung.

Gott kann mit hörbarer Stimme sprechen. Darüber berichtet die Bibel allerdings nicht sehr oft. Wenn Gott es tat, glaubten viele Menschen, dass es donnerte, wie beispielsweise bei der Taufe Jesu. Damals sagte er: „Du bist mein geliebter Sohn."

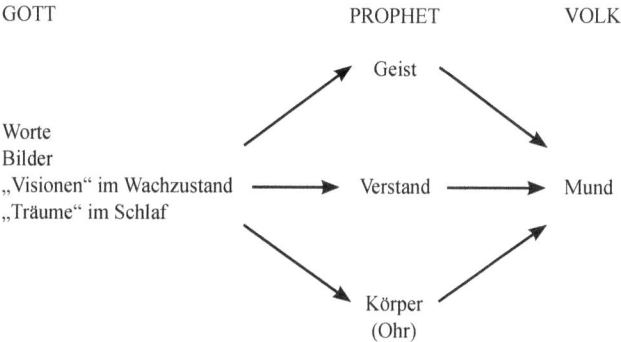

Gott kann auch Worte in die Gedanken des Propheten hineinsprechen, so dass er erkennt, dass er Gottes Stimme hört. Mit der Zeit wird der Prophet lernen, diese von Gott stammenden Gedanken von seinen eigenen zu unterscheiden.

Gott hat auch die Fähigkeit, zum Geist des Propheten zu reden. Er vermittelt ihm Worte oder Eindrücke, die sein Verstand nicht begreift. Betet jemand beispielsweise in Zungen, so spricht Gott zu dem Geist dieser Person und legt ihr Worte in den Mund, auch wenn ihr Verstand deren Bedeutung nicht erfassen kann.

Natürlich kann Gott auch den Verstand und den Geist komplett überspringen und seine Botschaft vom Ohr direkt in den Mund legen. So geschah es mit Bileams Eselin im vierten Buch Mose. Doch dies ist ein äußerst seltener Fall.

Unabhängig davon, auf welchem Weg die prophetische Botschaft empfangen wird, müssen die göttlichen Worte letztendlich vom Propheten ausgesprochen und dem Volk mitgeteilt werden.

In biblischen Zeiten kamen zwei Arten prophetischer Aussprüche häufig vor: herausfordernde Botschaften, wenn das Volk gesündigt hatte und tröstliche Zusprüche, wenn das Volk sich richtig verhielt. Die göttlichen Botschaften scheinen grundsätzlich eher negativ zu sein, weil Gott in der Regel mit seinem Volk sprechen musste, wenn es Probleme gab. Daher enthalten viele der prophetischen Verkündigungen mehr Zurechtweisungen als Trost. Die erste Hälfte des Buches Jesaja besteht aus solchen Herausforderungen, die zweite aus Trost.

Ein falscher Prophet verkündete nur Tröstliches, weil es ihm darum ging, dem Volk zu gefallen statt Gottes Worte weiterzugeben. Daher wurde Jeremia unter Gottes Volk zum Inbegriff des „Schwarzsehers", weil er zu einer Zeit auftrat, in der sich die Menschen von Gott entfernt hatten (obwohl es sogar von ihm einige tröstliche Worte gibt).

Warum sollten nun wir, als Nichtjuden, die Propheten und ihre Geschichte studieren?

Die Antwort ist sehr simpel: Wir sollten die Propheten studieren, um Gott besser kennenzulernen, denn er verändert sich nicht. Die Propheten zeigen uns Gott – den Gott, der sich selbst als der große „Ich bin" offenbarte oder sich als der „Ewige" vorstellte; als Gott, der allezeit und immer existiert.

Das folgende Schaubild zeigt die drei Hauptbereiche, auf die sich die Propheten konzentrieren:

1. *Gottes Handeln – mächtig*
   In der Natur: Wunder
   In der Geschichte: politische Bewegungen
2. *Gottes Rechtschaffenheit – verlässlich*

Gerechtigkeit: Strafe
Gnade: Vergebung
3. *Gottes Flexibilität – persönlich*
Mensch: tut Buße
Gott: verzichtet auf Strafe

1. Die Propheten nehmen das Handeln Gottes in ihren Fokus: Was er getan hat, was er gerade tut und was er künftig tun wird. Wenn wir im Gottesdienst das Apostolische Glaubensbekenntnis rezitieren, beginnen wir mit den Worten: „Ich glaube an Gott, den Vater, den Allmächtigen, den Schöpfer des Himmels und der Erde." So stellen ihn uns auch die Propheten vor: Als einen Gott, der so gewaltig ist, dass er sowohl die Natur als auch die Geschichte vollkommen beherrscht. Daher kann er in der Natur Wunder vollbringen und in der Geschichte politische Bewegungen und Abläufe entstehen lassen. Gerade in unserer modernen und wissenschaftlich geprägten Zeit müssen wir an diesem Bild von Gott festhalten. Denn die meisten Menschen betrachten die Natur als geschlossenes System und die Geschichte als Resultat wirtschaftlicher Kräfte. In einem solchen Umfeld vergisst man leicht, dass sowohl die Natur als auch die Geschichte der absoluten Kontrolle Gottes unterstehen. Wenn wir jedoch die prophetischen Bücher regelmäßig lesen, behalten wir dieses Bild eines allmächtigen Gottes im Kopf. Nichts ist ihm unmöglich, weder in der Natur noch in der Geschichte.

2. Die Propheten richten ihr Augenmerk auf Gottes Rechtschaffenheit. Sie zeigen uns, dass Gott beständig und verlässlich ist. Er bleibt immer derselbe, sein Charakter verändert sich nicht. Wie er Gerechtigkeit

und Gnade in sich vereint, ist einzigartig. Wenn man eine dieser beiden Komponenten stärker betont als die andere, erhält man ein verzerrtes Bild von Gott. Nimmt man nur Gottes Gerechtigkeit in den Fokus, bekommt man einen zu harten Eindruck von ihm. Denkt man nur an seine Gnade, wird das Bild zu weich und harmlos. Im ersten Fall ist die Furcht das beherrschende Element, doch die Liebe fehlt. Im zweiten Fall steht die Liebe im Vordergrund, doch die Ehrfurcht kommt zu kurz. Die Propheten vermitteln uns eine wunderbare Balance. Gottes Gerechtigkeit erfordert, dass er die Sünde bestrafen muss. Gleichzeitig verlangt seine Gnade danach, Sünde zu vergeben und den Täter zu begnadigen. Diese Spannung, in der Gott steht, wird allein durch das Kreuz aufgelöst. Denn nur am Kreuz begegnen sich Gerechtigkeit und Gnade. Sünden werden dort bestraft und vergeben, zur selben Zeit und am selben Ort: Jesus nimmt die Strafe auf sich und wir empfangen die Vergebung. Die Rechtschaffenheit Gottes bedeutet, dass man voraussagen kann, wie Gott sich verhalten wird. So lange es ihm möglich ist, wird er Gnade walten lassen. Doch wenn sie hartnäckig und dauerhaft zurückgewiesen wird, dann muss er für Gerechtigkeit sorgen. Diese Botschaft vermitteln beispielsweise die Propheten Jona und Nahum.

3. Die Propheten betonen Gottes Flexibilität. Diesen Punkt halte ich für eine höchst wichtige Erkenntnis über Gottes Charakter. Er kann seine Pläne ändern. Sie sind nicht für alle Ewigkeit in Stein gemeißelt, sondern sie wandeln sich abhängig davon, wie die Menschen auf ihn reagieren. Das wird an einem Abschnitt aus dem Propheten Jeremia besonders deutlich: Der

Prophet geht in das Haus des Töpfers und sieht, wie dieser versucht, aus dem Ton eine wundervolle Vase zu formen. Doch der Ton lässt sich in der Hand des Töpfers für eine Vase nicht geschmeidig genug formen. Daher verknetet der Töpfer das misslungene Werk wieder zu einem Tonklumpen und macht daraus seinen primitiven, dickwandigen Topf. Gott fragt daraufhin Jeremia: „Hast du die Lektion vom Töpfer und dem Ton gelernt?" Die meisten Prediger, die ich über dieses Thema habe predigen hören, unterliegen einem Missverständnis. Sie behaupten, dass der Töpfer entscheide, welche Form der Ton letztendlich annehmen werde. Das wiederum bedeute, dass alles von Anfang an vorherbestimmt sei. Wenn Gott also über das Schicksal der Menschen bestimme, hätten sie keine andere Wahl. Doch tatsächlich entscheidet der Ton darüber, ob er zu einer wunderschönen Vase oder zu einem primitiven Topf wird. Denn er beschließt, ob er auf die Hände des Töpfers reagieren will. Gott sagt hier letztlich, dass er Israel zu einem Gefäß seiner Gnade machen wollte. Doch das Volk widersetzte sich ihm, und darum formte er sie zu einem Topf, der mit seiner Gerechtigkeit und seinem Gericht gefüllt wurde.

Die Propheten berichten also von einem Gott, der persönlich an uns interessiert ist, der lebt und der uns in eine persönliche Beziehung zu ihm ruft. Es ist nicht alles vorherbestimmt – eine solche Sicht wäre fatalistisch. Gott ist flexibel, er passt sich seinem Volk an. Reagieren wir in der richtigen Art und Weise auf sein Handeln, so formt er uns zu einem wunderschönen Gefäß. Wenn wir jedoch in einer falschen Haltung verharren, macht er uns immer noch zu einem Behältnis. Doch es handelt sich dann um einen Gebrauchsgegenstand, der mit seiner Gerechtigkeit und seinem Gericht gefüllt wird. Wir werden dann für den Rest der Welt zu einem Anschauungsbeispiel dafür, wie Gottes Gerechtigkeit aussieht. Die Entscheidung liegt bei uns. Welche Art von Ton wollen wir sein? Wollen wir der Welt seine Gnade oder seine Gerechtigkeit zeigen?

Diese Erkenntnis über Gottes Flexibilität ist mir lieb und teuer. Doch leider erkennen die meisten Christen diesen Wesenszug Gottes nicht. Die Zukunft steht nicht fest; sie ist nicht vorherbestimmt; sie liegt noch offen vor uns, weil Gott ein persönlicher Gott ist. Das Einzige, was Gott nicht verändern kann, ist die Vergangenheit. Doch er kann und wird die Zukunft verändern. Die Bibel sagt sogar, dass Gott Buße tut, wenn wir Buße tun. Das sollte uns nicht alarmieren. Denn der Begriff „Buße tun" bedeutet schlicht und einfach, „es sich anders zu überlegen". Wenn wir es uns daher anders überlegen, tut Gott dasselbe! Was sich jedoch nicht verändert, ist sein Charakter. Aus diesem Grunde können wir uns immer auf ihn verlassen. Daher ist es lohnenswert, die Propheten zu lesen und dadurch Gott besser kennenzulernen. Er ist ein mächtiger Gott, dem in der Natur und der Geschichte nichts unmöglich ist. Gleichzeitig ist er ein Gott, der sich vorhersehbar verhält und verlässlich ist. Er wird so handeln, wie es seiner Integrität, seiner Rechtschaffenheit entspricht. Daher können wir im Voraus wissen, wie er reagieren wird. Doch er ist auch ein persönlicher Gott, der sich nach einer lebendigen Beziehung mit uns sehnt. Damit er uns antworten kann und wir auf ihn reagieren können. Das ist der Gott, den wir anbeten.

Die Gruppe der Propheten vor dem Exil umfasst einige der bekanntesten und einige der am wenigsten bekannten Männer Gottes. Doch in der Gesamtschau ermöglichen sie uns einen guten Überblick über den Stil und den Fokus des prophetischen Dienstes.

18.
DER PROPHET JONA

Einleitung

Diese Einleitung zum Propheten Jona umfasst auch den Propheten Nahum, weil es zwischen den beiden große Ähnlichkeiten gibt. Sowohl Jona als auch Nahum reisten mit einer sehr ähnlichen Botschaft in dasselbe Land.

Jona wurde in der Nähe von Nazareth geboren. Die Bürger dieser Stadt betrachteten ihn als ihren Lokalhelden. Jesus muss schon als kleiner Junge von ihm gehört haben. Jona war der einzige Prophet, mit dem Jesus sich selbst verglich.

Nahum stammte aus Kapernaum. *Kaper* bedeutet „Dorf" und *Kaper-Nahum* (Kapernaum) somit Dorf des Nahum. Es wurde also nach diesem Propheten benannt. Der Ort war die „Einsatzzentrale" Jesu am See Genezareth. Der Messias hatte folglich eine sehr enge Beziehung zu diesen beiden Propheten.

Die Tatsache, dass Jona und Nahum aus dem Norden stammten, ist von besonderer Bedeutung. Denn der Norden war der Teil Israels, der international geprägt war. Er wurde „Galiläa der Nationen" genannt, weil die „Hauptkreuzung" der damals bekannten Welt in Galiläa lag. Aus dem Norden führte eine Straße aus Europa entlang der Küste bis in diese Region, bevor sie schließlich in Richtung Osten nach Arabien abbog. Aus dem südlich gelegenen Ägypten kam eine Straße von Afrika herauf, die Galiläa durchquerte. Sie kreuzte die europäische Route und führte dann weiter in Richtung Norden nach Damaskus. Jeder Reisende, der von Asien nach Afrika oder von Europa nach Arabien unterwegs war, passierte folglich diese Kreuzung. Am Kreuzungspunkt befindet sich ein kleiner Hügel, der Megiddo genannt wird. „Der Hügel von Megiddo" heißt auf Hebräisch „Armageddon". Dort wird eines Tages die letzte Schlacht in der Geschichte der Menschheit geschlagen werden. Nazareth selbst liegt ebenfalls auf einem Hügel, der diese Kreuzung überblickt. Als Junge muss Jesus beobachtet haben, wie viele Menschen kamen und gingen; ähnlich wie heute Reisende die Halle eines Flughafens durchqueren.

Galiläa war sehr international, während die Menschen in den Bergen Judäas nationalbewusst, isoliert und abseits der Hauptverkehrsstraßen lebten. Es gab folglich zwei Regionen im Land, die den Dienst Jesu maßgeblich beeinflussten. Im international geprägten Norden war er sehr beliebt, während man ihn im patriotischen Zentrum im Süden überhaupt nicht mochte. Dort wurde er schließlich gekreuzigt.

Jona und Nahum waren Menschen des Nordens und daher mit internationalen Angelegenheiten sehr gut vertraut. Gott schickte beide nach Assyrien.

Das Heilige Land wurde von den Großmächten bedroht, die westlich und östlich von ihm lagen. Diese beiden Machtblöcke versuchten immer wieder, den jeweils anderen zu besiegen. Dadurch wurde Israel, das sich in der Mitte zwischen beiden befand, unablässig in die Zange genommen. Jemand hat einmal über Israel gesagt: „Wenn man mitten auf einer Kreuzung lebt, gerät man irgendwann zwangsläufig unter die Räder." Und genau das passierte damals. Zu Lebzeiten Jonas und Nahums war Assyrien mit seiner Hauptstadt Ninive das Problem.

Jona zog 770 v. Chr. nach Assyrien, um die Großmacht herauszufordern. Nahum reiste 620 v. Chr. dorthin, d.h. 150 Jahre später. Die totale Verdorbenheit des assyrischen Volkes war der Grund dafür, dass Gott sie dorthin schickte. Das assyrische Großreich hatte zirka 750 Jahre lang Bestand. Es gelang ihm sogar zu einem bestimmten Zeitpunkt, Ägypten zu unterwerfen. Das assyrische Imperium nahm 1354 v. Chr. als Kleinstaat seinen Anfang und dehnte sich nach und nach immer weiter aus. Doch diese Expansion geschah durch große Grausamkeit. Die Assyrer waren eine der grausamsten und brutalsten Nationen der Geschichte. Sie führten beispielsweise die grässliche Hinrichtungsmethode der Pfählung ein, indem sie ihre Feinde auf hölzernen Pfählen aufspießten. Sie exekutierten auf diese Art und Weise tausende von Menschen gleichzeitig. Die Assyrer beherrschten ihr Großreich durch Furcht und Schrecken.

Nahum nannte die Hauptstadt Ninive eine „blutige Stadt". Sie verdiente diesen Namen wahrhaftig. Vermutete ein anderes Land, dass die Assyrer ihre Nation ins Visier genommen hatten, machte sich Todesangst unter den Bewohnern breit.

Der Prophet Zefanja weissagte ebenfalls über die Assyrer, doch es war Nahum, der schließlich zu ihnen ging und ihnen Folgendes verkündete: „Es ist aus mit euch! Gott wird euch vernichten." Und tatsächlich: Ninive fiel 612 v. Chr. Das gesamte assyrische Reich ging fünf Jahre später unter, direkt im Anschluss an Nahums Warnung.

Tatsachenbericht oder Fiktion?

Wenden wir uns nun der Geschichte des Propheten Jona selbst zu, so müssen wir zunächst auf folgende heiß diskutierte Frage eine Antwort finden: Handelt es sich um einen Tatsachenbericht oder um reine Fiktion? Die meisten Menschen kennen das Buch, weil sie die Geschichte von „Jona und dem Wal" gehört haben. Und ihre Beurteilung des Buches hängt davon ab, ob sie daran glauben, dass diese Begebenheit der Wahrheit entspricht.

Manche vergleichen diesen Vorfall, dass der Wal (oder große Fisch) Jona verschluckte, mit der Geschichte von

Pinocchio. Auch diese Holzfigur lebte im Bauch eines Wales. Man könne von niemandem ernsthaft erwarten, eine solch fantastische Geschichte für wahr zu halten, sagen die Verfechter dieser Meinung. Daher betrachten sie „Jona und den Wal" als Gleichnis mit einer eigenen Moral. Zur Bedeutung dieser Geschichte bieten sie zudem verschiedenen Interpretationsmöglichkeiten an.

Einige Befürworter dieser Theorie behaupten, dass diese Begebenheit erzählt wurde, um die Hörer zu größerer missionarischer Aktivität anzureizen. Sie diente Israel als Erinnerung, dass das Volk gegenüber dem Rest der Welt eine missionarische Verantwortung innehatte. Aus dem Umstand, dass Jona vor seiner Aufgabe zunächst davonlief, sollte Israel etwas lernen.

Dagegen spricht, dass Gleichnisse in der Bibel normalerweise eindeutig als solche bezeichnet werden. Doch Jona wird als Geschichtsschreibung behandelt. Zudem enthalten die Gleichnisse, die Jesus erzählte, niemals Wunder. Doch in dieser Geschichte gibt es insgesamt acht übernatürliche Begebenheiten.

Andere Gelehrte halten das Buch Jona für eine Allegorie (ein Bild). Jedes Ereignis entspreche dabei einem Vorkommnis im wirklichen Leben. Jona personifiziere Israel, genau wie John Bull Britannien verkörpere oder Uncle Sam die Vereinigten Staaten von Amerika. Dass Jona von einem Wal verschluckt werde, sei ein Bild dafür, dass die Verbannung Israel verschlinge.

Doch es gibt ernstzunehmende Einwände dagegen, das Buch Jona als Fiktion zu behandeln.

1. Der Stil des Buches gleicht haargenau dem aller anderen historischen Bücher. Die verwendeten Begriffe, der Schreibstil und die Grammatik stimmen mit 1. und 2. Könige vollkommen überein.

2. Das Buch behandelt reale Orte und Personen, die auch anderswo in der Bibel Erwähnung finden. Jona wird in 2. Könige erwähnt. Daher wissen wir, dass er während der Regierungszeit von Jerobeam II. als Prophet auftrat. Sein Vater hieß Amittai. Jona wird in den historischen Büchern der Bibel als existierender Mensch beschrieben.
3. Noch wichtiger ist, dass Jesus den Propheten Jona als reale Person ansah. Er glaubte an Jona und den großen Fisch. Jesus sagte über sich selbst, dass er größer sei als Jona. Zudem verglich er die Zeitspanne seines Todes mit Jonas Verweildauer im Bauch des Wales.
4. Vor allem werden jedoch die Theorien, die Jona als Gleichnis oder Allegorie einordnen, dem vierten Kapitel des Buches nicht gerecht. Die wichtigste Frage zum Verständnis des Buches lautet: „Warum lief Jona überhaupt weg?" Viele Menschen machen sich jedoch nicht einmal die Mühe, diese Frage überhaupt zu stellen! Warum sind sie dann gleichzeitig so erpicht darauf, Jona als einen Mann zu behandeln, der gar nicht existierte? Warum sind sie so zögerlich, dieses Buch als Tatsachenbericht zu akzeptieren?

Der erste Einwand gegen den biblischen Bericht lautet folgendermaßen: Was Jona zustieß, war physisch gar nicht möglich. Das zweite Gegenargument behauptet, dass es psychologisch sehr unwahrscheinlich sei, dass ein einziger jüdischer Prediger eine riesige heidnische Stadt bekehren könnte. Wäre es vorstellbar, dass ein Jude mitten in London auf dem Trafalgar Square auftauchen und daraufhin die ganze Stadt zu Gott umkehren würde? Dass ganz London Buße täte, erscheint uns doch sehr unwahrscheinlich.

Was die physische Unmöglichkeit anbelangt, müssen wir uns zunächst fragen: Könnte es überhaupt passieren?

Die zweite Frage, die wir stellen müssen, lautet dann: Könnte Gott es tun?

Kann ein Mensch von einem großen Fisch oder Wal verschluckt werden?

Während meiner Zeit als Pastor im Dorf Chalfont St. Peter, Buckinghamshire, gab es dort einen Schmied. Sein Sohn arbeitete mit Meeressäugern in Kalifornien. Er dressierte einen Wal und einen Delfin, die sich angefreundet hatten und zusammen in einem großen Wasserbecken spielten. Als der Delfin starb, erlaubte der Wal den Tierpflegern nicht, den Leichnam seines Freundes anzurühren. Drei Tage lang behielt der Wal den Delfin in seinem Maul. In regelmäßigen Abständen brachte er ihn an die Wasseroberfläche. So versuchte er, ihn wieder zum Atmen zu bewegen. Der Sohn des Schmieds hatte das Geschehen während dieser drei Tage gefilmt und zeigte uns das Video. Der Delfin hatte ungefähr die Größe eines ausgewachsenen Mannes.

TOT ODER LEBENDIG?

Für mich ist die entscheidende Frage, ob Jona tot oder lebendig war.

Ich hatte mir diese Frage noch nie gestellt, bis ich den Film über den Wal sah, der den Delfin in seinem Maul trug und versuchte, ihn wieder zum Atmen zu bringen. Doch als ich dann nochmals das Buch Jona las, stellte ich zu meiner Überraschung Folgendes fest: Alles deutet darauf hin, dass der Wal eine Leiche aufnahm.

Beim Lesen von Kapitel 2 entdeckt man, dass Jona tatsächlich ertrunken sein muss. Dort heißt es, dass er bis auf den Meeresgrund hinuntersank, nachdem ihn die Matrosen über Bord geworfen hatten. Da lag er dann am Fuß der Berge, den Kopf von Seetang umschlungen. Zum Ertrinken braucht man nur eineinhalb Minuten, doch es dauert viel länger, um den Meeresboden zu erreichen! Die Lehrmaterialien im Kindergottesdienst zeigen hingegen ein falsches Bild: Der Wal treibt mit weit geöffnetem Maul an der Wasseroberfläche, als die Matrosen Jona über Bord werfen. Niemand stellt es so dar, wie es in der Bibel steht: Jona liegt von Seetang umschlungen auf dem Grund des Mittelmeeres.

Zudem erfahren wir aus seinem Gebet, dass er sich im Scheol befand, am Aufenthaltsort der Toten. Er beschreibt den letzten Moment, den er bei Bewusstsein war. Als sein Leben ihn verließ und die Wasser ihn verschlangen, dachte er an den Herrn.

Alles deutet also darauf hin, dass Jona gestorben war. Es scheint, dass der Wal nicht zum Überleben des Propheten beitrug, sondern zu seiner Auferstehung. Als der Meeressäuger ihn ausspuckte, führte Gott seinen Geist und seinen Körper wieder zusammen. Das passt zur Aussage Jesu, dass er drei Tage im Herzen der Erde sein würde, genau wie Jona diese Zeit im Magen des Wales verbrachte.

Weltliche Skeptiker finden es leichter zu glauben, dass Jona verschluckt wurde und lebendig im Wal-Magen blieb, als die Idee für wahr zu halten, dass er starb und wiederauferstand! Ich hingegen glaube, dass Jona das außergewöhnlichste Beispiel für eine Auferstehung von den Toten im Alten Testament ist.

WUNDER

Die Auslegung des Buches Jona konfrontiert uns mit noch größeren Fragen, die unseren Glauben an Gott betreffen. Wir müssen uns nicht nur damit auseinandersetzen, dass Jona von einem Wal verschluckt wird. Vielmehr geschehen in diesem Buch insgesamt acht echte Wunder. Eines davon ist noch viel größer als das übernatürliche Geschehen, das die meisten Menschen mit diesem Buch assoziieren.

Denn im letzten Kapitel befiehlt Gott einem Wurm,

etwas zu tun. Der Sohn des Schmieds in Kalifornien konnte problemlos Wale dressieren. Schließlich handelt es sich um hochintelligente Säugetiere. Doch ich habe noch nie jemanden gesehen, der einen Wurm dressiert hat! Gott hingegen sagt einem Wurm, was er zu tun hat. Wenn mich daher jemand fragt: „Du glaubst doch nicht wirklich an diese Geschichte von Jona und dem Wal, oder?" Dann antworte ich ihm: „Das ist doch noch gar nichts – ich glaube sogar an die Geschichte mit dem Wurm!" Meine Gesprächspartner schauen mich dann in der Regel ziemlich verdutzt an, weil sie keine Ahnung haben, wovon ich rede.

Betrachten wir nun in aller Kürze die Wunder, die im Buch Jona vorkommen:

1. Gott schickt einen Wind, der einen Sturm verursacht und das Schiff gefährdet.
2. Als die Seeleute Lose werfen, um herauszufinden, wer die Ursache des göttlichen Zornes ist, fällt das Los auf Jona. Gott bestimmt das Ergebnis einer scheinbar zufälligen Auslosung.
3. Gott beruhigt das Meer, als die Matrosen Jona über Bord werfen.
4. Gott schickt den großen Fisch, der Jonas Leiche verschlingt.
5. Gott veranlasst den großen Fisch, Jona wieder auf trockenes Land auszuspucken.
6. Gott lässt einen Rizinus (eine Kastorpflanze, aus der Kastoröl gewonnen wird) über Nacht wachsen. *(Diese Pflanze wird im Deutschen wegen der Geschehnisse im Buch Jona auch „Wunderbaum" genannt, Anmerkung der Übersetzerin.)*
7. Gott schickt einen Wurm, der die Wurzeln des Rizinus anfrisst, so dass er wieder eingeht.
8. Schließlich schickt Gott einen heißen, sengenden Wüstenwind.

Wir stellen also fest, dass Gott acht Mal in die Natur eingreift und sie kontrolliert.

Wie wir auf diese Ereignisse reagieren, sagt viel über unseren Glauben aus. Im Vereinigten Königreich gibt es drei weit verbreitete philosophische Strömungen:

1. *Der Atheismus* behauptet, dass Gott die Welt nicht geschaffen habe und sie daher auch nicht beherrschen könnte.
2. *Der Deismus* ist weiter verbreitet. Seine Anhänger glauben, dass Gott die Welt geschaffen habe aber sie jetzt nicht mehr kontrollieren könnte. Meiner Einschätzung nach sind viele Mitglieder britischer Kirchen und Gemeinden Deisten. Das bedeutet, dass sie nicht an Wunder glauben. Im Gottesdienst danken sie Gott daher dafür, dass er der Schöpfer des Himmels und der Erde sei, doch sie beten beispielsweise nicht für gutes Wetter!
3. *Der Theismus* ist die Philosophie, die den Aussagen der Bibel entspricht. Theisten vertreten, dass Gott die Welt nicht nur in der Vergangenheit erschaffen habe, sondern sie auch heute noch beherrsche.

Natürlich gibt es auch Christen, die zwei dieser Philosophien miteinander kombinieren. Sie glauben an die Wunder in der Bibel, doch sie glauben nicht, dass heute noch Wunder geschehen. Theoretisch sind sie Theisten, praktisch jedoch Deisten.

Die Bekehrung Ninives

Wenden wir uns nun der Frage zu, ob es psychologisch unwahrscheinlich sei, dass eine riesige Stadt wie Ninive zu Gott umkehren würde. Hier ein paar Argumente, die dafür sprechen, dass es sich bei der Bekehrung Ninives um eine historische Tatsache handelt:

1. Erstens waren die Bewohner religiös und sogar abergläubisch. Sie glaubten wirklich, dass es Gott gibt.
2. Zweitens waren sie schuldig. Schuld macht uns alle zu Angsthasen. Als die Bewohner mit ihren Taten konfrontiert wurden, wussten sie, dass Jona Recht hatte und waren bereit, es zuzugeben.
3. Drittens fing die Erweckung ganz unten an, bei den einfachen Leuten. Von dort breitete sie sich weiter aus, bis sie den Palast erreichte.
4. Viertens sahen sie das „Zeichen des Jona". Falls Jonas Haut von den Magensäften das Wales tatsächlich gebleicht war, muss er ein ziemlich groteskes Bild abgegeben haben. Zweifellos hinterließen Jonas Erklärungen darüber, was ihm zugestoßen war, bei den Menschen einen tiefen Eindruck.
5. Fünftens ist es nun einmal so, dass Dinge geschehen, wenn der Heilige Geist wirkt. Das ist das wichtigste Argument.

Mir fällt es überhaupt nicht schwer, daran zu glauben, dass die ganze Stadt Buße tat. Jesus glaubte es ganz sicher. Er sagte, dass die Bürger von Ninive am Tag des Jüngsten Gerichts auftreten würden, weil sie Buße getan hatten, als sie von Gott hörten; ganz im Gegensatz zu den Menschen, die Jesus damals zuhörten.

Warum lief Jona davon?
Eine wichtige Frage haben wir bisher noch nicht im Einzelnen betrachtet: Warum lief Jona vor seinem Auftrag davon? Das ist das Thema von Kapitel 4, über das kaum gelehrt oder gepredigt wird. Zudem wird es höchst selten gelesen. Doch es ist das Herzstück dieser kleinen Geschichte. Warum war Jona so zögerlich? Was ging in seinem Kopf vor?

Manche behaupten, dass er hauptsächlich aus egoistischen Motiven heraus handelte. Er hatte einfach zu viel Angst davor, nach Ninive zu gehen. Er fürchtete, als ein Feind Assyriens gepfählt zu werden. Doch das erklärt nicht, warum er den Matrosen vorschlug, ihn über Bord zu werfen. Der Tod an sich machte ihm offensichtlich keine Angst.

Ein zweiter Erklärungsansatz besagt, dass Jona davon ausging, dass die Heiden kein Recht hätten, etwas über den Gott Israels zu hören. Es handelte sich quasi um eine umgekehrte Form des Antisemitismus. Wir könnten diese Haltung als eine „anti-heidnische Einstellung" bezeichnen. Doch das erklärt nicht, warum er zu den Nichtjuden nach Tarsis floh.

Andere behaupten, dass er an die Assyrer dachte, die bösartigsten Menschen der Welt. Doch es ging noch darüber hinaus: Tatsächlich lag ihm Israel am Herzen, weil Assyrien die größte Bedrohung für dieses kleine Land darstellte. Daher wollte er mit diesen potenziellen Eroberern nichts zu tun haben, sagen die Anhänger dieser Theorie.

Keiner dieser Ansätze berücksichtigt jedoch die Worte Jonas im letzten Kapitel des Buches. Er hatte den Bewohnern von Ninive verkündet, dass Gott ihre Stadt in 40 Tagen vernichten würde. Das Ergebnis seiner Predigt war, dass alles Volk Buße tat. Die Katastrophe wurde abgewendet.

Ein Evangelist wäre begeistert, wenn eine ganze Stadt umkehren würde. Doch Jona war enttäuscht. Er saß auf einem Hügel außerhalb der Stadt und sagte zu Gott: „Ich hab' dir ja gesagt, dass das passieren würde! Ich weiß doch, wie du bist. Ich wusste, dass du sie laufen lassen würdest. Ich habe es kommen sehen, dass du ihnen die Zerstörung nur androhen würdest, um die Sache dann doch nicht durchzuziehen!" Will Jona denn nicht, dass die Menschen gerettet werden? Ist er so engstirnig und so stur, dass er sich nicht wünscht, dass das Volk umkehrt?

Der Schlüssel zum Verständnis liegt in Jonas Verweis auf seine eigenen Worte, die er Gott gegenüber aussprach, als er noch in seiner Heimat war: „Ach, HERR! War das nicht meine Rede, als ich noch in meinem Land war? Deshalb floh ich schnell nach Tarsis! Denn ich wusste, dass du ein gnädiger und barmherziger Gott bist, langsam zum Zorn und groß an Güte, und einer, der sich das Unheil gereuen lässt." (Jona 4,2; ELB)

2. Könige 14,23-25 gibt uns Aufschluss darüber, was mit Jona in seinem eigenen Land passiert war.

Als Jona seinen Prophetendienst antrat, schickte Gott ihn zu König Jerobeam II. von Israel. Er war ein bekanntermaßen schlechter König, der tat, was böse war in den Augen des Herrn. Als Gott Jona auftrug, zum König zu gehen, reagierte Jona zunächst positiv. Er erwartete, die Boshaftigkeit des Königs ansprechen zu können. Doch die Botschaft, die Jona erhielt, sah anders aus, als er erwartet hatte. Der Herr sprach zu Jona: „Geh' und sage dem König, dass ich ihn segnen werde, dass ich seine Grenzen erweitern und ihn großmachen werde." Jona protestierte, dass Jerobeam ein böser König sei und dass es sich um den falschen Ansatz handle.

In seinem Herzen sagte er zum Herrn: „Das wird niemals funktionieren, Herr. Wenn du schlechte Menschen segnest, werden sie es nur noch schlimmer treiben."

Und tatsächlich wurde der König immer verdorbener. Je mehr ihn der Herr segnete, desto schlimmer wurde er. Daher kam Jona zu dem Schluss, dass Gnade bösartige Menschen nicht verändern kann. Jona sagte somit zu Gott, dass er sein Geschäft besser verstehen würde als der Allmächtig selbst.

Gottes Erbarmen

Diese Vorgeschichte beeinflusste also Jonas Haltung, als er nach Ninive kam. Er sagte: „Lass uns mal sehen, was jetzt passiert, Herr. Ich werde diese Stadt beobachten, um herauszufinden, ob deine Nachsichtigkeit sie verändern wird, oder nicht, ob ihre Bewohner dadurch besser werden oder schlechter."

Dieser Einstellung lag sein Eifer für den Ruf und den Charakter des Herrn zugrunde. Er konnte es nicht ertragen, wenn irgendjemand die göttliche Gnade ausnutzte. Er hielt die Buße der Bewohner von Ninive für oberflächlich und nur vorübergehend. Er glaubte, sie würden zu dem Schluss kommen, dass Gott niemals seine Gerichtsandrohungen wahrmachte, wenn er zu nachsichtig mit ihnen war. Jonas Warnungen würden angezweifelt, ja sogar verlacht und schließlich vergessen werden.

Als der Baum neben ihm aufwuchs, war er sehr dankbar, da er ihm Schatten spendete. Doch als der Wurm die Wurzeln anfraß und der Rizinus abstarb, wurde Jona erneut sehr zornig. Er fragte Gott, warum er ihn hätte sterben lassen. Gott erklärte Jona, dass er berechtigt sei, sich über das Eingehen Pflanze zu ärgern. Doch sei es auch rechtens, der Stadt Ninive zu zürnen? Es gebe in dieser Stadt über 120 000 Menschen und viel Vieh. Hatte Gott nicht das Recht, Mitleid mit ihnen zu haben?

Obwohl Jona also für den Herrn eiferte und nicht wollte, dass die Assyrer ihrer Strafe entgingen, verstand er Gottes Erbarmen nicht. Er konnte Gottes Verlangen, die Strafe so lange wie möglich hinauszuzögern, nicht nachvollziehen. Aus diesem Grund floh er über das Meer. Und deshalb war der Erfolg seiner Predigten für ihn so bedeutungslos. Auch wir vergessen manchmal, wie geduldig Gott ist, wie groß sein Erbarmen ist und wie viele Chancen er den Menschen geben will.

Natürlich kommt irgendwann der Zeitpunkt, an dem Gottes Geduld ein Ende hat. Das ist letztendlich die Botschaft der Propheten. Jona hatte sich nur im Timing vertan. Zu seinen Lebzeiten hatte Gott immer noch Erbarmen und Geduld mit Ninive. Doch diese Geduld war nicht unbegrenzt, wie wir beim Studium des Propheten Nahum noch feststellen werden.

19.
DER PROPHET JOEL

Einleitung

Was den Propheten Joel anbelangt, so kennen wir nur seinen Namen und den seines Vaters, Petuël. Da beide Namen das hebräische Wort *el* („Gott") enthalten, können wir davon ausgehen, dass sie aus einer gottesfürchtigen Familie stammten. Doch Genaueres wissen wir nicht.

Joels Prophetie folgte mit einem Abstand von zehn Jahren auf die Weissagung Obadjas (siehe Seite 741). Obadjas Prophezeiung richtete sich fast ausschließlich an andere Nationen und verhieß Israel eine positive Zukunft. Joel hingegen griff den „Tag des Herrn" auf, den auch *Obadja* erwähnt hatte. Er verkündete jedoch, dass das Gericht nicht nur „die Nationen" treffen würden, sondern auch Israel. Das war ein ziemlicher Schock für das Volk Israel, das davon ausging, in Gottes Augen gerecht zu sein.

Ganz ähnlich gehen heute viele Christen selbstzufrieden davon aus, dass sie problemlos in den Himmel kommen werden, unabhängig davon, wie sie ihr Leben führen. Tatsächlich jedoch wiegt Sünde unter dem Volk Gottes schwerer als außerhalb der Gemeinschaft der Gläubigen. Im zweiten Kapitel des Römerbriefes ermahnt Paulus seine Leser, dass sie dem Zorn Gottes nicht entrinnen würden, wenn sie dieselben Dinge täten, für die sie die Ungläubige kritisierten. Gott hat keine Lieblingskinder. Die Idee, dass man in aller Freiheit sündigen könnte, sobald man einmal zur Familie Gottes gehört, ist absolut nicht biblisch. Gott hat uns keinen Blankoscheck ausgestellt, so dass wir ohne Konsequenzen einfach seine Gebote übertreten könnten. Es wäre von Gott höchst unfair, einen Ungläubigen wegen seines Ehebruchs in die Hölle zu schicken und gleichzeitig einem Christen, der sich genauso verhält, zu sagen: „Hier ist deine Fahrkarte in den Himmel."

Die Propheten mussten diese irrige Annahme folglich zuerst gegenüber Israel korrigieren, weil das Volk dachte, es wäre gerecht. Elia hatte sie mit Nachdruck herausgefordert. Doch Joel war der erste, der erklärte, der Tag des Herrn könnte Dunkelheit über sein Volk bringen statt Licht.

Es ist hilfreich, das Buch Joel als Ganzes zu analysieren, bevor wir es interpretieren. Die (in der englischen Bibel) drei Kapitel entsprechen den drei Abschnitten der Prophetie. Wir wissen jedoch nicht, ob sie einzeln verkündet wurden oder alle gemeinsam.

Das Buch Joel im Überblick

Die Heuschreckenplage (Kapitel 1)
Verwüstung des Landes (1,1–12)
Buße des Volkes (1,13–20)

Der Tag des Herrn (Kapitel 2 + 3)
Fürchterliche Wiederholung (2,1–11)
Wahrhaftige Buße (2,12–17)
Immerwährende Rückerstattung (2,18–27)
Totale Wiederherstellung (3,1–5)
   (a) Geist, Männer und Frauen (3,1+2)
   (b) Zeichen, Sonne und Mond (3,3+4)
   (c) Rettung, rufen und berufen werden (3,5)

Das Tal der Entscheidung (Kapitel 4)
Rache an den Nationen (4,1–16a)
Rechtfertigung für Israel (4,16b –21)

Die Heuschreckenplage (Kapitel 1)

Die Verwüstung des Landes (1,1–12)

Die Prophetie Joels wurde durch eine Naturkatastrophe ausgelöst. Eine Heuschreckenplage hatte das Land befallen. Es muss ein außergewöhnlicher Anblick gewesen sein. Heuschrecken sehen aus wie große Grashüpfer. Ein Schwarm kann aus bis zu 600 Millionen Insekten bestehen, die über 1000 Quadratkilometer bevölkern. Da sie am Tag bis zu 80 000 Tonnen Nahrung vertilgen können, verschwindet jede Spur von Vegetation, sobald sie sich irgendwo niederlassen. Sie legen bis zu 3000 Kilometer pro Monat zurück und können über einen Zeitraum von sechs Wochen jeden Tag Distanzen zwischen vier und 160 Kilometern überwinden. Dabei legen sie tausende von Eiern pro Quadratmeter. Ihr Heißhunger ist unersättlich, und ihre Häupter sehen aus wie Pferdeköpfe.

Ein einziges Mal habe ich einen Heuschreckenschwarm selbst erlebt, und zwar in Kano im nördlichen Nigeria. Obwohl es um die Mittagszeit war, wurde es plötzlich dunkel. Ich dachte zunächst, dass es sich um eine Sonnenfinsternis handelte. Doch dann sah ich eine riesige schwarze Wolke auf uns zukommen, welche die Sonne verdeckte. Bald war es so finster wie um Mitternacht. Die Heuschrecken bewegten sich mit einer Geschwindigkeit von zirka 20 Kilometern pro Stunde, und es dauerte eineinhalb Stunden, bis der Schwarm an uns vorübergezogen war. Nach ihrem Verschwinden bemerkten wir, dass die Bäume keine Rinde und auch keine Blätter mehr hatten. Es gab keinerlei Spuren lebender Vegetation mehr. Es war eine furchterregende Erfahrung, die ich niemals vergessen werde.

Obwohl sie in Afrika häufig vorkommen, sind Heuschreckenschwärme in Israel vergleichsweise selten.

Als sie in das Land einfielen, verkündete Joel dem Volk, dass Gott die Insekten geschickt hätte. Er erklärte den Menschen, dass es sich um die erste Warnung Gottes handelte: Sollten sie so weiterleben wie bisher, würde etwas noch Schlimmeres passieren.

Als Ergebnis der Heuschreckenplage hatte das Volk nicht genügend Getreide, um das Mehlopfer im Tempel darzubringen. Der öffentliche Gottesdienst hörte auf. Die Weinberge, Obstgärten und Olivenhaine waren komplett zerstört. Dürre, Buschbrände und Hungersnot bedrohten das Land, und die Wirtschaft kam völlig zum Erliegen. Manche vermuten, dass Joel seine Botschaft zu einem der jüdischen Erntedankfeste, dem Laubhüttenfest verkündete – zu genau der Zeit, als das Volk das Einbringen der Ernte hätte feiern sollen.

Es gab biblische Präzedenzfälle dafür, diese Plage als göttliches Gericht zu verstehen. In 2. Mose 10 berichtet die Bibel darüber, wie Gott den Ägyptern als achte Plage Heuschrecken schickte. In 5. Mose 28 erklärte Gott, dass er das Volk mit Plagen heimsuchen würde, wenn es ihm nicht gehorchte.

Daraus ergibt sich eine interessante Frage für unsere heutige Zeit: Woher wissen wir, ob Gott der Urheber einer Katastrophe ist?

Wir sollten nach folgenden drei Merkmalen Ausschau halten:

1. Sie richtet sich gegen Gottes Volk.

2. Sie wurde prophetisch vorhergesagt.

3. Sie erscheint ungewöhnlich, entweder in ihrem Umfang oder in ihren Einzelheiten.

Um ein Beispiel aus der jüngeren Vergangenheit zu nennen: Ich glaube, dass das Feuer im Münster von York im Jahr 1984 auf Gottes Handeln zurückzuführen ist. Was mich insbesondere überzeugt, sind die ungewöhnlichen Begleitumstände. Der Blitzschlag, der den Münster von York traf, kam aus einer kleinen Wolke. Sie umkreiste 20 Minuten lang die große, mittelalterliche Kirche, bei ansonsten blauem Himmel. Diese Wolke war nicht groß genug, um es regnen zu lassen. Doch sie ließ einen Blitz (ohne Donner) niedergehen, der die Kathedrale vom Dachstuhl bis zum Boden niederbrannte. Dies geschah kurz nach der Renovierung des Gebäudes, bei der die neusten Rauchmelder und Feuerlöschgeräte installiert worden waren. Chorknaben, die durch den Münster liefen, sahen, wie der Blitz einschlug, doch sie hörten nichts, weil es keinen Donner gab. Ich besorgte mir eine Karte dieser Wolke vom Wetteramt. 16 Meteorologen, die alle keine Christen waren, erklärten, dass Gott sie geschickt haben musste. Es war eines der ungewöhnlichsten Phänomene, das sie je gesehen hatten.

„War es das Gericht Gottes?", wurde ich gefragt. „Ich glaube, dass es Gottes Gnade war", antwortete ich. Der Allmächtige wartete, bis alle Gäste die Kathedrale verlassen hatten, nach dieser unwürdigeren Weihe eines Bischofs, der den Glauben verleugnete. Der Herr hätte den Blitz einschlagen lassen können, als sie noch im Gebäude waren. Daher bin ich überzeugt, dass dieses Ereignis seiner Gnade Ausdruck verlieh und nicht seinem Gericht. Doch ich glaube auch, dass es eine Warnung war.

Ein Zeichen dafür, dass ein Geschehnis von Gott verursacht wird, ist folglich sein ungewöhnlicher Charakter. Das Unnatürliche weist oft auf das Übernatürliche hin. Ein weiteres Zeichen ist das Urteilsvermögen der Gläubigen. Es gab viele prophetisch begabte Menschen, die Gottes

Hand im Desaster des Yorker Münsters zu erkennen glaubten. Obwohl es im Vorhinein keine entsprechende Prophetie gab, fragten sich doch viele, wie Gott reagieren würde, wenn ein Bischof, der solche Irrlehren verbreitete, geweiht würde.

In jedem Fall sind Katastrophen immer eine Mahnung, die uns an Gottes Gericht erinnert; unabhängig davon, ob sie direkt von Gott ausgehen oder nicht. Das müssen wir im Hinterkopf behalten, damit wir all das, was um uns herum geschieht, nicht unangemessen bewerten. In Lukas 13 wurde Jesus gebeten, den tragischen Tod einiger Arbeiter zu kommentieren, die vom umstürzenden Turm von Siloah erschlagen wurden. „Waren diese Arbeiter größere Sünder als alle anderen Menschen?", fragte man ihn. Jesus verneinte dies. Doch wenn die Beobachter dieser Katastrophe nicht Buße täten, würden sie ebenso umkommen. Jedes Erdbeben, jeder Taifun und jede Flut erinnern uns an die Zerbrechlichkeit unseres Lebens und an die Notwendigkeit, mit Gott ins Reine zu kommen.

Die Buße des Volkes (1,13–20)
Im zweiten Teil des ersten Kapitels fordert Joel die Ältesten auf, eine landesweite Bußversammlung einzuberufen. Er warnt sie, dass Gott sein Gericht auf furchtbare Art und Weise wiederholen würde, wenn sie nicht umkehrten. Für welche Sünde sie Buße tun sollten, führt er jedoch nicht weiter aus. Es bleibt uns überlassen, den historischen Kontext in 1. und 2. Könige zu untersuchen, um herauszufinden, was damals passiert war. Welches Ereignis rechtfertigte es, dass das Land eine derartige Warnung erhielt?

Wir wissen nicht ganz genau, wann Joel seine Prophezeiung verkündete, doch wahrscheinlich weissagte er während des neunten Jahrhunderts vor Christus. Das würde zu bestimmten Vorkommnissen passen, die in 1. und 2. Könige erwähnt werden. Ein Hinweis könnte die Tatsache sein, dass Priester im Buch Joel erwähnt werden, jedoch kein König. Die Bücher der Könige berichten über eine Zeitspanne, während der eine Königin auf dem Thron saß (841–835 v. Chr.). Es war die einzige Phase in der Geschichte des Volkes Gottes, in der etwas Derartiges vorkam. Gott hatte König David verheißen, dass immer einer seiner Söhne, d.h. einer seiner männlichen Nachkommen, über Israel regieren würde, solange die Könige die Gebote und Weisungen Gottes befolgten. Er gestand ihnen einen König zu, jedoch keine Königin.

Hinzu kommt, dass die betreffende Monarchin Königin Atalja war, die sich des Hochverrats schuldig gemacht hatte. Sie war die Mutter des Königs. Als dieser starb, bemächtigte sie sich des Thrones und ermordete alle seine Söhne, damit sie selbst Königin werden konnte. Ihre Mutter war die berüchtigte Isebel, die im Nordreich Unheil angerichtet hatte. Doch der Hohepriester rettete einen der Königssöhne und versteckte ihn im Tempel. Wäre es Atalja gelungen, jeden Jungen umzubringen, wäre die königliche Nachkommenschaft Davids ausgestorben. Allerdings akzeptierte das Volk sie als seine Herrscherin trotz ihres verabscheuungswürdigen Vorgehens. Sogar der Hohepriester protestierte nicht, auch wenn er wenigstens den Mut aufbrachte, den Jungen zu verstecken. Der Name des Jungen lautete Joasch. Kurz nach der Predigt des Joel nahm das Volk schließlich all seinen Mut zusammen und entthronte Atalja. Es setzte Joasch als König ein, obwohl er erst sieben Jahre alt war.

Das war wahrscheinlich der historisches Kontext von Joels Prophetie. Die Nation hatte gesündigt, daher war nationale Buße erforderlich.

Der Tag des Herrn (Kapitel 2+3)

Eine furchtbare Wiederholung (2,1–11)

Doch das Volk kehrte nicht um. Es sündigte weiter. Daher beschreibt Joel zu Beginn des zweiten Kapitels etwas, das aussieht wie eine Wiederholung der Heuschreckenplage. Doch wenn man den Text näher betrachtet, wird Folgendes deutlich: Dieses Mal ist die Heuschreckenplage tatsächlich nur ein Bild für tausende Soldaten, die in das Land einmarschieren und alles zerstören, genau wie Heuschrecken es tun würden. Dieses Bild ist sogar noch viel alarmierender als das erste. Angesichts dieser Zerstörung ist es sehr wahrscheinlich, dass Joel die Babylonier beschreibt. Sie taten sich unter allen Völkern der Antike, die andere Länder eroberten, dadurch hervor, dass sie eine fürchterliche Strategie der verbrannten Erde verfolgten. Sie töteten nicht nur alle Menschen samt ihren Kindern, sondern sie vernichteten alles Lebendige, einschließlich der Bäume, der Schafe und der Rinder. Die babylonische Armee ließ niemanden und nichts am Leben. Dadurch war sie tatsächlich einer Heuschreckenplage sehr ähnlich. Es gibt auch Parallelen zu Offenbarung 9. Dort wird erneut eine Heuschreckenplage beschrieben, der eine Armee aus dem Osten mit 200 Millionen Soldaten folgt. Ob Joel nun Soldaten oder eine weitere Heuschreckenplage schildert – Gott war zweifellos in der Lage beides zu schicken; und sein Gericht war immer noch erforderlich.

Eine wahrhaftige Buße (2,12–17)

Joel wiederholt erneut die Botschaft, dass Gott nach wahrhaftiger Buße Ausschau halte. Nach seinem ersten Aufruf zur Umkehr wandten sich die meisten Menschen einfach ab und betranken sich. Es gibt in der Regel zwei Arten der Reaktion auf drohendes Unheil: Die einen bereiten sich darauf vor und tun Buße, die anderen betrinken sich.

Daher ruft Joel zum zweiten Mal zu wahrhaftiger Umkehr auf. Einer der denkwürdigen Sätze in diesem zweiten Aufruf lautet: „Zerreißt eure Herzen und nicht eure Kleider" (Joel 2,13; LUT). Es kann ein sehr beeindruckender Anblick sein, wenn jemand seine Kleider zerreißt, doch das ist in Gottes Augen nicht ausreichend. Unsere Herzenshaltung zählt, nicht das, was wir mit unseren Anziehsachen tun. Interessanterweise zählt Joel die betreffenden Sünden nicht auf. Wir müssen davon ausgehen, dass dem Volk nur zu bewusst war, worum es Gott hier ging

Wir tun gut daran, uns zu erinnern, dass Gott seine Bereitschaft erklärt hat, es sich mit ihrer Bestrafung noch einmal anders zu überlegen. Das Volk hat eine dynamische Beziehung zu Gott – er würde auf ihr Verhalten reagieren. Daher erklärt Gott ihnen, wie sie beten sollten: Sie müssen ihn um Gnade bitten und ihn auffordern, ihnen seine Liebe und Treue zu zeigen. Sie sollen sich darauf berufen, sein Volk zu sein, das in dem Land lebt, das er ihnen gegeben hat.

Eine immerwährende Rückerstattung (2,18–27)
Manche mutmaßen, dass Joel diesen Teil der Prophetie zu einem anderen Zeitpunkt verkündete als die früheren Aussprüche. Hier fordert der Prophet das Volk auf, sich zu freuen statt sich zu fürchten. Wenn Israel tatsächlich von ganzem Herzen Buße täte, würde Gott ihnen die Jahre erstatten, welche die Heuschrecken gefressen hätten. So lautet Joels Versprechen. Dieses Prinzip gilt auch heute noch. Viele bereuen die Lebensjahre, die sie vergeudet haben. Doch Gott verheißt ihnen, dass er sie ihnen erstatten wird. Allerdings wird er ihnen diese Jahre, in denen die Heuschrecken gewütet haben, nur ersetzen, wenn sie wahrhaftig Buße tun.

Die Grundvoraussetzung für Buße besteht darin, „es sich

anders zu überlegen". Daher kann man mit Fug und Recht sagen, dass Gott es sich anders überlegen würde, wenn das Volk Buße täte. Dreimal versichert Gott ihnen, dass er sie niemals wieder so bestrafen würde. Schließlich sagte er ihnen zu, dass sie ihn dann als ihren Gott erkennen würden.

Eine völlige Wiederherstellung (3,1-5)

Im Anschluss verkündet Joel ihnen mehrere wunderbare Verheißungen. Wenn sie wirklich umkehren, wird Gott niemals wieder ein solches Gericht über sie bringen, sagt der Herr durch den Propheten. Stattdessen wird es eine völlige Wiederherstellung geben: nicht nur eine physische Wiederherstellung der Ernten, welche die Heuschrecken zerstört hatten, sondern auch eine geistliche Erneuerung.

(A) GEIST, MÄNNER UND FRAUEN (3,1+2)

Zu den größten Verheißungen des Buches Joel gehört die Aussage, dass Gott seinen Geist auf die unterschiedlichsten Menschen ausgießen werde, unabhängig von Geschlecht, gesellschaftlichem Stand oder Alter. Junge Männer werden Visionen und alte Männer Träume haben. Auch Mägde und Knechten werden prophezeien. Gott verspricht, seinen prophetischen Geist allen möglichen Menschen einzuhauchen. Am Tag des Pfingstfestes acht Jahrhunderte später bezog sich der Apostel Petrus auf diese Verheißung. Er erklärte, dass sich Joels Prophezeiung erfüllte, als der Geist auf die 120 Jünger fiel.

(B) ZEICHEN, SONNE UND MOND (3,3+4)

Im zweiten Teil dieser Prophetie heißt es, dass die Sonne in Finsternis verwandelt werde und der Mond in Blut. Manche behaupten, dass sich diese Verheißung schon erfüllt habe, als Jesus am Kreuz starb. Damals verfinsterte sich die Sonne drei Stunden lang. Doch dieses Zeichen muss tatsächlich noch am Ende der Tage erfüllt werden, denn Jesus selbst bezeichnete es in Matthäus 24,29 als ein Signal für sein zweites Kommen.

Interessanterweise wird es Zeichen am Himmel geben, da der Himmel auf Ereignisse unten auf der Erde reagiert. Unverständige Menschen haben mir gegenüber schon Folgendes behauptet: Die Tatsache, dass die Weisen aus dem Morgenland dem Stern folgten, beweise, dass die Astrologie schon in Ordnung sei. Ich erkläre ihnen dann, dass sie es völlig falsch verstanden hätten: Die Astrologie glaubt, dass die Position der Sterne ein Baby bei seiner Geburt beeinflussen würde. Doch in Bethlehem beeinflusste gerade die Position eines Babys die Sterne! Daher verfinsterte sich die Sonne, als Jesus starb. Das Universum reagiert auf wichtige Begebenheiten hier unten auf der Erde. Ist das nicht erstaunlich? Nicht der Himmel beherrscht uns, sondern Gott beherrscht den Himmel.

(C) RETTUNG, RUFEN UND BERUFEN WERDEN (3,5)
Joel verspricht zudem jedem Menschen, den der Herr berufen wird, Errettung. Dabei ist es unabdingbar, dass diese Berufenen dem Herrn eine Antwort geben. Errettung geschieht nicht automatisch. Eine Nation als Ganzes wird nicht durch irgendeinen mystischen Prozess „gerettet". Die Errettung besteht aus einem doppelten Ruf. Gott ruft das Volk durch menschliche Prediger dazu auf, gerettet zu werden. Die Menschen müssen dann ihrerseits zum Herrn rufen.

Ich mag es nicht, Menschen dazu aufzufordern, mir ein Übergabegebet nachzusprechen. Ich fordere sie einfach dazu auf, selbst den Herrn anzurufen. Es hießt hier: „Jeder, der den Namen des Herrn anruft, wird gerettet werden" (Joel 3,5; ELB). Es ist sehr wichtig, dass die Menschen selbst seinen Namen anrufen. Jeder, der das tut, wird erlöst werden. Petrus nahm diese Praxis zu Pfingsten auf. 3000 Menschen riefen zum Herrn und wurden an diesem Tag gerettet.

Folglich ging es bei Joels Verheißung der vollständigen Wiederherstellung nicht nur um Feldfrüchte, Wein und Getreide, sondern um menschliche Herzen.

Joel weissagt, dass dies alles am „Tag des Herrn" geschehen werde. Darunter ist jedoch nicht wortwörtlich ein Tag von 24 Stunden zu verstehe. Das Wort „Tag" in der Bibel ist in seiner Bedeutung flexibel. Das hebräische Wort *Jom* kann eine ganze Epoche umfassen. Wenn ich sage: „Die Tage von Pferd und Wagen sind gezählt", dann meine ich nicht mehrere Tage von 24 Stunden. Was ich damit sagen will, ist, dass eine historische Ära vorbei ist und wir uns nun in den Tagen, d.h. in der Epoche des Automobils befinden. So ist auch das Wort „Tag" in dem Begriff „Tag des Herrn" zu verstehen. Es geht um Folgendes: Der Mensch hat seinen Tag gehabt, und auch der Teufel hat seinen Tag gesehen. Doch einst wird Gottes Tag anbrechen. Dann kommt der Tag des Herrn, an dem er das letzte Wort haben und die Welt seiner Herrschaft unterstellen wird.

Joel erwähnt den Tag des Herrn in seiner Prophetie fünf Mal. Dabei stellt er ihn immer als eine Zeit des Gerichts dar. Auch spätere Propheten wie Jesaja, Jeremia, Hesekiel, Amos, Zefanja und Maleachi greifen diesen Ausdruck auf. Der Tag des Herrn spielt auch eine wichtige Rolle im Neuen Testament (siehe 1. Korinther, 1. Thessalonicher, 2. Thessalonischer und 2. Petrus). Eines Tages wird der Tag des Herrn kommen, und dieser Tag wird der letzte sein.

Für das Gericht gilt also diese Reihenfolge: Erst wird es an Gottes Volk vollzogen, später dann an seinen Feinden. Wir haben die Wahl: Wollen wir jetzt gerichtet werden oder später?

Wir befinden uns heute in den „letzten Tagen". Sie haben begonnen, als sich Joels Prophezeiung erfüllte und der Geist am Pfingsttag ausgegossen wurde. Seither leben wir in den letzten Tagen, in der Endzeit. Das nächste große Ereignis ist die Wiederkunft Jesu Christi auf den Planten Erde.

Das Tal der Entscheidung (Kapitel 4)

Rache an den Nationen (4,1–16a)

Wo? Das letzte Kapitel enthält eine Vision über das Tal der Entscheidung. Es handelt sich um das Kidron-Tal an der Ostseite Jerusalems. Bis heute wird es das Tal des Gerichts genannt. Es ist mit jüdischen Gräbern angefüllt, denn man geht davon aus, dass dort die Toten auferstehen werden. An diesem Ort wird Gott über unser ewiges Schicksal entscheiden. Man bezeichnet es auch als Tal der Entscheidung. Doch ich habe schon gehört, wie Prediger diesen Namen zweckentfremdet haben. Joel erklärt, dass sich Menschenmassen im Tal der Entscheidung befinden. Daher nutzen Prediger diese Wendung, um Ungläubige zu ermutigen, sich für Gott zu entscheiden. Tatsächlich ist es das Tal, in dem Gott entscheidet, wer in den Himmel und wer in die Hölle kommt. Es ist das Tal seiner Entscheidung, dort wird er das letzte Wort haben. Seine Entscheidung bestimmt darüber, wo wir die Ewigkeit verbringen werden.

Warum? Gottes Entscheidung wird davon abhängen, wie die Menschen mit seinem Volk, mit seinen Plänen und seinem Wirken auf der Erde umgegangen sind. Die Länder Tyrus, Sidon und Philistäa werden als besonderes gerichtsreif herausgegriffen. Das letzte Wort besteht darin, dass Gott sein Volk rechtfertigen und ihm sein Land zurückgeben wird.

Wie? Die Nationen werden aufgefordert, herbeizukommen und zu kämpfen. Doch dieser Aufruf ist in gewisser Weise sarkastisch gemeint, denn wer könnte gegen Gott „kämpfen"? Die Länder werden aufgerufen, ihre Pflugscharen zu Schwertern und ihre Winzermesser zu Lanzen zu schmieden (Genau das Gegenteil finden wir in Jesaja 2,4 und Micha 4,3.). Zefanja weissagt über diese Versammlung der Völker in seiner Prophezeiung.

Rechtfertigung für Israel (4,16b–21)
Der letzte Abschnitt hat die Wiederherstellung Judas zum Thema. Das Land wird bevölkert und fruchtbar sein, doch im Gegensatz dazu wird Ägypten zur Öde und Edom zur Wüste. Dies geschieht, weil Ägypten und Edom Juda Gewalt angetan haben.

Das wirft eine äußerst wichtige Frage auf, zu der es in der heutigen Christenheit höchst konträre Ansichten gibt. Obadja, Joel und viele andere Propheten beenden ihre Weissagungen mit Verheißungen für die Zukunft Israels. Da viele dieser Verheißungen bisher unerfüllt geblieben sind, müssen wir uns fragen, wann sie zur Erfüllung kommen werden.

Heutzutage gibt es dazu in christlichen Kirchen und Gemeinden vier verschiedene Meinungen. Auch wenn meine Ansicht nicht der Mehrheitsmeinung entspricht, glaube ich doch, dass sie den Aussagen der Heiligen Schrift am nächsten kommt.

Die Meinungsverschiedenheiten konzentrieren sich auf die Frage, ob die Verheißungen wörtlich oder geistlich zu verstehen sind. Sollten wir annehmen, dass Israel tatsächlich das Land wiedererlangen wird, das Gott ihm versprochen hat? Oder betrachten wir das Land als Symbol geistlicher Segnungen, die sich jetzt auf die christliche Gemeinde als das neue Israel beziehen? Diese letztgenannte Ansicht heißt „Ersatztheologie" und wird mit ziemlicher Sicherheit von den meisten Theologen im Vereinigten Königreich vertreten.

Mein Problem mit dieser Sichtweise besteht darin:

Während ihre Vertreter alle biblischen Segnungen für die christliche Gemeinde beanspruchen, wenden sie die Flüche gerade nicht auf die Christenheit an – diese verbleiben bei Israel! Gott verkündete dem Volk Israel, dass es gesegnet würde, wenn es ihm gehorchte und verflucht würde, wenn es ihm ungehorsam wäre.

Die Segnung umfassten Leben, Gesundheit, Wohlstand, Fruchtbarkeit, Respekt und Sicherheit. Die Flüche bestanden aus Krankheit, Dürre, Tod, Gefahr, Zerstörung, Niederlage, Deportation, Armut und Schande.

Laut der Ersatztheologie verlor das alte Israel sein Land, weil es ungehorsam war. Doch die Segnungen beziehen sich nun auf die Gemeinde, das neue Israel. Gleichzeitig werden jedoch die Flüche nicht erwähnt, sollte die christliche Gemeinde auch ungehorsam werden.

Das Lager derjenigen, die glauben, dass sich die Verheißungen wortwörtlich auf Israel beziehen, teilt sich ebenfalls in zwei Gruppen. Eine Gruppe behauptet, dass alle Verheißungen an Bedingungen geknüpft waren. Israel habe diese Verheißungen verwirkt, daher gäbe es für Israel als Gottes Volk keine Zukunft mehr. Wir könnten Israel evangelisieren, genauso wie jede andere Nation auch. Heute sei Israel nur noch irgendein Land, aber nicht mehr Gottes Volk.

Doch diese Ansicht widerspricht dem Neuen Testament.

Im Neuen Testament wird „Israel" 74 Mal erwähnt, doch kein einziges Mal ist damit die christliche Gemeinde gemeint. Zudem spricht der Neue Bund vom Fortbestand des Thrones Davids, vom Hause Jakobs und den 12 Stämmen Israels. Die Verfasser des Neuen Testaments gehen davon aus, dass Israel äußerst gesund und munter ist, gerade im Hinblick auf Gottes Verheißungen. Dass ihre Ablehnung des Messias zu ihrer Bestrafung geführt hat, ändert nichts daran.

SCHLÜSSEL ZUM ALTEN TESTAMENT

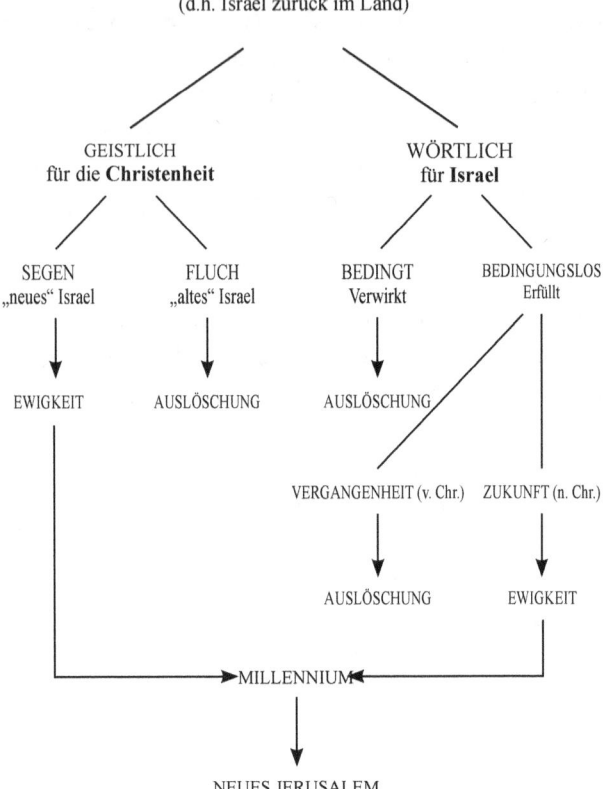

Die Verheißungen, die Gott Israel machte, waren bedingungslos. Er versprach ihnen das Land zu einem ewigen Besitz. Selbst wenn sie es verlieren würde, sagte Gott, würde er sie immer wieder dorthin zurückbringen. Denn dazu hatte er sich mit einem Eid verpflichtet. Daher gibt es eine Zukunft für Israel. Ich glaube, dass Paulus dieser Ansicht war. In Römer 9–11 erklärte er Folgendes: Auch wenn sie seinen Gott verworfen hätten, Gott verwerfe sie nicht. Nach der Errettung aller Heiden werde „ganz Israel" gerettet werden. Gott lässt sich nicht von Menschen oder Völkern scheiden; er hält an ihnen fest. Zudem glaube ich, dass Jesus wiederkommen wird, um auf dieser Erde zu herrschen. Dann werden Juden und Christen in einer Herde unter einem Hirten zusammengebracht und schließlich wird die Königsherrschaft für Israel wiederhergestellt.

Die letzte Frage der Jünger an Jesus steht in Apostelgeschichte 1: „Wann stellst du die Königsherrschaft für Israel wieder her? Wird es jetzt geschehen?" Jesus antwortete ihnen nicht, das sei eine dumme Frage; er sagte, es sei nicht ihre Sache, das Datum zu kennen, das der Vater festgesetzt hätte. Sie irrten sich also nur im Timing. Die Königsherrschaft wird wiederhergestellt, doch noch nicht gleich. Dann beauftragte er sie damit, allen Nationen das Evangelium zu verkünden.

Wir müssen also der Tatsache ins Auge sehen, dass es diese vielen verschiedenen Ansichten gibt, die alle damit enden, dass das alte Israel ausgelöscht wird; bis auf die eine Sichtweise, die ich akzeptieren kann. Ich glaube, dass Gott seine Versprechen nicht bricht. Sollte Gott tatsächlich nicht an Israel festhalten können, kann er auch uns nicht treu bleiben.

Fazit

Joels Prophetie gibt uns wichtige Informationen über den Charakter Gottes. Sie lehrt uns, wie er an seinem Volk und an der Welt, die uns umgibt, handelt. Joels Weissagungen haben sich bisher nur teilweise erfüllt, doch wir erwarten ihre schlussendliche Erfüllung. Dann wird Gott diesen Zeitabschnitt der Geschichte zu Ende bringen und sein Volk an sein Herz ziehen, so, wie er es versprochen hat.

20.
DIE PROPHETEN AMOS und HOSEA

Einleitung

Amos und Hosea weissagten während des achten Jahrhunderts vor Christus. Die beiden Bücher, die nach ihnen benannt sind, gehören zu den Schriften, die sehr früh in den biblischen Kanon aufgenommen wurden. Obwohl sie sich auf das Nordreich (d.h. Israel, nicht Juda) konzentrierten, ist es von Nutzen, ihre Aussprüche im Kontext der sonstigen Weltereignisse zu betrachten; insbesondere, weil wir Aspekte unserer modernen Gesellschaft bis in die damalige Zeit zurückverfolgen können. Danach werden wir die Lage in Israel untersuchen, bevor wir uns gesondert mit dem Wirken der Propheten auseinandersetzen.

Die menschliche Ebene

Wir wissen aus der Geschichte, dass Rom und Karthago im achten Jahrhundert vor Christus gegründet wurden. Große Rivalität zwischen diesen beiden Städten führte zu den Punischen Kriegen, aus denen Rom schließlich siegreich hervorging. Dieser Sieg war die Grundlage für den Aufbau des Römischen Reiches. Das Römische Recht wurde schrittweise eingeführt, bald gefolgt von den riesigen Straßenbauprojekten, die für die römische Herrschaft charakteristisch waren. Diese Straßennetze ermöglichten 700 Jahre später die Verbreitung des Evangeliums.

Auch die Olympischen Spiele in Griechenland nahmen während dieses Jahrhunderts ihren Anfang. Die fanatische Sportbegeisterung des Menschen hat also ihre Wurzeln in der Antike! Doch noch wichtiger war die Verbreitung der griechischen Sprache im Mittelmeerraum, wobei Homer zu den bekanntesten griechischen Autoren zählt. Die Griechen errichteten viele Stadtstaaten und entwickelten eine neue Regierungsform, die als Demokratie bekannt wurde (obwohl der damaligen Version in gewisser Hinsicht die Gleichberechtigung fehlte, die wir heute mit diesem Begriff verbinden.).

Im Osten traten die chinesische und die indische Zivilisation in Erscheinung. Man kann daher sagen, dass sich Israel und Juda im Zentrum des Zivilisationswachstums zu befanden. Sowohl im Osten als auch im Westen entwickelten sich neue Kulturen, und viele Reisende durchquerten das Land.

Die göttliche Ebene

Gottes Beziehung zu seinem Volk befand sich in einer schwierigen Phase. Seine Absicht war es, dass sie als Vorbild dem Rest der Welt zeigen sollten, wie eine Beziehung zu ihm aussehen könnte. Darum hatte er sie an der „Hauptkreuzung" der Welt platziert. Sein Bund, den er mit ihnen zur Zeit des Mose am Sinai geschlossen hatte, besagte Folgendes: Wenn sie ihm gehorchten, würde er sie mehr als jedes andere Volk segnen. Gehorchten sie ihm jedoch nicht, würde er sie mehr als jedes andere Volk verfluchen. Sie hatten also ein Privileg und eine Verantwortung. Doch im achten Jahrhundert sah sich Gott folgendem Dilemma gegenüber: Was sollte er mit einem Volk tun, das sich weit von ihm entfernt hatte?

Zwei Königreiche

Ein kurzer Überblick über die vorangegangene Geschichte hilft uns dabei, Gottes Sorgen nachzuvollziehen. Im achten Jahrhundert vor Christus hatte sich das Volk Gottes bereits in zwei Königreiche aufgespalten. Sie waren zunächst zu einem Königreich mit einem menschlichen König geworden. So hatten sie es sich 200 Jahre zuvor gewünscht. Doch sie mussten auch alles ertragen, was mit dieser Königsherrschaft einherging: Steuern, um den verschwenderischen Lebensstil des Königs zu finanzieren und die Wehrpflicht, um das Land zu verteidigen.

Dieses Königreich sah nur drei Könige, bevor es zur Spaltung kam. Der erste Monarch war Saul, er repräsentierte die „Wahl des Volkes". Er sah gut aus und war hochgewachsen, doch hatte er einige ernstzunehmende Charakterschwächen.

Als er daran scheiterte, Gottes Wort zu gehorchen, gab Gott dem Volk einen Mann seiner eigenen Wahl: David. Er wird in 1. Samuel als „Mann nach dem Herzen Gottes" beschrieben. Obwohl er einen hervorragenden Anfang nahm, wurde auch er von der Sünde verführt. Ein lüsterner Blick führte dazu, dass er fünf der zehn Gebote brach. Danach war er nie wieder der Alte. Der Verfall der Macht Israels begann an diesem verhängnisvollen Nachmittag.

Der dritte Monarch war Salomo, Davids Sohn. Er bescherte dem Königreich großen Ruhm. Während seiner Herrschaft befand sich Israels Imperium auf dem Gipfel seiner Macht. Allerdings erreichte er dies durch hohe Steuern und Zwangsarbeit. Er hinterließ einen prachtvollen Tempel und gleichzeitig ein geteiltes Volk. Die Stämme im Norden waren unzufrieden damit, dass die Ressourcen des Königreiches nur Jerusalem im Süden des Landes zugutekamen.

Sobald Salomo gestorben war, kam es zum Bürgerkrieg. Der Norden rebellierte gegen den Süden. Schließlich wurde das Königreich geteilt. Die zehn Stämme im Norden nannten sich daraufhin Israel. Die beiden Stämme im Süden blieben Jerusalem und der königlichen Nachkommenschaft treu und hießen seither Juda.

Das brachte natürlich mit sich, dass der Norden weder einen Tempel noch eine königliche Familie hatte. So errichteten sie ihre eigenen heiligen Stätten in Bethel und Samaria und erwählten eine eigene Königsfamilie. Sie war unabhängig von der Nachkommenschaft Davids, die Gott zu segnen versprochen hatte.

Die Geschichte Israels, die in den Büchern der Könige niedergeschrieben wurde, berichtet über die hoffnungslosen Regierungszeiten dieser Könige des Nordreichs. Die durchschnittliche Länge ihrer Herrschaft betrug drei Jahre. Viele von ihnen wurden ermordet, und es gab mehrere erfolgreiche Putschversuche. Es war eine instabile Regierung, was uns nicht überraschen sollte. Schließlich gründete sie sich nicht auf die von Gott auserwählte königliche Abstammungslinie.

Dem Süden erging es besser. Seine Könige herrschten im Durchschnitt 33 Jahre. (Interessanterweise geht man davon aus, dass Jesus 33 Jahre alt war, als er starb.)

Gesellschaftliche Verhältnisse

Frieden

Wir müssen die gesellschaftlichen Verhältnisse im Norden verstehen, um die Botschaften von Amos und Hosea richtig einordnen zu können. Es war eine Zeit des Friedens und des Wohlstandes. Assyrien war die Supermacht der damaligen Zeit, doch Jonas Reise nach Ninive hatte diese Bedrohung für Israel erfolgreich hinausgeschoben, zumindest für einige Zeit. Die damalige Generation der Assyrer hatte über ihrer bösartigen Kriegstreiberei Buße getan. Daher fürchtete man sich zunächst nicht mehr vor einer Invasion aus Assyrien.

Wohlstand

Die Folge war, dass Israel eine Zeit großen Wohlstands

genoss, insbesondere unter König Jerobeam II, dessen Herrschaft das Land vorübergehend stabilisierte. Die Wirtschaft profitierte davon, dass Israel an den Handelswegen zwischen Europa und Arabien lag. Einige Kaufleute und Bankiers wurden daher sehr wohlhabend.

Reiche und Arme

Obwohl der Lebensstandard anstieg, spaltete sich die Gesellschaft in Arme und Reiche. Viele genossen die Konsumgesellschaft mit ihren Luxusgütern. Der letzte Schrei war ein Zweitwohnsitz, ein sogenanntes Sommerhaus. Dorthin zog man sich in der Sommerhitze zurück. Es lag meistens in den Bergen. Eine neue Aristokratie entstand, Neureiche, die es schnell zu Wohlstand gebracht hatten. Doch die Lage auf dem Wohnungsmarkt wurde zum Problem, weil die Reichen immer reicher und die Armen immer ärmer wurden. Die Wohlhabenden verfügten über eine Zweitwohnung, doch viele Menschen hatten überhaupt kein Obdach.

Moralische Konsequenzen

Moralisch gesehen waren die Auswirkungen dieses Überflusses klar erkennbar: Es gab Finanzskandale, Bestechung und Korruption. Selbst die Gerichtsbarkeit war verdorben. Ohne Bestechung der Richter war vor Gericht nichts zu erreichen. Schnell führte man im Handel die Siebentagewoche ein, weil dadurch mehr Gewinne zu erzielen waren. Die Geldgier führte zu Ungerechtigkeit, der Überfluss zu sittlichem Verfall. Sexuelle Freizügigkeit war an der Tagesordnung, während der Alkoholkonsum stark zunahm. Obwohl dies alles vor 2700 Jahren geschah, sind die Parallelen zu unserer modernen westlichen Kultur unübersehbar.

Religion
Auch das religiöse Leben erlebte einen Aufschwung, doch er betraf nicht die Religion Israels. Vielmehr interessierten sich die Menschen immer mehr für den Glauben anderer Nationen. Sie wandten sich insbesondere der Religion der Urvölker Kanaans zu. Das schloss auch die Glaubenspraktiken des Ostens und des Westens mit ein, welche die reisenden Händler ins Land brachten, ebenso wie den kanaanitischen Kult um „Mutter Natur". Die Gläubigen hatten sogar Geschlechtsverkehr mit männlichen und weiblichen Prostituierten in den Tempeln in Bethel und Samaria. Sie glaubten, dass dieses Vorgehen Gott dazu bringen würde, ihre Ernten zu segnen. Sie stellten auch ein goldenes Kalb in Bethel auf. Dadurch verstießen sie ganz direkt gegen Gottes Gesetz, das Götzenbilder verbietet. So war Gottes heiliges Volk, das eine königliche Priesterschaft und eine heilige Nation sein sollte, genauso geworden, wie alle anderen Völker auch.

Gott hätte jedes Recht gehabt, sich ihrer zu entledigen und mit einem anderen Volk neu anzufangen. Doch das entspricht nicht seinem Charakter. Er hatte das Volk Israel geheiratet, und er hasst Scheidung. Da er mit ihnen einen Bund geschlossen hatte, war er entschlossen, daran festzuhalten. Gleichzeitig konnte er jedoch ihr Verhalten nicht einfach ignorieren. Bei der Gesetzgebung zur Zeit des Mose hatte er ihnen angekündigt, dass er sie verfluchen müsste, wenn sie ihm nicht gehorchten. Die Bücher Amos und Hosea vermitteln uns, auf welche Art und Weise er sein Volk disziplinierte.

Gottes Erziehungsmaßnahmen

Nahrungsmittelknappheit
Da das Volk Fruchtbarkeitskulten huldigte, war es angemessen, dass Gott ihnen demonstrierte, dass ihre sexuelle Freizügigkeit sich nicht positiv auf die Ernten auswirkte. Ganz im Gegenteil, es gab Ernteausfälle.

Gott sagte zu ihnen: „Wacht auf! Ihr seid von mir abhängig, nicht von den Fruchtbarkeitsgöttinnen." Doch nach dieser Katastrophe, wie nach den anderen auch, musste Gott immer wieder feststellen: „Dennoch seid ihr nicht zu mir umgekehrt" (Amos 4,6; SLT). Trotz der Nahrungsmittelknappheit setzen sie ihre heidnischen Praktiken fort.

Wassermangel
Als nächstes ließ Gott frisches Trinkwasser knapp werden. Das war natürlich ein großes Unglück für Israel, das von regelmäßigen Regenfällen abhängig war.

Befallene und zerstörte Ernten
Mehltau und Heuschrecken zerstörten die Ernten, so dass das Tierfutter knapp wurde. Für ein Volk, das mit Gott im Bunde war, wäre es naheliegend gewesen, sich nun an Gott zu wenden. Sie hätten ihn fragen sollen, was denn schiefgelaufen sei. Doch Israel weigerte sich, genau das zu tun.

Seuchen und Überfälle
Gott hatte die Ernten und die Tiere bereits in Mitleidenschaft gezogen. Jetzt schickte er dem Volk Seuchen. Feindliche Überfälle raubten ihnen zudem ihren Viehbestand. Wir können erkennen, dass jede Strafmaßnahme schwerwiegender war als die vorangegangene. Jetzt betraf es die Menschen ganz direkt und persönlich. Doch sie kehrten immer noch nicht zu Gott um.

Feuerstürme
Gott ließ auch zu, dass Blitze in einigen Städten einschlugen. Das führte zur Zerstörung riesiger Wohngebiete. Doch nichts davon hatte irgendwelche Auswirkungen. So lange den Menschen noch ihr Geld blieb und sie ihre Sommerhäuser

genießen konnten, war es ihnen gleichgültig. Zusätzlich zu seinen Warnungen schickte Gott ihnen zwei weitere Katastrophen. Es schien, als würde Gott verzweifelt versuchen, ihre Aufmerksamkeit zu erlangen.

Erdbeben

Es war viel mehr als nur ein leichtes Erzittern der Erde. Zirka 250 Jahre später bezeichnete Sacharja es als „das Erdbeben". Es demonstrierte Gottes Allmacht über die Natur und erinnerte die Menschen an die Vergänglichkeit ihres Lebens. Doch immer noch weigerte sich das Volk, zu Gott umzukehren.

Exil

Schließlich setzte Gott sein letztes Erziehungsmittel ein: Israel wurde von den Assyrern überfallen und deportiert, um nie wieder zurückzukehren. Dies geschah 721 v. Chr., 30 Jahre nach der Prophetie des Amos und zehn Jahre nach Hosea. Der Preis für ihren Ungehorsam mag uns sehr hoch erscheinen, allerdings hatte Gott Israel immer wieder davor gewarnt; nicht nur durch Strafmaßnahmen und Katastrophen, sondern auch durch die beiden Propheten. Sie bekräftigten und erklärten, was Gott gerade tat und wozu er sich letztendlich gezwungen sehen würde.

In Amos 3,7 heißt es: „Gott, der Herr, tut nichts, ohne sein Geheimnis vorher seinen Dienern, den Propheten, anvertraut zu haben" (NLB). Gottes Gnade ist so erstaunlich. Er straft niemals, ohne vorher einen Propheten zu schicken, der dem Volk erklärt, was geschehen wird, wenn es sein Verhalten fortsetzt. Das Buch der Offenbarung im Neuen Testament ist eine Warnung Gottes. Es beschreibt, was Gott über die ganze Welt bringen wird. Doch die Menschen wenden sich ihm immer noch nicht zu. Was soll Gott denn noch tun, um die Menschheit zu erreichen?

Propheten der „letzten Chance"

Amos und Hosea waren die Propheten der „letzten Chance", die Gott nach Israel schickte. Sie warnten das Volk vor dem, was Gott tun müsste, wenn es sich ihm nicht wieder zuwandte. Die beiden Propheten waren sehr unterschiedlich. Amos war knallhart; Hosea hingegen war liebevoll. Amos kam als Ankläger, der ihnen ihre Fehler sehr deutlich vor Augen führte. Hosea trat als Werbender auf, der sie leidenschaftlich dazu aufforderte, zum Herrn zurückzukehren. Während Amos zu ihrem Verstand sprach, redete Hosea ihnen zu Herzen. Amos konzentrierte sich auf Gottes Gerechtigkeit, Hosea jedoch legte den Schwerpunkt auf die Gnade Gottes. Amos vermittelte dem Land Gottes Gedanken, während Hosea ihm Gottes Gefühle zeigte. Es gibt auch Überschneidungen, doch diese allgemeinen Merkmale kennzeichnen die Botschaften dieser beiden so unterschiedlichen Propheten. Interessanterweise sind Gottes letzte Worte in Hoseas Prophetie ein sehr liebevoller und emotionaler Aufruf. Er vermittelt die Hoffnung Gottes, dass Israel umkehren möge. Dadurch könnte er von dem Gericht Abstand nehmen, das er sonst über sie bringen müsste.

AMOS	**HOSEA**
Bauer aus dem Süden	Städter aus dem Norden
Warnend	Werbend
Schwere Anklage	Liebevoller Aufruf
Gottes Gerechtigkeit	Gottes Gnade
Göttlicher Zorn	Göttliche Liebe
Gottes Heiligkeit	Gottes Erbarmen
Gesellschaftliche Sünde	Geistliche Sünde
Ungerechtigkeit	Götzendienst
International	National
„Sucht Gott"	„Erkennt Gott"

Das Buch Amos

Im Jahr 750 v. Chr. erschien ein Mann in Bethel. Er stand auf den Stufen zum Tempel und predigte. Sein Akzent verriet, dass er aus dem Süden stammte, daher musste er mit einer feindseligen Reaktion rechnen. Grund dafür waren seine Herkunft und der Inhalt seiner Botschaft.

Von Berufs wegen gehörte Amos zu den ärmsten Bauern überhaupt. Er war Viehhirte und züchtete Maulbeerfeigenbäumen. Diese Tätigkeit zählte zu den absoluten „Niedriglohnjobs", weil Maulbeerfeigen den Armen als Nahrung dienten. Er hatte folglich keine theologische Ausbildung und war auch kein offensichtlicher Kandidat für das Amt eines Predigers. Doch weil er sich der Autorität Gottes untergeordnet und seine Gnade empfangen hatte, war er genau der richtige Mann für diese Aufgabe.

Er stammte aus Tekoa, 20 Kilometer südlich von Jerusalem. Der Ort lag im Herzen des Südreichs, am Rande der Wüste. Gott sprach zu diesem Mann aus der untersten Schicht der Gesellschaft und sagte: „Du bist der richtige Mann. Geh zu den Menschen im Norden und sag ihnen, was auf sie zukommen wird."

Das siebte Kapitel des Buches Amos gibt uns einen bemerkenswerten Einblick in sein persönliches Leben und seine Reaktionen auf die Geschehnisse um ihn herum. Dieses Kapitel verdeutlicht uns zwei außergewöhnliche Tatsachen:

1. Seine Gebete beeinflussten Gott.
2. Seine Predigten verärgerten die Menschen.

Seine Gebete beeinflussten Gott

Einmal zeigte Gott ihm zwei Bilder: Im ersten Bild verschlangen Heuschrecken alles auf dem Land, im zweiten zerstörte ein Feuer alles in der Stadt. Er war durch diese Visionen zutiefst erschrocken und sagte sinngemäß zu Gott: „Allmächtiger Herr, ich flehe dich an, tu es nicht!" Er fragte Gott, wie Jakob (d.h. Gottes Volk) einen solchen Ansturm überleben sollte. Er bat Gott eindringlich, es nicht zu tun, und Gott nahm Abstand von seinem Plan, den er ihm zuvor gezeigt hatte.

Zwei Dinge sind an dieser Unterhaltung bemerkenswert: Erstens, dass Gebet Gott auf diese Art und Weise beeinflussen kann. Gott schien seinen Plan genau so zu ändern, wie Amos ihn gebeten hatte. Mose machte dieselbe Erfahrung und natürlich Jesus, der am Kreuz hing und betete: „Vater, vergib ihnen! Denn sie wissen nicht, was sie tun."

Die Lektion aus dieser Unterhaltung zwischen Amos und Gott ist eindeutig: Unsere Gebete werden niemals seinen Charakter verändern, doch sie können seine Pläne abändern. Wir haben keinen unpersönlichen Gott, der alles in Stein meißelt. Wir haben einen Gott, der uns hört und bereit ist, sich von uns überzeugen zu lassen.

Der zweite erstaunliche Aspekt ist, dass Amos die Nation „Jakob" nannte und nicht „Israel". Damit bezog er sich auf den listigen Betrüger, den Mann, der seinen eigenen Vater täuschte, um gesegnet zu werden. Erst später wurde er in Israel umbenannt. Es scheint, als ob Amos Gott absichtlich an die zweifelhafte Vergangenheit des Menschen erinnerte, der dem Volk seinen Namen verliehen hatte. Damit machte er mit einem Wort auf virtuose Art und Weise deutlich, dass Israel in seinen früheren Zustand zurückgekehrt war. Es verhielt sich wieder so, wie Jakob, bevor er Gott begegnete und mit dem Engel rang.

Das siebte Kapitel berichtet über eine weitere Vision des Amos: Der Herr stand auf einer Mauer mit einem Senkblei in der Hand. Gott zeigte Amos, dass er Israel an seinen eigenen Standards messen würde, nicht an den Maßstäben des Volkes. Gericht war die unvermeidbare Folge.

Seine Predigten verärgerten die Menschen

Es war voraussehbar, dass Amos' Predigten die religiösen Führer verärgern würden. Propheten sind bei Priestern und Pastoren nicht beliebt. Da sie typischerweise am Ist-Zustand etwas auszusetzen haben, werden sie als Bedrohung wahrgenommen. Amazja, der Priester, war besonders besorgt über den Einfluss des Amos und stellte sich ihm schließlich entgegen. Doch Amos predigte unerschrocken weiter und sagte den Untergang Jerobeams, seiner Frau und seiner Familie voraus.

Gott gab Amos seine Botschaften auf zwei Arten. Im Wachzustand hatte er Visionen und im Schlaf sah er Träume. Ein Prophet wurde im Alten Testament auch als „Seher" bezeichnet, weil er Dinge sehen konnte, die anderen Menschen verborgen blieben. Er konnte erkennen, was wirklich passierte, und er konnte in die Zukunft blicken.

Der biblische Text berichtet häufig über das, was Amos sah. Eines der vielsagendsten Bilder, das einen Höhepunkt seiner Prophezeiung darstellte, zeigte einen Korb mit Sommerobst. Die Früchte waren so reif, dass sie schon fast faulten. Die Botschaft war eindeutig: Israel war reif zum Verderben.

Er beschrieb auch Gott selbst, ausnahmslos als einen Löwen. Zu dieser Zeit gab es noch Löwen im Land Israel. Sie lebten im Dickicht entlang des Jordanflusses und kamen von dort in die Berge, um Schafe zu reißen. Löwen waren dem Volk daher wohlbekannt.

Amos sagte: „Gott, der Löwe, hat gebrüllt, wer fürchtet sich da nicht?" (siehe Amos 3,8). Er malte ihnen ein grausames Bild dessen vor Augen, was mit Israel geschehen würde. Israel würde wie ein Lamm sein, das von einem Löwen erjagt wurde. Der Hirte könnte dem Rachen des Löwen gerade noch ein Ohr und ein Paar Unterschenkel entreißen. Das wäre alles, was von Israel übrigbliebe – ein Ohr und die Überreste eines Beinpaares.

Diese anschauliche Bildsprache regte die Neugier und das Vorstellungsvermögen des Volkes an. Gott war als der Hirte Israels bekannt, daher muss es ein Schock für die Menschen gewesen sein, zu hören, dass er als Löwe beschrieben wurde.

Themen im Buch Amos

Die Prophetie des Amos besteht aus einer Sammlung von Predigten. Eine klare Struktur ist nicht erkennbar. Daher ist es schwierig, das Buch als Ganzes zu analysieren. Man hat den Eindruck, dass das Buch Zeitbomben in die Herzen der Menschen einbetten würde. Sie warten nur darauf, zum richtigen Moment in der Zukunft zu explodieren.

Wir können mehrere Themen erkennen:

Acht Gerichtsworte (Kapitel 1,1–2,16)
1. Damaskus
2. Gaza
3. Tyrus
4. Edom
5. Ammon
6. Moab
7. Juda
8. Israel

Drei Predigten (Kapitel 3–6)
1. „Und dennoch seid ihr nicht zu mir umgekehrt."
2. „Sucht mich und lebt!"
3. „Wehe …"

Fünf Symbole (Kapitel 7–8)
1. Eine Heuschreckenplage
2. Ein Feuerregen
3. Ein Senkblei

4. Ein Korb mit reifem Sommerobst
5. Die Zerstörung des reifen Obstes

Drei Überraschungen (Kapitel 9)
1. Der Wiederaufbau des Hauses Davids
2. Die Rückkehr des Volkes
3. Die Fruchtbarkeit des Landes

Ein poetisches Buch

Obwohl es im Buch Amos wenig Struktur gibt, ist die Literaturform sehr bewusst gewählt. In der gesamten Bibel kann man deutlich zwischen Poesie und Prosa unterscheiden. Die Lyrik vermittelt uns Gottes Gefühle zu einer Situation, die Prosa seine Gedanken. Vielen Lesern ist nicht klar, dass die Bibel sehr stark von den Gefühlen Gottes geprägt ist. Gott hat ein reiches Gefühlsleben. Wir müssen verstehen, was ihn zornig und was ihn traurig macht, was bei ihm Ekel verursacht und was Gott glücklich sein lässt. Viele Menschen kreisen nur um ihre eigenen Gefühle Gott gegenüber. Doch unsere Zukunft hängt von den Gefühlen ab, die er für uns hegt.

Manche poetische Texte vermitteln Leichtigkeit und bauen den Leser auf. Andere hingegen sind schwere Kost und werden als Klagelieder bezeichnet. Die Poesie des Amos gehört zu dieser zweiten Kategorie.

Wiederholung

Amos verwendet das Stilmittel der Wiederholung. Gerade bei einem mündlichen Vortrag entfaltet es seine besondere Wirkung. Er will, dass seine Hörer folgende Botschaft verinnerlichen: Obwohl Gott ihnen Leid geschickt hat, wenden sie sich ihm nicht zu. Daher wiederholt er immer wieder den Satz: „Dennoch seid ihr nicht zu mir umgekehrt."

Betrachten wir nun Kapitel 1. Wir werden feststellen wie gekonnt er seine Worte anordnet. Sein Refrain in diesem Abschnitt lautet: „Wegen drei Verbrechen ... und wegen vier."

Die Unmenschlichkeit der Nachbarn Israels
Zunächst verurteilt er die Nachbarn Israels. Er konzentriert sich auf Damaskus und die Frage, wie sehr seine Herrscher und seine Bewohner Gottes Strafgericht verdient hätten. Damaskus gehörte nicht zum Volk Gottes, daher musste es sich insbesondere für seine Unmenschlichkeit und Grausamkeit verantworten. Dann wettert er gegen Gaza, das für seine Brutalität bekannt war und gegen Tyrus, das Verrat begangen hatte. Zweifellos sind Amos' Zuhörer bis zu diesem Zeitpunkt mit seiner Botschaft einverstanden.

Die Gemeinheit der Vettern Israels
Dann wendet er sich den ethnischen Vettern Israels zu – Edom, Ammon und Moab. Gott werde Edom für seine Schonungslosigkeit heimsuchen, Ammon für seine Unmenschlichkeit und Moab dafür, dass es heilige Dinge mit Füßen tritt. Auch jetzt ist ihm die Zustimmung seiner Zuhörer noch sicher.

Die Untreue der Schwester Israels
Nun rückt er noch ein wenig näher an Israel heran. Er verurteilt die Schwester Israels, das Südreich Juda. Gott werde Juda dafür bestrafen, dass es das Gesetz Gottes verworfen habe und den Lügenworten der Menschen gefolgt sei.

Die Abgestumpftheit der Kinder Israels
Dann kommt der Schock. Gerade als Amos sein Publikum auf seiner Seite hat, verkündet er ihm, dass Gott auch sie richten werde. Sie hätten sich schon so an die Sünde gewöhnt, dass sie keine Scham mehr empfänden, sagt er

ihnen. Und was noch schlimmer sei: Sie scheinen es nicht einmal selbst zu merken. Erlösung in der Vergangenheit bringt Vergeltung in der Zukunft mit sich, das ist die Hauptbotschaft, die der Prophet Israel verkündet. Da Gott sie aus allen Familien der Erde erwählt habe, müsse er sie auch härter bestrafen. Die Vertragsbestimmungen des Bundes am Berg Sinai legten göttlichen Segen als Folge des Gehorsams und göttlichen Fluch als Konsequenz für Ungehorsam fest. Diesen Bedingungen hatte das Volk freiwillig, ja sogar eifrig zugestimmt. Israel stand vor der Wahl, mehr als andere Nationen gesegnet zu werden – oder stärker verflucht zu werden. Wem viel gegeben ist, von dem wird auch viel gefordert werden, so lautet das göttliche Prinzip. Besondere Privilegien bringen eine größere Verantwortung mit sich.

Dieser Grundsatz setzt sich sogar im Neuen Testament fort. Christen haben das Evangelium gehört und sie kennen die Gebote. Daher wird Gott sie strenger beurteilen als andere Menschen.

In einer anderen Predigt verwendet Amos das Stilmittel der Wiederholung und gebraucht dabei ständig das Wort „weh" oder „wehe". So spricht er eine Reihe von Flüchen über den Ungehorsamen aus. Viele, die sich nach dem Tag des Herrn sehnten, hätten eine falsche Vorstellung von seiner Bedeutung, verkündet der Prophet. Sie gingen davon aus, dass am Ende alles gut werden würde. Selbstzufrieden führten sie ein dekadentes Leben. Doch sie müssten begreifen, dass die Befolgung von Ritualen keinen gerechten Lebensstil ersetze. Opfer seien zudem kein Surrogat für Heiligung.

„Sucht mich und lebt" ist das Grundmotiv einer weiteren Predigt. Israel solle aufhören, im eigenen Land nach Bequemlichkeit und Wohlstand zu streben, sagt Amos. Stattdessen müssten die Menschen den Herrn suchen. Sie sollten der Gerechtigkeit nachjagen. Wenn sie das täten, würde der Herr sie erhören und ihnen vergeben.

Die letzte Botschaft des Amos

Amos' letzte Botschaft hört sich besonders grimmig an. Die Vision vom Sommerobst vermittelt, dass Israel „reif zum Gericht" sei. Gott sagt hier, dass er sie niemals vergessen werde. Er verzeichnet alle ihre Sünden. Gott vergisst nur das, was er den Menschen vergeben hat, den Rest behält er für immer im Gedächtnis. Amos verkündet ihnen, dass die zehn Stämme Israels künftig unter die Nationen zerstreut würden, um niemals wieder zurückzukehren. Doch inmitten der Androhung dieser furchtbaren und dauerhaften Strafe scheint es, als ob auf einmal die Sonne durch die Wolken bricht, denn Gott sagt: „Diese Strafe gilt jedoch nicht für euch alle. Nur die Sünder in Israel werden verschwinden. Es wird einen Überrest geben. Ich werde die Hütte Davids wieder aufbauen und Nichtjuden hinzufügen, die euren Platz im Volk Gottes einnehmen werden." Ein Überrest, der Gott treu bleibt, wird also überleben. Er wird Teil eines erweiterten Gottesvolkes sein, das auch Nichtjuden miteinschließt.

Tatsächlich zitierte man 800 Jahre später die Worte dieser Prophezeiung, wie in Apostelgeschichte 15 nachzulesen ist. Damals trat das Apostelkonzil in Jerusalem zusammen, um über die Bedingungen der Zulassung von Nichtjuden zur Gemeinde zu beraten. Der Leiter der Urgemeinde in Jerusalem erinnerte das Apostelkonzil an diese Prophetie des Amos. Gott hatte versprochen, die Hütte Davids wieder aufzubauen und die Nichtjuden hinzuzufügen.

Das Buch Hosea

Zehn Jahre nachdem Amos in Bethel gepredigt hatte, erschien ein weiterer Prophet auf der Bildfläche. Er sollte der letzte Seher sein, den Gott zu den zehn Stämmen des Nordreiches Israel sandte. Wie schon gesagt, stand der Dienst Hoseas in starkem Kontrast zum Wirken des Amos. Sein bestimmender Grundton war Zuneigung statt Anklage,

Werbung statt Warnung, Zärtlichkeit statt Härte, Erbarmen statt Gericht. Es war Gottes letzter Aufruf an sein Volk, bevor die zehn Stämme in der Zerstreuung verschwanden.

Ein zentraler Begriff schließt uns die gesamte Prophetie auf. Es handelt sich um das hebräische Wort *chesed* (Das ch wird, wie beim deutschen Wort „Ach!", als Kehllaut ausgesprochen.) Dieses Wort hat keine genaue Entsprechung im Englischen und Deutschen. Es ist im Kern ein Bundeswort, d.h. es steht im Kontext von Bündnispartnern. Es bedeutet „Liebe", doch es hat inhaltlich auch sehr viel mit „Loyalität" zu tun. Man kann erst dann von wahrer Liebe sprechen, wenn sie auch Loyalität gegenüber dem Partner umfasst.

Chesed wird oft mit „Freundlichkeit", „Treue" oder „Gnade" übersetzt. „Treue" und „Gnade" finden wir über 100 Mal in unseren deutschen Bibeln, während „Freundlichkeit" neun oder zehn Mal vorkommt. Es geht dabei um unerschütterliche Liebe und Hingabe, die niemals aufhört. Es bedeutet, dass wir uns so an eine Person gebunden haben, dass wir sie weiterlieben, was immer auch geschehen mag.

Das alte englische Wort „troth" (Treuegelöbnis) kommt dem Begriff *chesed* ziemlich nahe (Der Begriff „betrothed", d.h. verlobt, wird immer noch verwendet.). Bemerkenswerterweise ist das Wort „troth" selbst mittlerweile ausgestorben, genau wie diese Art der Loyalität nicht mehr zu existieren scheint. Die Liebe entbehrt heute zu oft der Loyalität. Man genießt eine Zeit lang die Liebe eines Menschen, nur um ihn dann für einen neuen Partner fallenzulassen.

Die Bundesliebe Gottes

Die Beziehung zwischen Gott und Israel ist vollumfänglich von einer sog. Bundesliebe gekennzeichnet, d.h. es geht um *chesed*, um eine Liebe, die treu bleibt. Tatsächlich beschreibt das Buch Hosea die Bundesliebe, die Gott für seine Braut Israel hegt.

Gottes Part

Gott hatte sich durch den Bundesschluss dazu verpflichtet, sich um Israel zu kümmern, das Volk zu beschützen und es zu versorgen. Er hatte es aus Ägypten befreit und ihm am Berg Sinai angeboten, sein Volk zu werden. Dieses Angebot nahm Israel an. Gott wünschte sich einen freudigen und eifrigen Gehorsam, eine Braut, die so leben wollte, wie er es für sie vorgesehen hatte.

Israels Part

Israel sollte Gottes Anforderungen fröhlich nachkommen. Es durfte wissen, dass ihm Gottes Gebote zum Besten dienten, daher würde es eine Freude sein, ihnen zu gehorchen. Davids Psalmen verleihen dieser Freude an Gottes Ordnungen Ausdruck. Der längste Psalm der Bibel, Psalm 119, dreht sich einzig und allein um die segensreichen Auswirkungen des Gesetzes. Doch das Gottesvolk als Ganzes gehorchte den Geboten nicht. Zu Hoseas Lebzeiten war sein Versagen in aller Deutlichkeit zu erkennen.

Gott musste sie daher durch den Propheten Hosea fragen: „Was ist mit unserer Ehe geschehen?" Er versicherte ihnen, dass er ihnen weiterhin in Liebe und Treue verbunden sei. Doch gleichzeitig war ihm bewusst, dass er von ihnen sehr wenig Gegenliebe empfing.

Damit Hosea Gottes Gefühle besser nachvollziehen konnte, verordnete der Herr ihm eine außergewöhnliche Selbsterfahrung. Oft bereitete Gott einen Propheten durch seine persönlichen Beziehungen oder durch einen Mangel an Beziehungen auf seinen Dienst vor. So trug Gott Jeremia auf, nicht zu heiraten. Denn er sollte Juda verkünden, dass Gott sich jetzt auch im Stand eines Junggesellen befände. Diese Einsamkeit der Ehelosigkeit lehrte Jeremia, wie Gott sich ohne Israel fühlen musste. Gott verkündete Hesekiel, dass seine Frau sterben würde, doch er durfte nicht um sie trauern. So sollte der Prophet dem Südreich Juda vermitteln, dass auch Gott seiner Ehefrau beraubt worden war. Auf dieselbe Art und Weise lernte Hosea, wie Gottes Gefühlsleben aussah. Er hatte mehreren ungewöhnlichen Anweisungen zu gehorchen, die sein Eheleben betrafen.

Hintergrund (Kapitel 1–3)

Die Kapitel 1 bis 3 vermitteln uns den Hintergrund der Geschichte. Sie sind autobiografischer Natur und so ungewöhnlich, dass die Gelehrten darüber streiten, ob es sich um Fakten oder um reine Fiktion handelt. Manche bezweifeln auch, dass die Reihenfolge der Kapitel der tatsächlichen Abfolge der Ereignisse entspricht. Doch ich bin davon überzeugt, dass wir sie getrost ganz wörtlich nehmen können.

Die ersten drei Kapitel vermitteln uns die Handlung, die der Prophetie zugrunde liegt.

Kapitel 1: die Kinder
Hosea wurde aufgetragen, eine Prostituierte zu heiraten. Dieser Umstand war damals genauso schockierend, wie er es heute wäre, insbesondere für jemanden, den Gott als sein Sprachrohr gebrauchen wollte. Dem Paar wurden drei Kinder geboren, von denen mindestens eines nicht von Hosea stammte. Dann kehrte seine Frau zu ihrer früheren Beschäftigung zurück. Hosea ging ihr nach, brachte sie wieder nach Hause und disziplinierte sie. Für eine gewisse Zeit hatten sie keine eheliche Gemeinschaft. Dann warb er erneut um sie und wagte einen Neuanfang, indem er sie wieder wie seine Ehefrau behandelte. Die Namen ihrer Kinder sind eine Botschaft für sich. Das erste Kind war ein Junge, der Jesreel hieß. Der Name bedeutet „Gott sät". Er war ein sehr rebellisches und unbändiges Kind, das oft bestraft werden musste.

Das zweite Kind war ein Mädchen mit dem Namen Lo-Ruhama, was „Nicht-Erbarmen" bedeutet. Es war emotional unterversorgt oder beraubt, da seine Mutter es nicht liebte.

Das dritte Kind, ein Junge, wurde Lo-Ammi genannt, was übersetzt „Nicht-mein-Volk" heißt. Es war das Kind, das nicht von Hosea stammte, daher wurde der Junge verstoßen. Wir haben hier also drei Begriffe: bestraft, beraubt und verstoßen. Die Kinder sind ein Sinnbild dafür, wie Gott mit seinem Volk Israel umging. Ihre Namen waren daher für die Botschaft des Propheten von großer Bedeutung. Ich habe allerdings noch keine christlichen Eltern getroffen, die ihren Kindern einen dieser Namen gegeben hätten!

Kapitel 2: die Ehefrau

Das zweite Kapitel vermittelt uns drei Fakten über Hoseas Frau. Erstens: Sie wurde von ihren eigenen Kindern für ihr Verhalten getadelt. Ihre Kinder wussten, dass sich ihre Mutter falsch verhielt. Zweitens: Hosea bestrafte sie für ihr Fehlverhalten. Drittens: Sie wurde wieder als Ehefrau angenommen. Die Begrifflichkeiten sind auch hier eindeutig: getadelt, bestraft und wieder angenommen.

Kapitel 3: der Ehemann

Das Dreiermuster setzt sich auch bei Hosea selbst fort. Im dritten Kapitel erfahren wir drei Dinge über ihn.

Erstens: Er blieb seiner Frau treu, selbst, als sie ihm untreu wurde.

Zweitens: Er ging bestimmt und konsequent mit ihr um, als er sie eine Zeit lang nicht wie seine Ehefrau behandelte. Er brachte sie nach Hause zurück, doch er teilte nicht das Ehebett mit ihr. Das ist ein Sinnbild für die Zeit der Strafe im Exil, die Gott für das jüdische Volk festlegte.

Drittens, er wurde gefürchtet. Seine Ehefrau hatte eine gesunde Ehrfurcht vor ihm und bebte, wenn sie in seiner Gegenwart war. Das bedeutet, dass langsam aber sicher Respekt und Loyalität wieder in ihr Leben zurückkehrten.

Die Botschaft (Kapitel 4–14)

Die Kapitel 4 bis 14 enthalten die Botschaft, die sich aus dieser Beziehung entwickelte. Wie das Buch Amos besteht auch Hosea aus einer Sammlung von Predigten. Diese Sammlung lässt keine besondere Anordnung oder Reihenfolge erkennen. Dennoch können wir den Inhalt unter verschiedenen Überschriften zusammenfassen. Sie vermitteln uns die Hauptthemen und befähigen uns, die Botschaft besser zu verstehen.

Alles, was Hosea sagte, dreht sich um diese beiden Begriffe: *Israels Untreue* und *Gottes Treue*. Der Kontrast zwischen der *chesed*, die von Gott ausgeht, und der fehlenden Gegenliebe des Volkes ist das Kernthema seiner gesamten Prophetie.

So kann man Gottes Konflikt mit Israel zusammenfassen. Sein Mitgefühl mit seinem Volk entspringt diesem Dilemma: Wie geht man mit einem Volk um, das man liebt und das einen gleichzeitig jedoch betrügt?

Israels Untreue

Hosea identifiziert sieben Sünden, die wir „die sieben Todsünden Israels" nennen werden. Ihre Aufzählung zeigt, dass Gott ganz genau wusste, was unter dem Volk passierte.

1. **Treuelosigkeit:** Das Volk war sowohl seinen Eheversprechen als auch seinem Gott untreu geworden.

2. Unabhängigkeit: Die von Gott erwählte Regierung befand sich in Jerusalem. Doch das Nordreich Israel hatte sich seine eigene Königsfamilie auserkoren und sein eigenes Königreich errichtet. Unabhängigkeit ist zweifellos der Wesenskern der Sünde. Die Menschen in Israel hatten damit praktisch signalisiert, dass Gott nicht über sie herrschen sollte. Sie zogen ihr eigenes Königreich dem von Gott erwählten vor. Dadurch rebellierten sie aktiv gegen den König im Südreich, den Gott bestimmt hatte.

3. Intrigen: Die fehlende Loyalität Gott gegenüber spiegelte sich auch in den zwischenmenschlichen Beziehungen wieder. Sie zeigte sich darin, dass die Menschen hinter dem Rücken schlecht übereinander redeten, heimliche Abmachungen trafen und dass bei vielen Missstimmung herrschte.

4. Götzendienst: Das goldene Kalb von Samaria spielt in Hoseas Prophetie eine große Rolle. Das Volk akzeptierte in aller Öffentlichkeit die Götter der Kanaaniter und nahm an heidnischen Praktiken teil. Die Höhenheiligtümer der kanaanitischen Religion wurden verehrt.

5. Unmoral: Der Stier war ein Fruchtbarkeitssymbol, und sexuelle Unmoral wurde zum Normalfall. Die Vorschriften des mosaischen Gesetzes über sexuelle Praktiken wurden zugunsten der freizügigen Regeln der Nachbarvölker über Bord geworfen. Wie schon zuvor ausgeführt, wurde diese Art der Unmoral sogar religiös begründet, obwohl sie im Gegensatz zu Gottes heiligem Gesetz stand.

6. Ignoranz: Die Reaktionen auf Hoseas Prophetie verdeutlichen, dass Israel größtenteils gar nicht wusste, dass und wie es Gottes heiliges Gesetz ignorierte. Doch der entscheidende Punkt war, dass die Menschen nicht nur Gott nicht kannten. Sie wollten auch gar nichts von ihm wissen.

7. **Undankbarkeit:** Gott veranschaulicht die Undankbarkeit des Volkes durch mehrere Bilder, die er Hosea sehen lässt. Sie würden sich den Menschen gut einprägen.

Im siebten Kapitel verwendet Hosea mehrere Bilder, um den Charakter Israels zu beschreiben. Keines davon ist schmeichelhaft. Er vergleicht die bösartigen Leidenschaften des Volkes mit einem brennenden Ofen, der bereitstehe, um Brot zu backen. Hosea setzt die Menschen auch mit einem Brotfladen gleich, der nicht gewendet wird. Auf einer Seite verbrennt er, auf der anderen wird er nicht gar. Ein solcher Fladen ist vollkommen ungenießbar. Er ist ein Bild für die Bereitschaft des Volkes, falsche Kompromisse einzugehen. Seine Halbherzigkeit macht es tatsächlich unbrauchbar.

Hosea malt seinen Zuhörern auch das Bild einer flatternden Taube in einem Fangnetz vor Augen. Israel ist niemandem treu geblieben, am wenigsten seinem Gott. Die Nation wendet sich in einem Moment Ägypten zu, im nächsten dann wieder Assyrien. Doch niemals kehrt sie zu Gott um. Daher muss er sie einfangen und bestrafen.

Die Schuldigen

Nach seiner Aufzählung der Todsünden macht Hosea vier Bevölkerungsgruppen aus, die seiner Einschätzung nach für diesen trostlosen Zustand verantwortlich sind.

1. **Die Priester:** Sie hätten Gott kennen und das Volk an das Gesetz erinnern müssen. Wenn die Menschen sündigten, oblag es den Priestern, ein Sühneopfer zu ermöglichen. Doch die Priester hatten sich ihrer

Verantwortung entledigt. Statt ein gutes Vorbild zu sein, benahmen sie sich genauso daneben wie der Rest der Bevölkerung.

2. **Die Propheten:** In Israel gab es eine große Anzahl von Weissagern. Doch es handelte sich ausschließlich um falsche Propheten. Sie verkündeten dem Volk Gottes, dass es sich um sein Verhalten keine Sorgen machen sollte. Sie behaupteten zudem, dass Gott die furchtbaren Dinge nicht über sie bringen würde, die er verheißen hatte. Das war natürlich genau die Botschaft, die die Menschen hören wollten. Doch Gott braucht Männer, die dem Volk sagen, was es nicht hören will, selbst wenn es sie einen Preis kostet.

3. **Die Prinzen (oder Könige):** Obwohl Gott die Königsfamilie des Nordreiches nicht erwählt hatte, war sie dennoch für das Volk verantwortlich. In gewisser Hinsicht hatten die Könige die Funktion von Pastoren. Sie mussten sicherstellen, dass die Menschen Gottes Gesetz gehorchten. Doch nur sehr wenige dieser Könige scherten sich überhaupt darum, wie die Nation auf Gottes Gebote reagierte. Viele Menschen nahmen sich die Könige zum Vorbild. Beobachteten sie unmoralisches Verhalten an der Spitze des Volkes, gingen sie davon aus, dass auch sie sich so verhalten durften.

4. **Die Profiteure:** Viele Geschäftemacher schlugen großen Profit aus dem Immobilienmarkt, während die Armen jedes Mal den Kürzeren zogen. Das Gesetz Gottes verbot es ganz eindeutig, Zinsen zu nehmen und die Armen auszubeuten. Hosea stellt diese Wucherer als Menschen dar, die einen zerstörerischen Einfluss auf die Gesellschaft ausübten.

Das Gericht

Hosea verkündet Israel, dass Leid in drei Bereichen über sie kommen wird:

1. **Unfruchtbarkeit:** Der Prophet kündigt ihnen Fehlgeburten an. Einige Frauen werden überhaupt nicht empfangen können. Andere werden ihre Säuglinge nach der Geburt verlieren.

2. **Blutvergießen:** Als Nächstes sagt Gott einen Feind voraus, der sie angreifen und viele von ihnen töten wird. Der Höchste wird sie nicht verteidigen.

3. **Verbannung:** Schließlich wird dieser Feind Israel besiegen und aus seinem Land wegführen.

Gottes Treue

Diese Strafandrohungen stellen die harte Seite der Prophetie Hoseas dar. Obwohl er zarter besaitet ist als Amos, konfrontiert er das Volk mit einer schonungslosen Prognose. Doch diese Herausforderung ist nicht sein Hauptmotiv. Sein Schwerpunkt liegt auf Folgendem: Trotz des weitverbreiteten Ungehorsams des Volkes bleibt Gott ihm immer noch treu.

Der zweite Timotheus-Brief trifft eine Aussage über unsere Beziehung zu Jesus. Dort heißt es, dass Jesus uns verleugnen wird, wenn wir ihn verleugnen. Doch auch wenn wir ihm untreu sind, bleibt er uns dennoch treu. Diese Verse könnten direkt aus dem Propheten Hosea entnommen sein.

Denn die gute Nachricht lautet folgendermaßen: Gott hat Erbarmen mit seinem Volk Israel. Das ist der wahre Kern der Botschaft Hoseas.

Weil Gott die Menschen in Israel liebt, kann er sie nicht ihrer *Verantwortung* entbinden, er kann sie *nicht gehenlassen* und er kann sie auch *nicht im Stich lassen*.

GOTT KANN SIE NICHT IHRER VERANTWORTUNG ENTBINDEN (5,10–6,6)

Dieser Abschnitt beschreibt, wie sehr Gott ihr vermeintliches Bußbekenntnis zuwider ist. Er sagt Folgendes: „Ich werde Ephraim und Juda zerreißen wie ein Löwe seine Beute zerreißt. Ich werde sie wegtragen und alle Retter verscheuchen. Ich werde sie verlassen und in mein Haus zurückkehren bis sie ihre Schuld eingestehen und wieder nach meiner Hilfe Ausschau halten." Sobald Schwierigkeiten auf sie zukämen, redeten sie davon, zum Herrn zurückzukehren, der ihnen helfen würde. Doch sie hätten nicht wirklich vor, ihre Herzenshaltung zu verändern, erklärt Gott. Daher muss er ihnen sinngemäß sagen: „Was soll ich nur mit euch anfangen? Denn eure Liebe verfliegt wie der Morgendunst, sie verschwindet wie der Tau. Ich habe meine Propheten zu euch gesandt, um euch vor eurem Unglück zu warnen. Mit den Worten meines Mundes habe ich euch zerschlagen und mit dem Tode bedroht. Ich will eure Opfer nicht. Ich will eure Liebe. Ich will eure Opfergabe nicht. Ich will, dass ihr mich erkennt."

GOTT KANN SIE NICHT GEHENLASSEN (11,1–11)

Gott spricht ihnen zu Herzen und erinnert sie an die Zeit, als Israel noch ein Kind war. Gott liebte Israel wie einen Sohn und führte es aus Ägypten heraus. Doch je mehr Gott das Volk zu sich rief, desto mehr rebellierte es, opferte dem Baal und brachte den Götzen Rauchopfer dar. Obwohl Gott Israel seit frühester Kindheit erzog, ihm das Laufen beibrachte und es immer wieder auf seine Arme nahm, behandelte Israel Gott mit bemerkenswerter Geringschätzung.

Doch Gott ruft aus: „Wie könnte ich dich aufgeben, mein Ephraim? Wie könnte ich dich gehenlassen? Mein Herz dreht sich in mir um! Wie sehr sehne ich mich danach, dir zu helfen! Nein, ich werde dich nicht so hart bestrafen, wie mein grimmiger Zorn es mir gebietet. Denn ich bin Gott und nicht ein Mensch, ich bin der Heilige, der in deiner Mitte lebt, ich bin nicht gekommen, um zu vernichten."

Gottes Gefühle kommen in diesem Abschnitt sehr heftig zum Ausdruck. Was auch immer geschehen mag, er kann sie nicht verlassen.

GOTT KANN SIE NICHT IM STICH LASSEN (14,1–9)
Diese Passage ist ein leidenschaftlicher Aufruf Gottes an sein Volk: Sie sollen zu ihm zurückkehren und ihm erlauben, sie von ihrem abgöttischen Verhalten zu heilen. Es ist nicht so, dass Israel aus Versehen gesündigt hätte. Es hat widerspenstig seine bösen Wege verfolgt. Doch Gott verkündet ihnen, dass er ihnen vergeben werde, wenn sie Buße tun. Er wird sie niemals im Stich lassen.

Dieser Abschnitt endet mit folgender Aussage: „Wer ist weise, dass er dies versteht? Wer ist verständig, dass er es erkennt? Denn die Wege des HERRN sind gerade. Die Gerechten werden darauf gehen, die Abtrünnigen aber werden darauf stürzen" (Hosea 14,10; ELB). Dieser Appell, einer der stärksten in der gesamten Bibel, richtet sich an Menschen, die nichts von der Liebe Gottes wissen wollen. Er setzt den Schlusspunkt der Prophetie des Hosea. Israel wird ein letztes Mal vor die Wahl gestellt: Entweder es folgt den Wegen des Herrn oder es beharrt weiterhin auf seinem Eigensinn.

Was können wir heute von Amos und Hosea lernen?

Zunächst müssen wir uns eingestehen, dass weder Amos noch Hosea ihr Ziel erreichten. Sie konnten Israel nicht dazu bewegen, zu Gott zurückzukehren. Ihre Botschaft wurde nicht beherzigt. Daher sah Gott sich gezwungen, das Volk so zu richten, wie er es angekündigt hatte. Im Jahr 721

v. Chr. besiegte Assyrien das Nordreich Israel und führte das Volk ins Exil. Es sollte nie wieder zurückkehren.

Darüber hinaus muss uns bewusst sein, dass es einen großen Unterschied zwischen unserer Situation und der Lage gibt, über die Amos und Hosea sprachen und prophezeiten. Damals gab es in Israel eine theokratische Regierung, einen Gottesstaat. Kirche und Staat waren identisch. Doch zur Zeit des Neuen Testaments sind Kirche und Staat bereits klar getrennt. Jesus fasst diesen Zustand folgendermaßen zusammen: „Gebt dem Kaiser, was des Kaisers ist und Gott, was Gottes ist" (Markus 12,17; ELB). Christen leben daher in der heutigen Zeit in zwei Königreichen gleichzeitig. Ich bin ein Bürger des Vereinigten Königreiches, das steht im meinen Pass. Allerdings bin ich gleichzeitig auch ein Bürger des Königreiches Gottes. Daher müssen wir Vorsicht walten lassen, wenn wir Prophetien des Alten Testaments auf unsere Situation heute übertragen.

Wir leiden unter einer Verwicklung, die Kaiser Konstatin im vierten Jahrhundert n.Chr. herbeiführte. Europa versuchte damals, Kirche und Staat miteinander zu vereinen. Konstantin bemühte sich, ein Christentum zu schaffen, in dem das Königreich Gottes und die Königreiche der Menschen deckungsgleich waren. Dieses Vermächtnis finden wir noch heute in vielen europäischen Staaten. In England das Licht der Welt zu erblicken bedeutet gleichzeitig, in die christliche Kirche hineingeboren zu werden. Daher schauen wir auf Jahrhunderte eines etablierten Christentums zurück. Aus Gottes Sicht sind jedoch Kirche und Staat zwei voneinander verschiedene Gebilde. Wir können zwar Prophetien des Alten Testaments auf unsere Zeit anwenden, doch wir müssen dabei im Kopf behalten, dass die beiden Situationen nicht direkt miteinander vergleichbar sind.

Daher können wir nicht einfach eine Botschaft aus dem Propheten Amos oder Hosea herausgreifen und erklären, dass unser Land Gott so gehorchen müsste, wie Gott es von Israel verlangte. Richtet sich die Prophezeiung jedoch an Menschen außerhalb Israels, so können wir sie mit Fug und Recht auch auf unsere Nation anwenden. Gott klagte die anderen Nationen auf der Grundlage ihrer eigenen Gewissensentscheidungen an. Er verlangte nicht von ihnen, sein Gesetz zu befolgen. Genauso wird ein säkulares Land gerichtet. Es geht darum, ob es den moralischen Gesetzen gehorcht, die es instinktiv für richtig hält.

Daher haben manche Sünden, die Amos und Hosea in den Ländern außerhalb Israels verurteilten, auch heute noch Bedeutung. Das schließt unmenschliches Verhalten und die grobe Missachtung von Menschenrechten mit ein. Ebenso fallen Gesetze in diese Kategorie, die die Reichen nur noch reicher machen und die Armen benachteiligen. Die Ächtung dieser Verhaltensweisen können wir zu Recht auch auf unsere heutige Situation anwenden.

Das bedeutet jedoch nicht, dass die übrigen Prophetien, die sich an Israel richteten, für uns unbedeutend wären. Sie enthalten eine eindringliche Botschaft an die christliche Gemeinde in der heutigen Zeit. Denn die Gemeinde verhält sich zu oft in ähnlicher Weise, wie Israel es tat. Es gibt zahlreiche Passagen des Neuen Testaments, welche die Botschaften der Propheten Amos und Hosea bekräftigen. Auch wir müssen zu Gott umkehren, damit wir nicht von ihm gerichtet werden. Wenn wir diese Prophezeiungen lesen, müssen wir sie zuerst auf das Volk Gottes, auf uns selbst anwenden. Erst dann haben wir ein Recht, der Gesellschaft zu predigen, was Gott ihr über ihren Lebensstil zu sagen hat.

21.
DER PROPHET JESAJA

Einleitung

Der Prophet Jesaja ist ein faszinierendes Buch. Zunächst einmal gehört es zu den Büchern des Alten Testaments, deren Echtheit und Unverfälschtheit am besten nachgewiesen sind. 1948 fand man die Schriftrollen vom Toten Meer *(die sog. Qumran-Rollen, Anmerkung der Übersetzerin)*. Sie enthielten die berühmte Jesaja-Rolle aus dem Jahr 100 v. Chr. Sie war zirka 1000 Jahre älter als die bis dahin bekannte älteste Ausgabe, die man auf das Jahr 900 n.Chr. zurückdatierte. Zur Zeit dieses neuen Fundes stellte man gerade die englische Bibelübersetzung „Revised Standard Version" fertig. Die Herausgeber setzten die Arbeit aus, um die neu entdeckten Dokumente mit den bisherigen Funden zu vergleichen. Doch nur sehr wenig musste angepasst werden.

Auch die Gliederung des Buches Jesaja in unseren Bibeln trägt zur Faszination des Textes bei. Die Kapitelüberschriften in der Bibel sind nicht vom Heiligen Geist inspiriert (Ich wünschte, unsere Bibeln enthielten weder Kapitel noch Verszählungen. Dann würden wir uns die Texte aufgrund des Gedankenflusses ihrer Verfasser einprägen und nicht anhand von Textabschnitten, so wie wir es heute tun. Mindestens 1100 Jahre lang enthielten die Bibeln der christlichen Kirche weder Kapitel noch Verseinteilungen.).

Doch wer auch immer die Kapitelanordnung des Buches Jesaja vorgenommen hat – diese Person tat etwas Erstaunliches, auch wenn ich nicht glaube, dass es absichtlich geschah. Das Buch wurde in 66 Kapitel gegliedert. Das entspricht der Anzahl der Bücher in der Bibel. Darüber hinaus teilte man Jesaja in zwei klar erkennbare Teile mit jeweils 39 und 27 Kapiteln. Zufälligerweise hat das Alte Testament 39 Bücher und das Neue Testament 27.

Zudem fasst die Botschaft der ersten 39 Kapitel den Inhalt des Alten Testamentes zusammen, während die Aussagen der letzten 27 Kapitel wiederum exakt den Inhalt des Neuen Testaments resümieren! Der zweite Teil des Buches Jesaja beginnt mit der Stimme eines Rufers in der Wüste: „Bahnt dem Herrn einen Weg!" Genau diese Worte gebrauchte später Johannes der Täufer. Dann geht es um einen Gottesknecht, der vom Heiligen Geist gesalbt wird. Er stirbt für die Sünden seines Volkes und wird nach seinem Tod auferweckt und erhöht. Weiter geht es mit der Proklamation: „Ihr werdet meine Zeugen sein (bis an die Enden der Erde)". Am Ende sagt Gott schließlich: „Siehe, ich mache alles neu (Ich schaffe einen neuen Himmel und eine neue Erde)."Wir können also feststellen, dass die Botschaft Jesajas ganz genau dem Inhalt des Neuen Testamentes entspricht.

Mit anderen Worten: Wenn jemand die ganze Bibel in ein einziges Buch pressen würde, käme dabei die Prophetie des Jesaja heraus. Es ist die Bibel im Kleinformat. Und was noch erstaunlicher ist: Die Kapitel 40 bis 66 lassen sich sehr deutlich in drei Abschnitte von jeweils neun Kapiteln einteilen. Das Thema der Kapitel 40 bis 48 lautet: „Tröstet, tröstet mein Volk." In den Kapiteln 49 bis 57 geht es um den Gottesknecht, der stirbt und wiederaufersteht; und die Kapitel 58 bis 66 handeln von der zukünftigen Herrlichkeit.

Darüber hinaus lässt sich jeder Abschnitt dieser neun Kapitel wiederum in drei Abschnitte von jeweils drei Kapiteln gliedern. Betrachtet man die mittleren drei, so erkennt man drei sehr deutlich abgegrenzte Passagen: 49 bis 51, 52 bis 54 und 55 bis 57. Untersucht man nun die mittlere dieser Passagen (Kapitel 52 bis 54) und dabei genauer den Vers in der Mitte des mittleren Kapitels dieser drei Abschnitte, so stößt man auf den Schlüssel-Vers des Buches: „Doch er war durchbohrt um unserer Vergehen willen, zerschlagen um unserer Sünden willen. Die Strafe lag auf ihm zu unserm Frieden, und durch seine Striemen ist uns Heilung geworden" (Jesaja 53,5; ELB). Auch wenn diese Einteilung an sich nicht inspiriert ist, ist es doch bemerkenswert, dass sogar der zentrale Vers im zweiten Teil des Buches das Hauptthema des Neuen Testamentes zusammenfasst.

Auszüge aus dem Buch Jesaja sind wohlbekannt. Ich erinnere mich an die Aussage eines Mannes, der er ein Drama von Shakespeare gelesen hatte. Ihm gefiel das Stück nicht, weil es so viele Zitate enthielt. Dieser Leser war überzeugt, dass Shakespeare viele seiner Aussagen von anderen Autoren entliehen hätte. Dabei erkannte er nicht, dass diese Zitate tatsächlich ursprünglich von Shakespeare stammten! Dasselbe gilt auch für das Buch Jesaja. Viele seiner Texte sind Menschen, die in kirchlichen Kreisen aufgewachsen sind, sehr vertraut.

Hier einige Beispiele:

Selbst wenn eure Sünden scharlachrot sind, sollen sie schneeweiß werden.
(Jesaja 1,18; NLB)

Ist Wolle einmal gefärbt worden, so ist es unmöglich, sie wieder weiß zu machen. Doch genau das verheißt Gott uns mit Blick auf unsere Sünden.

Dann werden sie ihre Schwerter zu Pflugscharen umschmieden und ihre Speere zu Winzermessern.
(Jesaja 2,4; ELB)

Dieser Satz steht auf einem Granitblock vor dem Hauptquartier der Vereinten Nationen in New York.

Leider wird dort nicht der gesamte Vers zitiert, der mit folgenden Worten beginnt: „Und er wird richten zwischen den Nationen ..." Ohne Gott, der zwischen den Nationen richtet, wird niemals irgendjemand dazu in der Lage sein, den zweiten Teil dieser Aussage umzusetzen.

Auch folgende Zitate sind sehr bekannt:

Siehe, die Jungfrau wird schwanger werden und einen Sohn gebären und wird seinen Namen Immanuel nennen.
(Jesaja 7,14; ELB)

Denn uns ist ein Kind geboren, ein Sohn ist uns gegeben, und die Herrschaft ist auf seiner Schulter; und er heißt Wunder-Rat, Gott-Held, Ewig-Vater, Friede-Fürst.
(Jesaja 9,5; LUT)

Auf ihm wird ruhen der Geist des HERRN, der Geist der Weisheit und des Verstandes, der Geist des Rates und der Stärke, der Geist der Erkenntnis und der Furcht des HERRN. (Jesaja 11,2; LUT)

Wer festen Herzens ist, dem bewahrst du Frieden; denn er verlässt sich auf dich.
(Jesaja 26,3; LUT)

Die auf den HERRN harren, kriegen neue Kraft, dass sie auffahren mit Flügeln wie Adler, dass sie laufen und nicht matt werden, dass sie wandeln und nicht müde werden.
(Jesaja 40,31; LUT)

Wie lieblich sind auf den Bergen die Füße dessen, der frohe Botschaft bringt. (Jesaja 52,7; ELB)

Siehe, die Hand des HERRN ist nicht zu kurz, um zu retten, und sein Ohr nicht zu schwer, um zu hören. (Jesaja 59,1; ELB)

Ach, dass du den Himmel zerrissest, herabstiegest, so dass vor deinem Angesicht die Berge erbeben. (Jesaja 63,19; ELB)

Eine weitere wohlbekannte Bibelstelle ist Jesajas Berufung im sechsten Kapitel. Er empfängt dabei eine Vision, die Gott im Tempel darstellt. Doch Jesajas schwierige Mission, die in den darauffolgenden Versen desselben Kapitels beschrieben wird, ist wenigen geläufig. Kapitel 35 malt uns die Wüste vor Augen, die wie eine Narzisse aufblüht. Kapitel 40 beginnt mit den vertrauten Worten: „Tröstet, tröstet mein Volk, spricht euer Gott!" (Jesaja 40,1 ELB). Jesaja 53,5 haben wir bereits erwähnt: „Doch er war durchbohrt um unserer Vergehen willen, zerschlagen um unserer Sünden willen." Die meisten Christen erkennen auch Jesaja 55,1 (ELB) wieder: „Kommt, kauft und esst! Ja, kommt, kauft ohne Geld und ohne Kaufpreis Wein und Milch!"

Der erste Predigttext Jesu in Nazareth ist in Kapitel 61 enthalten: „Der Geist Gottes des HERRN ist auf mir, weil der HERR mich gesalbt hat. Er hat mich gesandt, den Elenden gute Botschaft zu bringen" (Jesaja 61,1;LUT).

Obwohl vielen Christen bestimmte Teile des Buches Jesaja geläufig sind, kennen doch nur sehr wenige das Buch als Ganzes. Das ist sehr schade, zitieren doch Jesus und der Apostel Paulus mehr aus diesem Buch als aus allen anderen Schriften des Alten Testaments. Im Neuen Testament wimmelt es nur so von Zitaten aus dem Propheten Jesaja, insbesondere aus seinem zweiten Teil.

Nur wenigen Christen scheint bewusst zu sein, dass

folgende Redewendungen alle direkt aus dem zweiten Teil des Buches Jesaja stammen: „den Heiligen Geist betrüben", „Gott wird alle Tränen von ihren Augen abwischen", „die Stimme eines Rufers in der Wüste", „ihr sollt meine Zeugen sein bis an die Enden der Erde" und „jedes Knie muss sich beugen, jede Zunge wird bekennen".

Wer daher die Bibel wirklich kennenlernen will, muss den Propheten Jesaja studieren. Er gibt uns Einblicke in beide Teile der Bibel, sowohl in das Neue Testament als auch in das Alte.

Wer war Jesaja?

Wie die meisten Verfasser der Bibel war Jesaja ein bescheidener und auf Gott fokussierter Mann. Daher sprach er nur sehr ungern über sich selbst. Alle Informationen, die wir über ihn haben, stammen aus seinen eigenen Schriften und aus anderen jüdischen Geschichtsbüchern. Insbesondere der Geschichtsschreiber Josephus liefert uns eine Fülle von Informationen über Jesaja. So sind wir in der Lage, uns aus diesen Quellen ein Bild über ihn zu machen. Er muss gottesfürchtige Eltern gehabt haben, denn sein hebräischer Namen *Jeschajahu* (Jesaja ist die eingedeutschte Form dieses Namens) bedeutet „Gott rettet". Die Namen Jesus und Josua haben eine ähnliche Wortwurzel. Sein Name war sehr passend, denn er wird auch als der Evangelist des Alten Testaments bezeichnet. Er verkündet das Evangelium, die frohe Botschaft, und er tut dies insbesondere im zweiten Teil seines Buches. Das Wort „neu" kommt selten im Alten Testament vor, doch es taucht häufig im zweiten Teil des Buches Jesaja auf. Er wurde zum größten Propheten aller Zeiten. Die Juden ordneten ihn in dieselbe Kategorie ein wie Mose und Elia.

Rein menschlich gesehen hatte er hervorragende

Startbedingungen, denn er wurde in einem Palast geboren und wuchs am Königshof auf. Jesaja war der Enkel von König Joasch und daher ein Cousin von König Usija. Das ist ein Grund dafür, dass der Tod Usijas ihn so sehr mitnahm. Jesaja verfügte über Reichtum, Ansehen und eine gute Ausbildung. Diese Umstände verschafften ihm Vorteile, gleichzeitig machten sie es ihm aber auch nicht leicht, ein Prophet zu sein. Doch seine Gottesbegegnung im Tempel war so eindrücklich, dass er an dem Weg, der für ihn vorgezeichnet war, keinerlei Zweifel hegte.

Er konnte sich am Hof frei bewegen und beriet die Monarchen. Daher beschäftigen sich viele seiner Prophetien mit politischen Fragen. Es ging immer wieder um die Gefahr, Bündnisse mit Mächten wie Assyrien oder Ägypten einzugehen und sich dadurch in falscher Sicherheit zu wiegen.

Über sein Familienleben wissen wir, dass seine Frau ebenfalls Prophetin war. Allerdings kennen wir keinerlei Weissagung, die von ihr selbst stammen würde. Es ist sehr wahrscheinlich, dass er seine Prophetien mit ihr abglich, bevor er mit ihnen an die Öffentlichkeit ging.

Jesaja hatte mindestens zwei Söhne. Einer von ihnen wurde *Maher-Schalal Chasch-Bas* genannt, was „Schnell-Raub, Eile-Beute" bedeutet. Nicht unbedingt ein Name, den die meisten Eltern ihrem Nachwuchs geben würden! Doch es war ein prophetischer Name, der auf den Tag hinwies, an dem Jerusalem selbst von einem Feind geplündert werden sollte. Dieser Feind würde der Stadt alle ihre Schätze rauben. Der andere Sohn hörte auf den Namen *Schear-Jaschub*, d.h. „ein Rest kehrt um". Die Namen beider Söhne fassen folglich die beiden Hauptbotschaften Jesajas zusammen. Die schlechte Nachricht (hauptsächlich im ersten Teil des Buches) besteht darin, dass Jerusalem geplündert und zerstört werden wird. Die gute Nachricht ist, dass ein Rest umkehren wird. Israel hat immer noch eine Zukunft, selbst nachdem es alles verloren hat.

Es wird spekuliert, dass er noch einen dritten Sohn namens Immanuel hatte. Zweifellos wurde zur damaligen Zeit ein kleiner Junge geboren, der als prophetisches Zeichen diente. Dennoch glaube ich, dass er der Sohn eines anderen Mannes war und nicht zu Jesajas Kernfamilie gehörte. Dieses Kind Immanuel, dessen Name „Gott ist mit uns" bedeutet, war ein Zeichen für den König. Er stellte sogar ein doppeltes prophetisches Zeichen dar, das sich Jahrhunderte später in der Person Jesu erfüllte.

Jesajas Berufung

Jesaja wurde berufen, als er den Tempel besuchte. Er hatte dort eine Vision, und die Heiligkeit des Herrn überwältigte ihn. Der Text enthält keine Altersangabe, doch er war wahrscheinlich um die zwanzig Jahre alt. Ab diesem Zeitpunkt verwendete Jesaja einen Namen für Gott, den sonst niemand gebrauchte. Er nannte ihn den „Heiligen Israels". Dieser Name kommt fast 30 Mal im Buch Jesaja vor, und zwar in beiden Teilen. Sobald er einen Blick auf Gottes Heiligkeit erhaschen konnte, fühlte er sich unrein und wollte den Tempel verlassen. Interessanterweise spürte er, dass seine Lippen unrein waren. Dann machte Jesaja eine bemerkenswerte Erfahrung: Ein Engel flog zu ihm, der seine Lippen mit einer vor Hitze glühenden Kohle verbrannte. Manche glauben, dass sich dieses Geschehen nur in seiner visionären Vorstellung abspielte, doch es geschah tatsächlich. Sein ganzes Leben lang erklärte Jesaja den Menschen, dass sein Mund deshalb vernarbt sei, weil Gott seine Lippen verbrannt hätte.

In der Berufung Jesajas können wir einen überraschenden Hinweis auf die Dreieinigkeit Gottes entdecken. Gott fragte ihn: „Wen soll ich senden, und wer wird für uns gehen?"

Die Mehrzahl „für uns" deutet darauf hin, dass die gesamte Gottheit, d.h. der dreieinige Gott ihn aussenden würde. Dann erhielt er die niederschmetternde Information, dass das Volk nicht auf seine Predigten hören würde, obwohl er gerade damit beauftragt wurde, ihm Gottes Wort zu verkünden. Gott würde die Ohren des Volkes schwerhörig machen. Die Menschen würden Jesajas Worte weder annehmen noch darauf irgendwie reagieren. Zu seinem Dienstbeginn verkündete Gott Jesaja also sinngemäß: „Glaube ja nicht, dass aus dir ein erfolgreicher Prediger werden wird! Je mehr du predigen wirst, desto mehr werden die Menschen ihre Herzen verhärten! Ich werde sogar deine Predigten dazu benutzen, sie taub und blind zu machen, damit sie nicht umkehren und geheilt werden."

Diese außergewöhnliche Erklärung unterstreicht einen Grundsatz, den wir auch in anderen Teilen der Bibel finden: Das Wort Gottes öffnet nicht nur Menschenherzen, sondern es kann sie auch verschließen. Es kann seine Zuhörer weiter von Gott wegtreiben. Nachdem wir das Wort Gottes gehört haben, verhärten sich unsere Herzen oder sie werden empfänglicher dafür. Neutral bleiben können wir jedoch nicht.

Jesajas Predigterfahrungen werden öfter im Neuen Testament zitiert als alle anderen Verse aus diesem prophetischen Buch. Jesus bezog sie auf seinen eigenen Verkündigungsdienst. Er sagte, dass er predigte „damit sie sehend sehen und nicht wahrnehmen und hörend hören und nicht verstehen, damit sie sich nicht etwa bekehren und ihnen vergeben werde" (Markus 4,12; ELB). Mit anderen Worten: Jesus redete in Gleichnissen, um die Wahrheit zu verschleiern und diejenigen zu verhärten, die nicht wirklich an seiner Botschaft interessiert waren. Paulus zitierte denselben Vers, als er den Juden predigte, die nicht auf ihn hören wollten.

Die verhärtende Wirkung des Wortes Gottes ist folglich ein Schlüsselthema. Daher verwundert es nicht, dass Jesaja den Herrn fragte: „Wie lange muss ich denn weiterpredigen und sie verhärten, so dass sie nicht reagieren werden?" Der Herr antwortete ihm: „Bis das Land zur Öde verwüstet ist." Jesaja hatte im Vergleich zu allen anderen Propheten einen der härtesten Jobs überhaupt. Hätte er jedoch aufgegeben, wäre uns dieses erstaunliche Buch entgangen. Er wusste damals noch nicht, dass seine Prophetie Jahrhunderte später unzählige Menschen inspirieren würde. Doch zu seinen Lebzeiten galt er als Versager. Niemand hörte auf ihn. Während eines Zeitraums von 40 Jahren wurde das Volk immer härter und härter.

Die geographische Lage Judas

Das Südreich Juda war von mehreren Staaten umgeben. Das Wissen um diese Tatsache hilft uns, das Buch Jesaja besser zu verstehen. Es gab kleinere Nationen an Judas Grenzen und Großmächte, die weiter entfernt lagen. Das Buch Jesaja berichtet uns, dass Gott zunächst die kleineren Länder benutzte, um sein Volk zu disziplinieren. Doch als die Menschen nicht gehorchen wollten, gebrauchte er die größeren Staaten. Zu den kleinen Nationen gehörten die Syrer im Norden sowie die Ammoniter, die Moabiter und die Edomiter im Osten und im Süden. Im Westen lebten die Philister, die Gott aus Kreta herbeigeholt hatte und in den südlichen Wüsten die Araber. Die Großmächte im Osten waren Assyrien und Babylon, auch wenn das babylonische Reich erst nach dem Tod Jesajas den Gipfel seiner Macht erreichte. Jesajas Aussprüche über Babylon sind prophetischer Natur und weisen auf die künftige Macht und Berühmtheit hin, die dieses Reich eines Tages genießen würde. Im Westen Judas lag Ägypten.

Zu Jesajas Lebzeiten wurden mehrere Allianzen gegen das „kleine" Juda geschmiedet. Zu den überraschendsten zählt wohl das Bündnis zwischen den zehn Stämmen Israels (d.h. dem Nordreich) und den Syrern. Es war ein schwieriger Moment in der Geschichte des Volkes Gottes. Genau zu dieser Zeit versicherte Jesaja dem König von Juda, dass er gewinnen würde, obwohl sein Reich nur aus zwei kleinen Stämmen bestand. Jesaja prophezeite: „Siehe, die Jungfrau wird schwanger werden und einen Sohn gebären und wird seinen Namen Immanuel nennen" (Jesaja 7,14; ELB). Dies war das Zeichen, dass Gott Juda den Sieg schenken würde.

Immanuel bedeutet „Gott ist mit uns". Doch es gibt vier verschiedene Arten, wie man diesen Satz betonen kann, je nachdem, auf welches Wort man den Akzent legt. Die Betonung sollte hier auf dem Wort „uns" liegen. Gott ist mit „uns" – nicht mit „ihnen", d.h. nicht mit den Feinden Judas! Mit anderen Worten: Gott ist auf unserer Seite. Als der Junge geboren wurde und seinen Namen erhielt, wusste der König daher, dass das Bündnis zwischen den zehn Stämmen und den Syrern nicht erfolgreich sein würde.

Ein anderes Mal verbündeten sich die Philister mit den Arabern. Das war erneut eine ernstzunehmende Bedrohung für das kleine Juda. Doch wieder stellte Gott sich zu seinem Volk.

Zu Jesajas Lebzeiten war Assyrien mit seiner Hauptstadt Ninive an den Ufern des Tigris die Großmacht im Osten. Im Südwesten lag die Supermacht Ägypten. Doch es gab auch einen neuen Machtfaktor, der immer mehr erstarkte und Babylon hieß (Babylon entspricht dem heutigen Irak.). Dieses Reich sollte in der Zukunft sogar noch mächtiger werden.

Jesaja prophezeite während der Regierungszeit von vier verschiedenen Königen. Sein Dienst begann in dem Jahr, als König Usija starb und Jotam den Thron bestieg. Auch als Ahas, Hiskia und schließlich Manasse regierten, übte er sein Prophetenamt aus

Die Könige von Juda

Um zu verstehen, wie Jesaja predigen musste, ist es hilfreich sich zu vergegenwärtigen, welches Muster den Erfolgen der Könige von Juda zugrunde lag. Die Bücher der Könige berichten uns, ob ein König in Gottes Augen gut oder schlecht war. Die guten Könige gewannen ihre Schlachten, während die schlechten sie verloren. Gott war mit den guten Monarchen, so dass niemand sie besiegen konnte.

König Usija (792–740 v. Chr.) ist ein Paradebeispiel für dieses Erfolgsmuster. Er begann als guter König und hatte eine lange Amtszeit von 52 Jahren. Doch gegen Ende seiner Regierungszeit wandelte er sich zu einem schlechten König. Er tat, was in den Augen des Herrn verwerflich war und starb an Lepra. So strafte ihn Gott dafür, dass er sich zum Negativen verändert hatte.

In den Anfangsjahren Jesajas erfolgte der erste feindliche Angriff durch die Philister und die Araber. Sie hatten eine furchteinflößende Allianz gebildet. Doch Juda besiegte sie, weil der König Gott gehorchte. Als er allerdings ungehorsam wurde, fügten die Assyrer Juda eine Niederlage zu.

Jotam (750–740) war ein guter König, der 19 Jahre lang herrschte (davon zehn Jahre als Vertreter eines verhinderten Monarchen). Wer auch immer Juda während dieser Zeit angriff, wurde zurückgeschlagen. Sowohl die Ammoniter als auch eine Allianz aus Israel und Syrien wurden besiegt.

Ahas (735–715) war ein schlechter König, dem die Edomiter, die Philister und die Assyrer Niederlagen zufügten.

Hiskia (715–686) war ein guter König, der 29 Jahre lang herrschte und die Philister besiegte. Während seiner Regierungszeit belagerten die Assyrer mit 185.000 Soldaten Jerusalem. Doch Gott schickte einen Engel, der diese Feinde vollständig vernichtete. Bis vor ein paar Jahren gingen viele Menschen davon aus, dass es sich um eine reine Legende handelte. Allerdings hat ein britischer Archäologe mittlerweile menschliche Skelette am Fuß der Stadtmauer entdeckt. Man nimmt an, dass sie die Überbleibsel dieser assyrischen Armee darstellen.

Die Belagerung Jerusalems war der Auslöser für eine bauliche Meisterleistung, die man noch heute in der Stadt bestaunen kann. Hiskia, der sich während der Belagerung Sorgen um die Trinkwasserversorgung machte, ließ einen Tunnel graben. Er führte Wasser aus einer Quelle außerhalb der Stadt nach Jerusalem. Noch heute kann man diesen Tunnel begehen.

Doch es gibt nicht nur Positives zu berichten. Gegen Ende seines Lebens beging Hiskia einen schweren Fehler, als er krank wurde. Er rief den Herrn an, der ihm weitere 15 Lebensjahre gewährte. Allerdings nutzte der König diese Zeit nicht gut. Eines Tages erschienen Boten des Königs von Babylon und überbrachten ihm Genesungswünsche. Damals war Babylon noch ein Kleinstaat, der jedoch im Wachstum begriffen war. Hiskia fühlte sich geschmeichelt, dass jemand in einem so weit entfernten Land an ihn dachte. Daher führte er seine Besucher durch seinen Palast, damit sie ihrem König berichten könnten, was für ein wunderbarer Herrscher Hiskia sei. Als Jesaja jedoch davon erfuhr, war er entsetzt. Er verkündete Hiskia, dass der König von Babylon eines Tages alles rauben würde, was den babylonischen Besuchern gezeigt worden war. Diese kleine sehr dramatische Geschichte befindet sich genau in der Mitte des Buches Jesaja. Sie sollte sich genauso erfüllen, wie der Prophet Jesaja es vorausgesagt hatte.

Manasse (697–642) war einer der schlimmsten Könige von Juda. Er betete den Teufel an und opferte sogar seinen eigenen Sohn dem Moloch, einer dämonischen Gottheit. Sie stand im Zentrum des Satanskultes in Juda. Die meisten schlechten Könige überdauerten nur eine kurze Zeit. Doch Manasses Regierungszeit dauerte 55 Jahre, eine der längsten Amtszeiten, die Juda je erlebt hatte.

Manasse hasste Jesaja so sehr, dass er ihm verbot, auch nur ein einziges Wort zu sprechen. Das ist ein Grund dafür, dass die Prophetie Jesajas aufgeschrieben wurde. Doch schließlich hielt Manasse es nicht mehr aus und beschloss, den Propheten zu töten. Er wählte eine besonders scheußliche Hinrichtungsmethode. Die jüdische Geschichtsschreibung berichtet uns, dass der König befahl, einen ausgehöhlten Baumstamm herbeizuschaffen. Man steckte Jesaja gefesselt in diesen Stamm, der dann in der Mitte durchgesägt wurde. Er wird in Hebräer 11 als einer der „Helden des Glaubens" erwähnt. Die Worte „sie wurden … zersägt" beziehen sich auf Jesaja.

Dieses Schaubild zeigt die verschiedenen Regierungszeiten während der Amtszeit Jesajas:

KÖNIG	DAUER	CHARAKTER	SIEGE	NIEDERLAGEN
USIJA	52 Jahre	GUT; dann BÖSE	ARABER/ PHILISTER	ASSYRER
JOTAM	19 Jahre	GUT	AMMONITER SYRER ISRAELITEN	
AHAS	20 Jahre	BÖSE		EDOMITER PHILISTER ASSYRER
HISKIA	29 Jahre	GUT	PHILISTER ASSYRER	
MANASSE	55 Jahre	BÖSE		ASSYRER

Das prophetische Buch

Das Erste, was Lesern des Buches Jesaja auffällt, ist der Kontrast zwischen seinen beiden Teilen. Wie die anderen prophetischen Bücher auch, besteht es aus einer Sammlung mehrerer Botschaften, die zu unterschiedlichen Zeiten verkündet wurden. Das Buch ist nicht chronologisch geordnet. Manchmal kann man eine thematische Anordnung erkennen, dann wieder fehlt jegliches System. Der Text ist daher ein wenig durchmischt. Doch in der Gesamtschau erkennt man, dass eine bestimmte Art der Prophetie im ersten Teil des Buches überwiegt, während eine andere Art den zweiten Teil prägt.

Die ersten 39 Kapitel unterscheiden sich sehr von den übrigen 27 Kapiteln. Der Unterschied ist so groß, dass viele Gelehrte glauben, der zweite Teil sei von jemand anderem verfasst worden. Dieser vermeintliche zweite Autor wird „Deuterojesaja" genannt („Deutero" ist griechisch und bedeutet „zweiter".) Einen Überblick über die Unterschiede zwischen beiden Teilen vermittelt das untenstehende Schaubild.

Der zweite Teil konzentriert sich hauptsächlich auf die Zeit nach dem Exil. Da die Ereignisse so detailliert geschildert werden, gehen Skeptiker davon aus, dass sie ein anderer Autor niedergeschrieben haben muss. Sie argumentieren, dass Jesaja nicht hätte voraussehen können, dass Babylon von einem Mann namens Kyrus besiegt werden würde. Denn dieser Sieg ereignete sich 100 Jahre nach dem Tod Jesajas.

Daher vertreten Bibelforscher die Ansicht, dass ein gewisser „Protojesaja" die Kapitel 1 bis 39 geschrieben habe, gefolgt von „Deuterojesaja", der die Kapitel 40 bis 56 verfasste. „Tritojesaja" brachte nach dieser Auffassung schließlich die letzten zehn Kapitel zu Papier. Wir haben jetzt also drei verschiedene Jesajas! In einigen Bibelschulen wird dieser Ansatz als biblische Wahrheit vermittelt. Der Grund dafür liegt darin, dass so große Unterschiede in Stil, Inhalt und Wortschatz feststellbar sind. Daher glaubt man, dass verschiedene Autoren für die drei so unterschiedlichen Abschnitte verantwortlich sein müssen.

TEIL 1	TEIL 2
Mehr schlechte als gute Nachrichten	Mehr gute als schlechte Nachrichten
Menschliches Handeln	Göttliches Handeln
Sünde und Strafe	Rettung und Erlösung
Gericht	Barmherzigkeit
Konfrontation	Trost
Der Gott Israels	Der Schöpfer des Universums
National	International
Gott = Feuer	Gott = Vater
Gottes Hand	Gottes Arm
erhoben um zu strafen	ausgestreckt um zu retten
Flüche (Leid)	Segnungen
„Ein befremdliches Werk"	Eine Freudenbotschaft
Juden	Nichtjuden
Assyrien	Babylon
Vor dem Exil	Nach dem Exil
Gegenwart	Zukunft

Die Einheit des Buches

Manche behaupten, dass es nicht wichtig sei, ob es drei Jesajas gegeben habe oder nur einen. Doch diese Gelehrten vergessen, dass Jesaja über einen langen Zeitraum hinweg viele verschiedene prophetische Botschaften verkündete. Sie hatten unterschiedliche Ziele: Entweder ging es um Konfrontation oder um Trost. Daher war es ganz natürlich, dass er unterschiedliche Stile und verschiedene Ausdrucksweisen nutzte. Es ist also nicht notwendig, das Buch in zwei oder drei Teile aufzuspalten.

Darüber hinaus gibt es mehrere Gründe, die dafürsprechen, dass ein und derselbe Autor das gesamte Buch Jesaja verfasst hat:

Zunächst einmal gibt es so viele Gemeinsamkeiten zwischen den beiden Teilen. Jesaja bezeichnet Gott fast 30 Mal als den „Heiligen Israels". Die Verwendung dieses Begriffs verteilt sich gleichmäßig auf Teil 1 und Teil 2. Während es inhaltliche Punkte gibt, die nur in einem der beiden Teile vorkommen, erstrecken sich die Hauptthemen immer auf beide Teile.

Zweitens wäre es sehr ungewöhnlich, den Namen des Verfassers des zweiten Teiles in Vergessenheit geraten zu lassen. Schließlich enthält gerade dieser Teil nach Ansicht vieler Bibelforscher den großartigsten prophetischen Abschnitt der gesamten Bibel. Die Namen der anderen biblischen Propheten, einschließlich der sog. kleinen Propheten, sind alle bekannt. Daher erscheint es unwahrscheinlich, dass gerade der Name des Autors des zweiten Teils von Jesaja verloren gegangen sein sollte.

Drittens zitieren sowohl Jesus als auch Paulus aus dem zweiten Teil und geben Jesaja als prophetische Quelle an. Das ist mir Beweis genug. Ich kann nicht glauben, dass Jesus oder Paulus eine Lüge über die Autorenschaft Jesajas verbreiten würden, wenn sie nicht sicher feststände.

Viertens und letztens: Die Kernfrage ist, ob Gott die Zukunft kennt. Ist dies der Fall, kann er Jesaja problemlos künftige Geschehnisse mitteilen. Haben wir diesen entscheidenden Punkt für uns geklärt, lösen sich viele unserer Probleme ganz von selbst.

SCHLÜSSEL ZUM ALTEN TESTAMENT

Teil 1 (Kapitel 1–39)

Das Buch Jesaja enthält eine Fülle verschiedener Weissagungen, die in einem Zeitraum von insgesamt 40 Jahren kommuniziert wurden. Es ist nicht besonders systematisch angeordnet. Doch es gibt eine grobe Struktur, die uns helfen wird, das Buch zu verstehen. Es folgt ein kurzer Überblick über den ersten Teil, bevor wir einige Themen detaillierter untersuchen werden.

Die Kapitel 1 bis 10 tadeln Juda und insbesondere Jerusalem. Das Land ist wohlhabend. Doch genau wie Amos gegen den unangemessenen Umgang mit diesem Reichtum im Nordreich Israel predigt, wendet sich Jesaja gegen dasselbe Verhalten in Juda. Er kritisiert die Frauen Jerusalems dafür, dass sie viel Geld für Schmuck und Kleidung ausgeben, während sie die Armen und Benachteiligten vernachlässigen.

Die Kapitel 13 bis 23 enthalten Gerichtsbotschaften für andere Länder. Gott hat sie benutzt, um sein Volk zu strafen. Doch sie sind über das, was Gott ihnen erlaubt und aufgetragen hat, hinausgegangen. In ihrem bösartigen und grausamen Verhalten haben sie Israel mehr angetan, als Gott beabsichtigt hatte.

Die Kapitel 24 bis 34 sind eine Mischung aus guten und schlechten Nachrichten. Der Prophet kündigt den Stämmen des Nordreiches und Juda Gericht an. Doch er beschreibt auch zweimal die künftige Herrlichkeit des Gottesvolkes. Zusätzlich zu dieser Zurechtweisung darf das Volk daher auch einen Blick auf eine bessere Zukunft erhaschen.

Die Kapitel 36 bis 39 erzählen von der Krankheit König Hiskias. Diese Geschichte haben wir bereits behandelt. Sie stellt den Übergang zu einer neuen Zeit dar, in der Assyrien in den Hintergrund gerät und den Babyloniern Platz macht. Babylon wird zur Hauptbedrohung Judas, weil Hiskia unklugerweise den babylonischen Gesandten einen prunkvollen Empfang bereitet.

Juda (Kapitel 1–12 und 24–35)

SCHLECHTE NACHRICHTEN

Ungehorsam

Jesaja prophezeite in einer Zeit des Friedens und des Wohlstandes. Seit den Tagen König Salomos, als das Land sich in der Blüte seiner Macht befand, hatte die Nation nicht mehr einen solchen Reichtum erlebt. Doch mit dem Wohlstand hielten auch Stolz und Verschwendung ihren Einzug. Jeder war sich selbst der Nächste. Die Armen wurden unterdrückt und Ungerechtigkeit war weit verbreitet.

Das religiöse Leben des Volkes war zu einem Ritual verkommen. Die Menschen beteten Gott aus Gewohnheit an, doch ihre Herzen blieben ihm gegenüber gleichgültig. Das Ergebnis war, dass ihre Treue zu Gott abnahm. Sie tolerierten heidnische Götzen und verehrten die kanaanitischen Gottheiten Baal und Aschera. Sie verfielen dem Aberglauben, dass diese Praktiken zum Wachstum ihrer Ernten und zu einem erfolgreichen Leben führen würden.

Disziplinarmaßnahmen

Es entwickelte sich also ein Muster, wie wir es bereits im Buch der Richter beobachten konnten. Gott erlaubte ausländischen Mächten, Juda anzugreifen, damit es sich ihm wieder zuwandte. Wie bereits erwähnt gehörten Syrien, Israel, die Araber und die Philister, Edom, Ammon und Moab zu den Angreifern. Auch die Supermacht Assyrien, die zum Amtsantritt Jesajas das Geschehen beherrschte (und schließlich von Babylon besiegt wurde), wendete sich gegen Juda. Doch statt Gott zu vertrauen, ging Juda

Bündnisse mit jeder anderen Macht ein, die gerade in der Lage zu sein schien, ihm den größtmöglichen Schutz zu bieten. Gott erhielt keine einzige Chance.

Desaster
Sollte das Volk Gottes Gebote nicht halten und seinen Warnungen keine Beachtung schenken, würde es das Land verlieren, das Gott ihm gegeben hatte. Das versprach Gott ihnen bereits zu Lebzeiten des Mose. Da Jesajas Warnungen auf taube Ohren stießen, folgte Juda im Jahr 587 v. Chr. schließlich seinem nördlichen Nachbarn Israel ins Exil. Diesmal waren es jedoch die Babylonier, die Gottes Volk in die Verbannung schickten.

Heilsame Trübsal
Jesaja prophezeite, dass die Reise des Volkes nach Babylon und sein dortiger Aufenthalt nicht angenehm sein würden. Doch gerade dort im Exil würden viele zu Gott zurückkehren. Das Volk als Ganzes lief danach niemals wieder fremden Göttern hinterher. Die Vermischung der Religionen und der Götzendienst hatten seitdem im Leben des Gottesvolkes keinen Platz mehr.

GUTE NACHRICHTEN

Überrest
Die frohe Botschaft im ersten Teil besagt Folgendes: Ein Überrest wird aus dem Exil zurückkehren. Ein König wird verheißen, der den Nationen Frieden bringt. Ein Herrscher wie David wird aus diesem Überrest hervorgehen. Die Herrschaft wird auf seiner Schulter ruhen, und er wird ein Ewig-Vater, ein wunderbarer Ratgeber und ein Friedefürst sein.

Rückkehr
Der Prophet macht auch sehr deutlich, dass Gott niemals

seinen Bund brechen werde, trotz des Ungehorsams Judas. Die folgende Verheißung zieht sich daher wie ein roter Faden durch Jesajas Prophetie: Sie werden eines Tages in das Land zurückkehren, das sie verloren haben. Genau dies geschah 70 Jahre später, genau wie Jeremia es vorausgesagt hatte.

Regent
Jesaja prophezeit, dass künftig ein König auftritt, der herrschen wird wie kein zweiter. Der Prophet macht detaillierte Angaben zu diesem Regenten: seine Geburt, sein Dienst im „Galiläa der Nationen", seine Abstammung aus dem Geschlecht Isais, seine Salbung für den göttlichen Dienst. Wer das Anrecht Christi auf die Königsherrschaft anzweifelt, muss nur in seiner Bibel zurückblättern und einen Blick auf die Genauigkeit der Vorhersagen des Propheten Jesaja werfen.

Freude
Die Freude über Gottes Güte inmitten der schlechten Nachrichten bricht sich im Verlauf der Kapitel immer wieder Bahn, siehe Kapitel 2,1–5; 12; 14,1–3; 26; 27; 30,19–33; 32,15–20; 34, 16–35. Das Buch Jesaja ist das freudigste aller prophetischen Bücher.

DIE NATIONEN (KAPITEL 13–23)
Jesaja erwähnt mehrere Nationen, mit denen Juda zu tun hatte: Assyrien, Babylon, Philistäa, Moab, Syrien (Damaskus), Kusch, Ägypten, Edom, Arabien und Tyrus. Drei Dinge sind dabei von besonderer Wichtigkeit:

1. Gott gebrauchte sie, um sein Volk zu strafen.
2. Sie überschritten die ihnen von Gott auferlegten Beschränkungen. Sie verhielten sich unmenschlich und ungerecht. Auch verspotteten sie den Gott Israels.

3. Gott bestrafte sie durch Feuer. Schließlich vernichtete er sie.

Doch trotz dieses Strafgerichts an den Nationen weissagt Jesaja, dass die ganze Erde an Judas Segnungen teilhaben wird (siehe Kapitel 23–25).

Teil 2 (Kapitel 40–66)

Ein Porträt Gottes
Der gesamte zweite Teil des Propheten Jesaja malt uns ein unglaubliches Porträt Gottes vor Augen.

ER IST DER EINZIG WAHRE GOTT
Gott erklärt: „Es gibt keine anderen Götter außer mir." Uns wird vermittelt, dass die sogenannten anderen Götter gar nicht existieren. Gott ist der einzige Gott. Die Menschen haben die anderen „Götter" nur erfunden. Gott sagt auch: „Es gibt keine Götter, die mir gleichen." Jesaja verspottet die anderen Götter bzw. Götzen und weist auf Folgendes hin: Sie haben Ohren, können aber nicht hören, sie haben Augen, können aber nicht sehen und sie haben Füße, sind jedoch nicht in der Lage zu gehen.

Eine solche Aussage gilt in unserer modernen Welt natürlich als zutiefst beleidigend. Schließlich erwartet man von uns, alle Religionen zu akzeptieren. Doch es gibt keinen Gott außer dem Gott Israels.

GOTT IST DER ALLMÄCHTIGE SCHÖPFER
Die Nationen sind wie ein Tropfen am Eimer oder wie ein Sandkorn auf der Waage. Es ist Gott, der den Sternen Namen gibt. Gott befahl dem Menschen, die Tiere zu benennen. Doch er trug ihm niemals auf, den Sternen Namen zu verleihen. Wir sind weise, wenn wir unser

Sternzeichen ignorieren. Umfragen haben ergeben, dass 60 Prozent aller Männer und 70 Prozent aller Frauen täglich ihr Horoskop lesen. Der Mensch sollte sich stattdessen an den allmächtigen Schöpfer wenden, um Weisheit für seine Zukunft zu empfangen.

GOTT IST DER HEILIGE ISRAELS

Dieser Titel Gottes kommt 13 Mal im zweiten Teil des Buches Jesaja vor. Amos konzentriert sich auf Gottes Gerechtigkeit, Hosea auf Gottes Treue und Jesaja auf Gottes Heiligkeit. Es wird deutlich, dass Jesaja seine erste Vision von Gott in all seinem heiligen Glanz nie wieder vergessen konnte. Daher wird dieser Begriff zu einem Schlüsselmotiv des Buches.

GOTT IST DER ERLÖSER SEINES VOLKES

Gott wird als der „Löser" beschrieben (wie Boas im Buch Rut). Genau wie der nächste Verwandte als Erlöser einschreiten würde, um seiner Familie zu helfen, hat Gott die Macht und ist auch willens, seinem Volk zu helfen. Schließlich hat er sich durch seinen Bund dazu verpflichtet.

GOTT IST DER RETTER DER NATIONEN

Dieser Titel wird Gott im Buch Jesaja verliehen, noch bevor er im Neuen Testament auf Jesus Anwendung findet. Jesaja betont Gottes Fürsorge für alle Völker und seinen Wunsch, dass es im neuen Himmel und auf der neuen Erde eine internationale Gemeinde geben möge.

GOTT IST DER HERR DER GESCHICHTE

Jesaja bezeichnet die Nationen als Tropfen am Eimer. Gott ist der Anfang und das Ende der Geschichte, er kontrolliert das gegenwärtige Weltgeschehen. Der Allmächtige sagt die Zukunft voraus und beherrscht sie auch (siehe Jesaja 41,1-

6; 21–29; 42,8+9, 10–17; 44,6–8, 24-27; 46,9–11; 48,3).

ALLES GESCHIEHT, DAMIT GOTT VERHERRLICHT WIRD

Gott steht im zweiten Teil im Mittelpunkt des Buches, damit seine Herrlichkeit allen bekannt wird. Das Wort „Herrlichkeit" ist ein Schlüsselwort des Buches. Gott will, dass sein Glanz von aller Welt wahrgenommen wird.

Der Gottesknecht

Mehrere Lieder im zweiten Teil des Buches haben eine besondere Bedeutung. Sie gehören zu den bekanntesten Kapiteln des Propheten Jesaja. Sie werden als Lieder bezeichnet, weil sie sehr poetisch verfasst sind. 20 Mal erwähnen sie einen „Knecht Gottes". Bis heute wissen die Juden nicht, um wen es sich dabei handelt.

Die Identität dieses „Knechts" scheint sich zu verändern. Neunmal hat man den Eindruck, es handle sich um das gesamte Volk Israel (beispielsweise in Jesaja 49,3). Doch an anderen Stellen wird deutlich, dass es eine Einzelperson sein muss. Darüber hinaus wird dieser Titel auch spezifischen Personen in anderen Teilen des Alten Testaments verliehen: Usija, Josia, Jeremia, Hesekiel, Hiob, Mose und Serubabbel werden alle zu verschiedenen Zeiten mit diesem Namen bezeichnet.

Jedenfalls erfahren wir vier Dinge über diesen Knecht Gottes:

1. Er hat einen tadellosen Charakter. Dieser Knecht ist vollkommen; er hat keine Fehler. Eine derartige Aussage trifft auf keine rein menschliche Person zu. .
2. Er ist ein zutiefst unglücklicher Mann, ein Mann der Schmerzen, der mit Leiden vertraut ist.
3. Er wird exekutiert, d.h. er wird wie in Verbrecher getötet, obwohl er nicht gesündigt hat. Man bringt ihn

für Sünden um, die andere Menschen begangen haben und nicht er selbst. Falsche Zeugen treten gegen ihn auf. Sein Grab ist das eines reichen Mannes.
4. Nachdem er für die Sünden anderer getötet worden ist, wird er von den Toten auferweckt und in einen sehr hohen Rang erhoben.

Es gibt keine Hinweise darauf, dass Jesaja oder irgendein anderer Prophet die Verbindung zwischen dem Gottesknecht und dem kommenden König hergestellt hätte, der schon früher im Buch erwähnt wird. Für Christen ist dieser Zusammenhang natürlich kein Geheimnis, für Juden jedoch schon. Sie können diesen Knecht im zweiten Teil einfach nicht mit dem verheißenen Regenten im ersten Teil in Einklang bringen. Es ergibt für sie überhaupt keinen Sinn.

Der erste Jude, der den Zusammenhang zwischen diesen beiden Personen herstellte, war Jesus. Die Verbindung wurde bei seiner Taufe deutlich, als Gott ihm zusprach: „Du bist mein geliebter Sohn, an dir habe ich Wohlgefallen!" (Lukas 3,22; SLT). Gott kombinierte dabei eine biblische Aussage über den König „Du bist mein Sohn" mit einer ebenso biblischen Äußerung über den Knecht: „An dir habe ich Wohlgefallen." Jesus selbst war bewusst, dass er diese beiden Figuren in sich vereinigte.

Nicht nur Jesus stellte diese Verbindung her, sondern auch Petrus. In seinen Predigten in der Apostelgeschichte brachte er oft den König mit dem Knecht in Zusammenhang. Viele der damaligen Priester wurden an Jesus gläubig, weil sie das Buch Jesaja kannten und diese Verbindung zwischen dem König und dem Knecht sehen konnten.

Auch Philippus stellte diesen Zusammenhang her, als er den Eunuchen aus Äthiopien traf, der gerade Jesaja 53 las. Die Apostelgeschichte berichtet uns darüber.

Paulus war ein Meister darin, diese Verknüpfung zu

illustrieren. Im Philipper-Brief schreibt er über jemanden, der Gott gleich war und doch die Gestalt eines Knechtes annahm. Die Juden können sich nicht vorstellen, dass ein König so leiden könnte und wie ein ganz gewöhnlicher Verbrecher exekutiert würde. Sie empfinden das Kreuz als anstößig. Sie wollen keinen Regente, der an ein Kreuz genagelt wurde. Jesus sieht nicht wie ein König aus, auf dessen Schultern die Herrschaft ruht. Das jüdische Volk hält nach einem siegreichen König Ausschau, der kommt, um zu regieren. Sie erwarten keinen Monarchen, der erscheint, um zu sterben.

Der Geist Gottes
Es mag überraschend erscheinen, doch auch der Heilige Geist spielt im Buch Jesaja eine sehr prominente Rolle. Der Ausdruck „den Heiligen Geist betrüben" stammt aus Jesaja 63,10+11. Wir erfahren zudem, dass der Geist den Knecht für seine Aufgabe salbt (Jesaja 61,1–3). „Ich werde meinen Geist ausgießen auf deine Nachkommen" (Jesaja 44,3; ELB). Dieser Satz bezieht sich natürlich auf das Pfingstfest. Wir haben bereits den Hinweis auf die Dreieinigkeit, durch das Wörtchen „uns" in Jesaja 6 festgestellt. „Wen soll ich senden, und wer wird für uns gehen?", heißt es dort.

Die Trinität ist daher im Alten Testament erkennbar, zumindest für Leser mit geöffneten Augen. Der allmächtige Gott, der die Welt erschaffen hat, der leidende Knecht und der Heilige Geist – alle drei Personen kommen im zweiten Teil des Buches Jesaja vor.

Prophetie
Zum Verständnis der Prophetie ist es wichtig, ein biblisches Prinzip zu erfassen; insbesondere, da Weissagungen ein Drittel der Bibel ausmachen, einschließlich der 17 prophetischen Bücher von Jesaja bis Maleachi. Diesem

Prinzip kommt gerade bei einer relativ komplizierten Weissagung wie der des Jesaja herausragende Bedeutung zu. Es lautet folgendermaßen:

Alle Propheten sprachen über ihre eigene Zeit aber auch über die Zukunft.

1. Über ihre eigene Zeit: Die Seher schienen ein Mikroskop zu besitzen, mit dem sie ihre eigene Zeit betrachteten. Sie konnten ihre Gegenwart ganz deutlich mit Gottes Augen sehen und prophezeiten dementsprechend. Doch die Anwendung ihrer Worte beschränkte sich nicht auf ihr Zeitalter. Diese ewigen moralischen Grundsätze haben jeder Kultur zu jeder Zeit etwas zu sagen. Denn der Charakter Gottes verändert sich nicht und seine ethisch-moralischen Prinzipien bleiben unverändert und ewig bestehen.

2. Über die Zukunft: Die Propheten besaßen auch ein Teleskop, das in die Zukunft blickte. Sie prophezeiten, was eines Tages geschehen würde. Doch an diesem Punkt wurde es kompliziert. Denn es war dem biblischen Weissager unmöglich, die zeitliche Entfernung zwischen den Ereignissen, die er sehen konnte, abzuschätzen. Es erging ihm so, wie einer Person, die aus großer Entfernung Berggipfel betrachtet. Sie kann nicht erkennen, wie groß die Distanz zwischen den einzelnen Gipfeln ist. Was viele der Propheten des Alten Testaments (und damit auch wir als ihre Leser) für einen Berg mit zwei Spitzen hielten, waren tatsächlich zwei Berge, die sich in großem Abstand zueinander befanden. Daher beschrieben sie künftige Ereignisse so, als würden sie sich in großer zeitlicher Nähe zueinander befinden. Tatsächlich liegen sie jedoch Tausende von Jahren auseinander.

Christen in der heutigen Zeit leben zwischen diesen beiden Gipfeln. Eine dieser Bergspitzen ist die

Vergangenheit, die andere die Zukunft. Denn wir wissen etwas, was die Propheten nicht wussten: Sie warteten auf die Ankunft des Königs, doch wir wissen, dass der König zweimal kommt. Und nicht nur das: Manchmal ereignet sich die Erfüllung der Weissagungen nicht in der Reihenfolge, in der sie verkündet wurden. Uns ist daher beispielsweise bewusst, dass der leidende Gottesknecht aus dem zweiten Teil des Buches Jesaja vor dem herrschenden König des ersten Teiles aufgetreten ist. Christus ist schon als leidender Knecht gekommen, der ans Kreuz ging. Doch wir warten noch auf seine Ankunft als König, der über alles herrschen wird.

Es ist also nicht überraschend, dass Juden, die das Buch Jesaja sehr gut kennen, noch immer auf das erste Kommen des Messias warten. Ihre Vorstellung, dass der Messias nur einmal als König erscheinen würde, führte dazu, dass sie von Jesus desillusioniert wurden und ihn als ihren Messias disqualifizierten. Als Jesus am Palmsonntag in Jerusalem einzog, schien es zunächst, als würde er endlich als König auftreten; so, wie sich die Menschenmassen es vorgestellt hatten. Sie gerieten außer sich vor Begeisterung und dachten, er würde in Kürze die Römer aus dem Land werfen. Doch er ritt auf einem Esel in die Stadt ein. Diese Tatsache symbolisierte, dass er nicht gekommen war, um Krieg zu führen.

Aus der Offenbarung wissen wir, dass Jesus das zweite Mal kommen wird, um zu kämpfen – weil er als Kriegsmann auf einem weißen Pferd erscheinen wird. Doch am Palmsonntag befand er sich auf einer Friedensmission. Es ging nicht darum, Jesajas Weissagung über einen herrschenden König zu erfüllen. Zur Überraschung aller bog er nach links ab statt nach rechts, nachdem er durch das Stadttor geritten war. Zu seiner rechten Hand befand sich nämlich die römische Festung, in der die Besatzungsmacht stationiert war.

Doch Jesus bog nach links Richtung Tempel ab und trieb mit einer Peitsche die jüdischen Händler hinaus. Seine Prioritäten waren anders als die seiner jüdischen Mitbürger.

Daher können wir vielleicht nachvollziehen, warum dieselbe Menschenmenge nur wenige Tage später rief: „Kreuziget ihn!" Aus diesem Grund entschied sie auch, dass Barabbas, der Guerilla-Kämpfer, freigelassen werden sollte und nicht Jesus. Die Menschen dachten damals, Jesus würde den Thron besteigen. Doch er säuberte nur den Tempel, das war alles! Sie waren sehr enttäuscht! Als Pilatus daher ein Schild über seinem Kopf anbrachte, auf dem stand: „Das ist der König der Juden", konnten sie es nicht fassen. Der einzige Mann unter dem Volk, der es glauben konnte, sagte: „Herr, denke an mich, wenn du in dein Königreich kommst." Denn der sterbende Verbrecher, der neben ihm am Kreuz hing, erkannte in dem leidenden und sterbenden Mann den kommenden König.

Die ultimative Zukunft

INTERNATIONAL

Wie bereits erwähnt verkündet Jesaja, dass die ganze Welt Gottes Segnungen erfahren werde, nicht nur die Juden. Besonders häufig kommt diese Aussage im zweiten Teil seiner Botschaft vor. Er prophezeit, dass die „fernen Inseln" künftig Gott erkennen. Das ist wahrscheinlich ein Hinweis auf Britannien. Denn die Phönizier bezeichneten dieses Land als „ferne Insel". Sie importierten auf dem Seeweg Zinn aus den Minen von Cornwall.

NATIONAL

Doch dieser Fokus auf die ganze Welt bedeutet nicht, dass Juda vergessen wird. Jerusalem, Zion und die Berge des Herrn werden ebenfalls Orte sein, an denen Gott aktiv ist. Wir wissen aus der Bibel, dass er eines Tages auf einem Pferd erscheinen und die Regierungen der Welt übernehmen wird. „Nun gehört die Herrschaft über die Welt unserem Herrn und seinem Christus" (Offenbarung 11,15; LUT). Heute bereitet die christliche Gemeinde folglich Menschen auf die Ankunft des Königs und auf seine Herrschaft vor. Wir bilden Untertanen in allen Ländern der Welt aus, damit er zurückkommen kann. Erst wenn das Evangelium allen Völkern verkündet worden ist, wird das Ende kommen. Denn Gott möchte, dass alle ethnischen Gruppen in seinem Reich vertreten sind.

Der Prophet Jesaja scheint im zweiten Teil seines Buches ständig zwischen der Zukunft Jerusalems und der Zukunft der Nationen hin und her zu wechseln. Doch in Kapitel 2 heißt es, dass das Haus des Herrn auf den Bergen errichtet wird und dass alle Nationen zu ihm strömen werden. Es ist eine Prophezeiung über „vereinte Nationen", deren Zentrum sich allerdings in Jerusalem befindet. So, wie sich die Weissagung über den leidenden Gottesknecht erfüllt hat, wird auch die Prophetie über den herrschenden König Wirklichkeit werden.

Warum sollten wir das Buch Jesaja lesen?

1. Es ist ein Teil des Wortes Gottes. Das Studium jedes biblischen Buches zeigt uns den „Weg zur Errettung". Die Schlüsselworte im Propheten Jesaja sind „retten" und „Errettung" (Der Name Jesaja selbst bedeutet „Gott rettet".).

2. Das Buch ist eine hilfreiche Einleitung zur gesamten Bibel. Es fasst alle Themen sowohl des Alten als auch des Neuen Testaments in einem Buch zusammen. Diese Zusammenfassung ist durch den Heiligen Geist inspiriert. Erscheint einem Leser die Bibel daher als ein zu dickes Buch, empfiehlt es sich, zunächst den Propheten Jesaja durchzulesen. Er stellt dem Leser alle wichtigen Themen der Bibel vor.

3. Der Prophet Jesaja bietet eine sehr gute Einleitung zum Thema Prophetie. In der prophetischen Sektion unserer Bibel gibt es drei große Propheten. Von diesen steht Jesaja an erster Stelle. Die Kombination von Kritik an der gegenwärtigen Lage und Prophezeiungen über die Zukunft ist typisch für die meisten Weissagungen der Bibel. Wie sich bestimmte Teile dieser Prophezeiungen durch das Kommen Jesu im Neuen Testament erfüllt haben, ist leicht erkennbar.

4. Jesaja hilft uns dabei, den Bezug des Alten Testaments zum Neuen zu erkennen. Er zeigt uns, wie sich beide Teile der Bibel gegenseitig erklären und ergänzen. Wir verstehen das Neue Testament viel besser, wenn wir das Buch Jesaja kennen.

5. Wir lesen den Propheten Jesaja, um Jesus besser kennenzulernen. „Forscht in den heiligen Schriften, denn gerade sie sind es, die auf mich hinweisen", sagte Jesus sinngemäß. Mit den heiligen Schriften meinte er das Alte Testament. Der Prophet Jesaja hilft seinen Lesern, den Herrn zu verstehen, besser als fast jedes andere Buch des Alten Testaments. Liest man das 53. Kapitel, findet man sich am Fuß des Kreuzes wieder. „Durch seine Wunden sind wir geheilt", heißt es dort.

6. Unser Bild von Gott erweitert sich. „Meine Seele soll sich rühmen des HERRN" *(im Englischen „O magnify the Lord with me", d.h. wörtlich „Lasst uns den Herrn großmachen", Anmerkung der Übersetzerin)* bedeutet: „Erweitert eure Erkenntnis über Gott selbst." Der zweite Teil des Buches Jesaja erweitert unsere Vorstellung von Gott, dem Heiligen Israels, dem Schöpfer des Himmels und der Erde.

Es gibt also viele gute Gründe, warum Christen dieses eine prophetische Buch auf jeden Fall lesen sollten; auch wenn es die umfangreichste prophetische Schrift ist, deren Studium ein gewisses Maß an Zeit und Einsatz erfordert.

Das Buch Jesaja ist die Bibel im Kleinformat. Es wird dem Leser helfen, das Alte Testament zu verstehen, das Neue besser zu erfassen und, am allerwichtigsten, es wird sein Gottesbild erweitern.

22.
DER PROPHET MICHA

Einleitung

Die prophetischen Bücher von Hosea bis Maleachi werden die „kleinen Propheten" genannt. Dabei handelt es sich allerdings um eine Fehlbezeichnung, denn sie vermittelt, dass eine Gruppe wichtiger wäre als die andere. Man wählte diese Bezeichnung, um die kürzeren prophetischen Bücher von den drei umfangreicheren zu entscheiden, nämlich von Jesaja, Jeremia und Hesekiel. Dieser Name „kleiner Prophet" könnte für Micha nicht unzutreffender sein. Denn seine Botschaft ist unvergesslich. Ihre Nachwirkungen sind noch immer auf der ganzen Welt zu spüren.

Micha war ein Zeitgenosse Jesajas. Ein Abschnitt des Buches Micha ist wortgleich mit einem Teil der Prophezeiung Jesajas. Es geht darum, dass Schwerter zu Pflugscharen und Speere zu Winzermessern umgeschmiedet werden. Beide verkünden ein künftiges Friedensreich, das anbrechen wird, wenn Jesus wiederkommt. Wer hier von wem abgeschrieben hat oder ob der Heilige Geist beiden eine identische Botschaft vermittelte, bleibt unklar. Doch beide sprechen dieselbe Situation an. Offensichtlich wollte Gott, dass diese Botschaft nochmals wiederholt würde.

Ein Vers aus dem Propheten Micha wird häufig in Weihnachtsgottesdiensten gelesen: „Und du, Bethlehem Efrata, die du klein bist unter den Tausenden in Juda, aus dir soll mir der kommen, der in Israel Herr sei" (Micha 5,2; LUT). Diese Verheißung verkündete der Prophet 700 Jahre vor der Geburt Jesu.

Ein weiterer bekannter Vers aus diesem Buch lautet: „Es ist dir gesagt, Mensch, was gut ist und was der HERR von dir fordert: nichts als Gottes Wort halten und Liebe üben und demütig sein vor deinem Gott" (Micha 6,8; LUT). Am Ende des Buches steht schließlich ein Satz, der mehrfach vertont worden ist, wie dieses bekannte Lied zeigt: „Wo ist solch ein Gott, so wie du? Der die Sünde vergibt und erlässt die Schuld seines Volkes ..." (siehe Micha 7,18).

Diese Zitate sind alle sehr einprägsam. Doch meistens werden sie aus dem Kontext gerissen und benutzt, um eine andere Aussage zu vermitteln als die ursprüngliche Botschaft. Wir müssen daher das ganze Buch in seinem Kontext betrachten und dabei sowohl die damalige Zeit als auch die geographischen Gegebenheiten beachten. Gott hat sein Wort schon immer in eine bestimmte Zeit und in einen spezifischen Raum hineingesprochen. Aus diesem Grund ist die Bibel voller historischer und geographischer Angaben, was sie von jedem anderen heiligen Buch auf der ganzen Welt unterscheidet. Liest man den Koran oder die hinduistischen Veden *(die heiligen Schriften der altindischen Religion, Anmerkung der Übersetzerin)*, stellt man fest, dass sie hauptsächlich Gedanken und Wortkonstrukte enthalten. Demgegenüber ist die Bibel ein Buch der Geschichte und der Geographie, denn Gott hat seine gesamte Offenbarung zu bestimmten Zeiten und an besonderen Orten enthüllt. Diese Tatsache ist für das Verständnis des Buches Micha von großer Bedeutung

Wo?

Das Verheißene Land war ein sehr schmaler Landstreifen zwischen dem Mittelmeer auf der einen und der arabischen Wüste auf der anderen Seite. Der gesamte internationale Verkehr zwischen Europa, Asien und Afrika musste durch diesen Korridor hindurch. Er bewegte sich normalerweise auf der sog. Via Maris, der Meeresstraße, die an der Küste entlangführte. Die „Hauptkreuzung" der damaligen

Welt befand sich am Hügel von Megiddo (auf Hebräisch Armageddon). Der Reise- und Handelsverkehr der gesamten Welt passierte diese Kreuzung. Oberhalb davon auf einer Anhöhe, die die Kreuzung überblickte, lag das kleine Dorf Nazareth. Galiläa, der nördliche Teil Israels, wurde daher „Galiläa der Nationen" genannt, weil die internationalen Verkehrsströme dort hindurch kamen. Demgegenüber war der Süden, Juda, in seiner kulturellen Ausprägung viel jüdischer. Er war sehr bergig und sah viel weniger Besucher aus dem Ausland.

Betrachtet man einen Querschnitt des südlichen Teiles, so liegt im Westen der Landmasse das Mittelmeer und im Osten das Tote Meer. Das Tote Meer liegt viel tiefer als das Mittelmeer. Micha stammte aus der Schefela (was Niederung bedeutet). Damit wurde ein zirka 16 km breites Hügelland zwischen dem Bergland Judäas, Israels zentralem Gebirge, und der Küstenebene bezeichnet. Er lebte daher zwischen den Philistern und den Juden. Micha konnte seinen Blick zur verdorbenen Stadt Jerusalem emporheben und dann wieder auf den Gazastreifen herunterblicken.

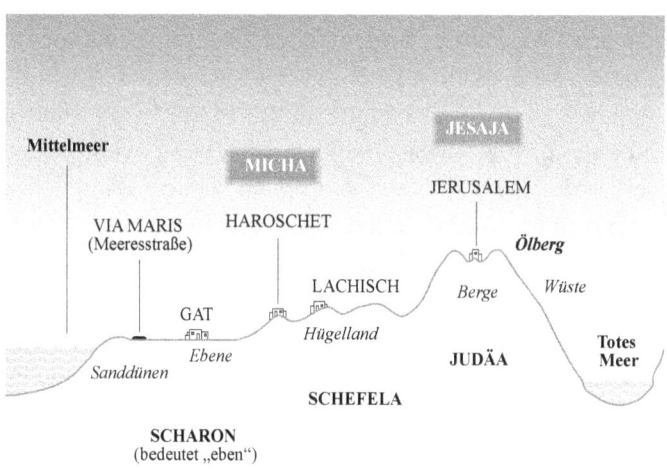

Dass Jesaja und Micha Zeitgenossen waren, ist eine beachtenswerte Tatsache. Sie predigten zur selben Zeit. Doch Jesaja wurde im Königspalast geboren. Als Cousin des Königs fiel es ihm leicht, mit der Regierung zu kommunizieren. Micha hingegen lebte in der Schefela, einer ärmeren Region des Landes. Während Jesaja also aus einer wohlhabenden Familie der Oberschicht stammte, war Micha ein einfacher Mann vom Lande. Er hatte ein Herz für die einfachen Leute, die ausgebeutet wurden. Aufgrund seiner Herkunft waren Jesaja diese Probleme nicht im selben Maße bewusst. Daher ergänzen sich die beiden Propheten sehr gut.

Wann?

Wahrscheinlich prophezeite Micha zirka 735 v. Chr., als der schlechte König Ahas regierte (735–715). Es ist allerdings auch möglich, dass sein Dienst sich teilweise mit der Regierungszeit von Ahas Vorgänger, König Jotam, überschnitt.

Israel war damals bereits geteilt. Nach dem Tod Salomos war der Bürgerkrieg ausgebrochen. Die zehn Stämme im Norden hatten sich abgespalten und nannten sich von da an Israel. Die beiden Stämme im Süden trugen den Namen Juda. Jesaja und Micha predigten daher den zwei Stämmen des Südreiches, während ein Mann namens Hosea den Stämmen im Norden Gottes Wort verkündete. Kurz darauf führten die Assyrer die zehn Stämme schließlich in die Verbannung.

Hosea und Jesaja waren ihrem Wesen nach Stadtmenschen, die aus gutsituierten Familien stammten. Micha unterschied sich daher sowohl von Hosea im Norden als auch von Jesaja, der im Süden wirkte.

Warum?

Sowohl König Jotam (750–731) als auch König Ahas hatten das Land auf Abwege gebracht. Jotam wurde als „guter" König angesehen, doch er entfernte die Höhenheiligtümer nicht aus dem Land. Diese Kultstätten dienten der Anbetung der Götter Kanaans. Der König hätte das Gesetz Gottes einhalten und sicherstellen sollen, dass das Volk dasselbe tat. Ahas hingegen war ein „schlechter" König. Er verhinderte nicht, dass sich sündhafte Praktiken von den zehn Stämmen des Nordreiches auf den Süden ausbreiteten und von den Städten auf die Landbevölkerung übergriffen. Die Bibel betrachtet die Stadt immer als ein gefährliches Umfeld. Die Konzentration vieler Sünder verstärkt die Verbreitung sündhaften Verhaltens. Laster und Verbrechen kommen normalerweise in der Stadt häufiger vor als im angrenzenden Umland.

Was Juda betraf, so breitete sich die Korruption in Jerusalem auf die Provinzstädte in der Schefela aus. Micha konnte die Auswirkungen dieses schlechten Einflusses beobachten, und es schmerzte ihn. Er sah, wie Richter, Propheten und Priester Bestechungsgelder annahmen. Genau die Menschen, die dem Gesetz Gottes Geltung verschaffen sollten, wurden dafür bezahlt, Dinge zu sagen, die das Volk hören wollte. Die Machtlosen wurden ausgebeutet. Neid, Gier, Betrug, Gewalt und Grausamkeiten waren an der Tagesordnung und wurden immer schlimmer. Verbrechen kamen immer häufiger vor. Vermieter bestahlen die Armen und setzten Witwen und Waisen auf die Straße; Kaufleute und Händler benutzten ungenaue Waagen und Gewichte, denn auch die Geschäftswelt war verdorben. Die Sünde hielt in jeder gesellschaftlichen Schicht Einzug. Am Schlimmsten war, dass die Reichen und Mächtigen die Armen missbrauchten. Einfluss in Gesellschaft und Politik dienten nur dazu, die eigenen Taschen zu füllen. Es war ein trauriges Bild: Es gab keinerlei Respekt mehr, niemand war vertrauenswürdig. Familien, eigentlich das Rückgrat jeder Gesellschaft, brachen auseinander. Doch Michas Herz schlug voller Leidenschaft für soziale Gerechtigkeit. Er war erschüttert, dass sich diese Verhaltensweisen im Volk Gottes ausbreiteten. Schließlich bestand die Berufung des Volkes doch darin, ein Licht für die Nationen zu sein.

Inmitten seiner großen Besorgnis über die allgemeine Lage empfing Micha eine göttliche Vision. Sie betraf Juda, den Norden und die sie umgebenden Nachbarstaaten. Seine Vision schien sich in konzentrischen Kreisen immer weiter auszubreiten. Das erste Bild bezog sich zunächst nur auf den Stamm Juda. Dann vergrößerte es sich und entwickelte sich zu einer Vision für die ganze Nation. Sogar die zehn Stämme im Norden waren eingeschlossen, obwohl sie mittlerweile mit dem Süden überhaupt nichts mehr zu tun haben wollten. Schließlich erweiterte Gott das Herz des Propheten. Er trug nun die Last der gesamten verlorenen Welt, auch wenn alles mit einer Bürde für sein eigenes Volk begonnen hatte.

Er sah, wie Gott aus dem Himmel herabkam, um Juda zu strafen. Er würde sie richten und ihnen sogar ihr winzig kleines Land im Süden wegnehmen. Das war ein schmerzhafter Anblick, der Micha zutiefst erschütterte.

Zwei Faktoren führten dazu, dass er innerlich so bewegt war: Zum einen der Heilige Geist und zum anderen sein eigener Geist. Jeder Prophet hatte eine dynamische Begegnung mit dem Heiligen Geist, die ihn dazu brachte zu predigen. Doch oft spürte er den Schmerz auch in seinem menschlichen Geist. Micha berichtet, dass er wie ein Schakal heulte und wie ein Strauß schrie. Zudem riss er sich sein Oberkleid vom Leib, so groß war seine Qual. Denn er erkannte, dass die Lage aussichtslos war.

Drei Probleme machten ihm besonders zu schaffen: Götzendienst, Unmoral und Ungerechtigkeit. Die Ungerechtigkeit traf ihn am härtesten. Er konnte es nicht ertragen mitanzusehen, was Gottes Volk, seine Landsleute, einander antaten. Man spricht von Götzendienst, wenn Menschen Gott dadurch beleidigen, dass sie jemand anderen anbeten. Von Unmoral ist die Rede, wenn man sich sündigen Leidenschaften hingibt. Doch Ungerechtigkeit bedeutet, dass Menschen sich gegenseitig schaden und verletzten. Das bedrückte Micha am allermeisten. Da er „einer von ihnen" war, hatte er großes Mitleid mit den Witwen und Waisen, die auf der Straße leben mussten, weil sie die Miete nicht bezahlen konnten. Michas Prophetie zeichnet sich durch einen lautstarken Ruf nach sozialer Gerechtigkeit aus.

Es ist immer hilfreich, die Struktur und Anordnung eines Buches zu betrachten. Das fällt bei einem Buch wie Micha besonders leicht, da es sehr übersichtlich gegliedert ist. Es hat drei deutlich voneinander unterscheidbare Teile. Ich habe sie mit drei verschiedenen Überschriften versehen, um ihre jeweiligen Hauptaussagen zu verdeutlichen.

Die Kapitel 1 bis 3 behandeln schlicht und einfach Verbrechen und Strafe: Die schlimmen Dinge, die passieren und die Gott bestrafen wird. Die Kapitel 4 bis 5 konzentrieren sich auf Frieden und Sicherheit. Gerechtigkeit und Gnade sind schließlich die Themen der Kapitel 6 bis 7.

Verbrechen und Strafe (Kapitel 1-3)

In diesen Kapiteln führt Micha dem Volk eindrücklich vor Augen, dass sich die Sünde von der großen Stadt sogar in die Provinzstädte und Dörfer der Schefela verbreitet hat, aus der er selbst stammt. Er gewinnt die Aufmerksamkeit der Menschen auf eine pfiffige Art und Weise. In seiner

Gerichtsbotschaft nutzt er die Namensbedeutung jeder einzelnen Ortschaft – und zwar so, dass sie seine Predigt niemals vergessen werden.

Die Ortschaften
Predigte Micha in Deutschland, würde er sinngemäß Folgendes sagen: „Freiburg wird in die Gefangenschaft geführt. In Essen herrscht furchtbare Hungersnot. Mannheim wird vollkommen menschenleer. Die Insel Reichenau verarmt. Kirchgänger erfrieren in Kaltenkirchen. Freudenstadt versinkt in Trauer und Elend. Vor Warnemünde wird explizit gewarnt. In Heilbronn versiegt jede Quelle der Heilung. Glücksstadt wird vom Unglück verfolgt. In Friedberg herrscht Krieg. Hungrige Wölfe wüten in Wolfenbüttel."

Es mag etwas sonderbar erscheinen so zu predigen, doch genau so spricht Micha über die einzelnen Ortschaften. Er nimmt jeden Dorfnamen der Schefela und verwandelt ihn in eine Gerichtsbotschaft. Durch diese brillante Predigt zeigt er dem Volk, dass es mit seinem Verhalten nicht davonkommen wird. Früher oder später wird Gott die Menschen zur Verantwortung ziehen.

Die Menschen

Gott macht ganz eindeutig die einflussreichen Führungspersonen für die Lage verantwortlich. Er beschuldigt den König, die Priester und die falschen Propheten. Sie haben dem geistlichen Verfall erlaubt, sich ungehindert auszubreiten. Doch ganz besonders bekümmern ihn die Profiteure und Wucherer. Ihre gnadenlose Ausbeutung der Schwachen hat zur Folge, dass die Reichen immer reicher und die Armen immer ärmer werden.

Frieden und Sicherheit (Kapitel 4+5)

Die Kapitel 4–5 enthalten eine Überraschung, denn sie verkünden hauptsächlich gute Nachrichten. Kapitel 3 endet damit, dass Jerusalem in Trümmern liegt. Micha prophezeit, dass die Anstifterin zur Sünde, die große Stadt, verwüstet wird. Doch die Kapitel 4 und 5 malen uns ein anderes Bild vor Augen. Der Prophet erklärt, dass der aktuelle korrupte Zustand nicht das Ende vom Lied sein wird.

Das Königreich

Ein Königreich wird anbrechen, in dem alle Länder abrüsten werden. Ein König in Zion wird dann alle Streitigkeiten schlichten. Das Hauptquartier der Vereinten Nationen sollte sich nicht in New York, sondern in Jerusalem befinden. Denn dort werden eines Tages die Konflikte dieser Welt beigelegt. Wenn „der Herr in Zion regiert", wird er alle Auseinandersetzungen befrieden. Sein Königreich wird auf die Erde kommen. Genau das beten wir im Vaterunser: „Dein Reich komme, dein Wille geschehe, wie im Himmel so auf Erden." Natürlich kann dieses Königreich erst anbrechen, wenn der König erschienen ist. Denn ein Königreich ohne König macht keinen Sinn. Micha führt dann weiter aus, dass der Herrscher aus dem kleinen Dorf Bethlehem kommen werde. *Beth* bedeutet „Haus" und *lehem* steht für „Brot". Der Name dieses Ortes bedeutet daher wörtlich „Haus des Brotes". Dieses kleine Dorf versorgte Jerusalem sowohl mit Getreide als auch mit Opferlämmern.

Der König

Micha sagt nicht nur das erste Kommen Jesu voraus, sondern auch das zweite. Er beschreibt das zweite Kommen des Messias, als er davon spricht, dass er auf der Erde über die Nationen herrschen werde. Der Wortlaut ist mit Jesaja

2,1–4 identisch. Daher stellt sich die Frage, wer von beiden zuerst darüber gesprochen hat. Haben die beiden Propheten voneinander abgeschrieben, haben sie beide den Text eines Dritten kopiert oder empfingen sie von Gott genau dieselbe Botschaft? Das lässt sich nicht eindeutig feststellen.

Der gesamte zweite Teil des Buches Micha enthält folglich gute Nachrichten. Der König, der aus der Stadt Davids stammt, wird kommen, um über die Welt zu regieren und ihr Frieden und Wohlstand zu bringen.

Gerechtigkeit und Gnade (Kapitel 6+7)

Der letzte Abschnitt des Propheten Micha malt uns eine Gerichtsverhandlung vor Augen. Gott ist der Staatsanwalt und Micha der Verteidiger. Das Volk Juda, das mittlerweile durch die Sünde verdorben ist, sitzt auf der Anklagebank. Gott selbst hält sein Plädoyer und begründet seine Anklage.

Gott spricht in der Ich-Form, genau wie Micha. Sie streiten darüber, ob Juda zu Recht auf der Anklagebank sitzt. Gott erklärt, was er wirklich von seinem Volk wollte: Keine Opfer (das Blut von tausenden von Lämmern), sondern Gerechtigkeit. Er verlangte von ihnen, „Recht zu üben, Gnade zu lieben und demütig zu sein vor ihrem Gott."

Gerechtigkeit besteht darin, den Menschen das zu geben, was sie verdienen. Gnade hingegen bedeutet, ihnen das zukommen zu lassen, was sie nicht verdient haben. Es war einmal ein Mann, der ein Porträt von sich anfertigen ließ. Er sagte zu dem Maler: „Ich hoffe, das Bild wird mir gerecht werden." Der Maler antwortete: „Sie brauchen keine Gerechtigkeit, sondern Gnade!"

Gerechtigkeit und Gnade widersprechen einander nicht; sie sind gemeinsam auf derselben Straße unterwegs. Der Unterschied zwischen beiden besteht darin, dass die Gerechtigkeit nur bis zu einem bestimmten Punkt gehen kann. Doch die Gnade übernimmt dann und geht weiter.

Gott ist der absolute Meister in beidem. Er wird immer gerecht handeln. Niemand wird jemals behaupten können, dass Gott sich unfair verhalten würde.

Doch alles, was Gott von Juda erhielt, war das Blut tausender Lämmer. Juda hielt das Ritual und die religiösen Anforderungen ein, doch Gott wollte mehr als das. Der entscheidende Punkt war, wie das Verhältnis der Menschen zu ihrem Gott aussah. Und das ließ sich an ihrem Verhalten gegenüber ihren Mitmenschen ablesen. Hatten sie eine Beziehung zu Gott, so würden sie gerecht handeln und gleichzeitig anderen Gnade erweisen. Denn genauso verhielt sich Gott ihnen gegenüber.

Micha ergeht es in diesem Gerichtsprozess miserabel, doch dann verwandelt sich seine Trübsal in Freude. Er begreift nämlich, dass der Richter im Gerichtssaal auch Gnade walten lassen wird. Am Ende des Buches können wir daher diesen wunderschönen Ausgleich erkennen: Gott schließt mit Juda einen Bund der Gnade.

Wenn ein Kind ungezogen ist, haben die Eltern ein Problem. Sollen sie ihm Gerechtigkeit zeigen und ihm das geben, was es verdient, oder es davonkommen lassen? Es ist sehr schwierig, gleichzeitig gerecht und gnädig sein, es sei denn folgender Ausnahmefall tritt ein: Eine unschuldige Person ist bereit, anstelle des Schuldigen das gerechte Urteil auf sich zu nehmen. Dann kann die Sünde zur selben Zeit bestraft und vergeben werden. Aus diesem Grund war das Kreuz notwendig. Das Kirchenlied „Beneath the Cross of Jesus" (Am Fuß des Kreuzes Jesu) formuliert es so:

Oh sichrer Ort der Zuflucht
bewährt und wunderbar,
wo Liebe und Gerechtigkeit
sich kommen,
oh so nah!
Elizabeth Cecilia Clephane (1830–65)

Am Kreuz können wir sowohl Gottes vollkommene Gerechtigkeit erkennen (Die Todesstrafe für die Sünde wird vollzogen.) als auch seine perfekte Gnade (Der Schuldige wird auf freien Fuß gesetzt.), denn der Unschuldige hat den Preis bezahlt. Hätte Gott uns ohne das Kreuz vergeben, dann wäre er gnädig aber nicht gerecht. Würde er sich weigern, die Sünde zu vergeben und sie vollumfänglich bestrafen, wäre er gerecht aber nicht gnädig. Daher ist das Alte Testament für unser Verständnis so wichtig. Dort erfahren wir, dass den Israeliten Sündenvergebung dadurch zuteilwurde, dass ein unschuldiges Wesen sein Leben ließ. Ohne Blutvergießen kann es keine Vergebung geben. Denn wenn kein Blut vergossen wird, kann Gott nicht gleichzeitig gerecht und gnädig sein.

Micha betont auch das Erfordernis, „demütig zu sein". Diese dritte Anforderung ist genauso wichtig wie die ersten beiden. Man kann die anderen Voraussetzungen erfüllen und dabei stolz werden. Doch wir lassen ja Gerechtigkeit und Gnade nur deshalb walten, weil Gott dasselbe für uns getan hat. Daher ist Demut angebracht.

Matthäus nimmt im Neuen Testament die Verheißung wieder auf, dass ein Herrscher aus Bethlehem hervorkommen werde. Eine Entscheidung des römischen Kaisers, die er in seinem Palast in Rom Tausende von Kilometern entfernt traf, führte dazu, dass Josef und Maria nach Bethlehem zogen, um dort ihre Kopfsteuer zu bezahlen. Was für ein Timing!

Das Neue Testament berichtet uns allerdings auch, dass der König bei seiner Ankunft die Weltherrschaft übernehmen und der ganzen Erde Frieden bringen werde. Diese Prophezeiung muss sich noch erfüllen. Sie wird eintreten, wenn Christus wiederkommt.

Wir müssen uns Folgendes bewusst machen: Viele Weissagungen, die erklären, was passieren wird, wenn der Messias kommt, haben sich beim ersten Kommen Jesu noch nicht erfüllt. Diese Tatsache stellt für das jüdische Volk eine große Zumutung dar. Sie glauben, dass der Messias der ganzen Welt Frieden bringen werde. Weil Jesus dies noch nicht getan hat, kann er ihrer Ansicht nach nicht der Messias sein. Doch es gibt dieses Geheimnis, das allen Propheten des Alten Testaments verborgen war und nur im Neuen Bund offenbart wurde: Der Messias würde zweimal kommen. Das erste Mal, um für unsere Sünden zu sterben und das zweite Mal, um über die Welt zu herrschen.

Theologische Themen

Zum Abschluss werden wir noch einige theologische Themen betrachten, die im Buch Micha vorkommen.

Zwei Charaktereigenschaften Gottes

Das Buch zeigt uns, dass Gott zwei grundlegenden Charaktereigenschaften hat: Er ist gerecht und muss daher Sünde bestrafen. Doch er ist gleichzeitig auch gnädig und kann folglich vergeben. Er hasst die Sünde und liebt den Sünder. Dieses Thema durchzieht das ganze Buch. Jeder Abschnitt beginnt mit Verdammnis und endet mit tröstlichem Zuspruch. Gerechtigkeit kommt daher vor Gnade. Sünde muss bestraft werden, bevor sie vergeben werden kann.

Micha erinnert uns daran, dass wir es Gott überlassen sollten zu wirken. Wir sind aufgerufen, ihn widerzuspiegeln, nicht jedoch, ihn zu ersetzen. Gleichzeitig besteht unser Auftrag fort, nämlich „Recht zu lieben, Gnade zu üben und demütig zu sein vor Gott." Dieses Erfordernis wird sich niemals ändern.

Der Herkunftsort Christi

Die Prophezeiung macht sehr deutlich, dass der König aus Bethlehem kommen würde, ein höchst unwahrscheinlicher Ort. Er war klein und unbedeutend, abgesehen von der

Tatsache, dass er Jerusalem mit Brot und Lämmern für die Opfer im Tempel versorgte. Doch diese Weissagung erfüllte sich, noch dazu durch die von Kaiser Augustus verhängte Kopfsteuer.

Der Grund seines Kommens
Michas Prophetie sagt das zweite Kommen Christi voraus. Der Messias wird erscheinen, um über die ganze Welt zu herrschen. Dann werden Weissagungen, die bei seinem ersten Kommen noch nicht erfüllt wurden, Wirklichkeit werden.

Soziales Engagement
Das Buch Micha gibt Christen Grundregeln für ihr Verhalten in der Gesellschaft. Die Gemeinde sollte die Gesellschaft mit prophetischer Stimme auf das Übel der Ausbeutung anderer aufmerksam machen, wo immer es auftritt. Sie sollte eine Fürsprecherin der Armen und Benachteiligten sein. Das ist unsere Vorbereitung auf die Zeit, in der wir gemeinsam mit Christus herrschen werden, nachdem er wiedergekommen ist.

Gesellschaftliche Ablehnung
Christen sollten daher nicht überrascht sein, wenn Menschen um sie herum, sogar ihre nächsten Verwandten, mit Ablehnung auf ihren Glauben reagieren. Micha formuliert es so: „Die Feinde eines Mannes sind seine eigenen Hausgenossen" (Micha 7,6; ELB). Jesus verkündete seinen Jüngern Folgendes: Genau wie einige Menschen ihn hassten, würden sie auch seine Jünger verabscheuen. Christen in der heutigen Zeit müssen daher bereit sein, wie Jesus zu leben und die Konsequenzen zu tragen.

23.
DER PROPHET NAHUM

Einleitung

Der Prophet Nahum ist mit seinem bekannteren Kollegen Jona eng verbunden. Im Kapitel über Jona haben wir bereits Ähnlichkeiten zwischen den beiden festgestellt. Beide stammten aus dem Nordreich, und beide wurden nach Ninive geschickt, in die Hauptstadt Assyriens, der vorherrschenden Weltmacht der damaligen Zeit. Doch Nahum verkündete seine Botschaft der Zerstörung 150 Jahre nach Jona, als die Umstände ganz anders waren.

Die Vorgeschichte gestaltete sich folgendermaßen: Nach Jonas Reise nach Ninive weitete sich das assyrische Reich aus. Während der Herrschaft König Ahabs versuchten die Assyrer, die zehn Stämme des Nordreichs zu unterwerfen, doch es gelang ihnen nicht. Unter dem assyrischen König Assurbanipal III griffen sie erneut an und führten den gesamten Stamm Benjamin ins Exil. Schließlich kehrten sie unter Salmaneser zurück und deportierten die anderen Stämme des Nordreichs. Nur das kleine Juda im Süden blieb übrig. Es war eine Zeit der Katastrophe für das Volk Gottes.

Während der Herrschaft Hiskias zog Sanherib heran und belagerte Jerusalem. Doch ein Engel des Herrn vertrieb ihn wieder, indem er 185.000 Assyrer umbrachte. Trotz allem ließen sich die Assyrer nicht abschrecken und setzten ihre Expansion fort. Sie eroberten Theben in Oberägypten und wurden zu einem mächtigen Großreich.

Nach dem Dienst des Jona erhielten zwei weitere Propheten Botschaften für Assyrien. Zunächst prophezeite Zefanja im Rahmen seiner Weissagung für Juda, dass Gott Assyrien zerstören und seine legendäre Hauptstadt Ninive in eine trostlose Einöde verwandeln würde. Die einst so stolze Stadt würde als Weideland für Schafe dienen und eine Vielzahl wilder Tiere würde hier ihr Zuhause finden. Von den einst so prunkvollen Palästen blieben nur Ruinen, den Elementen ausgesetzt.

Allerdings sagte Zefanja diese Zerstörung voraus, ohne klarzustellen, wann sie sich ereignen würde. Es war dann schließlich Nahum, der den Assyrern ihr Ende verkündete. Seine Prophetie enthält die letzte und abschließende Warnung. Der große Unterschied zwischen Jona und Nahum besteht darin, dass Gott sie diesmal nicht davonkommen ließ. Interessanterweise beschreiben beide Propheten Gott als „langsam zum Zorn". Doch im Falle Nahums war die Zeit der Assyrer abgelaufen. Ist Gottes Zorn einmal entfacht, kann er nicht mehr abgewendet werden. Köchelt er nur unter der Oberfläche, so kann man ihn noch beschwichtigen. Doch wenn er überkocht, kann ihn nichts und niemand mehr aufhalten. Zweifellos kommt der Tag, an dem sich die ganze Welt dem Zorn Gottes gegenübersehen wird. Die Offenbarung spricht von diesem Tag. Dann würden die Menschen es vorziehen, in einem Erdbeben verschüttet zu werden, statt in das zornige Antlitz Gottes blicken zu müssen.

Der König von Ninive betete und fastete erneut, genau wie zur Zeit Jonas. Doch diesmal wies Gott seine Gebete zurück. Es war zu spät, um eine Änderung herbeizuführen. Der letzte Vers des Propheten Nahums enthält folgende harte Worte: „Es gibt kein Heilmittel gegen deinen Zusammenbruch, deine Verletzung ist tödlich" (Nahum 3,19; NLB).

Erstaunlicherweise wird dies als gute Nachricht betitelt, allerdings nicht für die Assyrer. Es ist eine Freudenbotschaft für Israel und für Nahum, der im Heiligen Land unter assyrischer Herrschaft geboren wurde. Nahum verkündete den Assyrern, dass jeder, der von ihrem Untergang hörte, in die Hände klatschen würde, denn „wer hat nicht unter deiner ständigen Bosheit gelitten?" (Nahum 3,19; NLB). Es ist eine sehr anschauliche Prophezeiung.

Genau wie das Buch Jona wirft auch das Buch Nahum ein grundlegendes Thema auf, das bei Generationen von Christen Kopfzerbrechen verursacht hat. Die Prophetie Jonas provoziert die Frage: „Beherrscht Gott die Natur?", während Nahum fragt: „Steuert Gott die Geschichte?" Laut der Bibel ist es Gott, der den Atlas der Geschichte aufzeichnet und festschreibt. Als der Apostel Paulus auf dem Marshügel in Athen zu den Griechen predigte, sagte er sinngemäß Folgendes: „Gott weist jeder Nation ihren bestimmten Platz in Zeit und Raum zu." Gott erlaubt einem Land, mächtig zu werden und sich zu einem Imperium zu entwickeln. Und es ist Gott, der auch wieder sein Ende herbeiführt. Ich glaube, dass Gott mit dem Britischen Weltreich ein Ende gemacht hat, als wir 1947 das jüdische Volk im Stich ließen und erklärten, wir wollten mit den Juden nichts mehr zu tun haben. Innerhalb von fünf Jahren war das Empire Geschichte.

Gott beherrscht nicht nur die ganze Schöpfung, er lenkt auch die gesamte Geschichte. Er lässt Könige aufsteigen und untergehen. Gott kontrolliert die Geschichte, und daher ist sie auch vorhersehbar. Es gehörte zu den Aufgaben eines Propheten, historische Ereignisse vorherzusagen, d.h. sie aufzuschreiben, bevor sie sich ereigneten. Nahum verkündete, dass es aus sei mit Ninive. Das erschien zur damaligen Zeit unglaublich, weil die Stadt so mächtig und stark war.

Das Buch Nahum im Überblick

Unten sehen wir Nahums Prophezeiung im Überblick. Sie hat nur drei Kapitel und ist daher einfach zu gliedern. Ihr Fokus ist der Fall Ninives.

Ankündigung: Wer? – Intervention (Kapitel 1)
Unheil für seine Feinde
Befreiung für seine Freunde

Beschreibung: Wie? – Invasion (Kapitel 2)
Ein Tag des Plünderns
Ein Tag der Löwen

Begründung: Warum? – Inhumanität (Kapitel 3)
Gewaltsame Eroberung
Finanzielle Korruption

Ankündigung (Kapitel 1)

Zunächst einmal kündigt Nahum an, dass Gott seine Feinde bestrafen werde. Göttliche Intervention bedeutet, dass Unheil seine Feinde befällt, während seine Freunde befreit werden. Gottes Eingreifen hat immer diesen doppelten Charakter. Wenn Gott in der Geschichte interveniert, hat das katastrophale Folgen für alle, die sich ihm widersetzen und auf sich selbst vertrauen. Gott ist ein eifersüchtiger Gott. Er ist nicht neidisch. Er beneidet nichts und niemanden um irgendetwas, denn es gehört ja doch alles ihm. Von Neid spricht man, wenn man etwas haben will, was jemand anderem gehört. Eifersucht bedeutet jedoch, das haben zu wollen, was einem selbst berechtigterweise zusteht. Man kann daher einen anderen Mann um seine Frau beneiden, doch eifersüchtig besorgt ist man nur um seine eigene Frau. Gott tritt leidenschaftlich für seinen eigenen Namen und seinen Ruf ein, er eifert für sein Volk und für seine Welt. Gott sagt sinngemäß: „Es geht um meinen Namen, es ist mein Ruf und es ist meine Welt. Ich werde Menschen nicht erlauben, sich auf meinem Planeten so (daneben) zu benehmen."

Zu Gottes Eifer gehört auch seine Rache. Diese Merkmale Gottes sind nicht besonders beliebt. Doch wir müssen sie begreifen lernen, wenn wir wirklich verstehen wollen, wie Gott tatsächlich ist. Nahum konzentriert sich fast ausschließlich auf Gottes Eifersucht und seine Rache, die sich gegen die Menschen wendet, die gegen ihn aufbegehren und sich selbst genug sind.

Das erste Kapitel besteht aus einem Gedicht in Form eines Abcdarius. Jeder Vers beginnt dabei fortlaufend mit einem weiteren Buchstaben des hebräischen Alphabets. Auf diese Weise konnte sich das Volk Israel das Gedicht leicht merken. Für sie waren es gute Nachrichten, etwas Wertvolles, das sie in ihren Herzen bewahrten.

Im ersten Kapitel wechseln sich Aussagen, die sich an Ninive richten regelmäßig mit Botschaften an Israel ab: schlechte Nachrichten für die einen und Freudenbotschaften für die anderen. Es ist ein herrliches literarisches Werk. Nahum hatte die Fähigkeit, seine Worte so zu wählen, dass sie sich leicht einprägten. Dazu inspirierte ihn der Heilige Geist.

Beschreibung (Kapitel 2)

Handelt es sich bei Kapitel 1 um eine Ankündigung, dass Ninive fallen wird, beinhaltet Kapitel 2 eine Beschreibung dessen, wie es geschehen wird. Die Details sind absolut erstaunlich! Es scheint fast so, als ob Nahum einen Film sehen würde, der die künftigen Ereignisse zeigt.

Besonders faszinierend ist, dass die Soldaten, die Ninive zerstörten, karmesinrote Uniformen trugen, genau wie Nahum es geweissagt hatte; und dies trotz der Tatsache, dass solche Uniformen zu Nahums Lebzeiten unbekannt waren. Er sah auch, wie die feindliche Armee durch die Flußtore eindrang und beschrieb die „Stadt der Bluttat". All dies geschah, weil Ninive sich an die Feinde Gottes verkauft hatte.

Die Beschreibungen sind sehr anschaulich, und wir können uns gut vorstellen, wie der Prophet diese Botschaft predigte. Nahum nannte Ninive einen zahnlosen Löwen. Das war ein sehr treffend gewähltes Bild, war doch der Löwe das Wappentier von Assyrien. Doch nun stellten sie für niemanden mehr eine Bedrohung dar, sondern verfielen selbst in Angst und Schrecken. Der Text lässt daher eine gewisse poetische Gerechtigkeit erkennen.

Begründung (Kapitel 3)

Im dritten Kapitel geht Nahum von der reinen Beschreibung zur Begründung über. Der Grund für das göttliche Gericht ist die schiere Unmenschlichkeit der Assyrer. Gottes Gerechtigkeit wird sichtbar. Er verurteilt die Assyrer nicht dafür, dass sie die Zehn Gebote gebrochen hätten. Denn sie kennen den Dekalog ja gar nicht. Schickt Gott einen Propheten gegen eine Nation, die nicht zum Volk Gottes gehört, klagt er sie der Verbrechen gegen die Menschlichkeit an. Sie weiß instinktiv, dass ein solches Verhalten falsch ist.

Auch wer noch nie von den Zehn Geboten gehört hat, weiß trotzdem, dass es verwerflich ist, barbarisch und grausam zu sein.

Gott richtet die Menschen daher anhand der Maßstäbe, die sie kennen. Dieses Prinzip zieht sich wie ein roter Faden durch die Bibel. Kennt jemand die Zehn Gebote nicht, wird er nicht dafür verurteilt, dass er sie gebrochen hätte. Hat eine Person noch nie von Jesus gehört, wird sie auch dafür nicht bestraft. Doch jeder Mensch hat ein gewisses Maß an Gotteserkenntnis; durch die Schöpfung, die um ihn herum existiert, und das Gewissen in seinem Inneren. Gott wird alle auf Grundlage der Verhaltensweisen richten, von denen sie instinktiv wissen, dass sie falsch sind. So wurde die Allgemeine Erklärung der Menschenrechte der Vereinten Nationen (Resolution 217 A (III)) zwar nicht von

Christen geschrieben. Doch sie enthält Grundsätze, die alle Menschen als gerecht und richtig anerkennen würden.

Gott verurteilte also die verwerflichen Praktiken der Assyrer. Sie zogen mit ihren Wagen kreuz und quer durch ein Land, schlachteten alle seine Bewohner ab und rissen es so gewaltsam an sich. Sie waren zudem sehr geldgierig und Bestechung war weit verbreitet. Nahum verkündete ihnen Folgendes: Weil sie wussten, dass diese beiden Verhaltensweisen falsch waren, würde Gott zur Strafe ihre Stadt zerstören.

Ich finde das bemerkenswert. Auch in unserer Welt kommen diese beiden Sünden häufig vor. Gleichzeitig ist den Menschen bewusst, dass dieses Verhalten verwerflich ist.

Was geschah mit Ninive?

Heute ist Ninive eine Wüste. Von dem einst so prächtigen Palast ist nichts geblieben. Stattdessen leben dort Eulen, Igel und viele wilde Tiere, genau wie Zefanja es vorhergesagt hatte. Jahrhundertelang waren die Überreste der Stadt unauffindbar, bis ein Engländer namens Layard 1820 die Ruinen am Westufer des Tigris entdeckte.

Was wurde aus Nahum?

Wir wissen, dass der Prophet nicht mehr aus Ninive zurückkehrte. Sein Grab kann man noch heute am Westufer des Tigris besichtigen. Es wird von den Arabern verehrt, die Nahum als einen der heiligen Männer Gottes anerkennen.

Kapernaum, eine Stadt in Galiläa, wurde nach ihm benannt (*Kaper* = „Dorf", *naum* = „Nahum"). Es war eines der Dörfer, die Jesus verurteilte. Genau wie in Ninive weigerten sich seine Bewohner, das Wort des Herrn anzunehmen. Wie die einst so prächtige Stadt liegt auch Kapernaum heute in Trümmern.

24.
DER PROPHET ZEFANJA

Einleitung

Der Bote (1,1)

Die prophetischen Bücher konzentrieren sich mehr auf ihre inhaltliche Botschaft als auf den Boten, der sie überbringt. Das gilt ganz besonders für Zefanja. Wir wissen nur sehr wenig über ihn. Die einzigen biografischen Daten sind im ersten Vers des ersten Kapitels enthalten. Dort erfahren wir seinen Namen und seine Abstammung. Der Name Zefanja wird im Hebräischen *Sefanja* ausgesprochen und bedeutet „verborgener Gott". Ob er bedeutet, dass Gott sich verborgen hielt oder dass der Allmächtige Zefanja verborgen hat, ist unsicher. Die Abstammung des Propheten gibt uns einen klärenden Hinweis. Denn er ist der einzige Prophet, der seine Ahnenreihe über vier Generationen zurückverfolgen kann. Hiskia, der letzte „gute" König Judas (siehe Jesaja 36–39) war sein Urgroßvater. In Zefanjas Adern floss daher königliches Blut. Während der Herrschaft Manasses wurden auf dessen Veranlassung hin königliche Nachkommen dem Götzen Moloch geopfert. Meine persönliche Theorie ist Folgende: Zefanjas Mutter versteckte den Jungen, um ihn vor der Abschlachtung zu retten. Daher spiegelt sein Name die Tatsache wieder, dass Gott ihn bewahrte, damit er seinem Volk als Prophet dienen konnte.

   Die Ahnenreihe verrät uns auch das Zeitalter, in dem er lebte und predigte. Nach der Regierungszeit König Hiskias hatte sich das Volk von Gott entfernt. Zusätzlich zu den Kinderopfern und der Anbetung Molochs führte Manasse die phallischen Symbole und die Ascherabilder auf den Höhen wieder ein. Er ermutigte zudem das Volk,

Fruchtbarkeitskulten mit sexuellen Praktiken zu huldigen. Der Ort, an dem die Kinder geopfert wurden, war das sog. Ge-Hinnom, ein Tal, das am Südrand von Jerusalem lag. Jeremia verfluchte es, während Jesus es als Bild für die Hölle verwendete. Jesaja versuchte während der frühen Jahre der Regierungszeit Manasses, den Verfall der Moral des Landes aufzuhalten. Auch warnte er Manasse vor den verhängnisvollen Folgen seines verwerflichen Verhaltens. Doch der König weigerte sich, auf ihn zu hören und verbot ihm das Predigen. Daher musste Jesaja seine Weissagungen aufschreiben und sie in schriftlicher Form verbreiten. Schließlich befahl Manasse, Jesaja umbringen zu lassen.

Doch das war noch nicht alles. Manasse beschäftigte sich auch mit Astrologie und spiritistischen Medien. Das stellte eine weitere Missachtung des göttlichen Gesetzes dar. Diese geistliche Verwirrung führte zum moralischen Chaos, denn Götzendienst hat immer unmoralisches Verhalten zur Folge. Gottes Urteil über Manasse in 2. Chronik lautete, dass er bösartiger war als die Kanaaniter, die Ureinwohner des verheißenen Landes. Es war ein vernichtendes Urteil, wenn man bedenkt, dass Gott seinem Volk geboten hatte, die Kanaaniter aufgrund ihres verdorbenen Lebensstils aus dem Land zu vertreiben. Daher können wir uns vorstellen, wie Gott sich damals gefühlt haben muss. Er hatte die bösartigen Kanaaniter vertrieben, um für sein heiliges Volk Raum zu schaffen. Doch jetzt verhielten sich die Israeliten noch schlimmer als die Völker, die sie ersetzt hatten.

Nach einer Regierungszeit von 55 Jahren starb Manasse schließlich. Sein Nachfolger war Amon, ein schwacher Charakter, der nichts dazu beitrug, die Situation zum Positiven zu verändern. Mit Juda ging es daher weiter abwärts. Nach nur zwei Jahren im Amt wurde Amon ermordet. Das ganze Land befand sich in einem Zustand des moralischen Chaos.

Dann bestieg ein achtjähriger Junge mit Namen Josia den Thron, doch der wahre Herrscher in diesen Anfangsjahren war Hilkija, der Hohepriester. Da Josia gute und schlechte Könige in seiner Ahnenreihe hatte, war nicht eindeutig erkennbar, wem dieses Königskind folgen würde – Hiskia, seinem Urgroßvater oder Manasse, seinem Großvater. Daher schickte Gott Zefanja, den Propheten, um zu verhindern, dass er das Land wegen seiner Sünden ins Exil schicken musste. Genau das war nämlich mit den Bruderstämmen Judas im Nordreich geschehen.

Die Botschaft (1,2–3)

70 Jahre lang hatte es keine göttliche Weissagung mehr gegeben. Seit dem Tod Hiskias und der Ermordung Jesajas sprach Gott kein einziges Wort. Daher prophezeite Zefanja in ein Vakuum hinein. Doch seine Botschaft war sehr gewichtig.

Die Prophezeiung Zefanjas wird als Kurzfassung aller Prophetien bezeichnet, da sie so viele Elemente enthält, die wir auch in den Aussprüchen anderer Propheten finden. Zefanjas gesamte Botschaft dreht sich um den „Tag des Herrn". Er findet insgesamt 23 Mal Erwähnung. Dieser „Tag" ist nicht ein Zeitabschnitt von 24 Stunden, sondern ein Zeitalter, eine Ära. So, wie wir beispielsweise von dem „Tag" bzw. den „Tagen von Pferd und Wagen" sprechen. Es ist der Tag des göttlichen Gerichts, an dem Gott die Dinge wieder in Ordnung bringt; der Tag, an dem die Gerechtigkeit siegt, wenn Falsches richtiggestellt und bösartiges Verhalten bestraft wird.

Im englischen Kalender finden wir dazu eine Parallele: Historisch betrachtet gibt es vier besondere Tage, einen pro Quartal, an denen Rechnungen beglichen wurden: den sog. Lady Day (Mariä Verkündigung oder Empfängnis Christi, am 25. März), den Johannistag (24. Juni), den

Michaelistag (29. September) und den ersten Weihnachtstag (25. Dezember). Alle Konten und Rechnungen wurden an diesen Tagen überprüft und bereinigt bzw. beglichen. Betrug wurde bestraft. Sie zeigen uns ein Bild vom Tag des Herrn.

Zefanja verwendet ein interessantes Wort, um Gottes Gefühle zu beschreiben. Er sagt, dass Gott „verärgert", sei, doch ohne jene selbstsüchtige Launenhaftigkeit, die Menschen oft eigen ist. Der Tag des Herrn ist der Tag, an dem Gott sagt: „Es reicht!" Sein Zorn wird dann überkochen.

In der Bibel gibt es zwei Arten von Zorn: Zum einen den inneren Zorn, den eine Person in ihrem Herzen trägt aber nicht rauslässt. Er köchelt unter der Oberfläche und ist für andere Menschen nicht erkennbar. Die andere Art von Zorn bricht plötzlich hervor, so dass jeder es mitbekommt. Um den inneren Zorn geht es im Buch Zefanja. Der Prophet verkündet, dass Gottes Zorn momentan unter der Oberfläche brodle. Doch der Tag des Zorns werde kommen, an dem Gott ihn nicht länger zurückhalten könne.

Obwohl dieser schwelende Zorn oft übersehen wird, sind die Zeichen, dass Gott zornig ist, doch wahrnehmbar. Alle können die Symptome dieses Brodelns an einer Gesellschaft erkennen, die immer tiefer sinkt (siehe Römer 1). Doch eines Tages wird Gottes Zorn überkochen. Wir müssen diesen Tag dadurch hinausschieben, dass wir Buße tun und die Dinge wieder in Ordnung bringen. Das ist eines der Hauptthemen von Zefanja.

Das Buch Zefanja im Überblick

Fremde Religionen (1,4–2,3)
Angemessen (1,4–6)
Angekündigt (1,7–9)
Ausgemalt (1,10–16)
Abgewendet (2,1–3)

Dem Gericht verfallene Regionen (2,4–15)
Der Westen – Philistäa (2,4–7)
Der Osten – Moab und Ammon (2,8–11)
Der Süden – Ägypten und Äthiopien (2,12)
Der Norden – Assyrien (2,13–15)

Künftige Erlösung (3,1–20)
Flüche – göttliche Gerechtigkeit (3,1–8)
(a) Nationale Widerspenstigkeit (3,1–7)
(i) Rebellion (3,1–4)
(ii) Widerstand (3,5–7)
(b) Internationale Vernichtung (3,8)

Segnungen – göttliche Gnade (3,9–20)
(a) Internationale Gottesfurcht (3,9)
(b) Nationale Freude (3,10–20)
(i) Jubel (3,10–17)
(ii) Rückkehr (3,18–20)

Diese drei Abschnitte sind klar erkennbar. Doch wie es so oft der Fall ist, gliedern die Kapitelüberschriften das Buch nicht in angemessener Art und Weise.

Fremde Religionen (1,4–2,3)

Im ersten Abschnitt befasst sich der Prophet mit den fremden Religionen, die zum Bestandteil des Volksalltags in Juda geworden sind. Zefanja kündigt Gericht an und trifft vier grundlegende Aussagen über den Tag des Herrn, der kommen wird.

Angemessen (1, 4–6)
Das Volk ist von einer gesunden Beziehung zu Gott weit abgedriftet. Viele haben ihre Treue zum Gott Israels zugunsten anderer Götter aufgegeben. Die Priester, die

hätten sicherstellen sollen, dass der Bund eingehalten wurde, führen ihrerseits das Volk in die Irre. Aberglaube ist weit verbreitet und unzählige hängen der verwerflichen Anbetung des Molochs an, die Manasse eingeführt hat.

Angekündigt (1,6–9)
Zefanja kündigt an, was mit ihnen passieren wird, wenn Gott sie richtet. Beim Studium der prophetischen Bücher haben wir vielleicht den Eindruck, immer wieder genau dieselbe Botschaft zu lesen. Doch Gott muss sich wiederholen, gerade weil zwischen seiner früheren Botschaft und diesen Worten eine Zeitspanne von 70 Jahren liegt. Zefanja warnt das Volk, dass der Tag des göttlichen Gerichts sehr nahe bevorsteht.

Ausgemalt (1,10–17)
Das Gericht wird für das Volk katastrophale Folgen haben. Die Menschen sind größtenteils mit sich und ihrem Verhalten zufrieden. Auch beunruhigt es sie nicht, wie Gott daüber denkt. Zefanja warnt sie: Alle werden es mitbekommen, wenn das Gericht über sie hereinbricht.

Abgewendet (2,1–3)
Dann bietet er ihnen folgende Möglichkeit an: Selbst jetzt noch kann das Gericht von Israel abgewendet werden, und zwar durch Buße. Genau diese Botschaft verkünden alle Propheten. Wenn sich die Menschen demütigen, wird Gott sie erhören, ihnen vergeben und ihnen im Gegenzug gnädig sein. Das Einnehmen einer demütigen Haltung ist tatsächlich eine zentrale Forderung der Botschaft des Propheten (siehe Jesaja 2,9 und Micha 6,8).

Dem Gericht verfallene Regionen (2,4–15)

Zefanja wendet sich an die Länder, die Juda aus allen Himmelsrichtungen bedrohen. Westlich von Juda liegt das Land Philistäa, von dem das moderne „Palästina" abzustammen vorgibt. Im Osten befinden sich Moab und Ammon, während südlich davon Ägypten und Äthiopien beheimatet sind. Im Nordosten liegt Assyrien, die Weltmacht der damaligen Zeit, an den Flüssen Euphrat und Tigris. Nur wenige Nationen werden von den Assyrern nicht bedroht. Sie haben die zehn Stämme des Nordreichs ins Exil geführt. Babylon ist zu diesem Zeitpunkt noch eine kleine und unbedeutende Nation.

Zefanja empfängt die Nachricht, dass Gott diese Länder richten werde. Gott ist der Richter der ganzen Welt. Diese Nationen werden für ihre Haltung gegenüber Juda verurteilt. Doch die Interaktion mit Juda hat zwei Seiten. Gott richtet nicht nur andere Nationen für ihr Verhalten gegenüber Juda, er benutzt sie auch, um Juda zu disziplinieren. Wir erfahren aus dem Buch Amos, dass Gott die Philister aus Kreta herbeiholte, damit sie das Land westlich von Kanaan bevölkerten. Dies geschah zur selben Zeit, als die Israeliten in Kanaan einfielen. Gott ist es, der Nationen wandern lässt und die Welt kartiert, um zu bestimmen, wo die Menschen leben werden.

So wurden die Philister für Israel zu einem wahren Dorn im Fleisch; und zwar bis zur Zeit König Davids (zirka 700 Jahre später). Der Name „Philister" in der englischen Sprache bedeutet sprichwörtlich „Spießbürger". Er beschreibt jemanden, der anderen Kulturen feindlich gesinnt ist. Im fünften Buch Mose erklärt Gott die Situation sinngemäß so: „Ich habe sie hergebracht, um euch zu prüfen. Wenn ihr mein Wort haltet, könnt ihr sie im Zaum halten und sie werden für euch kein Problem darstellen. Doch wenn ihr mir ungehorsam seid, werden sie für euch zu einem ‚Erziehungsmittel' werden. Und wenn ihr das Falsche tut, werden sie euch überwinden."

Diese Maßnahme veranschaulicht Gottes Fürsorge. Gott

ist der Vater seines Volkes, und ein guter Vater bestraft seine Kinder, wenn sie falsch handeln. In Hebräer 12 heißt es sinngemäß: „Wenn der Herr dich nicht straft, bist du kein wahrer Sohn Gottes." Werden wir zu Gottes Kindern, so wird Gott uns disziplinieren, wenn wir sündigen. Er tut dies allerdings nur, damit wir nicht nach dem Tod gemaßregelt werden müssen. Daher dürfen Christen erwarten, dass das Leben in dieser Welt für sie nicht einfach wird. Ich kann Zeugnissen keinen Glauben schenken, in denen Menschen Folgendes behaupten: „Nachdem ich zu Jesus gekommen bin, haben alle meine Probleme aufgehört." Ich habe diesen Zeugnissen früher geglaubt, doch sie deprimierten mich nur, denn meine eigene Geschichte war so ganz anders. Ich kam zu Jesus und meine Schwierigkeiten fingen an! Als ich im Heiligen Geist getauft wurde, wurde es sogar noch schlimmer. Ich hatte mehr Probleme in den letzten fünf Jahren als in den vorangegangenen 40! Doch ich freue mich trotzdem, denn diese Tatsache stimmt mit den Verheißungen Jesu überein. Er sagt sinngemäß: „In dieser Welt werdet ihr große Probleme haben. Doch Kopf hoch – ich stehe über ihnen!"

Künftige Erlösung (3,1–20)

Im letzten Abschnitt nehmen wir eine merkwürdige Spannung zwischen Segnungen und Flüchen wahr. Es scheint, als würde Zefanja sagen: „Entscheidet euch, was ihr wirklich wollt. Wollt ihr wirklich Gottes Gerechtigkeit?" Gott ist voller Gnade und will uns gnädig sein. Doch ohne unsere Mitwirkung kann er uns keine Gnade erweisen, denn er gibt sie nur denen, die ihn darum bitten.

Ich habe schon viele Gebete für alles Mögliche gehört, doch es begeistert mich, wenn Menschen um Gnade bitten. Denn sie haben ein Schlüsselgesetz des Königreiches Gottes verstanden. Wir bitten nur um Gnade, wenn wir wissen, dass wir unzureichend sind. Denken wir, mit uns sei alles in Ordnung, dann bitten wir um Gesundheit, Kraft, Wegweisung und um alles Mögliche andere – aber wir werden niemals um Gnade bitten.

Flüche – göttliche Gerechtigkeit (3,1–8)

(A) NATIONALE WIDERSPENSTIGKEIT (3,1–7)

(i) Rebellion (3,1–4)
In der ersten Hälfte von Kapitel 3 führt Zefanja dem Volk seine Widerspenstigkeit vor Augen. Er konfrontiert die Menschen mit der Möglichkeit, dass ein Tag göttlichen Gerichts kommen wird. Sie haben vorsätzlich gegen Gott rebelliert und widerstehen seinen Aufrufen zur Umkehr.

(ii) Widerstand (3,5–7)
Er wirft ihnen auch vor, dass sie Widerstand leisten. Die Herrscher, Hofbeamten, Priester und Propheten sind alle daran beteiligt. Sie sind ein halsstarriges Volk. Vor einiger Zeit hat mich der Vers „Morgen für Morgen stellt er sein Recht in das Licht" (Zefanja 3,5; NLB) dazu inspiriert, ein eigenes Lied zu schreiben, zur Melodie des Kirchliedes „Bleibend ist deine Treu" („Great is thy faithfulness"):

> Deine Gerechtigkeit
> ist unbestechlich,
> oh heilger Richter, du irrest dich nie.
> Du bist derselbe, dein Wort bleibt bestehen
> an deiner Wahrheit es niemals gebricht.
> Deine Gerechtigkeit,
> deine Gerechtigkeit,
> sie bleibt bestehen, sie ändert sich nicht.
> Du gewährst allen,

das, was sie verdienen.
Gott der Gerechtigkeit,
hör' unser Schrein!

Wir lieben es, schöne Lieder über Gottes angenehme Eigenschaften, wie beispielsweise seine Treue zu singen. Doch wir müssen akzeptieren, dass Gott auch eine andere Seite hat. Auch dafür sollten wir dankbar sein. Paulus schreibt im Römerbrief Folgendes: „Sieh nun die Güte und die Strenge Gottes: gegen die, welche gefallen sind, Strenge; gegen dich aber Güte Gottes, wenn du an der Güte bleibst; sonst wirst auch du herausgeschnitten werden" (Römer 11,22; ELB).

Wenn das Volk weiterhin rebelliere und Widerstand leiste, werde es eine nationale Katastrophe geben, verkündet Zefanja dem Volk. Gottes Wut wird überkochen und der Tag des Herrn wird kommen.

(B) INTERNATIONALE VERNICHTUNG (3,8)
Was für Juda gilt, hat auch Gültigkeit für den Rest der Welt. Zefanja kündigt an, dass derselbe Zorn sich auch über die Nationen ergießen und sie auslöschen werde. Sie werden sich alle vor Gott verantworten müssen, und die Gottlosen wird sein eifernder Zorn verschlingen.

Segnungen – göttliche Gnade (3,9–20)
Das Buch endet, wie viele andere biblische Propheten auch, mit einem hoffnungsvollen Ausblick. Amos beispielsweise war der vorletzte Prophet, der zu den zehn Stämmen des Nordreichs geschickt wurde, bevor diese ins Exil verschwanden. Er predigte eine Botschaft des Gerichts. Doch das letzte Wort an den Norden verkündete der Prophet Hosea. Es war eine Botschaft über Gottes Gnade und Liebe. Es scheint fast so, als beinhalteten Gottes letzte Wort an uns folgende Frage: „Wollt ihr meine Gnade denn

nicht?" Zefanja schließt seine Weissagung in derselben Weise ab. Gott will nicht bestrafen – er hat kein Gefallen am Tod des Gottlosen. Er will gnädig sein und daher endet er mit einem hoffnungsvollen Ausblick auf die Zukunft.

(A) INTERNATIONALE GOTTESFURCHT (3,9)
Seine Gnadenzusage an die Nationen beinhaltet, dass Gott aus jedem Land Menschen zu sich ziehen wird, die ihn lieben. Sie werden aus jeder Volksgruppe, jedem Stamm, jeder Sprache und jeder Nation kommen. Gott will nicht, dass eine einzige ethnische Gruppe dieser Welt dabei vergessen wird. Deshalb hat er uns geboten, das Evangelium allen Völkern zu verkünden und sie zu Jüngern zu machen.

(B) NATIONALE FREUDE (3,10–20)
Und schließlich verkündet er Segnungen für Israel selbst. Neun Mal sagt Gott in diesem kurzen Abschnitt: „Ich werde …" bzw. „ich will …" Juda mag seinen Bund mit Gott verletzen, doch Gott wird ihn niemals brechen.

(i) Jubel (3,10–17)
An diesem Tag wird kein Mensch stolz oder arrogant sein; niemand wird Böses tun oder Lügen erzählen. Keiner wird sein Volk ängstigen können. Der Prophet spricht von einer wunderbaren Zukunft, in der Gott sie mit seiner Liebe beruhigen wird. Er weissagt sogar, dass Gott über seinem Volk singen wird: „Er jauchzt über dich mit Jubel" (Zefanja 3,17; ELB. *In der englischen Übersetzung heißt es wörtlich: „Er jauchzt über dich mit Gesang", Anmerkung der Übersetzerin).*

(ii) Rückkehr (3,18–20)
Gott wird die Zerstreuten wieder sammeln und einen Überrest nach Hause bringen, der seinen Namen ehren wird. Auch wenn man sie früher geringschätzte, nun werden

sie vor der ganzen Welt erhöht. Gott wird sie „zu Lob und Ehren bringen in allen Landen, wo man sie verachtet" (Zefanja 3,19; LUT). Das Ende des Buches zeichnet sich also durch eine außergewöhnliche Hoffnungsperspektive aus. Gottes Volk hat die Möglichkeit, jetzt gerichtet und auch jetzt mit Gott versöhnt zu werden.

Fazit

Eine Frage zum Buch Zefanja müssen wir noch beantworten: Hat seine Weissagung ihr Ziel erreicht? Achtete Josia darauf?

Josia bestieg im Jahr 640 v. Chr. mit acht Jahren den Thron und regierte 31 Jahre lang. Zunächst wurde er stark vom Hohepriester Hilkija beeinflusst, der dazu neigte, den bestehenden Status beizubehalten. Doch dann machte sich der Einfluss Zefanjas bemerkbar. Im Alter von 16 Jahren riss Josia die Altäre in Jerusalem nieder. Mit 20 Jahren ordnete er die Zerstörung aller heidnischen Altäre im ganzen Land an. Mit 28 fiel ihm auf, dass der Tempel Gottes in schlechtem Zustand war. Daher befahl er, ihn restaurieren zu lassen. Während der Restaurationsarbeiten fanden sie eine Ausgabe des mosaischen Gesetzes in einem alten, verstaubten Schrank. Ihnen wurde bewusst, dass sie es seit Jahren weder gelesen noch studiert hatten. Als Josia das Gesetz las, erschrak er zutiefst. Er erkannte, dass Gott sie warnte. Daher befahl er im Alter von 28 Jahren, dass das Gesetz im ganzen Land wieder vorgelesen und umgesetzt werden sollte.

Das waren alles gute Ansätze. Doch Josia war nicht klar, dass man die Menschen nicht durch den Erlass von Gesetzen zum Positiven verändern kann. Viele Christen in der heutigen Zeit glauben Folgendes: Wenn nur unsere Regierung gute Gesetze erlassen würde, dann würde sich die Bevölkerung auch christlich verhalten. Doch

Gerechtigkeit kann nicht von oben her verordnet werden. Sie muss vielmehr aus dem Inneren des Menschen kommen, dadurch, dass Gott am menschlichen Herzen wirkt.

Josia kam bei einem unüberlegten Angriff auf die ägyptische Armee ums Leben, als die Ägypter durch das Heilige Land zogen, um Assyrien zu attackieren. Er starb in der sich daraus ergebenden Schlacht, obwohl er in Verkleidung kämpfte.

Auch wenn Zefanja daher einen gewissen Einfluss ausüben konnte, gelang es ihm nicht, das Volk zur Umkehr zu bewegen. Es hörte nicht auf ihn. Sein Werk war dennoch nicht vergebens. Es gab einen jungen Mann, der genauso alt war wie Josia. Gott beauftragte ihn, nun die prophetische Last zu schultern. Jeremia sollte dem Volk verkünden, dass die Reform nicht funktionierte und dass es zu Gott umkehren musste.

Wie können wir Zefanja heute anwenden?

Der wichtigste Anwendungsbereich für Christen in der heutigen Zeit betrifft das göttliche Gericht.

(a) *Der Tag des Gerichts für die ganze Welt kommt nach dem Tod.* Die Verurteilung Judas ist ein Vorgeschmack und Vorschatten dessen, was mit der Welt passieren wird. Jesus verweist zweimal auf Zefanja im Kontext seines zweiten Kommens (siehe Matthäus 13,41 und Zefanja 1,3; Matthäus 24,29 und Zefanja 1,15). Die meisten Menschen werden sich daher nach der Wiederkunft Christi Gottes Zorn gegenüber sehen.

(b) *Der Tag des Gerichts für Gottes Volk findet vor dem Gericht über die ganze restliche Welt statt.* In 1. Petrus 4,17 (ELB) heißt es: „Denn die Zeit ist gekommen, dass das Gericht anfange beim Haus Gottes; wenn aber zuerst bei uns, was wird das Ende derer sein, die dem Evangelium Gottes nicht gehorchen?"

Zefanja erinnert uns Christen eindringlich daran, dass wir Gottes Erziehungsmaßnahmen erwarten aber gleichzeitig nicht verzagen sollten. Göttliche Strafe in unserem Leben ist ein Zeichen der Fürsorge Gottes. Sie stellt sicher, dass wir nicht gemeinsam mit dem Rest der Welt gerichtet werden.

Zefanja und die Offenbarung

Zum Abschluss bleibt festzustellen, dass es einen bemerkenswerten Zusammenhang zwischen dem Propheten Zefanja und dem Aufbau des Buches der Offenbarung gibt.

Sowohl Zefanja als auch die Offenbarung beginnen mit dem Gericht über Gottes Volk, d.h. über Israel und die Gemeinde. Dann geht es weiter mit der Verurteilung der Nationen (siehe Zefanja 2, Offenbarung 4–15). Schließlich landen beide beim Tag des Gerichts (Zefanja 3,1–8; Offenbarung 20).

Doch die letzten Verse beinhalten das „Happy End": Gott schenkt seinem Volk einen Ort, an dem es für immer leben darf (Zefanja 3,9–20; Offenbarung 21–22). Bei Zefanja ist es das alte Jerusalem, doch in der Offenbarung geht es um das neue Jerusalem. Bei Zefanja erscheint Gott als König, während in der Offenbarung Jesus als königlicher Herrscher zurückkehrt.

Insgesamt finden wir in der Offenbarung über 400 Verweise auf das Alte Testament. Doch die engste Verbindung besteht zum Propheten Zefanja. Daher spielt also ein scheinbar obskures Buch des Alten Testaments eine zentrale Rolle für unser Verständnis der Zukunft.

25.
DER PROPHET HABAKUK

Einleitung

Im Vergleich zu den anderen prophetischen Büchern ist die Prophezeiung Habakuks ungewöhnlich. Zunächst einmal wendet sich Gott in den meisten Weissagungen durch den Propheten direkt an das Volk. Doch im Buch Habakuk spricht der Prophet seinerseits Gott direkt an. Das Volk hat keinerlei Part in dieser Unterredung. Es gibt vergleichbare Elemente in anderen Prophezeiungen, insbesondere in den Aussprüchen Jonas und Jeremias, doch kein anderes prophetisches Buch beginnt auf diese bemerkenswerte Art und Weise.

Zweitens wird der Prophet angewiesen, seine Botschaft in Großbuchstaben auf eine Wand zu schreiben. Das erfahren wir im zweiten Kapitel.

Das dritte Kapitel enthält schließlich eine Weissagung, die vertont wurde, was damals ziemlich selten vorkam. Es waren eher die frühen Anführer wie beispielsweise Mose, Debora, Samuel, Saul, Elisa und David, welche die Musik als Inspirationsquelle für das prophetische Wort schätzten. Allerdings machte später auch Hesekiel von der Musik Gebrauch.

Wir wissen sehr wenig über Habakuk. Bekannt ist, dass er 20 Jahre nach Zefanja weissagte, um 600 v. Chr. Sein Name bedeutet wörtlich „jemand, der umklammert." Es handelt sich um einen Begriff aus dem Ringkampf, der Eingang in die Umgangssprache gefunden hatte. Wir könnten ihn heute „die Klette" oder „den Greifer" nennen – kein wirklich schmeichelhafter Name!

Selbst wenn sein Name nicht besonders lieblich klingt, so beschreibt er doch sehr treffsicher seine Beziehung zu Gott, so, wie sie sich im Buch darstellt. Habakuk war ein Mann, der an Gott festhielt, der es wagte, mit Gott zu streiten. Er bestand zudem darauf, von Gott Antworten zu bekommen, auch wenn sie ihm nicht gefielen. Obwohl wir daher nicht viel über den persönlichen Hintergrund des Propheten wissen, erfahren wir doch etwas über sein Herz, seinen Willen und seinen Verstand; seine Gespräche mit Gott, die im Buch Habakuk aufgezeichnet sind, geben uns darüber Aufschluss. Wir gewinnen zudem Einsichten in die wichtigsten Dimensionen seines prophetischen Dienstes: seine Gebete (Kapitel 1), seine Verkündigung (Kapitel 2) und seine Anbetung (Kapitel 3).

Für uns in der heutigen Zeit hat das Buch große Bedeutung, da es sich mit sehr grundlegenden Fragen beschäftig, die sich jeder vernunftbegabte Gläubige stellt. Wenn Gott gut und allmächtig ist, warum müssen dann die Unschuldigen leiden, während die Schuldigen davonkommen? Warum greift Gott nicht ein und beendet das Chaos, in dem sich unsere Welt befindet? Die meisten von uns ringen allein oder mit anderen Menschen um Antworten auf diese Fragen. Doch am besten geht man diese großen Themen folgendermaßen an: Man ringt mit Gott und klammert sich an ihn, bis man von ihm eine Antwort erhält. Habakuk ist das wunderbare Beispiel eines Mannes, der genau das tat. Seine Kühnheit und seine absolute Ehrlichkeit werden in seiner Prophetie sichtbar. Daher ist das Buch gleichzeitig herausfordernd und erfrischend.

Im Gegensatz zu Zefanja enthält Habakuk viele zitierfähige Aussagen. Ein beliebtes Beispiel ist: „Du hast zu reine Augen, um Böses mitansehen zu können" (Habakuk 1,13; ELB). Allerdings bedarf dieser Satz einer sorgfältigen Interpretation, wie wir später noch sehen werden. Andere wohlbekannte Verse sind beispielsweise:

Denn die Erde wird davon erfüllt sein, die Herrlichkeit des HERRN zu erkennen, wie das Wasser den Meeresgrund bedeckt. (Habakuk 2,14; ELB)

Der HERR aber ist in seinem heiligen Palast. Schweige vor ihm, ganze Erde! (Habakuk 2,20; ELB)

Im Zorn gedenke des Erbarmens. (Habakuk 3,2; ELB)

Denn der Feigenbaum blüht nicht, und an den Reben ist kein Ertrag … Ich aber, ich will in dem HERRN jubeln, will jauchzen über den Gott meines Heils. (3,17+18; ELB)

Der bekannteste Vers aus dem Buch Habakuk, der zur „Magna Charta", d.h. quasi zum Grundgesetz des Protestantismus geworden ist, lautet: „Der Gerechte aber wird durch seinen Glauben leben" (2,4; ELB). Martin Luther ließ diesen einen Vers zur Zeit der Reformation in ganz Nordeuropa erschallen. Wie wir später noch feststellen werden, wurde er jedoch nicht richtig verstanden.

Das Buch Habakuk im Überblick

Der Prophet (1,1)

Klagegebet (1,2–2,20)

Klage: Gott tut zu wenig.

Frage: Warum müssen die Gottlosen nicht leiden?

Antwort: Die Gottlosen werden leiden (Die Babylonier werden kommen.).

Klage: Gott tut zu viel.

Fragen: Warum werden die Gottlosen zur Bestrafung der Gottlosen eingesetzt?

Warum müssen die Gottesfürchtigen leiden?

Antworten: Die Gottesfürchtigen werden überleben!

Die Gottlosen werden leiden!

Psalmgebet (3,1–19)
Er erzittert vor Gottes früheren Taten (3,1–16).
Er vertraut auf Gottes künftigen Schutz (3,17–19).

Das Buch Habakuk hat zwei deutlich unterscheidbare Teile. Die Kapitel 1 und 2 bilden den ersten Teil, während das dritte Kapitel den zweiten Teil darstellt. Der Unterschied zwischen diesen beiden Teilen ist enorm, wie das folgende Schaubild zeigt:

Kapitel 1+2	Kapitel 3
Ringen mit Gott	Ruhen in Gott
Unglücklich	Glücklich
Geschrei	Gesang
Gebet	Anbetung
Ungeduldig	Geduldig
Bittet um Gerechtigkeit	Bittet um Gnade
Zu Tode betrübt	Himmelhoch jauchzend
Gott handelt nicht (in der Gegenwart)	Gott handelt (in Vergangenheit und Zukunft)

Die Tabelle zeigt die gewaltige Veränderung zwischen dem ersten und dem zweiten Teil. Das führt uns zu der unvermeidlichen Frage: Was ist mit Habakuk passiert, dass dieser Kontrast so deutlich wahrnehmbar ist? Wir müssen die Prophezeiung detailliert untersuchen, um herauszufinden, was ihn so verändert hat.

Klagegebet (1,2–2,20)

Gott tut zu wenig (1,2–11)
Habakuk sagte Gott ganz genau, was er dachte. Zunächst beklagte er sich darüber, dass Gott zu wenig täte. Dann beschwerte er sich, dass der Herr zu viel tue – Gott konnte es ihm nicht recht machen!

Der Prophet glaubte an das sog. befragende (oder hörende) Gebet. Vom Fürbitte-Gebet spricht man, wenn man Gott um Dinge bittet, doch befragendes Gebet bedeutet, dass man Gott Fragen vorlegt. Es ist eine sehr wichtige Art des Gebets, die ich als sehr hilfreich erachte. Ich stelle Gott ganz einfach eine Frage. Kommt mir danach etwas in den Sinn, insbesondere wenn es etwas Unerwartetes ist, akzeptiere ich es als Antwort Gottes. In neun von zehn Fällen erweist es sich als richtig.

Hier ein Beispiel: Nach dem Tod unserer Tochter stellten wir erstaunt fest, wie viel sie für Gott getan hatte. Sie sprach nie darüber, doch sie stand in regelmäßigem Kontakt zu Missionaren in China, Afrika und Haiti, um nur einige zu nennen. Zudem war sie eine Lobpreisleiterin in ihrer Gemeinde. Sie war so beliebt, dass die gesamte Gemeinde um sie trauerte. Als ich damals mit dem Herrn über sie sprach, sagte ich: „Herr, ich bin sehr stolz auf unsere Tochter, aber was denkst du über sie? Was ist deine Meinung?" Sofort kamen mir folgende Worte in den Sinn: „Sie ist eine meiner Erfolgsgeschichten." Daher predigte ich auf ihrer Beerdigung über das Thema: „Bist du eine Erfolgsgeschichte Gottes oder einer seiner Fehlschläge?" Für den Fall, dass jemand noch nie das Reden des Herrn gehört hat, bietet sich folgende Frage an: „Herr, gibt es irgendetwas in meinem Leben, das dir nicht gefällt?" Wenn man wirklich etwas von Gott hören will, sollte man ihm einfach diese Frage stellen.

Die gesellschaftlichen Umstände zur Zeit Habakuks helfen uns, seine Fragen zu verstehen. Seit der Zeit Zefanjas 20 Jahre zuvor hatte Gott kein Wort mehr gesprochen. Das Land befand sich weiterhin in einer Abwärtsspirale und trotzte der Botschaft Zefanjas. König Josia hatte nicht das erreichen können, was er sich mit seinen Reformen erhofft hatte. Im Jahr 608 v. Chr. starb er in Megiddo eines frühzeitigen Todes. Habakuk weissagte während der Herrschaft seines Nachfolgers Jojakim, der ein sehr weltlich gesinnter und selbstsüchtiger König war. Er erweiterte seinen Palast, doch während seiner Regierungszeit wurden die Armen nur noch ärmer. Bestechung und Korruption, Gesetzlosigkeit und Unterdrückung herrschten auf den Straßen Jerusalems. Die Lage wurde so schlimm, dass man abends nicht mehr allein auf die Straße gehen konnte, es war zu unsicher. Die Assyrer, die zuvor die zehn Stämme weggeführt hatten, befanden sich schon auf dem absteigenden Ast. Es fehlte daher an einer Weltmacht im eigentlichen Sinne.

Warum müssen die Gottlosen nicht leiden?
Dieser Eindruck, dass nichts passierte, während Jerusalem immer tiefer sank, stand im Zentrum der Besorgnis Habakuks. Als er sich an Gott wandte, baute er sein Plädoyer sehr sorgfältig auf. Er wusste, dass sich Gottes Charakter in seiner Haltung und seinem Handeln widerspiegeln musste. Ihm war auch bewusst, dass Gott sein Volk nicht auslöschen würde, er aber gleichzeitig die Sünde verurteilen und betrafen musste. Daher beklagte er sich bei Gott, dass dieser nichts gegen die Gewalt und Korruption in seiner heiligen Stadt unternähme. Er wünschte sich, dass Gott eine Trendwende herbeiführen, die Gesellschaft verändern sowie Recht und Ordnung wiederherstellen würde.

Gott tut zu viel (1,12–2,20)
Gott war so freundlich, dem zornigen Habakuk zu antworten. Doch der Prophet war überrascht und bestürzt, als er die fünf Antworten Gottes vernahm:

1. Öffne deine Augen noch etwas weiter – pass auf.
2. Ich habe eine sehr große Überraschung für dich.

3. Ich habe etwas geplant, das zu deinen Lebzeiten geschehen wird.
4. Ich habe es dir noch nicht erzählt, weil du es mir sowieso nicht glauben würdest.
5. Ich habe bereits begonnen, etwas zu tun, aber du hast es nicht bemerkt.

Kurz gesagt, Gott verkündete Habakuk, dass ihm die Gottlosigkeit in Jerusalem nicht entgangen sei. Er habe bereits dadurch gehandelt, dass er die Babylonier erstarken ließ, um das Volk Juda in Zukunft zu bestrafen. Zur damaligen Zeit war Babylon erst eine wachsende Stadt am Tigris. Sie war noch nicht sehr bekannt und wurde bis dato kaum in der Bibel erwähnt. Doch als Jahre zuvor zwei Boten aus Babylon König Hiskia besuchten, führte man sie in seinem Palast herum. Da erkannte Jesaja die Gefahr und weissagte, dass Babylon eines Tages alles aus dem Palast und dem Tempel rauben würde, was der König den beiden Männern gezeigt hatte.

Damals war Babylon noch so klein, dass man die Erfüllung dieser Weissagung nicht für wahrscheinlich hielt. Doch zu Habakuks Lebzeiten stand ihr Eintreffen kurz bevor. Verständlicherweise war Habakuk geschockt. Es war so, als hätte Gott gesagt, er würde Nazi-Deutschland herbeiholen, um England zu bestrafen. Doch im Verlauf der Geschichte können wir beobachten, dass Gott typischerweise genauso mit den Nationen umgeht. Er lässt ein Land erstarken, um ein anderes zu disziplinieren. Daher sollten uns solche Entwicklungen nicht überraschen.

SIE SIND SCHLIMMER ALS WIR
Habakuk allerdings war überrascht und erschüttert. Er beschwerte sich jetzt bei Gott, dass dieser „zu viel" tun würde, denn er wusste, dass der Ruf der Babylonier noch schlechter war als der der Assyrer. Assyrien hatte

schließlich Israel (die zehn Stämme) überwältigt und ins Exil geführt, auf Nimmerwiedersehen. Doch die Babylonier verhießen noch Schlimmeres. Sie waren das ersteVolk, das eine Strategie der verbrannten Erde einführte. In den Ländern, die sie eroberten, ließen sie niemanden und nichts am Leben. Habakuk war sich bewusst, dass nichts von der Stadt Jerusalem übrigbleiben würde, sollten die Babylonier anrücken. Dieses Bewusstsein erklärt die Bedeutung der wohlbekannten Worte am Ende des Buches: „Denn der Feigenbaum wird nicht ausschlagen und der Weinstock keinen Ertrag geben ... die Schafe werden aus den Hürden getilgt" (Habakuk 3,17; SLT). Genauso würde das Land nach dem Einfall der babylonischen Armee aussehen.

SIE WERDEN NICHT ZWISCHEN GUTEN UND BÖSEN UNTERSCHEIDEN

Habakuk erinnerte Gott auch daran, dass es einige gerechte Menschen in der Stadt Jerusalem gab, die gemeinsam mit den Gottlosen sterben würden. Obwohl er es nicht direkt aussprach, kann man vermuten, dass er selbst dazu gehörte. Er war zornig, dass Gott ein Volk benutzte, das gottloser war als Juda, um die Strafe zu vollziehen. Nach Ansicht des Propheten war das unmoralisch, daher sprach er folgende vielzitierte Worte: „Du hast zu reine Augen, um Böses mitansehen zu können." Habakuk versuchte hier zu sagen, dass Gottes Charakter angezweifelt werden könnte, würde er das tun, was er verheißen hatte. Doch damit behauptete er etwas über Gott, was nicht der Wahrheit entspricht. Gott ist rein und heilig. Das bedeutet allerdings nicht, dass er Böses nicht mitansehen könnte. Denn er muss jeden Tag zusehen, wie die Menschen Böses tun. Er sieht jede Vergewaltigung, jeden Raubüberfall, jeden Akt der Grausamkeit. Habakuk hatte seine eigene Sicht dessen, was Gott mitansehen würde oder nicht, doch damit lag er falsch.

Nachdem Habakuk sein Streitgespräch mit Gott beendet hatte, stieg er zum Wachturm Jerusalems hinauf und setzte sich auf die Mauer. Er werde Ausschau halten, um zu sehen, ob Gott tatsächlich tun werde, was er angekündigt habe, erklärte der Prophet. Es ist fast so, als würde er sagen: „Ich werde dich auf die Probe stellen. Du wirst dich ja doch nicht trauen, sie herbeizuholen, Herr."

FALSCHER ORT

Gott antwortete Habakuk, dass er nichts damit erreichen würde, auf dem Wachturm zu stehen. Er solle lieber hinunter auf die Straße gehen und Gottes Botschaft auf die Mauer schreiben, damit die Vorbeigehenden sie lesen könnten. Wir sehen hier die erste „Reklamewand" in der Bibel! Habakuk sollte das Volk warnen, statt in einiger Entfernung auf der Mauer zu sitzen, um zu überprüfen, ob Gott das tun würde, was er versprochen hatte. Offenbart Gott uns, was er tun wird, so tut er es, damit wir andere Menschen darauf vorbereiten können. Er zeigt uns nicht die Zukunft, damit wir in gespannter Erwartung beobachten können, ob er sein Wort tatsächlich wahrmachen wird.

FALSCHE ZEIT

Gott verdeutlichte Habakuk auch, dass er relativ lange nichts sehen würde, sollte er auf dem Wachturm bleiben. Das könnte ihn zu falschen Schlüssen über das Handeln Gottes verleiten. Gott sagte: „Die Vision gilt erst für die festgesetzte Zeit" (Habakuk 2,3; ELB). Daher musste der Prophet eine Langzeitperspektive entwickeln und das Volk vor dem warnen, was kommen würde.

Die Gottesfürchtigen werden überleben

Während dieser Unterhaltung verkündete Gott dem Propheten, dass „der Gerechte aus Glauben leben" werde (siehe Habakuk 2,4b). Dieser Vers wurde zum berühmtesten Vers des ganzen Buches, da Luther ihn während der Reformation verwendete. Doch wie wir schon angedeutet haben, ist diese Schriftstelle missverstanden worden. Das ändert natürlich nichts daran, dass die Reformation viel Gutes bewirkt hat.

Betrachten wir den Vers in seinem Kontext, erkennen wir, dass Habakuk sinngemäß Folgendes sagte: „Die Babylonier werden die Gottesfürchtigen gemeinsam mit den Gottlosen umbringen." Gott verdeutlichte ihm, dass er die Gerechten beschützen würde. Ihr Überleben wäre gesichert, wenn sie ihm treu blieben. Bei der Ankunft der Babylonier würden viele ihren Glauben an Gott verlieren, weil sie davon ausgingen, dass er sie fallengelassen hätte. Doch Gott erklärte, dass alle, die weiterhin an ihn glaubten, das kommende Gericht überleben würden.

Das ist nun die wahre Bedeutung dieses Verses. Das Wort „Glaube" schließt sowohl im Hebräischen als auch im Griechischen das Konzept der Treue mit ein. Die Treue rettet. Die Menschen müssen *an ihrem Glauben festhalten* und Gott die *Treue bewahren.*

Diese Auslegung stimmt mit der Art und Weise überein, in der das Wort Glaube manchmal als Hauptwort im Alten Testament verwendet wird. Dabei geht es um die eheliche Treue. Glauben die Partner an die Ehe, so bleiben sie zusammen, bis der Tod das Paar scheidet. Dieses Wort „Glaube" wird auch auf Mose bezogen, als er seine Arme erhoben hielt, während die Israeliten gegen die Amalekiter kämpften. Er war dadurch treu, dass er für das Volk betete.

Dasselbe Prinzip finden wir im Neuen Testament. In einem einzigen Moment an Jesus zu glauben, reicht nicht aus. Wahrer Glaube besteht darin, dass man fortwährend glaubt, was immer auch geschehen mag. Aus diesem Grund heißt es in den Evangelien: „Wer aber ausharrt bis ans

Ende, der wird gerettet werden" (Matthäus 24,13; ELB).

Auch im verbleibenden Teil des Neuen Testaments wird Habakuk 2,4 in diesem Sinne verwendet. Drei verschiedene Passagen zitieren diese Bibelstelle. Dabei wird die Aussage „Der Gerechte wird durch seinen Glauben leben" auf Menschen bezogen, die an ihrem Glauben *festhalten*.

Paulus schreibt in Römer 1,16+17 (ELB): „Denn ich schäme mich des Evangeliums nicht, ist es doch Gottes Kraft zum Heil jedem Glaubenden, sowohl dem Juden zuerst als auch dem Griechen. Denn Gottes Gerechtigkeit wird darin offenbart aus Glauben zu Glauben, wie geschrieben steht: ‚Der Gerechte aber wird aus Glauben leben.'"

Mit anderen Worten: Der Glaube steht sowohl am Anfang als auch am Ende. Das Heil bzw. die Errettung kommt demjenigen zugute, der am Glauben *festhält*.

Paulus stellt in Galater 3,11 das selbstgerechte Einhalten des Gesetzes dem Glauben gegenüber. Er erklärt, dass niemand durch das Gesetz gerechtfertigt werde. Als Grund gibt er Habakuk 2,4 an, „denn der Gerechte wird aus Glauben leben." Aus Glauben zu leben ist keine einmalige Handlung, sondern eine fortwährende Haltung, die für unser gesamtes Leben gelten muss. Nur das *beständige Vertrauen* auf Christus rettet uns.

Auch der Verfasser des Hebräerbriefs nutzt diesen Vers, um das Erfordernis eines *dauerhaften* Vertrauens argumentativ zu untermauern. Nachdem er in Hebräer 10,38 den wohlbekannten Vers aus Habakuk zitiert hat, fügt er hinzu: „Aber wir sind nicht wie die Menschen, die sich von Gott abwenden und so in ihr Verderben rennen. Weil wir *an unserem Glauben festhalten*, werden wir das Leben bekommen." (Hebräer 10,39; NLB; *Hervorhebung durch die Übersetzerin*)

Es wird also deutlich, dass diese Passagen eine höchst wichtige Korrektur zur Verwendung des Bibelverses während und nach der Reformation enthalten. Man sollte den Vers gerade nicht folgendermaßen interpretieren: Wenn jemand auch nur eine Minute lang geglaubt hat, d.h. wenn diese Person „ihr Leben Jesus gegeben hat", dann ist ihr Leben gerettet. Das wäre eine grobe Verdrehung des Textes. Der Gerechte wird dadurch leben, dass er „dem Herrn die Treue hält". Leider hängen einige Christen selbstzufrieden dem Satz „einmal gerettet, für immer gerettet" an, obwohl dieser der Bibel widerspricht. Als ob ein Moment oder eine kurze Zeitspanne des Vertrauens sicherstellen könnte, dem Zorn Gottes zu entrinnen. Vielmehr werden die Menschen, die dem Herrn die Treue halten, das Schlimmste überleben.

Die Gottlosen müssen leiden
Nachdem Gott die Babylonier gebraucht hatte, um Juda zu richten, ließ er sie jedoch nicht mit ihrem bösartigen Verhalten davonkommen. Im zweiten Teil des zweiten Kapitels finden wir eine ganze Reihe von Weherufen über Babylon. Das Wort „wehe" ist ein biblisches Fluchwort. Christen sollten es wirklich nur verwenden, wenn ihnen bewusst ist, was sie damit tun. Nachdem Jesus das Wort „wehe" ausgesprochen hatte, geschahen furchtbare Dinge. Er benutzte diesen Begriff genauso häufig wie die Formulierung „selig" bzw. „gesegnet". So gab es beispielsweise zu Jesu Lebzeiten vier große Städte am Ufer des Sees Genezareth, in denen insgesamt 250.000 Menschen lebten. Jesus verfluchte drei dieser Städte. Er sagte: „Wehe dir, Kapernaum", „Wehe dir, Betsaida" und „Wehe dir, Chorazin". Nur Tiberias verfluchte er nicht. Reist man heute nach Galiläa, muss man in Tiberias übernachten. Es ist die einzige Stadt, die übriggeblieben ist. Die Städte, zu denen Jesus „wehe" sagte, sind alle verschwunden.

Habakuk listete fünf Gründe dafür auf, dass die Babylonier Gottes Zorn auf sich ziehen würden:

1. **Ungerechtigkeit:** Sie zogen raubend und plündernd durch die Länder, die sie eroberten. Dabei nahmen sie keine Rücksicht auf die dort lebenden Menschen.
2. **Imperialismus:** Sie schrieben den Menschen in den eroberten Gebieten vor, wie sie zu leben hatten. Gerechtigkeit und Mitgefühl mit der Not der Bevölkerung spielten dabei keine Rolle.
3. **Unmenschlichkeit:** Gott missbilligte ihr Blutvergießen aufs schärfste, ebenso wie den Einsatz von Zwangsarbeitern zum Aufbau Babylons und die herzlose Behandlung ihrer Feinde. Sie ergriffen sogar Babys bei den Füßen und zerschmetterten ihre Köpfe an den Felsen.
4. **Zügellosigkeit:** Die Babylonier waren in Sachen Alkohol ein undiszipliniertes Volk. Sie taten furchtbare Dinge, wenn sie betrunken waren. Das schloss die Vernichtung von Tieren und sogar Bäumen mit ein. Zog das Volk Israel in den Krieg, so verbot Gott den Soldaten, einen einzigen Baum zu fällen, es sei denn, er wurde für die Kriegsanstrengung benötigt.
5. **Götzendienst:** Sie beteten leblose Götzen aus Holz, Stein und Metall an, während sie den einzig wahren Gott Judas ignorierten. Natürlich hatte Babylon zum damaligen Zeitpunkt noch nicht den Gipfel seiner Macht erreicht. Dennoch trug Gott Habakuk auf, den Untergang der Babylonier anzukündigen.

Der Vorwurf lautete also, dass sie mit ihrem Handeln gegen ihr eigenes Gewissen verstießen. Zu keinem Zeitpunkt wurden die Babylonier dafür verurteilt, dass sie Gottes Gesetz nicht eingehalten hätten. Sie standen in keiner Bundesbeziehung zum Gott Israels. Doch sie wurden für Handlungen gerichtet, von denen sie tief in ihrem

Herzen wussten, dass sie falsch waren. Gottes Gericht an den Babyloniern erinnert Gottes Kinder daran, dass ihm auch ihr Verhalten in diesen Bereichen wichtig war und ist.

Gott ging folglich auf Habakuks Einwand ein und erklärte ihm, dass die Gottesfürchtigen überleben und die Gottlosen leiden würden. Gott war sehr bewusst, was alles geschehen war. Er war weder machtlos noch verhielt er sich ungerecht. Im Gegensatz zu den toten, leblosen Götzen, die von Menschenhand erschaffen wurden, ist er der lebendige Gott.

Nachdem er Habakuk die gewünschte Antwort gegeben hatte, fügte Gott noch hinzu: „Die ganze Erde verstumme."

Er sagte damit eigentlich: „Hier hast du deine Antwort. Halt' jetzt deinen Mund!"

Psalmgebet (3,1–19)

Während dieser Zeit der Stille ging Habakuk ein Licht auf. Er hörte auf, mit Gott zu streiten und dachte über das nach, was Gott ihm gesagt hatte. Und seine ganze Stimmung veränderte sich. Er sah ein, dass Gott einen viel weiteren Horizont hatte als er selbst. Ihm wurde auch bewusst, dass der Allmächtige die Dinge in der Langzeitperspektive betrachtete. Selbst wenn er sein Wirken jetzt nicht erkennen könnte, würde Gott doch zur rechten Zeit eingreifen.

Die Verse des letzten Kapitels sind mit Musik unterlegt. Habakuk hat sie selbst verfasst und eigenhändig komponiert. Dieser Umstand zeigt, wie sehr sich seine Herzenshaltung während der Stille veränderte. Die musikalischen Anweisungen, wie der Gesang begleitet werden soll, nämlich „mit Saitenspiel", finden wir am Ende des Kapitels. Im dritten Kapitel zeigt sich somit ein absoluter Perspektivenwechsel. Tatsächlich ist der Text so andersartig, dass es Gelehrte gibt, die behaupten, Kapitel 3 sei später hinzugefügt worden.

Er erzittert vor Gottes früheren Taten (3,1–16)

Habakuk verändert seine Blickrichtung im dritten Kapitel gleich dreimal. Er beginnt mit „er", bewegt sich dann weiter zum „Du" und endet mit „ich". Es scheint so, dass er im Verlauf des Kapitels immer persönlicher betroffen wird.

ER (3,2–7)
Habakuk konzentriert sich zunächst auf Gottes Macht, und zwar während der Zeitspanne, die den Exodus, die Wüstenwanderung und die Eroberung Kanaans umfasst. Er bittet Gott, sich erneut als so mächtig zu erweisen. Was er bisher nur vom Hörensagen kannte, will er selbst miterleben. Dieses Mal gibt es keinen Antrag auf Planänderung; auch zieht er Gottes Handeln nicht mehr in Zweifel. Er bittet nur darum, dass Gott in seinem Zorn sein Erbarmen nicht vergessen möge.

Während sich das erste Kapitel somit auf Israels Gewalttaten konzentrierte und das zweite Kapitel die Gewaltakte der Babylonier in den Fokus nahm, ruft das dritte Kapitel nach Gottes gewaltigem Handeln.

DU... (3,8–16)
In diesen Versen ist Habakuk selbst Teil der Vision. Er stellt immer noch Fragen, doch diesmal die richtigen. Er denkt über Gottes Hoheit und Macht in der Schöpfung nach. Er weiß, dass Gott alles zu tun vermag, was ihm gefällt. Jetzt begnügt er sich damit, „geduldig auf den Tag der Bedrängnis" zu warten.

Er vertraut auf Gottes künftigen Schutz (3,17–19)

ICH (3,16–19)
Der Wechsel vom „Du" zum „Ich" gibt uns einen wichtigen Einblick in Habakuks Innenleben. Er denkt über seine

eigene Reaktion auf die Nachricht von der babylonischen Invasion nach. Jetzt spricht er aus einer Perspektive des Glaubens, selbst wenn es keinen sichtbaren Beweis dafür gibt, dass Gottes Wort sich tatsächlich bewahrheiten wird. Er berichtet über seinen inneren Stress: wie seine Gefühle durch seinen Einblick in die Zukunft unnatürlich erregt wurden. Doch gleichzeitig sieht er sich auch Druck von außen gegenüber, der ihn deprimiert. Habakuk freut sich nicht auf die Katastrophe, die das Volk befallen wird. Und dennoch ist er fähig, „im Herrn zu jubeln." Im ersten Kapitel argumentierte er aus einem Fokus heraus, der sich auf die Gegenwart richtete. Nun jedoch schaut er zurück in die Vergangenheit und erkennt, dass Gott schon immer eingegriffen hat. Der Prophet blickt in die Zukunft und sieht, dass Gott wieder intervenieren wird. Daher ist er nun bereit zu warten. In unserer heutigen Zeit konzentrieren wir uns so sehr auf die Gegenwart, dass wir kaum noch Zeit für die Vergangenheit oder die Zukunft erübrigen können. Doch gerade diese Perspektive wird uns helfen, wenn die Ungerechtigkeit uns zu überwältigen droht.

Ich habe Kapitel 3 in Gedichtform gefasst. Es kann zur Melodie von Beethovens „Ode an die Freude" gesungen werden. Mir erscheint es angemessen, unser Studium des Buches Habakuk in dieser Weise abzuschließen.

> Herr, dein Ruhm vor dir erschallte, als du auszogst zum Gericht;
> furchterregend war die Kunde, dass es mir an Mut gebricht.
> Tu auch deine Werke heute, zeig', dass du dich änderst nicht.
> Doch im Zorn gedenk' der Gnade, darum, oh Herr, bitt' ich dich.
>
> Seht, der Heilge fährt hernieder, um ihn strahlt es hell und weiß,
> seine Stärke steht am Himmel, Erde bringt ihm Lob und Preis.
> Schuldbeladne Völker zittern, Pest und Seuchen fürchten sie.
> Selbst die alten Berge bersten, dein Erscheinen schrecket sie.

AUFSTIEG UND FALL EINES GROSSREICHE

Zürnest du den großen Flüssen? Bist du denn den Meeren feind?
Jagst darüber Kampfeswagen, dass die Flut wie Rösser scheint.
Krümmst die Hügel, flutest Täler, Sonne, Mond vor Angst erstarrt.
Deine Worte gleichen Pfeilen, und dein Speer trifft schnell und hart.

Zornig ziehst du durch die Erde, jedem Land sein Strafgericht.
Um dein teures Volk zu retten, lässt du die Gesalbten nicht.
Stößt zu Boden den Tyrannen, spaltest ihm sein böses Haupt.
Seine wilden Kämpfer fliehen, hoffnungslos des Muts beraubt.

Sah ich nun das große Ganze, nicht nur einen kleinen Part,
meinen Körper packt das Zittern und das Herz schlägt schnell und hart.
Meine Knie beben, schlottern, doch geduldig harr' ich aus.
Überrennt der Feind die Heimat, Herr, du machst ihm den Garaus.

Denn der Feigenbaum erblüht nicht und am Weinstock keine Traub'.
Auch der Ölbaum ohne Früchte und die Ernte wird zum Raub.
Schafe fehlen in den Hürden, keine Herden stehn im Stall.
Doch dem Herren will ich jauchzen, er ist Gott im ganzen All.

Jubelnd blick' ich in die Zukunft, und ich schöpfe neuen Mut.
Wüsten Fragen gab er Antwort, Gott ist treu, groß, stark und gut.
Herz und Beine springen freudig, wie ein Hirsch auf seinen Höhn.
Sing' dem Volke meine Worte, spiel' die Saiten wunderschön.

26.
DER PROPHET JEREMIA
UND DIE KLAGELIEDER

Einleitung

Jeremia ist eine Schlüsselfigur des Alten Testaments und gehört zu den bekanntesten Propheten überhaupt. Doch das gleichnamige Buch zählt nicht zu den beliebtesten biblischen Werken. Es gibt mindestens drei Gründen dafür, dass viele Menschen es nicht mögen: Es sei abschreckend, schwierig und deprimierend.

Abschreckend
Das Buch hat 52 Kapitel. Nach dem Propheten Jesaja mit seinen 66 Kapiteln steht es damit an zweiter Stelle, was den Umfang betrifft. Der Legende zufolge besuchte Jeremia Südirland, küsste dort den Blarney Stone *(den Stein der Sprachgewandtheit in Blarney Castle, Anmerkung der Übersetzerin)* und empfing die Gabe der Gesprächigkeit! Der Umfang des Buches zeugt von zweierlei: sowohl von der Anzahl seiner Weissagungen während seiner 40jährigen Laufbahn als auch von der Hingabe seines Sekretärs, der sie niederschrieb. Doch vielen Lesern ist das Buch einfach zu lang, um es enthusiastisch anzupacken.

Schwierig
Das Buch ist weder chronologisch noch thematisch geordnet. Daher ist ein roter Faden nur schwer erkennbar. Es scheint, dass die Schriften in willkürlicher Art und Weise gebündelt wurden. Man könnte es auch eine „Sammlung von Sammelbänden" nennen. Erschwerend kommt noch hinzu, dass Jeremia scheinbar öfter seine Meinung änderte. Kritiker finden besondere Freude daran, in seinen Predigten

Widersprüche aufzuzeigen. In seinen frühen Jahren ist Jeremia ein absoluter Gegner Babylons. Doch später rät er dem Volk, sich den Babyloniern zu ergeben. Das ist einer der Gründe dafür, dass er als politischer Verräter bezeichnet wurde. In Wirklichkeit veränderte sich seine Botschaft im Laufe von 40 Jahren, und zwar abhängig von den Umständen und dem Kurs, den Gott ihm vorgab.

Deprimierend
Doch der Hauptgrund, warum viele eine Abneigung gegen Jeremia hegen, ist folgender: Es handelt sich um einen der deprimierendsten Teile der Bibel. Das Buch scheint nur schlechte Nachrichten für Juda zu enthalten. Gleichzeitig gibt Jeremia seinen Lesern an dem Schmerz Anteil, den er über das Schicksal des Landes und über seinen eigenen Dienst empfindet. Der Name Jeremia ist in der englischen Sprache zu seinem Synonym für „Spielverderber" geworden. In der Literatur bezeichnet man ein trauriges Gedicht oder ein Klagelied als „Jeremiade". Jeremia hat also einen schlechten Ruf. Doch diese Negativsicht spiegelt nicht das vollständige Bild wider. Es gibt gute Nachrichten in seiner Weissagung. Allerdings sind sie unter so viel Negativem versteckt, dass man sie leicht übersehen kann.

Trotz dieser schwierigen Aspekte handelt es sich dennoch um ein wunderbares Buch. Von allen biblischen Akteuren ist Jeremia die Figur, mit der ich mich am meisten identifizieren kann. Als ich mich einmal in einer Predigtreihe durch das gesamte Buch Jeremia hindurcharbeitete, musste ich gleich zweimal innehalten. Der Grund dafür war, dass mich meine Gefühle zu überwältigen drohten. Es war fast zu viel für mich, ich konnte mich kaum noch mitteilen. Als Reaktion auf diese Predigtreihe erhielt ich eine Prophetie. Sie besagte, dass ich diese Gemeinde verlassen und meinen Reisedienst beginnen sollte. Daher hat das Buch Jeremia für mich eine große persönliche Bedeutung.

Es ist ein faszinierendes Werk, da es viele Geschichten aus dem wahren Leben enthält. Sie bewirken, dass der Leser Jeremia verstehen lernt und sich in seine Lage hineinversetzen kann. Der Autor offenbart sein Herz und seine inneren Kämpfe mehr als jeder andere Prophet. Doch es gibt auch eine göttliche Seite, denn das Buch enthält sehr viele Informationen über Gott. Studiert man dieses Buch in aller Ernsthaftigkeit, so wird man Gott dadurch viel besser kennenlernen.

Der zeitliche Rahmen

Jeremia begann seinen Prophetendienst im siebten Jahrhundert v. Chr. Die Verweildauer der zwei Stämme im Süden war fast zu Ende. Sie gingen im Jahr 586 v. Chr. ins Exil (obwohl einige sogar schon früher deportiert wurden.). Jeremia erlebte die Regierungszeit von sieben verschiedenen Königen Judas: Manasse, Amon, Josia, Joahas, Jojakim, Jojachin und Zedekia. Seine vierzigjährige Karriere als Prophet spielte sich während der Herrschaft der letzten fünf Könige ab.

Er prophezeite während einer Zeit, die für das Volk Gottes traumatisch war. Assyrien hatte die zehn Stämme des Nordreichs ins Exil geführt. So lebten nur noch die beiden verbleibenden Stämme in der Stadt Jerusalem und ihrem Umland. Jesaja und Micha waren bereits gestorben, ihre Botschaft hatte kaum jemand befolgt. Jeremia war der letzte Prophet, der zum Volk sprach. Er warnte die Menschen, dass es fast schon zu spät sei, um die bevorstehende Katastrophe noch abzuwenden.

Jeremia wurde während der Regierungszeit Manasses geboren. Dieser gottlose König hatte den Propheten Jesaja in einem hohlen Baumstamm zersägen lassen, weil er gegen ihn prophezeit hatte. Als wäre das nicht schon schlimm genug gewesen, opferte er seine eigenen Säuglinge dem Teufel und füllte die Straßen Jerusalems mit dem Blut unschuldiger Menschen. Zwei bedeutende Jungen erblickten während seiner Herrschaft das Licht der Welt: Josia, der später König werden sollte, und Jeremia. Manasse wurde durch einen weiteren gottlosen König ersetzt, Amon. Er überdauerte ein paar Jahre, bevor Josia im zarten Alter von acht Jahren den Thron bestieg. Während seiner Regierungszeit fand man im Tempel das fünfte Buch Mose in einem alten verstaubten Schrank. Josia war bestürzt, als er dort las, dass das Land und das Volk unter dem Fluch Gottes stünden. Daher versuchte er, das Volk zum Besseren zu verändern, doch ohne Erfolg.

Interessanterweise schwieg Jeremia zu den Reformen Josias, obwohl er ein Zeitgenosse des Königs war. Jeremia erwähnt Josia nicht einmal, und das Buch der Könige berichtet nichts über Jeremia. Es scheint fast so, als hätte der Prophet erkannt, dass eine vom König angeordnete Reform die Herzen der Menschen nicht verändern könnte. Auch wenn das Reformvorhaben von außen betrachtet gut aussah, verbesserte sich die Situation nicht. Josias unbedachter Kampf mit den Ägyptern, in dessen Verlauf er bei Meggido getötet wurde, weist zudem darauf hin, dass es immer noch Probleme gab.

Nach Josias Tod bestieg eine Reihe gottloser und schwacher Könige den Thron. Jeremia war während der Regierungszeit der letzten vier dieser schlechten Könige am aktivsten. Das ist ein Grund dafür, dass er so negativ gestimmt zu sein schien. „Es ist schon zu spät!" Diesem hoffnungslosen Gefühl verlieh er hin und wieder Ausdruck. Gleichzeitig klammerte sich auch an diesen letzten Hoffnungsschimmer: Wenn das Volk umkehrte, würde Gott die Situation seinerseits doch noch verändern.

Diese Spannung rührte von einem Bild her, das Gott

dem Propheten offenbart hatte. Kapitel 18 berichtet, wie Gott ihm auftrug, das Haus des Töpfers zu besuchen und zu beobachten, wie dieser Gefäße herstellte. Die Art des Geschirrs hing dabei von dem Ton ab, der dem Töpfer zur Verfügung stand. Viele Bibelleser gehen davon aus, dass es um Gottes Fähigkeit geht, mit uns alles tun zu können, was er sich vorgenommen hat. Lobpreislieder sind darüber geschrieben worden, mit Aussagen wie: „Du bist der Töpfer, ich bin der Ton." Doch das ist nicht die Lektion, die Jeremia aus seiner Beobachtung lernte. Er nahm die Absicht des Töpfers wahr, eine wunderschöne Vase herzustellen, doch der Ton fügte sich nicht seinen Händen. Daher verknetete er ihn wieder zu einem Klumpen, warf ihn erneut auf die Töpferscheibe und machte aus ihm einen dickwandigen, primitiven Topf. Gott fragte Jeremia, ob er das Anschauungsbeispiel verstanden hätte. Wer entschied darüber, was aus dem Ton wurde? Die richtige Antwort lautet: der Ton, weil er sich nicht dem ursprünglichen Plan des Töpfers fügte. Gott verdeutlichte hier also Folgendes: Er wollte aus dem Ton ein wunderschönes Gefäß machen, doch wenn der Ton nicht entsprechend reagierte, würde er stattdessen ein hässliches formen. Im Kontext der Zeit Jeremias bedeutete es, dass das Volk selbst in diesem späten Stadium noch Buße tun konnte. Es hatte noch die Möglichkeit, sich zu ändern und zu dem wunderschönen Gefäß zu werden, welches Gott sich erdacht hatte. Es gibt also in der Bibel eine dynamische Beziehung zwischen Gott und den Menschen. Gott hat es nicht mit Marionetten zu tun, deren Zukunft er alternativlos bestimmt. Vielmehr wünscht er sich, dass wir auf ihn reagieren. Er wird aus uns die Menschen machen, die er geplant hat, wenn wir mit ihm zusammenarbeiten.

Doch das Gleichnis des Töpfers enthielt noch eine weitere Lektion. Der hässliche Tontopf wurde beim

Brennen so hart, dass er nicht mehr verändert werden konnte. Jeremia sollte diesen harten Topf nehmen, ihn zerbrechen und die Scherben in das Tal des Ge-Hinnom werfen, auf die Müllhalde Jerusalems. Gott sagte damit Folgendes: Wenn wir unser Herz verhärten, werden wir einen Punkt erreichen, an dem es nicht mehr möglich ist, uns in ein schönes Gefäß zu verwandeln. Dann wird Gott uns zerbrechen. Der Allmächtige zieht es vor, uns ein schönes Leben schenken. Gehen wir darauf ein, so wird er es auch tun.

Jeremia demonstrierte zu diesem Zeitpunkt, dass noch nicht alles verloren war. Er vermittelte den Menschen, dass es noch ein wenig Hoffnung gab. Doch das Buch endet schließlich mit Zedekia, dem allerletzten König Judas. Er wurde ganz am Schluss von den Babyloniern mitgenommen. Vorher musste er noch mitansehen, wie seine beiden Söhne getötet wurden. Danach stach man ihm die Augen aus und führte ihn blind ins Exil. Es war eine tragische Episode im Leben des Gottesvolkes. Es schien am Ende angelangt zu sein, doch die Geschichte würde noch weitergehen.

Wer war Jeremia?

Jeremia ist ein höchst ungewöhnlicher Name. Im Hebräischen kann er entweder „aufbauen" oder „niederreißen" bedeuten. Ein vergleichbares Beispiel im Englischen sind die Worte „raise" und „raze". Sie haben denselben Klang, jedoch gegensätzliche Bedeutung. „Raise" bedeutet „erhöhen", während „raze" die Tätigkeit beschreibt, etwas „vollständig (zu) zerstören". Jeremias Name charakterisiert seinen Dienst sehr zutreffend. 40 Jahre lang war seine eigentliche Botschaft folgende: Gott reißt die Ungehorsamen nieder und baut die Gehorsamen auf.

Er wurde in Anatot (dem modernen Anata) geboren, knapp 5 Kilometer nordöstlich von Jerusalem. Der Ort blickt auf das Tote Meer hinab. Schon vor seiner Geburt berief Gott ihn zum Propheten. Wie Johannes der Täufer wurde er bereits im Mutterleib geheiligt. Er entwickelte sich zu einem sehr zurückhaltenden, sensiblen und schüchternen jungen Mann. Jeremia entstammte einer Priesterfamilie, die jedoch unter göttlichem Gericht stand. Gott hatte das Haus Elis verflucht; wegen seiner Sünden würde keiner seiner Nachkommen ein hohes Alter erreichen. Daher musste Gott mit diesem Mann früh anfangen, wenn er ihm 40 Jahre lang dienen sollte! Jeremia war sehr naturverbunden und verwendete oft Pflanzen und Tiere, um Gottes Botschaften zu illustrieren. Seine besondere Vorliebe galt dabei den Vögeln.

Er war höchstwahrscheinlich 17 Jahre alt, als er anfing zu predigen, und er war sehr, sehr nervös. Gott versprach ihm, ihn so fest zu machen wie eine Mauer aus Bronze, so dass kein feindseliger Blick und keine Bemerkung der Leute ihn einschüchtern würden. Jeder, der schon einmal öffentlich Vorträge gehalten hat, weiß, wovon hier die Rede ist.

Jeremias Prophetenleben war extrem hart. Weil seine eigene Familie ihn umbringen wollte, musste er in das fünf Kilometer entfernte Jerusalem ziehen. Sein vierzigjähriger Dienst verlief parallel zur Laufbahn von Habakuk, Zefanja, Hesekiel und Daniel. Jeremia stand im Mittelpunkt des politischen Lebens. Er riet seinem Volk, sich den Babyloniern zu ergeben, und dafür hassten ihn die Leute. Diese Art der Beschwichtigungspolitik gefiel niemandem. Die Babylonier stellten Jeremia vor die Wahl: Er konnte mit seinem Volk nach Babylon ziehen oder in Juda bleiben. Doch das waren keine wirklichen Alternativen für Jeremia; denn er mochte die Babylonier nicht und sein eigenes Volk mochte ihn nicht.

Am Ende verschlug es ihn nach Ägypten. Einige seiner Landsleute entführten ihn und brachten ihn den langen Weg flussaufwärts bis zur Nilinsel Elephantine. Dorthin hatte man bereits die Bundeslade verfrachtet (Sie befindet sich heute wahrscheinlich in Äthiopien.). Dort starb er, allein und einsam – eine traurige Geschichte.

Die Methode

Das gesprochene Wort

Jeremia bediente sich des gesprochenen Wortes, allerdings meistens in poetischer Form. Man erkennt diese Form in vielen Bibeln daran, dass die Zeilen im Gegensatz zur Prosa kürzer sind. Texte in Prosa sehen eher aus wie die Artikelspalten einer Zeitungsseite. Als Regel kann man festhalten, dass Gott dem Leser seine Gedanken vermittelt, wenn er in Prosa kommuniziert. Bedient er sich jedoch der Poesie, so spricht er von Herz zu Herz mit uns. Die Poesie oder Lyrik ist die Sprache des Herzens, und der Großteil der Prophezeiung Jeremias ist in lyrischer Form verfasst. Leider behandeln zu viele Menschen die Bibel nur als ein Buch, das uns Gottes Gedanken vermittelt. Sie übersehen dabei, dass es gleichzeitig ein sehr emotionales Werk ist. Meiner Ansicht nach ist „The Living Bible" diejenige Übersetzung, die die Gefühlswelt der hebräischen Sprache am besten ins Englische überträgt. Es ist die genauste Übersetzung der Emotionen Gottes, jedoch nicht die zutreffendste Übertragung seiner Gedanken.

Schauspielerei

Manchmal übermittelte Jeremia seine Botschaft durch eine dramatische Inszenierung. Auf diese Weise wollte er eine Reaktion des Volkes provozieren. Einmal vergrub er beispielsweise schmutzige alte Unterwäsche. Als er nach dem Grund gefragt wurde, antwortete er, dass die Unterwäsche das Innenleben der Menschen symbolisiere. Die wichtige Lektion, die er aus der Beobachtung des Töpfers lernte, haben wir bereits erwähnt. Ein anderes Mal trug er ein Rinderjoch als Last auf seinem Nacken, um das Erfordernis zu verdeutlichen, sich den Babyloniern zu unterwerfen. Als die gesamte Jerusalemer Bevölkerung versuchte, ihre Immobilien zu verkaufen, weil sie wusste, dass sie wertlos würden, wenn die Babylonier kämen, beauftragte Gott Jeremia damit, ein Grundstück zu kaufen. Er erwarb von seinem Cousin, der verzweifelt versuchte, sein Grundeigentum abzustoßen, ein Feld. Jeremia hatte erkannt, dass das Volk eines Tages aus Babylon zurückkehren würde. Diese Investition erlaubte es ihm, sein Reden durch sein Handeln zu bestätigen.

Andere dramatische Szenen beinhalteten, dass Jeremia Steine versteckte, Bücher im Euphrat versenkte oder einen Krug auf dem Kopf in der Stadt herumtrug, wie es damals nur Frauen taten. Das alles mag uns seltsam erscheinen, doch dadurch machte er den Menschen seine Botschaft verständlich.

Das geschriebene Wort
Baruch hielt Jeremias Prophetien schriftlich fest. Er, der Jeremia wie ein Sekretär diente, gehörte zu Gottes Männern „in der zweiten Reihe". Einmal geschah es, dass Jeremias Prophetien König Jojakim so sehr erzürnten, dass dieser sie mit einem Messer zerschnitt und verbrannte. Nach 23 Jahren des prophetischen Dienstes wurde Jeremia verboten, in der Öffentlichkeit zu sprechen. So war es Baruch, der sicherstellte, dass Jeremias Stimme immer noch gehört werden konnte. Dieser Mann vollbrachte in gewisser Weise niemals selbst etwas Heldenhaftes. Doch er ermöglichte anderen den Zugang zum Wort Gottes. Es ist tatsächlich so, dass Gott die Menschen, die im Verborgenen

für ihn arbeiten, stärker belohnt als diejenigen, die es in der Öffentlichkeit tun. Ohne Baruchs Dienst wären die Worte des Propheten verlorengegangen.

Die Botschaft

Wir haben bereits festgestellt, dass das Buch Jeremia weder chronologisch noch thematisch angeordnet ist. Daher ist es nicht einfach zu lesen. Doch es gibt ein grundlegendes Muster, das unser Verständnis des Buches fördern wird:

Einleitung – Jeremias Berufung (1,1–19)
Die sündige Nation (2–45)
627–605 v. Chr.: Sofortige Strafe (2–20)
(hauptsächlich Poesie)
Babylon zerstört Assyrien (612 v. Chr.)
Babylon besiegt Ägypten (605 v. Chr.)
605–585 v. Chr.: Endgültige Wiederherstellung (21–45)
(hauptsächlich Prosa)
Babylon deportiert Juda

Die umliegenden Nationen (46–51)
Nachwort – nationale Katastrophe (52)

In der Einleitung im ersten Kapitel erfahren wir, wie Jeremia als junger Mann von Gott berufen wurde. Er war furchtbar schüchtern und hatte Angst davor, in der Öffentlichkeit zu sprechen.

Die Kapitel 2–45, „Die sündige Nation" beinhalten Jeremias Vorhersage, dass Judas Bestrafung kurz bevorstehe. Sie umfassen die Zeit von 627 bis 605 v. Chr. und sind hauptsächlich poetisch abgefasst. Das bedeutet, dass Jeremia dem Volk die Gefühle Gottes vermittelte, und zwar insbesondere sein Bedauern und seinen Zorn. Gott befand sich in einem emotionalen Zwiespalt. Er liebte sein Volk, aber er konnte es nicht einfach so weitermachen lassen. Die Prophetie, dass Babylon Assyrien zerstören werde, gehört in diesen Kontext. Die Könige von Juda waren irrigerweise davon ausgegangen, dass sie durch einen Bund mit Ägypten geschützt würden.

Die Kapitel 21–45 enthalten gute Nachrichten, denn Jeremia konnte über die Verzweiflung des Exils hinausblicken und die endgültige Wiederherstellung erkennen. Als er begriffen hatte, dass die momentane Situation hoffnungslos war, gab er den Menschen eine Langzeitperspektive, die auf die letztgültige Erneuerung des Landes abzielte. Dieser Abschnitt ist in Prosa abgefasst, denn er vermittelt hauptsächlich Gottes Gedanken, nicht so sehr seine Gefühle. Auf lange Sicht würde ein Teil des Volkes zurückkehren und Jerusalem wiederaufbauen, nachdem Babylon Juda deportiert und Jerusalem zerstört hatte. Daher war die Lage nicht völlig aussichtslos.

Die Kapitel 46–51 beinhalten Gottes Gericht an den Ländern, die Juda umgaben. Die Wiederherstellung würde von der Verurteilung der Nationen begleitet sein, die Juda in Not gebracht hatten. So zeigt sich Gottes Gerechtigkeit im Laufe der Geschichte.

Kapitel 52 ist eine Art Nachwort, das von der fürchterlichen nationalen Katastrophe erzählt, die über Jeremias Volk hereinbrach. Es beschreibt, wie Jerusalem verlassen und zerstört daniederlag, nachdem Jeremia nach Ägypten gebracht worden war (Kapitel 43). Es war kein glückliches Ende.

Übereinstimmungen mit den anderen Propheten

Ein Großteil der Botschaft Jeremias stimmt mit den Aussagen der anderen Propheten überein. Liest man einen Propheten nach dem anderen, kann es leicht passieren, dass man sich langweilt. Denn es geht immer wieder um dieselbe alte Geschichte: Götzendienst, Unmoral und Ungerechtigkeit. Die Propheten beobachteten alle denselben Verfall. Es gab so viel Gewalt in Jerusalem, dass die Kinder nicht auf der Straße spielen konnten und sich die Alten nicht aus ihren Häusern trauten.

Es gibt vier Hauptthemen in Jeremias Botschaft, die wir auch bei allen anderen Propheten finden. Einmal wurde Jeremia fast exekutiert, als sich jemand plötzlich daran erinnerte, dass der Prophet Micha Jahre zuvor genau dasselbe gesagt hatte. Dieser Umstand rettete Jeremia das Leben.

1. DAS ABTRÜNNIGE VOLK

Das Volk war völlig verdorben. Seine beiden Hauptprobleme waren Götzendienst und Unmoral. Gottes Volk praktizierte einige der furchtbaren Riten, denen die Nationen anhingen, die es umgaben. Dazu gehörten Kinderopfer im Tal des Ge-Hinnom und das Aufstellen von Götzenbildern im Tempel Gottes. Letzteres war ein direkter Verstoß gegen das zweite Gebot. Moralischer Verfall und zerbrochene Ehen waren weit verbreitet.

Gott beauftragte Jeremia damit, dem Volk zu predigen, dass bestimmte Menschengruppen für die Situation verantwortlich waren.

Die Propheten

Jeremias Dienst wurde dadurch erschwert, dass es in seinem Umfeld Menschen gab, die behaupteten, ebenfalls Propheten zu sein. Sie verkündeten allerdings genau die gegenteilige Botschaft. In Kapitel 23 greift er diese falschen Propheten an. Er wirft ihnen vor, dass sie noch nie an der himmlischen Ratsversammlung Gottes teilgenommen und seinen Worten zugehört hätten. Stattdessen schrieben sie ihre Botschaften voneinander ab oder erfänden sie selbst.

Sie würden den Menschen nur das erzählen, was diese von ihnen hören wollten, sagte Jeremia. Insbesondere kündigten sie „Friede, Friede" an, obwohl es keinen Frieden gab. Sie behaupteten, dass es keinen Grund gäbe, sich Sorgen zu machen. Schließlich sei Jerusalem doch die Stadt Gottes und er selbst würde den Tempel bewahren. Doch Jeremia übte scharfe Kritik an den Menschen, die ihre Sicherheit am Tempel festmachten. Er sagte ihnen, dass sie ihn in eine Räuberhöhle verwandelt hätten. Sie könnten nicht davon ausgehen, dem Gericht zu entgehen, nur weil sie zu Gottes Volk gehörten, warnte er sie.

Im Neuen Testament finden wir eine vergleichbare Botschaft. Der Großteil der Warnungen Jesu vor der Hölle richtete sich an wiedergeborene Gläubige! Doch ich treffe viele Christen, die sich nicht vor der Hölle fürchten, weil sie davon ausgehen, dass sie für diejenigen, die sich Christen nennen, keine Relevanz hätte.

Doch Jesus lehrt, dass wir an unserem Glauben festhalten müssen, um dem kommenden Zorn zu entfliehen. Der Apostel Paulus erinnert wiedergeborene Gläubige daran, dass sie eines Tages vor dem Richterstuhl Gottes erscheinen werden. Wir werden zwar durch Glauben gerechtfertigt, doch aufgrund unserer Werke gerichtet.

Die Priester
Jeremia machte die Priester für die Sünden des Landes verantwortlich, weil sie etwas unterstützten, das wir heute „religionsübergreifende Feste" nennen würden. Im Namen der Toleranz hielten sie heidnische „Gottesdienste" ab; genau wie es heute im Vereinigten Königreich Gottesdienste gibt, die nichtchristliche religiöse Gruppen mit einschließen. Dies geschieht in dem irrigen Glauben, dass wir uns alle auf unterschiedlichen Wegen zu demselben Gott befinden würden.

Die Prinzen

Die Prinzen (oder Könige) wurden für ihr Versagen getadelt, den Gesetzen Gottes Geltung zu verschaffen. Jeremia weissagte, dass Jojakim sterben würde, ohne dass jemand um ihn trauerte. Man würde ihn wie einen Esel verscharren – und genau, wie Jeremia es prophezeit hatte, geschah es auch. Der letzte König Zedekia war schwach und unentschlossen, eine reine Marionette der damaligen Politiker.

Die Bilder, die Jeremia verwendete, um dieses abtrünnige Volk zu beschreiben, enthalten viele sexuelle Metaphern, von denen einige ziemlich obszön sind. Er verglich die Menschen, die fremden Göttern nachliefen, mit einer treulosen ehebrecherischen Frau, die anderen Männern nachjagte. Hosea war der erste Prophet, der diese Metapher benutzte. Jeremia fragte das Volk, wie Gott sich wohl mit einer untreuen Ehefrau fühlen würde. Auch in anderen Beziehungen verhielten sie sich nicht anständig. Jeremia behauptete, dass es „keine einzige aufrichtige Person" in Jerusalem gäbe.

Einer der furchtbarsten Vorwürfe, die er ihnen machte, ist folgender: Sie könnten nicht einmal erröten. Sie schämten sich nicht. Ihr Glaubensabfall beunruhigte sie überhaupt nicht. Gott hatte sich bereits von den zehn Stämmen getrennt – wollten sie wirklich, dass er die anderen beiden Stämme auch verstieß?

2. DIE BEVORSTEHENDE KATASTROPHE

Das zweite Hauptthema seiner Botschaft, das auch die anderen Propheten behandeln, ist die bevorstehende Katastrophe. Zur Zeit des Mose gab Gott dem Volk Israel zwei Arten von Verheißungen: „Ich werde euch segnen, wenn ihr mir gehorcht" und „Ich werde euch verfluchen, wenn ihr mir ungehorsam seid." Gott bestätigte sie im Bund am Sinai. Wenn Gott straft, hält er daher nur seine

Versprechen. Die meisten Christen glauben, dass Gott dann treu ist, wenn er uns weiterhin Gutes tut. Doch seine Treue zeigt sich genauso in seinem Strafen wie in seiner Vergebung.

Jeremia war in seiner Ankündigung recht detailliert. Er hatte eine Vision von einem siedenden Topf, dessen Oberfläche von Norden her geneigt war. Er verkündete dem Volk, dass die Gefahr aus dieser Richtung kommen würde – nicht aus Assyrien, das die zehn Stämme weggeführt hatte, sondern aus Babylon. Die babylonische Armee würde ebenfalls aus dem Norden anrücken. Er warnte sie, dass diese Gefahr unmittelbar bevorstünde. In einer weiteren Vision sah er, wie ein Mandelzweig plötzlich anfing zu blühen. Das war das Zeichen für den Frühlingsanfang. Bei Mandelbäumen kommt die Blüte sehr schnell und unvermittelt. Genauso schnell würde Juda plötzlich die Babylonier anrücken sehen.

3. DIE ENDGÜLTIGE WIEDERHERSTELLUNG

Doch über diesem Untergangsszenario erstrahlt ein Hoffnungsschimmer. Wir finden einige der verheißungsvollsten Weissagungen über die Zukunft des Volkes Gottes im Propheten Jeremia. Er sagte ein wiederhergestelltes Volk voraus, das einen neuen Bund mit Gott eingehen würde. Der alte Bund des Mose funktionierte nicht, weil die Gebote nicht im Inneren der Menschen verankert waren, sondern nur äußerlich niedergeschrieben wurden. Sie wurden in Stein gemeißelt, doch sie mussten den Menschen ins Herz geschrieben werden. In Kapitel 31 finden wir eine der schönsten Verheißungen des Alten Testaments. Dort heißt es, dass Gott mit dem Hause Israel und dem Hause Juda einen neuen Bund schließen werde. Dabei wird Gott sein Gesetz in ihr Herz schreiben. Sie müssen dann nicht mehr über Gott belehrt werden, weil sie ihn alle erkennen werden. Gott wird ihnen vergeben und ihrer Sünden nicht mehr gedenken.

Viele Christen hören an diesem Punkt auf zu lesen, doch ich möchte weiterlesen. Gott sagt auch Folgendes:

„So spricht der HERR, der die Sonne gesetzt hat zum Licht für den Tag, die Ordnungen des Mondes und der Sterne zum Licht für die Nacht, der das Meer erregt, dass seine Wogen brausen, HERR der Heerscharen ist sein Name: Wenn diese Ordnungen vor meinem Angesicht weichen, spricht der HERR, dann soll auch die Nachkommenschaft Israels aufhören, eine Nation zu sein vor meinem Angesicht alle Tage." (Jeremia 31,35+36; ELB)

Gott verkündete also, dass er alle Nachkommen Israels erst dann wegen ihrer Sünden verwerfen würde, wenn der Himmel über uns ausgemessen und die Grundfesten der Erde unter uns vollständig erforscht werden könnten. Gott garantierte damit, dass er seine Seite des Bundes einhalten würde. Das Volk Israel, das es auch heute noch gibt, wird für immer bestehen. Die Tatsache, dass der Name „Israel" in unserer Zeit wieder auf der Weltkarte erschienen ist, beweist uns, dass Gott seine Versprechen hält.

Jeremia prophezeite hier die endgültige Wiederherstellung seines Volkes. Er berichtete darüber, dass Gott sie mit Jubel, Gesang und Tanz wieder nach Hause bringen würde und zwar nach 70 Jahren (Jeremia 29,10). (Diese Zahl ermutigte später den Propheten Daniel. Er las diese Weissagung im Exil und ihm wurde bewusst, dass die 70 Jahre fast abgelaufen waren. Die Zahl 70 mag uns willkürlich erscheinen, doch sie war sorgsam berechnet worden. 70 Jahre betrug die Sabbatzeit, welche die Israeliten dem Land in den vergangenen 500 Jahren alle sieben Jahre vorenthalten hatten, siehe 2. Chronik 36,21.)

Jeremia verhieß Juda auch einen neuen König. Er bezeichnete ihn als den „guten Hirten", den „gerechten Spross", den „messianischen Herrscher", den „Spross vom Baum Davids", die „Quelle des Lebens." Er prophezeite, dass dieser Mann bei seinem Kommen die Königsherrschaft Judas wiederherstellen und den Heiden Anteil an Judas Segnungen geben würde.

4. DIE BESTRAFTEN FEINDE
Obwohl Gott den Babyloniern erlaubte, Juda ins Exil zu führen, würde er sicherstellen, dass sie die gerechte Strafe für ihre Grausamkeiten empfingen. Der Prophet Habakuk hatte darüber in seiner Prophezeiung ausführlich berichtet. Sie erfüllte sich dadurch, dass die Perser später Babylon eroberten (was wiederum dazu führte, dass die Juden auf Anordnung des Perserkönig Kyrus zurückkehren durften.). Auch anderen Feinden Judas wurde Strafe angekündigt: Ägypten, Philistäa, Moab, Ammon, Edom, Damaskus (Syrien), Kedar, Hazor und Elam. Am Ende des Buches Jeremia sagte der Prophet voraus, was mit all jenen Ländern geschehen würde, die Israel angegriffen hätten oder ihm unfreundlich begegnet wären. Gott selbst würde Vergeltung üben, nicht Israel. Nur Ägypten und Babylon erhielten auch positive Bemerkungen.

Anders als die anderen Propheten

Wir haben zunächst die Übereinstimmungen der Aussagen Jeremias mit den Aussprüchen der anderen Propheten betrachtet. Nun wenden wir uns drei Punkten in seiner Weissagung zu, die ihn einzigartig machen.

1. GEISTLICH
Jeremia wird auch „der geistliche Prophet" genannt, weil er als einziger Prophet Folgendes behauptete: Religiöse Rituale

sind mehr als nutzlos, wenn das Herz dabei unbeteiligt bleibt. Seine Verurteilung der Scheinheiligkeit im Glaubensleben hat sogar dazu geführt, dass manche irrigerweise davon ausgehen, Jeremia hätte das gesamte biblische Opfersystem als Zeitverschwendung betrachtet. Was er jedoch tatsächlich sagen wollte, war, dass das äußerliche Ritual der Anbetung überhaupt nicht wichtig ist. Gott kommt es entscheidend auf die Herzenshaltung an. Ist der Gläubige tatsächlich geistlich engagiert? Sein Körper mag beschnitten sein, doch ist es sein Herz ebenfalls? Die Priester förderten fälschlicherweise die Einstellung, dass die Befolgung religiöser Rituale einen gottgefälligen Lebensstil irgendwie ersetzen könnte. Daher musste Jeremia den geistlichen Aspekt des Glaubenslebens sehr stark betonen.

Gleichzeitig bereitete Jeremia das Volk auf den Zeitpunkt vor, an dem es den Tempel verlieren würde. Dann könnte es keine Opfer mehr bringen. In Babylon würden sie sich in Gebäuden treffen, die als „Synagogen" bekannt wurden. Das griechische Wort „Synagoge" bedeutet „zusammenkommen". Das Volk Gottes versammelte sich, um drei Dinge zu tun: Gott zu preisen, zu beten und in den Schriften zu lesen. Das erinnert uns an die Situation der neutestamentlichen Gemeinde. Das Priestertum war durch das Opfer Jesu überflüssig geworden, da der Opfertod Christi ein für alle Mal Sühnung für jede Sünde erwirkt hatte. Die Urgemeinde kam schlicht und einfach zusammen, um das Abendmahl zu feiern, zu beten, Gott zu preisen und die Schriften zu studieren. Die ersten Gemeinden waren daher eigentlich christliche Synagogen. Von Anfang an war die christliche Gemeinde jedoch versucht, zu den Ritualen des Tempels zurückzukehren und Priester, Altäre, Weihrauch und Amtstrachten einzuführen. Doch das ist eine Rückkehr zu den alttestamentarischen Mustern, während Gott es sich ganz anders gedacht hatte.

Jeremia zählt zu den Männern, die die Juden von der Abhängigkeit von bestimmten Riten befreiten. So konnten sie ohne das Zeremoniell überleben und sich weiterhin in Babylon versammeln. Er war der einzige Prophet, der voraussehen konnte, dass sie eine Form der Glaubenspraxis ohne den Tempel und alle seine Gerätschaften finden mussten. .

2. INDIVIDUELL

Ein weiterer einzigartiger Aspekt der Weissagung Jeremias ist folgender: Er sagte voraus, dass es Gott im neuen Bund um Einzelpersonen gehen würde. Der Bund am Sinai hatte kollektiven und nicht individuellen Charakter. Er wurde mit dem gesamten Volk geschlossen, nicht mit jeder einzelnen Person. Eine der verblüffendsten Eigenschaften des neuen Bundes im Neuen Testament ist die Betonung des Individuums. Jesus sprach ständig von individuellen Nachfolgern. Jeremia beschrieb diesen Kontrast: „In jenen Tagen wird man nicht mehr sagen: Die Väter haben unreife Trauben gegessen, und die Zähne der Söhne sind stumpf geworden; sondern jeder wird wegen seiner Schuld sterben: Jeder Mensch, der unreife Trauben isst, dessen Zähne sollen stumpf werden" (Jeremia 31,29+30; ELB).

Im Neuen Testament besteht der neue Bund aus einer individuellen Beziehung zu jeder einzelnen Person. Daher kann man seinen Platz im Königreich Gottes nicht ererben. Gott betrachtet jeden Einzelnen als Individuum, das seine eigenen Entscheidungen trifft. Daher wurden zur Zeit des Neuen Testaments Einzelpersonen aufgrund ihres persönlichen Bekenntnisses zu Jesus Christus getauft.

Folglich wissen wir aus dem Neuen Testament, dass am Tag des Jüngsten Gerichts jede Person ganz allein vor Gott stehen wird, um sich für ihre eigenen Sünden zu verantworten. Sie muss sich nicht für die Sünden anderer rechtfertigen. Jeremia war der erste Prophet, der diese große Umstellung ankündigte, von der Beziehung Gottes zu einem ganzen Volk hin zur Beziehung Gottes zu jedem Einzelnen. Später griff Hesekiel diesen Aspekt auf, und schließlich liegt dieses Verständnis dann dem gesamten Neuen Testament zugrunde.

Dieses Prinzip zeigt sich in vielerlei Hinsicht auch im Leben Jeremias. Er wurde aus dem Tempel ausgestoßen und von seiner Ortsgemeinde abgelehnt. So stand er als Einzelperson allein im Überlebenskampf, nur Gott war auf seiner Seite.

3. POLITISCH

Jeremia erteilte den Herrschern Israels mehr politische Ratschläge als jeder andere Prophet. Als Juda immer kleiner wurde, versuchte es, eine Weltmacht gegen die andere auszuspielen. Doch Jeremia warnte die politischen Führer davor, sich auf Ägypten zu stützen, weil Babylon auch die Ägypter besiegen würde. Sie sollten vielmehr gegenüber Babylon nachgeben, mit den Babyloniern kooperieren und versuchen, die bestmöglichen Bedingungen für eine Kapitulation auszuhandeln. Das war Jeremias politischer Ratschlag. Er bezeichnete sogar den babylonischen König Nebukadnezar als einen Knecht Gottes. Im modernen Zeitalter wäre das mit folgendem Szenario vergleichbar: Ein Kirchenvertreter rät der britischen Regierung 1939, mit Adolf Hitler zu verhandeln, weil Gott ihn geschickt hätte. Jeremias Vorschlag klang wie Verrat. Schließlich befürwortete er, gegenüber einem Tyrannen nachzugeben, ohne auch nur zu versuchen, Jerusalem zu verteidigen.

Doch die Könige von Juda wiesen seinen politischen Rat zurück. Jeremia wurde als Verräter abgestempelt. Als er dafür plädierte, sich den Babyloniern zu ergeben, legte er sich ein Joch auf den Nacken und lief damit durch

Jerusalem. Es sollte dem Volk als Anschauungsbeispiel und als Aufforderung zum Handeln dienen. Als der König von Babylon nach Jerusalem kam, ließ er Jeremia befreien und besonders auszeichnen (siehe Kapitel 39). Wir können uns vorstellen, was die anderen Juden darüber dachten. Doch das war nur die letzte Episode einer langen Reihe von Misshandlungen und Missverständnissen.

Misshandlungen

Seit Jeremia seinen Dienst begonnen hatte, wurde er verfolgt. Die ersten Versuche, ihn umzubringen, unternahmen sogar seine eigenen Verwandten in seinem Heimatdorf Anatot. Sie planten, ihn zu töten, weil es ihre Familienehre verletzte, wie dieser Jüngling umherzog und die gesamte Stadt Jerusalem gegen sich aufbrachte. Was Gott ihm dazu zu sagen hatte, war nur ein schwacher Trost: „Ich bereite dich gerade auf Schlimmeres vor", erklärte er dem Propheten.

Von nun an galt er als Verräter. Die anderen Propheten lehnten ihn ab, weil sie selbst falsche Propheten waren. Die Priester mieden ihn, weil er gegen den Priesterdienst, den Tempel und den Opferkult prophezeite. Die Könige betrachteten ihn als politischen Verräter, während das Volk ihn hasste. Die Menschen verschworen sich mehrfach gegen ihn, um seinem Leben ein Ende zu bereiten.

Jeremia wurde nicht nur mit dem Tode bedroht; er war mehrmals dem Tode sehr nahe. Der Priester Paschhur schlug ihn und ließ ihn einsperren. Man warf ihn in eine nur schwach erhellte Grube. Ein anderes Mal ließ man ihn in den Block legen, mit Fesseln an Händen und Füßen und einem eisernen Ring um den Hals. Schließlich steckte man ihn in eine Zisterne (eine Art tiefen Brunnen, der wie eine Flasche geformt war; er hatte einen schmaleren Hals, sodass das Wasser nicht verdunsten konnte). Befand sich kein Wasser darin, so war der

Boden normalerweise mit einer Schlammschicht bedeckt, die ungefähr einenhalb Meter tief war. Jeremia stand also bis zum Hals in diesem Schlamm, während nur wenig Tageslicht durch die Öffnung über seinem Kopf in den Brunnen drang. Natürlich musste er stehenbleiben, sonst wäre er in diesem Morast ertrunken. Schließlich erbarmte sich ein Ausländer über ihn, der ihn dadurch befreite, dass er ein Seil in die Zisterne hinabließ und Jeremia herauszog.

Der Prophet musste sich häufig verstecken, weil man ihm nach dem Leben trachtete. Nur wenige in Jerusalem suchten noch seinen Rat. Die Juden, die nach Ägypten flohen, zwangen ihn schließlich mit Gewalt dazu, sie zu begleiten. Dort starb er. Die Bibel berichtet nichts über seinen Tod. Eine Legende besagt, dass er zu Tode gesteinigt wurde (siehe Matthäus 21,35; 23,37). Was auch immer mit ihm geschehen sein mag, die Umstände seines Todes bleiben im Dunkeln. Er hätte sich sicher niemals träumen lassen, dass er eines Tages weltberühmt sein würde und dass wir 2500 Jahre später noch über ihn sprechen würden.

Trübsal

Jeremia ist als „der weinende Prophet" bekannt. Das Buch der Klagelieder zeigt uns den großen Schmerz, den er für sein Volk empfand. Auch peinigten ihn der Verlust des Landes und die Zerstörung Jerusalems. Doch sogar im Buch Jeremia selbst ist ihm seine Trübsal abzuspüren, denn er hatte keine Scheu, uns in diesen schwierigen Situationen an seinem Gebetsleben Anteil zu geben.

Körperliche Leiden

Wir haben bereits einiges über Jeremias körperliche Schmerzen erfahren. Sie wurden ihm von den Menschen zugefügt, die seine Botschaft verabscheuten. Er hatte ganz offensichtlich keine Hemmungen, sein Innenleben offenzulegen und seine Gefühle zu offenbaren. Dieser Mann war zutiefst verletzt durch das, was ihm sein eigenes Volk in Wort und Tat zumutete. Ihn schmerzte besonders, dass seine eigene Familie ihn als Verräter ansah. Er hasste die traurige Berühmtheit, die mit der treuen Verkündigung der göttlichen Botschaft einherging. Zudem machte ihm die große Einsamkeit seines Dienstes sehr zu schaffen.

Seelische Schmerzen

Als ob seine körperlichen Schmerzen nicht schon schlimm genug gewesen wären, fühlte Jeremia sich auch von Gott in die Enge getrieben. Als besonders schmerzlich empfand er, dass Gott ihm keine Wahl gelassen hatte. Der Allmächtige hatte ihn in den Prophetendienst berufen und ihn dadurch so sehr auf diese Arbeit festgelegt, dass er nichts anderes mehr tun konnte. An seiner Botschaft kann man sein Bedauern sowie seine seelischen und emotionalen Schmerzen ablesen, die von seiner Einsamkeit und Ablehnung herrührten.

Auch eine Ehe konnte die Last seiner Einsamkeit nicht lindern. Das war für Jeremia mit das Schlimmste. Denn Gott hatte ihm verboten zu heiraten. So würde Jeremia nicht mitansehen müssen, wie seine eigenen Kinder verhungerten, wenn die Babylonier kämen. Sein eigenes Leben wurde damit selbst zu einer eindrücklichen Botschaft. Ähnlich erging es Hosea, dessen Ehe mit einer Prostituierten eine eigene Botschaft für das Volk enthielt, ebenso wie Gottes Verbot an Hesekiel, wegen des Todes seiner Frau zu trauern.

Wie wir schon festgestellt haben, gibt uns das Buch tiefe Einblicke in Jeremias Schmerzen. Gleichzeitig bietet es Menschen Hilfestellungen an, die ein Trauma durchleben.

An einem Punkt sagte Jeremia: „Ich habe erkannt, HERR, dass der Weg des Menschen nicht in seiner Macht steht und dass es keinem, der geht, gegeben ist, seinen Schritt zu lenken" (Jeremia 10,23; ELB). Ein anderes wohlbekanntes Zitat lautet: „Doch sooft ich mir sage: Ich will nicht mehr an ihn denken und nicht mehr in seinem Namen reden, wird es in meinem Herzen wie brennendes Feuer, eingeschlossen in meinen Gebeinen. Und ich habe mich vergeblich abgemüht, es weiter auszuhalten, ich kann nicht mehr!" (Jeremia 20,9; ELB)

Der arme Mann sagt hier eigentlich: „Ich werde nie wieder predigen." Doch dann fügt er hinzu: „Aber ich kann nicht aufhören. Es brennt in meinem Inneren. Ich muss es rauslassen."

Er hatte keine Wahl, er musste predigen, denn sein Herz brannte für Gott. Selbst nachdem er beschlossen hatte, nie wieder Gottes Wort zu verkündigen, fand er sich predigend auf der Straße wieder. Natürlich hatte Gott ihn nicht wirklich dazu gezwungen – Gott zwingt die Menschen niemals zu irgendetwas. Doch wir können seine Gefühle, in die Ecke gedrängt zu sein, nachvollziehen.

Jeremia wusste, dass das Volk niemals auf ihn hören würde. Daher kam er bei verschiedenen Gelegenheiten zu dem Schluss, dass er an einer hoffnungslosen Sache beteiligt sei. Gott verbot ihm sogar, für das Volk Fürbitte zu tun (Jeremia 7,16).

Trotz alledem sind die Gebete Jeremias ein wichtiger Teil der Prophezeiung. Sie beinhalten einige höchst bewegende Passagen (zum Beispiel 1,6; 4,10; 10,23–25; 11,20; 12,1–4; 15,15–18; 17,14–18; 18,19–23; 20,7–18). Diese neun Gebete Jeremias gehören zu den ehrlichsten Gebeten der gesamten Bibel. Der Prophet sagte Gott ganz genau, wie er sich fühlte. Daher dienen sie uns als ein gutes Vorbild für unser eigenes Gebetsleben.

Klagelieder

Die Klagelieder stammen aus der Feder des Propheten Jeremia. Daher ist es zweckmäßig, sie gemeinsam mit dem Buch Jeremia zu betrachten. Sie gehören zu den traurigsten Büchern der Bibel. Viele vergleichen die Klagelieder mit dem Buch Hiob. Doch die Traurigkeit bei Hiob hat ihren Grund in einer persönlichen Tragödie, während Jeremia in den Klageliedern über eine nationale Katastrophe weint. Man kann fast sehen, wie seine Tränen auf die Buchseiten tropfen und die Schrift verwischen, wenn man sie liest. Hier weint sich ein Mann die Seele aus dem Leib.

Die griechische Übersetzung des Alten Testaments gibt dem Buch schlicht und einfach den Titel „Tränen". Im hebräischen Original heißt das Buch „Wie", nach dem ersten Wort, das man liest, wenn man die Schriftrolle öffnet. Der englische Titel „Lamentations" ist vom lateinischen Wort für „Tränen" abgeleitet.

Jeremia schrieb dieses Buch, als er die verlassene Stadt Jerusalem betrachtete. Ihm war auch der Schmerz seines Volkes sehr bewusst: Vor der Zerstörung der Stadt und des Tempels hatten ihre Bewohner unter einer furchtbaren Belagerung gelitten. Mütter aßen ihre eigenen Säuglinge und sogar die Nachgeburt von Frauen, die gerade geboren hatten. Sie waren völlig verzweifelt. Die ganze Geschichte war so furchtbar traurig. Daher weinte der Prophet. Es muss wie Hiroschima nach dem Abwurf der Atombombe gewesen sein oder wie der Bürgerkrieg im Kosovo in der jüngeren Vergangenheit.

Dass das Buch aus einer Abfolge von Klageliedern besteht, sollte uns nicht überraschen. Wir wissen, dass Jeremia ein Dichter war, denn er verfasste die meisten seiner Prophetien in Gedichtform. An den Klageliedern ist auch erkennbar, dass er musikalisch war und Lieder schrieb. Diese Tatsache unterstreicht die erstaunliche

Beziehung, die zwischen Prophetie und Musik besteht. Der Geist der Prophetie inspiriert Poesie und Musik und umgekehrt. Mehrere Männer Gottes im Alten Testament, die mit der Gabe der Prophetie gesegnet waren, baten darum, dass Musik gespielt würde, bevor sie begannen zu prophezeien. Sacharia, Hesekiel und natürlich David sind berühmte Beispiele für diese Praxis.

Jeremia komponierte noch weitere Trauergesänge. Ein Klagelied (das in den Büchern der Chronik erwähnt wird) widmete er König Josia, der schon als Junge den Thron bestieg. In dem Irrglauben, die Ägypter besiegen zu können, wurde er in Megiddo getötet. Jeremia komponierte einen Klagegesang, den das ganze Volk singen sollte, als Josia starb und seine verheißungsvolle Herrschaft ein vorzeitiges Ende fand. Damit folgte Jeremia dem Beispiel König Davids, der mit einem Klagelied den Tod Sauls und Jonatans betrauerte, die im Kampf gegen die Philister getötet wurden.

Aufbau

Bei aller Leidenschaft, die Jeremia für die zerstörte Stadt und das vertriebene Volk empfand, hielt er sich bei der Komposition der Klagelieder doch an strenge Regeln. Ausnahmsweise befinden sich die Kapitelüberschriften einmal am richten Ort. Jedes Kapitel enthält eines der insgesamt fünf Lieder, die auf sorgfältige und wunderschöne Art und Weise zusammengestellt wurden.

Er nutzte die Gedichtform des Abcdarius. Die Buchstaben des Alphabets bilden dabei den Rahmen für das Lied oder das Gedicht. Da das hebräische Alphabet über 22 Buchstaben verfügt, hat jedes Kapitel 22 Verse.

Vier der Klagelieder Jeremias folgen diesem Muster. Das dritte Lied sieht ein wenig anders aus. Es besteht aus 66 Versen, die jedoch wiederum in alphabetischer Reihenfolge angeordnet sind.

Das erste Gedicht hat 22 Verse – je einen pro Buchstabe. Jeder Vers besteht aus drei Textzeilen. Der erste Buchstabe des hebräischen Alphabets steht dann erneut am Anfang des zweiten Gedichts. Dem schließt sich das dritte Gedicht an, wobei auf jeden Buchstaben erneut drei Textzeilen kommen. Das vierte hat wieder nur 22 Verse, drei Textzeilen pro Vers. Das letzte Gedicht ist das einzige, das nicht alphabetisch angeordnet ist, wenngleich es auch aus 22 Versen besteht.

GRÜNDE FÜR DIESE GEDICHTFORM

1. Man kann sie sich leicht merken. Jeremia wollte, dass die Menschen, die seine Klagelieder hörten, sich diese zu Herzen nähmen; sowohl das Volk, das im Land blieb, als auch die Menschen, die ins Exil geführt wurden. Ein Abcdarius machte es den Zuhörern leichter.

2. Diese Gedichtform ermöglichte es Jeremia, seine gesamte Trauer auszudrücken, von A bis Z. Sie hat Symbolcharakter. Er erzählte eine komplette Trauergeschichte von Alfa bis Omega, von Anfang bis Ende.

3. Doch der dritte Grund ist am aufschlussreichsten. Ich habe ein kleines Experiment gemacht. Ich notierte die 26 Buchstaben des englischen Alphabets auf einem Blatt Papier, um herauszufinden, ob sie mir dabei helfen würden, mir den Inhalt der Klagelieder von der Seele zu schreiben. Und genauso war es. Ich brauchte weniger als zwei Minuten, um Jeremias Klagen niederzuschreiben. Ich behaupte nicht, dass es sich um ein besonders gelungenes Werk handelt, aber es fasst doch das ganze Buch zusammen:

Angsterregend ist der Anblick der zerstörten Stadt,
Blut fließt auf ihren Straßen.
Chaos ist über mein Volk hereingebrochen.
Desaster hat es ergriffen.
Elendig zerstört ist jedes Haus.
Familien wurden für immer zerbrochen.
Gott hatte es angekündigt.
Heilig ist sein Name.
Ich bin erschöpft vom Weinen.
Ja, mein Geist ist zerschlagen.
Keiner hilft mir zu verstehen.
Lass mich sterben wie die anderen.
Mein Leben macht keinen Sinn mehr.
Nie wieder werde ich lachen
Oder vor Freude tanzen.
Purer Schmerz durchdringt mich,
Quelle des Trostes sei mir, mein Gott.
Rufe mir deine Pläne in Erinnerung.
Sei unser Ausweg aus Verzweiflung.
Tu uns deine Liebe kund.
Um Verständnis bitten wir.
Vergelte unseren Feinden alles.
Wir werden dich wieder
X-mal preisen.
Ysop entsündige mich vor dir,
Zu deiner Ehre lebe ich.

Das Alphabet ist folglich ein sehr gutes Mittel, um die eigenen Gefühle auszudrücken.

Warum Jeremia die Klagelieder schrieb
Auch wenn das Verfassen von Klageliedern eine gewisse Weisheit erkennen lässt, wissen wir immer noch nicht, warum Jeremia gerade diese Form wählte. Angesichts des

großen Umfangs seines anderen Buches stellt sich diese Frage umso mehr.

Ich glaube, Jeremia wünschte sich, dass seine Mitbürger mit ihm zusammen weinen und diese Lieder singen würden. Vielleicht beabsichtigte er, sie den Menschen zu schicken, die man ins Exil geführt hatte, damit auch sie ihren Gefühlen Ausdruck verleihen könnten. Das würde sehr viel Sinn machen, denn wenn Menschen eine Tragödie erleben, ist es von großer Wichtigkeit, dass sie ihre Gefühle ausdrücken. Es ist grausam, Hinterbliebenen zu sagen, sie sollten tapfer sein und nicht weinen. Sowohl die Juden als auch die Katholiken haben dieses Prinzip am besten verinnerlicht. Beide Gruppen pflegen traditionell besondere Trauerriten, die aktiv zum Weinen und Klagen ermutigen. Die gesamte Bibel befürwortet es, Tränen zu vergießen. Unsere westliche Tendenz, Menschen zu bewundern, die nicht weinen, kommt aus dem griechischen Denken, nicht aus dem hebräischen. Im heutigen Israel kann ein Mann nur dann Premierminister werden, wenn er in der Lage ist, am Grab eines israelischen Soldaten zu weinen. Im hebräischen Denken ist es sehr männlich, seinen Tränen freien Lauf zu lassen, und kein Zeichen der Schwäche.

Ich, du, er, sie, es ...
Auffällig ist auch, dass in jedem Gedicht und damit in jedem Kapitel das Personalpronomen wechselt.

Im ersten Gedicht lautet das Personalpronomen „sie", womit die Stadt und die Bürger dieser Stadt gemeint sind. Sie werden die „Tochter" bzw. „Töchter Jerusalems" oder „Zions" genannt. Das Alte Testament ordnet Städte und ihre Bewohner dem weiblichen Geschlecht zu, englische und deutsche Texte folgen teilweise dieser Tradition.

Das Personalpronomen im zweiten Gedicht ist „er". Dabei geht es um die Person, die das Desaster verursacht hat. Gott ist hier gemeint.

Das dritte Gedicht ist das längste. Es sind sehr persönliche Verse, denn sie beziehen sich auf Jeremia selbst. In diesem Kapitel kommen „ich, mich, mein" sehr häufig vor.

Fast unpersönlich wirkt demgegenüber das vierte Kapitel, mit einer distanzierten Beschreibung von „die, sie, ihre".

Das fünfte Gedicht kehrt zu „wir, uns" zurück. Jeremia identifiziert sich wieder mit seinem Volk. Gott ist nicht länger nur „er", sondern wird direkt mit „du, dir" angesprochen.

Will man die Bibel sorgfältig studieren, ist es sehr hilfreich, diese kleinen Worte zu beachten. Denn sie geben uns Aufschluss über die Bedeutung des Textes. Die fünf sehr unterschiedlichen Themen der einzelnen Kapitel erfordern sehr verschiedene Überschriften. Sie müssen den von Jeremia gewählten Blickwinkel widerspiegeln.

Die fünf Gedichte

1. DIE KATASTROPHE – „SIE"

Das erste Kapitel behandelt die zerstörte Stadt und ihre Töchter.

Es geht nicht nur darum, dass die ganze Stadt belagert und dann zerstört worden ist oder dass der Tempel nicht mehr existierte. Was Jeremia wirklich mitnahm, war die Tatsache, dass es sich um Gottes Stadt handelte. Ihre Sünde war der Grund für ihre Bestrafung, dieser Umstand machte es für Jeremia nur noch schmerzhafter. Ganz eindeutig war Jeremia Augenzeuge der Ereignisse, die er beschrieb. Er sah die ruinierten Gebäude und die verlassenen Straßen nach der Wegführung des Volkes nach Babylon. Man kann sich leicht vorstellen, wie er sich bei den wenigen Menschen, die noch übriggeblieben sind, beschwerte: „Bedeutet es euch denn gar nichts, euch allen, die ihr hier vorbeilauft? Berührt euch dieser furchtbare Anblick denn überhaupt nicht?" Es handelt sich um eine sehr anschauliche Beschreibung der leeren, verlassenen Stadt. Sie zeigt uns die Qual, die Jeremia verspürte, als er die Situation in Augenschein nahm.

2. DIE URSACHE – „ER"
Das zweite Kapitel rückt die Tatsache in den Mittelpunkt, dass die Katastrophe hätte vermieden werden können, wenn Juda sich den Babyloniern ergeben hätte. Genau das hatte Jeremia vorgeschlagen. Die Erkenntnis schmerzte ihn, dass er ihnen hätte helfen können, dies alles zu verhindern. Jeremia wusste, dass Gott das Exil zulassen musste. Denn er hatte dem Volk verheißen, so mit ihm umzugehen, wenn es ihm nicht gehorchte. Doch Jeremias Frustration darüber, dass sie alle ihre Chancen verspielt hatten, war gleichermaßen real. Sie zeigt sich besonders im zweiten Gedicht. Dort findet der Zorn Gottes fünfmal Erwähnung. Jeremia wusste, dass die Zeit kommen würde, in welcher der Zorn Gottes überkochen würde. In der Bibel gibt es zwei verschiedene Arten der Zorns: „langsamer" Zorn, der unter der Oberfläche köchelt und der schnelle Zornausbruch, der sich manifestiert und dann auch wieder vorbei ist. Auf menschlicher Ebene verursachen beide Arten Probleme. Auf göttlicher Ebene wird Gott sowohl langsam als auch schnell zornig. Doch fehlt seinem Zorn natürlich das selbstsüchtige Element, das die menschlichen Regungen kennzeichnet.

Die Bibel betont bei der Frage göttlichen Zorns Folgendes: Wenn wir Gott nicht sorgfältig beobachten und nicht erkennen, dass sein Zorn bereits köchelt, werden wir ihn wahrscheinlich nicht wahrnehmen, bis er schließlich überkocht. Im ersten Kapitel des Römerbriefes heißt es, dass Gottes Zorn bereits brodle. Der Autor nennt uns

Zeichen, nach denen wir Ausschau halten sollten. Dazu gehört auch, dass die natürlichen Beziehungen zwischen den Geschlechtern gegen unnatürliche ausgetauscht werden. Ein weiteres Zeichen ist unsoziales Verhalten und das Auseinanderbrechen von Familien. Leider sind diese Verhaltensweisen in der westlichen Welt sehr weit verbreitet.

3. DAS HEILMITTEL – „ICH"

Das dritte Gedicht ist das persönlichste. Jeremia wurde bewusst, dass Gott das gesamte Volk in seinem Zorn hätte auslöschen können. Doch stattdessen schickte er es nach Babylon. Sie waren also immer noch am Leben, das Volk war nicht ausgelöscht worden und die Nation hatte immer noch Bestand. Jeremia war überzeugt, dass es an Gottes Gnade lag, dass sie nicht vollständig vernichtet wurden. Er sagte: „Dein Erbarmen ist jeden Morgen neu."

Wie auch immer unsere Probleme aussehen, eine solche Haltung ist hilfreich. Wir können immer auf Gottes Gnade bauen. Es gibt einen grundlegenden Unterschied zwischen dem Lebensstil dieser Welt und unserem Lebensstil als Kinder Gottes. Die Welt lebt nach dem *Leistungsprinzip* – wir leben in einer „Leistungsgesellschaft". Du bekommst das, was du dir selbst erarbeitet hast. Doch im Königreich Gottes ist *Gnade* unsere Lebensgrundlage. Die Welt fordert ihre Rechte ein, doch Christen wissen, dass sie keine Rechte haben.

4. DIE FOLGEN – „SIE"

Jeremia ruft uns im nächsten Kapitel die Folgen einer unbußfertigen Haltung in Erinnerung. Er blickte sogar auf die gerechte Bestrafung von Sodom und Gomorra zurück. Jeder sollte wissen, dass diese Verwüstung einen Sinn und Zweck hatte. Das Volk sollte erkennen, dass Gott sowohl aktiv Sünden bestrafte aber auch künftig Befreiung schenken würde.

5. DIE BITTE – „WIR"

Das letzte Gedicht ist schlicht und einfach ein Gebet, eine Bitte um Gottes Gnade. Jeremia wusste, dass Gott die einzige Hoffnung der Menschen war. Daher setzte er seine Verzweiflung in ein Gebet um. Er bat Gott, dass er sein Volk tatsächlich wieder in sein Land zurückbringen möge.

Ein Motiv, das in allen fünf Gedichten vorkommt, ist das Wort „Sünde". Auf fast jeder Seite des Alten Testaments finden wir Sünde. Manchmal erscheint dort nur das Wort, ein anderes Mal lesen wir über sündhaftes Verhalten. Im Gegensatz dazu kommt das Motiv der „Rettung" oder „Errettung" auf fast jeder Seite des Neuen Testaments vor.

Jeremia räumte in aller Ehrlichkeit ein, dass die Sünden des Volkes diese Strafe rechtfertigten. Doch gleichzeitig rief er Gott um Gnade an, dass er Land und Volk wiederherstellen mögen. Aus diesem Grund nennen wir das Buch im Plural „Klagelieder". Es sind tatsächlich fünf verschiedene Lieder der Klage und des Jammers.

Bis heute wird das Buch der Klagelieder einmal jährlich in jeder Synagoge gesungen, und zwar am 9. Tag des Monats Aw (nach dem gregorianischen Kalender im Juli oder August). Genau an diesem Tag zerstörten die Babylonier den Tempel.

Jedes Jahr bis in unsere Zeit hinein erinnern sich die Juden zum Passahfest an den Exodus und am 9. des Monats Aw an den Verlust des Tempels. Jeden Sommer kann man sie in den Synagogen trauern hören. Erstaunlicherweise wurde nicht nur der erste jüdische Tempel am 9. des Monats Aw zerstört. Genau an diesem Tag legte Titus im Jahr 70 n.Chr. auch den zweiten Tempel in Schutt und Asche.

Am selben Tag, an dem sie über die Zerstörung des ersten Tempels klagten, verloren sie auch den zweiten. Natürlich hatte Jesus das vorausgesagt. So wie Jeremia gekommen war, um sie vor dem Verlust des ersten Tempels zu warnen, trat Jesus auf, um anzukündigen, dass auch der zweite zerstört würde. Aus diesem Grund werden Jesus und Jeremia oft im selben Atemzug erwähnt.

Als Jesus seine Jünger fragten: „Wer sagen die Menschen, dass ich sei?", antworteten sie, dass er mit Jeremia in Verbindung gebracht würde. Diese Wahl mag uns zunächst nicht offensichtlich erscheinen. Doch es gibt sehr viele Parallelen zwischen dem Leben Jeremias und dem Leben Jesu. „Die Feinde eines Menschen werden seine eigenen Hausgenossen sein" (siehe Matthäus 10,36), das war die Erfahrung des Messias. Und auch für Jeremia hielt sein Heimatort Schwierigkeiten bereit, wie wir bereits gesehen haben. Das Volk versuchte, Jesus in seiner Heimatstadt Nazareth eine Felswand hinunter zu stoßen. Er entging insgesamt fünf Mordversuchen. Auch bei einigen seiner Taten war Jesus von demselben Geist beseelt wie Jeremia. Als er den Tempel reinigte und eine Peitsche gegen die Juden erhob, die den Tempel in eine korrupte Geldwechsler-Stube verwandelt hatten, zitierte er Jeremia: „Wie könnt ihr es wagen, aus dem Hause meines Vaters eine Räuberhöhle zu machen!" (siehe Jeremia 7,11)

Jesus war in den Augen des Volkes eine Art Jeremia. Der alttestamentarische Prophet sagte einmal sinngemäß: „Ich fühle mich wie ein Lamm, das zur Schlachtbank geführt wird." Jesus seinerseits erinnerte das Volk daran, dass seine Vorfahren die Propheten abgelehnt und gesteinigt hätten, die Gott zu ihnen sandte.

Gemeinsamkeiten mit Jesus

Im Norden Jerusalems gibt es eine Höhle, die in der jüdischen Tradition als „Jeremias Grotte" bekannt ist. Die Juden glauben, dass Jeremia sich dort zum Gebet zurückzog, wenn er einsam war und unter Schmerzen litt. Diese Grotte befindet sich in einem Hügel, der Golgatha genannt wird. Als Christen glauben wir, dass Jesus auf diesem Hügel gekreuzigt wurde.

Auf seinem Weg nach Golgatha sagte Jesus unter anderem: „Denn wenn man dies tut an dem grünen Holz, was wird an dem dürren geschehen?" (Lukas 23,31; ELB). Er forderte die Bewohner Jerusalems damit auf, nicht um ihn zu weinen, sondern um sich selbst, denn es sollten noch viel schlimmere Zeiten kommen. Er bezog sich damit auf das Jahr 70 n.Chr., nur 40 Jahre später. 40 Jahre symbolisieren die Zeit der Prüfung. Gott gab den Juden 40 Jahre Zeit, auf seinen gekreuzigten und auferstandenen Sohn zu reagieren. Doch als Volk blieben sie in ihren Herzen verhärtet. Daher wurde 40 Jahre später der Tempel erneut zerstört.

Zwei verschiedene Schicksale
Das Neue Testament malt den Gläubigen zwei verschiedene Schicksale vor Augen: Eines davon ist „Heulen und Zähneklappern". Immer, wenn Jesus diese Worte verwendete, sprach er zu seinen eigenen Jüngern, obwohl viele Bibelleser der Ansicht sind, er hätte sie an die Ungläubigen richten sollen. Die andere mögliche Bestimmung für uns als Kinder Gottes besteht darin, dass Gott alle unsere Tränen abwischen wird. Beide Geschicke, die vor uns liegen, beinhalten daher Tränen: Entweder werden wir ewig weinen oder Gott wird unsere Tränen wegwischen.

Das ist allerdings noch nicht alles. Auch die Welt sieht sich derselben Zukunftsperspektive gegenüber. Vergleicht man alle biblischen Bücher, so ist es die Offenbarung, die den Propheten Jeremia und die Klagelieder am häufigsten zitiert. Die Offenbarung beschreibt die Endzeit. Die Hälfte aller neutestamentlichen Zitate aus dem Buch Jeremia ist in der Offenbarung zu finden. Sie beziehen sich auf die Stadt Babylon. In der Offenbarung steht Babylon für das Weltfinanzzentrum in der Endzeit, eine Stadt, die zerstört werden wird. Wenn Babylon untergeht, wird die Welt jammern und klagen, doch laut der Offenbarung werden Christen das „Hallelujah" singen. Sehr wenigen Menschen, die Händels *Messias* mit seinem wunderbaren „Hallelujah"-Chrous zuhören, ist bewusst, dass damit der Zusammenbruch des weltweiten Börsenhandels gefeiert wird! Die Banken dieser Welt werden Bankrott gehen und das gesamte menschengemachte Finanzsystem wird kollabieren.

Das 18. Kapitel der Offenbarung endet mit einer Fülle von Zitaten aus dem Propheten Jeremia. Die Klagelieder berichten über die Zerstörung Jerusalems. Doch Gott wird aus dem Himmel eine neue Stadt auf die Erde bringen – das neue Jerusalem. Es wird erscheinen wie eine Braut, die sich für ihren Bräutigam geschmückt hat. Dort werden die Gläubigen leben, bis in alle Ewigkeit: auf einer neuen Erde im neuen Jerusalem.

27.
DER PROPHET OBADJA

Einleitung

Obadja ist der erste der Propheten, die vor dem Exil auftraten. Sein Buch ist das kürzeste des Alten Testaments, es umfasst nur 21 Verse. Er prophezeite im Jahr 845 v. Chr. und stand damit am Anfang einer Zeitspanne von insgesamt 300 Jahren, in der ein Prophet nach dem anderen das Volk Gottes davor warnte, so weiterzumachen wie bisher.

Kurz nach Obadja trat der Prophet Joel auf. Das wissen wir, weil Joel Obadja zitierte. Er erinnerte das Volk an das, was Gott ihm bereits verkündet hatte. Joel nahm insbesondere einen Begriff wieder auf, den Obadja eingeführt hatte: den „Tag des Herrn". Er wird auch in anderen Prophezeiungen des Alten Testaments verwendet, genauso wie im Neuen Testament. Es ist der Tag, an dem Gott erscheinen wird, um für Gerechtigkeit zu sorgen. Wir haben ihn am Ende unserer Betrachtung des Propheten Joel schon im Detail untersucht.

Obadja steht am Ende dieses Buchabschnitts, weil er sich auf die Ereignisse ganz am Ende der Zeit vor dem Exil konzentriert, kurz vor der Wegführung Judas nach Babylon.

Manche Propheten verkündeten zwei Botschaften: eine für Gottes Volk Israel und eine für die Nachbarländer Israels. Obadja sprach Edom an, eines der Nachbarvölker Israels, das in der Region südöstlich des Toten Meeres lebte. Es ist die einzige Weissagung Obadjas, die uns vorliegt. Vielleicht war es auch die einzige, die er jemals verkündete.

Wir wissen sehr wenig über Obadja. Sein Name bedeutet „der Anbeter oder Diener Jahwes". Seine Botschaft ist hauptsächlich eine Vorhersage der Zukunft. Er empfing sie in Form einer Vision. Ihr Charakter ist eher visuell als verbal. Der Staat Edom befand sich im sogenannten „Transjordanien", einem Gebiet östlich des Jordantals. Er gehörte zu dem Land, das dem Volk Israel versprochen worden war. Doch die Israeliten hatten es nie eingenommen. Unter König David war Edom zu einem Satellitenstaat geworden, ähnlich wie Polen oder Lettland in der Sowjetzeit zu Satellitenstaaten Russlands wurden. Sobald Davids Großreich anfing auseinanderzubrechen, strebte Edom nach Unabhängigkeit und rebellierte gegen Israel. Es gab dort zwei Städte, Bosra und Sela (heute als Petra bekannt). Sie lagen an einer der wichtigsten Straßen des Nahen Ostens, die von Europa nach Arabien führte.

Petra ist ein höchst ungewöhnlicher Ort. Dort befindet sich ein kathedralenähnliches Gebäude, das aus rotem Sandstein gemeißelt wurde. Zudem gibt es hunderte von Tempeln, die in die Felsen gehauen wurden. Sie sind um einen riesigen, unbebauten und kreisförmigen Platz mitten in den Bergen angeordnet. Über Petra thront der Berg Seir, der zirka 600 Meter hoch ist. In Obadjas Prophetie geht es um diesen Berg.

Die Architektur der Tempel ist grandios. Von der Spitze des Berges kann man sowohl das Rote Meer als auch das Tote Meer sehen. Petra bot den Edomitern, die in den dortigen Höhlen lebten, ein uneinnehmbares Festungswerk. Doch sie waren ein gottloses Volk. Archäologen haben Altäre entdeckt, auf denen sie Menschen bei lebendigem Leibe ihren Göttern opferten.

Laut Obadja waren die Edomiter sehr stolz. Sie glaubten, dass niemand und nichts sie besiegen könnte, nicht einmal Gott. Daher war es Gott selbst, der sie zu Fall brachte. Genau das ist der Kern der Botschaft Obadjas.

Der Gott Israels wird hier bemerkenswerterweise auch als Gott der anderen Nationen bezeichnet. Diese Sicht zieht sich durch die gesamte Bibel. Doch damals, als jede

Nation ihren eigenen Gott hatte, muss es sehr radikal geklungen haben. In unserer heutigen Zeit ist es ähnlich. Viele Menschen glauben, dass es jedem überlassen bleiben sollte, den Gott anzubeten, den er bevorzugt, ohne sich um die anderen kümmern zu müssen.

Christen hingegen glauben, dass es nur einen Gott gibt, der über alle Menschen, auch die der anderen Religionen, zu Gericht sitzen wird. Jede Nation wird sich mit dem Gott Israels auseinandersetzen müssen. Ihm gegenüber muss jedes Land einmal Rechenschaft ablegen.

Diese Botschaft wiederholt sich auch im Neuen Testament. Als Paulus auf dem Marshügel in Athen predigte, verkündete er den Menschen, dass Gott jeder Nation ihre Zeit und ihren Platz zuweisen würde. Gott selbst teilt die Erde unter den Völkern auf. Ich glaube beispielsweise, dass Gott für das Ende des Britischen Weltreichs verantwortlich war. In meiner Kindheit waren die Karten in unserem Schulatlas überwiegend rot. Man konnte um die ganze Welt reisen und niemals britischen Boden verlassen. Was geschah mit diesem großartigen Reich? Großbritannien ließ Gottes Volk, das Volk Israel im Stich. „Wenn Großbritannien Israel nicht beschützen kann, dann kann es auch auf niemand anderen aufpassen", sagte Gott. Und innerhalb von fünf Jahren war das Empire Geschichte. Ich bin überzeugt, dass diese Entwicklung eines der deutlichsten Beispiele für das Handeln Gottes war und ist.

Die Lektüre der Propheten verdeutlicht uns also, dass Gott andere Nationen an ihrem Verhalten gegenüber seinem Volk misst. Ich glaube, dass dasselbe Prinzip heute auch für die christliche Gemeinde gilt. Gott richtet die Menschen danach, wie sie sich gegenüber der Gemeinde verhalten. Was wir Gottes Volk antun, tun wir Gott selbst an. Jesus griff dasselbe Prinzip auf, als er erklärte, dass Gott beim Jüngsten

Gericht Folgendes zu den Nationen sagen würde: „Was ihr einem dieser meiner geringsten Brüder getan habt, habt ihr mir getan" (Matthäus 25,40; ELB). Mit „Brüder" meinte er „mein Volk". Als Saul von Tarsus auf dem Weg nach Damaskus Jesus begegnete, erfuhr er ebenfalls, wie der Herr sich mit seinem Volk identifizierte. Jesus fragte ihn: „Saul, warum verfolgst du mich?", obwohl Saul doch die Christen schikaniert hatte. Er war zutiefst erschrocken, dass er Christus selbst verfolgte, indem er dessen Anhänger plagte. Doch für Jesus war es ein und dasselbe: Christen zu verfolgen bedeutete, ihn zu verfolgen. Das Volk Gottes ist also Gottes Augapfel. So, wie die Iris unserer Augen der empfindlichste Teil unseres Körpers ist, so geht es Gott besonders nahe, wenn sein eigenes Volk unter Verfolgung leidet.

Da Gottes Volk heute in jeder Nation der Erde lebt, muss sich jedes Land entscheiden, wie es sich zum Volk Gottes stellt. Am Tag des Jüngsten Gerichts wird diese Haltung ein entscheidender Faktor sein. Dieses Prinzip zeigt sich bei jedem Propheten, wenn er zu den anderen Nationen spricht. Aus diesem Grund richten sich die meisten Weissagungen an die Nachbarländer Israels, da sie alle eine bestimmte Haltung zu Israel eingenommen hatten.

Auch wenn Obadja auf den ersten Blick nur ein kurzes und obskures Buch zu sein scheint, behandelt es tatsächlich einige grundlegende Fragen des Gerichts, das alle Nationen dieser Erde betreffen wird.

Obadja im Überblick

Eine Zweiteilung des Buches bietet sich an. Im ersten Teil (Verse 1–14) verkündet Obadja, dass das Gericht eine bestimmte Nation treffen werde, und zwar Edom. Im zweiten Teil (Verse 15–21) sieht der Prophet, wie Gott über alle Nationen zu Gericht sitzt.

Eine Nation wird gerichtet (1–14)
Die Nationen zerstören Edom (1–9)
Edom verachtet Israel (10–14)

Alle Nationen werden gerichtet (15–21)
Jahwe bestraft die Nationen (15–16)
Israel nimmt Edom in Besitz (17–21)

Eine Nation wird gerichtet (1–14)

Die Nationen zerstören Edom (1–9)
Wörtlich übersetzt bedeutet Edom „rot". Die Stadt Petra besteht aus rotem Sandstein, doch das ist nicht der Grund für diese Namensgebung. Vielmehr stammten die Edomiter vom rothaarigen Esau ab. Edom befindet sich auf der Ostseite der Aravasenke. Seine beiden größten Städte sind Petra und Bosra. Beide zeugen von der hohen Baukunst des Menschen.

Doch Obadja verkündete den Edomitern, dass die Nationen ihr Land zerstören würden. Die anderen Länder würden dabei nicht wie Einbrecher vorgehen, die nur das mitgehen ließen, was sie wirklich interessierte. Nein, sie würden den Edomitern alles nehmen, auch ihr Territorium. Der Prophet erklärte ihnen, dass Gott menschlichen Stolz verabscheue. Stolz ist fast eine Einladung an Gott, die betreffende Person zu erniedrigen. Denn wer stolz ist, hat eine sehr hohe Meinung über sich selbst und eine sehr schlechte Meinung über alle anderen. Wer sich selbst erhöht, muss andere erniedrigen, sogar Gott selbst.

Edom verachtet Israel (10–14)
Edoms Höhenlage auf dem Gipfel des Berges Seir spiegelte seine Haltung zu den umgebenden Nationen und insbesondere zu Israel wider. Die Edomiter stammten in direkter Linie

von Esau ab, der Jakob sein Erstgeburtsrecht verkauft hatte. Die meiste Zeit seines Lebens befand sich Esau im Konflikt mit seinem Zwillingsbruder. Die Nachkommen Esaus hatten sich auf der Ostseite der Aravasenke niedergelassen, während Jakobs Nachkommen auf der Westseite wohnten. Das fünfte Buch Mose berichtet uns, dass Gott Israel verbot, eine negative Haltung gegenüber Edom einzunehmen, weil Esau der Bruder Jakobs war. Aus diesem Grund tadelte Obadja Edom dafür, dass es seine Brudernation so schlecht behandelt hatte. Denn Edom verhielt sich Israel gegenüber aggressiv. Im vierten und fünften Buch Mose lesen wir, dass die Edomiter sich weigerten, Mose und den Israeliten den Durchmarsch durch ihr Territorium zu erlauben.

Diese Antipathie zeigte sich auch, als das Großreich Israel zur Zeit König Davids erste Risse bekam. Die Edomiter erhoben sich und schlossen sich jeder Nation an, die Jerusalem oder Israel angriff, ob es sich um die Philister, die Araber oder später um die Babylonier handelte. Die Babylonier waren ein sehr barbarisches Volk. Die Edomiter machten mit ihnen gemeinsame Sache und stachelten sie sogar noch an. Als die Araber Jerusalem angriffen, waren die Edomiter wieder mit dabei. Hass, Eifersucht und Groll, die sich seit Jahrhunderten angestaut hatten, kamen ans Tageslicht. Als die Philister sich gegen Jerusalem wandten, schlossen sich ihnen erneut die Edomiter an. Sie verpassten keine Gelegenheit, andere Völker zu unterstützen, vielleicht weil sie selbst allein nicht stark genug waren.

Dreimal sagte Gott zu ihnen, dass sie Israel durch ihre Verhalten nicht schaden sollten (Verse 12, 13, 14). Er kündigte ihnen zudem an, dass er ihren Ungehorsam bestrafen würde.

Nun stellt sich die naheliegende Frage: Hörten die Edomiter die Botschaft Obadjas? Und wenn ja, nahmen sie sich diese Botschaft zu Herzen?

AUFSTIEG UND FALL EINES GROSSREICHE

Im ersten Teil der Prophetie geht es um Edom, doch mittendrin wechselt Obadja von der dritten zur zweiten Person Singular. Es scheint, dass er den Mut aufbrachte, nach Petra zu reisen und die Botschaft persönlich zu überbringen. Doch es wird nichts darüber berichtet, dass die Edomiter seinen Worten Folge geleistet hätten. Tatsächlich war das Gegenteil der Fall. Als die Babylonier 587 v. Chr. Jerusalem angriffen, wurden sie von den Edomitern noch dazu angestachelt (Psalm 137,7).

Zudem prophezeiten noch weitere Seher gegen Edom. Jesaja 21, Jeremia 49 und Hesekiel 49 enthalten Verurteilungen Edoms, wobei Jesaja ähnliche Worte wie Obadja verwendet, um Gottes Entschlossenheit zum Gericht zu verdeutlichen. Da die Botschaft Obadjas und der anderen Propheten also ignoriert wurde, übte Gott Gericht.

Die Geschichtsschreibung berichtet, dass Araber im sechsten Jahrhundert v. Chr. die Edomiter angriffen. Sie mussten ihre Städte fluchtartig verlassen, die Aravasenke durchqueren und in die Wüste Negev ziehen, um dort als Beduinen zu leben. Schon 450 v. Chr. gab es keine Edomiter mehr in Edom. 312 v. Chr. befand sich Petra in der Hand der Nabatäer. Die Wüste Negev wurde nach der Ankunft der Edomiter in Idumäa umbenannt. Hyrkanos zwang die Edomiter dazu, zum Judentum überzutreten. Dadurch wurde das Judentum ihre offizielle Religion. Doch gleichzeitig bewahrten sie ihre unverkennbaren ethnischen Besonderheiten.

Edomiter tauchen auch im Neuen Testament wieder auf. Herodes der Große (der in der Geburtsgeschichte Jesu im Matthäusevangelium vorkommt) stammte aus Idumäa. Er bat Julius Caesar im Jahr 37 v. Chr., ihm den Thron Israels zu verkaufen. So kam es, dass der König Israels ein Edomiter war! Die Tradition seines Volkes, großartige Gebäude zu errichten, inspirierte ihn zu den Bauprojekten, für die er berühmt wurde. Aus diesem Grund schuf er so viele Paläste, einschließlich der Festung Massada. Sie war so uneinnehmbar wie die beeindruckenden Tempel von Petra.

Als nun die Weisen aus dem Morgenland nachforschten, wo der neugeborene der König der Juden zu finden sei, wurde Herodes zornig. Er wollte nicht, dass ein Jude auf seinem Thron sitzen würde. Schließlich hatte Edom ihn doch für sich erobert! Aus dieser Motivation heraus ließ er in Bethlehem alle kleinen Jungen unter zwei Jahren abschlachten.

Der Sohn des Herodes tötete Johannes den Täufer. Als Jesus vor Gericht gestellt wurde, antwortete er ihm kein einziges Wort. Herodes' Enkel war für den Tod des Jakobus verantwortlich und wurde von Würmern zerfressen (siehe Apostelgeschichte 12). Sein Urenkel trug den Namen Agrippa. Er starb im Jahr 100 n.Chr., ohne Nachkommen zu hinterlassen.

So verschwanden die Edomiter. Heute gibt es auf der ganzen Welt keinen einzigen Edomiter mehr. Obadjas Prophetie hat sich erfüllt. Gott nimmt sich Zeit, um Völker zu richten. Von der Prophetie Obadjas bis zum endgültigen Verschwinden der Edomiter vergingen über 600 Jahre. Daraus können wir zwei unmissverständliche Lektionen über Gottes Gericht lernen:

ES BRAUCHT ZEIT

Gottes Mühlen mahlen langsam,
mahlen aber trefflich klein.
Ob aus Langmut er sich säumet,
ringt mit Schärf' er alles ein.

Friedrich von Logau (1604–55)

Gott nimmt sich Zeit. Er ist langsam zum Zorn, doch wenn er ankündigt, dass er richten wird, so tut er es auch. Vielleicht kommt sein Gericht erst tausend Jahre später, aber kommen wird es. Wo ist Edom heute? Verschwunden. Wo ist Israel heute? Zurück in seinem Land.

GOTT RICHTET DIEJENIGEN,
DIE SEINEM VOLK SCHADEN
„Ich will segnen, die dich segnen, und wer dir flucht, den werde ich verfluchen" (1. Mose 12,3; ELB). Das hatte Gott Abraham verheißen. Gott hat heute zwei Völker: Israel und die Gemeinde. Wer eines von beiden angreift, greift ihn selbst an.

Alle Nationen werden gerichtet (15–21)

Edom ist das Musterbeispiel einer gottlosen Nation, die dem Volk Gottes schon immer feindlich gesinnt war.

Jahwe bestraft die Nationen (15–16)

Der Grund für die Bestrafung ist klar: „Was ihr euren Brüdern angetan habt, wird euch selber angetan!" (Obadja 15; GNB). Die Strafe ist dem Verbrechen angemessen. Auch die Philister werden erwähnt, die ebenfalls Gottes Zorn verdient haben.

Obadja sah voraus, dass eines Tages alle Nationen gerichtet werden. Der Gott Israels wird jede Nation zur Verantwortung ziehen, insbesondere für ihre Haltung zu seinem Volk.

Israel nimmt Edom in Besitz (17–21)

Eines Tages wird Israel Edom in Besitz nehmen. Edom wird besonders erwähnt und zwar als Teil des Landes, das Gott seinem Volk verheißen hatte. Daher werden sie es eines Tages besitzen, und Obadja konnte es schon damals sehen. Er sah, dass es keine Überlebenden aus dem Haus Edom geben und dass ihr Land von seinen wahren Eigentümern in Besitz genommen würde. Er konnte erkennen, wie Israel sich künftig im Norden nach Ephraim und Samaria ausdehnen wird, im Süden in die Wüste Negev, im Osten bis in die Berge Edoms und im Westen bis zur Küste des Mittelmeeres.

Was hat das alles mit uns zu tun?

Zunächst müssen wir erkennen, dass wir alle einen Jakob und einen Esau in uns tragen. Im Hebräerbrief fordert der Autor die Christen dazu auf, nicht wie Esau zu sein, der sein Erstgeburtsrecht für einen Teller Suppe verkaufte und es danach bitter bereute. Er bedauerte sein Verhalten zutiefst, aber er war nie fähig, wirklich Buße zu tun.

Stattdessen sollten wir uns wie Jakob verhalten. Er rang so lange mit Gott, bis dieser ihn lähmte. Doch er empfing den Segen, und aus Jakob ging das Volk Israel hervor. Esau lebte nur für den Moment, für die sofortige Befriedigung seiner körperlichen Bedürfnisse. Dadurch verspielte er seine Zukunft. Die Esaus dieser Welt leben ausschließlich für diese Welt. Sie kümmern sich nicht um die Zukunft; es geht ihnen nur darum, im Hier und Jetzt ihre eigenen Wünsche zu erfüllen. Das Buch Obadja ermutigt uns dazu, wie Jakob zu sein. Er war ein Mann, den Gott zerbrach und zu einem Prinzen machte. Sein Name „Israel" ist nach 2000 Jahren Abwesenheit wieder auf der Weltkarte verzeichnet.

Zweitens lernen wir aus dem Buch Obadja, dass Gott sein Wort hält. Wenn er ankündigt, dass er etwas tun wird, kann es sein, dass es nicht gleich nächsten Dienstag passiert. Vielleicht müssen wir tausend Jahre darauf warten. Doch wenn Gott eine bestimmte Handlung angekündigt hat, wird er sie auch durchführen. Deshalb können wir seinem Wort vertrauen. Obadja mag zwar als „kleiner Prophet" betitelt werden, und er hat in der Tat nur ein kurzes Buch verfasst. Doch alles, was er geschrieben hat, wird tatsächlich eintreten.

DER KAMPF UMS ÜBERLEBEN

28. Hesekiel

29. Daniel

30. Esther

31. Esra und Nehemia

32. 1. und 2. Chronik

33. Haggai

34. Sacharja

35. Maleachi

28.
DER PROPHET HESEKIEL

Einleitung

Das Buch Hesekiel ist der Teil des Alten Testaments, der am meisten vernachlässigt wird und am unbeliebtesten ist. Die erste Hälfte (Kapitel 1–24) besteht fast ausschließlich aus Untergangsszenarien. Dieser deprimierende Text veranlasst viele Leser dazu, seine Lektüre aufzugeben und sich einem anderen Buch der Bibel zuzuwenden! Hesekiel ist lang und enthält viele Wiederholungen. 20 Jahre des Verkündigungsdienstes wurden in dieses Buch hineingepresst. Ein Großteil seines Inhalts hat keine Bedeutung für unsere heutige Situation. Er spielt sich sowohl in einer anderen Welt als auch zu einer anderen Zeit ab und bleibt uns einfach fremd. Manchmal ist die Sprache des Buches primitiv und sogar anstößig, ein weiterer Grund, den Text nicht zu mögen. Nur wenige zählen dieses Werk zu ihren Lieblingsbüchern.

Hinzu kommt noch, dass Hesekiel dem Leser eine Facette des Charakters Gottes vor Augen führt, welche die wenigsten anziehend finden. Der Prophet spricht über die Strenge des göttlichen Gerichts. Das typische Radio- oder Fernsehchristentum konzentriert sich nur sehr selten auf Gottes Gericht. Es nimmt viel eher die Güte Gottes in den Fokus. Genau das wollen die Leute hören und sehen.

Auf den ersten Blick scheint es daher wenig Ermutigendes zu geben, das uns dazu bewegen könnte, dieses Buch zu lesen! Doch Bücher wie Hesekiel konfrontieren uns mit zwei Fragen: „Warum lesen wir die Bibel?" und „Wie lesen wir sie?" Beide Fragen hängen zusammen. Denn der Grund, warum wir die Bibel lesen wird letztendlich auch bestimmen, wie wir es tun. Die Methode ergibt sich aus der Motivation.

Herangehensweisen an das Buch Hesekiel

Es gibt insgesamt drei verschiedene Herangehensweisen an ein Buch wie Hesekiel:

Der verszentrierte Ansatz (auf den Leser bezogen)
Beim verszentrierten Ansatz sucht der Leser nach einem Wort, das für ihn persönlich bestimmt ist. Ich bin versucht, diese Methode als „horoskopisches Bibellesen" zu bezeichnen. Wir lesen einen Text, bis wir auf einen Vers stoßen, der zu unserer Situation passt. Allerdings entspricht dies nicht Gottes Absicht, wie wir uns dem biblischen Text nähern sollten. Tatsächlich müssten wir das Buch Hesekiel sehr lange durchsuchen, bis wir auf einen Vers stoßen würden, der für unser persönliches Leben Bedeutung hätte und uns quasi „anspringen" würde! Das Lesen der Bibel als persönliches Andachtsbuch kann hilfreich sein und ist besser als nichts. Doch es ist grundsätzlich nicht der richtige Weg, um die Bibel zu studieren. Es handelt sich um einen im Kern selbstbezogenen Ansatz.

Der abschnittszentrierte Ansatz (auf andere bezogen)
Eine weitere Herangehensweise ist der abschnittszentrierte Ansatz. Manche Christen lesen die Bibel hauptsächlich, damit ihr Bibelstudium anderen Menschen zugutekommt. Das trifft insbesondere auf Prediger und Bibellehrer zu, die sich fragen, worüber sie als Nächstes sprechen sollten. Vier Abschnitte im Buch Hesekiel sind bei Verkündigern des Wortes Gottes besonders beliebt.

Die wohl beliebteste Passage ist Kapitel 37, die insbesondere durch folgenden afroamerikanischen Spiritual *(christliche Liedgattung, die dem Gospel zugrunde liegt; Anmerkung der Übersetzerin)* bekanntwurde: „Dem bones, dem bones, dem dry bones … hear the word of the Lord"

(Ihr vertrockneten Gebeine … hört das Wort des Herrn). Das Thema „Leben und Tod" ist einfach zu verlockend, als dass ihm ein Prediger widerstehen könnte. Hinzu kommt noch der dramatische Effekt, den das außergewöhnliche Bild der Gebeine erzeugt, die zusammenrücken und mit Fleisch überzogen werden.

Ein weiterer Lieblingstext ist Kapitel 34, der insbesondere bei der Einsegnung neuer Pastoren Verwendung findet. Es geht hier um gute und schlechte Hirten. Die guten Hirten suchen nach den verlorenen Schafen, während die schlechten Hirten nur sich selbst weiden. Man kann diesen Abschnitt sehr leicht als Grundlage einer Predigt verwenden, in der es um die Verantwortung eines Pastors geht.

Kapitel 47 gehört ebenfalls zu den bevorzugten Predigttexten, der allerdings in der Regel aus seinem Kontext gerissen und als Gleichnis betrachtet wird. In diesem Kapitel sieht ein Mann, wie Wasser aus dem Tempel herausfließt. Er tritt in dieses Rinnsal hinein, das ihm zunächst bis zu den Knöcheln reicht. Dann geht es ihm bis zu den Knien, etwas später bis zur Hüfte, und schließlich ist es so tief, dass er darin schwimmen kann. Prediger deuten das Wasser als ein Bild für den Heiligen Geist und fragen ihre Gemeinde: „Wie tief seid ihr bereits in den Geist eingetaucht? Schwimmt ihr schon darin oder planscht ihr bisher nur?" Doch die geographischen Angaben des Kontexts (Fischer in En-Gedi am Toten Meer in der Arawa-Ebene) machen deutlich, dass diese Prophezeiung ganz sicher wörtlich zu nehmen ist. Es käme einem Naturwunder gleich, wenn sich das Tote Meer nach dem Zufluss dieses frischen Wassers entsalzen und mit Leben füllen würde. Predigern fällt es jedoch leichter, solche Ereignisse zu „vergeistlichen" und sie auf das menschliche Dasein anzuwenden. Dies gilt insbesondere, wenn diese Verkündiger theologische Probleme mit dem übernatürlichen Eingreifen Gottes in die Natur haben. Die bildhafte oder übertragene Deutung des Alten Testaments in christlichen Predigten hat eine lange Tradition. Sie geht auf die Lehren der Kirchenväter Clemens und Origenes von Alexandrien aus dem dritten Jahrhundert nach Christus zurück. Beide waren von der griechischen Gedankenwelt geprägt, die das Wörtliche und Physische verachtete.

Schließlich geht es in Kapitel 18 um die persönliche Verantwortung jedes Einzelnen für seine oder ihre eigenen Sünden. Ein Sprichwort in Israel besagte: „Die Väter haben saure Trauben gegessen und den Kindern sind davon die Zähne stumpf geworden." Denn Gott hatte angekündigt, dass er die Sünden bis in die dritte und vierte Generation heimsuchen würde. Hesekiel hingegen führt das sehr wichtige Prinzip ein, dass sich jede Person am Tag des Jüngsten Gerichts für ihre eigenen Sünden verantworten muss. Der Gedanke, dass jeder Gott gegenüber rechenschaftspflichtig ist, gehört zu den Lieblingsthemen christlicher Prediger. Die Beliebtheit der erwähnten Kapitel hat jedoch zur Folge, dass die meisten Verkündiger den Rest des Buches vernachlässigen.

Der buchzentrierte Ansatz (auf Gott bezogen)
Dieser Ansatz ist der beste. Er trägt dazu bei, dass der Leser das ganze Buch erfasst anstelle nur einzelner Passagen. Allein durch diese buchzentrierte Herangehensweise können wir wirklich verstehen, was Gott uns durch den Text mitteilen will. Letzten Endes besteht der Hauptgrund, die Bibel zu lesen, ja darin, Gott kennenzulernen. Das Studium biblischer Bücher lehrt uns, wie Gott ist: wie er auf uns reagiert, wie er über uns denkt und was er für uns tun wird. Meiden wir das Buch Hesekiel, so vernachlässigen wir einen entscheidenden Teil der Selbstoffenbarung Gottes. Und wir verpassen, was er uns dadurch vermitteln will.

Wollen Christen das erste Mal die Bibel Buch für Buch durchlesen, so empfehle ich ihnen immer die (englische Bibelübersetzung) „The Living Bible". Wie schon berichtet, hat meine frühere Gemeinde in Guildford vor mehreren Jahren die gesamte Bibel nonstop in dieser Übersetzung durchgelesen. „The Living Bible" ist die Bibelausgabe, welche die Gefühle Gottes am genausten ins Englische überträgt. Doch da sie den Inhalt nur sinngemäß umschreibt, ist es nicht die akkurateste Übersetzung der Gedanken Gottes und des genauen Wortlauts der biblischen Bücher.

Die Bibel ist gleichzeitig Wort Gottes und Menschenwort. Daher können wir in ihr sowohl Inspiration als auch interessante Begebenheiten finden. Sie enthält viele Geschichten, die das Leben schrieb. Es war Gottes Entscheidung, sein Wort durch Menschen weiterzugeben, in all ihrer Komplexität und innerhalb von Raum und Zeit. Es handelt sich nicht um abgehobene und weltfremde Spekulationen, sondern um Worte, die in dieser Welt etwas bewirkt und das Weltbild vieler Menschen geprägt haben.

Die Bibel berichtet uns über Ereignisse aus dem wirklichen Leben. Wenn wir sie als solche begreifen, wird uns bewusst, dass und wie Gottes Wort tatsächlich im Laufe unserer Geschichte real existierende Menschen erreichte. Lösen Prediger das göttliche Wort aus seinem menschlichen Kontext heraus, sind langweilige Predigten und Unterrichtsstunden die Folge.

Historischer Hintergrund

Es ist wichtig, dass wir den historischen Hintergrund verstehen, bevor wir uns den Hauptthemen der Prophetie Hesekiels zuwenden. Die zehn Stämme des Nordreichs Israel waren ein Jahrhundert zuvor nach Assyrien verschleppt worden. Sie hatten die Warnungen der

Propheten Amos und Hosea ignoriert und waren daher aus ihrem Heimatland deportiert worden.

Hesekiel befasste sich mit den beiden Stämmen im Südreich Juda, die sich sogar noch schlimmer verhielten als Israel. Trotz des warnenden Beispiels ihrer Brüder im Nordreich handelten sie gottlos und ignorierten Propheten wie Jesaja und Micha. Beide hatten sie vor dem kommenden Gericht gewarnt. Die kurze Weissagung Habakuks kündigte ihnen das drohende Unheil seitens der Babylonier an, allerdings stieß auch diese Botschaft auf taube Ohren. Daher trat schließlich der denkbar schlimmste Fall ein: Juda wurde nach Babylon deportiert.

Es hatte in der jüngeren Vergangenheit einige „lichte Momente" gegeben, doch diese reichten nicht aus, um das Volk zur Umkehr zu bewegen. Die allgemeine geistliche Lage war trostlos. Als König Josia beim „Frühjahrsputz" im Tempel das Gesetz Gottes wiederentdeckte, war er zutiefst erschrocken. Er erkannte, wie weit das Volk schon vom göttlichen Gesetz abgewichen war. Die Menschen opferten sogar ihre Säuglinge dem heidnischen Götzen Moloch im Tal Ge-Hinnom (Jesus verwendete in seinen Predigten dieses Tal als Bild für die Hölle.). Daher versuchte Josia, das Land zu reformieren, indem er die Höhenheiligtümer entfernte. Er nahm auch den moralischen Verfall der Gesellschaft in Angriff, doch ohne Erfolg. Die Herzen der Menschen hatten sich von Gott abgewandt.

Auf Josia folgte eine ganze Reihe „schlechter" Könige. Joahas regierte nur drei Monate lang, nachdem das Volk ihn gewählt hatte. Ihm gelang es nicht, Ägypten Paroli zu bieten. Der Pharao ließ ihn nach Ribla bringen, wo er ihn in Ketten legte. Auf Joahas folgte Jojakim. Ihm war der geistliche Zustand des Volkes gleichgültig, obwohl er der Sohn des aufrichtigen Josia war. Tatsächlich war Jojakim nur eine Marionette der Ägypter, die ihn ausgewählt hatten, um Joahas zu ersetzen.

Zu diesem Zeitpunkt war Juda daher den damaligen Weltmächten schutzlos ausgeliefert: Ägypten im Südwesten und Babylon im Nordosten. Gott hätte diesen beiden Supermächten Einhalt gebieten können, so wie er es schon in der Vergangenheit getan hatte. Doch er hatte Folgendes verheißen: Wenn das Volk sich von ihm abwandte, würde er es nicht mehr beschützen.

Der babylonische König Nebukadnezar fiel in Juda ein und beherrschte das Land drei Jahre lang, bevor er endlich wieder abzog. Juda litt zudem unter den Angriffen verschiedener Nationen: der Aramäer, der Moabiter und der Ammoniter. Die Folge war, dass zu Hesekiels Lebzeiten von Juda nur noch die Stadt Jerusalem übriggeblieben war, die vollständig von fremden Mächten beherrscht wurde.

Die Babylonier versetzten Jerusalem schließlich den Todesstoß. Sie kehrten zurück und belagerten die Stadt zweieinhalb Jahre lang. Schließlich eroberten sie Jerusalem und nahmen all ihre Schätze mit, genau wie Jesaja es vorhergesagt hatte.

Die gesamte Oberschicht wurde in die Verbannung geführt. Das war eine Lieblingsstrategie der Eroberer, die so ein unterworfenes Volk zur Hilflosigkeit verdammten. Der erste Deportationszug umfasste 7000 Offiziere und Soldaten, zirka 1000 Gewerbetreibende und 10.000 Kunsthandwerker. Nur die Ärmsten der Armen blieben zurück. (Übrigens gehörte der Prophet Daniel zu denen, die damals weggeführt wurden.) Es sah so aus, als ob Gottes Plan für sein Volk vollständig zunichtegemacht worden wäre.

Zedekia war der allerletzte Marionettenkönig Judas. Er durfte in Jerusalem regieren, aber nur mit einer kleinen Armee. Erneut wurde die Stadt belagert und Nebukadnezars Truppen nahmen Zedekia gefangen. Die Babylonier brachten jeden einzelnen seiner Söhne vor den Augen des Königs um. Zedekia sollte sehen, dass die königliche

Nachkommenschaft Davids nicht mehr existierte. Dann stachen sie ihm die Augen aus. Das Letzte was er sah, war, wie seine Söhne getötet wurden. Schließlich befahl Nebukadnezar die vollständige Zerstörung Jerusalems. Diese traurige Geschichte ist in 2. Könige 22–25 nachzulesen.

Hesekiels Predigten

Ungefähr um diese Zeit berief Gott Hesekiel in den Predigtdienst, obwohl er sich hunderte Kilometer entfernt im Lande Babylon aufhielt.

Gleich zu Anfang versprach Gott dem Propheten, seine Stirn härter als einen Kieselstein zu machen; nichts würde ihn entmutigen können. Wenn das Volk sich immer mehr verhärtete und nicht auf ihn hören wollte, musste Hesekiel unbeirrbar bleiben, um Gottes Auftrag ausführen zu können.

Einen Teil seiner Botschaft gab er in sogenannter „apokalyptischer Sprache" weiter (Apokalyptisch bedeutet wörtlich „enthüllend" und bezieht sich auf etwas, das bis dahin verborgen war, insbesondere die Zukunft; sie muss zwangsläufig durch bildhafte oder höchst symbolische Begriffen beschrieben werden.). Es handelt sich um eine Form der Prophetie, die mehr visuell als verbal ist, sehr symbolträchtig und äußerst dramatisch. Die besten Beispiele für diese Art der Weissagung liefern uns im Alten Testament Hesekiel und Daniel. Das Buch der Offenbarung ist der einzige Beispielsfall im Neuen Testament.

Wie alle Propheten konnte Hesekiel das Übernatürliche sehen. Er verfügte über Einsicht, Voraussicht und Übersicht. Er konnte aus Gottes Perspektive auf die Welt hinunterschauen und erkennen, wie sich Gottes Absichten und Pläne dort entfalteten.

DER KAMPF UMS ÜBERLEBEN

Raum

Während Hesekiel sich hunderte von Kilometern entfernt in Babylon befand, konnte er sehen, was in Jerusalem passierte. Moderne Gelehrte glauben, dass er immer wieder nach Jerusalem zurückkehrte, um miterleben zu können, was dort geschah. Es war jedoch der Heilige Geist, der Hesekiel die Sicht auf die Ereignisse in seiner Heimat schenkte. Als er einmal in Babylon predigte, hatte er eine Vision: Er sah, wie ein Mann in Jerusalem tot umfiel. Wochen später hörte er, dass dieser Mann tatsächlich in Jerusalem gestorben war, und zwar genau zu der Zeit, als er ihn in seiner Vision tot umfallen sah.

Zeit

Hesekiel konnte auch in die Zukunft sehen. Die Bibel enthält eine Fülle von Vorhersagen über künftige Ereignisse. Ungefähr 27 Prozent aller Verse in der Bibel beinhalten Zukunftsprognosen, wobei Hesekiel einen höheren Prozentsatz aufweist als die meisten anderen biblischen Bücher. Den höchsten Prozentsatz prophetischer Ankündigungen im gesamten Alten Testament enthalten Hesekiel und Daniel. Zirka Dreiviertel der Prophetien des Buches Hesekiel haben sich bereits wortwörtlich erfüllt. Die statistische Wahrscheinlichkeit, dass so etwas passieren würde, liegt bei 1 zu 75 Millionen. Die Bibel sagt 735 verschiedene Einzelereignisse voraus. Manche werden nur ein- oder zweimal prophezeit, ein anderer Event wird über 300 Mal erwähnt. Von diesen 735 Ereignissen sind 593 (81 Prozent) bereits geschehen. Bisher ist die Bibel zu 100 Prozent korrekt. Die verbleibenden 19 Prozent ihrer Vorhersagen müssen sich noch erfüllen, doch wir können ganz sicher sein, dass auch sie eintreten werden.

Drei Zeitabschnitte

Hesekiel verkündete seine Prophetien in drei unterschiedlichen Zeitabschnitten. In jedem von ihnen behandelte er ein anderes Thema. In der ersten Zeitspanne (Kapitel 4 bis 24), der deprimierendsten der drei, war er zwischen 30 und 33 Jahre alt. Er machte die fürchterliche Ankündigung, dass Jerusalem vollständig zerstört werden würde. Verständlicherweise zitiert niemand aus diesem Abschnitt des Buches (Tatsächlich können nur sehr wenige Leser irgendeinen Teil des Buches wiedergeben.). Dieser erste Zeitabschnitt der prophetischen Verkündigung lag zeitlich vor der ersten Belagerung Jerusalems. Danach kam die Stadt unter babylonische Kontrolle, wurde jedoch nicht zerstört.

Das zweite Mal prophezeite Hesekiel, als er sich im elften oder zwölften Jahr seines Exils befand. Damals war er 36 oder 37 Jahre alt. Dieser Zeitabschnitt prophetischer Verkündigung steht in den Kapiteln 25 bis 32. Diesmal weissagte er nicht über Jerusalem, sondern über die Nationen, die es umgaben. Diese Länder hatten den Umstand ausgenutzt, dass sich die Stadt nun unter babylonischer Kontrolle befand und freuten sich darüber, dass Israel am Ende war. Selbst heute noch ist Israel vollständig von Völkern umgeben, die nur zu gerne die Zerstörung des Landes miterleben würden.

Das nächste große Ereignis fand 587 v. Chr. statt. Damals wurde Jerusalem vollständig zerstört. Genau zur selben Zeit starb Hesekiels Frau in Babylon. Doch der Prophet wurde angewiesen, nicht zu weinen, da genau zu ihrem Todeszeitpunkt auch Jerusalem fiel. Seine Weigerung zu trauern war symbolisch für Israel. Das Volk sollte genauso auf die Ereignisse in Jerusalem reagieren, nämlich absolut betäubt. Hesekiel wurde aufgetragen, den Todestag seiner Frau in seinem Tagebuch zu vermerken, um ihn mit den

Geschehnissen in seiner Heimat abzugleichen. Natürlich stimmten beide Zeitpunkte exakt überein.

Drei Jahre nach dem Tod seiner Frau und 13 Jahre nach seiner letzten Weissagung begann Hesekiel erneut zu prophezeien. Damals war er 50 Jahre alt. Gott hatte ihm angekündigt, dass ihm in der Zwischenzeit des Schweigens die Zunge am Gaumen kleben würde. So wurde der Prophet am Sprechen gehindert, bis Gott seine Zunge wieder löste.

Diesmal weissagte er ein Jahr lang. Doch nun konzentrierte sich die gesamte Botschaft auf die Heimkehr des Volkes. So verkündete er beispielsweise, dass eines Tages die Knochen im Tal der Totengebeine wieder zusammenfinden würden, um zu einer mächtigen Armee zu werden. Es handelt sich ausnahmslos um optimistische Vorhersagen, die auf eine positive Zukunft verweisen (Kapitel 33 bis 39).

Die Kapitel 40 bis 48 berichten über den Wiederaufbau des Tempels in Jerusalem. Hesekiel starb allerdings, ohne den Tempel oder Jerusalem jemals wiedergesehen zu haben. Man begrub ihn in einem Grab in Babylon, in Kifi im heutigen Irak.

Der Refrain
Ein Satz kommt 74 Mal im Buch Hesekiel vor: *„Dann werdet ihr erkennen, dass ich der HERR bin."* Dieser Refrain wiederholt sich in leichten Variationen in den Abschnitten B, C und D des Buches (siehe die untenstehende Übersicht).

In Abschnitt B (Kapitel 4–24) steht dieser Satz in seinem ursprünglichen Wortlaut: „Dann werdet ihr erkennen, dass ich der HERR bin." In Abschnitt C hingegen geht es um Gottes Rache an den Nachbarn Judas. Daher heißt es dort: „Dann werden sie erkennen, dass ich der HERR bin." Als Hesekiel sich in Abschnitt D der guten Nachricht über die Rückkehr aus dem babylonischen Exil zuwendet, steht dort: „Dann werden *die Heidenvölker* erkennen, dass ich der HERR bin." Mit anderen Worten: Wenn Gott die Juden zurück in ihr Land bringt, wird die ganze Welt wissen, dass Gott der Herr ist. Denn menschlich gesehen wäre es absolut unmöglich, den Staat Israel wiedererstehen zu lassen.

Diese drei Variationen des Refrains verdeutlichen uns also, dass erstens das Volk Israel sich der Existenz Gottes nicht sicher war. Daher formulierte Hesekiel den Satz: „Dann werdet ihr erkennen ..." Zweitens waren auch die Nachbarn Judas nicht überzeugt davon, dass der Gott Israels existierte, deshalb sagte der Prophet: „Dann werden sie erkennen ..." Und schließlich war sich die ganze Welt nicht im Klaren darüber, ob es einen Gott gab. Folglich verkündete der Prophet: „Dann werden die Heidenvölker erkennen ..."

Das Buch Hesekiel im Überblick

A. Neue Aufgabe für den Priester (Kapitel 1–3)

B. Bestrafung Jerusalems (Kapitel 4–24) – erste Phase
Die Belagerung Jerusalems

C. Rache an den Nachbarn Judas (Kapitel 25–32) – zweite Phase
Der Fall Jerusalems

D. Rückkehr aus dem babylonischen Exil (Kapitel 33–39) – dritte Phase

E. Wiederaufbau des Tempels in Jerusalem (Kapitel 40–48) – dritte Phase

Neue Aufgabe für den Priester (Kapitel 1–3)

Hesekiel war ein Sohn der Priesterfamilie Zadok. Er wurde im Jahr 622 v. Chr. geboren und muss ein religionsmündiger jüdischer Junge (d.h. 13 Jahre alt) gewesen sein, als König Josia getötet wurde. Im Alter von 25 Jahren wurde er aus seiner Heimat weggeführt. Er war Teil der ersten Deportationswelle, zu der auch Daniel und die Oberschicht der jüdischen Gesellschaft gehörten. Nach der Deportation durften sie in ihren eigenen Siedlungen in relativer Freiheit leben. Hesekiel ließ sich mit seiner Familie an einem Ort namens Tel Aviv nieder (Heute ist das der Name der größten Stadt in Israel.). Sie lag an einem der Kanäle, der die Flüsse Euphrat und Tigris miteinander verband.

Der Name Hesekiel bedeutet „Gott macht stark", doch in der Weissagung wird der Prophet häufiger (83 Mal insgesamt) als „Menschensohn" bezeichnet. Diesen Titel verwendete auch Jesus für sich selbst. Kein anderer Prophet wurde so genannt.

Es fasziniert mich, dass Hesekiel im Alter von 30 Jahren, als er eigentlich seinen Priesterdienst hätte antreten sollen, zum Propheten berufen wurde. Da es in Babylon keinen Tempel gab, wusste er, dass er dort niemals Priester werden könnte. Dazu kam noch, dass er sich weit von seiner Heimat entfernt befand. Den Ruf ins Prophetenamt empfing er durch eine erstaunliche Vision des Herrn. Im Alter von 30 bis 33 Jahren vollbrachte also dieser Prophet, der „Menschensohn" genannt wurde, Wunder und predigte. Ganz eindeutig war Hesekiel ein Vorbote Christi, der seinerseits selbst Prophet, Priester und König war. Jesus trat seinen Dienst mit 30 Jahren an, denn in diesem Alter durfte ein jüdischer Mann damit beginnen, sein Priesteramt auszuüben.

Auch wenn Hesekiel nicht als Priester im Tempel tätig sein konnte, war es ihm dennoch möglich, am Gottesdienst teilzunehmen. In Ermangelung des Tempels wurde die jüdische Synagoge (Das Wort bedeutet „Versammlungsort", wörtlich: „zusammenkommen".) zum Ort der Anbetung, des Gebets und der Schriftlesung. Sie war sogar das Modell, das die Urchristen übernahmen, als sich die christliche Gemeinde von der Fokussierung auf den Tempel entfernte. Dies geschah in der Frühgeschichte des Christentums, als sich der alte und der neue Bund zeitlich überschnitten.

Die Berufung Hesekiels war höchst ungewöhnlich (siehe Kapitel 1). Sie war Teil einer merkwürdigen Vision. Diese war so seltsam, dass einige moderne Bibelwissenschaftler spekulieren, dass er einen epileptischen Anfall erlitten hatte, in Trance geraten war oder unter Drogen stand! Man bräuchte einen surrealistischen Maler, um ihrer bildlichen Darstellung gerecht zu werden. Die beliebteste Interpretation dieser Vision besagt heute sogar, dass er ein UFO (unbekanntes Flugobjekt) sah.

Zuerst erblickte er vier Wesen, die eine Kombination aus Tieren, Menschen und Engeln darstellten. Sie hatten Engelsflügel und sowohl menschliche als auch tierische Körperteile. Diese vier Geschöpfe symbolisieren zweifelsohne alle lebenden Kreaturen, die Gott in seinem Universum geschaffen hat, seien sie Tiere, Menschen oder Engel. Das sind die drei Hauptkategorien. Sie erinnern uns daran, dass der Mensch nicht die Krone der Schöpfung ist.

Über den vier Wesen sah er den Schöpfer auf seinem Thron sitzen – majestätisch, geheimnisvoll und voller Herrlichkeit. Wo immer Gott sich aufhält, ist Herrlichkeit. Der Begriff „die Herrlichkeit des HERRN" kommt im Buch Hesekiel immer wieder vor. „Herrlichkeit" bedeutet dabei der Glanz oder die Pracht Gottes.

Es war deutlich zu sehen, dass der Thron sich in jede Richtung bewegen konnte. Das ist ein Bild für die Allgegenwart Gottes. Er kann überall gleichzeitig sein und er ist ein mobiler Gott. Diese Tatsache war wichtig, weil bis dahin jede biblische Vision den Thron Gottes als ein statisches Gebilde zeigte, das in Jerusalem verankert war. Zu erfahren, dass Gottes Thron mobil war, tröstete Hesekiel.

Denn das bedeutete, dass er auch nach Babylon kommen konnte. Diese wichtige Tatsache musste er den Exilanten weitergeben, die möglicherweise glaubten, dass Gott nur an einem Ort wohnte, nämlich hunderte von Kilometern entfernt in Jerusalem.

Darüber hinaus waren die Felgen der Räder voller Augen. Sie vermitteln uns, dass Gott alles sieht, und zwar überall. Es ist ein sehr aussagekräftiges Bild. Kein Wunder, dass Hesekiel von dieser Vision überwältigt war und zu Boden fiel.

Interessanterweise fiel er auf sein Gesicht nieder. Die biblische Reaktion auf die Gegenwart Gottes besteht darin, nach vorne zu fallen. Sowohl der Apostel Paulus bei seiner Bekehrung als auch Johannes auf der Insel Patmos fielen vornüber.

Gott gab Hesekiel daraufhin eine Buchrolle, auf der die Weissagung geschrieben war, die er zu verkündigen hatte. Dann wies Gott ihn an, diese Rolle zu essen. Die Worte auf ihr waren Klagen, Seufzen und Wehgeschrei, d.h. Fluchworte. Hesekiel hingegen empfand ihren Geschmack als süß.

Bestrafung Jerusalems (Kapitel 4–24)

Ein Prophet nach dem anderen hatte zwei Katastrophen vorhergesagt: (1) Jerusalem wird von den Babyloniern zerstört und (2) das Volk wird nach Babylon deportiert. Jesaja, Jeremia und Habakuk hatten alle dieselbe Warnung ausgesprochen.

Als die Babylonier Jerusalem einnahmen und die Führungsschicht der Gesellschaft ins Exil führten, blieb die Stadt selbst intakt. Einige Bewohner Judas behaupteten daraufhin, dass das Gericht nicht so schlimm ausgefallen sei, wie Jeremia es dargestellt hätte. Gott hatte ja gesagt, er würde die Stadt zerstören, doch sie stand noch und es lebten immer noch Juden darin. Diese Judäer räumten zwar ein, dass sie nun unter Fremdherrschaft stünden, aber die Stadt gehörte schließlich immer noch ihnen! Sie zogen daraus den Schluss, dass Hesekiel das Problem der Sünde wohl zu dramatisch dargestellt hätte. Wenn er sich im Ausmaß der Katastrophe irrte, lag er vielleicht auch in anderen Fragen falsch. So wurde das Wort Gottes verwässert. Genauso ging Satan im Garten Eden vor, als er anzweifelte, dass Eva Gottes Verbot richtig begriffen hätte.

Doch es war wichtig, dass die Bewohner von Juda erfassten, was Gott gerade tat. Das Exil war nicht nur eine Strafe, sondern es sollte auch bewirken, dass sich das Volk zum Besseren veränderte. Daher musste jemand die Menschen davon überzeugen, dass Gott genau das meinte, was er gesagt hatte. Hesekiel musste das Volk auf die Zerstörung Jerusalems vorbereiten und ihm Folgendes vermitteln: Wenn sie eintrat, würden sie erkennen, dass Gott tatsächlich der HERR war. Ihre Sünden waren genauso schlimm, wie die Propheten sie beschrieben hatten. Daher würde auch die Strafe so schlimm ausfallen, wie die Weissager sie angekündigt hatten.

Jerusalem wird fallen
Hesekiel musste diese Botschaft nicht nur mit Worten, sondern auch visuell weitergeben.

Gott wies ihn an, die Zerstörung Jerusalems durch sechs verschiedene zeichenhafte Handlungen zu vermitteln:

1. Hesekiel wurde aufgetragen, sich einen Ziegelstein zu nehmen und darauf ein Bild von Jerusalem zu zeichnen. Dann sollte er diese „Stadt" mit Miniatur-Rammböcken und anderen „Waffen" belagern. Er tat dies schweigend, während das Volk ihn beobachtete und sich sicherlich fragte: „Was macht dieser kauzige Prophet denn jetzt schon wieder?"

2. Als wäre das nicht schon merkwürdig genug gewesen, befahl Gott dem Propheten, 390 Tage lang auf seiner linken Seite zu liegen. Danach sollte er weitere 40 Tage auf seiner rechten Seite ruhen. Hesekiel musste dies tun, um zu zeigen, wie lange das Haus Israel und das Haus Juda Gott schon ungehorsam gewesen waren (jeweils 390 beziehungsweise 40 Jahre). Gott sagte Hesekiel sogar, dass er ihn mit Stricken festbinden würde, um sicherzustellen, dass er diesen Auftrag ordnungsgemäß ausführte!

3. Hesekiel wurde auch eine „Hungerkur" verordnet, um die Lebensmittelknappheit während der Belagerung Jerusalems darzustellen. Gott gestand ihm 200g Brot und 600 ml Wasser pro Tag zu. Von diesen Tagesrationen musste er eine lange Zeit leben. Sein Brot hatte er über einem Feuer zu backen, das von Mistfladen aus seinem eigenen Kot angeheizt wurde (An diesem Punkt protestierte er und Gott gestattete ihm stattdessen, Rindermist zu verwenden – ein wunderbares Beispiel für Gottes Flexibilität!). Diese Handlungen sollten die Hoffnungslosigkeit vermitteln, die während der Belagerung in Jerusalem herrschen würde.

4. Gott trug Hesekiel auf, seinen Kopf und seinen Bart mit einem scharfen Schwert zu scheren und die Haare dann in drei Häufchen aufzuschichten. Das erste Drittel sollte er am Ende der Belagerungszeit Jerusalems verbrennen. Das zweite Drittel hatte der Prophet mit dem Schwert zu zerkleinern und es rings um das steinerne Stadtmodell zu verteilen. Damit symbolisierte er das Abschlachten der Menschen. Das dritte Häufchen musste er in den Wind streuen. Genau diese Zerstreuung würde das Schicksal der Bewohner Jerusalems sein.

5. Für das fünfte Drama hatte Hesekiel alle seine Kleider in eine Tasche zu packen. Er musste ein Loch durch eine Mauer graben, durch das er dann in der Nacht hindurchkroch. Durch diese Zeichenhandlung prophezeite er, was passieren würde, wenn Jerusalem fiel. Und tatsächlich musste König Zedekia die Stadt genau auf diese Art und Weise verlassen.

6. Das wohl schlimmste Drama hatte mit dem Tod von Hesekiels Ehefrau zu tun. Er durfte nicht einmal trauern. Denn als Jerusalem schließlich zerstört wurde, waren die Bewohner so fassungslos, dass sie es nicht glauben konnten und nicht einmal in der Lage waren zu weinen.

Eine der aufschlussreichsten Visionen des Buches Hesekiel beschreibt die Herrlichkeit des Herrn im Tempel. Diese Herrlichkeit erhob sich, ließ sich auf dem Ölberg nieder und verschwand schließlich. Genau das passierte mit Jesus, als er abgelehnt wurde.

Wie wird Jerusalem fallen?
Hesekiel verkündete, dass die Stadt dem babylonischen Herrscher Nebukadnezar in die Hände fallen würde. Er wurde als derjenige bezeichnet, der „das Schwert des Herrn" trägt. Der Prophet beschrieb eine schaurige Szene: Nebukadnezar steht an einer Weggabelung und wirft Lose über folgende Frage: Wird Jerusalem oder Rabba, die Stadt der Ammoniter, zuerst zerschmettert? Die Zerstörer würden äußerst erbarmungslos vorgehen und den Bewohnern die Ohren und Nasen abschneiden. Hesekiel zählte vier schreckliche Strafen für das Volk auf: Schwert, Hunger, wilde Tiere und Pest. Zum Zeitpunkt dieses Gerichts würde die Herrlichkeit des Herrn den Tempel verlassen.

Warum wird Jerusalem fallen?
Es gibt drei Hauptgründe dafür, dass das Volk gerichtet wurde: Götzendienst, Unmoral und Undankbarkeit.

GÖTZENDIENST
Das Volk Gottes betete im Tempel die Göttin Aschera an. Man hatte Bilder von Tieren auf die Mauern der Tempelruinen gemalt. Die Frauen hatten damit begonnen, die Göttin Tammus direkt am Tempeltor zu verehren. Hesekiel beobachtete sogar 25 Männer, die im Tempel die Sonne anbeteten. Es war eine außergewöhnlich schlimme Zeit. Kurz gesagt benahm sich das Volk Gottes sogar noch schlimmer als die Völker in seiner unmittelbaren Nachbarschaft.

UNMORAL
Hesekiel nannte Jerusalem „die Stadt der Blutschuld", weil Witwen, Waisen und Fremde gnadenlos ausgebeutet wurden. Zudem passierten viele Morde in der Stadt. Nahum hatte diesen Titel schon der bösen Stadt Ninive verliehen, der Hauptstadt des assyrischen Reiches. In Jerusalem herrschten Lüge und sexuelle Unmoral, Eltern wurden als Autoritätspersonen verachtet. All dies widersprach den Zehn Geboten. Wie tief war Jerusalem doch gefallen!

UNDANKBARKEIT
Gott kritisierte die Undankbarkeit des Volkes und verwendete fünf Gleichnisse, um seine Kritik deutlich zu machen:

1. *Der wilde Weinstock:* Juda wird als nutz- und wertloser Weinstock dargestellt. Sein Holz taugt nur noch als Feuerholz. Jesus verwendet in Johannes 15 ein ähnliches Gleichnis.

2. *Das Mädchen:* Hesekiel erzählt in Kapitel 16 die Geschichte eines ausgesetzten weiblichen Säuglings. Das Kind wird zur Königin und dann zu einer Prostituierten.

3. *Zwei Schwestern:* Ihre Namen sind Ohola und Oholiba. Sie stellen Samaria (d.h. die zehn Stämme des Nordreichs) und Jerusalem (die beiden südlichen Stämme) dar. Beide sind Prostituierte. Dieses Gleichnis soll deutlich machen, dass und wie beide Königreiche von Gott abgefallen waren. Der Prophet gebrauchte extreme Ausdrücke, um das Volk zu schocken. Es sollte dadurch begreifen, was aus ihm geworden war.

4. *Die Löwin mit ihren beiden Jungen:* Die Jungen werden gefangengenommen. Sie sind ein Bild dafür, dass König Joahas nach Ägypten verschleppt würde und König Jojakim nach Babylon.

5. *Zwei Adler:* Einer der beiden stellt den Pharao dar, der andere Nebukadnezar.

Durch diese Gleichnisse vermittelte der Prophet denen die Wahrheit, die sie wirklich wissen wollten – genau wie ein anderer „Menschensohn" ebenfalls Gleichnisse gebrauchte, um zu denen zu sprechen, die tatsächlich bereit waren, auf ihn zu hören. Hesekiel machte den Menschen mit Hilfe dieser Parabeln deutlich, dass ihre Lage in Wirklichkeit viel schlimmer aussah, als ihnen bewusst war.

Zunächst sagte er ihnen, dass jeder einzelne für seinen *persönlichen* Zustand selbst verantwortlich sei. Seine Vorfahren zu beschuldigen bringe nichts. Jeder werde am Tag des Gerichts allein vor dem Richter stehen und Rechenschaft ablegen. Zweitens sei jede Person selbst für ihren *aktuellen* Zustand verantwortlich. Es zähle nicht, was jemand einmal gewesen sei, sondern wie er sich *jetzt* benehme. Die Gerechten könnten zu Ungerechten werden und die Ungerechten zu Gerechten. Wichtig sei, dass man zum Zeitpunkt des eigenen Todes bei Gott Gnade gefunden habe.

Hesekiel gab aber auch drei Personengruppen die Schuld dafür, dass sie eine derartige Verschlechterung der Lage der Nation zugelassen hätten: den Propheten, den Priestern und den Königen. Er schrieb ihnen allen einen Teil der Verantwortung für den Zustand Jerusalems zu. Die Situation war derart schlecht, dass Gott Jerusalem sogar dann nicht hätte retten können, wenn Noah, Hiob und Daniel (drei der besten Männer überhaupt) in der Stadt gelebt hätten. Diese Aussage war ein gewaltiger Schock für das Volk.

Dieser Teil des Buches ist überwiegend düster. Der einzige Hoffnungsschimmer lässt sich in den Kapiteln 6,9; 16,60–62 und 20,40–44 erkennen. Dort deutet der Prophet einen ewigen Bund an, den Gott mit seinem Volk schließen wird. Seine Güte wird sie so sehr beschämen, dass sie sich vor sich selbst ekeln werden.

Rache an den Nachbarn Judas (Kapitel 25–32)

Der Mittelteil des Buches enthält die prophetische Botschaft, die Hesekiel verkündete, als er 36 oder 37 Jahre alt war. Ihr Kontext ist wichtig. Als Jerusalem fiel, waren die Nachbarländer begeistert. (Der Ausruf „Hip, Hip, Hurra!" wird von dem Freudenschrei „Hip, Hip!" abgeleitet. Er setzt sich aus den drei Anfangsbuchstaben des Satzes „Jerusalem ist gefallen!" in lateinischer Sprache zusammen. Daher handelte es sich ursprünglich um einen antisemitischen Jubelruf.) Viele Menschen freuten sich damals und versuchten, die babylonische Invasion auszunutzen. Die

Edomiter und Ammoniter taten dem jüdischen Volk, das in der Stadt übriggeblieben war, furchtbare Dinge an. Diese Tatsache erklärt die Bitterkeit, die in einigen Psalmen aus dieser Zeit ihren Ausdruck findet.

So hat Psalm 137 beispielsweise einen traurigen Anfang. Der Psalmist klagt darüber, wie schwer es sei, dem Herrn in einem fremden Land Lieder zu singen. Doch am Ende steht der bittere Ausruf: „Glücklich, der deine Kinder ergreift und sie am Felsen zerschmettert!" (Psalm 137,9; ELB). Die Edomiter hatten Säuglinge bei ihren Knöcheln gepackt und ihnen an den Mauern Jerusalems die Köpfe zerschmettert. Der Psalm ist daher ein Herzensschrei: „Ihr sollt genauso leiden, wie wir leiden mussten."

Der Mittelteil des Buches Hesekiel ist daher keine willkürliche Schimpftirade auf nichtjüdische Völker. Vielmehr beschreibt der Prophet, wie Gott es den umliegenden Nationen heimzahlt, dass sie den Fall Jerusalems ausnutzten.

Einige dieser Voraussagen sind bemerkenswert detailliert. Greifen wir nur ein Beispiel heraus: Hesekiel prophezeite die Zerstörung des Fischerhafens Tyrus, der an der Ostküste des Mittelmeeres liegt. Eines Tages werde Tyrus dem Erdboden gleichgemacht, verkündete Hesekiel. Die ganze Stadt werde ins Meer geworfen und dort, wo sie einst stand, werden Fischer ihre Netze trocknen. Diese Weissagung ist außerordentlich. Keine andere Stadt ist jemals ins Meer geworfen worden, weder vorher noch nachher.

Doch die Prophezeiung erfüllte sich. Als Alexander der Große mit seinem riesigen Heer nach Süden in Richtung Ägypten marschierte, bestiegen die Bewohner von Tyrus einfach ihre Fischerboote. Sie fuhren zu einer Insel, die einen knappen Kilometer vor der Küste lag, denn sie wussten, dass Alexander zwar ein Heer hatte aber keine Marine.

Allerdings nannte man Alexander nicht umsonst „den Großen". Als er all' die Menschen auf der Insel erblickte, die sich in Sicherheit wähnten, erteilte er folgenden Befehl: Jeder Ziegel, jeder Stein und jedes Stück Holz in der Stadt sollten dazu benutzt werden, um einen Damm zur Insel zu bauen. Als dies geschehen war, marschierte seine Armee hinüber und besiegte die Bewohner von Tyrus. Alexander hatte ihre Stadt wortwörtlich ins Meer geworfen.

Betrachtet man heute eine Karte dieses Gebietes, so stellt man fest, dass die moderne Stadt Tyrus draußen auf der Insel liegt. Alexanders Damm ist durch angeschwemmten Sand und Schlick immer mehr verlandet. Betritt man das alte Tyrus auf dem Festland, so findet man dort nur noch nackte Felsen, auf denen die Fischer ihre Netze ausbreiten. Genauso hatte es Hesekiel vorausgesagt.

Kapitel 25 beinhaltet Weissagungen über Ammon, Moab und Edom, die östlich von Juda lagen. Auch über Philistäa im Westen prophezeite Hesekiel. Die Kapitel 26 bis 28 konzentrieren sich auf Tyrus und Sidon im Norden, während die Kapitel 29 bis 32 Ägypten im Süden zum Thema haben.

Dieser mittlere Teil des Buches ist ziemlich klar und deutlich geschrieben und daher leicht zu verstehen. Mit einer Ausnahme: Der Prophet stellt einen Mann als Beispiel für extremen Stolz besonders heraus, und zwar den König von Tyrus. Viele Bibelforscher erkennen in seiner Beschreibung ein Bild für den Stolz Satans, denn dieser König behauptete tatsächlich von sich: „Ich bin ein Gott." Der ägyptische Pharao tat es ihm gleich. Er äußerte sogar die absurde Behauptung: „Ich habe den Nil erschaffen." Er mag einige der Bewässerungsgräben ausgehoben haben, doch er schuf nicht den Nil selbst. Gott kann menschlichen Stolz nicht ausstehen. Sich als Mensch aufzuspielen als wäre man Gott, ist die größte Sünde. Genau das taten

Adam und Eva im Garten Eden. Sie wollten sein wie Gott. Obwohl sie schon nach dem Bilde Gottes geschaffen waren und ihm charakterlich glichen, wollten sie zusätzlich noch seine Macht und seine Autorität besitzen.

Es ist bezeichnend, dass Babylon nicht ein einziges Mal erwähnt wird. Vielleicht machte man sich verdächtig, wenn man anti-babylonische Schriften verfasste; oder es gehörte sich einfach nicht, über dieses Land zu schreiben, jetzt, wo Gottes Volk sich selbst in Babylon befand. Jedenfalls zeigte sich, dass das Volk Gottes nach dem Exil nie wieder fremde Götter anbetete. Gottes Gericht hatte sein Ziel erreicht.

Rückkehr aus dem babylonischen Exil (Kapitel 33–39)

Nach der Zerstörung Jerusalems im Jahr 587 v. Chr. veränderten sich Hesekiels Botschaften radikal: Aus Pessimismus wurde Optimismus. Die Kapitel 33 bis 39 sind der erfreulichste Abschnitt dieses Buches. Dort weissagt und ersehnt er die Rückkehr des Volkes aus dem Exil.

In Kapitel 33 geht es um die Wächter einer Stadt. Sie standen Tag und Nacht auf den Stadtmauern, um die Bewohner vor Gefahren zu warnen. Entdeckte ein solcher Wachposten einen herannahenden Feind nicht, so hatte er sein Leben verspielt. Ein solches Versäumnis war ein todeswürdiges Vergehen. Gott erklärte Hesekiel, dass er ihn als Wächter eingesetzt habe. „Wenn du mein Volk nicht warnst, wirst du dafür mit deinem Blut bezahlen", sagte er sinngemäß zu dem Propheten. „Doch wenn du die Menschen warnst, liegt die Verantwortung nicht mehr bei dir. Sie müssen dann mit ihrem eigenen Blut bezahlen."

In einer der bekanntesten Passagen des Buches Hesekiel beklagt Gott sich über Folgendes: Er habe nach einem einzigen Mann Ausschau gehalten, der zwischen ihm und dem Volk „in den Riss treten" würde. Doch er habe keinen einzigen finden können. Zwar war Hesekiel ein solcher Mann, er befand sich jedoch nicht in Jerusalem, sondern weit entfernt in Babylon. Gleichzeitig war er aber immer noch ein Wächter. Wenn er Gefahr kommen sah, war es seine Verantwortung, das Volk davor zu warnen. Tat er dies nicht, würde er persönlich dafür büßen müssen. In gewisser Weise hatte Hesekiel also keine Wahl: Er musste seinen Dienst, der ihm viel abverlangte, sehr konsequent verrichten. Andernfalls würde Gott ihn zur Rechenschaft ziehen.

Kapitel 34 handelt von den guten und den schlechten Hirten Israels. Die schlechten Hirten waren die Propheten, Priester und Könige. Sie hätten sich um Israel kümmern sollen, taten es aber nicht. Am Ende dieses Kapitels verspricht Gott dem Volk, dass er selbst ihr guter Hirte sein wird. Natürlich dachte Jesus an dieses Kapitel, als er sich selbst als den guten Hirten bezeichnete, im Gegensatz zu den schlechten Hirten, die ihre Schafe nicht fürsorglich behandelten.

Interessanterweise macht die Bibel niemals die Schafe für den Zustand der Herde verantwortlich. Dieses Prinzip gilt gleichermaßen für die Gemeinde. Die Hirten sind für die Verfassung der Herde verantwortlich, nicht die Schafe.

Edom wird in Kapitel 35 besonders erwähnt. Das liegt auch daran, dass eine uralte Rivalität zwischen Edom und Israel bestand. Sie ging auf die Spannungen zwischen Esau und Jakob zurück.

Kapitel 37 ist aufgrund des afroamerikanischen Spirituals über die vertrockneten Gebeine wohlbekannt. Doch nur sehr wenige lesen weiter bis zum Gleichnis von den beiden Hölzern. Es ist genauso wichtig wie das Tal der Totengebeine. Hesekiel wurde angewiesen, zwei Hölzer zu nehmen und diese mit einer Hand festzuhalten, ein Holz neben dem anderen. Gott trug ihm auf „Ephraim" (den üblichen Namen für die zehn Stämme des Nordreichs) auf den einen Stab zu schreiben und „Juda" (den Namen der beiden Stämme im Süden) auf den anderen. Dann sollte er sie so in seiner Hand halten, dass aus beiden ein Stab würde. Manche halten diese Geschichte für eine Vision. Ich bin jedoch davon überzeugt, dass es sich um ein richtiges Wunder handelte, ähnlich dem Wunder, das mit dem Stab des Mose in Ägypten geschah. Gott sagte dadurch: „Ich werde aus diesen beiden Königreichen wieder ein Volk machen, und ich selbst werde ihr Hirte sein." Jesu griff diesen Gedanken auf und erklärte: „Und ich habe noch andere Schafe, die sind nicht aus diesem Stall; auch sie muss ich herführen, und sie werden meine Stimme hören, und es wird eine Herde und ein Hirte werden" (Johannes 10,16; LUT).

Kapitel 38 enthält eine seltsame Prophezeiung über die Zukunft. Es geht um „Gog" und „Magog", aber wissen wir nicht genau, wer oder was mit diesen Namen gemeint ist. Das Buch der Offenbarung greift sie ganz am Ende wieder auf. Dadurch wird deutlich, dass sich diese Prophetie noch nicht erfüllt hat. Ein großer Konflikt wird sich aus dem Norden entwickeln. Wo genau er herkommt oder wer ihn verursachen wird, können wir nicht mit Bestimmtheit sagen. Hesekiel blickte wie durch ein Teleskop in die weit entfernte Zukunft. Weder er noch wir haben bisher erlebt, dass diese Weissagung eingetroffen wäre. Doch eines Tages wird sie sich erfüllen, in diesem letzten Konflikt, bevor die Menschheitsgeschichte zu Ende geht.

In diesen Kapiteln ist ein höchst interessanter Refrain enthalten: „Ich werde …" Er kommt 77 Mal vor. Diese Worte sind Bundesworte Gottes. Sie tauchen in Sätzen wie „Ich werde euch nach Hause bringen", „Ich werde euer Gott sein" oder „Ich werde euch gute Hirten geben" auf. Gott spricht hier als Ehemann zu seiner abtrünnigen Frau und sagt zu ihr: „Wir sind immer noch verheiratet und ich werde meinen Teil des Bundes weiterhin einhalten – ich werde und ich will, ich will, ich will."

Als Gott seinen Bund mit Israel schloss, sagte er dem Volk, dass er diesen Bund niemals brechen würde, selbst wenn sie es täten. Aus dem fünften Buch Mose wissen wir, dass es Zeiten geben würde, in denen er sie aus dem Land werfen müsste. Doch er würde sie immer wieder zurückbringen. Wenn Gott sie aus der Verbannung wieder zurückbringt, werden die Nationen erkennen, dass er der Herr ist. Denn es wird in aller Öffentlichkeit geschehen, sodass alle Welt mitbekommen wird, dass sie wieder zu Hause sind. Den umliegenden Ländern mag es nicht gefallen, aber sie müssen anerkennen, dass Gott sein Volk zurückgebracht hat. Sie sind immer noch sein Volk. Auch wenn sie ihn verworfen haben mögen, Gott hat sie seinerseits nicht verworfen, wie Paulus es in Römer 9–11 erklärt.

Wiederaufbau des Tempels in Israel (Kapitel 40–48)

Der schlimmste Verlust für Hesekiel und das Volk war der Verlust des Tempels. Was immer sie sonst noch verlieren würden, sie waren immer davon ausgegangen, dass Gott es niemals zulassen würde, dass man seinen Wohnort auf Erden zerstörte. Im gesamten Buch ist dieser Abschnitt, der sich auf den Tempel konzentriert, am schwierigsten zu verstehen.

Der Text besagt, dass Hesekiel diese Prophezeiung im fünfundzwanzigsten Jahr seines Exils verkündete, als er 50 Jahre alt war. Wenn die Bibel eine Weissagung datiert, gilt die Regel, dass man den Text in seinen historischen Kontext einordnen muss, um ihn zu verstehen.

Hesekiel durfte seinen Verkündigungsdienst gegenüber den Vertriebenen nicht beenden, ohne ihnen Hoffnung auf eine bessere Zukunft zu vermitteln. Gott hatte sie zwar diszipliniert, aber sie wurden nicht vernichtet. Gott wird es niemals zulassen, dass sein Volk Israel von dieser Erde verschwindet. Jesus predigte, dass der Himmel und die Erde vergehen mögen, aber dass das jüdische Volk („diese Generation", Anmerkung Neues Leben. Die Bibel zu Matthäus 24,34) niemals vergehen werde. Sein Fortbestand ist einer der Beweise dafür, dass der Gott Israels existiert. Was immer Gott auch berührt, wird Teil seiner Ewigkeit. Daher kann man nichts zerstören, was ihm gehört.

Die Kapitel 40 bis 42 enthalten den Plan für den Tempelbau. Das Gebäude wird sehr detailliert beschrieben, wie im Bauplan eines Architekten. Seine Dimensionen sind so gewaltig, dass 13 englische Kathedralen hineinpassen würden! Es unterscheidet sich allerdings sehr von Salomos Tempel. Hesekiels Version ist größer und hat weder ein Allerheiligstes noch eine Bundeslade. Es gibt auch keinen Tisch für die Schaubrote.

Kapitel 43 beschreibt folgende Vision Hesekiels: Die Herrlichkeit des Herrn kehrt in den Tempel zurück und erleuchtet ihn, genauso, wie es 600 Jahre zuvor geschah, nachdem Salomo sein Gebet zur Einweihung des Gebäudes gesprochen hatte. Die Herrlichkeit ist so gleißend hell, dass sie durch einen Vorhang verdeckt werden muss, um die Menschen nicht zu blenden. Hesekiel hatte früher schon gesehen, wie die Herrlichkeit verschwand, jetzt sieht er sie wieder zurückkehren.

Es gibt sowohl einen Altar als auch Opferhandlungen, jedoch laut Kapitel 44 keinen Hohepriester. Dieser Umstand ist für unsere Interpretation des Textes bedeutsam. Denn als die Juden aus dem Exil zurückkehrten, hatten sie Hohepriester, und zwar bis zur Zeit Jesu und während seines Dienstes hier auf der Erde. Den Platz des Hohepriesters nimmt in diesem Kapitel ein „Priesterfürst" ein. Interessanterweise sind die einzigen Priester, die in dieser Vision eine Rolle spielen, die Söhne Zadoks. Dabei handelt es sich um Hesekiels eigene Familie.

Die Beschreibung des Tempels ist gerade deshalb so faszinierend, weil er *niemals gebaut wurde*. Als das Volk Juda aus dem Exil zurückkehrte, errichtete es zwar einen Tempel. Doch der sah so dürftig aus, dass Sacharja die Menschen ermahnen musste, den Tag der geringen Anfänge nicht zu verachten. Zudem hatten sie keinen König, als sie zurückkamen. Ein Mann namens Jeschua war Hohepriester und Serubbabel diente als Statthalter.

Zur Zeit Jesu baute König Herodes, ein Edomiter (ein Nachkomme Esaus) den Tempel um und erweiterte ihn. Dies tat er, um die Juden zu beeindrucken. Er bezog einige Ideen Salomos mit ein, gleichzeitig unterschied sich aber seine Version sehr von Hesekiels Vision. Herodes Tempel war riesengroß. An ihm wurde immer noch gebaut, als Jesus seinen Dienst antrat. Einige seiner Steine waren zwölf Meter lang, einen Meter hoch und einen Meter breit. Sie wogen 100 Tonnen. Das Gebäude bot einen herrlichen Anblick, doch Jesus erklärte, dass nicht ein Stein auf dem anderen bleiben würde. Kaum war der Tempel fertiggestellt, rissen die Römer ihn im Jahr 70 n.Chr. wieder ab. So erfüllte sich Jesu Vorhersage auf das Genauste.

Die Frage stellt sich nun, ob Hesekiels Tempel jemals gebaut werden wird.

Übertragene Bedeutung
Manche behaupten, dass dieser Tempel tatsächlich gar nicht gebaut werden sollte. Es handle sich nur um eine prophetische Vision, die dazu dienen sollte, den Juden Hoffnung zu vermitteln. Zwar ließen die Details der Vision das Vorhaben realistisch erscheinen, doch es sei nur ein Gleichnis. Man sollte es lesen, um daraus einen geistlichen Nutzen zu ziehen. Dieser Ansatz erklärt allerdings nicht,

warum Hesekiel aufgetragen wurde, dem Volk so viele Details zu vermitteln.

Andere argumentieren, dass es sich um die Beschreibung eines himmlischen Tempels handle. Sie verweisen auf bestimmte biblische Texte (z.B. 2. Mose 25,40; Hebräer 8,2+5; 9,11ff. + 24; Offenbarung 11,19) um ihre Meinung zu untermauern.

Wörtliche Bedeutung

VERGANGENHEIT
Eine weitere Möglichkeit besteht darin, dass Gott wollte, dass sie diesen Tempel bauten. Doch das Volk ignorierte Hesekiels Pläne und errichtete seine eigene Version. Diese konnten sie sich wenigstens leisten, so dachten sie. Das würde erklären, warum die Herrlichkeit nicht zurückkehrte, der Fürst nicht kam und der Strom nicht floss. Vertreter dieser Ansicht verweisen auf die Tatsache, dass der Refrain „Und ihr werdet erkennen", in Kapitel 43 nicht vorkommt, während er sich im Rest des Buches ständig wiederholt.

ZUKUNFT
Es könnte auch sein, dass der Tempel erst in der Zukunft gebaut wird. Viele Christen sind überzeugt davon, dass er im neuen Jerusalem stehen wird. Die zwölf Tore werden nach den zwölf Stämmen benannt und das neue Jerusalem erhält den Namen: „Hier ist der Herr."

Andere spekulieren, dass der Tempel vor der Rückkehr Jesu vom jüdischen Volk wiederaufgebaut oder im tausendjährigen Reich neu errichtet wird. Das Problem mit dieser Ansicht besteht darin, dass andere Propheten Opfer, Altäre und Priester erwähnen, diese in Hesekiels Vision aber fehlen (siehe Jesaja 56,6–8; 66,21; Jeremia 33,15–18; Sacharja 14,16).

Manche Christen weisen schließlich auf Folgendes hin: Das Neue Testament mache deutlich, dass Gott nicht in Tempeln wohne (Apostelgeschichte 7,48; 17,24). Jesus bezeichnete sich selbst als „diesen Tempel" (Johannes 2,19+21), und Christen werden ebenfalls als Tempel beschrieben (1. Korinther 3,16; 6,19; 2. Korinther 6,16; Offenbarung 3,12). Daher (so wird argumentiert) sei es unerheblich, ob der Tempel wiederaufgebaut werde oder nicht.

Abschließend zu beantworten, ob der Tempel jemals wiedererrichtet wird, ist schwierig. In dieser Frage müssen wir einfach „abwarten und Tee trinken!" Die gute Nachricht lautet, dass Gott seinen Plan umgesetzt hat, in der Person Jesu Christi selbst auf diese Erde zu kommen und dort zu wohnen. Alle Gläubigen sind jetzt sein Tempel, denn er wohnt in uns. Darüber dürfen wir uns freuen, auch wenn wir in der Frage der Tempelvision Hesekiels unsicher sind.

Die letzten Kapitel
Kapitel 45 beschreibt, wie das ganze Land unter den Stämmen aufgeteilt wird. Dies geschieht jedoch ganz anders als es das Buch Josua berichtet. Man teilt es in horizontale Streifen, die sich von Osten nach Westen ausdehnen. Auch die verschiedenen Opfer, die heiligen Feste und Festtage werden wieder eingeführt, mit Ausnahme des Pfingstfestes.

Kapitel 47 enthält die Vision eines neuen Flusses im Nahen Osten. Die meisten Flüsse, die durch das Verheißene Land fließen, ergießen sich vom judäischen Bergland ins Mittelmeer. Aber es gibt einen erstaunlichen Fluss, den Jordan, der entlang der längsten Spalte in der Erdkruste von Syrien nach Afrika fließt, im sogenannten Jordangraben. Der tiefste Punkt dieser Spalte und gleichzeitig der niedrigste Ort der Erdoberfläche ist die Stadt Jericho.

Hesekiel sieht in seiner Vision, dass sich die Quelle des neuen Flusses direkt unter dem Tempel im Bergland von Jerusalem befindet. Jeder Strom, der dort entspringt, muss in das Tote Meer fließen. Jerusalem ist von Bergen umgeben, doch es gibt im Südwesten der Stadt eine Öffnung zwischen diesen Bergen, die abwärts direkt ans Toten Meer führt. Hesekiel beobachtet, wie ein Fluss dieses Tal hinunterfließt. Immer weitere Zuflüsse verbinden sich mit diesem Strom. Dadurch wird er tiefer und tiefer, so dass ein Mann, der in diesen Fluss hineinwatet, bald den Boden unter den Füßen verliert und schwimmen muss.

Der Prophet beobachtet weiter, dass sich der neue Fluss in der Gegend von En-Gedi ins Tote Meer ergießt. En-Gedi liegt nur wenige Kilometer südlich des Westjordanlands. An diesem Ort versteckte sich David in den Höhlen vor Saul. Hesekiel sieht, wie dieser Fluss dem Meer Frischwasser zuführt. Die Fischer kommen aus Galiläa herab, um dort zu fischen. Es ist nicht länger das Tote Meer, sondern ein lebendiges Meer mit frischem Wasser. Die ganze Vision ist wie ein Traum. Sie soll das Volk mit der Hoffnung erfüllen, dass es einer besseren Zukunft entgegengeht.

Schließlich berichtet Hesekiel im letzten Kapitel des Buches, dass die Tore der Stadt wieder aufgerichtet werden. Das Land genießt jetzt Frieden und Wohlstand. Alles ist gut. Das Buch, das so düster begonnen hat, endet sehr hoffnungsfroh.

Was können Christen von Hesekiel lernen?

Zunächst einmal vermittelt uns Hesekiel, dass Gott sein eigenes Volk richtet. Gericht fängt beim Hause Gottes an. Gott ist heilig, daher muss er richten. Ein Richter hat zwei Funktionen: die Schuldigen zu bestrafen und die Gerechten freizusprechen. Weil Gott alles weiß, alles tun kann und überall gleichzeitig sein kann, ist er der vollkommene Richter. Sein Name war untrennbar mit dem jüdischen

Volk verbunden. Daher musste er es für seine Sünden bestrafen. Doch aufgrund seiner Güte rettete er es auch vor seinen Feinden. Zu viele Christen glauben, dass es mit dem Gericht vorbei sei, sobald man Jesus angenommen habe. Das entspricht jedoch keinesfalls der Wahrheit. Wir alle müssen vor dem Richterstuhl Christi erscheinen. Gott richtet sein eigenes Volk, und zwar nach einem strengeren Standard als andere Menschen.

Zweitens sollten wir nicht vergessen, dass es Gott ist, der Rache übt. Wenn uns Menschen schlecht behandeln, müssen wir nicht versuchen, es ihnen heimzuzahlen; wir können das getrost ihm überlassen. Haben wir daher lieber Mitleid mit denjenigen, die uns verletzten, statt wütend auf sie zu sein. Denn Gott wird es ihnen vergelten.

Drittens können wir von Hesekiel lernen, dass Gott nie damit aufhören wird, sein Volk wiederherzustellen. Genauso wenig wie Israel jemals vom Erdball verschwinden wird, bleibt auch die Gemeinde für immer bestehen. Wir gehören zum Volk der Ewigkeit. Es wird immer ein Volk Israel und eine Gemeinde geben, und eines Tages werden sie eine Herde unter einem Hirten sein. Gott stellt sein Volk wieder her.

Viertens dürfen wir zur Kenntnis nehmen, dass ein Großteil der Themen des Buches Hesekiel in der Offenbarung wieder aufgenommen wird. Einer der Gründe dafür, dass Christen die Offenbarung nicht verstehen, liegt darin, dass sie das Alte Testament und insbesondere das Buch Hesekiel nicht gut genug kennen. Die Offenbarung verweist 300 Mal auf das Alte Testament. Sie greift die Symbole Hesekiels wieder auf und verwendet viele Motive aus diesem alttestamentarischen Buch. Kennt man daher das Buch Hesekiel nicht, so wird einem die Offenbarung ein Rätsel bleiben.

Am allerwichtigsten aber ist Folgendes: Hesekiel stellt uns Gott vor, und zwar in seiner Allmacht, in seiner Stärke und in seiner Allgegenwart. Das Buch lässt den Leser die Heiligkeit Gottes in ganz außerordentlicher Weise spüren. Er erkennt, dass Gott seinen Namen mit seinem Volk verbunden hat und dass die Ehre seines Namens nun von diesem Volk abhängt. Wir können uns immer auf Gottes Namen berufen und an seinen guten Ruf appellieren, denn wir wissen, dass sein Name untrennbar mit unserem verbunden ist. Wir können entweder zur Ehre oder zur Unehre Gottes beitragen. Doch Gott wird sich langfristig immer als der Gerechte und Heilige erweisen.

Das Buch erinnert uns daran, dass Gottes Ruf auf dem Spiel steht, wenn es um sein Volk geht. Er wird es wiederherstellen, weil er gar nicht anders kann, als seinem Namen gerecht zu werden. Gott wird es niemals zulassen, dass bei den Nationen und dem Rest der Welt der Eindruck entsteht, dass er als der allmächtige Gott am Ende sei, weil sein Volk am Ende ist. Viele seiner Kinder mögen zugrunde gehen, als Volk werden sie jedoch weiterbestehen, weil sie sein Volk sind.

29.
DER PROPHET DANIEL

Einleitung

Das Buch Daniel ist eine Mischung aus den am besten und am wenigsten bekannten Geschichten der Bibel. Jeder kennt „Daniel in der Löwengrube" und vielen Lesern sind Schadrach, Meschach und Abed-Nego im Feuerofen geläufig. Die Geschichte von Belsazars Gastmahl ist einigen vertraut. Das hängt u. a. damit zusammen, dass der Begriff „Menetekel" (das kommende Gericht, siehe Daniel 5,25) dort seinen Ursprung hat.

Die bekanntesten Kapitel dieses Buches sind leicht zu verstehen. Doch es gibt andere Passagen, die zu den schwierigsten der ganzen Bibel gehören. Ihre Sprache ist ungewöhnlich und die verwendeten Symbole und Figuren sind rätselhaft.

Auch was die Interpretation betrifft, hat das Buch einen Mischcharakter. Vieles kann man rein menschlich erklären. Niemanden, der sich mit gesunder Ernährung auskennt, würde es überraschen, dass es Daniel gutging, als er auf Fleisch verzichtete und nur Obst und Gemüse zu sich nahm. Allerdings gibt es auch Vorkommnisse, die sich schlicht und einfach nur übernatürlich erklären lassen. Wer Wundern skeptisch gegenübersteht, wird es schwierig finden, diese Geschichten zu akzeptieren. So wurden beispielsweise drei Männer in einen brennenden Feuerofen geworfen, der siebenmal stärker angeheizt worden war als üblich. Nicht nur, dass sie dieses Flammenmeer überlebten; ihre Haare wurden nicht einmal versengt! Mit rein menschlichen Erklärungen kommt man hier nicht weiter.

Im Kontext unserer modernen westlichen Kultur machen Teile des Buches durchaus einen Sinn. Wir können die Berichte über die Erfahrungen eines vertriebenen Volkes, das sich fern der Heimat befindet, nachvollziehen. Gleichzeitig gibt es aber auch vieles, was uns sehr fremdartig erscheint. Seltsam kommt uns die Betonung von Träumen und Engelswesen vor, selbst wenn ein solcher Fokus in unserer Zeit immer beliebter wird. Doch im Allgemeinen hält man ihn für unglaubwürdig.

Menschlich oder göttlich?
Die Lektüre des Buches Daniel wirft daher Fragen über das Wesen der Bibel auf. Was ist die Bibel? Ist sie ein menschliches oder ein göttliches Buch? Einerseits wurde sie von Menschen verfasst, die über Menschen geschrieben haben. Daher behandeln viele Leser die Bibel einfach genauso wie jedes andere Buch auch. Sie lesen sie wie ein geschichtliches, literarisches oder religiöses Werk. Dieser Ansatz übersieht jedoch das Offensichtliche. Denn die Bibel und insbesondere das Buch Daniel beschreiben Ereignisse, die ohne das übernatürliche Eingreifen Gottes unmöglich wären. Dabei werden Muster von Prophezeiung und Erfüllung offenbar. Sie verweisen auf ein göttliches Wesen, das hinter den Kulissen Regie führt.

Daher muss die Bibel von Gott inspiriert worden sein. Zudem geht es in diesem Buch definitiv *um* Gott selbst. Nur Gott kann Wunder wirken und die Naturgesetze außer Kraft setzen. Nur er kann in natürliche Abläufe eingreifen und die Gesetze von Ursache und Wirkung aufheben, welche die meisten Vorgänge auf unserer Erde steuern. Das Buch Daniel berichtet davon, dass Gott häufig Zeichen und Wunder tut; und nur er kennt die Zukunft.

Diese übernatürliche Dimension zeigt sich insbesondere, wenn wir den Inhalt des Buches analysieren. Es deckt 75 Jahre der Lebenszeit Daniels ab, gleichzeitig aber auch 490 Jahre biblischer Geschichte. Daniel sagte künftige

Ereignisse mit einer bemerkenswerten Genauigkeit voraus, die uns noch heute erstaunt. Zudem warten Teile des Buches noch auf ihre Erfüllung. Die Bibel als Ganzes enthält Vorhersagen über 735 Ereignisse (27 Prozent ihrer Verse konzentrieren sich auf die Zukunft.). 593 dieser Prophezeiungen (d.h. 81 Prozent) haben sich bereits erfüllt. Das Buch Daniel enthält 166 Voraussagen, von denen viele einen sinnbildlichen Charakter haben.

Während man früher Prophetien und Wunder als Beweise dafür ansah, dass die Bibel göttlich inspiriert sei, betrachtet man sie heute als Hindernis. Viele Gelehrte wollen Wunder und Weissagungen ersatzlos streichen, um die Bibel „glaubwürdiger" zu machen. Sie werden als Fiktion betrachten, nicht als Fakten. Man stuft sie als Sagen der antiken Literatur sein, statt sie als historische Wahrheit anzuerkennen. So wird die Geschichte von Daniel in der Löwengrube folgendermaßen „wegerklärt": Entweder waren die Löwen gerade gefüttert worden oder sie fraßen Daniel nicht, weil er nur aus Haut und Knochen bestand!

Vertreter dieses Ansatzes behaupten, dass der Mangel an historischen Fakten nicht bedeute, dass die Bibel keinen wahren geistlichen und moralischen Wert habe. Viele moderne liberale Bibelforscher behandeln die biblischen Wunder in ihren Kommentaren genauso wie Aesops Fabeln. Letztere vermitteln ihren Lesern Sinn und Bedeutung, ohne dass sie auf Fakten beruhen müssten. Diese Gelehrten gehen davon aus, dass die biblischen Prophetien über die Zukunft später hinzugefügt wurden, nachdem sich die „vorausgesagten" Vorkommnisse tatsächlich ereignet hatten.

Wie wir später noch sehen werden, enthält Kapitel 11 des Buches Daniel einen erstaunlichen Bericht über eine ganze Reihe von Geschehnissen. Sie ereigneten sich Jahrhunderte nach dem Tod Daniels. In diesem Kapitel gibt es 27 konkrete Voraussagen. Jede einzelne erfüllte sich Jahrhunderte später. Entweder schrieb man die Prophezeiungen auf, nachdem die Dinge geschehen waren oder Gott inspirierte die Niederschrift des Buches von Anfang an.

Folgende Tatsache erscheint mir seltsam: Viele Bibelwissenschaftler, die die Wunder und Prophetien mit ihrem humanistischen Ansatz abtun, wollen dennoch an der Bibel festhalten. Sie glauben, dass sie ihnen moralisch und geistlich nützen würde. Mit anderen Worten: Sie versuchen, ihr Leben nach den Zehn Geboten oder der Bergpredigt auszurichten, ignorieren aber gleichzeitig die Wunder und Prophetien. Das bedeutet allerdings, dass nur sehr wenig von der Bibel übrigbleibt. Sie ist dann kein Buch der Errettung mehr. Vielmehr wird sie auf ein paar Grundregeln reduziert, die festlegen, was der Mensch zu seinem eigenen Nutzen tun sollte. Es geht dann nicht mehr darum, was Gott für uns tun kann.

Doch diese Einstellung zur Bibel offenbart genau genommen die Haltung der Menschen Gott gegenüber. Würden sie an die übernatürliche Seite der Schrift glauben, müssten sie ihr Leben ändern. Darum lehnen sie diese Dimension der Bibel ab. Im Übernatürlichen wird Gott ihnen einfach zu real. Glaubten sie daran, müssten sie mit ihm ins Reine kommen.

So sind beispielsweise die Beweise für die Auferstehung Jesu so stichhaltig, dass jedes weltliche Gericht vollständig davon überzeugt wäre, dass sie tatsächlich stattgefunden hat. Die Augenzeugenberichte und die Indizienbeweise sind bei weitem gewichtiger als die Belege dafür, dass Julius Cäsar 55 v. Chr. in England einmarschierte. Das Problem ist allerdings folgendes: Ist Jesus tatsächlich von den Toten auferstanden, dann müssten die Menschen ihr Leben ändern; das ist ihnen sehr bewusst. Hat die Auferstehung wirklich stattgefunden, folgt daraus, dass Jesu Behauptungen über sich selbst wahr sein müssen. Dann hätten auch seine Anforderungen an uns volle Gültigkeit

Julius Cäsar können wir zwar ignorieren, Jesus Christus jedoch nicht. Wir können an Cäsar glauben, ohne irgendetwas tun zu müssen, aber wir können nicht an Jesus glauben, ohne unseren Lebensstil völlig zu verändern. Daher geht eine skeptische Haltung gegenüber der Bibel oft mit einer mangelnden Bereitschaft einher, die übernatürliche Dimension der Bibel anzuerkennen. Würden wir sie akzeptieren, hätte das nämlich praktische Konsequenzen.

Ein Buch der Kontraste

Das Buch Daniel hat zwei Teile. Die erste Hälfte (Kapitel 1–6) besteht hauptsächlich aus Wundern, während die zweite Hälfte (Kapitel 7–12) größtenteils Weissagungen beinhaltet. Wer also ein Problem mit der übernatürlichen Dimension der Bibel hat, wird nicht recht wissen, wie er mit diesem Buch umgehen soll! Die Kapitel 1–6 sind leicht zu verstehen und gehören zu den Lieblingstexten für den Sonntagschulunterricht. Die Kapitel 7–12 hingegen sind so schwierig, dass sogar Erwachsene sich nur selten mit ihnen befassen.

KAPITEL 1–6	KAPITEL 7–12
hauptsächlich Wunder	hauptsächlich Weissagungen
dritte Person: „er"	erste Person: „ich"
über Daniel geschrieben	von Daniel geschrieben
während Daniels Leben	nach Daniels Leben
die Gegenwart	die Zukunft

Auch die Sprache kontrastiert zwischen beiden Teilen des Buches. Dieser Gegensatz ist jedoch nicht so einfach darstellbar wie die oben aufgelisteten Kontraste. Das erste Kapitel des ersten Teiles ist in hebräischer Sprache verfasst, die nächsten fünf Kapitel in Aramäisch, der offiziellen *Verständigungssprache* der damaligen Zeit. Das erste Kapitel des zweiten Teiles wiederum ist Aramäisch, während die folgenden fünf Kapitel auf Hebräisch niedergeschrieben wurden. Es scheint daher, dass sich die einzelnen Kapitel jeweils an eine bestimmte Leserschaft richteten. Die aramäischen Kapitel waren für die Leser der Weltgemeinschaft bestimmt, die hebräischen Kapitel wurden speziell für die Juden verfasst.

Historischer Hintergrund

Das Buch spielt in Babylon, in dem Land, das Nebukadnezar regierte. Er war ein stolzer und grausamer Tyrann, der Freude daran fand, seine Opfer zu foltern. Er war der Hitler der Antike. Zunächst besiegte er Assyrien. Dann wollte er seinen Hauptrivalen Ägypten besiegen. Juda stand ihm dabei im Weg. Daher musste er es beseitigen, wenn er seinen Plan, ein großes Reich zu beherrschen, umsetzen wollte.

Wir müssen uns bewusst machen, dass das Volk Israel in drei Etappen ins babylonische Exil gebracht wurde. Auch seine Rückkehr hatte drei Phasen. Doch die Zahl der Rückkehrer war viel geringer als die Zahl der Deportierten. Tatsächlich blieb eine große jüdische Gemeinschaft bis in die 1940er Jahre in Babylon (im heutigen Irak). Wahrscheinlich stammten die drei „Weisen aus dem Morgenland", die dem Stern nach Bethlehem folgten, aus dieser jüdischen Gemeinschaft. Es handelte sich gerade nicht um „Heiden", wie es von vielen Predigern immer wieder dargestellt wird. Sie kannten die Prophetie Bileams, dass ein „Stern" aus Jakob bzw. Juda aufgehen würde, um als König über Gottes Volk zu herrschen.

Drei Deportationen

Die erste Deportation ereignete sich 606 v. Chr. Damals nahmen die Babylonier die oberste Schicht der jüdischen Gesellschaft mit, d.h. die königliche Familie und die Hofbeamten sowie die Gerätschaften des Tempels. Dies geschah unter anderem, um zu verhindern, dass die besiegten Juden gegen die babylonische Herrschaft rebellieren würden. Jojakim durfte als Marionettenkönig im Land bleiben. Zu den Deportierten dieser ersten Welle gehörten vier junge Männer namens Daniel, Hanania, Mischaël und Asarja (Die Babylonier benannten sie in Beltschazar, Schadrach, Meschach and Abed-Nego um.). Diese gutaussehenden und intelligenten jungen Männer aus der jüdischen Aristokratie wurden ausgewählt, um ein besonderes Trainingsprogramm zu durchlaufen. Sie sollten dem babylonischen König dienen. Im ersten Teil des Buches Daniel sind sie die Helden der Geschichte. Wir wissen, dass Daniel nie wieder in seine Heimat zurückkehrte.

Die zweite Deportation fand 597 v. Chr. statt. Diesmal nahm man die Oberschicht mit, einschließlich der Politiker und der Handwerker. Hesekiel war unter den Weggeführten. König Jojachin durfte als Verantwortlicher in Jerusalem bleiben.

Der Rest des Volkes wurde 586 v. Chr. ins Exil geführt, als die Babylonier die Stadt und den Tempel zerstörten. Die Eroberer nahmen König Zedekia mit, erlaubten jedoch dem Propheten Jeremia zu bleiben.

Drei Rückkehrwellen

Die erste Rückkehr fand 538 v. Chr. statt, als die Perser die Babylonier besiegten. König Kyrus erlaubte den verschleppten Völkern, einschließlich der Juden, in ihre Heimatländer zurückzukehren. Rund 50. 000 Juden kamen mit der ersten Welle, die Serubbabel anführte. Eine zweite Gruppe kehrte 458 v. Chr. unter Esra heim. Damals begann man mit dem Wiederaufbau des Tempels. Die letzte Welle erreichte zirka 444 v. Chr. ihre Heimat. Zur damaligen Zeit wurden die Stadtmauern wieder aufgebaut. So befestigte man die Stadt Gottes und schütze sie vor den Feinden, die sie umgaben.

Daniels Geschichte überschneidet sich mit dem Buch Esther. Sie lebte in Susa, der Hauptstadt des Reiches der Meder und Perser. Daniel spielte sowohl im babylonischen als auch im medisch-persischen Reich eine wichtige Rolle. Er erfreute sich der Gunst mehrerer aufeinanderfolgender Eroberer. Seine Karriere ist erstaunlich, ganz abgesehen davon, dass er Gott auf bedeutsame Art und Weise repräsentierte.

Teil 1 (Kapitel 1–6)

Kapitel 1

Kapitel 1 konzentriert sich auf Daniels Deportation 605/606 v. Chr. und auf seine Berufung an den Königshof von Babylon. Man gab ihm den Namen eines babylonischen Gottes, Beltschazar. Auch seine drei Freunde wurden nach babylonischen Göttern benannt. Sie wehrten sich nicht gegen diese Namen aber in Fragen der Ernährung blieben sie ihrem Gott treu. Sie erhielten viel zu essen, um fett auszusehen, denn Dickleibigkeit war ein Zeichen von Wohlstand. Man mästete sie quasi für ihre künftige Führungsposition. Daniel und seine drei Freunde wollten jedoch Gottes Speisegesetze nicht verletzen. Daher baten sie den Mann, der für ihre Ausbildung an der Universität von Babylon verantwortlich war, um die Erlaubnis, sich zehn Tage lang nach einer jüdischen Diät zu richten. Dann sollte er sie mit den anderen Kandidaten vergleichen, die dem babylonischen Speiseplan gefolgt waren.

Daniels Prinzipientreue begann daher in einem relativ

unbedeutenden Bereich, nämlich in Fragen der Ernährung. Doch diese Treue schenkte ihm später die Entschlossenheit, sich den Löwen zu stellen. Wir können daraus eine wichtige Lektion lernen: Wenn wir in kleinen Dingen standhaft bleiben, werden wir uns wahrscheinlich auch in großen Fragen behaupten können. Unser Charakter wird durch viele kleine Entscheidungen in scheinbar unbedeutenden Fragen geformt. Diese Prägung ermöglicht es uns, später unerschütterlich zu bleiben, wenn die große Krise kommt.

In diesem Fall waren Daniel und seine Freunde nicht nur gesünder als die anderen Studenten. Auch in ihren Studien schnitten sie viel besser ab als ihrer Kommilitonen. Daher durften sie ihre koschere Ernährungsweise fortsetzen.

Am Anfang des Buches werden uns also vier junge Männer mit Charakter vorgestellt. Sie legten damals die Grundlage für ein ganzes Leben im Dienste Gottes. Obwohl Daniel und seine Freunde mit etwas beschäftigt waren, was viele einen „weltlichen" Job nennen würden, befanden sie sich tatsächlich im „vollzeitlichen Dienst". Genau genommen kann jede Arbeit eine geistliche Beschäftigung sein, wenn sie Gott geweiht wird. Jeder Gläubige sollte in diesem Sinne „vollzeitlich" tätig sein.

Kapitel 2
Mit Kapitel 2 beginnt der mysteriöse Teil des Buches. Der König träumte von einem Monster. Es ist der einzige Abschnitt in den ersten sechs Kapiteln, der dem Leser rätselhaft erscheint. Diese Art symbolträchtiger Literatur wird als „apokalyptisch" bezeichnet. Sie kommt auch in anderen biblischen Büchern wie beispielsweise der Offenbarung vor.

Im Jahr 606 v. Chr. hatte Nebukadnezar einen Traum. Er ließ alle seine Weisen herbeirufen. Sie sollten ihm die Bedeutung des Traumes erklären. Gelang es ihnen nicht, würden sie ihr Leben verlieren. Doch der König hatte den

Traum selbst schon wieder vergessen. Daher verlangte er zusätzlich noch eine Beschreibung seines Traums! Das war etwas zu viel verlangt und ging über die Fähigkeit der Weisen Nebukadnezars hinaus. Daniel allerdings war nicht nur in der Lage, den Traum zu deuten, er konnte ihn auch nacherzählen.

In dem Traum ging es um ein riesiges Standbild, das von Kopf bis Fuß aus verschiedenen Materialien bestand. Der Kopf war aus Gold, dann ging es weiter abwärts mit Brust und Armen aus Silber, Bauch und Lenden aus Bronze, Beinen aus Eisen und Füßen, die aus einer Mischung aus Eisen und Ton bestanden. Die Redensart, dass etwas auf „tönernen Füßen" stehe, ist von diesem Bild abgeleitet. Die Deutung des Traumes besagte, dass Nebukadnezar der goldene Kopf war, während der Rest des Körpers künftige Reiche offenbarte, die auf Babylon folgen würden. Die Meder und Perser unter König Kyrus würden Babylon ersetzen, aber nicht über dieselbe Größe und denselben Ruhm verfügen wie die Babylonier. Ihnen folgten die Griechen unter Alexander dem Großen, der die Meder und Perser vernichtete. Die Römer ersetzten dann die Griechen. Sie wurden durch Beine aus Eisen repräsentiert. Es war ein zutreffendes Bild für das römische Reich. Seine Armeen waren es, die das römische Recht einführten und durchsetzten. Auf Rom folgten Füße, die aus einer Mischung aus Eisen und Ton bestanden. Es war eine zerbrechliche und instabile Mischung aus Stärke und Schwäche. Schließlich würde ein „Stein" all dem ein Ende machen.

Dieser Traum war Gottes erste Warnung an Nebukadnezar. Er sagte ihm dadurch quasi Folgendes: „Ich beherrsche die Königreiche dieser Welt. Ich lasse sie aufsteigen und niederfallen. Ich werde nach dir diese anderen Reiche aufkommen lassen."

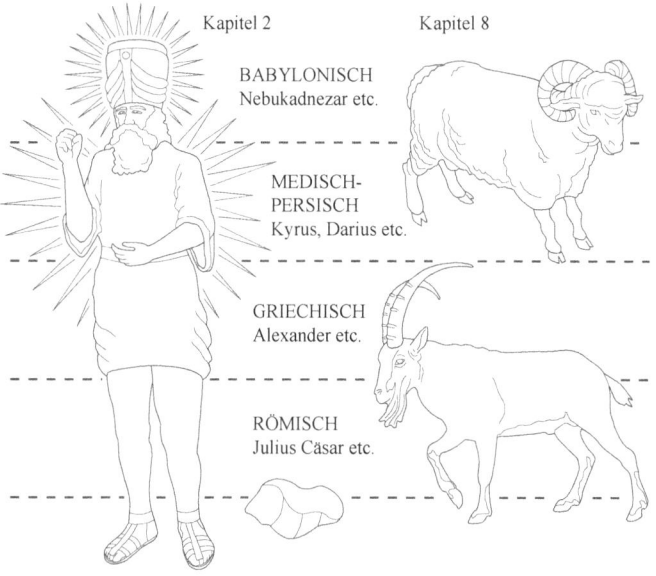

Kapitel 3

Kapitel 3 beinhaltet die berühmte Geschichte von den drei Männern im Feuerofen. Nebukadnezar befahl, eine riesige mit Gold überzogene Statue aufzustellen. Wahrscheinlich hatte ihn sein Traum dazu inspiriert. Sie war fast 30 Meter hoch und knapp 3 Meter breit. Dieses Standbild thronte über dem flachen Land von Mesopotamien. Nebukadnezar erließ folgende Anordnung: Immer, wenn das Staatsorchester spielte, mussten alle sich vor diesem Götzen niederwerfen. Damit führte er eine Art Staatsreligion ein. Auf die Schnelle einte er so das gesamte Reich im Glauben an diesen einen „Gott". Doch Schadrach, Meschach und Abed-Nego weigerten sich, seinem Befehl Folge zu leisten (Interessanterweise erfahren wir nicht, was Daniel tat.).

Als Nebukadnezar von dieser Rebellion erfuhr, ließ er die drei jungen Männer in den Feuerofen werfen. Der war siebenmal stärker angeheizt worden als sonst üblich. Sogar diejenigen, die sie ins Feuer warfen, verbrannten dabei. Nebukadnezar blickte in den Ofen und sah vier Männer darin herumgehen. Einer sah aus wie ein Göttersohn. Manche spekulieren, dass es sich dabei um eine vorzeitige Erscheinung des Sohnes Gottes handelte.

Kapitel 4

Die Geschichte über Nebukadnezars Wahnsinn ist meine Lieblingsgeschichte im Alten Testament. Wahrscheinlich lässt das gewisse Rückschlüsse auf mich selbst zu! Was mit Nebukadnezar geschah, war ein Zeichen und ein Wunder. Dadurch bekehrte er sich zum Gott Israels. Ein paar Hintergrundinformationen werden helfen, meine Faszination zu erklären.

Nebukadnezar hatte eine wunderschöne Prinzessin geheiratet, die aus dem Bergland von Persien stammte. Dort liegt das heutige Teheran, die Hauptstadt des Iran. Sie wurde in den Palast Nebukadnezars gebracht, bekam jedoch schnell Heimweh. Ganz besonders vermisste sie die Berge, die Wälder und die wilden Tiere. Als Nebukadnezar von ihrer Klage hörte, versprach er, für eine Lösung zu sorgen. Er errichtete einen riesigen Berg aus Ziegelsteinen, den er mit Bäumen, Sträuchern und anderen Gewächsen bepflanzte. Er war so außerordentlich, dass er zu den sieben Weltwundern gezählt wurde. Touristen kamen in Scharen, um diese „hängenden Gärten von Babylon" zu besichtigen. Ganz oben über den Gärten richtete er einen privaten Zoo mit wilden Tieren ein. Das alles unternahm er seiner Frau zuliebe, der es schwerfiel, sich an das Flachland von Babylon zu gewöhnen.

Als er sich eines Tages auf dem Dach seines prunkvollen Palastes befand, war er selbst von dem überwältigt, was er erreicht hatte. Er sagte: „Ist das nicht das große Babel, das ich durch meine Macht und Herrlichkeit erbaut habe?"

(siehe Daniel 4,27). Dann schlief er ein und träumte von einem riesigen Baum, der bis an den Himmel reichte. Die Tiere des Feldes fanden dort Zuflucht und Vögel wohnten in seinen Zweigen. Dieser Baum wurde umgehauen und sein Wurzelstock in eine Eisenfessel gelegt. Dann begann er erneut zu wachsen.

Wieder bat er Daniel um eine Auslegung. Daniel erklärte Nebukadnezar, dass er dieser Baum sei, der aus der menschlichen Gesellschaft ausgestoßen würde. Dieser Ausschluss sollte sieben Jahre dauern, bis Nebukadnezar anerkannte, dass Gott über die Königreiche der Menschen regierte und sie denen gab, die er bestimmte. Ein Jahr später verkündete Gott dem König, dass diese Prophezeiung sich nun erfüllen würde. Und tatsächlich verfiel Nebukadnezar sieben Jahre lang dem Wahnsinn, so dass ihn sein eigenes Volk in seinen Zoo einsperren musste. Sieben Jahre lang ernährte er sich nur von Grass. Seine Haare wuchsen wie Adlerfedern und seine Nägel wurden lang wie Vogelkrallen. Er sah genauso aus wie der amerikanische Millionär Howard Hughes, der sich an seinem Lebensende von der Außenwelt abgeschottet hatte.

Am Ende dieser sieben Jahre erhob Nebukadnezar seine Augen zum Himmel und bekannte: „Gott, nur du bist Gott." Der Höchste gab ihm daraufhin seinen Thron zurück und ließ ihn mächtiger werden als je zuvor. Es ist eine fantastische Geschichte, deren Ende allerdings nicht nur positiv ausfällt. Nebukadnezar beging den Fehler, sein Volk dazu zu zwingen, sich vor dem Gott Israels niederzuwerfen. Anbetung sollte immer ein Akt des freien Willens sein. Doch immerhin bekehrte sich der König.

Kapitel 5
Kapitel 5 erzählt die Geschichte vom Ende Babylons. Belsazar hatte bereits den Thron seines Vaters

Nebukadnezar bestiegen. Auf einem großen Fest beging er einen folgenschweren Fehler, der ihn sein Leben kosten sollte. Er ließ die heiligen Gefäße, die man aus dem Tempel in Jerusalem gestohlen hatte, herbringen und nutzte sie für eine Orgie. Doch Gott beobachtete, was geschah. Während des Festes sah Belsazar, wie ein Finger folgende Worte auf eine Wand schrieb: „MENE, MENE, TEKEL, UPARSIN." Er war natürlich zu Tode erschrocken, als er sah, wie der geisterhafte Finger diese Worte an die Wand malten. Wieder war es Daniel, der die Deutung lieferte. Er erklärte dem König, dass die Schrift Folgendes bedeutete: „Deine Herrschaft ist zu Ende, du hast die Erwartungen nicht erfüllt und dein Reich wird zerteilt werden." In derselben Nacht griffen die Perser Babylon an, das Reich ging unter und Belsazar wurde getötet.

Kapitel 6

Kapitel 6 enthält die wohlbekannte Geschichte von „Daniel in der Löwengrube". Weniger bekannt ist, dass mittlerweile ein anderer König auf dem Thron saß, der über ein anderes Reich herrschte. Viele Leser wissen zudem nicht, dass Daniel ungefähr 90 Jahre alt war. Der König war Darius, der Meder. Und wieder grassierte der Antisemitismus. Das Volk des Reiches musste den König selbst anbeten und durfte einen Monat lang keinen anderen Gott anrufen. Diesen Plan hatten Daniels neidische Kollegen ausgeheckt, um ihm eine Falle zu stellen. Er funktionierte tatsächlich. Daniel setzte seine Gewohnheit fort, die Fenster seines Obergemachs zu öffnen, um in Richtung Jerusalem zu beten. Die Männer, die Daniel ein Fehlverhalten anhängen wollten, hatten nun die Munition bekommen, die sie brauchten. Sie zwangen Darius, die Strafe für Gehorsamsverweigerung zu verhängen. Er ließ Daniel in die Löwengrube werfen. Ein Engel verschloss jedoch den Löwen das Maul, so dass der

Mann Gottes von Unheil verschont blieb. So stellte Daniel erneut seine Rechtschaffenheit unter Beweis, während Gott seine Fähigkeit demonstrierte, seinen Diener zu beschützen.

Teil 2 (Kapitel 7–12): Daniels Vermächtnis

Die zweite Hälfte des Buches Daniel wird von einer völlig anderen Atmosphäre bestimmt. Die Erzählperspektive wechselt von der dritten zur ersten Person. Von jetzt an schreibt Daniel das Buch selbst. Wir schalten auch von Aramäisch auf überwiegend Hebräisch um. Das bedeutet, dass wir nun zu einem Teil des Buches kommen, der hauptsächlich für Gottes Volk bestimmt ist. Ganz sicher würde niemand einem Ungläubigen empfehlen, Daniel 7–12 zu lesen.

In diesem Teil macht Daniel einzigartige Voraussagen. Sie sind so detailliert, in ihrer Reihenfolge so korrekt datiert und angesichts historischer Ereignisse so präzise beschrieben, dass es sich schlicht und einfach um prophetische Geschichtsschreibung handelt. Die Geschichte wurde aufgeschrieben, bevor sie sich ereignete. Daher stellt sich jedem Leser die Frage, ob Gott tatsächlich die Zukunft kennt.

Die Bibel macht Folgendes sehr deutlich: Gott kennt nicht nur die Zukunft, er gestaltet sie auch. Das bedeutet jedoch nicht, dass alles vorherbestimmt und geplant wäre. Es gibt in der Bibel ein sehr sensibles Gleichgewicht zwischen göttlicher Souveränität und menschlicher Verantwortung. Wir können daher nicht sagen, dass Gott alles im Voraus festgelegt hätte, so, als wären wir Menschen nur Roboter. Doch es bedeutet, dass Gott Ereignisse formen und prägen kann. Spielte ich beispielsweise gegen einen Schachgroßmeister, würde er gewinnen. Ich hätte allerdings immer noch die Freiheit, meine Züge so zu wählen, wie ich es möchte. Doch jeden meiner Züge könnte er kontern und immer noch gewinnen. Gottes freier Wille ist größer als unserer, daher wird unsere Freiheit durch seine beschränkt. Gottes Souveränität hat eine flexible Seite, die wir wirklich sehr schätzen sollten. Anderenfalls würden wir dem Irrtum verfallen, dass Gott alles vorherbestimmt hätte und es auf uns gar nicht ankäme.

Untersuchen wir nun die Zukunftsvisionen der Kapitel 7–12, so lässt sich Folgendes feststellen:

Negativ fällt auf, dass sie nicht fortlaufend sind; es handelt sich nicht um eine Serie von Ereignissen, die aufeinander folgen. Sie sind auch nicht konsekutiv in dem Sinne, dass die Events in der richtigen Reihenfolge stünden. Schließlich fehlt ihnen auch die Eigenschaft, in derselben Zeitspanne zu beginnen bzw. zu enden.

Positiv ist zu vermerken, dass die Visionen in ihrer Dauer variieren. Einige sind kurz, andere decken einen längeren Zeitraum ab. Sie überlappen einander und manche finden gleichzeitig statt. Vor allem betreffen sie zwei Zeitabschnitte: eine führt zum ersten Kommen des Messias, die andere zum zweiten. Es ist so, als ob Daniel durch ein prophetisches Teleskop blicken und zwei „Gipfel" der Geschichte erkennen würde. Dabei liegt eine niedrigere Bergspitze im Vordergrund und eine höhere befindet sich dahinter. Die Länge des Tales zwischen diesen beiden kann er jedoch nicht erkennen.

Daniel kann exakt bis zum ersten Kommen Christi schauen, aber dann sieht er nichts mehr, bis er die Ereignisse direkt vor dem zweiten Kommen erblickt. Wie den meisten anderen Propheten des Alten Testaments ist ihm nicht bewusst, wie viel Zeit zwischen diesen beiden Gipfeln liegen wird. Er begreift dies alles als ein einziges künftiges Ereignis und er nennt es „das Königreich". Ihm ist nicht klar, dass das Königreich in zwei Phasen kommen wird, weil auch der König zweimal erscheint.

DER KAMPF UMS ÜBERLEBEN

DANIELS ZUKUNFTSVISIONEN

1. NICHT FORTLAUFEND

   7 _____ 12

2. NICHT KONSEKUTIV/IN DER RICHTIGEN REIHENFOLGE

   7   8   9   10   11   12

3. NICHT IN DERSELBEN ZEITSPANNE BEGINNEND/ENDEND

   ANFANG (desselben Jahres) ENDE

4. VARIIEREN IN LÄNGE

5. ÜBERLAPPEN EINANDER

6. BETREFFEN ZWEI ZEITABSCHNITTE

   v.Chr. n.Chr.
   Zwischenzeit

Prophetische Teleskop-Sicht

sichtbar
verborgen

Voraussicht   Verkürzung

Diese Kapitel sagen also die Ereignisse bis zum ersten Kommen des Königs voraus und zusätzlich die Geschehnisse, die sich vor seiner zweiten Ankunft ereignen werden. Das Erstaunliche dabei ist, dass diese beiden

Abfolgen fast identisch sind. In der ersten Phase tritt ein Mann namens Antiochus Epiphanes auf. In der zweiten Phase erscheint jemand, den die Bibel den Antichristen nennt. Die Beschreibungen dieser beiden Figuren weisen bemerkenswerten Ähnlichkeiten auf. Mit anderen Worten: Untersuchen wir die Ereignisse, die dem ersten Kommen Christi vorausgehen, so erhalten wir Einblicke in das, was vor seinem zweiten Kommen passieren wird.

Bereits erfüllte Voraussagen
Bei der Betrachtung des ersten Traumes von König Nebukadnezar im zweiten Kapitel fiel uns Folgendes auf: Die Qualität der Königreiche, die aufeinander folgten, nahm immer mehr ab. Es begann mit dem goldenen König als Kopf, dann ging es abwärts durch Silber und Eisen bis hinunter zu den Füßen aus Ton. Diese Abfolge menschlicher Königreiche würde in der Errichtung des göttlichen Königreichs gipfeln. Wir sehen hier also die Reiche der Babylonier, der Meder und Perser sowie der Griechen, gefolgt vom Römischen Reich. Während dieses letzten Imperiums kam Jesus, der göttliche König, in diese Welt. Daniel erwartete, dass dieses göttliche Königreich alle Macht der menschlichen Weltreiche vollständig übernehmen würde. Allerdings erkannte er nicht, dass das göttliche Königreich eine Zeit lang neben den menschlichen Reichen bestehen würde. Er sah den zweiten Gipfel fast schon als Bestandteil des ersten. Ihm war nicht bewusst, dass es einen zeitlichen Abstand von mindestens 2000 Jahren geben würde. In dieser Zwischenzeit leben wir gerade. Wir leben im Königreich Gottes, doch gleichzeitig gibt es immer noch menschliche Weltreiche wie beispielsweise Russland, China und die USA.

Als der Stein, der nicht von Menschenhand vom Berg losbrach, den Koloss an seinen Füßen traf, stürzte das ganze

Gebilde in sich zusammen. Dieser Stein war das Königreich Gottes, das über die menschlichen Reiche hereinbrach. Es ließ sie alle einstürzen, ersetzte sie vollständig und errichtete Gottes königliche Herrschaft an ihrer Stelle. Daniel schloss aus dieser Vision, dass dies alles auf einmal geschehen würde. Wir wissen jedoch, dass es in zwei Phasen passiert, denn die Königreiche dieser Welt bestehen immer noch Seite an Seite mit dem Königreich Gottes.

Eine weitere Prophetie, die sich schon erfüllt hat, finden wir in Kapitel 8. Dort geht es um einen Widder und einen Ziegenbock mit einem Horn. Diese beiden Tiere entsprechen zwei Teilstücken des Riesen in Kapitel 2. Sie stellen das Reich der Meder und Perser sowie das griechische Imperium dar. Der Widder ist ein Bild für das persische Großreich, das sich von Indien bis nach Ägypten erstreckte und die gesamte Türkei mit einschloss. Alle Angaben über das persische Reich in Kapitel 8 haben sich erfüllt.

Der Ziegenbock ist das griechische Weltreich, das nach der Zeit der Meder und Perser die Macht übernahm. Alexander der Große erhielt den Spitznamen „der Ziegenbock", weil er ständig vorwärts stürmte. Als er starb, war er erst 32 Jahre alt. Doch er hatte die gesamte „zivilisierte" Welt bezwungen. Noch heute wird er als einer der größten Eroberer der Geschichte verehrt. Allerdings war er ein zügelloser Mann, dessen verwerflicher Lebensstil zu seinem Untergang beitrug. Nach seinem Tod teilte man das Reich unter seine vier Generäle auf. Lysimachos erhielt die Türkei, Kassandros bekam Griechenland, Ptolemaios gab man Ägypten und Seleukos Syrien. Folglich saß Israel zwischen Seleukos und Ptolemaios fest, was für das Land zu großen Schwierigkeiten führte.

Kapitel 9 enthält eine Vorhersage, wie lange es bis zur Ankunft des göttlichen Königs dauern würde.

SCHLÜSSEL ZUM ALTEN TESTAMENT

Bibelwissenschaftler nennen diesen Abschnitt „Daniels siebzig Wochen". Über seine Bedeutung ist viel spekuliert worden und es kursieren alle möglichen Theorien. Daniel erfährt, dass „siebzig mal sieben" für Israel bestimmt sind. Allerdings bedeutet die Zahl „sieben" bzw. das Wort „Woche" nicht eine Woche von sieben Tagen, sondern eine sog. „Jahrwoche" von sieben Jahren. Es geht daher nicht um siebzig „Wochen", sondern um 70 Abschnitte von sieben Jahren, d.h. um 490 Jahre. Vom Zeitpunkt der Anordnung, von Babylon nach Jerusalem zurückzukehren, bis zur Ankunft des Königs würden 483 Jahre (d.h. neunundsechzig multipliziert mit sieben) vergehen.

Es ist weder klar, auf welche Anordnung sich Daniel bezieht, noch ist eindeutig festzustellen, ob er den babylonischen Kalender benutzte oder den jüdischen. Der babylonische Kalender basiert auf dem Sonnenjahr und hat 365,25 Tage, während der jüdische Kalender ein Mondkalender mit 360 Tagen ist. Genau genommen gab es vier Anordnungen. Die Verfügung des Kyros gab 536 v. Chr. den Startschuss für die Rückkehr der Verbannten. Dann erließ Darius eine weitere Anordnung, die noch mehr Menschen die Erlaubnis gab, zurückzukehren. Artaxerxes erteilte zwei weitere Genehmigungen, die es Nehemia ermöglichten, heimzukehren und den Wiederaufbau anzuleiten.

Doch welche Anordnung auch immer wir an den Anfang unserer Berechnungen stellen, die gesetzte Zeitspanne endet entweder mit der Geburt oder mit der Taufe Jesu! Jesus erschien in jedem dieser Fälle nach einem Zeitabschnitt von knapp unter 500 Jahren. Meiner Ansicht nach ist das exakt genug. Denn es ist wahrhaft erstaunlich, dass Daniel das Kommen Christi, 500 Jahre bevor es tatsächlich eintrat, vorhersagen sollte.

Es gibt Details in Kapitel 9, die eine nähere Betrachtung

verdienen. Obwohl Daniel die genaue Zeit der Ankunft Christi vorhersagt, erfährt er auch, dass bis zum Ende der 69. Jahrwoche, wenn der König kommt, eine lange Zeit vergehen würde. Ganz entscheidend ist die Tatsache, dass er die siebzigste Jahrwoche aus diesen Ereignissen heraushält. Ich glaube, dass er in der siebzigsten Jahrwoche über das erste Kommen hinaus auf die zweite Ankunft Christi blickte. Es gibt also einen riesigen zeitlichen Abstand zwischen der neunundsechzigsten und der siebzigsten Jahrwoche. Folglich entspricht diese „Woche" einem Abschnitt von sieben Jahren, der sich noch nicht ereignet hat. Dann wird der Antichrist auftreten. Der Text berichtet, dass ein Bund in Kraft gesetzt und ein Vertrag mit Israel bedroht wird. Während dieser Zeit wird die Verfolgung besonders heftig sein. Die Opfer hören auf und der Tempel wird auf dieselbe Art und Weise entweiht wie zur Zeit von Antiochus Epiphanes. Dies setzt voraus, dass er irgendwann wieder aufgebaut worden ist.

Kapitel 10 berichtet über eine weitere Offenbarung, die Daniel sehr betroffen macht. Sie zeigt, dass alle Konflikte hier auf der Erde ihre Entsprechung im Himmel haben. Dabei kämpfen Engelsmächte gegen dämonische Kräfte. Auch wenn es sich um einen bemerkenswerten Einblick in die unsichtbare Welt handelt, bauschen doch viele Christen seine Bedeutung auf. Wir erfahren, dass hinter jeder Macht auf dieser Erde und hinter jedem wachsenden Königreich ein dämonischer Fürst steht. Tatsächlich werden Menschen, die andere Länder erobern oder verwüsten wollen, von dämonischen Mächten beeinflusst. Kapitel 10 erwähnt „den Fürsten von Persien" und „den Fürsten von Griechenland". Gott schickt seinen Erzengel Michael, um sie zu überwinden.

Interessanterweise ist Daniel nicht an dieser Schlacht beteiligt; sie wird voll und ganz den Engeln überlassen. Es gibt Christen, die auf der Grundlage von Daniel 10 eine ganze Gebets- und Evangelisationsstrategie aufgebaut haben. Sie sind überzeugt davon, dass sie bei einer Großevangelisation zunächst den bösen Dämon identifizieren und binden müssten, der über die entsprechende Stadt herrscht. Erst dann könnten sie damit beginnen, das Evangelium zu verkünden. Jesus hat allerdings nicht zu seinen Jüngern gesagt: „Geht in alle Nationen, findet den Dämon und bindet ihn." Vielmehr forderte er sie auf: „Geht hin und machet zu Jüngern alle Völker." Den geistlichen Kampf sollten wir den Engeln überlassen, bis sich die Dämonen selbst zeigen. Mir ist aufgefallen, dass Jesus und die Apostel niemals nach Dämonen suchten. Wenn aber ein Dämon auftauchte und sie angriff, dann konfrontierten sie ihn. Das sollte uns als Beispiel dienen. Wir sollten nicht losziehen, nach Dämonen suchen und versuchen, sie zu binden. Vielmehr besteht unsere Aufgabe auch weiterhin darin, Menschen zu Jüngern des Königreiches Gottes zu machen. Einmal wartete Paulus drei Tage, bis er einem Mädchen, das ihre Arbeit gestört hatte, den Dämon austrieb.

Kapitel 11 enthält die erstaunlichste Vorhersage der Zukunft in der gesamten Bibel. 135 Großereignisse werden in nur 35 Versen vorausgesagt. Das Kapitel umfasst eine Zeitspanne von insgesamt 366 Jahren (siehe die Auflistung am Ende dieses Kapitels). Liberale Wissenschaftler kommen mit diesem Kapitel überhaupt nicht zurecht. Ihrer Ansicht nach kann Daniel es auf keinen Fall selbst geschrieben haben. Es muss, so behaupten sie, 400 Jahre später verfasst worden sein. Doch Gott kennt sowohl den Anfang als auch das Ende. Er schenkte Daniel die Fähigkeit, das alles niederzuschreiben.

In Kapitel 11 wird auch Antiochus Epiphanes IV erwähnt, die größte Plage des jüdischen Volkes vor dem Auftreten des göttlichen Königs. Er wurde zum Herrscher des griechischen Reiches, das sich nördlich von Israel befand. Eigentlich war er nur der Vormund eines kleinen Jungen, der eines Tages König werden sollte. Doch er tötete den Jungen und bestieg selbst den Thron. Antiochus war ein furchtbarer Tyrann, der fest entschlossen war, die jüdische Religion zu vernichten. Den Tempel entweihte er dadurch, dass er ein Schwein auf dem Alter opferte. Zudem füllte er die Räume des Heiligtums mit Prostituierten. Er errichtete sogar ein Standbild Jupiters im Tempel. Antiochus schlachtete 40. 000 Juden ab und verkaufte noch einmal dieselbe Anzahl in die Sklaverei. Sein Verhalten war für die Juden so haarsträubend und unerträglich, dass es zum Makkabäeraufstand kam. In gewisser Weise ist er ein Bild für den Antichristen am Ende der Menschheitsgeschichte. Die beiden gehören zusammen; einer ist der Vorschatten des anderen. Wenn wir etwas über den Antichristen erfahren möchten, sollten wir uns mit diesem Mann beschäftigen.

Die Zäsur zwischen Kapitel 11 und Kapitel 12 ist wirklich keine Hilfe, denn Kapitel 12 konzentriert sich weiterhin auf den Antichristen. Es beschäftigt sich mit Ereignissen, die das zweite Kommen Christi betreffen. Dazu gehört beispielsweise die Auferstehung der Toten, sowohl der gottesfürchtigen als auch der gottlosen Menschen.

Noch nicht erfüllte Voraussagen
Auch wenn wir feststellen können, dass sich Daniels Weissagungen schon in vielfältiger Weise erfüllt haben, gibt es immer noch zahlreiche Aspekte, die auf ihre Erfüllung warten.

Obwohl der König schon einmal gekommen ist, hat er noch nicht die Gesamtherrschaft über die Königreiche dieser Welt übernommen. Das wird erst bei seiner Wiederkunft geschehen.

Kapitel 7 enthält einige außergewöhnliche Bilder.

Manche Bibelforscher versuchen, Kapitel 7 mit Kapitel 2 in Einklang zu bringen. Sie behaupten, dass die vier großen und sonderbaren Tiere den vier Reichen der Riesenstatue aus Kapitel 2 entsprechen würden. Daher gehen sie davon aus, dass die meisten Ereignisse der Vision aus Kapitel 7 schon stattgefunden hätten. Aus fünf Gründen ist dies jedoch unwahrscheinlich:

1. Die Geschichte stimmt nicht mit den Details überein. Weder begann Griechenland mit vier Häuptern, noch hatte Rom vier Hörner. Es ist sehr schwierig, hier eine Parallele zu ziehen.

2. In Kapitel 8 werden Persien und Griechenland als Widder und Ziegenbock dargestellt. Dass sie nun anders beschrieben werden sollten, erscheint unwahrscheinlich.

3. Daniel erfährt, dass die vier Tiere sich in der Zukunft „erheben werden". Daher kann das erste Tier nicht Babylon sein, weil dieses Reich schon untergegangen ist.

4. Die vier Tieren können nicht die Babylonier, die Perser, die Griechen und die Römer sein, weil prophezeit wird, dass die ersten drei Kreaturen noch da sein werden, wenn die vierte erscheint. Als das Römische Reich an die Macht kam, waren die anderen drei Reiche bereits untergegangen, auch wenn die einzelnen Nationen noch fortbestanden.

5. In Kapitel 7 werden die Tiere eines nach dem anderen immer stärker. Doch der Koloss in Kapitel 2 stellt Reiche dar, die an Kraft immer mehr abnehmen. Rom ist beispielsweise schon nicht mehr so mächtig wie Babylon.

Wie sollen wir nun diese Tiere deuten? Zunächst tritt der Löwe mit Flügeln auf, gefolgt von einem großen Bären, dann erscheint ein Leopard mit Flügen und vier Köpfen. Schließlich kommt etwas, das ich nur als eine Fabeltier oder einen Drachen beschreiben kann, gefolgt von einem Königreich. Das Königreich ist ganz sicher Gottes Reich. Es wird von einer Person errichtet, die aussieht „wie der Sohn eines Menschen", der „mit den Wolken des Himmels" kommt. Er wird gemeinsam mit den Heiligen des Höchsten regieren. Ganz eindeutig geht es um das zweite Kommen Jesu. Ich vermute, dass der Löwe mit den Flügeln die USA und Großbritannien darstellt, der Bär Russland symbolisiert und der Leopard die arabische Welt. Es wird diese Großmächte am Ende immer noch geben, doch sie werden durch das Königreich Gottes ersetzt. Allerdings ist die Identifikation dieser Weltreiche nur eine Vermutung. Sie stellt keine theologische Lehrmeinung dar.

In Kapitel 7 weichen die letzten Weltmächte dem Antichristen. Das Königreich Gottes bricht endgültig an, wenn der Menschensohn auf den Wolken der Herrlichkeit erscheint. Er besiegt den Antichristen und übernimmt die Herrschaft über die Königreiche der Welt. So werden sie zum Königreich Gottes und seines Gesalbten.

Zweifellos beschreibt Kapitel 12 Ereignisse, die noch nicht passiert sind. Daniel prophezeit die Auferstehung der Gerechten und der Gottlosen, wobei die Gerechten leuchten werden wie die Sterne auf immer und ewig. Zum ersten Mal wird hier in der Bibel erwähnt, dass die Gottlosen „auferweckt" werden. Das Neue Testament macht dazu weitere Ausführungen (siehe Johannes 5,29; Apostelgeschichte 24,15). Es ist der letzte Höhepunkt der gesamten Menschheitsgeschichte.

SCHLÜSSEL ZUM ALTEN TESTAMENT

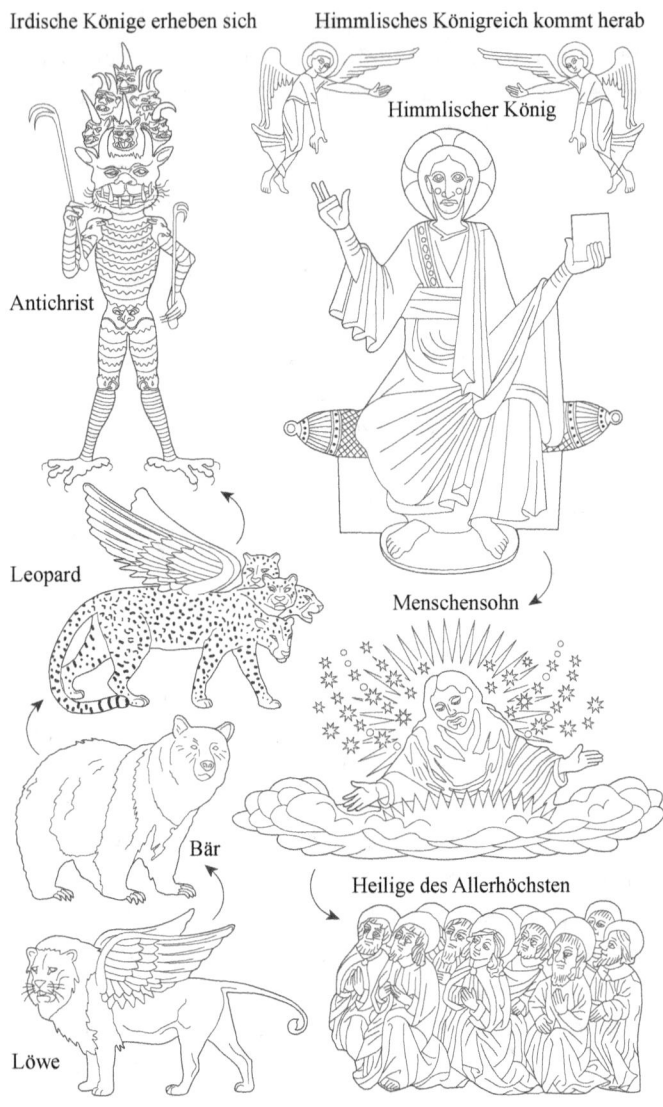

Für wen sind Daniels Offenbarungen bestimmt?

Oft verstand Daniel die Bedeutung der Bilder nicht, die er

sah. Daraus können wir schließen, dass sie nicht für ihn bestimmt waren, sondern für nachfolgende Generationen. Bald würde ein Zeitabschnitt von 400 Jahren anbrechen, in dem es keine Propheten mehr gab. Das Buch Daniel sollte unter anderem dem Volk Gottes helfen, diese Zwischenzeit zu überstehen. Die Tatsache, dass Gott einige der Geschehnisse angekündigt hatte, die während dieser 400 Jahre passierten, ließ sein Schweigen etwas erträglicher erscheinen. Es gibt weitere Bibelstellen, die die Wichtigkeit göttlicher Vorwarnung betonen: „Der Herr, der mächtige Gott, tut nichts, ohne dass er es zuvor seine Diener, die Propheten, wissen lässt" (Amos 3,7; GNB). „Erschreckt nicht ... Denkt daran, dass ich es euch vorausgesagt habe!" (Matthäus 24,6+25; GNB). „Ich sage euch das schon jetzt, bevor es eintrifft, damit ihr dann, wenn es geschieht, nicht daran irre werdet, dass ich wirklich der bin, der ich bin" (Johannes 13,19; NeÜ).

Daniels Weissagungen hatten hauptsächlich den Zweck, Gottes Volk zu ermutigen. Da sie die Zukunft kennen, werden Gottes Kinder in diesen Kapiteln aufgefordert, Folgendes zu tun: fest zu stehen, große Taten zu vollbringen, Erkenntnis zu vermitteln, Leiden zu ertragen, geläutert zu werden, dem Bösen zu widerstehen und Ruhe zu finden.

Manche Menschen wollen nur aus reiner Neugier erfahren, was die Zukunft bringt. Sie wollen Bescheid wissen und alles unter Kontrolle behalten. Doch der wahre Grund, dass Gott uns die Zukunft offenbart, ist folgender: Er möchte, dass wir sie gut bewältigen können. Er wünscht sich, dass wir vorbereitet sind, im Glauben feststehen und das tun können, was wir nach seinem Willen tun sollen. Wir können Leiden erdulden, wenn wir wissen, dass das Ende herrlich sein wird.

Gott hat die Zukunft noch aus einem anderen Grund offenbart. Er will die Ungläubigen warnen, insbesondere diejenigen, die an die Macht wollen, um menschliche Königreiche zu errichten. Am Ende wird der Menschensohn sie alle ersetzen. Wir gehören dem künftigen König der ganzen Welt. Der Menschensohn wird auf den Wolken der Herrlichkeit erscheinen und das Königreich Gottes hier auf der Erde errichten. Dann werden wir mit ihm herrschen. Daher müssen wir uns darauf vorbereiten, gute und verantwortungsbewusste Herrscher zu werden, die an seiner Seite diese Welt regieren.

Wir werden auf den Nutzen des Buches Daniel für Christen näher eingehen, wenn wir es erneut gemeinsam mit dem Buch Esther am Ende des nächsten Kapitels betrachten.

Vorhersagen historischer Ereignisse in Daniel 11,2–35

V. 2 Persien
Die drei Herrscher nach Kyrus waren:
- **Kambyses** (529–522 v. Chr.), der Ägypten eroberte
- **Pseudo-Smerdis** (522–521 v. Chr.), der den Thron bestieg, indem er sich als Bruder des ermordeten Königs ausgab und getötet wurde von
- **Darius I Hystapes** (521–486 v. Chr.), der in Esra 5–6 erwähnt wird.

Der vierte Herrscher war **Xerxes I** (486–465 v. Chr.), der Ahasveros aus Esther 1. Er verkörperte den Höhepunkt des Reichtums und der Macht Persiens. Er fiel 480 v .Chr. in Griechenland ein, wurde jedoch bei Salamis vernichtend geschlagen.

V. 3–4 Griechenland
V. 3 Alexander der Große (356–323 v. Chr.) übte Vergeltung für Griechenland, indem er Persien besiegte.

Innerhalb von 12 Jahren errichtete er ein riesiges Imperium der griechischen Kultur, indem er Asien Europa unterwarf. Er ist der „Ziegenbock" aus Daniel 8. Im Alter von 32 Jahren starb er in Babylon.

V. 4 Alexanders Sohn, den ihm Barsina schenkte, wurde ermordet. Einen weiteren Sohn, den ihm Roxane posthum gebar, tötete man ebenfalls. Daher teilte man sein Reich unter vier Generälen auf:

- **Lysimachos** (Thrakien, Bithynien und Kleinasien)
- **Kassandros** (Makedonien und Griechenland)
- **Ptolemaios** (Ägypten)
- **Seleukos** (Syrien bis Babylon)

Die letzten beiden werden in den verbleibenden Versen von Daniel 11 als „Süden" und „Norden" bezeichnet (d.h. in Beziehung zu Gottes Volk Israel, das jetzt wieder nach Palästina zurückgekehrt war).

V. 5–35 Ägypten und Syrien

Dieser Abschnitt umspannt 162 Jahre. Während dieser Zeit steckte Israel „zwischen Thür und Angel" (Luther) zwischen zwei Dynastien, die miteinander in Beziehung standen. Den Namen „Syrien" gab es zur Zeit Daniels noch nicht, daher bezeichnete man diese Gegend nur als „den Norden".

V. 5 Ptolemaios I Soter (was „Retter" bedeutet) (323–246 v. Chr.) regierte Ägypten, während ein naher Verwandter von ihm, **Seleukos I Nikator** (312–281 v. Chr.) Syrien beherrschte. Beide nahmen 306 v. Chr. den Titel „König" an. Seleukos wurde immer stärker und beherrschte das Gebiet von Kleinasien bis nach Indien. Er wurde zum Rivalen und zur Bedrohung des Ptolemaios.

V. 6 Ptolemaios II Philadelphos ("Geschwisterliebende") (285–246 v. Chr.), Herrscher über Ägypten, überredete Antiochus II Theos („Gott"), sich von seiner Frau Laodike scheiden zu lassen und Berenike, die Tochter des Ptolemaios II zu heiraten. Die Verbindung war jedoch nicht erfolgreich, weder als Ehe noch als Versuch, die beiden Königsfamilien zu einen. Als Ptolemaios starb, nahm Antiochus Laodike erneut zur Frau, doch sie ermordete ihn, Berenike und ihren Sohn.

V. 7–9

Eine Zeit der hin und her wogenden Kämpfe zwischen den beiden Reichen.

V. 7 Berenikes Bruder, **Ptolemaios III Euergetes ("Wohltäter")** (246–221 v. Chr.) griff **Seleukos Kallinikos** (247–226 v. Chr.) an und tötete aus Rache Laodike. Seine Siege im nördlichen Königreich brachten ihn bis nach Persien und Medien.

V. 8 Ptolemaios III kehrte mit ägyptischen Götzen zurück, die 280 Jahre zuvor gestohlen worden waren. Aus diesem Grund nannte ihn seine Bevölkerung „Wohltäter".

V. 9 Seleukos reagierte mit Gegenangriff, verlor seine Flotte in einem Sturm und erlitt eine schmachvolle Niederlage. Er starb nach einem Sturz von seinem Pferd.

V. 10–20

V. 10 Zwei Brüder im Norden: **Seleukos III** (226–223 v. Chr.), der von rebellischen Truppen während einer Schlacht in Kleinasien ermordet wurde und **Antiochus III „der Große"** (223–187 v. Chr.), der mit 18 Jahren den Thron bestieg. Sein ganzes Leben lang kämpfte er dafür, die Demütigung seines Vaters zu rächen. Wie eine Flut überschwemmte er das Land bis nach Gaza, der Verteidigungslinie Ägyptens.

V. 11 Ptolemaios V Philopater („Vaterliebe") (221–203 v. Chr.) trat 217 v. Chr. Antiochus dem Großen mit einer Armee aus 70 000 Fußsoldaten, 5000 berittenen Kämpfern und 73 Elefanten bei Raphia entgegen. Antiochus wurde vernichtend geschlagen, 10.000 seiner Soldaten fanden den Tod, 4.000 wurden gefangen genommen. Er selbst entging nur knapp der Gefangennahme.

V. 12 Trägheit und Genusssucht hinderten Ptolemaios V daran, seinen Vorteil weiter auszubauen. Antiochus erholte sich und zog gen Osten nach Indien und an das kaspische Meer. Dabei gewann er an Wohlstand und Stärke.

V. 13 Als Ptolemaios und seine Königin unter mysteriösen Umständen ums Leben kamen, griff Antiochus erneut Ägypten an und besiegte seine Armee (angeführt von General Skopas) bei Banias, nahe der Quelle des Jordan. Später wurde der Ort Caesarea Philippi genannt. Skopas floh nach Sidon.

V. 14 Andere Herrscher gingen nun Allianzen mit Antiochus ein (beispielsweise Philipp von Makedonien). Dazu gehörten auch einigen Juden, die glaubten, Prophetien zu erfüllen, wenn sie mithalfen, die Ägypter zu besiegen. Sie erhofften sich, danach die staatliche Unabhängigkeit zu erreichen. Viele von ihnen starben im Kampf.

V. 15 Sidon wurde belagert und eingenommen, nachdem ein Versuch dreier ägyptischer Generäle, die Belagerung zu durchbrechen, gescheitert war.

V. 16 Antiochus beging den Fehler, Israel als Militärstützpunkt zu besetzen. Um seine Truppen zu ernähren, verwüstete der das Land.

V. 17 Weil ihn die zunehmende Macht Roms bedrohte, tat sich Antiochus mit Ägypten zusammen. Er gab seine wunderhübsche junge Tochter Kleopatra dem siebenjährigen **Ptolemaios V Epiphanes („Herrlichkeit/ Erscheinung")** (204–181 v. Chr.) zur Frau. Seine Hoffnung, dass sie Ägypten unter seine Kontrolle bringen würde, erfüllte sich nicht. Kleopatra stellte sich gegen ihren Vater auf die Seite ihres Ehemannes.

V. 18 Antiochus verachtete die zunehmende Macht Roms: „Asien geht sie (die Römer) nichts an. Ich unterstehe ihren Befehlen nicht." Er wies ihre Gesandten zurück und beschloss, Griechenland selbst zu erobern. In den Jahren 191 und 189 v. Chr. erlitt er demütigende Niederlagen gegen den römischen Konsul Lucius Scipio Asiaticus, zunächst bei den Thermopylen und dann bei Magnesia am Fluss Mäander.

V. 19 Ruiniert durch die harten Friedensbedingungen Roms kehrte Antiochus nach Hause zurück. Als er versuchte, einen Tempel in Elymais zu plündern, wurde er getötet. Er hatte den Römern die Tür nach Asien geöffnet.

V. 20 Seleukos IV Philater („Vaterliebe") (187–175 v. Chr.) wollte nur Ruhe und Frieden, musste aber hohe Steuern eintreiben, um Rom Tribut zu entrichten. Sein Finanzminister Heliodorus sollte ihm zu diesem Zweck Schätze aus dem Tempel in Jerusalem bringen. Doch eine übernatürliche Erscheinung hinderte Heliodorus daran und er kehrte zurück, um den König zu vergiften.

V. 21–30

Antiochus Epiphanes („der Erscheinende/ Herrliche") (175–164 v. Chr.) war das „kleine Horn" aus Daniel 7 und der schlimmste Tyrann des Alten Testaments. Syriens Macht nahm immer mehr ab und sollte bald auf die Römer übergehen. Antiochus' Frustration führte zu einer erbitterten Verfolgung Israels. Er versuchte, die jüdische Religion zu vernichten, indem er den Tempel entweihte und dem Volk die griechische Kultur aufzwang.

V. 21 Seine Niederträchtigkeit beinhaltete den Umgang mit Prostituierten, öffentlichen Geschlechtsverkehr, habgierige Schwelgereien sowie List und Tücke. Sein Titel „Epiphanes", der „herrlich" bedeutet, wurde hinter seinem Rücken in „Epimanes" umbenannt, „der Verrückte". Der rechtmäßige Erbe des syrischen Thrones, Demetrius, wurde als Geisel in Rom festgehalten. Antiochus ergriff die Macht in Syrien, indem er sich als Vormund des Zweiten in der Thronfolge ausgab. Es war der Säugling Antiochus, Sohn des Seleukos IV. Zu einem späteren Zeitpunkt tötete Antiochus Epiphanes den Jungen. Er selbst wurde dadurch beliebt, dass er Steuersenkungen und Gesetzeserleichterungen versprach, die er jedoch nicht einführte.

V. 22 Zunächst war er militärisch sehr erfolgreich. Frieden mit Rom erreichte er dadurch, dass er gegenüber den Römern Schulden beglich und Bestechungsgelder zahlte. Dann fiel er 170 v. Chr. in Ägypten ein und besiegte Ptolemaios V Epiphanes zwischen Gaza und dem Nildelta. Auf dem Weg nach Süden machte er in Jerusalem Halt und ermordete Onias, den Hohepriester, den eigentlichen Herrscher Israels.

V. 23 Obwohl Syrien kein großes Land war, konnte Antiochus nun Ägypten kontrollieren. Er benutzte dabei seine beiden Neffen **Ptolemaios VI Philometer** (181–145 v. Chr.) und **Ptolemaios Euergetes** als Marionettenkönige.

V. 24 Er beraubte nun systematisch die reichsten Gegenden, die unter seiner Herrschaft standen (z.B. Galiläa). Dabei verwendete der diesen Reichtum nicht für eigene Zwecke (wie die Herrscher vor ihm), sondern als Bestechungsgelder und für außergewöhnlich verschwenderische Spektakel (Er ließ Geld auf den Straßen verstreuen und veranstaltete üppige Orgien etc.). Er schmiedete zudem Pläne, ägyptische Städte wie beispielsweise Alexandria einzunehmen.

V. 25 Er unternahm einen weiteren Feldzug nach Ägypten, bei dem er Wagen, berittene Soldaten und Elefanten mit sich führte. Antiochus bestach den ägyptischen Königshof, der sich daraufhin gegen seinen König verschwor.

V. 26 Dies führte zur Niederlage Ägyptens.

V. 27 Antiochus und Ptolemaios Philometer saßen gemeinsam am Verhandlungstisch. Sie versuchten, sich bei einem Vertragsschluss gegenseitig zu überlisten. Beide hatten keinen Erfolg.

V. 28 Auf seinem Heimweg in den Norden ging Antiochus gegen Israel vor. Er plünderte den Tempelschatz, massakrierte 40.000 Juden und verkaufte noch einmal dieselbe Anzahl in die Sklaverei. Jason, der Hohepriester, floh nach Ammon.

V. 29 Bei einem weiteren Feldzug nach Ägypten nahm er seinen Neffen Philometer gefangen. Doch Antiochus wurde gezwungen, sich aus Alexandria zurückzuziehen.

V. 30 Während der letzten Heerfahrt des Antiochus nach Ägypten sandten die Ägypter Boten nach Rom. Der römische Herrscher ließ daraufhin eine Flotte aus Zypern ablegen. Konsul Gaius Popillius Laenas verlangte von Antiochus den Abzug seiner Truppen aus Ägypten. Daraufhin verließ Antiochus wütend das Land. Ihm war bewusst, dass seine Hoffnung verloren war.

V. 31–35

Frustriert und zornig wandte sich Antiochus nun gegen das Volk Gottes.

V. 31 Er machte die Juden zum Sündenbock und fing an, sie schonungslos zu verfolgen (beschrieben in dem ersten und zweiten Buch der Makkabäer). Dabei benutzte er auch Sympathisanten seiner Ideen in Israel. Er verbot Gottesdienst und Opfer, stellte ein Bild Jupiters im Tempel auf und opferte am 25. Dezember 168 v. Chr. ein Schwein auf dem Altar (Dieser „Gräuel der Verwüstung" wird in Matthäus 24,15 erwähnt.).

V. 32 Das führte zum Aufstand der priesterlichen Familie des Mattatias, der Makkabäer („die Hämmer"). Unter der Führung des Judas begingen sie viele Heldentaten (erwähnt in Hebräer 11). Israel wurde befreit und der Tempel wurde am 25. Dezember 165 v. Chr. erneut dem Gott Israels geweiht.

V. 33–35 Das überraschende Ergebnis der Verfolgung war eine geistliche Erweckung. Denn diese Läuterung führte zur Trennung der wahren von den falschen Gläubigen.

30.
DAS BUCH ESTHER

Einleitung

Das Buch Esther ist aus zwei Gründen ungewöhnlich: Zum einen gehört es mit dem Buch Rut zu den einzigen beiden biblischen Büchern, die nach Frauen benannt wurden. Zum anderen ist es neben dem Hohen Lied das einzige andere Buch der Bibel, das den Namen Gottes nicht direkt erwähnt. Daher löst Esther bei vielen Lesern Verwunderung aus. Es ist eine interessante und romantische Geschichte, doch warum steht sie in der Bibel? Warum sollten wir sie lesen? Und was können wir womöglich aus diesem Buch lernen?

Das Buch Esther wurde, genau wie Hesekiel und Daniel, während des jüdischen Exils verfasst. Es enthält daher eine der wenigen biblischen Geschichten, die vollständig außerhalb des Verheißenen Landes spielen (Esther wurde allerdings viel später niedergeschrieben als die anderen beiden Bücher.). Alle drei Schriften berichten uns, wie sich die Juden in einer heidnischen Gesellschaft verhielten. Daher sind sie uns ein guter Wegweiser, wie wir uns in einem nichtchristlichen Umfeld bewegen sollten.

Historischer Kontext

Babylon wurde von einer Koalition aus Medern und Persern besiegt. Der Meder Darius war der erste Herrscher des neuen Imperiums. Ihm folgte der Perser Xerxes I (auch als Ahasveros bekannt). Daniel stieg bis zum Premierminister auf und war unter seinem babylonischen Namen Beltschazar bekannt. Hadassa wurde Königin und erhielt den Namen Esther (ein heidnischer Name und eine andere Bezeichnung für Ištar, eine babylonische Göttin). Sowohl Daniel als auch Esther wurden in Ämter befördert, die es ihnen ermöglichten, ihrem Volk zu helfen.

Gott zwang die Juden nicht dazu, in das Verheißene Land zurückzukehren. Wären sie alle heimgekehrt, wäre dieses Buch ganz sicher nicht geschrieben worden. Viele Tausende machten sich auf den Weg nach Hause. Allerdings entschieden sich noch mehr Juden dazu, dort zu blieben, wo sie waren.

Das Buch Esther gehört zu den historisch am besten belegten Büchern des Alten Testaments. Außerbiblische Werke, wie beispielsweise die *Historien* des Herodot (ein zeitgenössischer griechischer Geschichtsschreiber, geboren 480 v. Chr.) bestätigen, dass es sich um ein spätes Werk handelt. Es gibt viele weitere Quellen außerhalb der Bibel, die den Inhalt des Buches Esther bestätigen. So entdeckten Archäologen, die 1930 Persepolis, die Hauptstadt des persischen Reiches, ausgruben, eine Steintafel. Auf ihr stand der Name „Marducha". Der Premierminister im Buch Esther war Mordechai, höchstwahrscheinlich handelt es sich um dieselbe Person.

Eine romantische Geschichte

Es ist eine sehr romantische Geschichte. Esther war jung und schön, die Königin eines Imperiums. Nur ein Mann kannte ihr Geheimnis, ein Geheimnis, dessen Entdeckung ihren Tod hätte bedeuten können! Solche Dramen kommen typischerweise in Frauenzeitschriften vor.

Man könnte die Handlung so zusammenfassen: Xerxes beherrschte ein Königreich, das sich von Indien im Osten bis nach Ägypten im Westen erstreckte. Doch am Horizont zeichneten sich Schwierigkeiten ab. Daher berief er eine Konferenz ein, die 180 Tage dauerte. Ihr Ziel war es zu entscheiden, wie man mit der Bedrohung durch die Griechen umgehen sollte. Am Ende der Konferenz gab es ein siebentägiges Fest im Palastgarten. Als alle schon zu viel getrunken hatten, befahl der König, seine Frau Wasti holen zu lassen. Da sie jung und schön war, sollte sie zur Unterhaltung seiner Generäle vor ihnen tanzen. Königin Wasti weigerte sich jedoch zu erscheinen und damit beginnt die ganze Geschichte. Ihre Weigerung brachte den König in eine äußerst peinliche Lage. Was würden die Ehefrauen seiner Generäle tun, wenn er Wasti dieses Verhalten durchgehen ließ? Hätte er in seinem eigenen Haus nicht die Hosen an, würden seine Generäle ebenfalls Probleme bekommen. Daher musste etwas geschehen. Der König verbot der Königin, ihm jemals wieder unter die Augen zu treten!

Doch Xerxes vermisste die eheliche Leidenschaft und wurde immer einsamer. Daher empfahl man ihm, einen Schönheitswettbewerb abzuhalten. Die Gewinnerin sollte dann seine Frau werden.

Der Wettbewerb war höchst professionell. Esther musste sich ein ganzes Jahr lang verschiedenen Schönheitskuren unterziehen, bevor sie antreten durfte. Sie gewann und wurde zur neuen Regentin an der Seite von König Xerxes.

Esther kam aus dem Stamm Benjamin. Ein überraschendes Detail, bedenkt man die schwierige Geschichte dieses Stammes. Mordechai war ihr Cousin. Da sie jedoch Vollwaise war, hatte er sie als seine Tochter adoptiert. Auf Mordechais Bitte hin hielt sie ihre verwandtschaftliche Beziehung geheim. Denn antisemitische Einstellungen gefährdeten die jüdischen Gemeinden im gesamten Königreich. Obwohl sie im Harem noch neu war, wurde Esther zur Lieblingsfrau des Königs.

In diesem Drama erlangte ein weiterer Mann zur selben Zeit eine herausgehobene Stellung am Königshof. Sein Name war Haman und er ist der Schurke in der Geschichte. Er stammte von Agag ab. Samuel der Prophet hatte Saul, dem ersten König Israels aufgetragen, gegen Agag in den Krieg zu ziehen und ihn zu besiegen. Doch Saul tötete Agag nicht. Daher übernahm Samuel diesen Job und zerstückelte

Agag vor dem Altar des Herrn. Daraus entstand Hass zwischen den Agagitern und den Juden. Haman hasste die Juden wegen dieses historischen Vorfalls und dieser Hass macht die Geschichte ganz besonders spannend. Die Lage ist verzwickt und faszinierend: Eine Jüdin, die ihre jüdische Abstammung nicht offenbart hat, ist die Königin des persischen Reiches. Haman seinerseits hat eine hohe Stellung am Königshof, hasst jedoch alle Juden.

Die Lage eskalierte, als Mordechai sich weigerte, vor Haman niederzuknien und ihm die Ehre zu erweisen, so, wie es der König befohlen hatte. Daher forderte Haman den König auf, alle Juden in seinem Reich zu vernichten. Schließlich seien sie anders. Die Juden hätten ihre eigenen Gesetze und Gebräuche sowie ihre eigene Religion, argumentierte er. Sie würden nicht dazupassen und müssten einfach weg. Haman versprach zudem, der königlichen Schatzkammer ein hohes Bestechungsgeld zu zahlen, sollte der König der Judenvernichtung zustimmen. Man zog tatsächlich Lose, um das Datum festzulegen, an dem alle Juden heimlich getötet werden sollten. Interessanterweise fiel das Los auf den dreizehnten Tag des Monats, in dem das jüdische Volk vernichtet werden sollte. Das ist einer der Gründe dafür, dass der Dreizehnte eines Monats seither abergläubisch gefürchtet wird.

Als die Juden von diesen Plänen erfuhren, trauerten und fasteten sie. Man kleidete sich in Sack und Asche. Mordechai ließ Esther ausrichten, sie möge den König um Gnade anflehen. Er legte ihr nahe, dass Gott sie gerade für eine Zeit wie diese zur Königin gemacht hätte. Sie sei durch eine ziemlich ungewöhnliche Verkettung von Umständen in diese Position gekommen. Daher hätte sie nun die Möglichkeit, ihrem Volk zu helfen.

Esther stand vor einer riesigen Herausforderung. Sollte sie offenlegen, dass sie Jüdin war? Tat sie dies, wäre auch ihr Leben in Gefahr. Doch sie entschied sich trotzdem dafür. „Und wenn ich umkomme, so komme ich um", erklärte sie.

Wie konnte sie nun ihre Bitte an den König richten? Der Königin war es nicht erlaubt, in die Gegenwart des Königs zu kommen, es sei denn, er ließ sie holen. Sie wusste jedoch, dass sie ihn sehen musste. Daher erschien sie kühn vor seinem Thron und schlug vor, ein Festessen mit Haman als Ehrengast zu veranstalten. Der König gab ihrer Bitte statt und das Bankett wurde vorbereitet.

Unterdessen war Haman so zornig auf Mordechai geworden, dass er einen Galgen von 23 Metern Höhe bauen ließ, um ihn daran aufzuhängen. Er sagte allerdings niemandem, für wen der Galgen bestimmt war.

In der Nacht vor dem Festmahl litt der König unter Schlaflosigkeit. So stand er auf, um zu lesen. Er stieß auf seine alten Tagebücher und las darin, wie Mordechai vor Jahren sein Leben gerettet hatte. Damals planten zwei seiner Offiziere, den König zu ermorden. Xerxes wurde bewusst, dass er Mordechai für seine Rettungstat noch nicht belohnt hatte. Sobald er am nächsten Morgen aufwachte, traf er Vorkehrungen, Mordechai auszuzeichnen. Was für ein außerordentlicher Zufall! Ganz eindeutig hatte Gott seine Hand im Spiel.

Während des Festessens sagte der König zu Haman: „Ich frage mich, wie ich jemanden belohnen könnte, mit dem ich wirklich zufrieden bin. Was wäre dein Vorschlag?" Haman dachte, dass es um ihn selbst ginge, daher antwortete er: „Veranstalte eine Prozession zu seinen Ehren und ernenne ihn zum Premierminister." Der König war mit diesem Vorschlag einverstanden, doch es war Mordechai, den er kommen ließ, um ihn zu belohnen. Was für eine unglaubliche Wendung!

Beim Festessen nahm Esther ihren Mut zusammen und erzählte dem König, was mit ihrem Volk passieren sollte. Als der König hörte, dass Haman hinter diesem so bösartigen Plan steckte, befahl er, den Agagiter an seinem eigenen Galgen aufhängen zu lassen. Das rettete den Juden das Leben. Ein neuer Erlass wurde herausgegeben, der den Juden das Recht gab, sich zu verteidigen. Sie durften sich versammeln und jeden bewaffneten Haufen vernichten, der sie angriff. Es war eine atemberaubende Intervention, denn im gesamten Reich standen bereits Meuchelmörder bereit, um die Juden zu töten.

Als der Tag kam, an dem Hamans Anordnung der Judenvernichtung umgesetzt werden sollte, waren die Juden vorbereitet. Sie überrannten nun ihrerseits ihre Feinde und exekutierten Hamans Familie. Wäre das nicht geschehen, hätte es keine Juden mehr gegeben, so groß war die Gefahr für das jüdische Volk. Denn das persische Reich erstreckte sich von Indien bis nach Ägypten. Wäre der ursprüngliche Erlass umgesetzt worden, hätte Jesus nicht geboren werden können. Esther rettete also die Lage. Daher ist es kein Wunder, dass die Juden jedes Jahr das Purimfest feiern, um an diese Geschehnisse zu erinnern.

Alle lieben solche Geschichten und diese hier ist meisterhaft erzählt. Ihr Aufbau ist herausragend. Ein guter Geschichtenerzähler baut die Spannung immer weiter auf, um sie dann schließlich aufzulösen. Alle sind glücklich und zufrieden bis an ihr Lebensende; nur die Schurken erwartet kein Happy End. Das Buch Esther ist in dieser Hinsicht ein Meisterwerk.

Das Buch Esther im Überblick

Gefahr (1–5)
1: Einleitung
2–3: Der erste Erlass des Königs
4–5: Hamans Wut auf Mordechai
Die Schlaflosigkeit des Königs (6)

Befreiung (6–9)
6–7: Mordechais Erhöhung über Haman
8–9: Der zweite Erlass des Königs
Nachwort (10)

Das Buch besticht durch seine symmetrische Schönheit. Der erste Erlass des Königs besagt, dass alle sich vor Haman niederwerfen müssen. Der zweite Erlass ordnet an, dass die Juden nie wieder angetastet werden dürfen. Der Wut Hamans auf Mordechai folgt die Erhöhung Mordechais über Haman. Dreh- und Angelpunkt der ganzen Geschichte ist schließlich die Tatsache, dass ein einziger Mann nicht schlafen kann – das Leben schreibt wirklich die besten Geschichten!

Warum ist das Buch Esther Teil der Bibel?
Doch ganz sicher muss es hier um mehr gehen als nur um eine gute Story. Warum ist dieses Buch Teil der Bibel? Soll es uns nur beispielhaft vor Augen führen, wie wir Mut beweisen können, wenn wir ein öffentliches Amt bekleiden?

Zweifellos ist das alljährliche Purimfest eher ein weltliches als ein geistliches Fest. Es enthält keine religiösen oder geistlichen Elemente. Martin Luther sagte über das Buch Esther und 2. Makkabäer: „Ich wollte, sie wären gar nicht vorhanden; denn sie judenzen *(judaisieren, Anmerkung der Übersetzerin)* zu sehr und haben viel heidnische Unart."

Welchen Wert hat nun das Buch Esther für uns Christen? Sollen wir in Esther ein Vorbild an Gehorsam, Demut, Bescheidenheit und Loyalität erkennen? Wie gehen wir mit den weniger erfreulichen Aspekten des Buches um, beispielsweise mit dem rachsüchtigen Massaker an den Persern?

Von entscheidender Wichtigkeit ist es, den Geist des Antisemitismus in dieser Geschichte zu erkennen. Erstens waren die Juden *anders*. Sie gehorchten ihren eigenen Gesetzen und folgten ihren eigenen Bräuchen; ihre Praxis der Beschneidung, der Einhaltung des Sabbats und ihre Speisegesetze waren besonders markant. Zweitens waren die Juden *unabhängig*. Sie weigerten sich, von anderen kontrolliert zu werden. Daher galten sie als Gefahr für ein totalitäres Regime.

Satan war und ist fest entschlossen, das jüdische Volk zu zerstören, weil das Heil von den Juden kommt. Der Teufel steckte hinter der Ermordung der kleinen Jungen in Ägypten. Mose wurde durch ein kleines Kästchen aus Schilfrohr gerettet.

Satan versuchte, die Juden zu vernichten, bevor der Messias geboren werden konnte. Der Teufel selbst war für die Tötung von 200 Säuglingen in Bethlehem verantwortlich, doch Jesus entkam nach Ägypten.

Antisemitismus hat immer eine dämonische Komponente. Der Pharao wollte die Juden auslöschen, ebenso wie es Haman, Herodes und Hitler versuchten. Antisemitismus taucht in der Geschichte immer und immer wieder auf, weil das Heil von den Juden kommt. Wir sollten dem jüdischen Volk sehr dankbar sein. Alles, was wir über Gott wissen, haben wir durch sie erfahren, und unser Erlöser war und ist ein Jude.

Vierzig verschiedene Autoren haben die Bibel niedergeschrieben. Sie benötigten dafür 1400 Jahre und verfassten die Heilige Schrift in drei verschiedenen Sprachen. Nur einer dieser Autoren war ein Nichtjude, Dr. Lukas. Allerdings erhielt er sein gesamtes Material von den Juden. Ohne die Juden hätten wir keine Bibel. Kein Wunder, dass sie mehr als jedes andere Volk gehasst werden.

In diesem Drama gibt es jedoch noch einen weiteren unsichtbaren Akteur. Gott muss hinter den Kulissen Regie führen. Hängt nämlich so viel von scheinbar winzigen Details oder Umständen ab, können wir daran ganz deutlich ablesen, dass der Allmächtige am Werk ist.

Ich kann Gottes Wirken in dieser Geschichte daran erkennen, dass er das Volk bewahrt, aus dem sein eigener Sohn hervorgehen wird. Ich sehe es darin, dass die Juden beten und fasten, als sie von Hamans schändlichem Plan gegen sie erfahren. Ich erkenne Gottes Handeln am Glauben Mordechais. Er ist fest davon überzeugt, dass Gott sein Volk erhalten wird. Er lässt Esther sogar ausrichten, dass Gott sich ein anderes Werkzeug aussuchen werde, sollte sie nicht bereit sein, sich von ihm gebrauchen zu lassen. Er erwähnt Gottes Namen zwar nicht direkt, deutet ihn aber an. Sein Glaube an Gottes Macht ist sagenhaft. Die Tatsache, dass alle diese „Zufälle" zusammenpassen, überzeugt mich von Gottes Eingreifen: dass beispielsweise Mordechai dem König Jahre zuvor das Leben gerettet hatte; dass Xerxes diesen Vorfall in seinem Tagebuch festhielt; dass Xerxes nicht schlafen konnte und dass er genau diese Seite in seinem Tagebuch las, auf der Mordechai Erwähnung fand. Selbst wenn der Name Gottes im Buch Esther nicht vorkommt, so ist doch sein Handeln deutlich erkennbar. Ein Bibelwissenschaftler hat das Buch Esther die „Romanze der göttlichen Vorsehung" genannt und damit liegt er vollkommen richtig.

Aber warum wird Gott dann niemals erwähnt? Hier kommt die größte Überraschung: Seine Name wird sogar fünfmal genannt, doch die Wenigsten können es erkennen! Genauer gesagt kommt er in der Form eines Akrostichons vor. Dabei bilden die Anfangsbuchstaben mehrerer Worte entweder seinen Namen oder seinen Titel. Manchmal sind sie vorwärts und manchmal rückwärts angeordnet.

Ich habe versucht, es für meine Leser in ihre Sprache zu übertragen, damit sie es erkennen können. Dabei muss man beachten, dass das Originalkonstrukt hebräisch ist.

Die Juden liebten es schon immer, mit Worten zu spielen. Akrostichons und Abcdarien sind bei ihnen sehr beliebt. Dabei werden Anfangsbuchstaben von Worten oder Sätzen als „versteckte" Botschaft genutzt. Ein sehr bekanntes Beispiel ist das griechische Wort für Fisch „Ichtys". Es steht für: **I**ēsôus *(Jesus)* **Ch**ristós *(Christus)* **Th**eoû *(Gottes)* **Y**iós *(Sohn)* **S**ōtér *(Erlöser)* und war das Glaubensbekenntnis der ersten Nachfolger Christi. Damals wie heute gilt der Fisch als Erkennungszeichen des Christentums. *(Ein Sonderfall des Akrostichons ist der Abcdarius, bei dem die Anfangsbuchstaben das Alphabet bilden, Anmerkung der Übersetzerin.)* Im Buch der Psalmen sind Akrostichons bzw. Abcdarien häufig zu finden, prominentestes Beispiel ist der längste Psalm überhaupt, Psalm 119. Die Beschreibung der tüchtigen Hausfrau in Sprüche 31 ist ebenfalls ein Akrostichon. In den Klageliedern sind vier der fünf Kapitel als Abcdarien verfasst, wobei jede Zeile fortlaufend mit dem nächsten Buchstaben des Alphabets beginnt. Es ist ein sehr anspruchsvolles Stilmittel, das dazu verwendet werden kann, Geheimbotschaften verschlüsselt zu übermitteln.

Im Buch Esther gibt es fünf Akrostichons. Die ersten vier folgen einem bemerkenswerten Muster (siehe Esther 1,20; 5,4; 5,13; 7,7).

DER KAMPF UMS ÜBERLEBEN

Esther 1,20,	Esther 5,4	Esther 5,13	Esther 7,7	Esther 7,5
R echten	H amans	Auch	Haman	Nu N
R espekt	E inladung	Morgen	Aber	Se I
E erweisen	R eiche	Bin	Blieb	Wei B
H eute	R asch	Ich	Und	Endlic H
Alle	An	Geladen	Unglücklic H	(Si C!)
Frauen	Ihn	Abe R	Kniet E	Fre I
Ihren	Weiter	De R	E R	Mir
Eheherren,	Wenn	Jud E	Vo R	Zu
Vom	Es	Sprac H	Esther	Sagen
Größten	Dir	Haman	Um	Wer
Bis	König	Ruiniert	Sie	Wollte
Zum	Recht	Mir	Um	Es
Kleinsten	Ist	Alles	Gnade anzuflehen	Wagen?
HWHJ	JHWH	HWHJ	JHWH	EHJH
Rückwärts	Vorwärts	Rückwärts	Vorwärts	= „ICH BIN"
Heide spricht	Jüdin spricht;	Heide spricht;	Jude spricht	bzw.
über Königin	regiert als	Haman,	über Haman,	„ICH WERDE SEIN"
die Gottes	Königin	der Gottes	der Gottes	(2. Mose 3, 14+15)
Ordnung	nach Gottes	Ordnungen	Ordnung	
verwirft	Ordnung	verwirft	fürchtet	

Die ersten beiden Akrostichons benutzen die Anfangsbuchstaben von vier aufeinanderfolgenden Worten. Die letzten beiden verwenden die Endbuchstaben. Das erste Akrostichon ist rückwärts geschrieben, das zweite vorwärts, das dritte wieder rückwärts und das vierte nochmals vorwärts.

Dabei ist zu beachten, dass diese Akrostichons im hebräischen Text stehen und daher in hebräischer Sprache verfasst sind. Im Deutschen handelt es sich um die vier Buchstaben „J-H-W-H" *(Das Hebräische Alphabet verfügt nur über Konsonanten, Vokale werden nicht ausgeschrieben, Anmerkung der Übersetzerin.).* Sie bilden den Namen Gottes, der im Deutschen „Jahwe" und auf Hebräisch „Jahweh" ausgesprochen wird. Um zu verstehen, wie das Stilmittel funktioniert, habe ich das deutsche Äquivalent „Herr" als Ersatz für „Jahwe" bzw. „Jahweh" verwendet. Die betreffenden Bibelverse mussten etwas umformuliert werden, um die Funktionsweise der Akrostichons zu verdeutlichen.

Betrachten wir den ersten Vers, Esther 1,20: „Rechten Respekt erweisen heute alle Frauen ihren Eheherren, vom Größten bis zum Kleinsten." Die Anfangsbuchstaben der Worte „Rechten Respekt erweisen heute" sind R-R-E-H. Rückwärts gelesen ergeben sie das Wort „Herr". In Esther 5,4 sehen wir dasselbe Muster vorwärts: „Hamans Einladung reiche rasch" ergibt ebenfalls H-E-R-R.

Warum wird das Wort manchmal rückwärts und manchmal vorwärts buchstabiert? Wenn es rückwärts buchstabiert wird, spricht ein Heide die Worte aus. Vorwärts werden sie von einem Juden gesprochen. Vielleicht vermittelten die Juden dadurch, dass die Nichtjuden dieses Wort nie richtig aussprechen konnten. Oder sie wollten den heiligen Namen nicht den Heiden in den Mund legen.

Ein Akrostichon im Buch Esther unterscheidet sich von allen anderen. Die Buchstabenkombination ist leicht verändert und bedeutet „ICH BIN" bzw. „ICH WERDE SEIN", EHJH auf Hebräisch. Die Worte werden wiederum rückwärts gelesen. Der Verfasser hat dies alles sorgfältig geplant und dann so in den Text eingearbeitet, dass kein Nichtjude es bemerken würde.

Es gibt verschiedene Erklärungsansätze dafür, warum diese Methode Anwendung fand. Die passendste Erklärung ist eine sehr einfache. Das Buch wurde zu einer Zeit geschrieben, in der es gefährlich war, den jüdischen Gott zu erwähnen (Xerxes starb 465 v. Chr.). Daher verfasste man es wahrscheinlich eine gewisse Zeit nach den Ereignissen, die es beschreibt. Zuvor wäre ein solches Dokument als staatsgefährdend angesehen worden.

Zunächst überlieferten die Juden die Esther-Geschichte nur mündlich, so dass sie als eine Volkslegende in Erinnerung blieb. Doch eine Zeit brach an, in der die Niederschrift der Ereignisse unverzichtbar wurde. Denn das Volk feierte die Befreiung jedes Jahr und musste die wahren Hintergründe des Festes kennenlernen. Zudem war Antisemitismus weit verbreitet. Daher hielt man es für gefährlich, mit einem Dokument über den jüdischen Gott erwischt zu werden. So wurde das Buch Esther niedergeschrieben, ohne Gott direkt zu erwähnen. Die Verwendung des Stilmittels Akrostichon war gleichzeitig eine typisch jüdische Antwort auf dieses Problem.

Was können Christen von Daniel und Esther lernen?

Daniel und Esther lebten im selben Zeitalter und machten dieselbe Exil-Erfahrung. Obwohl sich beide fern der Heimat befanden, gebrauchte Gott sie in einflussreichen Positionen innerhalb einer heidnischen Gesellschaft. Dabei gaben beide ihre Prinzipien und Werte nicht auf. So waren sie fähig, das Königreich Gottes in großem Maße voranzubringen. Ihre Geschichten ermutigen uns, in dieser Welt die uns höchstmögliche Position zu erreichen, allerdings unter der Bedingung, dass wir unserem Glauben treu bleiben. Gott kann uns für sein Königreich in hohen Ämtern gebrauchen. Erlauben wir ihm daher, uns dorthin zu bringen, wo wir seine Sache befördern können.

Gott gebraucht den Einzelnen
Eine einzige Person kann einen riesigen Unterschied machen. Gott gebraucht sowohl Männer als auch Frauen und wir alle leben im Exil. Christen sind nicht von dieser

Welt. Wir passen nicht wirklich hierher, weil unser Bürgerrecht im Himmel ist. Schritt für Schritt werden wir von unserer Bindung an diese Welt entwöhnt. Gleichzeitig werden wir zu unserer himmlischen Heimat hingezogen.

Dennoch kann Gott Einzelpersonen in den Königreichen dieser Welt gebrauchen, wenn sie an ihren Werten festhalten und sich ihrer Identität bewusst sind. Gott kann sich der Menschen bedienen, die bereit sind, sich befördern zu lassen, ohne sich anzupassen. Juden stehen immer in der Versuchung, sich zu assimilieren, um der Verfolgung zu entgehen – und Christen sind genauso gefährdet.

Anfang des letzten Jahrhunderts waren die Juden in Deutschland kulturell und sprachlich sehr stark assimiliert. Als Theodor Herzl 1897 dann den Ersten Zionistenkongress einberief, um die Idee eines eigenen jüdischen Staates zu diskutieren, wollten die deutschen Juden nichts davon wissen. Herzl hatte geplant, die Konferenz in München abzuhalten, die deutschen Juden jedoch erklärten: „Veranstalte den Kongress nicht in München. Wir sind jetzt Deutsche, wir sind keine Juden mehr. Blamier' uns nicht." Daher veranstaltete Herzl die Konferenz im Schweizerischen Basel.

Christen stehen in der Versuchung, sich wie alle anderen zu verhalten, um nicht aufzufallen und als merkwürdig zu gelten. Doch Gott gebraucht einzelne, die bereit sind, anders zu sein. Früher sangen wir im Kindergottesdienst folgendes Lied: „Wag' es, wie Daniel zu sein – sei mutig, steh' allein." Daniel und Esther waren eher bereit zu sterben, als in ihrem Glauben an Gott Kompromisse einzugehen.

Gott bewahrt sein Volk
Gott bewahrte Daniel in der Löwengrube und Schadrach, Meschach und Abed-Nego im Feuerofen. Durch Esther schützte er die Juden in Susa. Will man Gottes Volk vernichten, muss man zuerst Gott selbst zerstören! Gott

bewahrt sein Volk. Möglicherweise müssen wir für ihn in den Tod gehen, aber Gott erhält uns trotzdem. Daher dürfen wir darauf vertrauen, dass sowohl Israel als auch die Gemeinde in alle Ewigkeit bestehen werden.

Gott regiert die Welt

Das eine Wort, das in diesen beiden Büchern immer wieder vorkommt, ist das Wort „Königreich". Das christliche Evangelium ist das Evangelium des Königreichs. Sowohl Daniel als auch Esther trachteten zuerst nach dem (König) Reich Gottes.

Aus beiden Büchern lernen wir, dass die gegenwärtigen Königreiche in Gottes Hand sind. Gott setzt Herrscher ein und auch wieder ab. Nebukadnezar musste lernen, dass der Allerhöchste die Reiche der Menschen beherrscht – er gibt sie, wem er will. Gott ist es, der die Grenzverläufe auf diesem Globus festlegt und entscheidet, wer an die Macht kommt und wer machtlos bleibt. Gott beeinflusst den Ausgang jeder Wahl, seine Stimme entscheidet. Manchmal lässt er dabei Gerechtigkeit walten, manchmal auch Gnade. Wenn er gerecht handelt, gibt er uns die Regierung, die wir verdienen. Wenn er gnädig ist, gibt er uns die Regierung, die wir brauchen. Ich habe in meinem Leben beobachten können, wie Gott sechs Premierminister ihres Amtes enthoben hat, von Neville Chamberlain bis zu James Callaghan. Jeder von ihnen hatte kurz zuvor ein Versprechen gegenüber Israel gebrochen. Als US-Präsident George Bush sich gegen Israel stellte und dem Land Finanzhilfen strich, verlor er kurz darauf seine Macht. Gott ist der Gott Israels. Er regiert die menschlichen Königreiche dieser Welt. Die menschlichen Regenten herrschen nur mit seiner Erlaubnis. Er hat das Sagen.

Das Wort „Königreich" wird noch in einem anderen Zusammenhang verwendet. Es gibt die gegenwärtigen menschlichen Reiche, doch es gibt auch ein künftiges göttliches Königreich. Es wird anbrechen, wenn Gott die Weltherrschaft übernimmt. Die Königreiche dieser Welt werden dann durch das Reich Gottes ersetzt. Daniels und Esthers Aufgaben sind daher noch nicht beendet. Sie haben sich in einem heidnischen Imperium als treue Amtsträger erwiesen und werden auferstehen – um in dem Königreich zu herrschen, das Gott einsetzen wird. Wenn Jesus also wieder auf die Erde kommt, werden Daniel und Esther ihn beide begleiten.

Aus diesem Grund sollten wir die Bibel nicht nur als reines Geschichtsbuch lesen. Vielmehr stellt sie uns Menschen vor, denen wir eines Tages begegnen werden. Wir werden die gesamte Ewigkeit damit verbringen, diese großartigen Heiligen Gottes kennenzulernen. Wir werden mit diesen Heiligen des Allerhöchsten gemeinsam regieren, wobei der Menschensohn den Platz auf dem Thron einnehmen wird. Alle diese Menschen, die sich als treu erwiesen haben, werden erneut auf dieser Erde eingesetzt, um an der Regierung des Königreichs Christi teilzuhaben.

31.
DIE BÜCHER ESRA UND NEHEMIA

Einleitung

Betrachten wir die Geschichte des Gottesvolkes Israel, so erkennen wir, dass Gott die Strafmaßnahmen für seine Sünden stufenweise verschärfte. Jede Strafe schien ein wenig härter zu sein als die vorangegangene. Es fing damit an, dass Gott ihnen Aggressoren aus den Nachbarländern schickte, wie beispielsweise die Philister, die sie überfielen. Die erste Strafaktion war also der Verlust ihres Eigentums. Doch die Israeliten schenkten dem keine Beachtung. Daher griff Gott nun zu Sanktionen, die ein wenig härter waren: Dürre, Hunger und Lebensmittelknappheit. Als sie immer noch nicht auf ihn hörten, attackierte er ihre Gesundheit und schickte ihnen Krankheiten. Die Höchststrafe für Gottes Volk bestand jedoch darin, das Verheißene Land zu verlieren und ins Exil verschleppt zu werden. Gott hatte sie aus Ägypten herausgeführt und in das Verheißene Land hineingebracht. Allerdings hatte er sie gewarnt, dass er sie wieder aus dem Land entfernen würde, sollten sie ihr sündhaftes Verhalten fortsetzen.

Zwei Exilzeiten

Gott schickte sie zweimal ins Exil. Die erste Verbannung betraf die zehn Stämme des Nordreiches, die zur damaligen Zeit Israel genannt wurden. Assyrien besiegte und deportierte sie im Jahr 721 v. Chr. Dem zweiten Exil fielen die beiden Stämme des Südreichs zum Opfer. Sie waren unter dem Namen Juda bekannt. Man benannte sie nach dem größeren der beiden Stämme. Diesmal waren die Babylonier die Eroberer, die sie im Jahr 586 v. Chr. verschleppten. Im Kontext von Esra und Nehemia geht es um dieses zweite Exil.

Drei Deportationen

Entgegen der Erwartung des Propheten Habakuk vernichteten die Babylonier nicht alles und jeden, als sie Juda überrannten. Sie gingen tatsächlich viel behutsamer vor. Sie deportierten das Volk in drei Gruppen zu drei verschiedenen Zeiten. Dies alles geschah während der Regierungszeit des babylonischen Königs Nebukadnezar.

Die erste Gruppe machte sich 606 v. Chr. auf den Weg. Die Mitglieder des königlichen Hofes gehörten dazu. Die Babylonier glaubten nämlich, dass es einfacher sein würde, das Volk Juda zu unterwerfen und es unter babylonischer Kontrolle zu halten, wenn seine Herrscher das Land verließen. Daniel war ein Teil dieser Spitzengruppe. Er wurde als Jugendlicher mit dem Königshof nach Babylon deportiert und sollte dort im Exil zu einer wichtigen Persönlichkeit werden.

Doch die Zurückgebliebenen versuchten immer noch, sich von der babylonischen Herrschaft zu befreien. Daher kamen die Aggressoren 597 v. Chr. ein zweites Mal ins Land und verschleppten alle Handwerker und Kaufleute. Wenn sie diejenigen, die das Geld verdienten, wegführten, würde das Volk verarmen; dann wäre es einfacher, die Menschen endlich unter ihre Gewalt zu bringen, so hofften die Babylonier. Zu den Handwerkern gehörte ein Priester namens Hesekiel, der, genau wie Daniel, im Exil eine wichtige Rolle spielen würde.

Allerdings leistete das in Juda verbliebene Volk immer noch Widerstand. Daher marschierten babylonische Truppen schließlich 587 v. Chr. in Jerusalem ein, rissen den Tempel nieder und zerstörten alles, was ihnen in den Weg kam. Von Jerusalem blieben nur noch verlassene Ruinen übrig. Juda hatte praktisch keine Bewohner mehr und die Stämme Juda und Benjamin wurden nach Babylon deportiert.

Die Exilzeit Judas dauerte 70 Jahre. Diese Zeitspanne hatte Jeremia auf das Jahr genau vorhergesagt. Seine Worte ermutigten Daniel dazu, Gott im Gebet darum zu bitten, seine Verheißung zu erfüllen.

Drei Rückkehrwellen
Das Exil endete genauso, wie Gott es versprochen hatte. Es gab jedoch drei Rückkehrwellen, die den drei Deportationen entsprachen. Die erste Rückkehr unternahmen 50.000 Menschen im Jahr 537 v. Chr., als Kyrus der König Persiens war und Serubbabel die Juden anführte. Er gehörte zur königlichen Nachkommenschaft und konnte seine Ahnenreihe bis zu König David zurückverfolgen. Serubbabel erfüllte somit die göttliche Verheißung, dass es immer einen Nachkommen Davids auf dem Thron geben würde. Tatsächlich gehörte er zu den Vorfahren Jesu, die im Stammbaum des Messias in Matthäus 1 aufgelistet werden. Serubbabels Erwähnung war ein Argument, das die Behauptung Jesu, der Messias zu sein, untermauerte.

Etwas mehr als 90 Jahre später, im Jahr 458 v. Chr., kam es zur zweiten Rückkehrwelle. Artaxerxes I saß damals auf dem persischen Thron. Diesmal kehrten nur 1800 Menschen unter der Führung Esras zurück. Er war Priester und veranlasste zum ersten Mal, dass die Leviten heimkehrten, um für das Volk Israel die Ordnungen von Anbetung und Gottesdienst wiederherzustellen. Es war nicht einfach, sie zu überzeugen. Erst nach wiederholten Aufrufen konnte Esra 1800 Priester versammeln, die bereit waren, mit ihm die lange Reise anzutreten, um das religiöse Leben in Jerusalem erneut in Schwung zu bringen.

Zirka 14 Jahre später, im Jahr 444 v. Chr., kehrte Nehemia schließlich mit einigen Handwerkern zurück. Sein Hauptanliegen bestand darin, die Mauern Jerusalems wiederaufzubauen, die von den Babyloniern zerstört worden waren. Ohne diese Befestigungen war die Stadt feindlichen Angriffen schutzlos ausgeliefert.

In den drei Rückkehrwellen wurden also das gesellschaftliche und das religiöse Leben wiederaufgebaut und die baulichen Schutzmaßnahmen erneuert. Wir müssen uns bewusst machen, dass der zweite Exodus ganz anders aussah als der bekanntere erste Auszug aus Ägypten zu Moses Zeiten. Der zweite Auszug schien in kleineren Gruppen vor sich zu gehen. Offensichtlich traten nur verhältnismäßig wenige Menschen die knapp 1500 Kilometer lange Heimreise an, die vier Monate dauerte. Die Lage der Deportierten in Babylon war viel günstiger als die Situation ihrer Vorväter damals in Ägypten unter Mose. Diesmal waren sie keine Sklaven, sondern erfolgreiche Geschäftsleute. Und wenn Juden geschäftlich aktiv werden, fällt es ihnen schwer, das wieder aufzugeben. Ich habe einmal eine wunderschöne Geschichte über einen jüdischen Mann in New York gehört: Er kaufte sich einen kleinen Laden, der zwischen zwei gigantisch großen Kaufhäusern eingezwängt war. Er überlegte sich, wie er sein kleines Geschäft nennen sollte und entschied sich nach langem Abwägen für den Namen „Eingang"!

Zwei Bücher, ein Autor?

Die Bücher Esra und Nehemia wurden nach der zweiten und dritten Rückkehrwelle benannt, an deren Spitze diese beiden Personen standen. Allerdings behandeln beide Bücher alle drei Rückführungen ins Land Juda. Das Buch Esra hat die ersten beiden zum Thema, während das Buch Nehemia von der dritten Rückkehr berichtet. Die Menschen waren nicht länger als Hebräer oder Israeliten bekannt, sondern wurden nun Juden genannt, abgeleitet vom Wort „Juda", was Lobpreis bedeutet. In gewisser Weise war das bezeichnend für die Art von Menschen, die sie nach ihrer Heimkehr werden sollten.

Das Erste, was dem Leser an diesen beiden Büchern auffällt, ist, dass sie so gleichartig sind. Beide folgen genau demselben Muster. Zudem ähnelt ihr Schreibstil dem von 1. und 2. Chronik. In der hebräischen Bibel bildeten sie zunächst ein Buch. Später wurden sie 1. und 2. Esra genannt und gemeinsam mit 1. und 2. Chronik zu einem Werk zusammengefasst. Ein Erklärungsansatz, für den meiner Ansicht nach vieles spricht, ist folgender: Esra schrieb alle diese Bücher. Er war ein sorgfältiger Mann, der die Möglichkeit hatte, Aufzeichnungen zu machen. Es ist wahrscheinlich, dass er die Bücher Esra, Nehemia und 1. und 2. Chronik verfasste.

Esra und Nehemia wurden beide in zwei verschiedenen Sprachen niedergeschrieben: teilweise auf Hebräisch und teilweise auf Aramäisch. Aramäisch war die Verkehrssprache, die jeder sprechen konnte, genauso wie Griechisch die Gemeinsprache zur Zeit des Neuen Testaments war. Aramäisch wurde als semitische Sprache im gesamten Gebiet des fruchtbaren Halbmonds im Nahen Ostens gesprochen. Die Juden waren mit dem Aramäischen vertraut. Sie nutzten es während des Exils in Babylon und wenn sie Handel mit Menschen aus anderen Ländern trieben. Daher waren viele Aufzeichnungen, die sie aus dem Exil mitbrachten, in aramäischer Sprache abgefasst. Das einzige andere Buch des Alten Testaments, das uns zweisprachig vorliegt, ist das Buch Daniel.

Der Aufbau der Bücher
Sowohl Esra als auch Nehemia haben jeweils vier Teile. Dabei haben der zweite und der vierte Teil dasselbe Thema. Sie konzentrieren sich auf den Wiederaufbau des Staates und die Erneuerung des Volkes:

ESRA	NEHEMIA
Rückkehr I (1–2)	Rückkehr III (1–2)
a, b	a, b
Wiederaufbau (3–6)	Wiederaufbau (3–7)
a, b, c	a, b, c
Rückkehr II (7–8)	Erneuerung (8–10)
a, b, c	a, b, c
Reformen (9–10)	Reformen (11–13)
a, b	a, b

Die Rückkehr I unter Serubbabel konzentrierte sich auf den Wiederaufbau des Tempels, auch wenn er nur sporadischer Natur war. Erst die Propheten Haggai und Sacharja konnten ihn erneut in Gang bringen. Die Rückkehr II hatte die Reformation des Volkes zum Thema. Rückkehr III führte zum Wiederaufbau der Stadtmauern, zur Erneuerung des Bundes und wiederum zur Reformation des Volkes. Jedes Mal schienen die Menschen die Sünden wieder vergessen zu haben, die zum Verlust des Landes geführt hatten.

Noch bemerkenswerter ist der Vergleich des Aufbaus beider Bücher. Der erste Abschnitt jedes Buches hat zwei Unterabschnitte, der zweite Teil hat drei, ebenso wie der dritte Teil, während der vierte wiederum über zwei Unterabschnitte verfügt (im obigen Schaubild als „a", „b", und „c" bezeichnet). Diese Struktur ist außergewöhnlich. Sie wurde mit Bedacht gewählt und zeugt in ihrem Aufbau und in ihrer Ausgewogenheit von besonderer Schönheit. Sie legt eindrücklich nahe, dass nur ein Mann, wahrscheinlich Esra, beide Bücher verfasst hat.

Es gibt eine weitere auffallende Parallele: Das neunte Kapitel beider Bücher enthält jeweils ein bemerkenswertes Gebet, mit dem sowohl Esra als auch Nehemia die Sünden der Nation bekennen. Beide Kapitel sind in beiden Büchern besonders wichtig.

Das Buch Esra

Überblick
Rückkehr I (Kapitel 1–2)
Kyrus: die Weisung, den Tempel zu bauen (1)
Serubbabel und Co. „ziehen hinauf" (2)
Wiederaufbau (3–6)
Jeschua: der Altar und die Fundamente des Tempels (3)
Artaxerxes: empfängt einen Brief (4)
Darius: Briefe werden empfangen und verschickt (5–6)
Rückkehr II (7–8)
Esra und Co. „ziehen hinauf" (7)
Artaxerxes: schickt einen Brief (7)
Die Leviten „ziehen hinauf" (8)
Reformen (9–10)
Persönliche Fürbitte (9)
Öffentliches Bekenntnis (10)

Historischer Hintergrund
Das Buch Esra hat folgenden historischen Hintergrund: Kyrus, der persische Herrscher, hatte Babylon erobert. Er war nun das Oberhaupt der größten Weltmacht am östlichen Ende des fruchtbaren Halbmondes. Er war jedoch ein sehr gütiger Mann, der den besiegten Völkern mit Freundlichkeit begegnete. Interessanterweise hatte Gott schon Jesaja, der 100 Jahre vor der Herrschaft des Kyrus starb, verkündet, dass er seinen gesalbten Diener Kyrus gebrauchen würde, um sein Volk aus dem Exil zurückzuholen. Viele Wissenschaftler bezweifeln, dass Jesaja den Namen des persischen Herrschers damals schon erfahren haben könnte. Sie bestehen daher darauf, dass die Weissagung Jesajas nach den Ereignissen niedergeschrieben wurde. Doch Gott

kannte den Namen des Mannes. Archäologische Funde haben bestätigt, dass Kyrus allen gefangengenommenen Völkern in Babylon verkünden ließ, dass sie in ihre Länder zurückkehren und ihre Religionen wieder ausüben dürften. Er stellte ihnen nur eine Bedingung: Sie sollten bei ihren Göttern für Kyrus Fürbitte tun. Am zeitlichen Ablauf können wir folglich die Hand Gottes erkennen, denn die 70 Jahre waren gerade abgelaufen.

Rückkehr I (Kapitel 1–2)

Das Buch Esra berichtet über die erste Rückkehr unter Serubbabel und den Wiederaufbau des Tempels. Darauf folgen die Heimkehr unter der Leitung von Esra und die geistliche Erneuerung des Volkes. Eine der traurigsten Tatsachen in beiden Büchern ist, dass das Volk schnell wieder zu seinen sündigen Praktiken zurückkehrte, als es in sein Land kam. Es ist wirklich tragisch! Dieses Verhalten hatte sie ihr Land gekostet. 70 Jahre lang waren sie in der Fremde gewesen und als sie heimkehrten, ignorierten sie erneut Gottes Gebote. Wie schnell können doch die Menschen das Wichtigste vergessen!

Wie bereits erwähnt war Serubbabel der Enkel von Jojachin und gehörte daher zur königlichen Nachkommenschaft Davids. Auch wenn er nur als Statthalter und nicht als König bezeichnet wurde, war er dazu auserwählt, das Volk zurückzuführen. Er nahm einen Hohepriester namens Jeschua mit.

Wiederaufbau (Kapitel 3–6)

JESCHUA

Unter der Führung Jeschuas errichtete das Volk einen Altar und brachte Opfer dar, nachdem es in seine Heimat zurückgekehrt war. Während der gesamten Exilzeit hatten sie nicht opfern können, da sie weder über einen Tempel noch über einen Altar verfügten. Daher war dies nach ihrer Heimkehr ihre erste Priorität. Nebenbei bemerkt war es auch die erste Handlung, die ihr Vorvater Abraham vornahm, wenn er sein Zelt aufschlug. Er errichtete immer einen Altar, um Gott anzubeten.

ARTAXERXES

Sobald sie zurückgekehrt waren und mit den Opfern begonnen hatten, bekamen sie sofort Schwierigkeiten. Artaxerxes löste Kyrus ab und erhielt einen Brief von den Samaritern, die vor der Rückkehr der Deportierten in Juda lebten. Die Samariter waren zur Hälfte jüdisch und zur anderen Hälfte heidnisch. Wenigen Juden war es gelungen, den Deportationen zu entkommen. Sie hatten Menschen aus anderen Völkern geheiratet und die Samariter waren das Ergebnis dieser Verbindung. Da sie gemischter Herkunft waren, gab es kaum freundliche Beziehungen zu den Juden. Abgesehen von allem anderen war es ihnen ja gelungen, den Deportationen zu entgehen. Ab diesem Zeitpunkt konnten die Juden und die Samariter nicht friedlich koexistieren. Der Brief behauptete, dass der Wiederaufbau des Tempels nur böse Absichten verschleiern sollte. So gelang es, die Arbeit zu stoppen. Doch die Samariter hatten sich verrechnet, denn Artaxerxes war der Stiefsohn von Königin Esther. Daher hegte er große Sympathien für das jüdische Volk.

DARIUS

Später schickte ein anderer Herrscher, Darius I, einen Brief aus Babylon zurück nach Juda. Darin ermutigte er die Juden, den Wiederaufbau erneut in Angriff zu nehmen. Unter Darius wurde Daniel in die Löwengrube geworfen. Als Konsequenz musste Darius anerkennen, wie mächtig Gott war. Der Wiederaufbauprozess verlief also sehr lückenhaft. Es gab Zeiten, in denen der Widerstand der Samariter den

Bau stoppte. Zu anderen Zeiten wurden die Juden der Arbeit am Gotteshaus einfach müde und konzentrierten sich stattdessen auf die Errichtung ihrer eigenen Häuser. Haggai, der Prophet, fragte sie: „Aber warum ist es für euch selbst an der Zeit, in Häusern mit getäfelten Wänden zu wohnen, während mein Haus noch in Trümmern liegt?" (Haggai 1,4; HfA). Diese Worte motivierten sie erneut dazu, aktiv zu werden. Es war wirklich schwierig, sie bei der Stange zu halten. Schließlich waren sie nur eine kleine Gruppe von Menschen, die in einem öden Land ein wenig Wiederaufbau leisteten, soweit sie es eben vermochten.

Rückkehr II (Kapitel 7–8)
Nach 50 Jahren kehrte eine Gruppe unter Esras Leitung zurück. Damals waren Recht und Ordnung das Problem. Daher brachte Esra eine Gruppe von Richtern mit, um dem Gesetz wieder Geltung zu verschaffen. Artaxerxes schickte zur selben Zeit einen weiteren Brief, mit dem er die Leviten zur Rückkehr ermutigte. In der Folge gelang es Esra, weitere 38 Leviten zu finden, die bereit waren, ihn zu begleiten. Der Text des Buches steht ab dem Ende von Kapitel 7 nun in der ersten Person Singular, da Esra über seine persönlichen Erfahrungen aus der damaligen Zeit berichtet.

Reformen (Kapitel 9–10)

PERSÖNLICHE FÜRBITTE
Die Reformen gehören zu dem traurigsten Teil dieser Geschichte. Esra betete für sich allein. Weil er gesehen hatte, wie schnell die Menschen zu ihren alten Verhaltensweisen zurückkehrten, bat er Gott, sich über sie zu erbarmen. Er bestand darauf, dass das Volk seine Vergehen öffentlich bekannte. Esra erstellte eine schwarze Liste all derer, die dabei waren zurückzufallen und die Gebote zu brechen.

Eine der Sünden, die am weitesten verbreitet war, bestand darin, außerhalb des Volkes Gottes zu heiraten. Diese Praxis war Israel untersagt, genauso wie sie Christen im Neuen Testament verboten wird. Jemand hat einmal richtigerweise auf Folgendes hingewiesen: Wenn man ein Kind des Teufels heiratet, wird man unweigerlich Probleme mit seinem Schwiegervater bekommen!

ÖFFENTLICHES SCHULDBEKENNTNIS
Esra bestand darauf, diese Ehen aufzulösen, weil sie in Gottes Augen gegen das Gesetz verstießen. Das Neue Testament verlangt von den Gläubigen nicht, dasselbe zu tun. Esra jedoch nahm diese Angelegenheit sehr ernst. Frauen und Kinder wurden fortgeschickt, damit das Volk Gottes wieder zum reinen Volk Gottes werden konnte. Er überprüfte sogar die Stammbäume einiger Männer, die aus Babylon gekommen waren, aber keine echten Juden waren.

Wer war Esra?
Esra war ein faszinierender Mensch. Sein Name bedeutet wörtlich übersetzt „Hilfe" (Nehemias Name bedeutet „Trost"). Hilfe und Trost waren ganz sicher das, was diese kleine Gruppe der aus der Verbannung Zurückgekehrten brauchte. Esra stammte in direkter Linie von Aaron ab. Die Verwandtschaft bestand durch Aarons Sohn Eleasar und später dann durch Pinhas und Zadok, die Priester. Esra hatte daher ein priesterliches Erbe.

Das Buch Esra berichtet uns, dass er die Schriften mitbrachte, wahrscheinlich die Bücher des Gesetzes (d.h. das erste bis fünfte Buch Mose). Esra wird als ein „Mann der Schrift" beschrieben, weil er folgende drei Dinge mit der Bibel tat: Er studierte sie, er richtete sein Leben nach ihr aus und er lehrte sie. Es ist relativ einfach, die Bibel zu studieren und sie anderen nahezubringen. Esra allerdings hatte Folgendes erkannt: Es war sehr wichtig, dass nicht nur seine Worte von der Bibel zeugten, sondern sein gesamter Lebensstil. Esras Hingabe an die Bibel führte zu einem weichen Herzen, das die Sünden anderer Menschen beweinte. Die eigenen Sünden zu betrauern ist sehr einfach, insbesondere wenn man erwischt wird. Doch über die Vergehen anderer Tränen zu vergießen, zeigt eine Tiefe an Spiritualität, die nur wenige Menschen besitzen.

Laut jüdischer Tradition stand Esra einem Rat von 120 jüdischen Männer vor, den „Männern der großen Versammlung". Sie stellten die hebräischen Schriften zusammen, die das Alte Testament bilden. Wir können nicht mit Sicherheit sagen, ob dies der Wahrheit entspricht. Ganz sicher aber legte Esras Fokus auf die heiligen Schriften das geistliche Fundament für die nächsten 400 Jahre. Denn während dieser Zeitspanne gab es keine Propheten. Die Juden hatten damals nur das Wort Gottes, das der Allmächtige in der Vergangenheit verkündet hatte, einschließlich der Bücher Esra und Nehemia.

Wenigen ist bekannt, dass Esra die Grundlagen für den biblischen Synagogengottesdienst legte. Seit damals beruht sein Ablauf auf den Vorgaben Esras – bis heute. Genau genommen ist der Ablauf jedes Synagogengottesdienstes das genaue Gegenteil dessen, was in fast allen christlichen Gemeinden passiert. In der Synagoge steht das Wort Gottes am Anfang, und erst als Zweites kommt die Anbetung. Man hört erst auf Gott, bevor man selbst zu ihm spricht. So ist die anschließende Gottesverehrung eine Antwort auf das, was Gott den Gläubigen gesagt hat. Dadurch wird die Anbetung sehr viel aussagekräftiger und abwechslungsreicher. Manchmal ist einem nach tanzen und singen zumute, ein anderes Mal ist man in ernster und reuevoller Stimmung. Man erlaubt dem Wort Gottes, den Kurs vorzugeben, statt die Gemeinde dazu motivieren zu müssen, Gott anzubeten.

Haben sich die Gläubigen zunächst mit Gottes Wort füllen lassen, sind sie bereit, Gott anschließend ihre Verehrung auszudrücken. In einem Synagogengottesdienst verbringen die Gläubigen eine Stunde damit, das Wort Gottes zu lesen und auszulegen. Dann erst reagieren sie darauf, indem sie Gott anbeten.

Esra etablierte also diesen Ablauf. Er stellte eine hölzerne Kanzel auf dem Marktplatz auf und las dem Volk aus den Schriften vor. Zudem gab er ihnen Erläuterungen über ihre Bedeutung. Die Anbetung der Menschen war dann ihre Antwort auf das Gelesene. In der Urgemeinde lief der Gottesdienst genau nach diesem Muster ab. Das wissen wir aus einem historischen Dokument mit dem Namen „die Didache". Als ich Pastor einer Gemeinde in Guildford war, studierten wir im Gottesdienst eine Stunde lang das Wort Gottes. Danach folgte eine halbe Stunde Anbetung. Das funktionierte sehr gut.

Das Buch Nehemia

Überblick
Unser Überblick über das Buch Nehemia bestätigt die Ähnlichkeit mit dem Aufbau und der Struktur des Buches Esra. Dieser Umstand zeigt, dass beide Bücher derselben Feder entstammen. Auch Nehemia hat jeweils vier Abschnitte, wobei der erste über zwei Unterabschnitte verfügt, die nächsten beiden über jeweils drei und der letzte wieder über zwei.

Rückkehr III (1–2)
Deprimierende Information (1)
Heimliche Inspektion (2)
Wiederaufbau (3–7)
Errichtung von Verteidigungsmaßnahmen (3)

Auftreten von Schwierigkeiten (4–6)
  Widerstand von außen
  Ausbeutung von innen
Erfassung der Rückkehrer (7)
Erneuerung (8–10)
Verlesung der Schriften (8)
Bekenntnis der Sünden (9)
Verpflichtung auf die Schriften (10)
Reformen (11–13)
Ausreichende Quantität (11-12)
Geistliche Qualität (13)
  Gemischte Ehen
  Zweckentfremdete Gelder
  Entweihte Sabbate
  Versäumte Pflichten

Rückkehr III (Kapitel 1–2)

SCHLECHTE NACHRICHTEN AUS JERUSALEM
Die dritte Rückkehrwelle aus dem Exil begann, als Nehemia schlechte Nachrichten aus Jerusalem erhielt. Damals befand er sich noch in Babylon. Er war der Mundschenk des Königs Artaxerxes. Wahrscheinlich hatte er diese Stellung durch Königin Esther erlangt, denn Artaxerxes war ihr Stiefsohn. Es war keine besonders angenehme Aufgabe, den Wein vorzukosten. Jedes Mal fragte er sich sprichwörtlich, ob der nächste Schluck auch sein letzter sein würde. Doch es war eine sehr verantwortungsvolle Aufgabe, die ihn zu einem Vertrauten des Königs machte. In der entspannten Atmosphäre dieser Beziehung konnte er über vieles reden. Als Nehemia erfuhr, dass man die wiederaufgebauten Mauern Jerusalems erneut niedergerissen hatte und dass die Nachbarn der Stadt über ihre Wiederrichtung erzürnt

waren, sah er äußerst unglücklich aus. Daraufhin fragte ihn der König, was das Problem sei. Nehemia erklärte dem König seine Sorgen. Er fürchtete gleichzeitig, dass sein trauriger Gesichtsausdruck zu seiner Bestrafung führen würde. Die Antwort des Königs überraschte ihn sehr. Artaxerxes gab ihm nicht nur die Erlaubnis, zurückzukehren, um die Mauern wiederaufzubauen. Er verfasste auch Empfehlungsschreiben an einflussreiche Persönlichkeiten, die über das notwendige Baumaterial verfügten, um Nehemias Projekt zu fördern.

NÄCHTLICHE INSPEKTION DER STADTTORE
Der zweite Teil des ersten Abschnitts berichtet darüber, wie Nehemia nach Jerusalem zurückkehrte. In der Nacht untersuchte er heimlich die Stadtmauern, um den Umfang des Schadens festzustellen. Er war ein weiser Leiter, der die Kosten überschlug, bevor er irgendetwas unternahm. Nehemia gehörte nicht zu denen, die draufgängerisch etwas überstürzten. Er war ein Mann des Glaubens, doch er schätzte im Vorfeld exakt den Umfang seiner Aufgabe ab, bevor er sich ans Werk machte.

Wiederaufbau (Kapitel 3–7)

DIE MAUERN WERDEN ERRICHTET
Nehemia stellte fest, dass die Mauern und Stadttore reparaturbedürftig waren. Ein Großteil der Stadtmauern war vollständig zerstört worden. Der Rest benötigte umfangreiche Instandsetzungsmaßnahmen. Touristen, die heute Jerusalem besuchen, glauben oft, dass die gegenwärtigen Altstadtmauern aus der Zeit des Alten Testaments stammen würden. Sie sind jedoch nur ein paar Jahrhunderte alt. Sie wurden nach den Kreuzzügen von Suleiman dem Prächtigen errichtet. Die Altstadt

befand sich zur Zeit des Alten Testaments außerhalb der heutigen Mauern südlich des Tempelareals. Der heutige Tempelkomplex mit der Omar-Moschee (dem Felsendom) und der Al-Aksa-Moschee misst etwas mehr als fünf Hektar. Es handelt sich um ein großes Felsplateau auf einem Hügel. Doch Ausgrabungen des alttestamentarischen Jerusalems haben die Stadtmauern zur Zeit Nehemias freigelegt.

Nehemia zeigte bei seinem Bauprojekt herausragende Führungsqualitäten. Er ging dabei sehr klug vor: Er forderte die Bewohner auf, das Mauerstück aufzubauen, das ihrem eigenen Haus gegenüberlag. Erstaunlicherweise gelang es ihm so, die gesamte Mauer innerhalb von 52 Tagen errichten zu lassen. Als dann noch die Stadttore hinzugefügt wurden, war die Stadt zum ersten Mal wieder sicher.

SCHWIERIGKEITEN

Allerdings sah sich das Volk während dieser Zeit vielen Schwierigkeiten gegenüber:

Widerstand von außen: Hohn und Spott waren das erste Problem. Die Samariter machten sich über den Wiederaufbau lustig. Sie behaupteten, selbst ein Fuchs könnte die Mauer umstoßen. Doch als diese Sticheleien auf taube Ohren stießen, probierten sie es mit etwas ernsteren Drohungen. Sie verschworen sich sogar und versuchten, Nehemia von seiner Aufgabe wegzulocken. Sie boten ihm ihre Freundschaft an. Dadurch beabsichtigten sie, ihn mit Verhandlungen zu ködern, die ihn von seinem Vorhaben abhalten würden. Der weise Nehemia jedoch lehnte dieses Angebot ab; nichts würde ihn von seinem Auftrag ablenken.

Ausbeutung von innen: Es gab auch interne Schwierigkeiten. Innerhalb der Mauern wurden die Reichen immer reicher und die Armen immer ärmer. Das lag hauptsächlich daran, dass ihre Geldgeschäfte dem mosaischen Gesetz widersprachen. Darlehen wurden so hoch verzinst, dass ihre Empfänger sich extrem verschuldeten. Nehemia sprach diese Probleme mutig an und bemühte sich darum, ein wirtschaftliches Gleichgewicht zwischen den einzelnen Bevölkerungsgruppen herzustellen.

ZU WENIGE EINWOHNER
Zudem wollten nur sehr wenige Menschen in der Stadt leben. Sie hatten Angst vor Angriffen und zogen es vor, auf dem Land zu leben, wo man sich leichter verstecken konnte. Daher musste Nehemia Menschen dazu nötigen, in die Stadt zu ziehen. Er hatte eine Liste bei sich, auf der die Nachkommen der Bewohner verzeichnet waren, die vor dem Exil Jerusalem bevölkert hatten. Mit Hilfe dieses Verzeichnisses überredete er die Menschen dort zu wohnen, wo schon ihre Familien heimisch gewesen waren. Er führte auch eine Einwohnererhebung durch, so dass er wusste, wo sich jeder befand. Es gab 42.360 Juden, 7.337 Diener und, interessanterweise, 254 Sänger. Dass sich die Sänger registrieren mussten, zeigt Nehemias Absicht, die Anbetung Gottes im Tempel wiedereinzuführen.

Erneuerung (Kapitel 8–10)

ESRA VERLIEST DAS GESETZ
Als Nächstes stellte sich Esra auf seine hölzerne Kanzel und las das Gesetz öffentlich vor, und zwar vom Sonnenaufgang bis zur Mittagszeit. Die Bibel berichtet, dass er es nicht nur vorlas, sondern es auch erklärte, damit das Volk es verstehen konnte. Diese Lesung ereignete sich während des Laubhüttenfestes, des jüdischen Erntedankfestes. Diese Feier ist normalerweise eine fröhliche Angelegenheit. Die Rabbiner lehren sogar, dass jemand sündige, wenn er während des Laubhüttenfestes nicht voller Freude sei!

SCHLÜSSEL ZUM ALTEN TESTAMENT

SÜNDENBEKENNTNIS
Esras Zuhörer waren so bewegt, dass sie zusammenbrachen und anfingen zu weinen. Sie bekannten Gott ihre eigenen Sünden und die ihrer Vorfahren. Dieser Umstand zeigt den entscheidenden Unterschied zwischen Esra und Nehemia. Für Esra war die Lage ein Anlass zum Weinen, doch Nehemia forderte das Volk auf zu feiern. Esra weinte über die Sünden, die das Wort Gottes offenbarte, während Nehemia sich auf den Wiederaufbau der Stadtmauern konzentrierte. Ihre Fertigstellung war für ihn ein Grund zur Freude. Nehemia verkündete dem Volk, dass es sich freuen, gutes Essen auftischen und feiern sollte. Alles hat seine Zeit, sowohl das Weinen als auch die Freude. Weise ist, wer unterscheiden kann, was gerade dran ist.

BUNDESSCHLUSS
Am Ende dieses Bußgebets ermöglichte Esra dem Volk, seinen Bund mit Gott zu erneuern. Die Leviten und die Priester gingen eine verbindliche Vereinbarung ein. Kapitel 10 listet die Personen auf, die sie unterzeichneten.

Reformen (Kapitel 11–13)

UMZUG IN DIE STADT
Ein Teil des Auftrags Nehemias bestand darin, die Menschen zu ermutigen, in die Stadt zu ziehen, jetzt, da die Mauern wiederaufgebaut waren. Die Kapitel 11 und 12 verzeichnen die Personen, die dafür gelobt wurden, dass sie in Jerusalem lebten.

KORREKTUR

Gemischte Ehen
Im letzten Kapitel macht Nehemia wirklich Nägel mit Köpfen. Zunächst musste er die gemischten Ehen auflösen. Sie verunreinigten das Volk. Er verfluchte diejenigen,

die außerhalb des Volkes Israel geheiratet hatten. Der Unterschied zwischen Esra und Nehemia bestand darin, dass sich Esra seine eigenen Haare raufte, während Nehemia anderen Menschen den Kopf wusch! Nehemia riss sprichwörtlich den Israeliten, die sündigten, büschelweise die Haare aus.

Zweckentfremdete Gelder
Er musste sich auch um zweckentfremdete Gelder kümmern. Manche verwendeten Finanzen, die ihnen anvertraut worden waren, missbräuchlich. Nehemia bemühte sich, in diesen Finanzfragen Gerechtigkeit und Fairness wiederherzustellen.

Entweihte Sabbate
Der Sabbat wurde nicht ordnungsgemäß gehalten. Geschäftsleute, die aus Babylon zurückgekehrt waren, fanden nicht denselben lukrativen Markt vor, den sie gewöhnt waren. Daher öffneten sie ihre Geschäfte auch am Sabbat, um ihre Unternehmen aufzubauen. Nehemia bestand darauf, die Stadttore jeden Sabbat zu schließen, so dass kein Handel möglich war.

Versäumte Pflichten
Die Religiösen schnitten kaum besser ab. Priester vernachlässigten ihre Pflichten im Tempel. Nehemia musste auch das wieder in Ordnung bringen. Die Leviten und die Sänger hatten kein Geld für ihren Tempeldienst erhalten und waren daher in die Landwirtschaft zurückgekehrt, um ihren Lebensunterhalt zu verdienen.

Sowohl Esra als auch Nehemia mussten daher nicht nur Gebäude wiederaufbauen, sondern auch Menschen erneuern. Sie übten ihre Autorität mutig und sogar rabiat aus, um das Volk aus der Krise zu führen.

Wer war Nehemiah?

Im Allgemeinen ist Nehemia bei den meisten Menschen beliebter als Esra. Der Grund dafür ist leicht zu erkennen. Nehemia war etwas netter, nicht zuletzt, weil er selbst ein fröhlicher Mann war, der andere ermutigte, sich ebenfalls zu freuen. Der Ausspruch, „Die Freude am Herrn ist eure Stärke", stammt von Nehemia. Ich glaube nicht, dass Esra jemals etwas Derartiges gesagt hätte. Er war zu beschäftigt damit, um das Volk zu weinen. Sie gaben in vielerlei Hinsicht ein perfektes Paar ab. Die „Hilfe" und der „Trost"ergänzten sich gut.

Nehemia zeigt zudem einige ganz besondere Eigenschaften, die mich zutiefst beeindrucken. Als Leser haben wir den Eindruck, ihn gut zu kennen. Er geht viel offener mit seinen Gefühlen um als Esra. Er spricht mehr über sich selbst und ist autobiographischer. Besonders auffallend ist, dass es bei ihm mehr Passagen in der Ich-Form gibt. Sie offenbaren die vier folgenden Charakterzüge:

Mann des Gebets

Wenn wir Esra als „Mann der Schrift" bezeichnen, so ist Nehemia der „Mann des Gebets". Bevor er irgendetwas tat, betete er. Lange und kurze Gebete finden sich in seinem Buch, genauso wie öffentliche und private. Die Länge des Gebets ist nicht entscheidend, sondern seine Tiefe. Nehemia war ein Mann, der ganz natürlich mit dem Herrn sprach, und zwar über alles – er war ein Mann des Gebets. Er bat Gott, diejenigen zu bestrafen, die Böses taten. Gleichzeitig äußerte er vor Gott freimütig die Bitte, dass der Herr an ihn denken und ihn für seine guten Werke belohnen möge.

Praktisch veranlagt

Nehemia war sehr gut organisiert. Manche Leute sind so

„himmlisch gesinnt", dass sie auf der Erde zu nichts zu gebrauchen sind. Auf Nehemia traf dies allerdings nicht zu. Er hatte kein Problem damit, anzupacken und Mauern zu bauen. Er war ein guter Organisator, der die Tore und Mauern überprüfte und die Bedürfnisse des Volkes abschätzen konnte. Er war nicht mit seinem Kopf in den Wolken, sondern praktisch veranlagt. Was für ein Glücksfall ist es doch, wenn man auf einen solch praktischen Menschen trifft, der gleichzeitig gerne und viel betet!

Emotional
Nehemia hatte tiefe Gefühle, er war ein emotionaler Mensch. Er zeigte sowohl große Betrübnis als auch übersprudelnde Freude. Andere ermutigte er dazu, sich am Herrn zu freuen, zu jubeln und aus der Freude Kraft zu schöpfen. Er konnte aber auch wütend werden und anderen die Haare ausreißen. Es war nie langweilig mit ihm!

Sozial
Doch mehr als alles andere war er sozial veranlagt. Ich glaube nicht, dass Esra das hätte tun können, was Nehemia gelang. Denn Nehemia konnte gut mit Menschen umgehen. Seine „Personalführung" war brillant. Er war in der Lage, anderen zur Seite zu stehen und sie dazu anzuhalten, ihre Aufgabe zu Ende zu führen. Wenn sie aufgeben wollten, konnte er sie gut motivieren und ihnen helfen, neue Kraft zu schöpfen. Ein solcher Mann wirkt auf andere immer attraktiv. Interessanterweise sprach er immer von „wir" oder „uns", wenn es um die Arbeit an der Stadtmauer ging. Einmal weigerte er sich, die ihm als Statthalter zustehenden Lebensmittel anzunehmen, um seine Identifikation mit dem Volk zu zeigen. Es gab auch einsame Momente, als er beispielsweise die Mauern inspizierte. Wenn es allerdings um den Wiederaufbau ging, sagte er: *„Wir*

errichteten die Mauern." Er ehrte alle Beteiligten: „Wir haben diese Aufgabe in Angriff genommen, wir hatten die richtige Arbeitseinstellung und wir haben es in 52 Tagen geschafft." Er behauptete nicht: *„Ich* habe es geschafft." „Sie erkannten, dass dieses Werk von unserem Gott aus geschehen war", heißt es in Nehemia 6,16 (ELB).

Sein Charakter zeigt ein erstrebenswertes Gleichgewicht zwischen folgenden Attributen: betend und praktisch veranlagt, betrübt und fröhlich, zäh und zärtlich, feinfühlig Gott gegenüber und einfühlsam zu den Menschen. Er ist uns ein gutes Vorbild, dem wir nacheifern sollten.

Gott und sein Volk

Gott

Wenn wir uns mit biblischer Geschichte befassen, stellt sich immer wieder folgende Frage: Warum sollten wir historischen Ereignisse studieren, die vor so langer Zeit geschehen sind? Was hat das alles mit uns zu tun – über 3000 Kilometer entfernt und 2500 Jahre später?

Zunächst einmal geht es um spannende Begebenheiten und inspirierende Persönlichkeiten. Die Bibel beschreibt die Menschen mit all ihren Fehlern und Schwächen und ihre Geschichten sind nie langweilig. Aber was wir beim Bibelstudium eigentlich kennenlernen, ist die Geschichte Gottes mit seinem Volk. Es ist die Geschichte eines Gottes, der sich durch einen Bund an ein bestimmtes Volk und an ein bestimmtes Land gebunden hat. Und derselbe Gott hat sich heute durch einen neuen Bund auf uns festgelegt. Bemerkenswerterweise sagt Nehemia „mein Gott". Er zeigt uns das Bild eines Gottes, der sein Wort hält.

Der Allmächtige verhieß seinem Volk zwei Dinge: Er würde sie für ihren Gehorsam segnen und für ihren Ungehorsam verfluchen. Derselbe Gott, der die eine

Verheißung erfüllte, würde auch die andere einhalten. Die Tatsache, dass er sie ins Exil schickte, bedeutet, dass er dadurch sein Versprechen einlöste.

ER SCHICKTE SIE INS EXIL

In 3. Mose 26,43 versprach Gott, das Volk aus dem Verheißenen Land wegzuführen, sollte es sich falsch verhalten. Und er hielt Wort. Der Grund dafür, dass die Exilzeit 70 Jahre dauerte, ist kaum bekannt. Er wird am Ende von 2. Chronik erklärt.

Das Gesetz Gottes legte fest, dass das Land genauso seine Sabbatruhe benötigte wie das Volk. Gott hatte ihnen geboten, dass sie in jedem siebten Jahr keine Ernte einbringen, sondern das Land brachliegen lassen sollten. Doch das Land hatte diese Ruhezeit seit 500 Jahren nicht erhalten, was einer Gesamtruhe von 70 Jahren entspricht (jedes siebte Jahr ein Ruhejahr in einem Zeitabschnitt von insgesamt 500 Jahren). Am Ende der 2. Chronik sagte Gott sinngemäß Folgendes: „Wenn ihr dem Land seine Ruhe nicht gebt, werde ich es tun. Es hinkt 70 Jahre hinterher, daher müsst ihr es 70 Jahre lang verlassen."

Gott hält sein Wort. Er hat versprochen, die Gerechten zu belohnen und die Ungerechten zu bestrafen. Er wird beides tun, weil er sich mit einem Bund zu beidem verpflichtet hat. Das gilt für sein Volk genauso wie für jeden anderen Menschen auch. Paulus, der seine Briefe an Christen schrieb, drückte es folgendermaßen aus: „Denn wir alle müssen vor Christus erscheinen, wenn er Gericht hält. Dann wird jeder Mensch bekommen, was er verdient, je nachdem, ob er in seinem irdischen Leben Gutes getan hat oder Schlechtes" (2. Korinther 5,10; GNB).

ER BRACHTE SIE AUS DEM EXIL ZURÜCK

Genauso wie Gott versprochen hatte, sie zu bestrafen, war

er gleichzeitig erpicht darauf, sie zu segnen (siehe Jeremia 29,10). Daher brachte er sie nach der gesetzten Frist wieder zurück. Es war ein zweiter Exodus, diesmal jedoch ohne eine Teilung des Meers oder eine feindliche Armee, die ihnen nachjagte.

GOTTES VERBORGENES WIRKEN

Sowohl im Buch Esra als auch im Buch Nehemia können wir sehen, wie Gott im Verborgenen wirkt. In diesen Büchern kommen weder prophetische Worte noch Wunder vor. Und dennoch ist erkennbar, dass Gott in aller Stille die Fäden in der Hand hält, auf erstaunliche Art und Weise.

Führungspersönlichkeiten im Volk: Wir nehmen wahr, wie er Einzelpersonen aus Gottes Volk zu Macht und Einfluss kommen liess, um sein Werk zu vollenden. Serubbabel wurde zu ihrem Anführer. Esra und Nehemia erhielten jeder eine spezielle Aufgabe. Sie kamen genau zur rechten Zeit in ihre jeweilige Position.

Führungspersönlichkeiten außerhalb des Volkes: Gott ist nicht auf sein Volk beschränkt. Er handelt auch in und durch Leiter, die ihn nicht kennen – Männer wir Kyrus, Artaxerxes und Darius sind dafür gute Beispiele. Einige von ihnen sympathisierten mit Gottes Volk; andere, wie Nebukadnezar, waren ihm feindlich gesinnt, zumindest am Anfang.

Gottes Volk

Gott wirkte hinter den Kulissen und beschützte sein Volk. Doch er erwartete auch etwas von ihm, nämlich dass es seine Rolle einnahm und für Veränderung sorgte. Er hatte den Menschen gezeigt, dass er ein Gott war, der seinen Bund einhielt. Nun war es an ihnen, ihre Seite dieses Bundes einzuhalten und heilig zu sein, so, wie er es von ihnen verlangt hatte. Die Mehrheit des Volkes scheiterte allerdings an dieser Aufgabe. Das ist die eine Lektion, die wir aus diesen Büchern lernen können: Die Menschen kehrten schnell zu den Sünden zurück, die sie zuvor begangen hatten. Die einzige Sünde, die sie nicht mehr beginngen, war Götzendienst. Bis heute haben die Juden einen solchen Horror vor Götzendienst, dass sie nie wieder in die Anbetung von Abgöttern zurückverfallen sind. Diese Verfehlung werden sie auch nie wieder begehen.

Winston Churchill hat ein hervorragendes Werk verfasst, die Geschichte des Zweiten Weltkrieges in sechs Bänden. Es ist eine faszinierende Lektüre, ich habe dieses Werk selbst gelesen. Der sechste Band hat einen sehr interessanten Titel. Er behandelt das Ende des Krieges und Churchill nannte ihn „Triumph und Tragödie". Der Untertitel lautet folgendermaßen: „Wie die großen Demokratien triumphierten und daher in der Lage waren, ihre Torheiten wieder aufzunehmen, die sie fast ihr Leben gekostet hätten." Das war das abschließende Fazit dieses großartigen Politikers der Kriegszeit: Die Menschen fallen immer wieder in ihre alten Dummheiten zurück.

NUR EINIGE KEHRTEN HEIM

Trotz der Möglichkeit, in ihre Heimat zurückzukehren, nutzten nur 50.000 von zwei Millionen Juden diese Chance (d.h. nur 2,5 Prozent). Der Wohlstand und die Annehmlichkeiten des Lebens in Babylon waren der Hauptgrund dafür. In Juda hingegen warteten Unsicherheit und harsche Bedingungen auf die Heimkehrer. Wer zurückkehren wollte, musste sich einer Reise von rund 1500 Kilometern stellen. Zudem musste er damit rechnen, nach seiner Ankunft in Armut zu leben.

SCHNELLER RÜCKFALL DER HEIMKEHRER

Wie bereits erwähnt, sündigte das Volk trotz des Exils

immer noch. Die Menschen hatten keine gesunde Ehrfurcht vor Gott und übertraten das Gesetz genauso heftig, wie sie es vor ihrem Aufenthalt in Babylon getan hatten. Das zeigte sich daran, dass sie außerhalb ihrer Glaubensgemeinschaft heirateten und ihre Mitbürger ausbeuteten, wann immer sie es vermochten.

Daher ist es kein Wunder, dass Esra und Nehemia von den Geschehnissen erschüttert waren. Das berichtet uns das Kapitel 9 beider Bücher. Sie mussten das Volk erneuern, damit es von seinen Sünden erlöst und vor sich selbst geschützt würde.

Die Folge

In den nächsten 400 Jahren sprach Gott nicht mehr mit seinem Volk. Es gab keine Wunder oder Weissagungen mehr, ganze vier Jahrhunderte lang. Daher beschäftigten sich Esra, Nehemia und die beiden Propheten Haggai und Sacharja mit dem Wiederaufbau.

Daniel machte eine erstaunliche Voraussage, die insbesondere für das Studium der Bücher Esra und Nehemia wichtig ist. Er sagte: „So sollst du denn erkennen und verstehen: Von dem Zeitpunkt an, als das Wort erging, Jerusalem wiederherzustellen und zu bauen, bis zu einem Gesalbten, einem Fürsten, sind es sieben Wochen. Und 62 Wochen ... Und nach den 62 Wochen wird ein Gesalbter ausgerottet werden und wird keine Hilfe finden" (Daniel 9,25+26; ELB). Bei der Betrachtung des Buches Daniel haben wir bereits festgestellt, dass diese 62 „Jahrwochen" oder 490 Jahre direkt zum öffentlichen Wirken Jesu hinführten, unabhängig davon, ob die entsprechende „Weisung" bzw. „das Wort" von Kyrus oder Artaxerxes ausging.

Daher gibt es vom Exil bis zum Auftreten Jesu eine direkte prophetische Verbindungslinie. Ich glaube, Gott zeigte

Daniel diese Verbindung, damit uns bzw. dem Bibelleser Folgendes klar würde: Obwohl das Volk Israel nach seiner Rückkehr aus dem Exil wieder der Sünde verfiel, war noch nicht alles verloren. Gott kannte schon die Lösung. Er war nicht überrascht. Er hatte schon einen Plan, um die Sache wieder in Ordnung zu bringen. Er würde ihnen den Erlöser senden, um sie von ihren Sünden zu befreien. Genau aus diesem Grund kam Jesus auf die Erde.

32.
1. und 2. Chronik

Einleitung

Wenn man die gesamte Bibel am Stück durchlesen will, bleibt man meistens entweder im 3. Buch Mose oder in den Büchern der Chronik stecken. Das 3. Buch Mose ist eine schwierige Lektüre, weil es keine wirkliche Handlung gibt. Die dort beschriebenen religiösen Rituale scheinen zudem keinen Bezug zu unserem modernen Leben zu haben. Die Chronik ist problematisch, weil die ersten neun Kapitel nur aus Geschlechtsregistern bestehen. Dabei sind die aufgelisteten Namen größtenteils unaussprechlich. Hat man darüber hinaus gerade das Buch der König beendet, ist man verblüfft, dass sich so viele Geschichten in der Chronik wiederholen. Daher kommt man zu dem Schluss, dass es sich nicht lohnen würde, dieses Buch zu lesen. Folglich müssen wir unsere Betrachtung der Chronik mit folgender Frage beginnen: Warum scheinen diese beiden Bücher dieselben Themen zu behandeln wie 1. und 2. Könige?

Unser erster Anhaltspunkt zur Beantwortung dieser Frage ist die Reihenfolge der Bücher in der hebräischen Bibel. Sie unterscheidet sich sehr von der Abfolge in unseren christlichen Bibeln. Die Position der Chronik im jüdischen Kanon deutet darauf hin, dass die Verbindung zu den Königen gar nicht so groß ist, wie wir vielleicht denken. Die Tatsache, dass die Chronik weitgehend denselben Zeitabschnitt behandelt, ändert nichts daran. Das Schaubild auf Seite 874 wird mehr Klarheit bringen.

Erstens stellen wir fest, dass die Bücher anders gruppiert werden. In der hebräischen Bibel gibt es drei Arten von Büchern: das Gesetz, die Propheten und die Schriften. Lukas berichtet uns Folgendes: Als Jesus nach seiner

Auferstehung mit den beiden Männern sprach, die nach Emmaus unterwegs waren, führte er sie durch das Gesetz, die Propheten und die Schriften. Er erklärte ihnen, was diese Schriften über ihn aussagten. Schließlich handelte es sich um die Bibel Jesu (Lukas 24,27+44).

Die ersten fünf Bücher der hebräischen Bibel sind also das Gesetz (auch als Thora oder Pentateuch bekannt). Wir nennen sie das erste bis fünfte Buch Mose bzw. Genesis, Exodus, Levitikus, Numeri und Deuteronomium. Doch in der hebräischen Bibel werden sie nach den ersten Worten der jeweiligen Schriftrolle benannt. Genesis heißt also „Im Anfang", Exodus „Und dies sind die Namen", Levitikus „Und der Herr rief", Numeri „In der Wüste" und Deuteronomium „Dies sind die Worte".

Als Nächstes kommen in der hebräischen Bibel die Bücher, die als prophetische Schriften eingeordnet werden. Es gibt zwei Untergruppen von Propheten. Die erste besteht aus Josua, Richter, Samuel und Könige. Im hebräischen Alten Testament sind 1. und 2. Samuel und 1. und 2. Könige jeweils nur ein Buch. Der Hauptgrund liegt darin, dass die hebräische Sprache nur aus Konsonanten besteht und keine Vokale kennt. Daher benötigten diese Bücher nur halb so viel Platz. Als sie dann zunächst ins Griechische und später auch in andere Sprachen übersetzt wurden, nahmen sie mehr Raum ein. Folglich machte man zwei Bücher aus ihnen, weil die Vokale die Länge der Worte verdoppelten.

Diese vier Bücher werden allerdings nicht als Geschichtsschreibung angesehen, sondern als Prophetie, weil sie prophetische Einsichten in die Geschichte liefern. Der Prophet Samuel dominierte diese Anfangszeit, während in der Königszeit Dutzende von Propheten auftraten. Sie waren es, die die Geschichte aufschrieben und interpretierten. Die Propheten zeigten dem Volk, was Gott gerade tat. Die späteren Propheten bilden die zweite

Untergruppe, in der die einzelnen Bücher größtenteils so angeordnet sind wie in der christlichen Bibel auch.

Die „Schriften" könnte man mit „Sonstiges" überschreiben. Dort werden alle anderen Bücher eingeordnet. Eingeschlossen sind die Psalmen (wörtlich „Lobpreisungen"), Hiob und die Sprüche. Rut ist nach jüdischem Verständnis kein prophetisches Buch. Daher findet es ebenfalls in den Schriften seinen Platz, anders als in der christlichen Bibel. Das Hohe Lied, der Prediger, die Klagelieder, Esra, Nehemia, Esther und Daniel gehören auch zu den Schriften. Besonders überraschend ist, dass Daniel nicht zu den Propheten gezählt wird. Er spricht allerdings über andere Nationen.

Das Schaubild zeigt, dass das letzte Buch des jüdischen Alten Testaments die Chronik ist. Nur wird es dort „Die Worte der Tage" genannt *(was dem deutschen Wort „Tagebücher" als Ausdruck für Geschichte entspricht, Anmerkung der Übersetzerin)*. Offensichtlich fällt dieses Buch damit in eine völlig andere Kategorie als die Könige. Während die Könige prophetisch sind, ist es die Chronik gerade nicht.

Diese jüdische Anordnung der Schriften ist viel besser als die christliche, insbesondere weil der letzte Halbsatz des Alten Testaments in der christlichen Bibel (am Ende des Propheten Maleachi) mit dem Wort „Fluch" endet. Er lautet: „... damit ich nicht kommen muss und das Land mit dem Bannfluch schlage" (Maleachi 3,23; MB). In der hebräischen Bibel sind die letzten Worte: „... er ziehe hinauf" (2. Chronik 36,23; ELB). Dabei wird derselbe Begriff verwendet, wie bei der Aufforderung, nach Jerusalem hinaufzuziehen (Hebräisch Alijah; siehe Sacharja 4,17).

In der christlichen Bibel unterscheiden wir drei sehr unterschiedliche Gruppen. Wir behandeln Genesis, Exodus, Levitikus, Numeri und Deuteronomium als Geschichtsbücher und werfen sie mit Josua und Richter in einen Topf. Wir tun so, als ob die beiden letztgenannten Bücher einfach eine Fortsetzung wären. Auch Rut zählen wir dazu, weil wir davon ausgehen, dass dieses Buch ebenfalls Teil der Geschichtsschreibung sei. Dann folgen Samuel, die Könige und die Chronik, in dieser Reihenfolge. Daher entsteht der Eindruck, dass die Chronik denselben Inhalt einfach noch einmal wiederholen würde.

Das hat zur Folge, das 1. und 2. Chronik in den christlichen Gemeinden ziemlich unbekannt sind. Es gibt nur zwei Verse aus diesen Büchern, die häufig zitiert werden. Der erste steht ihn 2. Chronik 7,14 (GNB): „Wenn dann dieses Volk, über dem mein Name ausgerufen ist, sich besinnt, wenn es zu mir betet und von seinen falschen Wegen wieder zu mir umkehrt, dann werde ich im Himmel sein Gebet hören. Ich will ihm alle Schuld vergeben und auch die Schäden des Landes wieder heilen." Es gibt ein Musical mit dem Namen „If My People" (Wenn mein Volk ...), das auf diesem Vers beruht. Er wurde allerdings aus seinem ursprünglichen Kontext gerissen. Man verwendet diese Bibelstelle so, als würde sich die Verheißung „Ich werde ihr Land heilen" auf England oder Amerika beziehen. Doch bei diesem Land geht es natürlich um das Land Israel. Und es gibt keinerlei Anhaltspunkte, die es uns erlauben würden, diesen Vers auf irgendein anderes Land anzuwenden.

Die andere wohlbekannte Passage betrifft die Regierungszeit von König Joschafat. Damals wurde er von drei verschiedenen Ländern angegriffen, die sich gegen Juda verbündet hatten. Sie zogen Joschafat entgegen, der daraufhin betete und den Herrn suchte. Die Propheten verkündeten ihm Folgendes: „Du wirst die Schlacht gewinnen." Sie trugen ihm jedoch auf, Sänger an die Spitze seines Heeres zu stellen. So kam es, dass ein Chor die Armee in den Kampf führte. Die Sänger lobten und priesen Gott, und die Feinde ergriffen die Flucht. Das passierte nur ein einziges Mal. Daher kann es kaum als Präzedenzfall dienen. Manche Christen halten dieses Vorgehen dennoch für nachahmenswert und ziehen singend durch die Straßen einer Stadt, um die Dämonen zu vertreiben. Beide Schriftstellen wurden aus ihrem eigentlichen Zusammenhang gerissen. Abgesehen von diesen beiden Versen ist der Inhalt der Chronik aber den meisten Christen leider überhaupt nicht bekannt.

Verdoppelung?

Die Bücher der Chronik und der Könige sind natürlich nicht die einzigen Schriften der Bibel, die dieselbe Zeitspanne zweimal behandeln. So gibt es in den ersten beiden Kapiteln des Buches Genesis zwei Schöpfungsberichte. Einer wird aus göttlicher, der andere aus menschlicher Perspektive erzählt. Im Neuen Testament finden wir vier Darstellungen des Lebens Jesu. Auch wenn sie gleichartig erscheinen, hat doch jedes Evangelium einen anderen Blickwinkel. Denn jedes wurde für eine andere Person oder Personengruppe geschrieben.

Die Bücher der Chronik und der Könige verdeutlichen uns, dass die Geschichte immer von der Perspektive ihres Erzählers beeinflusst wird. Kein Autor kann historischen Aufzeichnungen machen, ohne seine persönlichen Interessen zu verraten. Denn aus allen Geschehnissen wählt er diejenigen aus, die ihn interessieren und die er für wichtig hält. Nach dieser Auswahl stellt er dann einen Zusammenhang her, um zu zeigen, wie ein Ereignis zum nächsten geführt hat. Am Ende wertet er schließlich aus, was er geschrieben hat.

Ein Historiker durchläuft also folgende Schritte: Auswahl, Zusammenhang und Auswertung. Dabei bewertet er unter ethischen Gesichtspunkten, was alles in seine Aufzeichnungen eingeschlossen werden sollte. Selbst in dem nicht ganz ernst gemeinten Geschichtsbuch „1066 and All That" (zu Deutsch „1066 und das alles") finden wir überall moralische Beurteilungen, nämlich ob etwas gut oder schlecht war. In diesem Kontext fällt auf, dass die moralischen Beurteilungen in den Königen ganz anders ausfallen als in der Chronik.

Samuel, Könige und Chronik im Vergleich

Samuel und die Könige waren nur zwei Bücher im hebräischen Alten Testament (während sie in der christlichen Bibel vier Bücher ausmachen). Die Zeitspanne, die sie abdecken, beträgt lediglich 500 Jahre. Die Chronik allerdings fängt viel früher an und endet später. Sie erwähnt Adam und kehrt damit zum Anfang der Menschheitsgeschichte vor vielen Jahrhunderten zurück. Samuel und die Könige enden im Exil, doch in der Chronik wird über die Rückkehr 70 Jahre später berichtet. „Er ziehe hinauf" (nach Jerusalem) ist der letzte Satz der Chronik. Daraus können wir schließen, dass die beiden Verfasser eine sehr unterschiedliche Aufgabe hatten und sie auch ganz unterschiedlich erfüllten.

SAMUEL / KÖNIGE	CHRONIK
500 Jahre	Beginnt früher, endet später
Bald nach den Ereignissen verfasst	Lange nach den Ereignissen verfasst
Politische Geschichte	Religiöse Geschichte
Prophetischer Blickwinkel	Priesterlicher Blickwinkel
Könige des Nordens und des Südens	Könige des Südens
Menschliches Versagen	Göttliche Treue
Laster des Königs	Tugenden des Königs
Negativ	Positiv
Moral – Gerechtigkeit	Glaube – Ritual
PROPHET	PRIESTER

Als das Buch der Könige verfasst wurde, brauchte das Volk eine Erklärung: Warum war es ins Exil geschickt worden? Zur Zeit der Chronik kannte es den Grund schon. Es musste jetzt nur noch ermutigt und ins Land zurückgeschickt werden, um die Stadtmauern und den Tempel wiederaufzubauen. Das Buch der König wurde kurze Zeit nach den Geschehnissen niedergeschrieben. Die Chronik verfasste man viele Jahre später. Der Schwerpunkt der Könige liegt auf der politischen Geschichte, während die Chronik hauptsächliche die religiöse Geschichte behandelt. Die Könige wurden unter einem prophetischen Blickwinkel aufgeschrieben, die Chronik hat eine priesterliche Perspektive. Der Norden und der Süden sind das Thema der Könige, während die Chronik zwar dieselbe Zeitspanne behandelt, jedoch keinen einzigen König des Nordens erwähnt. Der Norden interessiert den Verfasser überhaupt nicht. Darin liegt ein riesiger Unterschied. Die Könige konzentrieren sich auf das menschliche Versagen der Monarchen, das in die Katastrophe führte. Der Chronist aber legt seinen Schwerpunkt auf die göttliche Treue. Daher spielt die Chronik die königlichen Laster zugunsten der königlichen Tugenden herunter. Aus diesem Grund stellt die Chronik die Könige in einem positiveren Licht dar.

Der Chronist versucht dadurch allerdings nicht, die Geschichte umzuschreiben; vielmehr wählt er hauptsächlich die positiven Taten der Könige aus. Der Schwerpunkt liegt auf ethisch-moralischem Verhalten und das Schlüsselwort lautet *Gerechtigkeit*. Das Buch der Könige beantwortet die Frage, ob die Könige gerecht waren oder nicht. Doch in der Chronik geht es mehr um rituelle Fragen, um den Tempel und die Opfer. Dabei liegt das Schwergewicht mehr auf geistlichen als auf moralischen Themen. Der Autor der Könige schreibt daher als Prophet, während der Autor der Chronik das Buch als Priester verfasst. Der Unterschied in ihrer Sichtweise ist enorm.

Die beste Methode, um den Fokus der Chronik zu untersuchen, besteht daher ganz eindeutig darin, folgende Frage zu stellen: Welche Ereignisse lässt der Verfasser der Chronik weg, die in den Büchern der Könige und Samuel erwähnt werden? Ein kurzer Blick auf den Inhalt gibt uns dabei schon einen wichtigen Hinweis. Die Geschichte König Sauls macht ein Sechstel der Bücher Samuel aus, während das Leben König Davids zwei Drittel des Inhalts einnimmt. König Salomo ist ungefähr die erste Hälfte von 1. Könige gewidmet, das geteilte Königreich füllt dann etwa die zweite Hälfte. Wie sieht das nun in der Chronik aus? Welche Passagen lässt der Chronist weg?

Auslassungen

1. Dass Samuel an der Auswahl der Könige beteiligt war, wird nicht erwähnt.

2. Saul erfährt kaum Beachtung. Der Chronist berichtet zwar über Sauls Tod, aber nur, um David vorzustellen. Weitere Informationen über Sauls Leben fehlen. Der Autor möchte den Lesern einen positiven Eindruck von den Königen vermitteln, daher ignoriert er den Großteil des Lebens Sauls.

3. David wird ein gewisser Umfang eingeräumt, doch selbst dabei ist interessant zu beobachten, was der Verfasser auslässt. Seine Probleme mit Saul werden ignoriert. Auch seine siebenjährige Regierungszeit in Hebron und seine vielen Frauen finden keine Erwähnung. Absaloms Rebellion fehlt völlig und die ganze Geschichte mit Batseba, der Wendepunkt der Regierungszeit Davids, wird mit keinem Wort gewürdigt.

Die Auswahl des Stoffs hat große Bedeutung. Der Chronist nimmt positive Geschichten auf und lässt alles

Unappetitliche weg. Da die Episode mit Batseba fehlt, erscheint David in einem wundervollen Licht, genauso wie Salomo. Seine vielen Frauen, die Götzen, die er in den Palast brachte, seine problematische Beziehung zu Gott oder sein Versagen, die Höhenheiligtümer und die heidnischen Tempel abzuschaffen, werden mit keinem Wort erwähnt.

Dieser Fokus auf das Positive durchzieht das ganze Buch. Nach der Teilung des Königreiches lässt der Chronist die Könige des Nordreiches zugunsten der Monarchen des Südens einfach weg. Den guten Königen wie dem Königskind Josia und dem Herrscher Hiskia räumt er viel Platz ein. Die schlechten Könige jedoch finden kaum Erwähnung.

Sofern der Chronist nicht voreingenommen ist, trifft er bei der Auswahl seines Stoffes sehr bewusste Entscheidungen. Er verfolgt bestimmte Interessen, denn es gibt einen roten Faden. Dieser ist zwar zur Zeit Sauls nicht erkennbar, doch er durchzieht die Herrschaft Davids und Salomos ebenso wie die Regierungszeiten einiger anderer Könige Judas.

Die Chronik im Überblick

1. Chronik:	**Der gottesfürchtige König**	
1–9:	Adam bis Saul	
	Erster König Israels	
10–29:	David und die Bundeslade	
	Bester König Israels	
2. Chronik:	**Gottesfürchtige Könige**	
1–9:	Salomo und der Tempel	
	Letzter König Israels	
10–36:	Jerobeam bis Zedekia	
	Beste Könige Judas	
	Letzter König Judas	
	Thron und Tempel	

Einbezogene Themen

Zunächst einmal beschäftigt sich der Chronist nur mit der königlichen Nachkommenschaft Davids. Keiner der Könige des Nordreiches gehörte dazu, daher werden sie nicht erwähnt. Die Chronik behandelt insbesondere und ausschließlich die Geschichte der Königsfamilie Davids. Aus diesem Grund wird Saul nicht miteinbezogen, da er nicht zum Königshaus Davids gehörte, sondern seine Wurzeln im Stamm Benjamin hatte. Ein Mann wird in gewissem Umfang erwähnt, der in den Königen kaum Beachtung findet: Serubbabel. Er entstammte der Nachkommenschaft Davids und kehrte aus dem babylonischen Exil zurück. Auf ihm ruhten die messianischen Hoffnungen des Volkes, denn er kehrte als einziger königlicher Nachkomme heim. Daher widmet der Chronist in den Geschlechtsregistern dem Stammbaum Serubbabels ein halbes Kapitel. Er lässt die königliche Linie in einem sehr positiven Licht erschienen.

Religiöser Schwerpunkt

Der Chronist beschäftigt sich besonders mit der Haltung des Königs zur Bundeslade und zum Tempel. Er konzentriert sich auf alle Aufzeichnungen, die über den Umgang des Volkes mit der Bundeslade und den Tempel als ihren Aufbewahrungsort berichten. Das war schließlich der Ort, an dem Gott unter seinem Volk wohnte. Uns wird erzählt, wie David die Bundeslade nach Jerusalem brachte. Wir erfahren von seinem Wunsch, den Tempel zu bauen, von seinen Vorbereitungen zu diesem Werk, wie er das Material zusammentrug, die Pläne erstellte und die Ordnungen für den Gottesdienst, die Chöre und die Chorleiter festlegte. Diese große Detailgenauigkeit der Chronik ist in den Königen und in Samuel kaum zu finden.

Zudem konzentrieren sich sechs der neun Kapitel, die Salomo betreffen, fast ausschließlich auf seine Rolle beim Bau des Tempels, den sein Vater nicht errichten durfte. Der Chronist hält Salomos Gebet zur Einweihung des Tempels fest und beschreibt, wie die Herrlichkeit des Herrn erschien. Es ist die Chronik, die über den unterirdischen Steinbruch berichtet, aus dem die Baummaterialien für den Tempel heraufgeholt wurden.

Dieser Fokus zeigt, dass ein Priester die Geschichte aufzeichnete. Ein Prophet hätte sich auf die Verfehlungen der Könige konzentriert, die Gericht über das Land brachten. Dem Priester aber bereitete es Freude, über den Tempelbau, die Zusammensetzung der Chöre und die Ordnung des Gottesdienstes zu berichten. Er sah David als den Lobpreisleiter, der Psalmen schrieb und dem es am Herzen lag, den Tempel zu bauen. David und Salomo werden daher in einem anderen Licht gezeigt als in den Königen.

Nach der Regierungszeit Salomos, als das Königreich geteilt wurde, interessierte den Chronisten nur noch der Süden. Denn dort befanden sich der Tempel und die Priester Gottes, und auch die Königsfamilie Davids hatte dort ihren Platz. Der Chronist wählte acht Könige aus, fünf von ihnen waren gute Herrscher. Er blieb dabei seinen Prinzipien treu und ignorierte die zwölf sehr schlechten Könige des Südreiches.

Seinen Fokus auf David und Salomo haben wir bereits bemerkt. Nun wollen wir in aller Kürze die sechs anderen Könige betrachten.

Sechs Könige

Asa

Der Chronist wählt Asa aus, der die Götzen aus Juda und Benjamin entfernte und seine Mutter aus dem Palast jagte, weil sie heimlich in ihrem Schlafzimmer ein Götterbild anbetete. Asa war es, der einen Bund mit dem Herrn schloss und den Tempel mit Silber und Gold füllte. In den Augen eines Priesters war er daher ein guter König.

Joschafat
Dann berichtet er über Joschafat, Asas Sohn. Er schickte die Leviten in jede Stadt, um das Volk im Gesetz Gottes zu unterrichten. Er besiegte Ammon und Moab. Wie schon erwähnt war es Joschafat, der die Sänger an der Spitze des Heeres in den Kampf schickte. Dieser König leistete einen entscheidenden Beitrag dazu, Gott wieder stärker in den Mittelpunkt zu rücken.

Joram
Über Joram, einen schlechten König, wird ebenfalls berichtet, da seine Erwähnung für die Handlung unverzichtbar ist. Sein großer Fehler war, dass er Ahabs Tochter Atalja heiratete, deren Eltern sich der Anbetung fremder Götter verschrieben hatten. Atalja zog in den Sünden und bemächtigte sich des Thrones, indem sie fast alle Prinzen ermorden ließ. Doch ein Priester namens Jojada entführte den jüngsten Prinzen, Joasch, und versteckte ihn sechs Jahre lang. Später setzte er ihn als den rechtmäßigen König ein. Wieder war es ein Priester, der bei der Rettung der königlichen Nachkommenschaft Davids eine wichtige Rolle spielte.

Joasch
Joasch hatte ebenfalls sowohl gute als auch schlechte Seiten. Er besserte den Tempel aus, nachdem er das Volk ermutigt hatte, zu diesem Zweck Geld zu spenden. Allerdings ließ er den gottesfürchtigen Secharja, den Sohn des Jojada, steinigen – trotz der Freundlichkeit, die Jojada ihm erwiesen hatte.

Hiskia

Hiskia ließ den Tempel wiedereröffnen und reparieren. Das Volk feierte das Passahfest mit großer Freude. Das Buch der Könige würdigt Hiskias Reformen nur mit wenigen Versen, doch die Chronik widmet ihnen drei ganze Kapitel. Er reformierte den Gottesdienst und gab dem Tempel im Bewusstsein des Volkes wieder den richtigen Stellenwert.

Josia

Auch König Josia räumt der Chronist viel Platz ein. Er war das Königskind, das bei einem „Frühjahrsputz" des Tempels das Buch des Gesetzes wiederfand. Josia sorgte dafür, dass der Gottesdienst und die biblischen Feste im Tempel wieder angemessen gefeiert wurden. In einer Zeit, in der das Volk heidnische Götter anbetete, versuchte er, die Menschen geistlich zu erneuern.

Alle diese Könige bekämpften den Götzendienst. Das machte sie in den Augen des Priesters zu guten Herrschern. Obwohl die Anbetung fremder Götter vor dem Exil weit verbreitet war, war das Volk interessanterweise nach seiner Rückkehr nie wieder als Ganzes versucht, zu diesen Praktiken zurückzukehren. Und dieser Versuchung haben die Juden bis heute widerstanden.

Wichtig für unser Verständnis der Chronik ist folgende Tatsache: Das Buch endet damit, dass Kyrus, der Perserkönig, die Babylonier besiegt und die Juden in ihr Land zurückschickt, um den Tempel wiederaufzubauen. Zu den Lesern des Buches gehören also die Rückkehrer aus dem Exil. Sie haben noch nie einen jüdischen Tempel gesehen und werden auch nicht von einem König aus der Nachkommenschaft Davids beherrscht. Der Chronist vermittelt ihnen drei Dinge: Er will ihnen ihre *Wurzeln*, ihr *Königtum* und ihren *Glauben* zurückgeben. Daher hat der Chronist eine klare Zielsetzung. Er predigt den Menschen statt ihnen nur Geschichtsunterricht zu erteilen.

DIE RÜCKKEHRER AUS DEM EXIL

Wer waren sie	ein Volk *mit Wurzeln*
Was waren sie	ein Volk *von Königen*
Warum waren sie	ein Volk *des Glaubens*

Identität

Die Rückkehrer aus dem Exil mussten wissen, wer sie waren. Ihre Wurzeln gingen bis auf Adam zurück, denn Gott selbst hatte ihre Geschichte bestimmt. Sie gehörten Gott, der sie aus der gesamten Menschheit ausgesondert und Abraham erwählt hatte. Der Allmächtige hatte sie als Volk erhalten und bewahrt. Daher waren sie nicht einfach nur die Bewohner eines Landes, sondern ein Volk, dessen Identität untrennbar mit Gottes Plänen verwoben war. Das ist der Grund für die langen Geschlechtsregister.

Führung

Das zweite, was sie wissen mussten, war Folgendes: Sie waren ein königliches Volk mit einem eigenen König. Der Chronist wollte sie dazu bewegen, wieder an den König zu denken und das Königreich Israel wiederherzustellen. Er sagte ihnen sinngemäß: „Ihr seid nicht einfach nur eine Gruppe von Menschen. Ihr seid eine königliche Priesterschaft, ein königliches Volk. Ihr habt einen König und die königliche Nachkommenschaft ist erhalten worden. Ihr werdet wieder ein Königreich sein." Da das Volk versucht war, in eine Sklavenmentalität zu verfallen, sollte die Chronik ihnen als wunderbare Inspirationsquelle dienen.

Bestimmung

Ihre Bestimmung als ganzes Volk war der dritte Punkt, den ihnen der Chronist vermitteln wollte. Das Wichtigste, was sie ausmachte, war die Tatsache, dass sie Gottes auserwähltes Volk waren. Ihre Anbetung Gottes war das zentralste Element ihrer Identität als Volk. Daher standen nach ihrer Rückkehr der Wiederaufbau des Tempels und die Wiederaufnahme des Gottesdienstes an erster Stelle. Dabei mussten sie dem von Mose vorgegebenen Muster folgen.

Wie wir schon festgestellt haben, waren mehr als zehn Prozent der Rückkehrer Priester. Dieser Prozentsatz ist viel höher als das zahlenmäßige Verhältnis der Priester zum ganzen Volk. Sie hatten sich verpflichtet, Israel als eine gläubige Nation wiederaufzubauen. Daher hatte der Wiederaufbau des Tempels höchste Priorität. Der Name „Jude" bedeutet wörtlich „Gott preisen" bzw. „Lobpreis". Sie wollten ihrem Namen alle Ehren machen.

Die Chronik war daher eine Predigt, die sich an den rückkehrenden Überrest des Volkes richtete. Das Buch sollte die Menschen dazu ermutigen, in schwierigen Zeiten durchzuhalten. Das Land wiederaufzubauen war nicht sehr spannend und es war schwierig, den eigenen Lebensunterhalt zu verdienen. Die Menschen waren sehr arm und der Aufbau des Tempels ging nur langsam vonstatten. Es brauchte zwei Propheten, Haggai und Sacharja, um sie bei der Stange zu halten. Die Aufgabe des Chronisten bestand darin, ihnen folgenden Grundsatz zu vermitteln: Gott musste in ihrem Leben als Volk an erster Stelle stehen.

Israel existiert heute hauptsächlich aus einem Grund: Das jüdische Volk sehnte sich im Exil nach einem eigenen Heimatland, in dem es sich sicher fühlen konnte. Traurigerweise sind die Menschen aber nicht wirklich zurückgekehrt, um sich als Gottes Volk zu etablieren.

Ich werde niemals die 45 Minuten vergessen, die ich mit einem Präsidenten Israels in seiner Residenz verbrachte. Am Ende unseres Gesprächs sagte er: „Ich bin Agnostiker.

Ich glaube nicht wirklich an Gott."

Ich antwortete ihm: „Aber dies ist doch das Land, in dem Gott seine größten Wunder vollbracht hat."

Er sagte daraufhin: „Nun ja, ich kann es nicht glauben."

Das hat mich sehr traurig gemacht. Es war so wichtig, dass sie als Gottes Volk zurückkehrten und den Tempel zum Zentrum dieser Heimkehr und ihrer Hoffnungen machten. Sie sind zwar zurückgekehrt, jedoch nicht zu ihrem Herrn.

Bedeutung für uns als Christen

Christus
Die Themen der Chronik werden im Leben Christi wieder aufgenommen.

WURZELN
Matthäus beginnt sein Evangelium mit dem Stammbaum Christi und Lukas führt diese Ahnenreihe bis auf Adam zurück. Es ist wichtig, die Leser von der Wahrhaftigkeit der Wurzeln Christi zu überzeugen. Christus war und ist ein Jude und nicht eine Person ohne Wurzeln, die willkürlich in die Geschichte hineingeworfen wurde. Gott sandte ihn, um die Erwartungen eines besonderen Volkes zu erfüllen.

KÖNIGTUM
Darüber hinaus gehörte Christus zur Königsfamilie. Daher konnte er von sich behaupten, der Sohn Davids zu sein. Tatsächlich hatte er einen doppelten Anspruch auf den Thron. Durch die Linie seines Vaters war er Inhaber eines Rechtsanspruchs auf die Königsherrschaft und durch seine Mutter konnte er seine physische Abstammung nachweisen. Denn der Stammbaum beider Eltern ging auf König David zurück. Auch wenn Jesus noch nicht in aller Öffentlichkeit als König herrscht, so gehört ihm doch der Thron Davids in alle Ewigkeit.

GLAUBE

Jesus war auch die Erfüllung der religiösen Hoffnungen Israels, weil er zum eigentlichen Tempel wurde. Am Anfang des Johannesevangeliums heißt es: „Das Wort wurde Fleisch und wohnte (wörtlich „zeltete") unter uns" (Johannes 1,14; ELB) *(Von dem Wort „zelten" bzw. „Zelt" wird auch der Name der Stiftshütte abgeleitet, die der Vorläufer des Tempels war, Anmerkung der Übersetzerin.)*. Mit Blick auf seinen eigenen Körper sagte Jesus: „Zerstört diesen Tempel und ich werde ihn in drei Tagen wiederaufbauen." Es sah sich selbst als das Zentrum ihres Gottesdienstes, als den, der das Symbol des Tempels erfüllte. Durch ihn wurden zahlreiche jüdische Praktiken hinfällig, denn viele von ihnen waren nur eingeführt worden, um auf ihn hinzuweisen.

Christen

WURZELN

Der Apostel Paulus erklärt, dass Christen in Gottes Volk „eingepfropft" wurden, so dass wir sogar als Nichtjuden behaupten können, jüdische Wurzeln zu haben. Ihr Stammbaum ist auch der unsere. Wenn wir daher 1. Chronik 1–9 lesen, betrachten wir unsere eigene Ahnenreihe, da wir zu Kindern Abrahams geworden sind. Diese Wurzeln sind sogar noch bedeutender als der Stammbaum unserer eigenen Herkunftsfamilie. Er wird einmal mit dem Tod sein Ende finden. Der Stammbaum der Juden aber dokumentiert unsere wahre und unzerstörbare Herkunft. In Christus erben wir die Segnungen Abrahams.

KÖNIGTUM

Der erste Petrusbrief erinnert uns daran, dass wir nun ein Volk von Königen und eine königliche Priesterschaft sind. Wir sind Prinzen und Prinzessinnen, die sich wie Mitglieder

der Königsfamilie verhalten sollten. Denn wir werden mit Christus gemeinsam über diese Welt herrschen. In der Offenbarung heißt es, dass Gott Menschen aus jedem Volk und jedem Stamm dieser Erde erlöst habe. Daher können wir ein Leben in Würde führen. Denn wir wissen, wo wir herkommen und was unsere Stellung ist, genau wie die Juden der Antike.

GLAUBE
Darüber hinaus sind wir selbst zum Tempel geworden. Paulus stellt folgende Frage: „Wisst ihr nicht, dass euer Leib ein Tempel des Heiligen Geistes ist, der in euch wohnt?" (1. Korinther 6,19; GNB) Unser Lebensstil sollte diese Tatsache widerspiegeln.

Diese drei Dinge, die das Volk, das aus dem Exil zurückkehrte, lernen musste, sollten auch wir verinnerlichen. Der große Unterschied für uns besteht darin, dass wir uns noch immer im Exil befinden.

Wir sind noch nicht zuhause angekommen; wir sind Fremde und Pilger in einem fremden Land. Ich lebe in England, doch ich gehöre nicht hierher. Unser Bürgerrecht ist im Himmel und das kann zu Spannungen mit den Menschen führen, mit denen wir es täglich zu tun haben. Schließlich sagte Jesus zu seinen Jüngern sinngemäß: „Sie haben mich gehasst, daher werden sie euch auch hassen."

Aus diesem Grund ist es anstrengend, die Beziehungen zu unseren nichtgläubigen Verwandten und Freunden aufrechtzuerhalten. Denn wir gehören jetzt zu einer neuen Familie. Uns muss Folgendes klar sein: Was wir unserem Körper antun, tun wir dem Tempel Gottes an. Das ist ein Grund dafür, dass so viele Menschen das Rauchen aufgeben, wenn sie Christen werden. In der Bibel gibt es kein Rauchverbot. Wie ich zu sagen pflege: „Es bringt dich nicht in die Hölle – du riechst nur so, als ob du schon dagewesen wärst!" Vielen Christen wird jedoch bewusst, dass sie durch das Rauchen den Tempel Gottes misshandeln. Er riecht dadurch unangenehm, wird schmutzig und seine Lebensdauer sinkt.

Die Chronik ist also kein altes, langweiliges Geschichtsbuch, das nur das wiederholt, was bereits gesagt worden ist. Sie ist eine Botschaft der Hoffnung auf eine bessere Zukunft. Sie zeigt uns, warum wir hier sind und wie wir unsere wahre Identität als Gottes Volk in einem fremden Land entdecken können. Es ist ein wichtiges Buch mit einer wichtigen Botschaft, sowohl für die Menschen damals als auch für uns heute.

33.
DER PROPHET HAGGAI

Einleitung

Haggai ist der erste der letzten drei kleinen Propheten in unserem Alten Testament. Nach diesen Dreien schenkte Gott seinem Volk über 400 Jahre keine weitere Offenbarung mehr. „Eines Tages wird Gott wieder zu uns sprechen." Das mussten die Juden ihren Kindern daher vier Jahrhunderte lang sagen. Erst als Johannes der Täufer auftrat, konnte man Gottes Stimme wieder hören.

Diese drei Bücher sind sehr dünn, da die Propheten nur während eines sehr kurzen Zeitraums weissagten. Haggai prophezeite gerade mal drei Monate lang, dann war alles gesagt. Im gesamten Alten Testament fasste sich nur Obadja noch kürzer. Sacharja wirkte lediglich zwei Jahre. Sein Dienst überschnitt sich kurzzeitig mit dem Haggais. Diese knappen Prophetien standen in starkem Kontrast zu Jesaja und Jeremia, die 40 bis 50 Jahre lang gepredigt hatten. Ihre Bücher sind daher viel dicker.

Haggai und Sacharja sind als Propheten nach dem Exil bekannt, denn sie traten nach der Rückkehr aus der Verbannung auf. Vor dem Exil prägten zahlreiche Warnungen über drohendes Unheil die prophetischen Botschaften. Doch nachher war die Stimmung ganz anders. Die Propheten vermittelten sehr viel Ermutigung und Trost, als das Volk versuchte, den angerichteten Schaden wieder zu beheben.

Haggai und Sacharja haben viele Gemeinsamkeiten:

1. Sie sprachen zur selben Zeit. Beide datierten ihre Prophetien sorgfältig. Das hatten nur wenige der früheren Propheten getan. Sie gaben grundsätzlich

den Tag, den Monat und das Jahr ihrer Weissagung an. Jede der fünf Prophetien Haggais ist mit einem exakten Datum versehen, daher können wir genau erkennen, wie viele Tage oder Wochen zwischen ihnen lagen. Dasselbe gilt für Sacharja. Sacharja und Haggai überschneiden sich nur in einem Monat und zwar im Jahr 520 v. Chr.

2. Sie weissagten am selben Ort – in der wiederaufgebauten Stadt Jerusalem in Juda.

3. Sie sprachen in genau dieselbe Situation hinein. Der historische Hintergrund ist dabei der Schlüssel zum Verständnis ihrer Botschaft.

Historischer Hintergrund

Der persische König Kyrus eroberte Babylon im Jahr 538 v. Chr. Er war ein wohlwollender Diktator, der den verschleppten Völkern erlaubte, in ihre Heimatländer zurückzukehren. Dabei stellte er ihnen folgende Bedingung: Sie sollten einen Tempel errichten, in dem sie für Kyrus bei ihrem Gott Fürbitte taten. Nur 50.000 Juden beschlossen damals, die Heimreise anzutreten. Der Rest, der hauptsächlich im Exil geboren worden war, entschied sich zu bleiben. Die Menschen hatten sich als Kaufleute in Babylon eine Existenz aufgebaut. Babylon lag an einer großen Handelsstraße und viele Juden waren recht wohlhabend geworden. Jerusalem konnte nicht mit denselben Vorzügen aufwarten und schien ihnen daher nur eine trostlose Perspektive zu bieten.

Zwei Männer führten die Heimkehrer an: ein Prinz namens Serubbabel (der Name bedeutet „Same Babylons") und Jeschua, der Hohepriester. Serubbabel war im Exil geboren worden und hatte das Verheißene Land noch nie mit eigenen Augen gesehen. Doch er war der einzige überlebende Nachkomme der Königsfamilie Davids, der Enkel des letzten rechtmäßigen Königs Jojachin. Daher musste er zurückkehren, damit sich Gottes Verheißung, dass es immer einen Sohn Davids auf dem Thron Israels geben würde, erfüllen konnte. Der Name Jeschua bedeutet „Gott rettet" oder „Gott, unser Retter". Es ist eine Form des Namens Jesus. Jeschua stammte von Iddo ab und setzte das Priestertum wieder ein. Das war nicht besonders schwierig, weil zirka zehn Prozent der Rückkehrer Priester waren. Daher gab es reichlich Auswahl. Die Motivation der Heimkehrer war hauptsächlicher religiöser Natur, denn ihnen war bewusst, dass sie es nicht zu Reichtum bringen würden. Vor ihnen lag ein mühevoller Kampf in einem Land, das 70 Jahre lang brachgelegen hatte. Sie würden zudem in einer Stadt leben, die keine Mauern hatte.

Als sie in das Land zurückkehrten, stand die Errichtung eines Altars ganz oben auf der Prioritätenliste von Serubabbal und Jeschua. Ihr zweites Hauptanliegen war es, einen Tempel um den Altar zu bauen und wieder zu einem Volk zu werden, das Gott anbetete. Sie zeigten ausgeprägte Gemeinsamkeiten mit ihrem Vorvater Abraham, da sie bei ihrer Rückkehr genau dieselbe Route nahmen. Abrahams Heimatstadt Ur lag von Babylon gesehen flussabwärts. So mussten sie Abrahams ganze Geschichte wiederholen, indem sie ihre Heimat, ihre Verwandten und ihre Unternehmen verließen, um in ein Land zu ziehen, das sie noch nie gesehen hatten. Als Abraham das Verheißene Land erreichte, schlug er als erstes sein Zelt auf und errichtete dann einen Altar. Mit seinem Opfer dankte er Gott dafür, dass er gut und sicher angekommen war. Die Rückkehrer aus dem Exil taten genau dasselbe. Sie sammelten ein paar

Steine, schichteten sie zu einem Altar auf und dankten Gott dafür, dass er sie zurückgebracht hatte.

Wir dürfen ihr großes Opfer nicht unterschätzen. Sie hatten Freunde, Verwandte und aus Stein gemauerte Häuser verlassen. Sie tauschten ihren Wohlstand gegen Armut ein und ihre florierenden Handelsbeziehungen gegen ein Land, das 70 Jahre lang nicht bebaut worden war. Doch sie folgten ihrem Traum, den ihnen das Buch der Chronik vor Augen gemalt hatte: Sie wollten das Königreich mit ihrem eigenen König wieder errichten, um erneut als Volk Gottes in dem Land zu leben, das er ihren Vorvätern verheißen hatte.

Allerdings war es eine beängstigende Aufgabe, den Tempel aufzubauen. Sie waren nur sehr wenige und sie waren mittellos. Daher beschlossen sie, eine viel kleinere Anbetungsstätte zu errichten als den Tempel Salomos. Sogar das schien jedoch über ihre Möglichkeiten hinauszugehen. Die Samariter leisteten Widerstand und die Heimkehrer verloren die Fördermittel, die Kyrus ihnen für den Wiederaufbau des Tempels bewilligt hatte. Als Darius die Nachfolge des Kyrus antrat, kürzte er nämlich die Finanzhilfen für den Tempelbau der heimkehrenden Völker, um sich Kapital für seine eigenen Feldzüge zu beschaffen.

So wurden ihre Träume von der Realität eingeholt. Das Ausmaß ihrer Aufgabe schüchterte sie ein und der Mut verließ sie. Nach nur zwei Jahren legte das Volk die Baustelle am Tempel still. 14 Jahre lang taten sie keinen Handschlag mehr, so dass von ihrem Bauprojekt nur die Fundamente und niedrige Mauern übrigblieben. Zusätzlich zu ihren Versuchen, das Nötigste zum Leben zusammenzukratzen, war der Tempelbau ein Luxus, den sie sich nicht leisten konnten. Für sie ging es jetzt nur noch ums Überleben.

Dann wurde die Wirtschaft von einer heftigen Rezession heimgesucht. Die Lebensmittel wurden knapp und sehr teuer, während die Inflation in die Höhe schnellte. Dürre und Krankheiten verringerten das Nahrungsmittelangebot. Die Ersparnisse der Menschen waren aufgebraucht, da sie alles Geld, das sie in Babylon beiseitelegen konnten, bereits wieder für Nahrung und Kleidung ausgegeben hatten. Das Volk befand sich am absoluten Tiefpunkt. Es war in der Hoffnung zurückgekehrt, sein Land wiederaufzubauen, doch stattdessen konnte es sich kaum selbst am Leben erhalten.

Die Warum-Frage stellte sich nun unausweichlich. Die Menschen kamen zu dem Schluss, dass es richtig gewesen war zurückzukehren. Sie hätten aber wohl den falschen Zeitpunkt gewählt. Sie fragten sich, ob sie nicht länger in Babylon hätten bleiben sollen, um mehr Geld zur Deckung ihrer eigenen Bedürfnisse zu verdienen. Vielleicht wäre es weise gewesen, noch zu warten, um dann leistungsfähig genug und mit mehr Kraft und finanziellen Mitteln ausgestattet heimzukehren. Schon möglich, dass Abraham ein Zelt und ein Altar genügt hatten, aber sie wollten schließlich das Land wiederaufbauen. Vor 18 Jahren waren sie zurückgekehrt und hatten nur so wenig vorzuweisen.

In diese deprimierende Situation hinein sprach Haggai. Er war mit ihnen aus dem Exil zurückgekehrt, wahrscheinlich als Priester, allerdings haben wir dafür keine Beweise. Sein Vater wird nicht erwähnt, daher war seine Familie wahrscheinlich nicht sehr bekannt. Seine Prophetie ist in Prosa abgefasst. Dieser Umstand ist sehr wichtig, da Gott in der Bibel seine Gedanken in der Regel in der Erzählform mitteilt, während er seine Gefühle durch Poesie ausdrückt. Gottes Emotionen kommen in diesem Buch kaum vor. Es scheint, als ob Gott es satt hätte; er empfindet nichts mehr.

Die Beschreibung, wie das Wort des Herrn Haggai erreichte, ist ebenfalls wichtig. Wir erfahren, dass es nicht „zu" Haggai kam, wie es bei den anderen der Propheten der Fall war. Vielmehr geschah das Wort des Herrn „durch" Haggai. Es war also ein Wort der Einsicht und keine

Offenbarung, die er mit eigenen Augen gesehen hätte. Ihm wurde Einsicht darüber vermittelt, was nicht in Ordnung war. 26 Mal in nur 38 Versen stellte er seinen Worten den Ausspruch „So spricht der Herr" voran.

> Das Buch Haggai im Überblick
> **Ein ermattetes Volk: 1,1–11**
> Eure Häuser verziert
> Mein Haus verwüstet
> **Ein entschlossenes Volk: 1,12–15**
> Fürchtete den Herrn
> Gehorchte dem Herrn
> **Ein entmutigtes Volk: 2,1–9**
> Früheres Haus – herrlich
> Künftiges Haus – größer
> **Ein entweihtes Volk: 2,10–19**
> Reines macht Schmutziges nicht rein
> Unreines macht Reines schmutzig
> **Ein ernannter Prinz: 2,20–23**
> Andere Throne umgestürzt
> Dieser Thron besetzt

Haggai verkündete den Menschen innerhalb von fünf Tagen 26 Worte des Herrn. Er stellte dem Volk im Namen Gottes bestimmte Fragen. Sie sollten es zum Nachdenken anregen. Wir wollen nun die Hauptthemen seiner Botschaft näher betrachten.

Ein ermattetes Volk (1,1–11)
Der wahre Grund für die Depression des Volkes lag in seinem falschen Denken. Die Menschen mussten ihre Gedanken verändern, dann würden ihre Gefühle folgen. Erstaunlicherweise denkt Gottes Volk nicht gerne nach. Nach meinen Predigten höre ich am häufigsten folgenden Kommentar: „Nun ja, Sie haben uns etwas zum

Nachdenken gegeben." Das wird immer in einem leicht vorwurfsvollen Ton gesagt, als ob die Menschen nicht in die Gemeinde kämen, um zu denken! Manchmal müssen Lehrer und Propheten das Volk zum Nachdenken bringen. Sie müssen die Menschen herausfordern, ihre Positionen zu überdenken und Fragen zu stellen.

Das Volk hatte nicht erkannt, dass Gott für die Katastrophe verantwortlich war, die es befallen hatte. Die Menschen selbst hatten die ersten Schritte in diese Depression unternommen. Haggai erklärte ihnen, dass sie die Lage nicht richtig einschätzten. Sie glaubten, es sei der falsche Zeitpunkt, den Tempel zu bauen, weil sie weder die Energie noch das Geld dazu hätten. Haggai aber erläuterte ihnen, dass die Ernteausfälle und die massive Inflation die Folgen ihres Baustopps am Tempel waren. Sobald sie Gott und sein Haus nicht mehr an die erste Stelle setzten, fingen die Dinge an schiefzulaufen, doch sie bemerkten es nicht. Ursache und Wirkung standen in ihrem Denken auf dem Kopf.

Haggais Lösung bestand darin, sie herauszufordern. Sie sollten die Qualität ihrer eigenen Häuser mit dem Zustand des Tempels vergleichen. Ihre Häuser waren mit Holz getäfelt, obwohl Holz zur damaligen Zeit sehr knapp war (nachdem die Babylonier alle Bäume abgeholzt hatten). Sie mussten daher Zedernholz importieren, beispielsweise aus dem Libanon. Der Eigentümer eines holzgetäfelten Hauses verschwendete seine Finanzen für sein Eigenheim, statt schlicht und einfach den überreichen Steinvorrat zu nutzen. Es war eine sehr einfache Botschaft: „Vergleicht nur eure Häuser mit Gottes Haus, dann werdet ihr erkennen, was auf eurer Prioritätenlisten ganz oben steht."

Ein entschlossenes Volk (1,12–15)

Das Volk reagierte positiv und kehrte zum Wiederaufbau des Tempels zurück. Das Exil hatte sie gelehrt, auf die Propheten zu hören. Daher waren die Menschen schnell zu bewegen. Es brauchte nur dreieinhalb Wochen, um die Bauleute zu organisieren und weiteres Baumaterial für den Tempel zu beschaffen.

Ein entmutigtes Volk (2,1–9)
Die zweite Botschaft erging nur 27 Tage nach der Wiederaufnahme des Bauprojekts. Die Motivation war im Abnehmen begriffen; hauptsächlich, weil ältere Menschen ätzende Vergleiche mit dem Tempel Salomos anstellten: „Das nennt ihr einen Tempel? Ihr solltet mal den Tempel sehen, den wir damals hatten." Diese Kritik war verheerend und setzte den Bauleuten sehr zu.

Gegenwart
Haggai empfing ein Wort vom Herrn, das sie zum Weiterbau ermutigte. Er sagte ihnen, sie sollten wegen der geringen Größe des wiederaufgebauten Tempels nicht deprimiert sein. Es sei besser, klein anzufangen als überhaupt nicht. Gott machte sich über die Größe seines Hauses keine Sorgen. Er war einfach nur erpicht darauf, ein eigenes Domizil zu haben, in dem er unter seinem Volk wohnen konnte.

Gott gab ihnen in diesem Abschnitt Gebote und Verheißungen. Die Gebote hatten zwei Komponenten: „Seid stark" (dreimal) und „Fürchtet euch nicht" (ein Mal). Die Verheißung lautete: „Ich bin mit euch; mein Geist bleibt bei euch."

Zukunft
Doch Haggai konzentrierte sich auch auf die Zukunft. Er sagte voraus, dass Gott den Himmel, die Erde und alle Nationen erschüttern würde. Dadurch bestätigte Gott, dass er die Natur und die Geschichte beherrscht.

Dann folgt ein rätselhafter Satz: „... das Ersehnte aller

Heidenvölker wird kommen ..." (Haggai 2,7; SL). Das Hebräische ist schwer zu übersetzen, ich halte es aber für unwahrscheinlich, dass es sich auf den Messias bezieht. Das Wort „Ersehntes" wird normalerweise im Alten Testament mit „Kostbarkeiten oder Schätze, die du ersehnst" übersetzt (siehe 2. Chronik 32,37; 36,10; Daniel 11,18+43). Es handelt sich um die Verheißung, dass weiteres Silber und Gold auf dem Weg sind, um den Tempel wieder in seinen Originalzustand zu versetzen. Es bedeutet, dass Gott die Nationen erschüttern wird, so dass sie ihre Schätze senden. Genau das passierte dann auch. Kurz nach der Prophetie kam eine ganze Welle von Silber und Gold aus Persien, um den Wiederaufbau zu unterstützen (siehe Esra 6,5). Wir interpretieren daher zu viel in diesen Vers hinein, wenn wir ihn auf den Messias beziehen.

Gott verkündete auch, dass er diesen Tempel mit seiner Herrlichkeit erfüllen würde. Die Herrlichkeit des Tempels würde größer sein als die des früheren Hauses. Das kann natürlich nicht bedeuten, dass Gottes Herrlichkeit künftig ein größeres Ausmaß hätte. Sonst würde man behaupten, dass seine *Schechina*, seine Herrlichkeit gedämpft gewesen sei, als sie in Salomos Tempel kam. Vielmehr bezieht sich dieser Ausdruck auf das Gebäude an sich. Er steht im Kontext der Verheißung, dass der Reichtum der Nationen auf dem Weg zu ihnen war. Zudem versprach Gott, dass der Tempel eine Fülle des Friedens und der Harmonie erleben würde.

Ein entweihtes Volk (2,10–19)

Die nächste Krise kam zwei Monate später. Obwohl es bereits Dezember war, hatte es noch nicht geregnet. Nach der Aussage Haggais hatte das Volk die Dürre und die Hungersnot durch die Einstellung der Bautätigkeit am Tempel selbst verursacht. Trotz der Tatsache, dass die Bauarbeiten seit zwei Monaten wieder im Gange waren, hatten die im Oktober erwarteten Regenfälle im Dezember immer noch nicht eingesetzt. Eine weitere schlechte Ernte schien sich abzuzeichnen.

Haggai stand vor einem theologischen Problem. Auch wenn Gott nicht versprochen hatte, sofort zu reagieren, war es doch genau das, was das Volk von ihm erwartete. Der Prophet fragte Gott, worin das Problem bestünde. Gottes Lösung sah so aus, dass er Haggai mit einer weiteren Liste von Fragen zum Volk zurückschickte. Dreimal forderte Haggai die Menschen auf, sorgfältig nachzudenken.

Seine erste Frage lautete: „Wenn ihr schmutzige und reine Dinge miteinander in Berührung bringt, macht das Schmutzige dann das Reine schmutzig oder reinigen die reinen Dinge die schmutzigen?" Die Priester antworteten, dass das Schmutzig das Reine verunreinigen würde.

Dann fragte er die Priester: „Wenn eine Sache, die dem Herrn geweiht ist, mit einer nicht geweihten Sache in Berührung kommt, überträgt dann das Geweihte seine Eigenschaften auf das Ungeweihte?" Die Antwort war negativ.

Haggai erklärte, dass Gott die Regenfälle zurückhalten würde, weil sie sich selbst nicht geheiligt hätten, während sie einen heiligen Tempel bauten. In Gottes Augen machten schmutzige Menschen, die einen reinen Tempel bauten, das neue Gebäude ebenfalls schmutzig. Sie dachten, sie wären gottesfürchtig, weil sie einen Tempel bauten. Doch tatsächlich verunreinigten sie diese Anbetungsstätte aus Gottes Sicht, weil sie ihr Leben nicht in Ordnung brachten.

Haggai benannte ihre Sünden nicht. Aus der Reaktion der Menschen können wir jedoch ablesen, dass sie wussten, wovon er sprach. Sie taten Buße und am nächsten Tag begannen die Regenfälle. Das Wort des Herrn lautete: „Von diesem Tag an will ich segnen", weil sie der Botschaft gehorcht hatten.

Ein ernannter Prinz (2,20–23)

Die nächste Botschaft richtete sich an Serubbabel. Sie war sehr einfach: „Du bist der Siegelring Gottes" (siehe Haggai 2,23). Ein Siegelring wurde immer von Königen getragen. Gott verkündete hier, dass er mit Serubbabel die Königsfamilie wiederaufbauen würde. Er war der Prinz in Davids Nachkommenschaft, auch wenn er natürlich niemals Monarch werden konnte, weil der Perserkönig Darius auf dem Thron saß. Stattdessen ernannte man Serubbabel zum Statthalter Judas.

Serubbabel erhielt noch eine weitere Verheißung: „Ein Tag wird kommen, an dem ich das Universum und die Nationen erschüttern werden. Wenn ich sie erschüttere, werde ich ihre Throne umstürzen und den Thron Israels aufrichten, und deine Nachkommen werden auf ihm sitzen" (siehe Haggai 2, 21–23). Gott versprach Serubbabel, dass er Persien, Ägypten, Syrien, Griechenland und Rom im Innersten treffen und das Königreich Israel aus der Nachkommenschaft Serubbabels wiedererstehen lassen würde. Es würde „an jenem Tag" geschehen. Diese Zeitangabe bezieht sich wahrscheinlich auf die Weissagungen über Jerusalem in Sacharja 12–14.

Bedeutung für uns als Christen

Christus

Genau genommen erfüllte sich diese Prophezeiung nie für Serubabbel persönlich. Allerdings lässt der Stammbaum Jesu erkennen, wie sie umgesetzt wurde. Serubbabel spielt eine sehr wichtige und vielleicht überraschende Rolle in unserer Erlösungsgeschichte. Gott löste sein Versprechen gegenüber diesem Mann ein, indem er ihn auf beiden Seiten in die Ahnenreihe seines Sohnes einfügte. Jesus konnte seine Abstammung von König David rein rechtlich durch seinen Vater bzw. Stiefvater Josef (im Matthäusevangelium) zurückverfolgen. Gleichzeitig reichte seine Ahnenreihe physisch über seine Mutter Maria bis zu David zurück (im Lukasevangelium). Daher konnte er seinen Anspruch, der Sohn Davids zu sein, doppelt untermauern. Serubbabel kommt in beiden Ahnenreihen vor.

Christen

Haggais zentrale Botschaft lautet folgendermaßen: Das Wichtigste gehört an die erste Stelle. Jesus nimmt diesen Grundsatz immer wieder auf. In Matthäus 6 fordert er von seinen Zuhörern, zuerst nach Gottes Reich und nach seiner Gerechtigkeit zu trachten, dann würden sich Fragen wie Nahrung und Kleidung von selbst regeln. Das Königreich Gottes ist der beste Sozialstaat überhaupt! Jesus lehrt, dass alle diese anderen Bedürfnisse erfüllt werden, wenn wir nur Gott an die erste Stelle setzen. Gott verspricht uns keinen Luxus, aber er sagt uns zu, dass wir mit allem Nötigen versorgt werden. Zu oft sind wir versucht, unserem Lebensunterhalt oder unserem Überleben den ersten Platz einzuräumen. Gott bekommt dann das, was noch übrig bleibt. Doch so funktioniert es nicht. Haggais Botschaft macht uns das sehr deutlich.

Noch wichtiger ist folgender Aspekt: Gott geht es nicht so sehr darum, was wir für ihn tun, sondern ob wir rein genug sind, um es zu tun. Deshalb sagte Jesus in der Bergpredigt, dass wir unsere Beziehungen in Ordnung bringen sollten, bevor wir Gott ein Opfer bringen. Wenn es noch jemanden gäbe, mit dem wir uns versöhnen müssten, sollten wir das besser vorher erledigen. Auch hier dringt Haggais Botschaft wieder zu uns durch. Unreine Menschen machen reine Dinge schmutzig. Wir müssen die Dinge in Ordnung bringen und Gott an die erste Stelle setzen. Dann kann Gott das annehmen, was wir für ihn tun und uns segnen und versorgen.

DER KAMPF UMS ÜBERLEBEN

Es ist eine sehr einfache Botschaft, aber ihre Verkündigung scheint immer noch notwendig zu sein. Der Sinn des Lebens besteht nicht darin, zu überleben oder sein Auskommen zu haben. Viel wichtiger ist es, ein reines Leben zu führen, das Gott geweiht ist.

34.
DER PROPHET SACHARJA

Einleitung

Das Buch Sacharja hat viele Ähnlichkeiten mit dem Buch Haggai. Sacharja 8 hätte durchaus aus der Feder des Propheten Haggai stammen können. Er trat etwas früher auf als Sacharja. Diese Gemeinsamkeiten sind nicht überraschend, da sich der Dienst der beiden Weissager einen Monat lang überschnitt. Sacharja fing genau dort an, wo Haggai aufhörte. Während Haggai aber zu den kleinen Propheten gehört, die am leichtesten zu verstehen sind, so ist Sacharja einer der schwierigsten. Es gibt drei Hauptunterschiede zwischen den beiden:

1. Sacharja trat später auf als Haggai und übte seinen Prophetendienst viel länger aus. Es war wie ein Staffellauf, bei dem Haggai den Staffelstab an Sacharja weiterreichte. Der setzte den Lauf damit fort, allerdings rannte er sehr viel weiter.

2. Das Buch Sacharja ist viel dicker als das Werk Haggais. Statt nur einiger weniger Kapitel hat es insgesamt 14.

3. Sacharja blickte in die weit entfernte Zukunft, während Haggai sich mit der Gegenwart und ihren aktuellen Problemen beschäftigte. Sacharja schien bis an das Ende der Zeit sehen zu können. Einige seiner Weissagungen für die nähere Zukunft sind vermischt mit anderen Prophetien. Sie betreffen eine Zeit in sehr weiter Entfernung. Das erzeugt Verwirrung: Welche Zeitspanne ist denn jetzt gerade gemeint?

Zudem bedient sich Sacharja viel öfter der Poesie als Haggai. Sein Stil ist an einigen Stellen deutlich anders. Wir bezeichnen sein Werk als ein „apokalyptisches" Buch. Apokalyptische Prophetien sind eine stark visuelle Form der Kommunikation. Sie zeichnen sich durch viele Symbole und merkwürdige Bilder aus. Tiere und Engel kommen besonders häufig vor, wobei die Engel den Menschen die Bilder erklären. Das erinnert uns an das Buch der Offenbarung, an die zweite Hälfte des Propheten Daniel und an ein paar Textstellen des Propheten Hesekiel. Der Grund für diese eigenartige Form liegt auf der Hand: Es ist sehr schwierig, sich die weit entfernte Zukunft vorzustellen. Sich die nähere Zukunft auszumalen, ist relativ leicht, weil sich dabei einfach die aktuellen Trends fortsetzen. Weit entfernte Zeiten sind jedoch viel herausfordernder. Wie würde man denn unser heutiges Leben jemandem beschreiben, der vor tausend Jahren lebte? Es würde sich sehr außergewöhnlich anhören, das Phänomen des Fernsehens zu erläutern. Die Menschen von damals würden so gut wie gar nichts verstehen. Der einzige Weg, die ferne Zukunft lebendig werden zu lassen, ist folgender: Man versucht, sie den Menschen in Form eines Bildes oder eines Symbols zu vermitteln. In einem nächsten Schritt erklärt man ihnen dann das Symbol.

Sacharja verkündet daher ganz andere prophetische Botschaften als Haggai. Haggais Aussagen sind sehr einfach zu verstehen. Er fordert das Volk auf, den Tempel fertigzustellen. Dann werde Gott die Menschen segnen. Wer braucht dazu noch zusätzliche Erklärungen? Bei Sacharja hingegen sieht die Lage ganz anders aus.

Wer war Sacharja?

Sein Name bedeutet: „Gott erinnert sich" bzw. „Gott hat sich erinnert". Dieser Name kommt im Alten Testament sehr häufig vor, 29 Männer tragen ihn. Sacharja war Priester, das bedeutet, dass er sowohl Prophet als auch Priester war. Dieser Umstand sollte uns allerdings nicht überraschen, denn zirka zehn Prozent der Heimkehrer aus Babylon gehörten zur Gruppe der Priester. Es war eine religiös motivierte Rückkehr, denn das Volk kehrte heim, um Gottes Namen in Jerusalem wieder großzumachen. Die Menschen kehrten ganz sicher nicht zurück, weil das Land fruchtbarer war oder es Aussichten auf besseren Handel gab, denn das Leben in Babylon war viel angenehmer als in Juda. Ihre Motivation war geistlicher Natur, daher war eine große Anzahl von Priestern unter den Rückkehrern.

Sacharja betonte zwei außergewöhnliche Entwicklungen. Erstens ersetzten von nun an Priester die Propheten als geistliche Anführer der Gesellschaft. In den nächsten 400 Jahren würde es keine Propheten geben, nur Priester. Als Priester und Prophet symbolisierte Sacharja somit eine Übergangsphase. Ja, er sagte sogar voraus, dass eines Tages niemand mehr freiwillig von sich behaupten würde, ein Prophet zu sein.

Die zweite erstaunliche Entwicklung war folgende: Die Priester würden die Herrschaft von den Königen übernehmen. Sacharja fertigte eine Krone aus Silber und Gold an. Diesen Kopfschmuck sollte nicht Serubbabel, sondern Jeschua, der Priester tragen. Zum ersten Mal in der Geschichte Israels wurden die Ämter des Priesters und des Königs in einer Person vereint. Das war im Alten Testament nur einmal zuvor passiert, im ersten Buch Mose. Dort trat ein Mann namens Melchisedek auf. Er war der König Jerusalems und gleichzeitig Priester. Doch dies geschah lange vor der Entstehung Israels als Volk. Aus dem Neuen Testament wissen wir, dass Jesus in seinem Priesterdienst von Melchisedek abstammte. Er ist ein Priester nach der Art Melchisedeks, nicht nach der Art Elis. Jesus ist Priester, König und Prophet. Sacharja dokumentierte somit eine Art

Verschmelzung dieser drei Führungsämter. Die Priester übernahmen die Herrschaft sowohl von den Propheten als auch vom König. Als Jesus auftrat, gab es nur noch Priester. Johannes der Täufer war der erste Prophet, der nach 400 Jahren zum Volk gesandt wurde. Die Herrscher aber waren zwei Hohepriester, Hannas und Kaiphas. Daher ist der Prophet Sacharja ein sehr wichtiges Buch, das diesen Übergang aufzeichnet.

Man kann die verschiedenen Herrschaftsformen in der Geschichte Israels recht einfach unterteilen: Die ersten 2000 Jahre der israelischen Geschichte von Abraham bis Jesus lassen sich fein säuberlich in vier Zeitabschnitte von 500 Jahren aufgliedern. Während der ersten 500 Jahre, von 2000 bis 1500 v. Chr., waren Patriarchen die Anführer Israels: Abraham, Isaak, Jakob und Josef. In den darauffolgenden 500 Jahren, von 1500 bis 1000 v. Chr., standen Propheten an der Spitze des Volkes: angefangen mit Mose bis hin zu Samuel. Von 1000 bis 500 v. Chr. wurde Israel von Königen oder Prinzen angeführt. Von 500 v. Chr. bis zum Kommen Jesu waren schließlich die Priester an der Macht. Gott gab ihnen also eine Kostprobe jeder möglichen Herrschaftsform; und jedes dieser Modelle enttäuschte Israel. Was die Menschen wirklich brauchten, war ein Herrscher, der alle diese Ämter in seiner Person vereinte. Und genau das bekamen sie mit Jesus.

Das Buch Sacharja im Überblick

Aktuelle Probleme (Kapitel 1–8)
(Sorgfältig datiert, ausschließlich Prosa.)
Zurechtweisung und Rebellion (Kapitel 1)
Ermutigung und Thronbesteigung (Kapitel 1–6)
    Vier Reiter zwischen den Myrten
    Vier Hörner und vier Handwerker
    Ein Mann mit einer Messschnur

Die Reinigung Jeschuas
Goldener Leuchter und zwei Ölbäume
Eine fliegende Schriftrolle
Eine Frau im Korb
Vier Wagen
Fasten und Feiern (Kapitel 7–8)

Voraussagen der Zukunft (Kapitel 9–14)
(Undatiert, einige poetisch)
National (Kapitel 9–11)
   Besiegte Feinde
   Ein Friedefürst
   Ein mächtiger Gott
   Ein gesammeltes Volk
   Entwaldete Nachbarn
   Nutzlose Hirten
International (Kapitel 12–14)
   Eine einfallende Armee
   Trauernde Bewohner
   Geächtete Propheten
   Dezimierte Bevölkerung
   Geplagte Angreifer
   Weltweiter Lobpreis

Das Buch hat zwei Teile. Sacharja empfing das Wort Gottes in Form von Bildern. Genauso gab er es auch weiter. Die Kapitel 1 bis 8 betreffen in ihrer Gesamtheit allerdings die aktuelle Lage. Daher datierte Sacharja seine drei Weissagungen, genau wie Haggai es tat.

Die erste Prophetie gibt nicht den genauen Tag an, wohl aber den Monat und das Jahr. Die nächste verkündete Sacharja drei Monate später. Die Dritte erging zwei Jahre nach der zweiten. Wir wissen nicht, warum Haggai aufhörte zu prophezeien oder warum Gott jemand anderen schickte, um weiterzumachen. Vielleicht starb Haggai oder er wurde krank, so dass er seinen Dienst nicht fortsetzen konnte. Sacharja übernahm ganz einfach den Staffelstab, und zwar nur einen Monat bevor Haggai aufhörte zu weissagen.

Aktuelle Probleme (Kapitel 1–8)

Zurechtweisung und Rebellion

Die Weissagung erging, als sie noch am Tempel bauten. Auch wenn er noch nicht fertiggestellt war, so hatten sie doch wenigstens auf Haggai gehört. Das Auffälligste an den Propheten nach dem Exil war, dass das Volk auf sie hörte und tat, was sie ihm auftrugen. Ganz sicher lag es zum Teil daran, dass sie 70 Jahre lang in der Fremde gewesen waren. Tatsächlich trat Sacharja seinen Dienst mit einer ziemlich deutlichen Predigt an: Er erinnerte die Menschen daran, dass ihre Vorfahren genau deshalb ins Exil geschickt worden waren, weil sie nicht auf die Propheten gehört hatten. Diese Mahnung kam genau zur rechten Zeit.

Sacharjas Predigt war sehr einfach: Ihre Vorfahren wussten nicht nur, dass sie Böses taten, sondern es wurde ihnen auch gesagt. Daher hatten sie keinerlei Entschuldigung. „Nun macht nicht denselben Fehler", sagte Sacharja. „Wenn ihr nicht das tut, was Haggai euch aufgetragen hat, dann werdet auch ihr Probleme bekommen."

Ermutigung und Thronbesteigung

Dann predigte Sacharja drei Monate lang nicht mehr. Als er seinen Dienst wieder aufnahm, wählte er dabei einen sehr unüblichen Ansatz: Er beschrieb den Menschen acht Bilder, die er alle zur Nachtzeit als Visionen empfangen hatte. Der Unterschied zwischen einer Vision und einem Traum besteht einfach darin, dass man wach ist, wenn man eine Vision sieht und schläft, wenn man einen Traum hat. Sacharjas Visionen kamen in der Nacht. Wir erfahren, dass Gott ihn immer wieder aufwecken musste, um ihm die nächste zu zeigen. Hier zog Gott es also vor, Visionen zu schenken statt Träume, auch wenn der Prophet die Visionen in der Nacht sah.

Die acht Visionen scheinen kaum etwas miteinander zu tun zu haben. Grundsätzlich geht es jedoch um den Wiederaufbau des Tempels, insbesondere in den ersten beiden. Betrachten wir diese rätselhaften Bilder, so fällt uns ein besonderer Refrain auf, der sich viermal wiederholt: „Dann werdet ihr erkennen, dass der Herr der Heerscharen mich zu euch gesandt hat." Sacharja sagt hier, dass ein Prophet danach beurteilt wird, ob auch eintritt, was er vorhergesagt hat. Eines der Gesetze des Mose bestimmte Folgendes: Wenn ein Prophet etwas vorhersagt und es dann nicht eintritt, müsst ihr ihn steinigen, denn er ist ein falscher Prophet. Das sollte jeden innehalten lassen, der kurz davor steht, eine Vorhersage über die Zukunft abzugeben. Glücklicherweise sind wir nicht an das mosaische Gesetz gebunden. Aber auch unter uns gibt es falsche Propheten. Daher ist es sehr wichtig, alle Propheten zu prüfen. Wenn sich ihre Vorhersagen nicht erfüllen und nicht geschieht, was sie angekündigt haben, sollten sie zurechtgewiesen werden. Schließlich haben sie die Menschen irregeführt und den Namen Gottes missbraucht.

VIER REITER ZWISCHEN DEN MYRTEN (1,7–17)

Sacharja sah zwei rote Pferde und jeweils ein braunes und ein weißes. Jedes trug einen Reiter auf seinem Rücken. Nach Aussage des Engels waren diese Männer Gottes Reporter. Als Gottes Boten durchzogen sie die ganze Erde und erstatteten dem Allmächtigen Bericht darüber, was gerade passierte. Wäre die Vision in unserer heutigen Zeit ergangen, hätten sie bestimmt auf Motorrädern gesessen.

Sie berichteten, dass auf jedem Erdteil gerade Frieden herrschte. Das entsprach genau der Situation, die vorlag, nachdem Kyrus Babylon besiegt hatte. Denn Kyrus war ein Mann des Friedens; während seiner Regierungszeit war die ganze Welt befriedet. Sacharja trug dem Volk auf, diese Friedenszeit zu nutzen, um Jerusalem wiederaufzubauen und den Tempel fertigzustellen. Und tatsächlich fielen kurze Zeit später die Ägypter, Syrer, Griechen und Römer in Juda ein. Gott fügte noch hinzu, dass er auf die Nationen zornig sei, die sein Volk in die Gefangenschaft geführt und schlecht behandelt hätten. 70 Jahre lang zürnte Gott mit seinem eigenen Volk, doch nun war er erbost über die Völker, die es so erbärmlich behandelt hatten. Zunächst würde es aber diese Friedenszeit geben, in der Gott keinem Land Krieg bringen würde.

VIER HÖRNER UND VIER HANDWERKER (1,18–21)
Sacharja muss mit der Landwirtschaft vertraut gewesen sein, denn er verwendete viele Bilder aus diesem Bereich. Er sah vier Handwerker oder Hufschmiede, die Hörner abnahmen. In der apokalyptischen Prophetie steht ein Horn für die Stärke einer Armee. Hörner sind aggressive Angriffswaffen. Jetzt konnte er beobachten, wie überall auf der Erde Hörner abgesägt wurden. Gott „enthornte" die Aggressoren. Babylon war keine Bedrohung mehr und Gott würde auch andere Nationen entwaffnen, die Juda bedroht hatten. Allerdings wissen wir nicht, um welche Länder es geht. Gottes Volk konnte nun am Tempel weiterbauen und dafür alle seine Ressourcen verwenden, statt sich vor einem unmittelbar bevorstehenden Angriff fürchten zu müssen.

EIN MANN MIT EINER MESSSCHNUR (2,1–13)
Der Fokus verlagert sich nun nach Jerusalem. Sacharja sah, wie ein Mann dort die Mauern vermaß. Der Prophet erkannte, dass die Stadt viel zu klein werden und schließlich

über ihre Mauern hinauswachsen würde. Jeremia hatte das bereits in einer faszinierenden Weissagung vorausgesagt. Ich besitze mehrere Karten der Stadt Jerusalem aus verschiedenen Jahrhunderten. Diese Stadtpläne zeigen, wie sich Jerusalem, angefangen von der kleinen Davidsstadt, vergrößerte und immer mehr ausdehnte. Jeremia hatte das ganz genau prophezeit, sowohl die Richtung der Ausdehnung als auch die Lage der Außenbezirke. Das Problem mit einer schnell wachsenden Stadt ist natürlich folgendes: Wie kann man sie verteidigen? Sobald man Stadtmauern errichtet, wird der Raum innerhalb der Mauern immer überfüllter. Der Mann mit der Messschnur erklärte: „Sie wird zu klein sein für die vielen Menschen, die kommen werden, um in ihr zu leben." Gott antwortete darauf mit einer wunderschönen Verheißung. Er sagte sinngemäß: „Ich selbst werde ihre Mauer sein. Ihr werdet keine Mauer brauchen, wenn sich die Stadt ausdehnt – ich werde sie verteidigen."

Diese Vision sollte auch Juden in Babylon dazu ermutigen, von dort nach Jerusalem zurückzukehren. Das galt insbesondere für diejenigen, die zögerten, weil sie glaubten, dass Jerusalem nicht sicher sei.

Es gibt zwei Voraussagen, die nichtjüdische Nationen betreffen:

1. *Wer Israel angreift, wird sich mit Gott auseinandersetzen müssen.* Gott formuliert es wunderschön, indem er sagt: „Wer mein Volk antastet, tastet meinen Augapfel an" (siehe Sacharja 2,12). Der „Augapfel" ist die Iris, der mittlere Teil unseres Auges, der aussieht wie die Draufsicht eines Apfels mit dem Stängel in der Mitte. Es ist der empfindlichste Teil unseres Körpers. Berührt auch nur ein Staubkorn unseren Augapfel, so schließt sich blitzschnell unser Augenlid. Jesus selbst sagte: „Was ihr einem dieser

meiner geringsten Brüder getan habt, habt ihr mir getan" (Matthäus 25,40 ELB). Es ist dasselbe Prinzip. Gottes Volk ist Gottes empfindlichster Körperteil.

2. *Viele Nichtjuden werden Teil Israels werden* (siehe Kapitel 12–14). Die Geschichte hat gezeigt, dass der Gott Israels existiert: Der Beweis dafür ist der Werdegang des jüdischen Volkes. Wer auch immer es wagt, Israel anzugreifen, muss später dafür bezahlen. Doch gleichzeitig haben sich Menschen aus anderen Ländern Israel angeschlossen und sind in den edlen Ölbaum eingepfropft worden. Sowohl das Gericht über die Nationen, die Israel schaden, als auch die Eingliederung anderer Nationen in das Volk Israel zeigen Folgendes: Der Gott Israels ist auch der Gott aller anderen Völker.

DIE REINIGUNG JESCHUAS (3,1–10)

In der nächsten Vision geht es um den Kleiderwechsel Jeschuas. Sacharja betrachtete nun die Herrschaft Serubabbels und Jeschuas, des Priesters. Was würde jetzt geschehen? Zunächst erschien Satan auf der Bildfläche. Interessanterweise tritt der Teufel im Alten Testament fast nie auf. Er zeigt sich in 1. Mose 3 im Garten Eden, am Ende der Chronik, als er David in Versuchung führt, Israel zu zählen und in den Anfangskapiteln des Buches Hiob. Natürlich steckt er hinter vielen Dingen, doch er agiert viel auffälliger, als Jesus auf die Erde kommt. Allerdings erscheint er in dieser Vision.

Wann immer etwas wirklich Bedeutendes bevorsteht, versucht der Teufel, es zu verhindern. Er versuchte, in Ägypten jeden jüdischen Jungen zu töten, damit Mose nicht überlebte. Dann wäre das Volk niemals aus Ägypten herausgekommen. Er tötete alle männlichen Säuglinge in Bethlehem, als Jesus geboren wurde. Denn er wollte nicht, dass dieses

DER KAMPF UMS ÜBERLEBEN

Kind erwachsen würde, um Gottes Volk zu retten. Diesmal behauptete er, dass Jeschua Juda nicht anführen könnte, weil er ein schmutziger Mann sei, der an Judas früheren Sünden Anteil hätte. Sacharja sah, wie Jeschua in schmutzigen Kleidern dastand und begriff, dass der Teufel Recht hatte. Der Teufel scheint im Himmel die Rolle des Staatsanwalts einzunehmen. Im Buch Hiob sehen wir ihn in der Versammlung der Söhne Gottes. Dort klagt er Menschen an.

In der Vision hörte Sacharja, dass Jeschua wie ein Holzscheit sei, der aus den Flammen herausgerissen wurde, wie ein halb verbrannter Holzstock, den man aus dem Feuer gezogen hatte. Nun wurden Jeschua die schmutzigen Kleider abgenommen. Man zog ihm saubere an und setzte ihm einen reinen Turban auf den Kopf. Dieses Bild ist wunderschön. Es zeigt, dass Jeschua durch die Gnade Gottes nun in den Augen des Allmächtigen rein dastand, obwohl er zuvor an den Sünden seines Volkes beteiligt war. Jetzt konnte er ihr Priester sein, vorausgesetzt, er würde weiterhin rein bleiben. Gott verhieß Folgendes: Was er für diesen einen Juden getan hatte, würde er eines Tages für das gesamte Volk tun. Er versprach, die Sünde dieses Landes an einem einzigen Tag zu vergeben. Gott kann eine Person reinigen und sie zum Priester machen. Er kündigte auch an, dass an diesem Tag jeder seinen Nachbarn unter seinen Weinstock und seinen Feigenbaum einladen würde. Diese Worte waren ein Vorschatten der Begegnung Jesu mit Nathanael (Johannes 1,48; ELB): „Als du unter dem Feigenbaum warst, sah ich dich", sagte Jesus zu ihm.

GOLDENER LEUCHTER UND ZWEI ÖLBÄUME (4,1–14)
Als Nächstes wurde Sacharja aufgeweckt, um einen siebenarmigen goldenen Leuchter im Tempel zu sehen. Er erblickte auch ein Gefäß, das höher war als der Leuchter. Von ihm führte ein Schlauch abwärts in die Lampen.

Sacharja erkannte, dass dieses Gefäß mit Öl angefüllt war. Niemand würde jemals wieder das Öl in den Lampen nachfüllen müssen, weil es einen Ölvorrat gab, der durch den Leuchter floss. Das war ein Bild für Serubbabel. Er war jemand, der über einen Vorrat des Heiligen Geistes verfügte, der durch ihn hindurchfloss. Öl ist in der Bibel immer ein Symbol für Gottes Heiligen Geist. Deshalb wird das Wort „Salbung" benutzt, wenn der Heilige Geist auf jemanden kommt, und zwar Salbung mit Öl. Die Königin Großbritanniens wurde mit Öl gesalbt, als sie 1952 gekrönt wurde. Serubbabel war folglich Gottes Gesalbter. Das hebräische Wort für „Gesalbter" lautet Maschiach bzw. „Messias" – Gottes Gesalbter („Christus" auf Griechisch).

Dann kommt eine vielzitierte Textstelle: „Es soll nicht durch Heer oder Kraft, sondern durch meinen Geist geschehen, spricht der HERR Zebaoth" (Sacharja 4,6; LUT). Im Kontext bedeutet es, dass Dinge nicht durch militärische noch durch politische Macht bewegt werden sollen. Mit anderen Worten: Die königliche Nachkommenschaft Davids musste ihre Erfolge nicht durch eine Armee oder durch politischen Einfluss, sondern durch den Geist Gottes erzielen. Es ist so tragisch, dass die Christenheit das oft völlig falsch verstanden hat. Grauenvolle Episoden wie die Kreuzzüge sind ein Beispiel dafür. Man kann das Königreich Gottes nur durch Gottes Geist errichten, nicht durch militärische oder politische Macht. Der Beweis aber, dass Serubbabel diese geistliche Kraft verliehen würde, ist höchst ungewöhnlich. Als die Bauleute am Tempel ganz oben angelangt waren, hielt man die Zeremonie der Einsetzung des Schlusssteines ab. Dieser Stein ist der letzte Stein, der in einem Gewölbe eingesetzt wird. Er verbindet die beiden Seiten eines Gebäudes, die bereits errichtet worden sind. Im Text heißt es, dass Serubabbal den Schlussstein mit seinen eigenen Händen anheben und am richtigen Ort einfügen würde. Es ist normalerweise ein ziemlich schwerer Stein, doch die Weissagung berichtet, dass Serubabbal ihn tragen und einfügen würde, und zwar mit bloßen Händen, ganz ohne Unterstützung, ohne Stricke oder einen Flaschenzug. Daran sollte man erkennen, dass der Herr der Heerscharen seinen Propheten Sacharja gesandt hatte. Samson trug einst die Tore der Philisterstadt weg, und nun gab derselbe Heilige Geist Serubbabel die Kraft, diesen großen Stein anzuheben und an seinen Platz zu bringen. Was für ein spannendes kleines Bild!

In seiner nächsten Vision sah Sacharja zwei Ölbäume. Sie symbolisierten Serubbabel und Jeschua. Es sollte eine doppelte Führungsspitze geben; der Leuchter zeigte, dass der Geist auf beiden ruhte. Serubbabel war für die Zukunft wichtig, wenn auch nicht als König. Da es den Juden in Persien nicht erlaubt war, einen eigenen König zu haben, vermute ich, dass sie deshalb beschlossen, den Priester zu krönen. Sie glaubten wahrscheinlich, dass die Perser gegen einen Priester nichts würden einwenden können; auch wenn er nicht wirklich König sein konnte. Durch dieses Vorgehen vermieden sie wahrscheinlich Ärger mit dem persischen Großreich. Ob dies nun tatsächlich so war oder nicht, bleibt offen. Jedenfalls würde der Tempel zu Lebzeiten Serubbabels und Jeschuas fertiggestellt. Dadurch sollten sie erkennen, dass der Herr der Heerscharen Sacharja zu ihnen gesandt hatte. Es gab also keinen Grund, den Tag kleiner Anfänge durch Vergleiche des Tempels mit dem Gebäude Salomos zu verachten.

EINE FLIEGENDE SCHRIFTROLLE (5,1–4)
Die Rolle war fünf Mal zehn Meter groß und flog über dem Land durch die Luft. Die Worte auf dieser Rolle lauteten: „Verflucht seien alle, die stehlen und lügen." Als sie über die Wohnhäuser flog, hielt sie über den Gebäuden

der Menschen an, die diese Sünden begingen. Ein Fluch fiel aus der Rolle auf das Haus und zerstörte es. Sacharja sagte schlicht und einfach, dass Gott denjenigen verfluchen würde, der gestohlen oder gelogen hätte.

EINE FRAU IM KORB (5,5–11)
Sacharja erblickte eine Frau, die wie eine Prostituierte aussah. Sie saß in einem Korb, der 35 Liter fasste. Zwei Frauen mit Storchenflügeln schwebten herbei, nahmen den Korb mit der Frau auf und flogen in östliche Richtung davon. Dieses Bild zeigte, dass Gott die Sünden des Volkes nach Babylon wegbrachte. Gott sagte: „Ich habe die Sünder nach Babylon weggeführt, jetzt will ich eure Sünden an denselben Ort bringen, weil sie dorthin gehören." Babylon symbolisiert in der Bibel oft den Ort der Sünde.

VIER WAGEN (6,1–8)
Die letzte Vision zeigte vier Wagen mit roten, schwarzen, weißen und gescheckten Pferden. Sie durchzogen die ganze Erde, um Gottes Willen zu tun. Im Norden, in Babylon, hatten sie ihr Werk bereits vollendet. Daher hatte einer der Wagen Pause. Die anderen drei fuhren jedoch in alle Welt, um Gottes Willen zu vollbringen. Gott beherrscht die gesamte Weltgeschichte. Er kann seine Beauftragten zügig überall hinschicken.

Zu diesem Zeitpunkt kamen drei weise Männer aus Babylon nach Jerusalem. Sie waren Händler, die Silber und Gold als Gaben für den Tempel mitbrachten. Doch Sacharja wurde beauftragt, einen Teil davon abzuzweigen und daraus eine Krone anzufertigen. Dann sollte er Jeschua im Tempel damit krönen. Nun wiederholt sich der Refrain: „Und ihr werdet erkennen, dass der Herr der Heerscharen mich zu euch gesandt hat." (Sacharja 6,15; ELB) Der entscheidende Punkt war dabei folgender: Wie schon erwähnt, gab es in Israel noch nie eine Vereinigung von Priester- und Herrscheramt. Lange bevor die Juden Jerusalem eroberten, hatte es eine solche Personalunion gegeben, in den Tagen Melchisedeks. Nun wurden beide Funktionen wieder zusammengeführt. Allerdings stand diese Union unter einer Bedingung: „wenn mein Volk aufmerksam auf meine Stimme hören wird" (siehe Sacharja 6,15). Gott sagte, dass er ihnen wieder einen König geben würde, diesmal jedoch nicht aus der königlichen Nachkommenschaft Davids. Jeschua wurde auserwählt, weil er Priester war. So würden die Perser nicht glauben, dass er für sie ein Problem darstellen könnte. Es war ein geschickter Schachzug, der sie dazu ermutigen sollte, wieder zum Königreich Israel zu werden. Dessen ungeachtet handelte es sich noch nicht um die wahre Erfüllung der Verheißung des Messias.

Fasten und Feiern
Zwei Jahre später kamen zwei Männer aus dem nördlich gelegenen Bethel zu Sacharja. (Das lässt nebenbei bemerkt darauf schließen, dass die Bevölkerung in den vergangenen zwei Jahren damit begonnen hatte, sich wieder in ihrem alten Land auszubreiten und andere Städte außer Jerusalem wiederaufzubauen.). Diese Männer vertraten eine Gruppe des Volkes in Bethel, die nach Wegweisung in ihrem Glaubensleben suchte. Sie wollten einen Priester aufsuchen, fanden aber einen Propheten. Ihre Fragen hatten zwei Praktiken zum Thema, nämlich Fasten und Feiern. Denn diese beiden Bräuche hatten sie als Teil ihrer Religionsausübung gepflegt. Ihre erste Frage betraf die Fastenzeiten, die sie regelmäßig einhielten. Es gab zwei pro Jahr, im fünften und im siebten Monat, um daran zu erinnern, wie Jerusalem zerstört worden war. Sie fasteten, um den Fall der Stadt zu betrauern. Nun fragten sie, wie viel länger sie noch an diesem Brauch festhalten

sollten, insbesondere jetzt, da ihnen Jerusalem wieder zurückgegeben worden war.

Sacharja gab ihnen eine interessante Antwort. Er sagte ihnen, dass ihr Fasten eigentlich ein selbstbezogenes Ritual sei. Sie fasteten nämlich, weil sie selbstmitleidig bedauerten, dass sie von ihren Sünden keinen Abstand genommen hätten. Sacharja stellte ihnen ein gottgefälliges Fasten vor, indem er aus Jesaja 58 zitierte. Sie sollten von Unehrlichkeit und Grausamkeit Abstand nehmen und stattdessen großzügig und gütig sein, den Hilflosen zur Seite stehen und die Bedürftigen versorgen. Ein Fasten, das Gott wirklich gefällt, bedeutet, auf die Sünde zu verzichten und nicht auf das Essen. Diese Botschaft richtet sich an diejenigen, die zwar die Fastenzeit vor Ostern einhalten, aber sündiges Verhalten in ihrem eigenen Leben nie ernsthaft angehen. Darüber hinaus erklärte Sacharja ihnen, dass sie genau aus diesen Gründen ins Exil geschickt worden wären. Sie waren selbstsüchtig und geizig geworden, statt großzügig und gütig.

Was die Feste betraft, so gab es bestimmte Feiern, die sie auch im Exil abgehalten hatten. Allerdings waren es eher freie Tage als wirkliche Feiertage. Sie begingen diese im vierten, fünften, siebten und zehnten Monat. Insgesamt gab es während der Zeit des Exils also zwei Fastenzeiten und vier Feste pro Jahr. Sacharja aber führte ihnen erneut vor Augen, dass ihre Feste viel zu selbstbezogen waren. Sie hatten Spaß und genossen das Essen und die Gemeinschaft mit ihren Freunden, Gott hingegen stand nicht im Zentrum ihrer Feiern. Sie sollten aus diesen freien Tagen wirkliche Feiertage machen und Gott danken, dass er sie wieder zurück ins Land gebracht hatte, um ihn anzubeten. „Genießt nicht einfach ein paar freie Tage oder einen gesetzlichen Feiertag – feiert die Tatsache, dass Gott euch treu geblieben ist, dass ihr wieder zum heiligen Berg zurückgekehrt seid.

Feiert, dass die Straßen wieder voller junger und alter Leute sind. Freut euch daran, dass Gott noch mehr Menschen zurückbringen und das ganze Land wieder bevölkern wird. Das sollt ihr an euren Festtagen tun."

Sacharja forderte sie auch dazu auf, sich darauf vorzubereiten, dass noch viel mehr Menschen zu ihnen kommen würden. Der Grund dafür lag darin, dass sie als Juden Gott kannten. Er kündigte ihnen eine Zeit an, in der die Menschen einen Juden an seinem Mantel festhalten und ihn bitten würden, ihnen zu erklären, wer Gott sei.

Voraussagen der Zukunft (Kapitel 9–14)

Der zweite Teil des Buches ist komplizierter, weil Sacharja sich nun von der aktuellen Lage abwendet und in die ferne Zukunft blickt. Seine Aussagen könnten jeden möglichen Zeitabschnitt betreffen, der Jahrhunderte später aktuell würde. Seine Prophezeiungen sind auch nicht geordnet. Sie erinnern vielmehr an ein Puzzlespiel, dessen Teile unterschiedliche Größen und Formen haben. Man weiß nicht, wo sie hineinpassen. Ohne das Gesamtbild auf dem Deckel der Puzzleschachtel wäre man wirklich verloren.

Das erinnert mich an den Anfang des Hebräerbriefs, wo es heißt: „Nachdem Gott vorzeiten vielfach und auf vielerlei Weise *(oder häppchenweise, Einfügung durch den Autor)* geredet hat zu den Vätern durch die Propheten, hat er zuletzt in diesen Tagen zu uns geredet durch den Sohn" (Hebräer 1,1; LUT). Jesus ist das Bild auf dem Deckel. Durch ihn können wir beginnen, alle Einzelteile zusammenzusetzen und erkennen, wie alles ausgehen wird. Darum spielt das Buch der Offenbarung in so ausführlicher Art und Weise auf den Propheten Sacharja an. Denn es kann diese Puzzleteile in das Bild der fernen Zukunft oder der „Endzeit" einfügen. Das ist die Zeit, in welcher der letzte Countdown der Geschichte heruntergezählt wird. Jesus selbst wird die Siegel auf der Rolle dieses letzten Kapitels der Weltgeschichte aufbrechen. Daher haben wir einen großen Vorteil gegenüber den Juden. Sie lesen zwar das Buch Sacharja, aber sie können nicht erkennen, wie alles zusammenpasst.

Stil und Inhalt des Buches verändern sich im zweiten Teil erheblich. Zum ersten Mal in den Voraussagen Sacharjas gibt es Passagen, die in poetischer Form verfasst sind. Weder die aktuelle Lage noch der Tempel, weder Jeschua noch Serubbabel finden Erwähnung. Visionen kommen auch nicht vor, und sogar Gottes Name ändert sich – von „der Herr der Heerscharen" („Jahwe der himmlischen Heere") zu schlicht und einfach „Jahwe". Die Atmosphäre ist eine völlig andere – sie ist so anders, dass manche Gelehrte behaupten, eine andere Person hätte diesen Teil verfasst. Es gibt Bibelforscher, die in ihren Ansichten sehr unflexibel sind. Natürlich ist der zweite Teil anders, weil Gott ihn Sacharja auf eine andere Art und Weise vermittelt hat. Diese Texte sind nicht datiert, daher wissen wir nicht, wann er sie empfangen hat; es ist möglich, dass es Jahre später geschah.

Was den Inhalt betrifft, werden diese Prophetien „Orakel" genannt. Das hebräische Wort bedeutet wörtlich übersetzt „schwer" oder „gewichtig". Doch normalerweise wird es mit „Orakel" wiedergegeben. Meiner Ansicht nach trifft diese Übersetzung die wahre Bedeutung nicht wirklich. Es geht um eine „schwere Last." Wer schon einmal eine solche Last vom Herrn empfangen hat, weiß, wovon ich spreche. Etwas lastet so lange schwer auf unserem Herzen, bis wir es anderen mitgeteilt haben; dann wird es leichter. Wir spüren es, wenn diese Last überbracht worden ist.

Im zweiten Teil des Buches gibt es zwei derartige Lasten. Die Kapitel 9–11 behandeln die erste, die Kapitel 12–14 die zweite. Sie sind in ihrer Art sehr unterschiedlich.

National (Kapitel 9–11)

In den Kapiteln 9–11 liegt das Hauptaugenmerk auf dem Volk Israel. Es gibt keine Hinweise darauf, wann diese Dinge geschehen werden oder ob sie in der richtigen Reihenfolge aufgeschrieben worden sind. Interessanterweise wird Ephraim ebenfalls erwähnt. Dieser Name war den zehn Stämmen des Nordreichs verliehen worden. Seine Erwähnung deutet darauf hin, dass Gott sie nicht vergessen hat, selbst wenn sie nie aus dem Exil in Assyrien zurückkehrten.

Sechs Bilder gehören zu diesem Blick in die Zukunft. Es ist uns jedoch nicht möglich, zwischen ihnen einen Zusammenhang herzustellen.

BESIEGTE FEINDE (9,1–8)

Das erste Bild zeigt, dass Israels Feinde besiegt werden. Syrien, Tyrus, Sidon und die Philister werden alle gesondert erwähnt. Gott wird sich mit all denen auseinandersetzen, die gegen Jerusalem vorgegangen sind. Er wird es niemals zulassen, dass Jerusalem von der Landkarte getilgt wird. Es ist seine Stadt, es ist der Ort, den er untrennbar mit seinem Namen verbunden hat. Daher kann ich Folgendes versprechen: Selbst, wenn New York, Beijing, Washington D.C. oder Neu-Delhi zerstört würden, Jerusalem wird fortbestehen. Es wird immer jüdische Überlebende geben, die in ihr Land eingepflanzt werden. Gott sagt sogar, dass sich ihnen einige Philister anschließen werden. Da sich die heutigen Palästinenser als Nachfahren der Philister bezeichnen, ist das eine faszinierende Verheißung. Der Tag wird kommen, an dem es weit und breit keinen Bedränger mehr geben wird, der Gottes Volk zu überrennen droht. Diese Verheißung ist nur ein Teil des Gesamtbildes. Wir wissen nicht, wann sie sich erfüllen wird. Doch Gott hält seine Versprechen, selbst wenn es Jahrhunderte dauert, bis sie er sie einlöst.

EIN FRIEDEFÜRST (9,9+10)

Das zweite Bild zeigt einen Friedenskönig, der auf einem Esel nach Jerusalem reitet. Wir wissen, wie dieser Teil ins Gesamtbild hineinpasst, denn Jesus tat genau das. Das Tragische daran ist jedoch, dass die Menschenmassen den Esel nicht bemerkten, als er diese Prophetie erfüllte. Sie dachten, er reite auf einem Esel, weil kein Pferd zur Verfügung stand. Daher verkannten sie die symbolische Bedeutung des Reittieres völlig. Als Jesus auf dem Esel nach Jerusalem hineinritt, wedelten die Menschen mit Palmenzweigen und legten ihre Mäntel vor ihm auf die Erde. Dabei riefen sie: „Hosianna! Hosianna!" Das war allerdings kein frommes „Hallo", wie manche meinen, sondern bedeutet: „Befreie uns jetzt!" Es war der Schrei eines Volks, das seit Jahrhunderten unterdrückt wurde und nun die politische Unabhängigkeit kommen sah. Sie nannten ihn sogar „Sohn Davids", in der Erwartung, dass er sie befreien würde.

Doch er kam damals nicht, um für sie zu kämpfen. Hätte er für ihre Freiheit streiten wollen, wäre er auf einem Pferd geritten, wie er es bei seinem zweiten Kommen tun wird. Daher erlebten sie den größten Schock ihres Lebens, als er durch das Jerusalemer Stadttor einzog und dann nach links abbog — und nicht nach rechts. Statt sich zur Burg Antonia zu begeben, wo die römischen Truppen ihr Hauptquartier aufgeschlagen hatten, nahm er eine Peitsche in die Hand und wandte sich nach links dem Tempel zu. Dort peitschte er die Juden aus dem Gotteshaus. Es überrascht mich nicht, dass die Menschen ein paar Tage später sagten: „Ihr könnt diesen Mann kreuzigen – wir wollen stattdessen die Freilassung des Freiheitskämpfers!" Die große Ironie der Geschichte besteht darin, dass der Freiheitskämpfer, den das Volk auserwählt hatte, einen sehr ungewöhnlichen Namen trug: Jesus Barabbas. Er bedeutet „Jesus, Sohn des Vaters." Daher gab es an diesem Tag zwei Männer, die Jesus, Sohn des Vaters hießen. Pilatus fragte die Menge: „Welchen Jesus, Sohn des Vaters, wollt ihr? Den Mann, der nicht für euch kämpfen will oder den Mann, der es tun wird?" Sie zogen den Kämpfer vor. Sacharja hingegen prophezeit, dass dieser Friedefürst eines Tages kommen wird, um Gericht zu halten. Er wird Gerechtigkeit und Frieden bringen – und seine Herrschaft reicht von Meer zu Meer.

EIN MÄCHTIGER GOTT (9,11–10,7)

Im nächsten Bild sehen wir, wie der Herr sichtbar erscheint, um für Israel zu kämpfen. Es unterscheidet sich vom vorherigen Bild, das eine Friedenszeit darstellt. Der Herr wird kommen, um ein guter Hirte für seine Herde zu sein. Dadurch unterscheidet er sich von den schlechten Hirten, die das Volk vorher hatte. Teil dieses Bildes ist die glorreiche Beschreibung eines erlösten Volkes, das wie Juwelen in seiner Krone funkelt.

Das nächste Orakel hat Griechenland zum Gegenstand. Die Eroberung des Landes durch die Griechen würde sich erst Jahrhunderte später ereignen, angeführt von ihrem bösartigen Herrscher Antiochus Epiphanes IV. Er errichtete eine Zeus-Statue im Tempel in Jerusalem, schlachtete ein Schwein auf dem Altar und füllte die Nebenräume mit Prostituierten. Es war eine der schlimmsten Zeiten der Geschichte. Sie dauerte genau dreieinhalb Jahre, d.h. 42 Monate oder 1.260 Tage. Diese Zeitspanne entspricht exakt der Herrschaft des Antichristen im Neuen Testament. Unter Antiochus Epiphanes erlitten die Juden das, was Christen unter dem Antichristen erleiden werden. Es ist faszinierend, dass der Aufstieg Griechenlands in diesem dritten kleinen Teil des Bildes vorhergesagt wird. Wir können im Rückblick verstehen, was in der Vergangenheit passiert ist. Was die Juden allerdings zur damaligen Zeit mit dieser Weissagung hätten anfangen können, ist schwer vorstellbar.

EIN GESAMMELTES VOLK (10,8–12)

Das nächste Bild zeigt ein gesammeltes Volk. Es ist eine Umkehr der Diaspora. Juden aus jeder Nation werden in ihr eigenes Land gebracht. Tatsächlich ist das heutige Volk Israel aus über 80 Staaten heimgekehrt. Die Juden hatten dabei auch die Musik und die Tänze aus 80 Ländern im Gepäck. Wir sehen das Bild eines Volkes, das gesammelt wird und heimkehrt. Sacharja prophezeit, dass es nicht genug Platz für sie geben wird. Die Bibel sagt sogar (Jesaja 19,23), dass eine Straße zwischen Ägypten und Assyrien gebaut wird.

ENTWALDETE NACHBARN (11,1–3)

Rätselhaft erscheint uns das nächste Bild. Die Wälder in den Nachbarstaaten Judas werden abgeholzt: die Zedern des Libanon, die Eichen Transjordaniens oder Baschans und sogar das Dickicht des Jordan. Heute ist das Dickicht das Jordan größtenteils verschwunden und im Libanon gibt es nur noch eine kleine Fläche mit Zedernbäumen. Auch die Eichen Baschans gibt es nicht mehr. Warum dieses Orakel verkündet wurde, wissen wir nicht.

NUTZLOSE HIRTEN (11,4–17)

Das Bild der nutzlosen Hirten ist sogar noch rätselhafter. Es wird durch ein vorgespieltes Gleichnis vermittelt, in dem Sacharja die Aufgabe eines Oberhirten übernahm. Er musste drei Hirten entlassen, weil sie sich nicht um die Schafe kümmerten. Man gab ihm seinen Lohn, den er im Haus des Herrn einem Töpfer vor die Füße warf: 30 Silberstücke. In Sacharja 13,7 heißt es: „Schlage den Hirten, und die Schafe werden sich zerstreuen" (SLT). Wieder sehen wir Teile eines Bildes, doch wir können erkennen, wo sie hingehören, wenn wir die Evangelien lesen. Judas warf seine 30 Silberstücke in den Tempel zurück, weil er ein schlechter Hirte war, obwohl er sowohl das Amt eines Predigers als auch den Dienst eines Heilers ausgeübt hatte. Jesus zitierte die Aussage über den Hirten, der geschlagen und die Schafe, die zerstreut werden, und bezog sie auf sich selbst. Er hatte dabei seine Verhaftung im Garten Gethsemane vor Augen, als seine Jünger die Flucht ergriffen.

Die Hirtenstäbe wurden zerbrochen. Durch das Zerschlagen des Ersten, „Freundlichkeit", macht Sacharja den Bund ungültig, den Gott mit den Nationen geschlossen hatte. Mit dem Zerbrechen des Zweiten, „Verbindung" zerstörte er die Bruderschaft zwischen Juda und Israel.

International (Kapitel 12–14)
Die zweite Serie von Bildern ist international. Sie zeigt uns, was in der internationalen Arena passieren wird. Dabei steht Jerusalem im Zentrum des Geschehens. Der Name Jerusalem findet in diesem Abschnitt 21 Mal Erwähnung. Es scheint, dass Jerusalem in der Zukunft im Mittelpunkt stehen wird. Dorthin wird man den Hauptsitz der Vereinten Nationen verlegen müssen. Wir sehen ein Bild Zions als Sitz einer Weltregierung.

Ein Ausdruck wird in diesem Abschnitt immer wieder verwendet: „an jenem Tag". Er kommt 18 Mal vor, während „ein Tag" weitere zweimal Erwähnung findet. Allerdings ist diese Wendung in der Prophetie des Sacharja bisher nicht benutzt worden. Dieser Ausdruck kommt oft im Neuen Testament vor, insbesondere Jesus gebrauchte ihn häufig. Dieser „Tag" ist kein Tag von 24 Stunden. Das hebräische Wort *Jom* kann von einer 24stündigen Zeitperiode bis hin zu einer ganzen Ära alles bedeuten. Wir nutzen das Wort „Tag" bzw. „Tage" im Englischen und Deutschen genauso. Wenn ich sage: „Die Tage von Pferd und Wagen sind gezählt und die Tage des Traktors sind gekommen", dann spreche ich keineswegs über Tage, die 24 Stunden lang sind, sondern über eine Ära. Eines Tages wird der Tag des Herrn kommen. Dann wird die ganze Welt erkennen, dass es Gottes Tag ist und dass die Tage des menschlichen Stolzes und der menschlichen Gier vorüber sind. Der ganze Planet wird sehen, dass der Tag der Heiligkeit Gottes gekommen ist.

Nur ein Abschnitt von Kapitel 13 ist in poetischer Form verfasst. Interessanterweise kommt in diesem Teil das Wort „Tag" nicht vor. Wir müssen uns erneut vor Augen führen, dass die Prophezeiungen nicht ihrer Reihenfolge nach geordnet sind. Wahrscheinlich beziehen sich Sacharja 12,3 und 14,2 auf dasselbe Ereignis.

EINE EINFALLENDE ARMEE (12,1–9)

Zunächst sehen wir das Bild einer internationalen Militäreinheit der Vereinten Nationen, die Jerusalem angreift. Eine Armee, in der alle Nationen der Erde vertreten sind, wird in den Nahen Osten geschickt. Das ist bisher noch nicht geschehen, doch es ist ein Teil des Puzzles. Jerusalem muss noch auf diese Art und Weise angegriffen werden, daher ist klar, dass sich die Schwierigkeiten Israels auf der internationalen Bühne fortsetzen werden. Es könnte noch zu unseren Lebzeiten geschehen, so dass wir mitansehen werden, wie diese Truppe der Vereinten Nationen losgeschickt wird, um die Juden anzugreifen. Sie haben bei den Vereinten Nationen nur noch sehr wenige Freunde und die USA, ihr größter Verbündeter, beginnen jetzt, sich gegen sie zu wenden.

TRAUERNDE BEWOHNER (12,10–14)

Trauernde Bewohner stehen im Zentrum des nächsten Bildes. Ein Tag wird kommen, an dem die Bewohner Jerusalems so verzweifelt sind, dass sie nicht mehr versuchen werden, Friedensverträge mit den Palästinensern oder irgendjemand anderem abzuschließen. Stattdessen werden sie zu Gott rufen. Als Antwort wird Gott ihnen den schicken, „den sie durchbohrt haben": Jesus Christus. Können wir uns vorstellen, wie sich die Juden fühlen werden, wenn sie erkennen, dass Jesus ihr Messias war und dass sie ihn getötet haben? Sie werden bitterlich über ihn weinen, so, als ob ihr Erstgeborener ermordet worden wäre.

Sacharja kündigte es als erster an, dass die Juden wirklich den sehen würden, „den sie durchbohrt haben". Tatsächlich wird dieser Ausdruck im ersten Kapitel der Offenbarung wieder aufgenommen. Dort heißt es, dass bei der Wiederkunft Jesu diejenigen ihn sehen werden, die ihn durchstochen haben. Das Einzige, was nötig ist, um einen Juden zu bekehren, ist die Erkenntnis, dass Jesus von Nazareth lebt. Das reichte für Saulus von Tarsus aus, und auch heute braucht es nicht mehr als das.

Es wird für das jüdische Volk schmerzhaft sein, auf 2000 verschwendete Jahre zurückzublicken. In dieser Zeit hätten sie an der Spitze dieser Welt stehen können, doch stattdessen wurden sie von einem Land ins nächste gejagt, wie das 5. Buch Mose es vorausgesagt hatte. Kein Wunder also, dass sie trauern und weinen werden.

GEÄCHTETE PROPHETEN (13,1–6)

Sacharja empfängt eine anschauliche Vision über die falschen Propheten. Sie gehörten zu den größten Gefahren, denen Jerusalem je ausgesetzt war. Jerusalem wird von allen diesen Propheten gereinigt werden, ebenso wie von Götzendienst und falschen Göttern. Es heißt im Text, dass eine Wasserquelle die Stadt von Sünde und aller Unreinheit säubern wird. Sacharja spricht darüber, dass Zion gereinigt wird und dass die falschen Propheten dann so beschämt und blamiert dastehen werden, dass sie ihren Beruf verleugnen. Propheten mit sichtbaren Wunden am Körper werden behaupten, dass ihnen diese in einer Kneipenschlägerei zugefügt wurden! Früher galten solche Blessuren als ein Ehrenzeichen. Es ist eine anschaulich erzählte Geschichte über Menschen, die sich schämen, falsche Lehren verbreitet zu haben.

EINE DEZIMIERTE BEVÖLKERUNG (13,7–9)

Das nächste Bild zeigt eine dezimierte Bevölkerung. Dieser Abschnitt steht jedoch eindeutig nicht in chronologischer Reihenfolge. Es heißt dort, dass Jerusalem auf ein Drittel seiner Bevölkerung reduziert wird. Im nächsten Abschnitt (14,2) werden die Einwohner der Stadt aber um die Hälfte verringert! Es scheint eine Rückblende auf den Text zu sein, in dem es um den geschlagenen Hirten und die zerstreuten Schafe geht. Ich bin mir nicht sicher, wo dieses Puzzleteil hineinpasst; es könnte zur Vergangenheit gehören oder zur Zukunft. Wir werden abwarten müssen, was die Zukunft bringt. Klar ist allerdings, dass das verbleibende Drittel ein Überrest sein wird, den Gott läutert.

GEPLAGTE ANGREIFER (14,1–15)

In Kapitel 14 kehren wir zu diesem internationalen Angriff auf Jerusalem zurück. Es ist nicht eindeutig, ob es sich um dieselbe Attacke wie in Kapitel 12,1–8 handelt. Ich glaube jedoch, dass sie definitiv in der Zukunft liegt. Gott wird diese riesige Militärmacht sammeln und gleichzeitig aber auch für die Juden kämpfen. Dieses Szenario steht ganz deutlich in engem Zusammenhang mit dem zweiten Kommen Jesu und wahrscheinlich mit der Schlacht von Armageddon. Denn es heißt hier: „... und seine Füße werden an jenem Tag auf dem Ölberg stehen" (Sacharja 14,4; ELB). Gott hat keine Füße, Jesus aber schon. Zudem deuten alle Juden diese Passage als die Ankunft des Messias.

Wir erfahren auch, dass es eine große Eruption gibt,

die erstaunliche geophysikalische Veränderungen der gesamten Gegend zur Folgen haben wird. Ich glaube, wir müssen diesen Abschnitt wörtlich nehmen, auch wenn er unsere Vorstellungskraft übersteigt. Jerusalem liegt in einer Mulde, die von Bergen umgeben ist; es gibt acht Gipfel, die die Stadt umgeben. Diese Landschaft ist von erstaunlicher geometrischer Anordnung: Die Ostseite des Felsendoms steht dem Ölberg gegenüber, die Nordostseite dem Skopusberg und die Südseite dem Berg der Verurteilung. Wir erfahren hier Folgendes: Wenn Jesu Füße auf dem Ölberg stehen, werden die Gipfel erzittern und zur Ebene werden, nur Jerusalem bleibt dann auf der Höhe stehen! Endlich wird die Stadt hoch und erhaben sein.

All das gehört zu diesem Bild. Für unsere Vorstellung ist es ziemlich schwierig, diese Dinge miteinander in Einklang zu bringen. Doch der zentrale Punkt dieses Bildes ist folgender: Die Armee der Vereinten Nationen, welche die Stadt umringt, wird besiegt. Diejenigen, die Jerusalem in der letzten Schlacht angreifen, werden aufgehalten. „Ihre Augen werden in ihren Höhlen verwesen und ihre Zungen in ihrem Mund und in Panik werden sie einander umbringen" (siehe Sacharja 14,12+13). Daher ist es keine Überraschung, dass das Volk Gottes schließlich sagen wird: „Der Herr ist unser Gott."

WELTWEITER LOBPREIS (14,16–21)
Das letzte Bild zeigt, dass alle Nationen Jerusalem als den Wohnort Gottes anerkennen werden. Alle Länder dieser Erde werden dort das Laubhüttenfest feiern. Es ist dieses eine Fest, das die Christen ignorieren. Wir feiern das Passahfest in gewisser Weise durch unsere Osterfeierlichkeiten. Das Wochenfest (Schawuot) begehen wir zuPfingsten. Doch was ist mit dem Laubhüttenfest? Für die Juden ist es das größte Fest überhaupt. Sie feiern

es im September bzw. Oktober. Es ist ihr Erntedankfest. Sie leben in kleinen Hütten, die kein richtiges Dach haben, damit sie den Himmel sehen und sich daran erinnern können, wie Gott sie durch die Wüste führte. Dieses Fest dauert acht Tage lang, wobei der letzte Tag ein Hochzeitstag ist. An diesem Tag „heiraten sie das Gesetz". Es gibt einen Hochzeitsbaldachin, unter dem ein Rabbiner steht, der die Schriftrolle des mosaischen Gesetzes in den Händen hält. Alle tanzen um den Baldachin herum und heiraten das Gesetz des Mose für ein weiteres Jahr. Am nächsten Morgen beginnen sie, 1. Mose 1 zu lesen. Sie lesen das gesamte Gesetz, bis sie 12 Monate später beim letzten Vers des 5. Buches Mose angelangt sind. Dann ehelichen sie erneut das Gesetz. Allerdings ist der Bräutigam der falsche, denn der achte Tag des Laubhüttenfestes deutet auf das Hochzeitsmahl des Messias hin, das Hochzeitsmahl des Lammes.

Das erinnert uns daran, dass die gesamte Bibel eine Liebesgeschichte ist. Sie berichtet uns, wie ein Vater eine Braut für seinen Sohn aussucht. Die Geschichte endet damit, dass die beiden heiraten und glücklich bis ans Ende ihrer Tage zusammenleben. Alle guten Liebesgeschichten enden mit einer Hochzeit und die Bibel ist da keine Ausnahme! Diese Hochzeit findet am achten Tag des Laubhüttenfestes statt, die Offenbarung bezeichnet sie als das Hochzeitsmahl des Lammes. Jesus wurde während des Laubhüttenfestes geboren – im Lukasevangelium finden wir alle entsprechenden Hinweise. Er kam entweder im September oder Anfang Oktober zur Welt, im siebten Monat, dem Monat des Laubhüttenfestes. Wir lesen im ersten Kapitel des Johannesevangeliums: „Das Wort wurde Fleisch und zeltete unter uns" *(Das hebräische Wort für „Zelt" – Sukka – bezeichnet auch die Laubhütte, seine Pluralform „Sukkot", wörtlich „Hütten", bedeutet*

Laubhüttenfest, Anmerkung der Übersetzerin). Im siebten Kapitel des Johannesevangelimus fragte ein Bruder Jesu ihn sarkastisch, ob er denn auch am Laubhüttenfest in Jerusalem teilnehmen würde, weil sie zu dieser Zeit den Messias erwarteten. Seine Verwandten glaubten nicht an ihn und machten sich über ihn lustig. Doch er antwortete nur: „Meine Zeit ist noch nicht gekommen."

Daher bin ich mir einer Sache ziemlich sicher: Ich weiß, in welchem Monat Jesus zurückkommen wird. Das Jahr kenne ich nicht, aber eines ist sicher: Er muss zur rechten Jahreszeit kommen. Es wird während des Laubhüttenfestes geschehen. Tatsächlich glauben viele Juden, dass der Messias während des Laubhüttenfestes erscheinen wird, und zwar auf der Grundlage von Sacharja 14. Von da an werden die Nationen jedes Jahr dieses Fest feiern und ihre Vertreter nach Jerusalem schicken. Wir erfahren, dass in den Ländern, die nicht an den Feiern teilnehmen, der Regen ausbleiben wird. So ist das Laubhüttenfest für die Juden und mittlerweile auch für eine wachsende Anzahl von Christen zum Brennpunkt ihrer Hoffnungen geworden. Sie sehnen sich danach, dass der Messias an diesem Fest seine Herrschaft über die gesamte Erde antreten wird.

Erfüllung der Prophezeiungen durch Christus

Nachdem wir die einzelnen Puzzleteile betrachtet haben, müssen wir nun das Gesamtbild zusammensetzen. Dabei dürfen wir nicht vergessen, dass die Propheten ihre Visionen wahrscheinlich nicht in der tatsächlichen Reihenfolge der Ereignisse empfingen. Dinge, die nahe beieinander zu liegen scheinen, könnten sich auch in einem zeitlichen Abstand von hunderten oder tausenden von Jahren ereignen. Viele der beschriebenen Vorkommnisse beziehen sich dabei eindeutig auf das erste und zweite Kommen Christi.

SCHLÜSSEL ZUM ALTEN TESTAMENT

Das erste Kommen Jesu
Jesus wurde zur Zeit des Laubhüttenfestes geboren. Das letzte Mal, als er nach Jerusalem kam, ritt er auf einem Esel in die Stadt ein. Er wurde für 30 Silberstücke verraten. Als er verhaftet wurde, ergriffen seine Jünger die Flucht. Daraufhin zitierten die Verfasser der Evangelien aus Sacharja 13,7: „Ich werde den Hirten schlagen, und die Schafe werden sich zerstreuen" (Markus 14,27; SLT; siehe auch Matthäus 26,31).

Das zweite Kommen Jesu
Die Prophezeiung Sacharjas und das Buch der Offenbarung stehen in einem engen Zusammenhang. Wir erfahren, dass die Füße Jesu auf dem Ölberg stehen werden. Es gibt starke Anzeichen dafür, dass seine Wiederkunft beim Laubhüttenfest geschehen wird. Die Offenbarung erinnert uns an Folgendes: Wenn Jesus wiederkommt, wird das jüdische Volk auf „den schauen, den sie durchbohrt haben" (Sacharja 12,10 NLB).

Noch unerfüllte Prophetien
Das Buch Sacharja und andere Prophezeiungen des Alten Testaments enthalten Vorhersagen, die noch nicht eingetroffen sind. Das folgende Schaubild zeigt uns drei umfassende Erklärungsansätze.

BEDINGT
Manche vertreten die Ansicht, dass die Erfüllung dieser Prophetien vom Gehorsam Israels abhängig war. Das Schlüsselwort lautet „wenn". Da Israel nicht gehorchte, seien die Verheißungen hinfällig geworden und würden nie mehr eintreffen. Daher mache es keinen Sinn, sich mit ihnen zu beschäftigen, da sie für unsere heutige Zeit keinerlei Relevanz mehr hätten.

DER KAMPF UMS ÜBERLEBEN

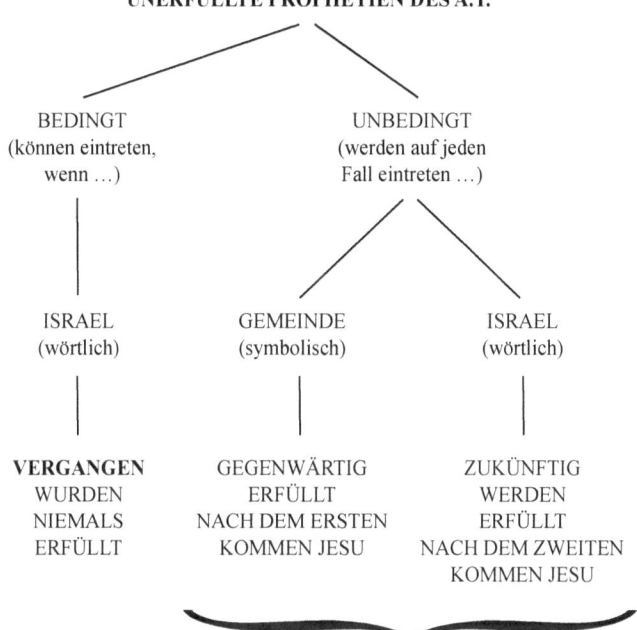

UNBEDINGT

Andere glauben, dass sich die Prophetien an der christlichen Gemeinde erfüllt hätten. Ihre Erfüllung sei „geistlicher Natur". Die Christenheit sei das neue Israel, das heute siegreich an den Erfolgen, die Israel verheißen wurden, teilhabe. Das Problem mit diesem Ansatz ist folgendes: Während die Segnungen für die christliche Gemeinde beansprucht werden, lässt man die Flüche außer Acht. Hier versagt die Logik. Entweder beziehen sich sowohl die Segnungen als auch die Flüche auf die Christenheit oder beide finden keine Anwendung auf die Gemeinde.

Eine dritte Gruppe erwartet, dass sich die Verheißungen in der Zukunft erfüllen werden. Römer 11 berichtet von einer Erweckung unter den Juden vor dem zweiten Kommen

Jesu. Nach dieser Ansicht werden die Überlebenden der Trübsalszeit das Laubhüttenfest im Millennium feiern, wenn Jesus von Jerusalem aus über alle Nationen regiert. Nach dieser Zeit wird es ein neues Jerusalem geben, in dem die 12 Stämme und die 12 Apostel anwesend sind.

Meiner Meinung nach werden die noch unerfüllten Weissagungen wortwörtlich in Erfüllung gehen. Auch wenn noch nicht ganz klar ist, wie alles zusammenpasst, haben wir doch genügend Klarheit über die grundlegenden Fragen. Wir dürfen uns sicher sein, dass Gott einen Plan für die ganze Welt hat, den er auch ausführen wird. Jesus wird zurückkommen, um über diese Erde zu herrschen, und wir werden es mit ihm gemeinsam tun. Insofern endet das Buch Sacharja nicht mit einem traurigen Akkord, in dem Sinne, dass die Juden nicht richtig auf Gott reagiert hätten. Das wird von einigen Gelehrten vertreten. Vielmehr schließt es mit dem hoffnungsvollen Ausblick, dass Gott eines Tages alles tun wird, was er versprochen hat.

35.
DER PROPHET MALEACHI

Einleitung

Der Kontext des Buches Maleachi hat große Ähnlichkeit mit dem der Bücher Haggai und Sacharja. Maleachi wurde 100 Jahre nach der Rückkehr Judas aus dem babylonischen Exil verfasst. Die Lage sah nicht gut aus; Jerusalem war immer noch ziemlich dünn besiedelt und das Ackerland war größtenteils unfruchtbar und unbebaut. Die kürzlich eingefahrenen Ernten waren armselig. Zudem machten Heuschreckenschwärme und Nahrungsmittelknappheit das Leben hart und unsicher. Im Jahr 520 v. Chr. hatte man den Tempel fertiggestellt. Er war allerdings im Vergleich zu Salomos Bauwerk so klein, dass er kaum zu einem Stimmungsaufschwung beitrug. Obwohl Nehemia die Stadtmauern reparieren ließ, bevorzugten die Menschen es immer noch, auf dem Land zu leben. Denn dort war es einfacher, sich vor Angreifern zu verstecken. Das Volk hatte keinen Palast gebaut, weil es keinen König hatte, obwohl sein Stadthalter Serubbabel der rechtmäßige Erbe aus der Königsfamilie Davids war. So bestand Juda aus einer kleinen Stadt auf einem Hügel und einigen umliegenden Dörfern. Es war ein schwacher Abglanz des Königreichs Davids in seiner Blütezeit. Die Menschen waren enttäuscht, desillusioniert und sogar verzweifelt. Sie fragten sich, ob es sich überhaupt gelohnt hätte, nach Juda zurückzukehren. Sie sagten sich: „Wir sind seit 100 Jahren wieder im Land. Doch wo ist nun dieses Königreich, das wir aufbauen wollten?"

Es gab nur eine einzige gute Nachricht: Sie hatten im Exil ihre Lektion über den Götzendienst gelernt. Nie wieder liefen sie fremden Göttern nach oder versuchten, einen anderen Glauben anzunehmen. Gleichwohl war ihre

Religionsausübung zu einer reinen Formalität geworden. Das Volk besuchte den Tempel, jedoch hauptsächlich aus Tradition. Es praktizierte ein Ritual, das keinen Bezug zu seinem täglichen Leben aufwies. Der Glaube hatte für die Menschen tatsächlich keine Priorität mehr. Sie wollten wissen, wie viel Zeit sie allerhöchstens für ihre Glaubenspraxis einplanen müssten und mit welchen finanziellen Minimalbeträgen sie davonkämen. Zudem verhielten sich die Priester genauso wie das Volk. Ihnen war es egal, wie viele Gläubige an den Gottesdiensten teilnahmen. Hauptsache, sie brachten die Sache hinter sich und konnten davon leben. Sie hielten die Gottesdienste nachlässig und ohne Sorgfalt ab, so, als ob das absolute Minimum Gott schon genügen würde.

Angesichts dieser Haltung in Glaubensfragen war es kein Wunder, dass ihre Einstellung auch ihre Moral beeinflusste. Wenn man die Wichtigkeit seiner Gottesbeziehung in Zweifel zieht, dauert es nicht lange, bis man gottgefälliges Verhalten ebenfalls für überflüssig hält. Oder, um es einfacher zu formulieren: Wenn eine Generation fragt: „Warum sollten wir Gott verehren?", wird die nächste fragen: „Warum sollten wir uns an seine Regeln halten?" So bauten sie beispielsweise ihre damaligen Einkaufszentren direkt außerhalb der Stadtmauern, um sie am Sabbat öffnen zu können. Dies taten sie, obwohl sie wussten, dass es verboten war, am Sabbat Handel zu treiben. Der Materialismus nahm Überhand, was sich zerstörerisch auf das Familienleben auswirkte. Die Frage: „Warum sollte ich Gott treu bleiben?", wurde bald zu: „Warum sollte ich meiner Frau treu sein?" – insbesondere, wenn die eigene Frau älter wurde und ihren Sex-Appeal verlor. Warum sollte man sie dann nicht gegen ein „jüngeres Modell" eintauschen?!

Hinzu kam noch, dass es nach der Rückkehr aus Babylon zu wenige Frauen gab. Daher heirateten die Männer außerhalb des Volkes Gottes. Sie ließen sich also nicht nur scheiden und heirateten erneut, sondern sie ehelichten dann auch noch nichtjüdische Frauen. Das widersprach dem göttlichen Gesetz. Die Stadt Jerusalem füllte sich mit verlassenen Frauen. Da es keine Sozialfürsorge gab, traf es die Witwen, Waisen und die sitzengelassenen Ehefrauen ganz besonders hart.

Das Volk hatte keine Regierung, die es hätte beschuldigen können, aber es hatte einen Gott. Daher machte es nun Gott für seine Misere verantwortlich. Die Menschen sagten: „Gott schert sich nicht um uns, darum scheren wir uns auch nicht um ihn." Es klang wirklich beeindruckend. „Gott hat aufgehört, uns zu lieben, darum lieben wir ihn jetzt auch nicht mehr. Wir können nicht an einen liebenden Gott glauben – seht euch doch nur die Lage an, in der wir uns befinden! Wir müssen selbst auf uns aufpassen. Er hat uns verlassen, daher können wir uns jetzt genausogut um das Wichtigste kümmern – um uns."

Ihre Kritik an Gott hatte zwei Seiten. Einerseits behaupteten sie: „Gott belohnt kein rechtschaffenes Leben." Andererseits sagten sie: „Er bestraft keinen gottlosen Lebensstil. Warum sollten wir uns dann mit ihm abgeben?"

Das war die Situation, der sich Maleachi gegenübersah. Seine gesamte Prophetie ist in Prosa abgefasst, nicht in Poesie. Das deutet darauf hin, dass Gott seine Gefühle für sein Volk abhandengekommen waren; und zwar so sehr, dass er weitere 400 Jahre nicht mehr mit ihnen redete! Es war sein letztes Wort, und ein sehr frostiges noch dazu.

Besonderheiten

Das Buch Maleachi weist fünf unverwechselbare Besonderheiten auf:

1. Prozentual ist in Maleachi mehr Reden Gottes enthalten als in jedem anderen prophetischen Buch. Von seinen 55 Versen sind 47 (d.h. 85 Prozent) direkte Worte Gottes.

2. Es ist eine anonyme Prophetie. Die meisten Leser vermuten, „Maleachi" sei der Name des Autors. Doch diese Bezeichnung ist gar kein Eigenname. Maleachi bedeutet schlicht und einfach „Bote". Dieses Wort wird nirgendwo im Alten Testament als Name verwendet. Allerdings wird es häufig gebraucht, um einen Kurier zu bezeichnen. Es handelt sich bei Maleachi also nur um einen anonymen Boten, einen „Niemand", der Gottes letztes Wort an sein Volk in Israel überbringt. Die Juden vermuten, dass Esra der Verfasser ist. Wir haben jedoch keine Hinweise, die das beweisen oder widerlegen würden.

3. Maleachi ist ungewöhnlich, weil er als einziger Prophet Dialoge mit dem Volk führte. Es wird deutlich, dass er während seiner Prophezeiung unterbrochen wurde, weil er über diese Zwischenrufe berichtet. Seine Zuhörer entrüsteten sich über seine Aussagen, weil er ihnen im Grunde sagte: „Ihr habt damit angefangen! Es war nicht Gott, der aufgehört hat, sich um euch zu kümmern. Ihr habt es zuerst getan. Wenn ihr euch nicht mehr um Gott schert, wird er sich auch nicht mehr um euch kümmern." Paulus erklärt im Römerbrief im Neuen Testament Folgendes: Weil die Menschen Gott aufgaben, gab Gott die Menschen auf. In derselben Weise wendet sich Gott von einer Nation ab, wenn diese Nation sich von ihm abwendet. Die Weissagung besteht also aus hitzigen Debatten zwischen dem Propheten und dem Volk. Zwölfmal sagt er: „Ihr (aber) sagt …" bzw. „Doch ihr sagt …"Das deutet auf gewisse Unterbrechungen hin.

4. Die Erzählform ist Prosa, nicht Poesie, weil Gottes Gefühle für sein Volk versiegt sind. Gott ist durch

sein Volk emotional erschöpft und wird daher die nächsten 400 Jahre nicht mehr mit ihm sprechen. Hier können wir Gottes Herz erkennen. Hätten wir nicht auch genug von einem solchen Verhalten? Wenn wir die Menschen ins Exil und danach wieder nach Hause gebracht hätten – wie würden wir reagieren, wenn wir ihnen danach einfach gleichgültig wären?

5. Die fünfte Besonderheit besteht darin, dass es sich um Gottes letztes Wort handelt. Vielleicht ist die christliche Anordnung der Bücher des Alten Testaments schlussendlich doch richtig (Die hebräische Bibel endet mit der Chronik.). Es war Gottes letzte Botschaft an sein Volk. Das letzte Wort darin lautet „Bann" oder „Fluch". Bis heute lesen die Juden den letzten Vers von Maleachi nicht, wenn dieser Abschnitt in der Synagoge vorgetragen wird. Dort heißt es: „... damit ich nicht kommen muss und das Land mit dem Bannfluch schlage" (Maleachi 3,24; MB). Stattdessen kehren sie zu Vers 23 zurück, um nicht mit dem Wort „Fluch" enden zu müssen. Sie weigern sich, den Text mit Gottes letztem Wort abzuschließen.

Das Buch Maleachi im Überblick

Überleben in der Vergangenheit (1,1–5)
Jakob – Israel – geliebt – erhalten
Esau – Edom – gehasst – zerstört

Sünden der Gegenwart (1,6–3,15)
Die Priester (1,6–2,9)
   Billige Opfer
   Populäre Predigten
Das Volk (2,10–3,15)

Mischehen
Herzlose Scheidungen
Skeptische Fragen
Unbezahlter Zehnter
Verleumderische Rede

Künftige Teilung (3,16–4,6)
Richtige Wahl
    Gerechte – Heilung unter der Sonne
    Gottlose – Verbrennen im Feuer
Letzte Chance
    Mose – Gesetzgeber – erinnern
    Elia – Vorbote – erkennen

Überleben in der Vergangenheit (1,1–5)

Wir müssen 1500 Jahre in die Vergangenheit zurückreisen, um die ersten Verse des Buches zu verstehen. Maleachi verkündete, dass Gott Jakob liebte und Esau hasste. Es geht um diese beiden Zwillinge, deren gegenseitiges Verhältnis kein gutes war. Diese Aussage klingt für uns merkwürdig. Dabei ist zu beachten, dass die Worte „lieben" und „hassen" hier nicht dieselbe Bedeutung haben wie im deutschen Sprachgebrauch. Jemanden zu lieben heißt, für ihn zu sorgen und sein Bestes zu wollen. Hassen im biblischen Sinne bedeutet, sich nicht um jemanden zu kümmern und auch nicht nach seinem Besten zu streben. Als Jesus sinngemäß sagte: „Ihr seid nicht würdig, mir nachzufolgen, wenn ihr nicht euren Vater und Eure Mutter hasst", meinte er damit nicht, dass seine Zuhörer Bitterkeit und Groll gegen ihre Eltern hegen sollten. Vielmehr sollte Jesus ihnen wichtiger sein als Vater und Mutter.

Zudem sprach Gott nicht nur über Jakob und Esau in der Vergangenheit, sondern auch über die beiden Länder

Israel und Edom zur Zeit Maleachis. Er erinnerte daran, dass er in den vergangenen 100 Jahren Israel nur Gutes getan und gleichzeitig Edom bestraft hatte. Die Edomiter stammten von Esau ab und lebten jenseits des Jordan. Als die Babylonier anrückten, um die Juden ins Exil zu führen, waren die Edomiter hocherfreut und beteiligten sich an den Kämpfen. Ihr Schlachtruf lautete: „Hurra! Mit den Juden ist es aus!" Sie nahmen an der furchtbaren Zerstörung teil, packten jüdische Säuglinge an den Füßen und zerschmetterten ihre Köpfe an den Mauern Jerusalems.

Von da an stand Edom unter dem Gericht Gottes. Es entfaltete sich über einen langen Zeitraum. Gott ließ die Araber gegen sie aufmarschieren und vertrieb so die Edomiter aus ihrer Heimatstadt Petra. Sie mussten nun in der kargen Negev-Wüste ihr Dasein fristen, in der man weder Getreide anbauen noch ernten konnte.

Gott verkündete Israel durch Maleachi, dass er all dies über Edom kommen ließ, weil die Edomiter sich zuvor an den Juden vergangen hätten. „Euch habe ich geliebt, aber sie habe ich nicht bewahrt." Maleachi forderte das Volk dazu auf, sein eigenes Überleben mit dem Schicksal Edoms zu vergleichen und Gott dankbar zu sein. Die Lektion ist eindeutig: Wenn wir uns bei Gott beklagen, sollten wir daran denken, was er anderen Menschen hat zustoßen lassen. Dann sollten wir uns vor Augen führen, was er für uns getan hat und ihm dafür danken.

Der Predigt Maleachis liegt ein bestimmtes Gottesbild zugrunde, das wir beherzigen sollten. Er sieht Gott in drei Hauptfunktionen, die das gesamte Alte Testament durchziehen. Menschen, die das Alte Testament nicht lesen, vergessen sie leicht. Wenn wir das Neue Testament studieren, sehen wir Gott „nur" als den liebenden Vater. Doch diese drei Dimensionen Gottes, die wir im Alten

Testament finden, sind von grundlegender Bedeutung und gehören dazu. Er ist der Schöpfer unserer Vergangenheit, der König unserer Gegenwart und der Richter unserer Zukunft. Wir müssen uns diesen Rahmen vor Augen halten, wenn wir uns mit Fragen beschäftigen, die Gott betreffen.

Sünden der Gegenwart (1,6–3,15)

Die Priester (1,6–2,9)

Die erste Gruppe, die Maleachi anging, waren die Priester. Gott wird in der Bibel als Vater und Herr beschrieben. Er verdient unseren Respekt. Stattdessen behandelten sie Gott mit Geringschätzung. Zu oft begegnet man dem Allmächtigen auch in christlichen Gottesdiensten mit plumper Vertraulichkeit statt mit Ehrfurcht und Ehrerbietung. Maleachi erklärte den Priestern, dass sie Gott in Verruf brächten und ihm nicht die gebührende Ehre erwiesen. Erneut fragten sie ihn: „Womit?" Als Antwort gab er ihnen zwei Beispiele:

BILLIGE OPFER

Erstens brachten sie Gott billige Opfer dar. Statt das beste Lamm auszuwählen, wie es im Gesetz des Moses bestimmt war, nahmen sie das schlechteste, nämlich ein blindes oder verkrüppeltes Tier. Dieses opferten sie dann Gott. Maleachi wies sie auf Folgendes hin: Dadurch, dass sie Gott nicht das beste Tier gaben, taten sie weniger für ihn, als sie für den persischen Statthalter tun würden. „Ihr gebt Gott nur die Überbleibsel, aber jemand anderes bekommt euer Allerbestes!"

Zweitens, erklärte ihnen Maleachi, sei Gottes Name groß unter den Nationen aber nicht unter dem Volk Israel. Die Heiden hätten also mehr Ehrfurcht vor Gott als sein eigenes Volk. Die Botschaft war ziemlich niederschmetternd.

POPULÄRE PREDIGTEN

Als Nächstes kritisierte er die Priester dafür, dass sie dem Volk predigten, was es hören wollte, statt es im Gesetz zu unterrichten. Sie sollten Gott fürchten und nicht den Menschen gefallen. Wer Gott in der christlichen Gemeinde dient, sieht sich im Prinzip derselben Versuchung und demselben Druck gegenüber. Es ist so einfach, den Menschen das zu verkündigen, was sie hören wollen und sie nicht zu beunruhigen. Wenn die Gläubigen sich gestört fühlen, weiß man als Prediger bereits, dass man nicht wieder eingeladen wird!

Maleachi erinnerte sie an Gottes Bund mit Levi, als Mose noch lebte. Damals sagte man den Priestern, dass sie nicht für ihren Lebensunterhalt arbeiten müssten, sondern dass das restliche Volk sie unterstützen würde. Die Bedingung war, dass sie dem Volk die Furcht des Herrn beibrachten. Doch genau das taten die Priester gerade nicht. Maleachi erklärte den levitischen Priestern, dass die Menschen nicht nur ihre Worte hören, sondern ihr gottgefälliges Leben sehen müssten. Ihre Lippen und ihr Leben sollten dieselbe Botschaft verkünden. Sie stünden bereits unter einem Fluch und es würde noch schlimmer werden, sagte der Prophet. Viele ihrer Kinder würden sterben und der Priesterdienst aufhören, sollten sie ihr jetziges Verhalten fortsetzen.

Das Volk (2,10–3,15)

Als Nächstes nahm sich Maleachi das Volk vor. Es gab fünf Anzeichen dafür, dass es sowohl in seinem Glauben als auch in seinem Verhalten auf Abwege geriet.

MISCHEHEN

Die jungen Leute heirateten Partner, die nicht zum Volk Gottes gehörten. In der gesamten Geschichte Israels als Nation hatte Gott jedoch darauf bestanden, dass sie Ehen nur innerhalb ihres Volkes schlossen. Diese ungute Praxis der Mischehen ist auch in der christlichen Gemeinde verbreitet. Wer ein Kind des Teufels heiratet, wird Probleme mit seinem Schwiegervater bekommen! Ganz abgesehen davon, dass man ein Leben lang sehr unglücklich sein wird.

HERZLOSE SCHEIDUNGEN

Das zweite Problem könnten wir als „herzlose Scheidungen" bezeichnen. Einige praktizierten konsekutive Polygamie. Simultane Polygamie ist dadurch gekennzeichnet, dass Männer mit mehr als einer Frau gleichzeitig verheiratet sind; konsekutive Polygamie bedeutet, dass sie so viele Frauen haben können, wie sie wollen, allerdings immer nur eine nach der anderen. Das ist eine weitere Praxis, die in der christlichen Gemeinde nur allzu verbreitet ist. Doch sie schmerzt Gott, weil jede Ehe vor Gott geschlossen wird; ob es sich um eine Zivilehe oder eine kirchliche Eheschließung handelt. Jede Ehe unterliegt dem Gesetz Gottes. Sein Gesetz bestimmt, dass konsekutive Polygamie mit Ehebruch gleichzusetzen ist. Das hat Jesus gesagt. Dennoch scheint es, dass die meisten Prediger sich heute scheuen, das tatsächlich auszusprechen. Maleachi sah sich diesem Problem gegenüber, und wir müssen uns heute genauso damit auseinandersetzen. Es handelt sich wahrscheinlich um die unpopulärste Herausforderung in der heutigen Christenheit. Gott sagt schlicht und einfach: „Ich hasse Scheidung."

SKEPTISCHE FRAGEN

Als Gott das Volk beschuldigte, den Bund zu brechen, fragten sie ihn: „Und wie tun wir das?" Er antwortete ihnen, dass sie den Bund, den sie miteinander geschlossen hätten, dadurch brechen würden, dass sie außerhalb des Volkes Gottes heirateten.

Sie hielten sich für unschuldig. Daher gefiel es ihnen überhaupt nicht, dass dieser Prediger sie beschuldigte. Viele haben nichts dagegen, wenn man allgemeine Aussagen trifft. Wenn man ihnen ihr Fehlverhalten allerdings am Einzelfall erläutert, dann tut es weh. Maleachi erklärte den Menschen, dass Gott ihrer Haltung überdrüssig würde. Er sagte eigentlich: „Ihr fragt: ‚Wie kannst du an einen Gott der Liebe glauben, wenn diese Dinge geschehen?' Wie könnt ihr es wagen, solche Fragen zu stellen! Ihr fragt: ‚Wo ist die Gerechtigkeit Gottes?' Was fällt euch eigentlich ein! Das Gericht wird kommen, auch wenn es noch nicht gleich geschieht, weil Gott Geduld mit uns hat. Aber wagt es niemals, Gott vorzuwerfen, dass er unfair sei oder dass ihm ungesetzliches Verhalten nichts ausmachen würde."

Als wäre das nicht schon schlimm genug gewesen, schockierte Maleachi das Volk nun mit folgender Aussage: Gott würde mit seinem Strafgericht bei den verdorbenen Menschen in seinem Tempel anfangen. Sie baten Gott inständig, dass er schlechten Menschen maßregeln möge. Doch bei seinem Kommen würden sie es sein, die er sich vornehmen würde! Als erstes würde er die Priester aburteilen und dann das Volk.

Er zählte die Menschen auf, die Gott nicht fürchteten: Zauberer, Ehebrecher, Eidbrecher, Arbeitgeber, die ihre Arbeiter um ihren gerechten Lohn betrogen, Schuldner die vorsätzlich ihre Rechnungen nicht zahlten, die Bedrücker von Witwen und Waisen und diejenigen, die den Fremden das Recht vorenthielten. Maleachi spricht jetzt Klartext.

An diesem Punkt ändert sich der Tonfall sehr deutlich. Es scheint, als ob Gott nun sein Herz mitteilt. Er erklärt, dass es seiner Gnade zu verdanken sei, dass das Volk noch nicht zerstört worden ist. Während Juda eine lange Geschichte der Untreue habe, bleibe er dennoch treu. Sie mögen seinen Bund brechen, er aber bleibt ihnen verpflichtet. Gott sagt:

„Kehrt um zu mir, so werde ich zu euch umkehren." Es stimmt, dass Gott sich von uns entfernt, wenn wir uns von ihm abwenden. Kehren wir aber zu ihm um, tut er genau das Gleiche! Gott hat eine dynamische wechselseitige Beziehung zu einem Volk, auf das er ständig reagiert. Gott begegnet uns unentwegt dort, wo wir gerade stehen. Er reagiert auf uns und spiegelt uns unsere Haltung zu ihm wider. Manche Menschen glauben, dass Gott hoch oben im Himmel sitzen und Befehle erteilen würde, wobei er uns herumschubst wie Marionetten. Doch das entspricht nicht dem biblischen Bild. Die Bibel zeigt uns, dass Gott jemand ist, der kontinuierlich auf uns reagiert. Er ändert seine Meinung, wenn wir es tun. Er tut Buße, wenn wir es tun und er kehrt zu uns zurück, wenn wir zu ihm umkehren. Es ist eine dynamische Beziehung.

UNBEZAHLTER ZEHNTER

Als Nächstes erklärte Maleachi den Menschen, dass sie Gott berauben würden. Und wieder zogen sie diese Aussage in Zweifel und fragen: „Womit? Wir haben Gott noch nie beraubt." Die Antwort war erneut schmerzlich direkt: „Ihr habt den Zehnten und die Opfer nicht gezahlt."

Maleachi nagelte sie wirklich fest – und sie widersprachen ihm immer noch. Er erklärte ihnen, dass sie Gott nicht den zehnten Teil ihres Einkommens und die freiwilligen Opfer gezahlt hätten. Daher stünden sie unter einem Fluch, weil sie dem Gesetz des Zehnten nicht gehorchten. Das mosaische Gesetz bestimmt Folgendes: Wenn man den Zehnten zahlt, wird man von Gott gesegnet. Wenn man es nicht tut, wird man von Gott verflucht, und zwar bis in die dritte und vierte Generation.

Christen sind natürlich nicht an dieses Gesetz gebunden. Ich habe in meinem ganzen Leben noch nie verkündigt, dass man den Zehnten geben müsste! Allerdings habe ich über das *Geben* gepredigt. Denn im Neuen Testament heißt es, dass uns Dankbarkeit dazu motivieren sollte. Der Herr will unsere Gaben nicht, wenn wir sie ihm nicht freiwillig geben! Im Alten Testament hingegen waren sie dazu verpflichtet, den Zehnten zu bezahlen. Doch heute zu predigen, dass man den Zehnten geben müsste, führt immer zu Problemen. Meine Frau und ich hörten einmal der Predigt eines jungen Mannes zu, der in einer Gemeinde über den Zehnten sprach. Die Meisten, die das tun, konzentrieren sich auf den Segen, den diese Praxis zur Folge hat, und vernachlässigen die Flüche. Dieser Prediger aber war wenigstens konsequent. Seine Botschaft jedoch war haarsträubend. Er versprach der Gemeinde Folgendes: Wenn sie ihren Zehnten nicht gäben, würden ihre Enkel und Urenkel darunter leiden; Gott würde diejenigen bis in die dritte und vierte Generation bestrafen, die das Gesetz des Zehnten brächen. Sie stünden unter einem Fluch.

Als dann die Kollekte eingesammelt wurde, kam der höchste Betrag seit Jahren zusammen. Das war natürlich keine Überraschung. Nach dem Gottesdienst erklärte ich allerdings den Gemeindeleitern, dass es sich um eine üble Lehre handle, weil die Gemeinde durch Furcht dazu gebracht wurde, zu geben. Einen fröhlichen Geber hat Gott lieb. Wir spenden im Rahmen des neuen Bundes, der durch Gnade bestimmt wird. Für manche Menschen ist der Zehnte viel zu wenig, für andere viel zu viel. Wir sollten in dieser Frage bei weitem flexibler sein.

Maleachi aber konnte mit Fug und Recht behaupten, dass das Volk bereits unter einem Fluch stünde, weil es den Zehnten nicht gegeben hätte. Wenn sie wieder gesegnet sein wollten, mussten sie den gesamten Zehnten in Gottes Vorratshaus bringen. Dann würde er die Fenster des Himmels öffnen und seinen Segen überreichlich ausgießen. Der Kontext dieser Verheißung lässt darauf schließen, dass mit diesem Segen wortwörtlich Regenwolken gemeint waren, die die Dürre beenden würden.

VERLEUMDERISCHE REDE

Maleachi setzte seine Kritik fort, indem er dem Volk vorwarf, durch sein Reden Gott zu verleumden. Erneut wollten die Menschen wissen, womit sie Gott beleidigt hätten. Maleachi erklärte ihnen, dass sie es schlechtredeten, wenn jemand Gott diente. Sie behaupteten nämlich, dass es keinen Sinn machen würde, gottesfürchtig zu sein, weil gerade die Gottlosen Erfolg hätten. Dadurch sprachen sie Gott seine Autorität ab und behaupteten, er wisse nicht, was er tue.

Hatte Maleachis Botschaft irgendwelche Auswirkungen? War er ein so effektiver Prediger wie Haggai und Sacharja? Reagierte das Volk auf seine Predigten? Die Antwort lautet: Einige reagierten tatsächlich. Sie tauschten sich über seine Botschaft aus und taten Buße. Diese Menschen übernahmen Verantwortung für ihr eigenes Verhalten und brachten die Dinge wieder in Ordnung. Gott schrieb sogar die Namen derjenigen in ein Buch, die sich diese Worte wirklich zu Herzen nahmen.

Künftige Teilung (3,16–4,6)

Im letzten Abschnitt erläutert Maleachi, dass es eine Teilung des Volkes Gottes geben wird. Israel werde eines Tages in zwei Gruppen aufgeteilt. Die Propheten nennen diesen Zeitpunkt den „Tag des Herrn". Auch andere Weissager wie Sacharja, Amos und Joel erwähnen diesen Tag. An ihm wird Rechenschaft abgelegt, Rechnungen werden beglichen und das Urteil wird gesprochen. An diesem Tag wird es nur zwei Gruppen geben: Diejenigen, die Gott dienen und die Menschen, die es nicht tun.

Diese Textpassage enthält ein wunderschönes Bild, welches das Leben der Gerechten beschreibt. In meinem früheren Leben stand ich morgens um vier Uhr auf, um 90 Kühe auf einem Bauernhof in Northumberland zu melken. Im Winter blieb das Vieh im Stall. Monatelang fütterten wir es mit Silage und Heu. Doch dann kam der Tag, an dem wir es das erste Mal im Frühling wieder nach draußen ließen. Jeder, der sich nur ein wenig mit dem Landleben auskennt, weiß, was als Nächstes passierte: Selbst die älteste Kuh sprang herum wie ein Kalb. Auch die betagtesten und schwerfälligsten Rindviecher tollten vor Freude über die Wiese. So wird es für das Volk Gottes auch sein, erklärt Maleachi. Die Menschen werden an diesem Tag Freudensprünge machen, wenn Gott seinem Volk die vollständige Erlösung bringt.

Wer an diesem Tag Gottes Ablehnung erfährt, wird verglichen mit „Strohstoppeln, die nach der Ernte verbrannt werden". Als diese Praxis im Vereinigten Königreich noch zulässig war, blieb nach dem Verbrennen nur noch Asche übrig. So, wie die herumspringenden Kälber auf grünen Feldern in der Frühlingssonne die Gerechten symbolisieren, steht die Asche der Strohstoppeln für die Menschen, die nicht auf Gott reagiert haben. Dabei müssen wir uns drei Punkte vergegenwärtigen:

1. Israel wird als Volk überleben. Gott sagt durch Maleachi: „Ich ändere mich nicht. Ich nehme mein Wort nicht zurück." Daher dürfen wir sicher sein, dass Israel ewig bestehen wird.
2. Gleichzeitig ist aber auch klar, dass einige Angehörige des Volkes Israel verlorengehen werden. Offensichtlich wird nicht jeder Jude, der jemals auf dieser Erde gelebt hat, gerettet. Und zweifelsohne brauchen auch die Juden das Evangelium.
3. Es gibt Aussagen, dass auch Menschen außerhalb Israels erlöst werden. Laut Maleachi wird es Menschen unter den nichtjüdischen Völkern geben, die künftig zu den Gerechten dazugehören. Damit deutet er an, was im Neuen Testament kommen wird.

Nachwort (3,22–24)

Die letzten drei Verse beziehen sich auf die beiden größten Männer des Alten Testaments: Mose und Elia. Es ist Gottes letzter Aufruf an sein Volk Israel im Alten Testament, sein letztes Wort für die nächsten 400 Jahre. Nach dieser Zeit schlägt er ein neues Kapitel, das Neue Testament auf.

Gott forderte das Volk dazu auf, sich an Mose zu erinnern und zum Gesetz zurückzukehren. Denn Gott war Israels großer König. Dann kündigte der Prophet an, dass Gott den Menschen eine weitere Chance geben werde. Er werde ihnen noch einen weiteren Propheten schicken: eine Person wie Elia, die sie herausfordern werde. Elia war der erste große Prophet, der den Götzendienst und die Unmoral in Israel kritisierte. Mose hingegen war der Prophet, der das Volk aus Ägypten herausführte und ihm den Bund und das Gesetz gab.

Das Alte Testament endet sinngemäß mit folgenden Worten: „Wenn sie nicht auf Elia hören, wird das Land mit einem Bannfluch geschlagen." Sie bekamen noch eine letzte Chance vor dem Tag des Herrn: einen weiteren Propheten, der den Weg des Herrn vorbereiten würde. Mehr als 400 Jahre warteten sie auf die Erfüllung dieser Prophezeiung. Sie wurden von den Persern, den Ägyptern, den Syrern, den Griechen und den Römern besetzt. Und endlich kam ihre Chance. Plötzlich trat ein Mann auf, der wie Elia gekleidet war. Er aß Heuschrecken und wilden Honig, genau wie Elia. Die Menschen strömten aus dem ganzen Land herbei, um ihn zu hören. Er verkündete die Botschaft, die Maleachi vorausgesagt hatte. Er rief das Volk dazu auf, zur göttlichen Weisheit und zu einem geordneten Familienleben zurückzukehren. Aber er war nur ein Vorbote, um die Menschen auf das Kommen Jesu vorzubereiten.

Wendet man sich dem Neuen Testament zu, so stellt man fest, dass es damals große Diskussionen gab, ob Johannes der Täufer Elia sei. Zweimal erklärte Jesus, dass es sich bei seinem Cousin Johannes tatsächlich um Elia handle (Matthäus 11,7–14; 17,9–13). Aus diesem Grund liegen Maleachi und Matthäus in unseren Bibeln direkt nebeneinander. Matthäus dokumentiert, wie Elia in der Person Johannes des Täufers erschien. Er trug absichtlich die Kleidung Elias und nahm auch dieselbe Nahrung zu sich. Dadurch offenbarte er, was Gott als Nächstes tun würde. Als Jesus in seinem Dienst nach zweieinhalb Jahren einen Wendepunkt erreichte, brachte er die Jünger zum Fuße des Berges Hermon und fragte sie dort: „Wer sagen die Leute, dass ich sei?" (siehe Lukas 9,18 ff). Sie antworteten ihm: „Na ja, manche glauben, du seist eine Wiedererscheinung des Propheten Jeremia oder einer anderen biblischen Figur." Er aber fragte sie: „Und was denkt ihr darüber, wer ich bin?" Petrus erkannte die Wahrheit und sagte sinngemäß: „Du hast schon einmal gelebt, nicht wahr? Aber nicht hier unten, sondern dort oben. Du bist der Christus, der Sohn des lebendigen Gottes." Dann nahm Jesus Petrus, Jakobus und Johannes mit auf den Berg. Dort erschienen ihnen Mose und Elia, die mit Jesus sprachen. Maleachi hatte es prophezeit und genauso geschah es.

Was können Christen aus dem Buch Maleachi lernen?

1. In 1. Korinther 10 heißt es, dass alle diese Beispiele aus dem Alten Testament aufgezeichnet wurden, damit Christen daraus lernen. Was dem jüdischen Volk passiert ist, kann auch uns leicht passieren. Apathie, Unglaube, unmoralisches Verhalten und Herzlosigkeit können den christlichen Gläubigen genauso befallen.

2. Wir müssen das Alte Testament mithilfe des Neue Testaments auslegen. Die Vorschriften über den Sabbat oder den Zehnten gelten zwar nicht für uns.

Doch wir stehen unter dem Gesetz Christi, das in Fragen von Scheidung, Wiederheirat und bei vielen anderen Themen strenger ist als das mosaische Gesetz.

3. Gleichzeitig dürfen wir die Gnade Gottes nicht liberal handhaben. Zu viele Christen verlieren dadurch tatsächlich ihre Ehrfurcht vor Gott. Wenn wir dies tun, haben wir das Evangelium Jesu Christi nicht wirklich verstanden.

4. Wir müssen bedenken, dass das Gericht am Hause Gottes beginnt. Die Autoren des Neuen Testaments folgen in dieser Frage demselben Ansatz wie Maleachi. Wenn Gott kommt, um zu richten, fängt er damit bei seinem Volk an. Erst danach richtet er alle anderen. Selbst in der christlichen Gemeinde wird es eine Zweiteilung geben. Wir dürfen nicht selbstgefällig werden und annehmen, dass mit uns alles in Ordnung sei, nur weil wir uns in der Vergangenheit für Jesus entschieden haben. Wir müssen uns eifrig bemühen, „unsere Berufung und Erwählung festzumachen" und aktiv am Glauben dranbleiben. Sonst kann auch uns das Urteil treffen, das zur Zeit Maleachis über die Menschen kam.

www.ingramcontent.com/pod-product-compliance
Lightning Source LLC
LaVergne TN
LVHW021649060526
838200LV00050B/2278